中华优秀传统文化研究丛书

老子与修身明德

Laozi and Self-Cultivation for Illustrious Virtue

郭树芹　王　胜◎编著

暨南大学出版社
JINAN UNIVERSITY PRESS

中国·广州

图书在版编目（CIP）数据

老子与修身明德/郭树芹，王胜编著．—广州：暨南大学出版社，2023.7
（中华优秀传统文化研究丛书）
ISBN 978 - 7 - 5668 - 3660 - 1

Ⅰ．①老…　Ⅱ．①郭…②王…　Ⅲ．①《道德经》—研究　Ⅳ．①B223.15

中国国家版本馆 CIP 数据核字（2023）第 080645 号

老子与修身明德
LAOZI YU XIUSHEN MINGDE
编著者：郭树芹　王　胜

出 版 人：张晋升
丛书策划：阳　翼　曾鑫华
责任编辑：曾鑫华　张馨予　王熳丽
责任校对：孙劭贤　黄子聪　黄亦秋　林玉翠
责任印制：周一丹　郑玉婷

出版发行：暨南大学出版社（511443）
电　　话：总编室（8620）37332601
　　　　　营销部（8620）37332680　37332681　37332682　37332683
传　　真：（8620）37332660（办公室）　37332684（营销部）
网　　址：http：//www.jnupress.com
排　　版：广州市新晨文化发展有限公司
印　　刷：广东信源文化科技有限公司
开　　本：787mm×960mm　1/16
印　　张：30.5
字　　数：500 千
版　　次：2023 年 7 月第 1 版
印　　次：2023 年 7 月第 1 次
定　　价：99.80 元

前　言

一、教育价值

1. 生命的方向

我们知道，每个人的生命都由两大部分组成：一是形体系统，二是精神系统。只有这两大系统的相互配合和健康，我们的生命才能拥有完整的健康。但是，这两大系统的存在靠什么来支撑？对此，古人早有论述，天德养神，地谷养形。就是说，天上的五德（仁德、义德、礼德、智德、信德）能量"营养"人的精神系统，地上的五谷能量"营养"人的形体系统。只有这两大系统的营养完美无缺、两种能量在体内的互动，才能使生命具有活力。明白了这一点，人们就该知道如何维护自己的生命了。我们应明确两点：其一，人的身体健康由两大系统决定；其二，两大系统的营养来源各不相同。身体是人存在的基础，人们要从正确的方向去关爱它。垃圾食品尽量少吃，有益健康的体育锻炼应该坚持，还应阅读中医典籍了解一些医学常识，养成良好的生活习惯。如果南辕北辙，则对身体有害而无益。

2. 教育的本质

说到教育，大家应该都很熟悉了。除了家人外，最熟悉的人恐怕就是老师和同学了。但什么是教育？教育的目的是什么？《说文解字》中解释说，"教，上所施下所效也"（指在上的操作，在下的效仿）；"育，养子使作善也"（指培养孩子，使之从善）。可见，教育的本质，是身先垂范、培养品德，引导人向善、正、德的方向发展，最终使之成为对国家和社会有用的人才。关于教育，雅斯贝尔斯有一段名言："教育是人的灵魂的教育，而非理智知识和认识的堆积。"教育本身意味着：一棵树摇动另一棵树，一朵云推动另一朵云，一个灵魂唤醒另一个灵魂。马克思、恩格斯也曾经谈到，教育是促进个人的独创的自由发展。我国古人也说，"师者，传道授业解惑也"。也就是说，真正的教育，就是帮助人启迪思想、启发心灵、开启智慧、明了人生。简单地说，教育就是教书、育人、塑灵魂。

是否真正如此呢？启迪思想、开启智慧很好理解，也就是教育使人明智，使其学会认识世界、观察事物、分析问题。比较难的是启发心灵、明了人生，也就是塑灵魂的过程。这两项主要是难以做好，却又和人们的生存和学习发展息息相关。大家知道，人有生理和心理两方面的需要，要使生理健康，就必须注意营养和锻炼，同时还要具备一点医学知识。这个医学知识不需要太多，在理论方面熟读我国古代的医学经典——《黄帝内经》就足够了。要使心理健康，就必须接受教育，学习知识技能，培养道德情操，学会如何做人，走好自己的人生之路。

美国圣母大学前校长赫斯柏认为，完整的教育应包括"学习做事"与"学习做人"两个方面。"学习做事"必须接受科学教育，"学习做人"必须接受人文教育，只有这样，才能使科学教育与人文教育优势互补，使一个人在体力、智力、情绪、伦理各方面的因素有机结合起来，成为一个完善的"人"。其实，教和育的文字内涵中也包含了做人和做事相结合的意思（即一方面要效仿行动，一方面要培养善德）。"十年树木，百年树人"，任何时候，教书育人塑灵魂都是教育的基本目的。因为教育面对的是人的灵魂，所以在学专业知识的同时，更应学会如何做人。黑格尔说，一个民族有一些关注天空的人，他们才有希望；一个民族只是关心脚下的事情，那是没有未来的。因此，有人认为，为国家、民族培养造就更多"关注天空的人"也是21世纪中国大学的核心使命。

科学是立世之基，人文是为人之本。当今社会是一个科技社会，但科学中也富含着人文信息。举个最简单的例子，大家都讲"科学"，有谁知道"科"字在汉语中是如何解释的？古代汉语中的"科"字由禾与斗两部分组成，它有以下几个方面的文化信息。"首先，禾，体现了科学为生产服务的原则，我国古代以农业立国，农业是基础，'禾'代表农业，当今时代，研究科学也离不开为生产服务的原则。其次，斗，包含了知识系统的原则。斗为北斗，北斗七星的运转是人们掌握各种农作物播种、管理的根据，这是天文学与农业的结合。农业生产讲究农时，农时根据气候来定，气候来自宇宙星际的变化关系。因此科学知识是一个大系统，是综合的。再次，'科'的读音同一棵树的'棵'，反映了科学分门别类的原则。科学研究要求从宏观到微观，要细分科、属、种，不仅要掌握宏观的天文、地理、气象、农时，还要深入各科的专门知识，否则就出不了专家，解决不了具体问题。最后，斗字在天为北斗，在地为量器，这反映了科学依照数学规律的原则。科学要以数学为根据，从中找到数学模型、数理规律，否则就不叫科学。"① 由此可见，真正意义上的人文并不排斥科学，相反，其中包含了深刻的科学思想与科学道理。在学习时，应该积极主动、科学合理地去认识、继承、评价，发扬其中的精华。这是和学习这门课有关的几个方面的背景和思路。

二、学习经典的意义

1. 优化语言，规范表达

我们需要规范语言表达。为什么提出这个要求？首先是传承文化。作为自然人，每个人从出生开始，经历婴幼儿、青少年，然后成人直到老年，这个过程或者生命本身就是一种传承、传递，不管我们愿不愿意，只要来到这个世界，人生的行程就是在不断地接受和传递。成人之前，我们是从师长那里接受上一辈的传递，包括知识、经验、思想、智慧、技能；成人之后，比如步入中年，是我们主动向下一代传递，这是一个自然过程与人生责任，没有任何选择。文学是文化的组成部分与载体之一，它是以语言为手段形象地反映社会生活的一种艺术，包括诗歌、小说、散文、剧本等。可见，语言是文学的核心要素之一。

"良言一句三冬暖，恶语伤人六月寒"，"听君一席话，胜读十年书"，"读书须用意，一字值千金"，"有田不耕仓廪虚，有书不读子孙愚；仓廪虚兮岁月乏，子孙愚兮礼义疏"，"积金千两，不如明解经书"，"人不学不善，钟不敲不鸣"，"千经万典，道德为根，仁慈为本，孝悌为先"，这些俗语都说明了语言的重要性。文学是文化的重要载体和组成部分，在网络语言、各种流行语层出不穷的时代，规范语言就是对文学的坚守，对文化的传承。同时，古人

①　萧启宏．汉字通易经［M］．北京：东方出版社，1999：65－66.

云：书为心画，言为心声。语言是心灵的声音，从某个方面来说，我们的语言笔录成文也好，口头表达也好，都是自己思想输出的过程，也是自我人文素养、德行修养与整体精神风貌的体现。老子说过一句话叫"上善治水"，就是用上善的道德能量治理自己生命体内的各种水，从而净化自己的身心，升华自己。其中，言上善之语，阅上善之文，就是从口、眼两方面治理自己体内的水。因此，把握语言关，说善语，言善信，对自己的身心健康也很有好处。

鉴于上述原因，笔者对中国语言文化学习者提出"净化语言，优化表达，常读经典，砥砺意志"的倡议，希望读者能够身体力行，自觉规范、美化自己的语言。

2. 学习知识，修养品质

作为教师，从讲授的具体内容到课堂纪律的每个细节，都需要每一个学生用心去参与，共同维护，这是合作共赢的前提。当没有在知识上获得启迪的时候，在做人、精神方面得到陶冶也是一种收获。总之，希望大家能够乘兴而来，愉悦而归。因为学习其实不仅仅局限在讲出来的那一点点知识，它还有更为丰富的内涵，包括心灵的启迪、行为的养成、仪表的风范等。有句话说："处处留心皆学问！"可以说学习是一个全方位的接受过程，就看你是否能够把握住。

希望本书使大家不再害怕认识繁体字，不再厌倦学习古代文学，不再对民族文化陌生，而是在兴趣中轻松学习，在学习中快乐成长，在成长中体味文化。把学习古代文学、与古代圣哲对话当作心灵的约会，享受精神大餐，这才是比较理想的学习效果。

三、关于本书

经典是民族文化的重要载体之一。中华文化元典是中华民族源头性的、原创性的经典，是古人知行合一、修身实践的经验总结，其中既有理论又有方法，是理论与实践的完整统一。经典教育是中国古代传统教育的一个亮点，其中的经典诵读是与中华道德修身文化一脉相承的宝贵学习方法，是最符合汉语言文字内在客观规律的独特学习方法，也是具有民族传统道德文化特点和民族教育特征的学习方法，是民族文化的瑰宝，更注重通过诵读修养品格、优化思维、开启智慧、获得真知。随着中华民族伟大复兴的临近、国学热的兴起、社会各界有识之士的共同努力、国家重视弘扬中华优秀传统文化的各项政策的出台，以及国学爱好者、广大民众的积极参与继承，对于国学经典的教育意义与科学功用，诸如对品德的培养，对记忆能力、理解能力的提升等，人们已经逐步认可，并且达成共识，在这方面取得了可喜的进步，成效是显著的。

对于道德经典的修身价值、国学经典的实践育人效应，诸如开慧益智与强身健体功能、德化心灵与行为养成教育、优化语言表达与培养能力等，由于实践程度各有不同，又因经典育人、德育教育本身是对人的心志、灵魂的塑造，具有内化于心的隐性特征与潜移默化的长效性，不容易用一个单一的模式或方法去量化，致使许多教学效果难以被人全面认识，因而无法引起人们的充分重视，也使人们对经典教育的理论研究成果有余而实践应用经验不足，这又妨碍了人们进一步实践、发掘其中的普世意义与应用价值。

经典教育和实践育人都与素质教育有密切关系。本书的编写，就是根据当下大学教育与通识教育现状，在整体设计上适应古文经典的行文思维与修身特点，为培养德才兼备、慧智双运型人才，为实践中华民族传统文化奠定基础，为落实国家教育政策与传承创新中华优秀传统文化、整体提升民族人文素养与生存质量提供思路，可供人文类大学本科通识教育、黄老道德教育实践育人教学使用，也可供老学爱好者、传统文化爱好者普及性使用。

本书共有五章内容，主要是关于老子其人其书的理论常识，以及对五千言的文本解读。人类的文明根据其诞生形成的不同，可分为慧性内文明与智能外文明①。不同文明的历史阶段反映了人类认识世界的思维方式的演化，即由注重内在自我发现到注重外部行为表现的发展过程。"近取诸身，远取诸物"（《周易·系辞传》），内取诸身、外取诸物，是中华先民观察自我宇宙与认识世界万物的基本思维方式，由此决定了中华民族的文化是修身明德、天人合一、内求得道的文化，是内修外用型文化，具有鲜明的民族特色与人文魅力。相应地，对老子五千言的解读以及对老学的研究，历来也有从文字义理层面的解读与从修身实证层面的解读，这两种角度在历史上都有丰硕的著述与成果，为丰富老学研究做出了重要贡献。正如五千言本身是文字理论与修身实践的完

---

① 熊春锦. 龙文化的文明与教育［M］. 北京：团结出版社，2010：16.

美结合一样，书中也从理论与实践两方面解读，力图全面地把握住老子的著述原意。其中理论部分主要以熊春锦先生的学术思想为指导，并参证各家典籍阐述；实践部分主要选录了历代以来高真大德、大成就者的体道心得与熊春锦先生的修身理法内容，供实践者参悟。

全书对五千言的文本解读主要按文字释读、章意疏解、智慧启示的思路进行设计，既有文理的智性解读，也有修身的慧性实践，为连通先天慧性与后天智能架起一座道德桥梁，有助于不同层面经典教育的学习与教学。对于五千言的译解及原文，以熊春锦先生的《老子·德道经》与《老子〈德道经〉释译》为主，其所据底本为马王堆汉墓帛书本。一些有重要意义的字、词、句也参考了其他注本。书中的文字注释，凡出自各种基本字典辞书的，均直接选用义项，不一一注明出处，其他凡引用典籍注疏及工具书的，都注明了出处。对历代高真的悟道选录，以吕岩先生的《吕祖秘注道德经心传》与黄元吉先生的《道德经精义》以及熊春锦先生的中华德慧智教育与道德修身系列著述为主。

关于做学问，古人早有为人与为己之论，历代也有汉学与宋学之争。对于学习，《太平经》云："习善言，不若习行于身也。"《文子·道德》云："故上学以神听，中学以心听，下学以耳听，以耳听者，学在皮肤，以心听者，学在肌肉，以神听者，学在骨髓。"今天的人们，由于时代不同、生存环境不同，古人的有些条件无法复制还原，要真正做到古为今用、善正创新，最主要的在于了解本质规律，认清文化源流，洞察基因神髓，传承民族精神，把握时代命脉，走出历史误区，在正确全面继承的前提下，适应当今社会的发展，进行遵道合德、择善集成的实践应用。

然而，社会实践是不断前进的，人的认识是不断深化的，对于世界万物与宇宙自身的理解，也是不断更新的。书中的解读也应与时俱进，未尽之处在所难免，都是今后继续努力的方向，将随自身修养的不断精进臻于完善。敬请诸方家及读者提出宝贵建议，共同进步。

王　胜

2023 年 2 月

目录

第一节　老子与老学

一、与老子有关的文史资料

1. 老、子的文字内涵

老，甲骨文 ⿰ = ⿰（像上卿、大夫戴的冠冕）+ 人（人）+ 亻（手 ⿰ 拄棍杖），表示头戴冠冕、手拄棍杖的年长上卿或大夫。有的甲骨文 ⿰ 加"毛" ⿰，表示上卿、大夫因年长而须发长。远古中国人认为须发是父母所赐，不能随意剃剪，因此年龄越大，须发越长。造字本义：古代对年长大臣的尊称。金文 ⿰ 将甲骨文字形中的 ⿰ 写成头盔形状 ⿰。有的金文 ⿰ 对甲骨文 ⿰ 进行简化。篆文 ⿰ 承续金文字形。隶书 老 将篆文的 ⿰ 写成 ⿰，人形、发形全失。"考"与"老"本同源，后转注分化。可见，文字的意义随着形体演变也在发生变迁，而且，汉字简化后，字的内涵在缩小。

《说文解字》："老，考也。七十曰老。从人毛匕。言须髮變白也。凡老之屬皆从老。"（老，衰朽。人到七十的状态叫"老"。采用"人、毛、匕"会义，这是说须发都变白了。所有与老相关的字都采用"老"作边旁。）《周礼·地官·乡老注》："老，尊称也。"

子，甲骨文 ⊠ 像一幅幼儿的线描，画出了幼儿的脑袋 ⊠、头发 �川�、两脚 川。有的甲骨文 ⬦ 简化字形，像幼儿两脚被裹在襁褓里，露出脑袋 ☐，挥动两臂 ⬦。造字本义：包裹在襁褓中挥动两臂、尚不能独立的幼儿。金文 ⬦ 承续甲骨文字形 ⬦。籀文 ⬦ 综合甲骨文 ⊠ 和甲骨文 ⬦ 的字形。有的籀文 ⬦ 像坐在凳子 ⬦ 上的小孩 ⬦，挥动着两手 ⬦。小篆 ⬦ 隶书 子 淡化了篆文字形 ⬦ 中襁褓婴儿的两手形象。"私"即"厶" ⬦，是头部朝下、尚未出生的神秘胎儿；"了" ⬦ 是刚出生的、性别确然可辨的幼婴；"子" ⬦ 是挥动两臂、两腿包裹在襁褓中、尚不能独立活动的幼儿；"大" ⬦ 是顶天立地的成年人；"人" ⬦ 是双手采摘或在地里忙活的劳动者。

《说文解字》："子，十一月，陽气動，萬物滋，人以为偁。象形。凡子之屬皆从子。⬦，古文子，从巛，象发也。⬦，籀文子，囟有发，臂胫在几上也。"（在十二地支之中，"子"代表十一月，这时阳气发动，万物滋生，人假借"子"作称呼。"子"的字形像幼儿的形象，所有与子相关的字都采用"子"作边旁。⬦，这是古文写法的"子"字，字形采用"巛"作边旁，巛，像幼儿的头发。⬦，这是籀文写法的"子"字，表示孩子头顶有头发，手臂与小腿都放在几案上。）

2. 文化典籍的记载

如《庄子·天下》篇中的记载："关尹老聃乎！古之博大真人哉！"

真人是古代道德文化中的理想人格之一。对于真人的修养境界，在《黄帝内经·素问·上古天真论》中有记载："黄帝曰：余闻上古有真人者，提挈天地，把握阴阳，呼吸精气，独立守神，肌肉若一，故能寿敝天地，无有终时，此其道生。"（我听说上古时代有称为真人的人，掌握了天地阴阳变化的规律，能够调节呼吸，吸收精纯的清气，超然独处，令精神守持于内，锻炼身体，使筋骨肌肉与整个身体达到高度的协调，因此他的寿命同于天地而没有终了的时候，这是他修道养生的结果。）

3. 史书文献的记载

如西汉司马迁所著的《史记·老子韩非列传》曰："老子者，楚苦县厉乡曲仁里人也，姓李氏，名耳，字聃，周守藏室之史也。……盖老子百有六十余岁，或言二百余岁，以其修道而养寿也。"（老子是春秋末期楚国苦县厉乡曲仁里人，即今河南鹿邑县人。他姓李，名耳，字聃，做过周朝掌管藏书室的史官，相当于今天的国家图书馆馆长或档案馆馆长。……据说老子活了一百六十多岁，也有的人说活了二百多岁，这是因为他能修道养心而长寿的啊。）这与《黄帝内经》中记载真人因修道而长寿的观点是一致的。

根据司马迁的记载，老子姓李名耳，为什么后世称他为老子？在这里可以先思考一下这个问题。

二、　与老子有关的传说故事

1. 关于老子的出生

据说老子在母亲体内住胎81年，生下来须发皆白，指李树为姓。

《史记正义》说：老子为周时人，其母八十一年而生；《玄妙内篇》云："李母怀胎八十一载，逍遥李树下，乃割左腋而生，又云：玄妙玉女梦流星入口而有娠，七十二年而生老子。"《上元经》云："李母昼夜见五色珠，大如弹丸，自天下，因吞之，即有娠。"

民间关于老子的传说倒很有趣味：他在母亲肚里待了72年方才出生，一到世上就是须发皆白，额头突出，故称他为老子，又因为耳朵大，所以叫他李耳、李聃。许慎云："聃，耳曼也。"

据说洛阳北邙山一带是老子常去的地方，那里树木翁郁，绿草茵茵，流水潺潺，有一年，北邙居民身染疫疾，病情迅猛，老子就设法救治。他采集草药，煎成汤药，炼成药丸，治愈了大量病人。可见，老子还是一位仁爱众生、精通医道的高人。老子炼丹的故事从此传开了，据说老子在北邙山彻夜砌起太极八卦炉，以乾、坤、坎、离、震、艮、巽、兑八方位，调动天、地、水、火、雷、山、风、泽之灵性，巧运内外相济之理，专心精炼了九九八十一天。丹成揭炉时，随着轰然一声，只见万道金光四射，直冲云霄。老子自尝一粒，瞬间面露紫气，脱却凡骨。于是，又用仙丹点化他的青牛，跨上牛背，由北邙山远出函谷关"西游"去了。当然，这只是民间的传说，但和老子向西出关的行踪有了一定的联系。从民间的传说和故事中可以找到典籍中记载的与老子姓氏、出生及行踪有关的一些线索，这些都可以帮助我们了解世人对老子的认知与老子的文化形象。

2. 紫气东来的典故

这个典故主要和老子的行踪及著述有关，在史料中有记载。

要说紫气东来，先得说孔子拜见老子的事。《史记》记载，孔子和老子两位大师曾经进行了一次历史性会晤，其中有一段对话："老子曰：'子所言者，其人与骨皆已朽矣，独其言在耳。且君子得其时则驾，不得其时则蓬累而行。吾闻之，良贾深藏若虚，君子盛德容貌若愚。去子之骄气与多欲，态色与淫志，是皆无益于子之身。吾所以告子，若是而已。'"（老子说："你所说的礼，倡导它的人与其骨头都已经腐烂了，只有他的言论还在。况且君子时运来了就驾着车出去做官，生不逢时，就像蓬草一样随风飘转。我听说，善于经商的人会把货物隐藏起来，等待识货者善价而沽之，故往往会令其他人觉得他仿佛什么也没有；一个具有高尚品德的人，其言行举止必然谦虚退让，故从外表看来，往往令人有愚钝木讷的感觉。抛弃您的骄气和过多的欲望，做作的情态神色和过大的志向，这些对于您自身都是没有好处的。我能告诉您的，就这些罢了。"）这是老子针对当时的社会环境对孔子说的话。

回去后，孔子将老子比喻为龙，体现了对老子的高度尊崇。孔子去，谓弟子曰："鸟，吾知其能飞；鱼，吾知其能游；兽，吾知其能走。走者可以为罔，游者可以为纶，飞者可以为矰。至于龙，吾不能知其乘风云而上天。吾今日见老子，其犹龙邪！"（孔子离去以后，对弟子们说："鸟，我知道它能飞；鱼，我知道它能游；兽，我知道它能跑。会跑的可以织网捕获它，会游的可制成丝线去钓它，会飞的可以用箭去射它。至于龙，我就不知道该怎么办了，它是乘着风驾着云而飞腾升天的。我今天见到的老子，大概就是龙吧！"）

现实中的老子领悟了宇宙规律，洞察了社会世相。有一天，他决定离开中原，骑青牛离洛阳西去。将过函谷关，关令尹喜善观天象，发现东方有紫气三千里，滚滚西迈而来，心知将有圣人来到，派人清扫道路四十里，夹道焚香，恭迎圣人，以弟子身份师从老子。之后，又请老子著书留世。于是，老子在青灯下亲自执笔，写下了先秦时期的唯一一本正经——《道德五千言》。

对此，《史记》中也有记载，老子"居周久之，见周之衰，乃遂去。至关，关令尹喜曰：'子将隐矣，强为我著书。'于是老子乃著书上下篇，言道德之意五千余言而去，莫知其所终"。（老子在周都住了很久，见周朝衰微了，于是就离开了周都。老子到了函谷关，关令尹喜对他说："您就要隐居了，尽力为我们写一本书吧。"于是，老子就撰写了一本书，分上下两篇，阐述了道德的本意，共五千多字，然后才离去，没有人知道他的下落。）

另外，《史记集解》引述《列仙传》说："关令尹喜者，周大夫也，善内学星宿，服精华，隐德行仁，时人莫知。老子西游，喜见其气，知真人当过，候物色而迹之，果得老子。老子亦知其奇，为著书。与老子俱之流沙之西，服巨胜实，莫知其所终。"《史记索隐》也据《列仙传》认为："老子西游，关令尹喜望见有紫气浮关，而老子果乘青牛而过也。"

《史记》中关于老子隐世出关后行踪的记载，只留下了五个字，也给后人留下了无限的想象空间。在前面的民间传说故事中，这个空间有了一点线索，这既是人们的美好想象，也可以说是人们对这个空间的一种填补。

三、 与老子有关的其他资料

1. 老子的画像

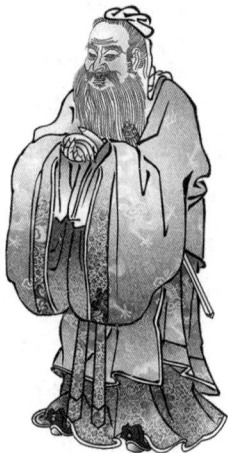

估计大家都没有见过先秦时代的老子，因为我们没有与其生活在同一个时代。但是，人们又会看到古今许多老子的圣像（包括画像、塑像），这些像各不相同。即使讲述的是同一件事，比如"骑青牛出关""紫气东来"的典故，也有各种不同的画面，但人们一看就知道，这是大哲学家老子先生。为什么？因为我们读过他的著作，听过有关他的神奇故事。因此，从这里也可以看出这位圣哲是一位世人熟知的历史人物。

第一幅是画圣绘的老子圣像，画像中的老子面带微笑，上身微俯、双腿直立、双手叠合抱于胸前，这使人想起了我国古代传统的民族礼仪——拱手礼。中国号称"礼仪之邦"，有人认为拱手礼已经有两三千年的历史，从西周起就开始在同辈人见面、交往时使用了。《论语》中有"子路拱而立"的记载。最初是古人通过程式化的礼仪，以自谦的方式表达对他人的敬意，后来逐渐成为相见的礼节，尤其在近现代，拱手礼已基本成为民众主要的交往礼节之一。很多礼学专家都认为，拱手礼不仅是最体现中国人文精神的见面礼节，而且是最恰当的一种交往礼仪，可谓是最具中国特色的见面问候礼仪。

德慧智教育认为，中国古代文化以太阳为阳，月亮为阴，太阳释放出自己的光和热无私地普照大地，月亮无私地反射太阳光给大地，在太阳和月亮身上都体现了大公无私、利益众生的大德精神。因此，太阳可以代表大光明，月亮代表光皎洁，二者都是很美好的意象。古人认识世界与自我遵循"近取诸身，远取诸物"的思维，体现在人身上就是我们的左手可以代表太阳，右手可以代表月亮，左右手共同完成拱手礼的礼仪。拜见圣贤或师长，要弯腰行礼，双手于腹前合抱，从胸前行礼，自下而上（向下不低于小腹，向上不超过鼻），在腹前画一个大圆，然后身体直立。平辈之间行礼，只需上身微俯，双手合抱在胸前画小圆即可。

拱手礼的行礼规范：拜见圣贤或离世之人，行礼时女生左手在外，右手在内，双手抱拳；男生反之。平时人与人之间行礼时，女生右手在外，左手在内，双手抱拳（互握合于胸前）；男生反之。这是古礼中有男女之别（男女阴阳之分，男左女右为阳，男右女左为阴），发展到今天也可以无论男女都采取左抱右的方式（也称"吉拜"）。老子曾经说过："吉事尚左，丧事尚右。"左手在外，以左示人，表示真诚与尊敬之意。

一般而言，如果有人对你行拱手礼，应该同样行拱手还礼，这叫"礼尚往来"。

有人认为行拱手礼的好处有以下几点：首先，比较方便，随时随地可以施礼。其次，卫生，没有身体接触，减少疾病的传播途径。对此，有一篇中华医学科普文章——《倡导健康，变握手礼为拱手礼》说，"林语堂先生曾说中国人传统的见面礼仪比西洋人的卫生，因为中国人是握自己的手（拱手），不必去握别人的手"。文中举了一个例子，说当一些疫情逐渐得到控制，人们开始不断反思某些生活习惯的害处，例如我们常用的礼节——握手，因此作者呼吁，既然握手是洋为中用，我们是否可以古为今用，让拱手取代握手，以此减少疾病传播的一种途径。如果我们始终应用拱手礼，不管是否有疫情发生，都可以做到及早预防、未病先防，这是从健康、卫生、安全的角度倡导拱手礼，也证明了中国传统民族礼仪的合理性。再次，不会失礼，不会因先后不分而难堪。最后，男女通用。行拱手礼可以让人姿势挺拔、昂首向上，有利于表达敬意，无论是从科学性、实用性，还是从审美性来看，拱手礼都优点多多。既然这样，就学习这个礼仪。学会了，以后在适宜的场合都可应用。

2. 与老子有关的作品

其实，每个人心里都有一个老子的形象。文学家用文字表达出来的老子有不同的形象，画家用画笔描绘出来的老子有不同的形象，艺术家在不同材质上雕塑出来的老子也有不同的形象，表演者在影视剧中给观众留下的又是不同的老子形象，这都是大家根据自己对老子其人其书的了解领悟形成的，也是众多的老子像各不相同的原因。在此，推荐两部与老子有关的作品，一部是《道德三百问之老子顶呱呱》，另一部是蔡志忠的《漫画道德经》。

四、老子与老学的关系辩证

人们通常把研究老子思想的课题称为"老学"，这是根据老子的称谓和《老子》的书名而取的，又因其与黄帝尊道贵德、修身治国的思想内在相通，故将二者学说并称为"黄老学"。对于老子的研究，历来有不同的角度，在此主要探讨与老子生平有关的一个话题——老子的姓氏，其他的后面再讨论。

关于老子的姓氏，学界也有不同观点。《史记》中记载，老子"姓李氏，名耳，字聃"。既然姓李，为何世人称其为老子？除了司马迁的这段简要记述，还有一些记载，如汉郑玄注《礼记·曾子问》曰："老聃，古寿考者之号也。"葛玄《道德经序》曰："生而皓首，故称老子。"《史记正义》引张君相曰："老子者是号，非名。老，考也。子，孳也。考教众理，达成圣孳，乃孳生万理，善化济物无遗也。"

对于这个问题，高亨、张松辉、古棣和周英等都作了很有价值的考证。高亨认为"老、李一声之转，老子原姓老，后以音同变为李，非有二也"。他举了四条例证：

（1）周秦旧籍，若《庄》《荀》《韩非》《吕览》《礼记》《国策》等，于孔墨大师，皆举其姓（间注：如孔子、墨子、孟子、荀子等都是姓下加"子"），独于老子，则称老聃而不称李聃，称老子而不称李子，明见老子原姓老矣。

（2）古有老姓而无李姓。《世本》颛顼子有老童。《风俗通义》："老氏，颛帝子老童之后。"《左传·成公十五年》："宋有司马老佐。"又《左传·昭公十四年》："鲁有司徒老祁。""老佐""老祁"盖皆以老为姓，虽不必出于老童，然古有老姓，可以论定。故商之老彭，楚之老莱，余亦疑其原姓老也。春秋二百四十年间无姓李者，唯《左传·闵公二年》："晋有里克。"（《吕览·先己篇》高注引作"李克"，乃后人改"里"为"李"。）《左传·昭公十八年》："郑有里析。"《鲁语》："鲁有里革。"然皆作"里"不作"李"。（《史记·循吏传》："李离者，晋文公之理也。"《左传》作"士离"不作"李"。）《战国策》始有李悝、李克、李谈、李牧，《韩非子》始有李史。是李姓之起甚晚，老子之世，未闻有之。然则老聃原姓老，明矣。

（3）古人姓氏多无本字，皆同音字为之。所借各异，故一姓往往歧为数姓。故老之变李亦语转而然。

（4）古韵老属幽部，李属之部，二部音近，古或不分。此事于《老子》本书，即足以明之。之幽通谐在《老子》书无处不然，盖其时其地，二部未必分也。老李二字，其声皆属来纽，其韵又属一部，然则其音相同甚明。唯其音同，故由老而变为李。高先生进一步指出："考周秦旧籍，皆称老聃或老子，无作李者。老变为李，殆始于汉。"（间注：周秦旧籍及汉初的作品如《列子》《庄子》《韩非子》《吕氏春秋》《韩诗外传》等书皆称"老聃"或"老子"，而不说"李聃"或"李子"。）

张松辉认为第一个指明老子"姓李氏"的是《史记·老子韩非列传》，并说在先秦没有人说老子姓李，先秦时的人认为老子姓老是一般性常识，不必过多解释。古棣、周英也说："先秦子书，皆以姓下加子而名其书，如《墨子》《孟子》《庄子》《荀子》《管子》等。《韩非子》加'非'乃后人所改，《汉书·艺文志》以及梁孝绪《七录》皆称《韩子》，而不称《韩非子》。"又称"这是一个时期的著述界的风气"。因此，我们认为老聃之书没有理由不把姓字列于书名。对老者的尊称，先秦曰公（翁），曰叟，曰夫人，而没有称老或老子的。由此可以推论，老子当姓老。（以上皆见《老子其人其书考辨》）

介绍了这些内容之后，大家思考一下，老子到底姓什么？对于史料记载和学界观点，你如何看待？司马迁的说法有道理吗？为什么？可以联系前面讲过的"老"与"子"的文字内涵进行思考。

第二节 老子与道家

一、古人眼中的老子

老子是道家学派的创始人，庄子称他为"博大真人"，司马迁称其为"隐君子"，老子和庄子都是先秦诸子中没有取合诸侯的隐士派学者。

与老子思想比较接近的还有关尹子、文子、田骈、列子、庄子等，都被称为道家。老子生活的时代思想界很活跃，除了道家之外，还有儒家、墨家、名家、纵横家等许多学派，老子的思想在当时自成一派，被誉为"百家之祖"。战国时期，百家争鸣，老子和黄帝的学说大盛，成为显学。老子的哲学思想和由他创立的道家学派，为我国古代思想文化的发展做出了重要贡献，也对我国两千多年来思想文化的发展产生了深远影响。因此，他被誉为"东方巨人"，是中国和世界的"第一哲人"。老子是我国古代一位伟大的思想家、教育家，也是中国文化史上一位有重要影响的巨人，是继伏羲、黄帝之后又一位修身大成就者。要了解老子的思想，首先要读他的原作（这是第一手资料），其次要看他的后学以及同时代人的阐述，最后要看历代人的研究。我们主要通过道家的另一位重要人物——庄子和史学家司马迁的阐述及对一些关键词的解读了解古人眼中的老子。

《庄子·天下》曰："以本为精，以物为粗，以有积为不足，淡然独与神明居，古之道术有在于是者。关尹老聃闻其风而悦之。建之以常无有，主之以太一，以濡弱谦下为表，以空虚不毁万物为实。……老聃曰：'知其雄，守其雌，为天下溪；知其白，守其辱，为天下谷。'人皆取先，己独取后，曰受天下之垢；人皆取实，己独取虚，无藏也故有余；其行身也，徐而不费，无为也而笑巧；人皆求福，己独曲全，曰苟免于咎。以深为根，以约为纪，曰坚则毁矣，锐则挫矣。常宽容于物，不削于人，可谓至极。关尹、老聃乎，古之博大真人哉！"

就是说，以根本的道为精微，以有形的物为粗杂，以储积为不足，恬淡地独与造化灵妙共处，古来道术有属于这方面的。关尹、老聃听到这种风尚就高兴。建立常无、常有的学说，归本于最高的"太一"，以柔弱谦下为型表，以空虚不排斥万物为实质。……老聃说："认识明白雄强，而持守雌柔，成为天下的溪涧；了解事物的明亮清白，而持守暗昧屈辱，成为天下的山谷。"人人都争先，他独自居后，甘愿承受天下的垢辱；人人都追求实际，他独自守虚空，不敛藏反而有多余。他立身行事，宽缓而不耗费精神，无所作为，而讥笑天下耍弄智巧之人；人人都求福，他独自委曲求全，说这样做暂且可以避免祸害。以精深为根本，以简约为纲纪。他认为："坚硬之物易损毁，锐利之物易被折断。"常宽容待物，不侵削别人，可以说已经达到登峰造极的境界了。

说到无为，并非什么都不做，而是没有后天主观意识干扰下的符合道性规律的为，比如我们脾脏的活动，就是无为。脾脏的主要生理功能是主运化水谷、运化水液，即转运输送、消化吸收饮食及其中的营养成分；主升清——负责水谷中营养精微物质的吸收和向上输送；主统血——统摄血液在经脉中的运行，防止逸出脉外。虽然生命活动如何进行在表面上无法看出，但实际上是客观存在的，而且也是人的主观意识无法控制的。

司马迁《史记·老子韩非列传》曰："老子修道德，其学以自隐无名为务，……老子，隐君子也。……李耳无为自化，清静自正。"（老子研究道德学问，他的学说以隐匿声迹、不求闻达为宗旨。老子是一位隐君子。老子认为，无为而治，百姓自然趋于"化"；清静不挠，百姓自然会归于"正"。）对老子思想的认知（如无为自化、清静自正），司马迁与庄子的观点是一致的。

　　而且，司马迁将老子与庄子、申子放在一起列传。司马迁认为庄子"其学无所不窥，然其要本归于老子之言。……作《渔父》、《盗跖》、《胠箧》，以诋訾孔子之徒，以明老子之术"。（庄子学识渊博，涉猎研究的范围无所不包，但他的中心思想源于老子的学说。……庄子写的《渔父》《盗跖》《胠箧》是以批评孔子学派的人、阐明老子学说为目的的。）他说："申子之学本于黄老而主刑名。"（申不害的学说源于黄帝和老子，却以循名责实为主。）

二、　道家学派与道教

　　了解了老子和道家学派之后，还要辨析两个概念——道家学派与道教，二者既有联系又有不同。道家学派就是先秦时期出现的一个哲学派别。道教是我国的本土宗教，产生于汉末，这是二者的不同。二者的联系主要在于道教产生之后，又以道为最高信仰，以道家思想为理论根据。但老子主要生活于先秦时期，本身并没有参与过宗教活动。

第一节　老子因何著述五千言

老子留给后世的唯一著作就是司马迁在《史记》中所记载的《道德五千言》，先秦时期称之为《老子》，跟《庄子》《孟子》《荀子》等书名一样，以"姓后加子"的方式来称呼其书（子，是古代对老师或有道德、有学问的人的尊称），这是一个时期著述界的一种风气。因为书中主要阐发"道德"的真意，故被后世称为《德道经》或《道德经》；又因为它是一部格言体的哲学名著，故也被称为殊胜的"哲学诗"或"万经之王"。

一、传承文明

说到老子著述五千言，从司马迁的记述以及"紫气东来"的典故中，我们只能了解著书的简要经过，至于老子答应尹喜的请求在青灯下亲著五千言的深层原因，还需联系中华民族的文明史来考察。

1. 中华民族的历史演变

说到中华民族的历史，人们常说，位于世界东方的中国是历史最悠久、文化积淀最丰厚的文明古国之一。如果从有文字记载的炎黄时代算起，中华民族已有 5 000 多年的漫长历史①。这么漫长的发展历程，是始于什么时候呢？中华民族的历史开始于三皇五帝，三皇五帝是中国最早的古史系统。而且随着历史学、考古学、文化人类学的发展，有些学者对以华夏为核心的古史体系进行了较为系统的观察，他们发现中华民族的历史，还可以继续向上追溯到公元前七八千年前。从清代倒推（包括清代），我国古代社会共经历了几个阶段（或者哪些朝代）？分别是哪些阶段？

神话传说时期（上古时代）—三皇（伏羲—道德）五帝（黄帝—仁德）时期（道德鼎盛时期）—三王时期（义礼）—春秋战国（礼智）—经秦至两汉（四百年）—魏晋南北朝（三百六十九年）—经隋至唐（三百年）—五代辽宋夏金（约四百年）—经元至明（三百年）—清和西方入侵（三百年）—先有中华民国，后有中华人民共和国的大一统。

历史学家们在研究这么长的一段历史过程中发现，它有四个大的周期律，从夏启建立了第一个国家开始，整个三王时期是大一统的局面，然后从春秋战国（先有春秋五霸，后有战国七雄）进入中华历史上第一个群雄逐鹿中原的大混战时期，时间长达五百年。经过秦朝的短暂过渡，进入两汉（先有西汉，后有东汉）四百年的大一统时期。从东汉末建安年间开始至两晋南北朝（即魏晋南北朝），又是一个南北对峙、南征北伐的混乱时期，持续了三百六十九年。之后经过隋朝的短暂过渡，进入唐朝三百年的大一统。从唐末五代开始，至辽宋夏金，又是藩镇割据（五代十国）、南北对峙（北宋与辽、南宋与金）时期，经宋元朝过渡，进入明朝，又是一个统一局面。接着是清朝与西方入侵约三百年，之后先有中华民国，再有中华人民共和国成立。而且，每个周期律有惊人的相似性，如第一个过渡期秦朝是二世而亡，第二个过渡期隋朝也是二世而亡。

2. 道德文化的修身特点

如果从道德文化的历史、人文角度考察，它也有一些特点，因为修身是中国文化的灵魂，也是正确解读中华传统文化的一条坦途。《大学》开篇就说："大学之道，在明明德，在亲民，在止于至善。"（上乘的学问，是引领人们修

---

① 熊春锦. 道德复兴论修身 [M]. 北京：团结出版社，2008：1.

养德性、复归于道的理论和方法。简而言之，就是教人"知书达礼"的理论和方法。）《中庸》曰："天命之谓性，率性之谓道，修道之谓教。道也者，不可须臾离也；可离，非道也。"三皇五帝诸王、老庄孔孟圣贤，都以修身德化天下，行圣人之教。

学界根据道德人文的发展演变，也把这段历史分为几个时期①。三皇时期是道治、德治时代。人们通过修身明白大道运行的自然规律，以此治身理政，像伏羲就是一位修身治国的远古圣明帝王，那个时期天下不设法度而不乱，靠的就是八卦经天纬地的功用以及当时人们对大道规律的真诚信仰。五帝时期是仁德治世的时代，黄帝是以精神文明治世的成就者；三王时期是以义德、礼德治世的时代，春秋战国是以礼德、智德治世的时代。总之，三王之前是我国道德文化的鼎盛期，尊道贵德、修身治国是整个中华大地的主旋律。根据史籍记载，这个时期出现了夜不闭户、路不拾遗、麦收双禾、八风十雨（夜雨昼晴）、麒麟在野、凤凰鸣山的祥瑞景象，谱写了中华人文史上的光辉篇章，创造了华夏文明的神州时代，这也是孔子所向往的"大道之行，天下为公"的大同世界（《礼记·礼运》）。三王时期也是孔子所描绘的"大道既隐，天下为家"的小康社会。这些远古时期圣明帝王们修身治国的智慧和经验，有一部分通过文字书籍流传下来了，比如以伏羲画八卦为基础的《易经》，黄帝的《黄帝四经》《黄帝内经》，《尚书》中的《虞书》所记载尧、舜的修身治国言论（《尧典》《舜典》）。从这些著述来看，修身是一条贯穿始终的主线。

三皇五帝以及三王时期所开创的文明，为后世中华民族的发展打造了一个良好的开端。到了春秋战国，社会又是一番什么景象呢？老子所处的春秋战国时期，是我国历史上社会剧烈动荡的时期，也是整个社会严重放弃通过修身达到天人合一而获得事物的法则和真理之时②。《汉书·艺文志》记载："仲尼有言：'礼失而求诸野。'方今去圣久远，道术缺废，无所更索，彼九家者，不犹愈于野乎？"（仲尼曾说："礼制失去了就向民间寻求。"现在距离圣王久远，道德修身的理论方法缺乏，没有地方再去寻求，这九家，难道不比民间学说有

---

① 熊春锦．道德复兴论修身［M］．北京：团结出版社，2008：1－4．
② 熊春锦．道德复兴论修身［M］．北京：团结出版社，2008：65．

所超越吗?)

有人说这一时期是中国历史上社会大动荡、思想大解放、文化大丰收时期,此言不虚。春秋五霸、战国七雄是这一时期历史舞台的主角,大国兼并、弱肉强食,动荡的时局使得人们积极谋求生存的权利。各国统治者亦广开言路,广纳贤才,一切均以强国存身为目的,而不是以修身为本。时势造就英雄,于是,诸子蜂起、百家争鸣,合纵连横、黄石韬略,儒墨道法、王霸兼杂,各抒己见、各显神通,思想自由达到了前所未有的高度,这些直接促成了文化上的大丰收。那时的文化界一方面对先前的文化进行整理、继承,如孔子对儒家六经《诗》《书》《礼》《易》《乐》《春秋》的审定;另一方面各家著书立说,如《老子》《墨子》《孟子》《荀子》《韩非子》等诸子散文直接影响了后世的思想文化。当一大批智者纷纷逞显才智之时,诞生了一位大慧大智的圣人——老子。他用自己那通天彻地、纵贯古今的大慧大智,上承伏羲的易道文化和黄帝的道法文化,在整个世界文化转型的"轴心时代"中,以德道为核心撰写五千言,对 2 500 年来人类的道德文化进行系统总结,从而提出了德道思想①。

他深刻指出社会人心的"德一"状态已经朴散开来,人类已经难以直接问鼎大道,要通过修德来保持心灵的纯一,由德进道才是可行的光明之路。在《德道经·善观》中说:"修之身,其德乃真;修之家,其德有余;修之乡,其德乃长;修之邦,其德乃丰;修之天下,其德乃博。以身观身,以家观家,以乡观乡,以邦观邦,以天下观天下。吾何以知天下然兹?"这段话分两层,"以身观身"之前为第一层,主要阐明道德修养由己及人、层层推进、不断扩大修养圈的良性循环效应和修养模式;"以身观身"之后为第二层,主要阐明观察认识世界的方法论,也就是善于观察自我,这是一种由内而外、从小到大、察微知著的方式,与《易经》中所说的"内取诸身,外取诸物"有相似性。

如果把五千言中所阐述的道德修身与社会文化演变规律与《大学》中提出的"修齐治平"道德修养模式进行比较,会发现二者的内在存在相通之处。

---

① 熊春锦. 道德复兴论修身 [M]. 北京:团结出版社,2008:65.

《老子》：道治、德治（三皇）→仁德治世（五帝）→义德、礼德（三王）→礼德、智德（春秋战国秦汉唐以降），礼崩乐坏，文化下移。

《大学》：格物→致知→诚意→正心→修身→齐家→治国→平天下，自天子至于庶人，一是皆以修身为本。

老子所阐述的道理内可用于个人道德修养，外可用于社会发展治理。《大学》中所阐述的也是从内在的个体修养到外在的"修齐治平"。可见，老子提出的修养模式与《大学》中的修身、齐家、治国、平天下的思想如出一辙，高度一致。并且，他将这称为"见素抱朴，少私而寡欲，绝学无忧"，将德道的学说提升到了"绝学"这样一个最高的层次①。因此，说到对前代文化的整理，除了孔子审定六经，老子也是一位很重要的文化继承者。对文化的继承是老子著述五千言的初衷之一。

二、引导后学

德道经

1. 五千言的思想概述

老子告诉人们说"道生一，一生二，二生三，三生万物，万物负阴而抱阳，中气以为和"，"是以圣人执一以为天下牧"。只有道和德才是社会健康发展的根本，万物都是道生德养，社会也毫不例外。离开道德必病患，远离道德必沉疴，丢弃道德必丧亡。"天下为公"沦为"天下为家"的病根，就是整个社会已经开始全面背离道德了。整部《德道经》都在阐述如何以德修身，通过培补自身五德的缺损，明心识道、淳德归道，核心全在德道二字，为后来人们指明了正确的修身方向。可以说，五千言既是最精辟的东方哲学宣言，又将至简至易的修身方法隐藏其中，从而成为中华民族文化承上启下、继往开来

---

① 熊春锦.道德复兴论修身［M］.北京：团结出版社，2008：67.

的瑰宝，是轴心时代东方文化的真正轴心①。

2. 五千言的文本常识

《德道经》全书共五千三百多字，八十一章，分为"德篇"和"道篇"两部分。其中《德经》包括四十四章；《道经》包括三十七章。"德篇"第一章《论德》与"道篇"第一章《观眇》，合称"双一章"。

第二节　五千言的版本系统

一、《德道经》与《道德经》

要研究老子学说是什么，首先得知道老子究竟说了些什么。对五千言的不同称呼，反映了老子其书在流传过程中形成的不同版本。《老子》五千言从创作到流传至今，存在着两种版本系统：一种是以帛简本为主的《德道经》系统；另一种是以通行本为主的《道德经》系统。

1. 帛简本系统

帛简本系统主要指以出土文物帛书（1973 年马王堆汉墓帛书）、竹简（1992 年郭店楚墓竹简）为主，并且在内容上是《德篇》在前、《道篇》在后的版本。

关于帛简本系统的文献资料，主要有在敦煌藏经洞中发现的《老子》写本，多以《德经》为上卷、《道经》为下卷，不分章，与今天流传的《道德经》上下二卷（《道经》在前、《德经》在后，并分为八十一章）的次序不同。

二十世纪九十年代出土的郭店楚墓竹简、二十世纪七十年代出土的马王堆帛书《老子》是汉文帝十二年（公元前 168 年）以前的写本，比敦煌本早了

---

① 熊春锦. 道德复兴论修身［M］. 北京：团结出版社，2008：28 – 29，65.

八九百年，也是《德经》在前、《道经》在后。1973 年，马王堆汉墓出土了帛书《老子》，给几千年来的老学研究带来了从未有过的光明。帛书《老子》有甲、乙两种版本，皆是《德篇》在前、《道篇》在后。尤其乙本在两篇后分别有"德""道"二字，明确分出篇名。不仅如此，先秦韩非子《解老》《喻老》亦言德在前，汉代张道陵的《老子想尔注》虽保留不完整，但可以看出其以《道经》为后。可见，《老子》以"德""道"分上下是战国以来的旧传，符合老子淳德归道、全德复道的创作本意①。

2. 通行本系统

通行本系统主要指以传世典籍《道德经》为主，并且是《道篇》在前、《德篇》在后的版本。比较通行的如王弼注《道德经》，以及河上公注《老子道德经章句》。

二、 学界对五千言版本的观点

对于五千言的版本，前文已经简述了二者的不同，《德道经》与《道德经》孰优孰劣，可能不同的学习者会有不同的看法，从不同角度解读会有不同的感受。但对于老子是著述五千言的作者这一点是没有异议的。下面主要列举几条学界的观点，供学习者参考。

首先，随着 1973 年长沙马王堆三号汉墓帛书《老子》的出土，老子研究又走上了一个新台阶。有人认为帛书《老子》的出现为恢复《老子》原貌提供了可靠根据，因而价值很高；也有人认为它的价值在于可与现今流行的诸本《老子》相互订正得失。

其次，关于是《道德经》还是《德道经》的问题。有些学者根据帛书《老子》"德篇"在前、"道篇"在后以及韩非《解老》《注老》的顺序，认为不应称《老子》为《道德经》，而应称《德道经》。而且，《德道经》版本的写定成书时间要比《道德经》的时间早。

再次，楚简本《老子》是比通行本《老子》更古老、更优质的版本。通行本《老子》以河上公本和王弼本最为普遍。专家们经过比较，认为楚简本

---

① 熊春锦 . 老子德道经［M］. 北京：中央编译出版社，2006：2.

《老子》在章次排列上有一定内在联系，而通行本《老子》却打破了原始联系，章次排列相当紊乱。因此，楚简本《老子》不仅比通行本《老子》更古老，也更优越。

最后，楚简本《老子》的出土改变了学界关于先秦儒道关系的传统看法。从通行本《老子》来看，儒道冲突主要表现为两者对仁、义、圣三者的态度不同，儒家崇尚之，道家却主张弃绝之。但在楚简《老子》中却看不出这种冲突。（其实，从文字表层来看似乎是这样，如果将儒道二家的学术立足点放在整个中华道德文化的体系中来审视，就容易理解，二者只是在大道与常道上的侧重点不同。）

综合学界的研究成果与德慧智教育的多年实践，本书认为，从文本形式看，这两个系统的不同主要是德篇与道篇的先后次序及其中一些字句存在差异。《道德经》的称呼是以传世的通行本为主，在顺序上是"道篇"在前、"德篇"在后。《德道经》的称呼是以出土文物帛简本为主，在顺序上是"德篇"在前、"道篇"在后。除了顺序不同，一些字句上也有差异。

就思想内涵而言，联系老子当时著述五千言的时代背景以及全书的思想主旨，这些次序和字句的差异，反映了不同时期中华道德文化的演进，是中华文化由德道文化向道德文化演变的结果。帛简本系统更接近创作时代，更符合创作的原生态思想。《德道经》"德篇"在前、"道篇"在后的次序，除了有道德的内涵之外，还寓意明德归道、以德进道、以德养道的深刻意境。老子的本意是想告诉后来的每一个人需要先讲德，培养自己的德性品格，获得五德能量——仁义礼智信五种德能，同时在自己的身心中去培养这五种品格来获得能量，才能觉悟到"道"，才能掌握到自己应当走的道。如果是道前德后，则会使人们忽略德行的修养，形成坐而论道、空谈大道的现象，导致人们走入修身的误区，也就是老子在五千言中曾提到的"盗夸"形象。而且，按古代文化中宇宙万物的演变规律来说，从道向德，是一个由无到有、从本质到现象、道德能量逐步减损的顺向演化过程；从德向道，是一个从有到无、由现象到本质、道德能量逐步培补、返璞归真的逆向回复本源的德道过程。同时，从修身角度来解读，《德道经》可以说是一部形名学大全，帛简本中的一些文言虚词有其特定的修身内涵，有助于学生诵读学习。因此，在教学中首选帛简本的《德道经》。

第三章 老子的人生智慧拾零（一）

第一节 《论德》

一、《论德》章经文内容

上德不德，是以有德；下德不失德，是以无德。

上德无为，而无以为也；下德为之，而有以为也。上仁为之，而无以为也；上义为之，而有以为也。上礼为之，而莫之应也，则攘臂而乃之。

故失道而后德，失德而后仁，失仁而后义，失义而后礼。夫礼者，忠信之泊也，而乱之首也。前识者，道之华也，而愚之首也。

是以大丈夫居其厚，而不居其泊；居其实，而不居其华。故去皮取此。

二、《论德》章经文释读

1. 文字释读

德：甲骨文 ⬚ = ⬚（行，四通大道）+ ⬚（直，不曲折，不犹豫），表示大道直行。有的甲骨文 ⬚ 将四通大道"行" ⬚ 简化为"彳" ⬚。造字本义：看清道路的方向，没有困惑迷误，大道坦然直行。金文 ⬚ 将甲骨文的 ⬚ 写成 ⬚。有的金文 ⬚ 加"心" ⬚，突出心胸坦荡的含义。篆文 ⬚ 在"直" ⬚ 与"心" ⬚ 之间误加一横。在道家思想中，"道"代表自然律，是道家世界观的核心；"德"代表顺应自然律的法则，是道家方法论的核心。古籍中"德"与"得"有时因同音而相互假借。

《说文解字》："升也。从彳，⬚ 声。"（品格、能量、境界因善行而升华。字形采用"彳"作边旁，表示与行走有关；⬚ 作声旁。）本指登高、攀登。德作动词同本义，表示感激。德通"得"，取得、获得。德作名词表示人们共同生活及行为的准则和规范，品行、品质（如美德；品德；公德；道德；德行；德性；度德量力；德才兼备；德望——品德与名誉；德器——德行器量；德被四方——品德高尚、满布天下；德门——能恪遵礼教道德的人家；德育——以一定的社会要求，进行思想的、政治的和道德的教育；德誉——道德声誉；德馨——道德芳馨；德艺——道德与才艺；德操——道德操行），恩惠、恩德（如德施——恩惠，恩泽；德惠——德泽恩惠），仁爱、善行（如德意——善意；德政——良好的政治措施或政绩；德法——儒家谓合乎仁德的礼法；德厚——仁厚），心意、信念（如同心同德，一心一德），福寿，姓氏。

仁：人，既是声旁也是形旁，表示普天之下不同身份地位的生活者。仁，甲骨文 ⬚ = ⬚（人）+ ⬚（二，等同、相等，参见"均""齐"），表示人人相等，亦即等而视之，视人若己，将心比心，同情包容。造字本义：动词，尊重人道，相信人性相通，视人若己，同情包容。金文 ⬚ 将甲骨文字形中的"人" ⬚ 写成"尸" ⬚。籀文 ⬚ 将金文字形中的 ⬚ 写成 ⬚。有的籀文 ⬚ 将"人" ⬚ 写成"千" ⬚（众多，代表众生）、"心" ⬚（慈爱）会义，表示心怀众生，宽容博爱。篆文 ⬚ 承续甲骨文字形。

《说文解字》："親也。从人，从二。⬚，古文仁从千心。⬚，古文仁或从尸。"（亲爱，字形采用"人、二"会义。龟，这是古文写法的"仁"，字形采用"千、心"会义。尼，这是"仁"的古文异体字，字形采用"尸"作边旁。）本指博爱，人与人相互亲爱。仁作名词表示中国古代一种含义极广的道德观念，其核心指人与人相互亲爱，孔子以之作为最高的道德标准（如仁人——有仁德的人；仁术——施行仁道、仁政的方法；仁宇——在仁德的覆蔽之下；仁瑞——仁德的瑞兆；仁朴——仁爱朴实；仁笃——仁爱笃厚；仁诲——仁爱的教诲）。仁还指事物中有恩于万物生育者，古代常与五行等相配（如《礼记·乡饮酒义》："养之、长之、假之，仁也。"即东方春季养育万物，使其成长壮大，这就是仁），有德者的称呼，旧指有仁德的人（如仁人网——传说商汤曾让猎人网开三面，指给予一条生路；仁者——有德行的人；仁里——仁者住地；仁士——仁人，有德行的人；仁人志士——仁爱有节操的人），完美的道德，同情、怜悯，仁政，恩惠，种子外皮内的部分——可以食用的种子和坚果、核果及类似果实的果皮里边的部分，字本作"人"，明代后改作"仁"（如核桃仁），类似果仁的东西（如瓜子仁）。人，古县名，水名，等于8尺（一说7尺，也有说5.6尺或4尺）的中国古代长度单位，通"仞"，姓氏。仁作形容词表示有感觉能力；与"不"连用，作否定式（如麻木不仁），温润；敬辞，旧时常用于书信中（如仁台、仁兄）。仁作动词表示亲爱，同情、怜悯，思念。

义：是"仪"的本字。义，甲骨文羛＝羊（羊，即"祥"，祭祀占卜显示的吉兆）＋我（我，有利齿的戌，代表征战），表示吉兆之战。造字本义：出征前的隆重仪式，祭祀占卜，预测战争凶吉；如果神灵显示吉兆，则表明战争是仁道、公正的，是神灵护佑的仁道之战。金文羛、篆文羛承续甲骨文字形。篆文异体字羛＝羊（羊，祥和）＋弗（弗，休战），表示休战和平，揭示"道义"的另一层含义。俗体楷书义另造指事字"义"，在乂（乂，表示割、杀）上加一点指事符号，表示杀得有理。当"义"的"仪式"本义消失后，篆文羛再加"人"亻另造"仪"代替，表示程式庄严的典礼。"意"，指个人的心思、想法，强调的是个体性和主观性；"义"原指扬善惩恶的天意，后引申为公认的道德、真理、公认的文字内涵，强调的是普遍性和客观性；"意义"，指个人愿望与世间公理。

《说文解字》："己之威儀也。从我羊。義，《墨翟書》義从弗。魏郡有義陽鄉，讀若錡。今屬鄴，本内黄北二十里。"（我军威武的出征仪式。字形采用"我、羊"会义。"我"，本是兵器，又表仪仗；"羊"，表示祭牲。義，《墨翟书》上"義"字采用"弗"作边旁。魏郡有个地方叫"義阳乡"，其"義"字读作"锜"。该地现属鄴县，本来在内黄县北边二十里的地方。）本指正义，合宜的道德、行为或道理。义读yí，作名词为"仪"的古字，指仪容、状貌（如义节——仪节；义台——古行礼义之台），仪制、法度（如义刑——仪型，楷模、典范；义行——仪形，效法；义形——义刑；义事——谓度事之宜不行之；义度——仪则法度）。义读yì，同本义（如《易经·说卦传》："立人之道，曰仁与义。"即确立人道的道理，是仁爱和正义。《黄帝四经·本伐》："所谓为义者，伐乱禁暴，起贤废不肖，所谓义也。"即所谓为正义而行、而征战的人，就要讨伐叛乱、禁止暴行，启用贤人、屏退谗佞，这便是正义的行为。丈义——主持正义；义不容辞——道义上不容推辞），义理（如《易经·乾卦传》："利物足以和义。"即利人利物就足够可以和同义理；义以成命——国家的法令必以义理为依据，方能施行；义薄云天——义理高厚，直达云天，形容道义极为隆盛），意义、意思（如词义），情谊（如义义合合——团结和睦；义让——为顾及情谊而相让；义友——结义或聚义的友辈；义兄弟——结义的兄弟；义气——为情谊而甘愿替别人承担风险或作自我牺牲的气度），利益（如《黄帝四经·前道》："圣人举事也，合于天地，顺于民，祥于神鬼，使民同利，万夫赖之，所谓义也。身载于前，主上用之，长利国家社稷，世利万夫百姓。"即那些得道的圣人在做事时，总是考虑如何符合天地之道、顺应民心和神祇的意愿，并且兴民同利，人们都依赖他们，这便是所谓的道义。他们应该得到应有的官位，君主任用他们，对于整个国家乃至全天下的人都是大有利处的），姓氏。义作形容词表示名义上的（如义子——认领的非亲生之子），与志愿者有关的、由志愿者组成的（如义从——志愿的随从），善、美（如义问——善声，美好的声誉；义荣——由于修身立德而自然具有的荣誉；义心——常存节义的心境），用于施舍、救济的，为公益而不取报酬的（如义庄——旧指某些豪绅地主拨出部分田地作为族产，以供祭祀办学、救济本族孤寡等的费用；义田——为救助穷困者而购置的田地），假的（如义杖）。宋朝洪迈的《容斋随笔》："人物以义为名，其别最多。仗正道曰义，义师、义战是也。众所尊戴曰义，义帝是也。与众共之曰义，义仓、义社、义田、义学、义役、义井之类是也。至行过人曰义，义士、义侠、义姑、义夫、义妇之类是也。"

礼："豊"是"禮"的本字。豊，甲骨文 = （像许多打着绳结的玉串）＋（壴，有脚架的建鼓），表示击鼓献玉，敬奉神灵。金文承续甲骨文字形。当"豊"作为单纯字件后，有的金文再加"示"（祭祀）另造"禮"，强调"祭拜"之义；同时误将"玉串"和"建鼓"构成的金文豊，拆写成"曲"和"豆"，玉和鼓的形象因此消失。有的金文加"酉"（酒）另造"醴"，表示以美玉、美酒敬神。籀文将金文字形禮和加以综合，取禮之"示"，取之"酉"，并以"水"（酒）代"酉"（酒），大大简化字形。造字本义：击鼓奏乐，并用美玉美酒敬拜祖先和神灵。篆文禮承续金文字形。俗体隶书基本承续籀文字形，将籀文字形中的"水"形写成"乙"形。

《说文解字》："履也。所以事神致福也。从示从豊，豊亦聲。，古文禮。"（礼，履行敬拜活动。用来敬神致福的仪式。字形采用"示、豊"会义，"豊"，行礼之器，也是声旁。，这是古文写法的"礼"。）本指举行仪礼，祭神求福。礼作动词同本义（如礼神——祭神；礼祠——以礼祭祀；礼诵——礼诵经典；礼佛——顶礼于佛、拜佛；礼圣——顶礼圣贤；礼德——顶礼大德；礼仙——顶礼于仙、拜仙），指表达敬意、尊敬（如礼待——以礼相待；礼陈——以礼陈说；礼新——礼待新来者），礼拜、顶礼膜拜（如礼揖——行礼作揖），礼遇、厚待（如礼任——礼遇信任；礼异——特殊礼遇）。礼作名词表示礼节（如军礼——军人的礼节；回礼——回答别人的敬礼；礼闱——会试，因由礼部主持，故称礼闱；礼宪——礼仪和法令；礼检——合乎礼仪的品行；礼职——有关礼仪的职务；礼门——君子循行的礼仪之道；礼度——礼法，礼仪法度），礼法、等级社会的典章制度、规定社会行为的规范和传统习惯（如礼防——礼法，谓礼之禁乱，犹防之止水；礼典——礼法；礼宗——妇女守礼而可为人师法者；礼则——礼法、礼制），礼仪（如礼记——书名，西汉戴圣编，内容为先秦各家有关礼仪的论著；礼体——礼仪、

体统；礼上——官员上任交替；礼装——礼衣、礼服），礼物（如礼券——用
以代礼物之券），礼貌、礼文、礼书（如礼志——言礼之书；礼书——古代记
礼法之书；礼传——礼书；礼经——古代讲礼节的经典；礼学——礼经，礼书
之学）。礼通"体"，有身体，姓氏之义。礼的规范标准是天道规律。

泊：甲骨文字形为 (水，表意，表示浅水) + (白，表声，白有
清楚之义，表示水浅能看清水底之物）。《六书通》里的字形为 或 ，篆文
字形有所变化，将甲骨文的 写成 ，将甲骨文字形的 写成 （百），隶变后楷
书又承续战国文字，写成"泊"，从水（表示与水有关）白声（表示音读）。

《说文解字》："淺水也。从水百聲。"（水浅的样子，水面没有水草的陆地
封闭水域。字形采用"水"作边旁，意为"空白""空无"；"百"作声旁，
合起来表示"水面空无一物""水面光光"，引申为没有水草的空白水面，此
水面可以停船。）本指停船。泊读 bó，作动词同本义（如泊船，泊舟——船停
泊靠岸；泊步——埠头、码头；泊主——船家；泊位——航运上指港区能停靠
船舶的位置，船泊港外），表示栖止、停留（如漂泊，陈子昂《古意》："栖泊
灵台侧。"）。泊作形容词表示淡泊、恬静（如淡泊——亦作"澹泊"，不追求
名利；泊如——水宽大的样子，恬淡无欲），水白貌（如泊柏——水波，浪
花）。泊通"薄"，表示轻微，浅淡，不厚道（如泊礼——薄礼，酒之厚泊）。
泊又读 pō，作名词表示湖泽（如湖泊，泊子——湖泊，水泊）。《玉篇》：
"泊，止舟也。"湖和泊：湖，指水面长满胡子般水草的陆地封闭水域；泊，
指水面没有水草的陆地封闭水域。

识："戠"是"識"和"幟"的本字。戠，金文 = （戈，武器）+
（言，辨认），表示辨认武器。当"戠"作为单纯字件后，篆文 再加"言"
另造"識"（识）代替，强调辨认指称。造字本义：辨认、指称武器的归属或
来源。隶书 将篆文的 简写成 。俗体楷书 识采用俗体隶书 訳的字形，将正
体楷书的"戠" 戠简化成作为声旁的"只" 只。

《说文解字》："常也。一曰知也。从言，戠聲。"（常情。一种说法认为，
"识"是"知道"的意思。字形采用"言"作边旁，善于言谈，表示有知识，
故从言；采用"戠"作声旁。）本指知道、懂得（常情）。识读 shí，作动词同本
义（如识味——知味；识空便——知趣、识相；识道——知圣道；识义——知

义理），表示认识（如识路——认识道路；相识——彼此认识；识丁——认识字；识认——认识），赏识（如识鉴——赏识鉴别；识举——赏识并举用；识遇——赏识知遇），感觉、识别、辨别（如识真——识别真相；识理——辨认和理解）。识作名词表示见识、知识（如常识，才识——才能和见识，胆识，才益多者其识远，识略——见识与谋略；识面——世面；识野——个人一瞬间在内心中意识所及的范围或所能觉知之意念的范围；识断——具有见识，并能判断；识远——见识远大），佛教用语，思维、认识、判断等精神活动的主体（如识神——心识、心灵），相知的朋友，思想或意识（如识想——思想、意念），姓氏。识作副词，通"适"，表示刚才。识又读 zhì，作名词表示旗帜、后作"帜"，指古代钟鼎上凸出的文字。识通"帜"，表示标记（如标识——标志）。识作动词表示加上标记，后作"志"（如识别——加上标记使有区别）。识还通"志"，有记住（如识念——记忆，博闻强识）之义。

华：甲骨文✳像一棵树✳上满是花枝✳的样子。金文✳将甲骨文的"木"✳写成✳，同时加"于"于（竽），表示古人用花枝装饰欢庆的乐器。籀文✳像枝叶茂盛的植物✳有许多灿烂的亮点✳闪烁其间。篆文✳将金文的✳写成✳，将金文的于写成✳。有的篆文✳加"艸"✳（草），误定了"華"的草本属性，于是"華"的含义发生了由"木"变"草"的大转变。造字本义：树木开花。隶书華变形较大，将篆文的✳✳写成✳✳，将篆文的✳写成✳，植物的形状、竽笛的形状消失。正体楷书華、華承续隶书字形。俗体楷书"华"另造会义字，华＝化（化，变，无中生有）＋十（十，是"中"的变形，即草），表示由草蔓生发的花朵。现代汉语中"华"的本义通常由"花"代替。从甲骨文、金文字形的比较来看，"荣"✳的本义是草本植物开花，"华"✳的本义是木本植物开花，然而古籍的用字情形却常常相反：称草本植物开花为"华"；称木本植物开花为"荣"。古人常以部落或联盟首领的特长或开创性的文明功绩来敬称他们的首领。最早推广用火的首领为"炎帝"；最早推广射箭习武的首领为"黄帝"；最早推广采摘种植的首领为"华"；最早推广农耕生产的首领为"夏"；最早推广制陶的首领为"尧"；最早推行熟食制度的首领为"舜"；最早推广渔业的首领为"鲧"；最早推广治水的首领为"禹"。

《说文解字》："榮也。从艸，从✳。凡華之屬皆从華。"（树木开花。字形采用"艸、𡖃"会义。𡖃即"垂"字，象花叶下垂形。所有与华相关的字，都采用"華"作边旁。）本指花。华读 huā，作名词通"花"，表示花朵（如华英——花；华叶——花与叶；华胜——花胜，古代妇女的一种花形首饰；华实——花和果实，亦指开花结果），轻浮柔弱如花的脉象。华作动词表示开花，昏花。华又读 huá，作形容词，表示华丽、光彩美丽（如华扁——华丽的匾额；华彩——华美、光彩；华舆——华美的车辆或轿子；华观——华丽的观阙，即宫门前的望楼；华毂——华丽的车），豪华、称美之词，通常用于赞美他人（如华名——美名；华宗——对同族或同姓者的美称；华笺——对他人来信的敬称；华缄——对他人书信的美称或敬称），灰白（如华首——头发花白，指老人；华颠——白发；华鬓——鬓发花白；华发——花白头发），年轻、年少（如华年），虚华、浮华（如华辞——虚浮巧饰的言辞），汉语（如华言——中原地区的语言，后泛指汉语），荣华、光耀（如华使——显贵的官吏；华秩——显位，高阶），显耀（如华要——显要尊贵的官职；华重——显贵而重要的官职），繁盛（如华滋——草木茂盛的样子），鲜美，彩色，特指雕绘或装饰（如华轩——饰有文采的曲栏；华衮——古代王公贵族多彩的礼服，常用以表示极高的荣宠；华纳——有雕饰的台阶；华幄——帝王所居的华丽的帷帐）。华作名词表示中国（如来华访问），我国古称华夏，今称中华，简称"华"（如华风——汉族或中原的风俗），光辉、光彩（如华景——明亮的阳光；华月——皎洁的月亮；华焕——光彩绚丽；华魄——光彩，亦指皎洁的月光），泉中的矿物由于沉积而形成的物质（如钙华，硅华），借升华而得的化学品（如锌华），车盖（如华芝——车盖，因车盖的外形像芝而得名），时光（如年华，岁华，韶华），声望，精华（如华甸——精华荟聚之区，常指京都、中原、中国；华英——精华；华髓——精髓），文才，瓜类植物的果实，光环，矿脉或煤层已发生氧化或分解的露头。华亦读 huà，作名词表示山名，华山（在陕西省东部，北临渭河平原，属秦岭东段，华山又称太华山，古称"西岳"，海拔 1 997 米，有壁立千仞之势，如华嵩——华崧，华山与嵩山的并称，常用以比喻崇高或高大），姓氏（如华佗，华扁——古代名医华佗和扁鹊的并称）。《尔雅·释草》："木谓之华，草谓之荣，不荣而实者谓之秀，荣而不实者谓之英。"

首：甲骨文██像有发、有眼、有嘴的动物头部。金文██突出头部的毛发██，将甲骨文字形中的动物头部形状██简化成"目"██。有的金文██突出人类的眉毛██特征。篆文██将金文字形中的眉毛形象██写成██。造字本义：名词，人的头部。隶书██将篆文的"眉"██简化成类似的"草头"██。

《说文解字》："首，██同，古文██也。██象髮，谓之鬒，鬒即██也。凡██之屬皆从██。"（首，与██是同一个字。首，是古文写法的"██"字。██像头发，也叫作"鬒"，"鬒"也就是"██"。金文字形，上面是头发和头皮，用以表示头盖；下面是眼睛，用以代表面部。所有与首相关的字，都采用██作边旁。）本指头、脑袋。首作名词同本义（如昂首；首功），指首领、团体的领导人（如群龙无首），开端、开头、前端（如首事——开始；首春——孟春，指农历正月；首秋——孟秋，指农历七月；首祚——一年的开头；首夏——夏季之始，即"孟夏"，指农历四月；首岁——正月，一年的开始），要领，剑柄上的环，位次，方、面（如左首、上首、外首、东首、门首），初始，开端，姓氏。首作形容词表示第一（如首公——以公务为首要，即"奉公"；首功——第一等功劳，当选为第一，科举时代考试名列第一；首位，首僧——当家和尚；首县——县城和府城在一处的县；首士——地方上领头管事的绅士；首事——首要的事），形容迟疑不决（如首施——迟疑进退不定，同首鼠）。首作动词表示头向着……出发（如首路——出发；首涂——启程、上路），屈服，标明，显示。首作副词表示最早、首先（如首唱——首先倡导、发起，也作"首倡"；首创——创始）。首作量词表示一篇诗、词、文等（如唐诗三百首）。《尔雅》："始也。"

皮：克，字形██像一个人██（是██的变形）张着大口██惨叫，反映了远古时代杀人流血以祭天的传统。皮，金文██＝██（克，杀人流血以祭天）＋██（又，抓），表示活剥酷刑。造字本义：远古时代的残忍酷刑，剥去人体表面的软组织。籀文██将金文的██（张着大口惨叫、身体蜷缩的人）写成██，将金文的"口"██写成一圆圈██；将金文的"人"██（██的变形）写成██。篆文██又将籀文██的"人"██写成；将籀文的"口"██写成██。篆文异体字██则将篆文的"又"██（抓）写成"人"██，强调"皮"是剥人体的表面软组织。隶书██变形，"人"形与"口"形都消失。在远古时代，"皮"是剥去人的体表软组织；“革”是剥去野兽的皮。中医方面，称身体表面与外界直接接触的薄软组织为“皮”，称皮下的脂肪层为“肤”。

《说文解字》：“剥取獸革者谓之皮。从又，为省聲。凡皮之屬皆从皮。，籀文皮。”（剥下兽皮的行为叫皮。字形采用“又”作边旁，用省略式的“为”作声旁。金文字形上面是个口，表示兽的头；一竖表示身体，右边半圆表示已被揭起的皮，右下表手。所有与皮相关的字，都采用“皮”作边旁。，这是籀文写法的“皮”。）本指用手剥兽皮。皮作动词同本义，表示韧性大、不松脆。皮作名词表示兽皮（带毛叫皮，去毛叫革，引申指人的皮肤或动植物表面的一层组织，如皮鼓——军用小鼓；皮甲——用兽皮制的软甲），皮毛、皮革（如皮笠——古代革制的笠形帽；皮侯——古代以兽皮为饰的箭靶），包或围在物体外面的一层东西（如书皮、封皮、馄饨皮），指某些薄片状的东西（如铜皮、铅皮、豆腐皮），姓氏。皮作形容词表示顽皮、调皮，由于受申斥或责罚次数过多而感觉“无所谓”的，用轧棉机把棉籽和杂质分离了的，引申为表面的、肤浅的（如皮肤之见——肤浅的见解）。皮通“彼”，指那、那个。《说文解字》：“往，有所加也。”（即所要前往的较远的远方。）有流行、传播、施加的含义。

2. 章意疏解

上德不德，是以有德；下德不失德，是以无德。（此段主要解释德的境界，有上德与下德之分，最好的、最高境界的德是上德，其次是下德。）

达到上德境界的人，自身修养已经步入了自由王国，身心口意全都和谐一体。内心也超越了“德”的文字概念和行为表象，起居动念、举手投足，纯任一片天然，不再拘泥于意识思维的活动。正因为无分别心，所以，一切自然合德。没有达到这种境界的人，因为有意识的取舍分别，而不能将德内化于心，也不能真正与德相融为一，对德的义理、行为还时时挂在心上，所以不能全面把握德而有德。

上德无为，而无以为也；下德为之，而有以为也。（此段阐述了上德者与下德者的不同境界与作为。）

上德的人处于无为状态之中，所具备的圆满的德性处于自然合道的状态，能够无为而无不为。上乘德行的人知道如何提升自身修养的理论和方法，能够体验道的环境，明白自我与宇宙的浑然不分，与道同频共率，故其行为能忘我无为而无所不为。就像日月一样，德辉广泽众生，光明普照万物，而始终不以为德。处于下德状态的人，由于德性缺失不周，使人固囿在有为的后天意识中进行着"相"的意念和表现。因而要在后天有为的状态中、在意识活动下，进行德性的作为、修养而培补。

上仁为之，而无以为也；上义为之，而有以为也。上礼为之，而莫之应也，则攘臂而乃之。（此段阐述了不同境界德行的人的作为，以及失仁用义、失义用礼、失礼用智的道德修养下滑的过程。）

不能完全体道合德的人，因其德性能量和纯度的不同，又有仁义礼几个不同层次的表现。处于上仁境界的人，德性含量和频谱已经接近上德，故其行为虽是有意识而为，却非刻意而为。处于上义境界的人，德性含量已有所缺失，其行为必定是有意识而为，但有所为亦有所不为。处于上礼境界的人，德性含量又有缺失，故其行为虽是有意识而为，但已无人回应，必须攘臂疾呼，方可有所成效。

故失道而后德，失德而后仁，失仁而后义，失义而后礼。（此段阐述了小到个人，大到社会的发展与道德修养之间的关系；个人是社会的细胞。）

当人离道渐远，不能与道同频共振，是因为德性的不圆明。当人离德渐远，不能达到上德的淳厚圆满，就进入了仁德的境界。当仁德也不能保持时，就进入了义德的境界。当义德也有缺失时，就到了礼德的状态。

夫礼者，忠信之泊也，而乱之首也。前识者，道之华也，而愚之首也。（此段指出礼德丧失的后果与信德的关键作用，以及前识是道的表象和愚智的开始。）

而礼德，正是信德菲薄、乱象开始的表征。人在意识思维主导下所接受的一切信息，所进行的一切心理活动和行为，在自然大道的眼中，大多是浮华表象，是愚智的开始。正如熊春锦先生所言，用意识取代心的思识，用智识蒙蔽慧性，就是愚昧的开端。

是以大丈夫居其厚，而不居其泊；居其实，而不居其华。故去皮取此。（此段阐述了后人立身处世、修德养性的正确取舍与选择，也就是老子对人应如何正确修身的态度和主张，以及对后世的希望。）

真正有大志向的人，都希望做顶天立地的大写之人，都去穷究天人合一的大人之学，崇尚和实践大人之学与心身道德的回归，实践生命真理的再造和自然大道的返璞归真。脚踏实地修养道德，立足于修养淳厚的德性，才能步入上德境界。摆脱浮华、表面、有为、后天、有欲的制约和封闭，实践淳厚无为、无欲、无私的上德，复归淳德合道。在心胸中做真学问，修养德性，明白大道规律，安身立命于五德纯厚、光明和谐的境地，顺道而动，而不是处于寡恩少礼、缺仁失义的薄德之境中，险德以行；通过格物致知，掌握自然法则，开启本心慧性，让大脑深层的慧性思维主理自身行为，慧智同运，去把握万物的本质，而不是光凭智能意识的局限性引导，只了解事物的表层。因此，力争做具有道德心灵、大智大慧的人，而不做无德无行、少慧愚智的人。

熊春锦先生认为善于总结历史经验的老子早就洞悉了形成春秋时期社会状况的前因后果以及解决之道。他一针见血地指出："故失道而后德，失德而后仁，失仁而后义，失义而后礼。夫礼者，忠信之泊也，而乱之首也。前识者，道之华也，而愚之首也。是以大丈夫居其厚，而不居其泊；居其实，而不居其华。故去皮取此。"老子的这段话，揭示了中国春秋之前的社会发展特点，从道德治世到仁德治世、再到义德礼德治世，直到春秋以降的"忠信之泊"，放弃修身，仅凭后天人心的智识而为，其决策就容易错误频出，即愚治开始。这一段话不仅将中国社会发展的病因完整地揭示清楚，而且对社会因果周期律大循环的症结也剖析得明明白白，同时还指出了治疗之法①。

老子在这段话中所阐述的道理，具体可从社会与个体两个方面来解析，即大到社会人文历史的发展变迁，小到个体道德修养的境界状况，其道理都是适用的。

三、老子的智慧启示

1. 不同层面德的理性认识

第一，德的内涵境界。

德有不同的境界，即上乘的德与下乘的德。德又有三个维度的内涵，即品

---

① 熊春锦. 道德复兴论修身 [M]. 北京：团结出版社，2008：47–48.

质、品格、品行。品质，主要指人的行为和作风所显示的思想、品性、认识等实质，侧重于德的内在质性。品格，主要指人的人品和处事风格，侧重于德的精神风格。品行，主要指人的品德，侧重于德的行为举止。

第二，德的分类属性。

关于德的分类，是说德有五个子系统，由一分化为五，包括仁、义、礼、智、信。五德与德一的关系，就如人的五指与手掌乃至拳头的关系。人的五指，每一个分开来用，其功能与力量都是很有限的，但是，如果把某两个或几个手指合起来用，就会比用单个手指的效应大。如果进一步，五指并拢成掌，效用又比某几个手指合起来大。如果将掌再握固成拳，其效用又比掌要大，这就是德一能量与五德能量之间的区别，以及德能多寡、厚薄效应的差异。关于德的属性，淳德是一，为纯阳无阴，纯粹而没有杂质；五德为二，各有阴阳属性，既有符合道理的清阳成分，也有不合道德的浊阴成分。

第三，不同境界、风格的德的作为。

上德是无为而无以为，上仁是为之而无以为，上义是为之而有以为，上礼是为之而莫之应，则攘臂而乃之（为什么？忠信之泊，导致乱象丛生）。德有自然而行，在无为中作的（即上德）；也有需要努力，在有为中作为的（即下德）。只有通过"为之"的长期道德修养实践，才能逐步完善德性的圆明，复返进入先天无为的心身环境状态之中。"有以为"是"无以为"的基础，只有经过"有以为"的实践过程，才能进入"无以为"的状态和环境之中。并且，不管上德还是下德，都是真心为德，自然最真。修德的过程就是行德的过程，成就自己也是服务众生，为己就是更好地为人，为人就是更好地为己，两者是相辅相成的辩证关系。

第四，道德境界的演变规律。

大到社会小到个人，道德境界演变的规律是：由道而德，由德而仁，由仁而义，由义而礼，由礼而智。信德是四德的承载和基础，也是由五返一的捷径。中国社会人文历史的发展，也是由三皇时期的道治、德治社会，到五帝时期的仁德治理社会，再到三王时期的义治、礼治社会，一直到春秋战国秦汉以降的礼治与愚智治理社会。由先天无为全面转入了后天有为的时期。上礼状态是人心和社会亲近道德的最后防线，信德是做人的最后一道底线，也是社会安宁的最后一道防线。不能保持上仁、上义、上礼的内环境状态，人们也就难以摆脱愚昧无明，难以摆脱阴性意识的智障。愚转智、智转慧、慧转无为也就显得遥遥无期，难以修证出真实不虚的德性内环境和社会环境，更不易返璞归真合道。人们的体内和社会也同样难以有真正的安定祥和。中华民族道德文化的发展，也由大道文化向常道文化演变，由德道文化向道德文化演进，经历了一个时隐时现、变迁修复的文明行程。

第五，世人对德的正确取舍。

春秋以降的后世人们，对大道规律的领悟，必须以德作为进道的阶梯。对德的取舍，应采取开启心脑深层的慧性认识世界，修养淳厚的德行，以德养生；摒弃只凭大脑皮层的意识思想、薄德险行、危身害生的行为。正如《庄子·缮性》中所言："离道以善，险德以行。"（即所为非大道，所行非大德。）正因为德对每个个体以及社会发展是如此重要，所以古人历来非常重视个人德行的修养，国家培养选拔人才，注重德才兼备自不待说（我国近年来在公务员考试中也加入了对经典内容的考核），各行各业授徒学艺也以德为本。孔门四科（德行、政事、文学、言语）中，把德行放在首位，反映了孔子对德行的重视。古代士君子有"三不朽"之说，也是立德为首，立功次之，立言最后。

可见，老子对世人的启示，始终根据整个社会与每个个体的道德修养状况、道德内涵的品格性与能量性而言。而且古人对德的内涵的认识、理解，不仅仅在于德是一种理论性的伦理修养品格，更重要的在于德是一种涵养人体精神系统的生命能量。这就是《论德》章对世人的重要启示。

2. 道德与健康的内在机理

掌握道德与健康的内在机理、五德与五脏的对应关系，对人们学习实践整部《德道经》，以及正确解读《论德》章都具有指导意义。因为这个话题涉及的内容非常多，知识面非常广，在此，先了解与人体生理有关的医学常识，后面各章再逐步阐述道德与健康的内在机理。

（1）五指与经络。

人们常说"十指连心"，是说十根手指头的感觉皆与心相连，后以此比喻人事物的关系非常密切。这一说法也指出了一个生理现象，人的手指和五脏有对应关系。五对指尖分别是五脏的门户，八邪穴是排泄脏体废气的通道，十宣穴的功能和作用是"纳新"。了解了手指的生理功能，对人们的身体健康也是有益处的。

人体十二经络中，有六条经络是与手有关的，即手三阴经与手三阳经。手三阴经，是从胸腔开始沿手臂内侧向下走向手指的末梢，在指端与手三阳经交会；手三阳经，从指端开始沿手臂外侧向上走向头面部，在头面部与足三阳经交会。它们的循行都经过我们的手指。足三阳经，从头面部开始沿着身体后背向下走向足趾末梢，在足趾末端与足三阴经交会；足三阴经，从足趾端开始沿着身体内侧向上走向腹腔和胸腔，在腹胸腔与手三阴经交会。

黄帝说过："顺四时之度而民不有疾。"即顺应天地四时的节序、规律起居生活，工作养生，实践天人合一，人们就不会或者不容易患上疾病。

如果人们掌握了每一条经络的活动规律，按照它们的时间节点安排相应的起居时间，就会非常有益于自己的生命健康。下面是十二经络的循行部位、活动时间与兴衰规律。

十二经络流注：手太阴肺经（3-5兴旺，寅时）→（手食指端）→手阳明大肠经（5-7兴旺，卯时）→（鼻翼旁）；足阳明胃经（7-9兴旺，辰时）→（足大趾端）→足太阴脾经（9-11兴旺，巳时）→（心中）；手少阴心经（11-13兴旺，午时）→（手小指端）→手太阳小肠经（13-15兴旺，未时）→（眼内眦）；足太阳膀胱经（13-15兴旺，申时）→（足小趾端）→足少阴肾经（15-17兴旺，酉时）→胸中；手厥阴心包经（19-21兴旺，戌时）→（无名指端）→手少阳三焦经（21-23兴旺，亥时）→（眼外眦）；足少阳胆经（23-1兴旺，子时）→（足大四趾端）→足厥阴肝经（1-3兴旺，丑时）→（肺中）→手太阴肺经。

人们在了解了一些人体生理的医学常识后，可以把这些常识与现实生活相联系，做到学以致用，知行合一。这些常识对人们的现实生活有指导作用。

（2）五德与五脏。

关于道德对人类万物的化生、长养作用，熊春锦先生阐述得非常清楚。他说，德进入人体内，会对人产生生理与心理两方面的直接作用。生理方面，主要对人的五脏产生影响；心理方面，主要通过五德对人的个性、性格等精神素养产生作用。五种德能元素分别支撑着人体五脏系统的生理功能，阳木性的仁德对应肝脏；阳金性的义德对应肺脏；阳火性的礼德对应心脏；阳水性的智德对应肾脏；阳土性的信德对应脾脏。五种德能元素共同构成人体的身体素质和心理素质，对体质的生理和人体心理产生作用。五德品格缺失，五德能量匮乏，都容易使人们的身体产生疾病，以及出现亚健康现象。反之，如果人们的德性品格修养得很好，五德能量充足，那就可以比较方便地维护并改善自己的身心健康。对于德的能量性，需要体之于心、身，才能切实感悟，正像人们常说的"如人饮水，冷暖自知"，如果体内其他部位不容易感受，就通过手指的韵动、声音的韵动来感受，这是比较容易体悟的。因为德一与五德之间的关系，正好可以用人们的手来象喻，所以也可以通过双手来体悟。

（3）前识的本质。

前识（即意识思维）所观察到的只是道的表象，是愚智的开始。因此，其并不代表人类智慧和真理的最高境界，也不是人类认识世界的唯一结果和标准答案，并不可取，而应超越表象，深入探讨事物的本质和真相。要深入探讨事物的本质和真相，就必须运用慧识和智识，才能实现目的。

既然前识所得并不可取，那应该如何正确对待前识呢？应该恢复前六识的先天功能，使其从后天进入先天，尽早得一，提升智慧，慧智同运，观察事物、认识世界。以上就是《论德》章对人们学习实践《德道经》五千言的重要启示。

3. 高真德道悟鉴

吕祖认为：此章是虚生明、空生慧、清静合太虚的意思。

其文曰：上德者，不言、不动、不闻、不见，合天道之至真，谓之上德。无心于万物，无心于身形，谓之不德。外忘其身，内忘其心，听万物自然之生化，随其自然之流行，谓之上德不德。"德"字乃道之别名也，即"道"字，非恩德之德也。这等才是个有德的，谓之"是以有德"。

著心于外，谓之下德。有心用取，就有心望报，故为失德。不合天之不言、不动、不闻、不见，亦无清静自然之德，是以无德。外实而内空，外无而内有，实若无，空若有，听自然之生化，谓之上德。无为而无以为。不能虚心，心必外耗；不能实腹，而腹运虚。逢境听心之指挥，心动火盛，焚其腹，

36

或守或运，形容日渐枯衰，无上德之自然，是以下德，谓之而有以害。和顺柔弱，温良静定，而合上德，谓之上仁，为之而无以为。

义字，改作个"断"字。义重生刚，刚生必有果断，果断必有是非，是非出，自疑生，疑生是为失德。夫德失而为仁，仁下而为义，义字，改作"意"字看，何也？义重则刚心生，心动意驰，意驰必有为。有为者，三千八百门皆从此"意"字出，安能合上德乎？是以义为之而有以为。

其文又曰：礼者路也，有意于道，必有心去求，此一求非上德也。谷气应之，则真心不见，而真气莫为之应，是以攘臂而仍之。攘臂者，杀伐之气也，即气质之性也。仍者，就而应之之谓也，即胜心贪念者是也。如此则道远矣！故失道。失道者，失自然之生化，不容心于万物者也，谓之失道而后德。有心于物者谓之德；无心于物者谓之上德。失了道，就是有心于德，失德而后仁，失了自然之德，无仁于万物，和顺于生化，就为有为而失仁。失仁而后义，是坚心刚者勇卤之性，一派气质杀伐之心。失义而后礼，有路为之谓礼，不知礼者吉；知礼者忠信之薄，故凶。乱者，败也、亡也，因礼之害也，故为乱之首。前识者，光明正大、清静无为之人也。不德而若愚，昏默之谓也。如此之丈夫，处上德之厚，不处上礼之薄也。居上德无为之实，不居上仁、上义、上礼有为之华也。故去仁、义、礼、智之彼，而取无为上德之此也，谓之去彼取此[①]。

黄元吉认为：上古之风，浑浑噩噩，一任其天，浩浩渊渊，各安其性，上下无为，君民共乐，忠厚成风，讼争不起。何世道之敦庞若此乎？皆由安无为之天，率自然之性，一时各老其老、幼其幼、贤其贤、亲其亲，安耕乐业，食德饮和，不知道德之名，更不闻仁义礼智之说，然而抱朴完贞，任气机之自动，与天地以同流，俨若不教而化，无为而成，自与道德为一，仁义礼智不相违焉。夫以道德并言，道为体，而德为用；以道德仁义礼智合论，则道德又为体，而仁义礼智又为用。后世圣人虽为化民起见，而立道德之名，分为仁义礼智之说，其实道德中有仁义礼智，仁义礼智内有道德，无彼此，无欠缺也。降

至后世，而道德分矣。等而下之，仁义礼智亦多狃于一偏。此皆由气数之推迁，人心之变诈，故至于此。太上欲人返本还原，归根复命，乃为之叹曰：上德无为之人，惟率其性，不知有德，是以其德常存；下德有为之士，知德之美，因爱其名，好行其德，惟恐一失其德，顿丧其名，此两念纷驰，浑沦顿破，不似上德之一诚不二、片念无存，由有德而反为无德也。且上德无为，斯时天下之民一道同风，群安无为之世；下德有为，际此繁华渐起，俗殊政异，共乐有为之常。岂非"忘机者息天下之机，好事者启天下之事"乎？然时穷则复，物穷则变，人穷则返。当此多事之秋，风俗浇漓，人心变乱，滔滔不返，天真梏没久矣。必有好仁之主，发政施仁，清源正本，易乱为治，转危为安，势不能不有为。然虽有有为之迹，而因时制宜，顺理行去，有为仍属无为，所以垂衣裳而天下治也。更有好义之人，际乱离之日，欲复承平，大兴扫除之功，欣欣自喜，悻悻称雄，不能一归淡定，虽或乂安宇宙、人物一新，而上行下效，民物之相争相夺者不能已也。至于上礼之君，人心愈变矣，习往来之仪，论施报之道，或厚往而薄来，或施恩而报怨，则不能相安于无事。朝有因革，俗有损益，不能彼此相合、远近同群。稍有不应，而攘臂相争，干戈旋起，不能与居与处而相安。故曰："失道而后德，失德而后仁，失仁而后义，失义而后礼。"迄于今，人愈变、事愈繁，而忠信之坏已极，不得不言礼以维持之。无如徒事外面之粉饰，不由中心之发皇，酬酢日多，是非愈众。彼缘礼以为维系人心之计者，殆未思应于外不由于中，必至凶终而隙末，欲安而反危。故曰："忠信之薄，而乱之首也。"他如智非奇计异谋、预度先知之纠察，乃由诚而明，不思而得，不学而能，自然虚明如镜，岂逆诈亿信所可比哉？然道之华，非道之实，且察察为明，必流于虚诬诈伪而不觉，在己或矜特识，其实愚之始也。是以大丈夫有真识定力，知敦厚以为礼，故取其厚不取其薄；知虚华之非智，故取其实不取其华。去取攸宜，而大道不难复矣。

黄元吉又云：此言道德废而有仁义，仁义废而有礼智，愈趋愈下，亦人心风俗使然，无足怪者。至于修养一事，咽津服气出而道一变，采药炼丹出而道一变，迄于今，纷纷左道，不堪言矣！谁复知玄关一窍为修道之要务乎？吾今为人示之：人欲识此玄关，须于大尘劳、大休歇后，方能了彻得这个玄关。又曰"念起是病，不续即药"，又曰"放下屠刀，立地成佛"，总不外尘情杂虑纷纷扰扰时，从中一觉而出，即是玄关，所谓"回头是岸"，又曰"彼岸非遥，回光返照即是"。但恐于玄关未开之前，先加一番意思去寻度；于玄关既开之后，又加一番意思去守护。此念虑纷纷，犹天本无云翳，云翳一散，即现太空妙景。而却于云翳已散之后，又复加一番烟尘，转令清明广大之天，因之而窄逼难容、昏暗莫辨矣。佛云："应如是住，如是降伏其心。"此等玄机，总著不得一毫拟议，拟议即非；著不得半点思虑，思虑即错。惟于玄关未开时，我只顺其了照之意；于玄关既开后，我亦安其坐照之常。念若纷驰，我即收回，收回即是；神如昏罔，我即整顿，整顿即是。是何如之简捷便易乎！特患人于床上安床，动中寻动，静里求静，就涉于穿凿，而玄关分明在前，却又因后天知虑遮蔽而不在矣。吾今示一要诀：任他思念纷纭莫可了却，我能一觉而动，即便扫除，此即是玄关。足见人之修炼，只此觉照之心，亦如天空赤日，常须光明洞照，一毫昏黑不得，昏黑即落污暗地狱。苟能拨开云雾，青天白日明明在前，如生他想，即落凡夫窠臼，非神仙根本。总之仙家无他玄妙，惟明心见性乃修炼要诀。

若问丹是何物，即吾丹田中缊缊元气是也。然此元气与我本来不二元神会合一处，即是返还太极无极、父母未生前一点天命。人能以性立命，以命了性，即可长生不死。但水府求玄，欲修成金液之丹，不得先天神息采取烹炼、进退温养，则先天元性与先天元命，不能自家会合为一、攒五簇六而成金丹。虽然，既得元性元命矣，若无真正胎息，犹人世男女，不得媒妁往来交通，亦不能结为夫妇。故丹经云："真意为媒妁"，兹又云"真息为媒妁"，岂不与古经相悖乎？不知真意者炼丹交合之神，真息者炼丹交合之具，要皆以神气二者合之为一而已矣。第无真息，则真气不能自升自降、会合温养、结成玄珠；既得真息，若无真意为之号令、摄持严密，则使真息亦不能往来进退如如自如。故曰：真意者，炼丹之要。然真意不得真正元神，则真意从何而始？惟于玄关窍开之初，认取这点真意，于是返而持之，学颜子拳拳服膺，斯得之矣。况元神所流露，即是真意，即是一善，亦即得一而万事毕之道。学人认得分明，大丹之本立矣。昔邱祖云："息有一毫之未定，命非己有。"吾示学人，欲求长生，先须伏气。然伏气有二义：一是伏藏此气归于中宫，如如不动；一是管摄严密，降伏后天凡息，不许内外呼吸出入，动摇吾固有之神气。久久降伏，自能洗心退藏于密。长生即在此伏气中，除此别无他道。修行人须照此行持，乃不负吾一片苦衷耳①。

第二节　《得一》

一、《得一》章经文内容

昔之得一者：天得一以清，地得一以宁，神得一以灵，浴得一以盈，侯王得一以为天下正。其至也。

天毋已清将恐裂，谓地毋已宁将恐发，谓神毋已灵将恐歇，谓浴毋已盈将恐竭，谓侯王毋已贵以高将恐蹶。

故必贵而以贱为本，必高矣而以下为基。

夫是以侯王自谓孤、寡、不谷。此其贱之为本与？非也？

故至数与无与，是故不欲禄禄若玉，硌硌若石。

二、《得一》章经文释读

1. 文字释读

一：甲骨文▃是特殊指事字，抽象符号"一"既代表最为简单的起源，也代表最为丰富的混沌整体。造字本义：最小原始单位，最小的正整数。古人认为"道立于一，一生二，二生三，三生万物"。就是说，混沌太初的存在整体是"一"；然后由太初混沌的"一"，分出天地"二"极；天地二极之间，又生出人这第"三"部分；天地人三者衍化出宇宙万物。金文▃、篆文▃承续甲骨文字形。一，代替混沌太初的整体；二，上面的一横代表"天"，下面的一横代表"地"；三，上下两横代表"天地"，中间的一横代表"人"。

《说文解字》："惟初太始，道立於一，造分天地，化成萬物。凡一之屬皆

---

① 黄元吉. 道德经精义 [M]. 北京：中央编译出版社，2014：100 – 103.

从一。式，古文一。"（一，开天辟地之初、万物形成之始，道立于一体化的混沌，然后造化分出天地，化成万物。一是汉字部首之一，所有与一相关的字，都采用一作边旁。）本指数词（大写作"壹"，是最小的正整数，常用以表示人或事、物的最少数量）。一作数词同本义（如一境——一个地方；一碗水往平处端——办事公正不偏袒；一人做一人当——敢做就敢于承认，绝不连累别人；一客不烦二主——托一人能办的事，就不再打扰第二个人；一动不如一静——动不如静好；一清如水——静悄悄地没有人影；一毫不爽——一点不差），序数的第一位（如一甲——科举殿试第一至第三名；一更、一品——一等、第一等；一等一——第一等中的第一名），若干份中的一份或整数以外的零头（如丈一、丈二，百一，整体分为若干份的一部分），表示动作一次或短暂（如一忽觉转——一觉醒来；一时半霎——时间极短；一个眼闪——一会儿工夫；一之为甚——一次已经过分了，用来劝人不要重犯错误），某一个（如一天，一能——某一项专长或技能），每、各（如一桌十人）。一作形容词表示全、满（如一力——竭力；一创——整个；一到处——到处、四处、遍地里），相同、一样（如一似——好像、似同；一同——相同、一样；一理——同一准则），齐一、联合（如一合儿——一同、一起；一就——一并、一起；一心——同心、齐心；一体——一起、一块），统一（如一正——统一法度政令；一匡——使……得到匡正；一法——统一的法令；一是——犹言统一的标准；一量——统一度量；一统天下——统一全国），专一（如一德无暇——一心一意，没有一点虚情假意；一心一计——一心一意），纯一不杂（如一青——纯青；一纯——心地纯一），独（如一取——独取；一尊——独尊）。一作副词表示都、一概（如一往——一概、一律；一括——犹言总括；一是——一概），很、甚（如一力价——极力地），始终（如一行——一向、一直；一了——一直、从来；一往——一向），一经（如一膺新命——一旦接受朝廷的任命；一觉——一旦；一头——一旦；一投——等到，一旦），一一（如一略数——一略举）。一作名词表示初次、第一次、开始（如一箭上垛，比喻旗开得胜，首次就达到目的；一成——初次制成的；一见如旧——初次相见便意气相投，有如故交；一初——开始、起初；一征——初次征战；一听——初听）。《淮南子·诠言》："一也者，万物之本也。"一是一个大合之数。

昔：甲骨文 🦴 = ⊙（日，太阳）＋ 〰️（川流"巛"的横写，代表波涛汹涌的洪水），表示洪水滔天，除天上的太阳、地上的洪水，不见他物。造字本义：发生千年不遇的罕见大洪荒的远古时代。有的甲骨文 🦴 颠倒上下结构。金文 🦴 将甲骨文字形中的洪水 〰️ 倒写成 〰️。有的金文 🦴 误将洪水形状 〰️ 写成两个"草头" 🌱。篆文 🦴 基本承续金文字形 🦴。隶书 昔 将篆文字形中两个"草头" 〰️ 形状写成 廿，波涛形象完全消失。在甲骨文中，纵写的水 💧 为山崖披挂而下的"岩泉"；横写的水 〰️ 或 〰️ 为波涛汹涌的洪水；波涛 〰️ 的一半 〰️ 为静止而不流动的水，即冰。"古"是传说中难以追述的久远时代，"昔"是发生大洪荒的远古时代，"古"比"昔"更遥远。

《说文解字》："乾肉也。从残肉，日以晞之。與俎同意。"（昔，干肉。字形用残肉状的 〰️ 作边旁，日字边表示用太阳晒干这些残肉。"昔"字用"〰️"作边旁，跟"俎"字用"〰️"作边旁，字理相同。）本指干肉。昔作名词同本义，表示昨天，傍晚，假借为"昨"；指从前、往日（与"今"相对，如抚今追昔，今胜于昔；在昔——过去、从前；昔来——往日以来；昔士——古之贤人）。昔通"夕"，有夜晚之义。

灵："靈"（灵）与"零"同源，后分化。靈，甲骨文写作"霝"：🔣 = 🔣（雨）＋ 🔣（两个"口"），表示巫师念念不停地祈祷下雨。造字本义：大旱之时，巫师念念有词地祭祷求雨。金文 🔣 承续甲骨文字形。有的金文加"示" 🔣 写成 🔣，强调祭祀求雨；有的金文加"王"（玉）🔣 写成 🔣，表示用玉器祭祀；有的金文加"心" 🔣 写成 🔣，表示求雨极尽虔诚；有的金文 🔣 加"龠" 🔣（乐器），表示祈雨现场奏乐献礼，仪式隆重；有的金文 🔣 在"霝" 🔣 的基础上再加双手 🔣、双脚 🔣、人形 🔣、火形 🔥，表示祈雨的巫师持炬手舞足蹈，向天神传达干旱缺雨的"火热"痛苦。篆文异体字 🔣 用"巫" 🔣 代替"王"（玉）🔣，强调巫师降神求雨。俗体楷书 灵 在金文字形 🔣 基础上省略大量字件，将双手 🔣 简化成"彐" 🔣（"又"的变形），将"火" 🔥 写成 火，表示巫师持炬表演求雨祭舞。

《说文解字》："靈，灵巫，以玉事神。从玉，🔣 聲。灵，靈或从巫。"（靈，灵巫，用宝玉等祥物敬奉神祇的通神者。字形采用"玉"作边旁，"鼺"作声旁。灵，异体字靈采用"巫"作边旁。）本指巫。灵作名词表示神灵（如灵祇——神明、神灵；灵霄殿——天帝的神殿；灵河——书中虚拟的仙河，灵槎——神仙乘的木筏；灵山——佛家称灵鹫山为灵山，佛祖居处，也泛指仙山），灵魂（如灵明——心灵；灵知——心灵），指人的精神状态（如心灵——内心、精神、思想等）。灵通"欞"，表示窗中竖木，天、地、日、月等意象的尊称（如灵景——日光；灵汉——银河；灵辉——太阳的光辉）。灵通"苓"，表示茯苓。灵通"舲"，表示有窗的小船。灵通"令"，表示命令、法令，姓氏。灵作形容词表示灵活、有灵性（如机灵——聪明伶俐；灵矫——灵巧的飞翔；灵透——机灵聪明；灵变——灵活变通、灵敏轻巧；灵断——明敏的判断，灵修——有神明远见的人，比喻国君；灵鉴——明敏的观察、英明的见解；灵主——圣明的君主），应验、灵验（如灵神——灵验；灵丹——灵药、神奇有效的丹药；灵砂——道家炼出的所谓长生不老药；灵异——神奇而怪异；灵武——超绝的勇武；灵芬——神奇的芬芳），假借为"良"，表示善、美好（如灵辰——良时；灵波——美妙的水波；灵姿——美好的仪表）。

发：本字"髪"：犮，既是声旁也是形旁，是"跋"的本字，表示狗突然拔腿奔跑。髪（fà），金文𤶳 = 犮（犮，即"跋"，拔腿奔跑）+ 首（首，顶部长有长毛的人的头部），表示人拔腿奔跑时头上飞扬的长毛。篆文𩠋将金文字形中犬的奔跑形象犮明确写成"犮"犮（跋），强调"髪"与"跋"的关系。篆文异体字髟 = 髟（髟，长毛）+ 犮（犬，是"犮"的误写），强调人急奔时头上飞扬的"长毛"。造字本义：名词，人或动物头上的长毛。隶化后，楷书将篆文髟写成髪，将篆文字形中误写的"犬"犮恢复成"发"发（跋）。俗体楷书"发"依据草书字形发将正体楷书髪简化成发，导致正体楷书字形中"髟"髟的"长毛"线索消失。《汉字简化方案》又用"发（髪）"合并"发"。

《说文解字》："根也。从髟，犮聲。𩠋，髪或从首。頯，古文。"（根部。字形采用"髟"作边旁，采用"犮"作声旁。𩠋，这是"髪"的异体字，字形采用"首"作边旁。頯，这是古文写法的"髪"。）发读 fà，作名词，指头发，人头上的毛（如理发；怒发冲冠——形容怒极），草木；发通"斾"，表示古代旂末形如燕尾的垂旒，是旗帜的通称。

合并字"发"（fā）：甲骨文 ⚡ = ⚡⚡（两只脚）+⚡（手持标枪），表示助跑投枪。造字本义：手持标枪，双足飞奔，借惯性将标枪投向野兽或敌人。金文⚡加"弓"⚡，表示弓子弹射子弹。篆文⚡承续金文字形。

《说文解字》："射发也。从弓，癹声。"（发射。字形采用"弓"作边旁，采用"癹"作声旁。）本指放箭。发读 fā，作动词同本义（如百发百中，发箭——射箭），出发；上路（如发足——起程、出发；发程——起程，动身启程；发逐——出发追逐；发迈——出发远行），打开、开启（如发书——拆开诏书或书信）；征发、征调（如发召——征调），发生、发出（如发意——产生某种意念），发布、宣告（如发政——发布政令），抒发、发泄（如发挥——抒发），派遣（如发师——派遣军队、出兵），挖掘，花开放（如发秀——开花），繁育、生长（如发孚——发芽；发荣滋长——草木繁茂的萌发生长），阐发（如发微——阐发微妙之处；发义——阐发义理；发题——阐发题意；发蕴——阐发奥秘之情；发凡——陈述某一学科或一本书的要旨），显现、显露（如发色——呈现色彩），施行、开始（如发讲——开始讲解；发严——开始严阵待命），表现（如发华——表现出文采；发威——显示威风；发藻——显示文采），散发、发给（如发辉——散发光辉），倡始、提出（如发端），提拔、举荐，传扬、张扬（如发德——使道德显扬），制作、拟定（如发天葩——制作新奇的文章），歌唱、表演、演奏（如发调——发出曲调；发猛——高亢清扬的乐声；发梁——歌声绕梁不绝），感到（如发困），行动（如发止——行止、进退；发乔——做出滑稽可笑的动作），发源、发端（如发轸——事物的起始、开端；发岁——一年起始），流露感情（如发自内心）。发通"拨"，表示除去，错乱；通"法"，指效法、遵守，启发、开导（如发悟——启发他人，使之领悟；发机——启发机杼，多指诗文的构思和布局），起程，卖出，送出、交付（与"收"相对，表示发出，如发电报）。发作量词表示在小武器打靶比赛中每个射手规定的发射次数（如一次 20 发），计算子弹、炮弹的单位（如一发子弹）。发读 fèi，作动词，通"废"，指崩坏、停止（如发药——停止用药）。

歇：金文=（喝水）+（欠，喘气），造字本义：暂停劳作，喝水喘息。篆文基本承续金文字形。

《说文解字》："息也。一曰气越泄。从欠，曷聲。"（休息。一种说法认为，"歇"是元气泄漏。字形采用"欠"作边旁，歇息与出气有关，故从"欠"；"曷"作声旁。）本指休息。歇作动词同本义（侧重于放松身体的紧张状态以消除疲劳，如歇心，歇泊——休息；歇子——小歇、稍憩；歇午、歇中、歇晌——指午间休息；歇夏——歇伏，伏天休息；歇晚——晚上休息；歇热——乘凉），睡眠、躺下来休息（如他在亲戚家歇了一夜），竭、尽、到了尽头（如歇绝——消失；歇微——衰退消失；歇灭——消失；歇落——消失），凋零、花木草枯萎，留宿（如歇店——住客店），停止、中止活动（如歇令——停止、住手；歇浪——关掉、打烊），气味散发、消散。歇作名词表示曾经，歇作量词表示动作次数。相当于"番""次"；表示一段时间，相当于"一会儿"（如歇歇——一会儿，形容时间短；歇子——一会儿）。

竭：《六书通》里的字形为，篆文=（立，形体像人站立在地上）+（曷，有尽之义，表示举重物必须用全力）。

《说文解字》："負舉也。从立曷聲。"段玉裁注："凡手不能举者，负而举之。"本指背举、用肩背负。竭作动词同本义，表示干涸、枯竭（如竭涸——干涸无水；枯竭——水源干涸），穷尽（如耗竭——消耗净尽；竭诚尽瘁——尽心尽力），亡、失去，败坏、毁灭。竭做副词有悉、全（如竭绝——完全、到底）之义。

基：既是声旁也是形旁，即"箕"的本字，表示土箕，装土的平口竹筐，建筑用具。基，甲骨文=（土，土石）+（其，"箕"），表示用箕畚挑土石筑墙。造字本义：用竹筐装土筑墙。金文加，像脚撑。篆文承续金文字形。隶化后楷书将篆文字形中的写成。古人称筑屋的墙脚为"基"，称铺垫房柱的石头为"础"。

《说文解字》："牆始也。从土其聲。"（墙壁的起建点。字形采用"土"作边旁，"其"是声旁。）本指墙基。基作名词同本义（如基扃——城阙；基趾——墙脚、城脚居下承上的，又指基础、基业），泛指一切建筑物的根脚（如基阶——阶基；基雉——宫室与城垣的基础；基筑——建筑物的基础；基构——建筑物的基础和结构），基础、事业的根本（如基兆——根本、始因；基原——根源；基图——基业），基团（作为某些化合物分子组成部分的稳定原子团，如氨基，偶氮基，自由基），原油中占优势的物质，或在精制油中余留的残渣（如混合基原油）。基通"赍"，表示一周年、一整月或一昼夜。基作动词指奠定基础，创建。基作形容词有根本（如基数、基体、基线）之义。

禄：录，甲骨文 ＝ （井架辘轳）＋ （井水盛器）＋ （水），表示取之不尽的井水。造字本义：取之不尽的井水，喻享受不尽的福分。金文 在井水盛器 下面加"水" 。当"录"的"取之不尽的井水"本义消失后，篆文 再加 （示，"福"的省略，表示上天赐予的福分）另造"禄"代替，比喻像井水一样取之不尽的福分。篆文 误将金文的"录" 写成"录" 。

《说文解字》："福也。从示录声。"（福祉。字形采用"示"作边旁，"录"作声旁。）本指福气、福运。禄作名词同本义（如禄祚——福分和寿命；禄相——有禄的相貌，旧时相术认为人的形体、气色等与人的贵贱贫富、夭寿等有关；禄气——食禄之气运），福、善，官吏的俸给（如爵禄——爵位和俸禄；薄禄——薪水），禄位（如禄利——爵禄之利），赏赐物（如禄料——料钱，唐宋间官吏除岁禄、月俸外的一种食料津贴）。禄通"录"，指册籍，姓氏。禄作动词表示给予俸禄（如禄亲——禄养，以俸禄养亲；禄使——给俸禄供使用；禄勋——给予有功者以俸禄）。禄通"录"，有总领之义。《玉篇》："禄，赏赐也，又福禄也。"

石：甲骨文 ＝ （厂，像悬崖）＋ （口，像岩块），表示山岩。造字本义：坚硬的矿物质，山岩，岩块。金文 、篆文 承续甲骨文字形。 ，篆文 ＝ （禾，谷物）＋ （石，钧石），表示古代谷物称重标准，一 相当于一百二十斤。古籍多以"石"代替" "。

《说文解字》："山石也。在厂之下；口，象形。凡石之属皆从石。"（山上的石头。好像石头在山崖之下；口，是石块的象形。甲骨文字形，右像岩角，左像石块。"石"是汉字的一个部首。所有与石相关的字，都采用"石"作边旁。）本指山石。石读 shí，作名词同本义，构成地壳的矿物质硬块（如石髓——钟乳石；石头记——《红楼梦》；石头城——故址在今南京市清凉山，简称"石城"，后用以代指金陵或南京；石子甬路——用鹅卵石铺成的甬路；

石桥三港——三孔的石桥；石破天惊——文章议论新奇惊人），石刻、碑碣（如金石，石像——石雕的人像；石本——石刻的拓本；石碣——圆顶的石碑；石铭——刻有文字的碑石），指矿物类药物，亦指道教用矿石炼的所谓长生的药（如石水——矿泉水，亦泛指泉水；石肝——一种矿石，可作美容药服用；石药——矿物类药物），石磬（古乐器名，八音之一），古针（古代的医疗用具，如药石之言——喻规劝别人的话），姓氏。石作形容词指硬、坚固（如石心——喻指坚定的意志；石交——交谊牢固的朋友；石骨——坚硬的岩石；石镫——坚固的铠甲）。石通"硕"，指大。石又读 dàn，作量词指中国市制容量单位，十斗为一石；重量单位，一百二十市斤为一石；面积单位，用以计量土地，其具体数量各地不一，有以十亩为一石的，也有以一亩为一石的（如他家有两石田）。

2. 章意疏解

熊春锦先生在解读《德道经》时指出，作为一位伟大的哲学家，老子的哲学系统是涵盖了精神世界的大唯物主义。如果我们在精神世界用好"德一"，我们的民族必定会成为全世界各民族向往的中心！如果我们在经济领域用好"德一"，我们国家的经济发展必定会走在世界的前列！如果我们在科学领域用好"德一"，我们在各门类科学研究发展的领域同样必将会位居世界的前茅！那就真正能够实现老子所说的"是以圣人执一以为天下牧！"整个世界文化、经济、哲学的发展，全部将归于"执一"。天下太平、历史上万国来朝的景象，也容易再现！① 为什么这样说？下面来看《得一》章是如何阐述的。

昔之得一者：天得一以清，地得一以宁，神得一以灵，浴得一以盈，侯王得一以为天下正。其至也。（此段阐述了得一之后的境界和德一能量进入天、地、神、浴、王不同境域之后的效应。）

从前，修养道德，得了"一"的状况，如：天得到一的能量，就会中正清明；地得到一的能量，就会祥和康宁；神得到一的滋养，就会灵动活泼；人得到一的沐浴，就会内外充盈；侯王得到一的能量，会使天下同心归正。也就是说，国家管理者以德一能量居中为用，就能够解决社会治理和国内民众之间

---

① 熊春锦．中华国学道德根 ［M］．北京：中央编译出版社，2006：66．

的各种矛盾，德一就是物质文明和精神文明和谐发展以及社会长期保持稳定的根本方法。若用德一驾驭阴阳二，不管是公仆与公民、管理者与被管理者，还是物质文明与精神文明，都能实现"我无为也，而民自化；我好静，而民自正；我无事，民自富；我欲不欲，而民自朴"的社会治理效应。这就是"得一"达到的最高境界。

在这里，老子一开始就气势磅礴、浓墨重彩地用排比句的方式，连续用了五个"一"，一气呵成，将"一"也就是"德"对天、地、神、人、王的根本性作用予以精辟阐述。他将"德一"对宇宙天地、对人类、个人以及国家社会的巨大根本性作用，在短短的五个排比句中进行揭示和推演。这是在居于〇中而用一，用至简至易的方式来揭示宇宙的自然规律，告诉世人认识世界必须返归德道，探根寻源，把握源头活水，得其一则万事毕①。

什么是一？混沌太初的存在整体是"一"。一者，就是一心、一德、一气也，一为天地之本。如果联系宇宙大爆炸理论来说，道是宇宙还没有形成之前的状态，德是发生爆炸时产生的初始能量。《太平经》说："夫一者，乃道之根也，气之始也，命之所系属，众心之主也。"又说："一者，数之始也；一者，生之道也；一者，元气所起也；一者，天之纲纪也。……一者，天之纪纲，万物之本也。"

什么是天，什么是地？《说文解字》中说，"天者，颠也，至高无上"，指人头顶上方的无边苍穹。"地者，元气初分，轻清阳为天，重浊阴为地。万物所陈列也"，是说在宇宙间混沌的元气初分之时，轻清的阳气上升为天，重浊的阴气下沉为地，是万物陈列的所在。《黄帝内经》中说："清阳为天，浊阴为地。"神话故事也说，盘古开天辟地，轻清者上升为天，重浊者凝结为地。现代物理学认为，我们所观测到的宇宙始于150亿年以前的一次大爆炸，宇宙是由一个致密炽热的奇点于一次爆炸后膨胀形成的，150亿年以前，这个超密度的粒子瞬间发生大爆炸，形成了现在的物质宇宙，其中有形的物质凝集成星体，就是地；无形的空间扩展开来形成了太空，就是天。

但是，人类就是因为贪婪，最后失去了德一，离开了道〇，丢了根本还浑

---

① 熊春锦 . 中华国学道德根 ［M］. 北京：中央编译出版社，2006：93 - 94.

然不觉。

天毋已清将恐裂，谓地毋已宁将恐发，谓神毋已灵将恐歇，谓浴毋已盈将恐竭，谓侯王毋已贵以高将恐蹶。（此段阐述了失一之后的可怕后果。）

天如果不得一（失去了德一），就不会清明，天体将会崩裂，星球将会离轨，星系将会混乱碰撞，宇宙也会毁灭。因为失序了，天若无厚德，三景（日、月、星）不明，星辰不顺，五行错乱，四序失和，天灾不断，这是天的不清。将恐裂，裂者，诸如移星换斗、天体紊乱、天分裂就是不祥的征兆。

地如果不得一（失去了德一），就不会康宁，地球将失去能源供应，导致阴阳不和，发生山移河竭，旱涝不时，风雨失调等现象。万物不能生成，万民不得生养，这是地的不宁。地若不具厚载之德，不宁则发。发者，就像人发脾气一样，就会地动山摇，土崩海啸，江河泛滥，瘟疫流行、害虫危害庄稼等，这都是地球身不得康宁而发作的结果。

神（人的精神）如果不得一（失去了德一），就不会灵动，不能行聚散阖辟之机，不能行升降屈伸之理；正不压邪，阳不胜阴；叩之不应，感之不恪。"神足不思眠"，就是神气充足的表现，神"歇"，则是神气耗散不足的验证。

人如果不得一，道德能量就不会充盈。不充盈，生命活动就不能消长运化，不能吐纳盛泄。不能沐浴在德的能量中，就不能运化阴阳，不能容纳万物，无传声之妙，其生命能源必将枯竭。

而且，社会物质文明的发展，离不开人的创造力，但人类的创造力诞生于人的"慧识"（直觉、灵感）之中，慧识通过智识而产生新发现、新理念、新发明、新创造。而人的慧识又必须以德的能量作为创造力的源泉，才能产生科学创造力。这之间的关系可以用几个字表述清楚，创造力→慧识→德→智，即以德养慧，以慧驭智，产生创造力。因此，老子在这里还指出，如果人的精神系统不能进行"上善治水"，不能沐浴在德一的能量之中，慧识就无法得到滋养，人的创造力就必然枯竭。缺乏创造力的科学文明，也必将萎靡不振、停滞不前[1]。

侯王如果不得一（失去了德一），就不会正天下。侯王若不具备厚德，便

---

① 熊春锦. 国学道德经典导读［M］. 北京：中央编译出版社，2006：95.

不能施无为之治；不能行德化于人间，不能显高贵之威。国家社会的管理者如果作威作福，不知"三本"（道本、德本、民本）真意，就不能得民心。政令若不合道，百姓就不能安居乐业，天下就不能安稳，就像水与舟的关系。心君有德，民必重德。民重德时，民之水即可载舟直达彼岸。侯王在身中指大脑，是人体的中心指挥部。如果人体的大脑得了一，那就说明圣人之治的实践已经有了良好效果了，这时的境界可以用"内圣外王"一词来表述（即内修圣人品格，外显王者风范），指内外兼修，学术、德行二者具备，其实这也是内在的修身应用于外的体现。

故必贵而以贱为本，必高矣而以下为基。（此段阐述了高与下、贵与贱的辩证关系。）

因此，至贵必以（极贵是以）卑贱为根本，至高必以低下为基础。有国才有君，有君才有臣，君臣上下，犹天高地卑，乃名分不易之道，万物不变之理。没有天下万民，君王就失去存在的基础。《太平经》曰："今帝王居百里之内，其用道德，仁善万里，百姓蒙其恩。父为慈，子为孝，家足人给，不为邪恶。帝王居内，失其道德，万里之外，民臣失其职，是皆相去远万万里，其由一也。习善言，不若习行于身也。"贵与贱，高与下，本是一个整体的两端，或者事物发展相对而言的辩证统一。高下贵贱，这是因为有了分别心，经过对照比较得到的结果。

夫是以侯王自谓孤、寡、不谷。此其贱之为本与？非也？（此段以侯王持守德一的原因为例继续阐述。）

由于这个原因，侯王常常自称"孤、寡、不谷"。孤者，孤陋也。寡者，寡德也。不谷者，不善也。侯王真的都以卑贱为根本吗？不是。这都是侯王的虚心谦下之辞，即侯王明白"贵以贱为本""高以下为基"的辩证法则。

《太平经》曰："君宜守道，臣宜守德，道之与德，若衣之表里。天不广，不能包含万物……天行道，昼夜不懈，疾于风雨，尚恐失道意，况王者乎？……相去远，应之近。天人一体，可不慎哉？……古者圣人治致太平，皆求天地中和之心，一气不通，百事乖错。……自然守道而行，万物皆得其所矣。"

故至数与无与，是故不欲禄禄若玉，硌硌若石。（此段指出世人对德一应持有的正确态度。）

因此，是求取数量的多少还是追求质量的精一？真正得一的人，已经超越了阴阳二的制约，明白"虚无生万有，用一就足够"的道理，高低贵贱其实都是人为的暂时区分，并不能真正反映事物的实质本原，万物各有其存在的道理，不管数量的多寡，还是品质的高低，都以是否顺道合德为前提。因此，既不愿意过于把福善看得像美玉一样珍贵，也不愿意把似玉的美石看得像石头一样平常（或看得像重叠堆积的石头一样普通）。提示世人应放下分别心，进入德一的境界，不要执着于阴阳中流转不息。只有将整个社会的几大因素（即神权、人欲、王权，分别对应宗教、人心、法律）全部规范到德一的治理之中，抱一无离，始终以德治治理社会，才是社会健康发展之路，黎民百姓之福。国家社会的健康发展，离不开物质文明建设和精神文明建设这一对阴阳。这一对阴阳只有用德一居中进行调控，也就是用旋极图的"象"的表达模式统驭物质和精神的平衡发展，才是唯一正确的方法，才不会出现此高彼低，丰富与贫乏交织的现象。精神与物质这一对阴阳互根、相互作用的机理，只有在德一的统御之下，才能完美和谐地展现和发展①。据说，在尧舜时代，天下没有穷人，虽然物质财富可能不是很丰富，但人们都有自己的事做，各得其所，《礼记·礼运》中也记载，"大道之行"的时代，"使老有所终（老有所养），壮有所用（青壮年有用武之地），幼有所长（能够健康成长），矜寡孤独废疾者（孤寡独身有疾患的人），皆有所养（有所护养和生存保障）"。这都是德治社会的良性效应。人们常说"仁者无敌"，而老子在《德道经》中告诉人们"重积德则无不克"。因此，"德一"就好像人类的万能通行证，厚德可以无往不克。

三、老子的智慧启示

1. 老子的唯德辩证法思想

以德道象数理气为核心的一元四素论，是正确解读中华道德根文化的方法论。其中，道为元，德为一，象数理气是四把金钥匙。如果用数的方法来解

---

① 熊春锦. 中华国学道德根 [M]. 北京：中央编译出版社，2006：211.

析，则道为○，德为一，阴阳为二。

一者，德也，德者自得。五德圆满没有缺失，自然由五返归一中，一是距离道最近的，人只有具备德一的品格，得到一的能量滋养，才有资格问道；实现道心德品，体悟德音慧流。

《论德》章既是整部五千言的开篇宣言，也是"德经"的纲领，在这一章里，老子先从不同层面总体阐述了"德"的理论。紧接着，《得一》章就通过天、地、神、人、王五大因素，阐述了德一能量对人类与个体的重要作用，以及社会各界在进入德境、得了一之后的神奇效应与离开德境、失去一之后的可怕后果，并指出人们应该如何对待得一。老子认为，只有始终牢牢地立足于上德、德一的境界，社会才会稳定和谐而没有忧患，他还在其中展示了自己的唯德辩证法思想。

唯德辩证法思想是当代国学名家、德慧智教育创始人熊春锦先生提出的概念。老子的思想是引领一切的哲学，他的德道学说是横贯中西圆融世界的绝学（即人类实践中华圣学、回归真性本源的绝顶学问），这门绝学就是老子的大唯物主义哲学和唯德主义辩证法思想。

大家都知道，辩证法是研究事物运动发展、变化规律的方法。黑格尔认为客观精神发展之过程，有正、反、合之程序，以此观察事物之变动性、关联性、矛盾性。至马克思及恩格斯，则将之倒转而视为一切自然物质变化之基本原理。辩证法认为事物处在不断运动、变化、发展之中，而这些是由事物内部的矛盾引起的。对立统一规律是唯物辩证法的根本规律。西方哲学中的辩证法来源于东方，而且和老子《德道经》思想有密切关系。

唯德辩证法思想的核心要义在于：①东方哲学思想与西方哲学思想的分水岭。②无为思识方法论与唯德辩证法思想。③唯德辩证法思想融化了唯物与唯心之争。④物质与精神的"异相互动双曲线"规律性。具体可从以下四个方面理解。

（1）唯德辩证法思想的哲学基础。

西方哲学中的辩证法与老子《德道经》思想既有联系又有不同。莱布尼茨认为，"○是自然，一是上帝"。而在老子的哲学思想体系中，"一"是德，是能量是品格，而不是上帝。"一"和道"○"一样，都是唯物性的物质①。这是东方哲学思想和西方哲学思想的分水岭。

老子运用"无为思识"的方法论建立了唯德辩证法思想。老子的"唯德主义"辩证法思想建立在道的无相"○"态物质环境中。他通过既具有"无相"性，又具备"有相"物质性这一特殊的、具有双重结构特征的"德一"能量物质，全面深刻地揭示和论述了万物生灭的总规律。他的"唯德主义"辩证法，把握住了人类的物质世界和精神世界。近代"精神和物质""唯物与唯心"等哲学思想，都是通过"有为意识"的反复试验、逻辑推理分析得出的结论。其实，老子早在2 500年以前，就运用了他的"无为思识观"，这些内容毫无遗漏地都收在他的哲学思想囊底之中②。

（2）唯德辩证法思想的和谐阴阳。

如果了解过欧洲那些受中国文化影响的哲学家以及他们应用道德哲学的内容，就会发现老子哲学思想西游后对西方哲学产生的影响和作用力。西方哲学中由于没有道○德一（德道学）的哲学思想，没有识破认清"德一"的真面目和真实内涵，因此长期深陷在阴阳的"二"数中不能自拔，进行"唯物"与"唯心"的争辩，使两大哲学阵营针锋对峙，呈矛盾斗争态势。而在老子的"唯德主义"辩证法思想中，太极图的阴阳二极是互根互生的，德一能量居中调和、扶持阴阳的运动发展，使二者始终保持动态平衡。"唯物"与"唯心"本是和谐对称的两个部分，没有争辩，阴阳是和谐相处的，"唯物与唯心"之争被融化于"唯德主义"之中。困扰西方长达数百年之久的唯物与唯心之争，老子早在2 500年前就已经圆满地揭示和解答了。而且，其物质与精神呈现"异相互动双曲线"的状态。

（3）唯德辩证法思想的理论本质。

老子"执一以为天下牧"的恢宏气魄，以及其中阐述的真理，也就是以德观万物，以德论万物，以德揭示万物本质的科学哲学思想，可以说在人类历史上无人能出其右。德既是能量物质，又是精神物质，是个物质性的"无相"

---

① 熊春锦. 中华国学道德根［M］. 北京：中央编译出版社，2006：179－180.
② 熊春锦. 中华国学道德根［M］. 北京：中央编译出版社，2006：109－110.

与"有相"。对于德的能量与品格的双重物质结构特征，老子了如指掌。放在漫长的历史发展中，对于"德"这个从道"○"诞生的初始能量物质，这个"一气含三"、生化、长养万物的无相物质精灵，只有老子发现并全面揭示出了其本质。他运用自己深邃无比的"无为思识"方法论，运用他大智慧的文笔，将"德"阐释到了淋漓尽致的深度，并用德引领人类复归于"德一"和"道无"的境界之中。人类如果能够遵循他的"唯德主义"哲学思想和辩证法，运用"大唯物主义"哲学思想和方法论，就必然会使人类的发展踏上符合自然客观规律的正确道路。人类社会从此也就会总体步入良性的发展，从而避免诸多灾难。这一点，早已被中华民族 2 500 年来的历史现实予以证明。

（4）唯德辩证法思想的实践意义。

实践老子的"唯德主义"哲学思想，认识德，尊重德，修养德，实践德，积蓄德，运用德，抱一无离，就是人类正确认识自己、正确认识社会、正确认识自然，和谐发展身国内环境和社会外环境，回归自然的必由之路。学习和研究老子的"唯德主义"辩证法思想，是人类从必然王国走向自由王国的必经之途[①]。

2. 得一的修身养生实践性

（1）德一思想的指导性。

既然已经学习理解了老子的"唯德主义"思想，就应当正确地治理自己的身体（把治身如治国一般同等对待）。整体把握性和命这两大系统的阴阳结构，用"一"来把握一性一命的"二"，不要将性命二者分开来认识。用老子的"唯德主义"思想对我们的性命进行全面、系统的综合分析，从而深刻地解析和认识"二"如何归于"一"，复归于"○"。若要做到身心性命的净化升华，道德品格与能量的提升，必须牢牢把握住道的"大唯物主义"哲学观和德的"唯一性"，不再受太极模式"二"的制约和困扰。高度重视身国内心君的统帅作用，人身一太极，心就是太极弦中央的结合点、结合部，把它解开了，太极也就不存在了，就归了"一"，复了"○"[②]。

---

① 熊春锦．中华国学道德根［M］．北京：中央编译出版社，2006：118.
② 熊春锦．中华国学道德根［M］．北京：中央编译出版社，2006：129.

（2）什么是人体的得一？

得一既是修身达到的境界，也是上古修身明德的妙法。古时又称之为"守一"。为什么要守一？因为守一就是守德，守住了德，也就守住了道。老君《内观经》曰："知道易，信道难。信道易，行道难。行道易，得道难。得道易，守道难。守而不失，乃常存也。"得一的具体实践方法，其实甚易知，甚易行，甚易成。知的是百姓日用而真知，行的是天道自然法则与秩序，成的是法地法天而天人合一。从人体脊椎的得一说起，人体的一其实有很多，诸如头、腹、脉、五脏、四肢、骨、肉都有一。正如《太平经》所言："故头之一者，顶也。七正之一者，目也。腹之一者，脐也。脉之一者，气也。五藏之一者，心也。四肢之一者，手足心也。骨之一者，脊也。肉之一者，肠胃也。能坚守，知其道意，得道者令人仁，失道者令人贪。"其中，脊椎的得一对整个身体达到修身的得一境界具有非常关键的作用。

我们说自己是龙的传人，脊椎就是人体的龙骨，人体的脊椎包括颈椎（7）、胸椎（12）、腰椎（5）加起来共有二十四节，与农历的二十四节气相对应，全息性地和太阳系的能量结构相对应。与人体二十四节脊椎密切相关的二十四节气，是按照地球绕太阳公转一圈的黄道轨迹划分的。常人脊椎内的气机运动是每一个节气向上移动一个脊体，一年完成一次整个脊椎的气机运动，也就是说一年才能对应性地完成一次自然造化的气机变化。但是，根据老子"上善治水"的修身方法，如果用太极修身的健身方法来锻炼脊椎，画一个太极球，按照一定的实践方法在身内运动一次，就可以主动获得常人需要一年才能获得的黄道周天能量物质。当然，通过诵读五千言给它灌注道德能量，也可以助力它实现得一，得一实现之后，还可以继续精进实现合道归〇①。

（3）高真德道悟鉴。

吕祖认为：此章是守法之要，返本还原之意也。

其文曰：昔者是胚胎之时，惟有灵性，一气贯通，本来是一也，如今世欲多端，杂念横生，故不得一，要从"虚无"二字返元归为一，如昔之"一"同。应虚其心、忘其形、绝其意、归其清、守其静、还其空，得其一而归有，

---

① 熊春锦. 太极修身［M］. 北京：中国华侨出版社，2012：113－115.

有中复静，谓为得一。得一者如天。天乃高也、悠也、久也、明也，此其为天也，因得一而清。博也、厚也，此其为地也，因得一而宁。明也、虚也、照也、洞也，此其为神也，因得一而灵。神者不散而众，潜藏不露，静以合德，虚以敛形，空以得一，散而充塞天地，聚而入于微妙，水火不焚溺，金石不障弊，立日月而不影，此其为神也。神何以宁乎？清心静意、忘物忘形、惟精惟一、以诚内观、以一贯流通信心，无无而归于空，归空不空，抱道守一，始得神灵。

其文又曰：天也！地也！大地皆空，四围不著，虚空一身，乾坤尽在掌握，真气随其流通，身外之身，此其为谷也。上不上，下不下，前不前，后不后，左不左，右不右，中不中，虚无一气之间耳，此其为真谷也，因其得一而盈。

草木也，飞走也，日月星辰也，天地也，此其万物也。天地得乾之真火、坤之真水，从虚无而生形，是为物也。天地得乾坤、水火交泰，抱一虚无媾精，清静生气，得阳火而成日，天地之命也；得阴水而成月，天地之性也；性命流通，生生化化而育万物，皆得天地阴阳之气，以静而守之，万物故能生。今日动，明日移，真火一照，真阴不滋，万物岂能生乎！

如人之秉父母阴阳媾精交泰而生，即天地秉乾坤之气，同父母之气，原是虚无，因世欲所染，故归于实，如今要返虚无，有何难哉?! 只在一念间耳。念澄虚无见，心死真心现，意绝真性明，性明而命归，命归而神立。神不外散，先天起而诸气潮，气潮有信，不失时候而周流天下，聚散有度，此人之万物也。人若外见外听，心驰意往则神耗。若动举无度、多言无忌、负重拿轻则气耗；神耗，精随而耗之；气耗，精亦随而耗之。神随精聚，气随精生，精亦逐神气之聚散，心动神耗，意动气耗，念动精耗。常常虚无，则精气神之不耗者也，这才是万物得一而生。

侯王者，心也，心灰无容于物、形、心者，谓之侯王得一。一身归空，一气返正，存神而不存人，存性而不存心。存无随气，随气养神。神安命则立，气安性则明，命立性明，谓之为天下正。其致之一也，诚其意，一贯其气，其致虚致无之一也。

天之震怒，是不清也。狂风骤雨，轰雷掣电，此其所以不清也。天不清，因气不和；气不和，将欲裂。裂者，变也，气散神不敛，故不和而变。水竭山摇，地脉枯而不宁，此其所以发也。地之无以宁者，不静之故耳。发者，起也。不虚不无，神故无以灵，不灵，将欲歇，歇者，止也。谷不虚无以盈，竭之而不开，塞之而不贯。谷不虚，惟恐竭；天不清，唯恐裂；地不宁，唯恐发；神不灵，唯恐歇，此其不空耳。空中生有，万物始生，入于顽空，则万物无以生；顽空则万物不生而灭，在空不空中，恐万物有灭，空而存不空之意也。

心不灰则侯王不正，侯王不正而贵高，居贵本于贱，居高本于下，不本贱下则身心蹶裂。因心有容于物、形、心，故蹶之；无容心者，故不蹶。常以戒慎恐惧、不睹不闻、清心静意、忘物忘形、心无其心、意无其意、无无亦无、无无不无，如此则能不裂、不发、不歇、不竭、不灭、不蹶也。因其得一于我也。

故贵以贱为本，高以下为基，无他，顺则"一"生。千千万万从"一"而生；逆则"一"存，一而诚，诚则豁然贯通矣。此是贱之本、下之基也，是以侯王自称孤、寡、不谷。心原本于一，孤者单也；寡者独也；不谷者，无同类也；言其孤、寡、不谷于一也。一者，清静也、空谷传声也，如此其以贱为本也。难道是此说之非乎？！

你不看舆之轮辐周流乎难记，其辐不动，则易明其辐也。故致数舆，无舆不欲其辐，如无人不欲其气。舆无辐不行，人无气岂能生乎？碌碌如玉者少，珞珞如石者多，言其多必自少，贵必自贱，高必自下者故耳，因其得一于我也。返我昔日之阴阳，归于虚无，而成不二之道，故以言天地之清宁，欲人得一而法天地，使其谷神不死，与大道同焉①。

黄元吉认为：大道无他，一而已矣。一者何？即鸿濛未判之元气，混沌未开之无极，生成万物之太极。要之，元气无形，谓之无极；万物皆从无极而有形，实为天下之根，谓之太极。即此是道，圣人无可名而名之，故曰一。若无一则无物，无物便无一，得之则生，失之则没。自昔元始以来，其得一而成形

---

① 老子．吕祖秘注道德经心传［M］．吕岩，释义；韩起，编校．桂林：广西师范大学出版社，2014：78－81.

成象、绳绳不已、生生不息者，大周沙界，细入微尘，无或外也。《中庸》云"视之不见，听之不闻，体物不可遗"，孰非此一乎？故综而计之，天之清也，得一而清；地之宁也，得一而宁；神之灵也，得一而灵；谷之盈也，得一而盈；万物之生也，得一而生；侯王之正己以正天下也，无非得一以贞而已。纵或大小异象，贵贱殊途，表里精粗，幽明人鬼，至于不可穷诘，孰能外此一以为包罗哉？即如天至高也，无一将恐崩裂；地至厚也，无一将恐发决；神至妙也，无一将恐不灵；空谷传声，气至盈也，无一则恐竭矣；万物负形，气至繁也，无一则恐灭矣；侯王至高而至贵也，无一以贞天下，恐位高则危，名贵则败矣。是一安可忽乎？果能由一散万，浩荡无垠，渊深莫测，则天、地、神、谷、万物、侯王，俱赖此一以为主宰，而蟠天际地，弥纶无隙，充周不穷，如此其极，是高莫高于道，贵莫贵于一也。虽然，自无而有，有何高焉？由微而著，又何贵焉？即使贵莫与京，亦由气之自微而显，故曰"贵以贱为本"；即使高至无极也，亦由气之自下而上，故曰"高以下为基"。他如世之位高如侯，分贵如王，知道之自下而高、由贱而贵，故自称曰"孤"、曰"寡人"、曰"不穀"，此非以贱为本欤？否或不居于贱，自置太高，则中无主而道不立，心已纷而神不凝，欲于事事物物之间，合夫大中至正，复归于一道，盖亦鲜矣。犹推数车者不能居中制外，反不如驱一车者之尚处其内而得以操纵自如。噫！有车而等于无车，贪多诚不如抱一。又如玉之球球而繁多，多则贱生焉；如石之落落而层叠，叠则危起焉，均太上所不欲也。何若抱一者之自贱而自下，后终至于高不可及、贵莫可言之为愈也！

黄元吉又云：此言修道成真，只是此一，无有二也。孔子曰："吾道一以贯之。"孟子曰："夫道，一而已矣。"然究何一哉？古人谓鸿鸿濛濛中，无念虑、无渣滓，一个虚而灵、寂而惺者之一物也。此物宽则包藏法界，窄则不立纤尘，显则九夷八荒无所不到，隐则纤芥微尘无所不察，所谓无极之极、不神之神，真无可名言、无从想象者。性命之道，惟此而已。太上以侯王喻人之心。心能常操常存，勿忘勿助，刻刻返观，时时内照，即不失其一。一即独也，独知独觉之地，戒慎恐惧，斯本来之至高至贵者庶可长保。然此是修性之学，故一慎独便可了得。若炼命则有为有作，倘非从下处做起、贱处炼来，药犹难得，何况金丹？下即下丹田也，贱即下部污秽处也。学者欲一阳来复，气势冲冲，非由下而升至于顶上，安得清刚之气以为我长生至宝？非从下田浊乡，以神火下照，炼出至阳之气，何以为药本丹基？古人谓"阴中求阳，鬼窟盗宝"，洵不诬也。尤须有一心、无两念，方是守一之道。到得自然，人我俱忘，即得一矣。修士到此地位，一任天下事事物物，无不措之而咸宜，处之而恰当，所谓得一而万事毕，其信然耶！倘著形著象，纷纷驰逐，与夫七情六欲、身家妻孥死死牵缠，不肯歇手，则去道远矣。莫说外物纷纭不可言道，即如存心养性、修道炼丹、进火退符、采取封固，一切名目，皆是虚拟其象，为后之学者立一法程。若其心有丝毫未净，即为道障。太上所以说"致数车无车，不欲琭琭如玉、落落如石"焉。夫道只一道，学者又何事他求哉？①

第三节　《闻道》

一、《闻道》章经文内容

上士闻道，堇能行之；中士闻道，若存若亡；下士闻道，大笑之。弗笑不足以为道。

是以建言有之曰：明道如费，进道如退，夷道如类；上德如浴，大白如辱，广德如不足，建德如输，质真如渝；大方无隅，大器晚成，大音希声，天象无刑；道隐无名。

夫唯道，善始且善成。

二、《闻道》章经文释读

1. 文字释读

夷：乙，既是声旁也是形旁，表示用绳子捆绑。夷，甲骨文↗、金文↗假借"尸"，用"尸"表示被消灭的敌人。金文↗=大（人，俘虏）+ ◊（已，用

---

① 黄元吉．道德经精义［M］．北京：中央编译出版社，2014：104－106.

绳索捆绑），表示捆绑俘虏。造字本义：中原人用绳索捆绑俘获的外邦人。篆文**夷**承续金文字形。隶书**夷**将篆文的"已"**弓**写成"弓"**弓**。

《说文解字》："平也。从大，从弓。东方之人也。"（平。字形采用"大、弓"会义。夷又指位居中国东边的人。）本指东方之人，即我国古代对东部各民族的统称。夷作名词同本义（殷代分布在今山东省、江苏省一带，后来蔑指中原以外的各族，如夷蛮——古代东方和南方各族的称呼；九夷——古时称东夷有九种）。旧时往往用夷称外国或外国人（如夷馆——清代称外国人在中国的馆舍），倚辈、同辈（如夷等——同列、同辈），古国名（东夷，在今山东省即墨市），古代的锄类工具，姓氏。夷作形容词表示平坦、平安（如化险为夷，夷延——地势平坦而广阔；夷阻——平坦和险阻），太平（如夷一——太平统一；夷世——太平之世），平易、平和（如夷坦——平和坦荡；夷伍——平易而放达；夷易——平易、平正；夷泰——平和娴静；夷淡——性情平和淡泊；夷雅——平和娴雅；夷道——平易之道；夷远——平和而高远；夷为——平和通达；夷粹——平和纯正；夷澹——平易恬静；夷简——平易质朴），平正（如夷姤——公平美好；夷庭——平正、平直），经常，安闲（如夷由——从容自得；夷白——安于清贫、洁身自好；夷坦——安详自若的样子）。夷通"怡"，表示喜悦。夷作动词表示平定、拉平、铲平（如夷难——平定祸乱），古同"痍"，有创伤、受伤（如夷伤——创伤），消灭（如夷灭），攻破（如夷拔——攻破），犹豫、迟疑（如夷由——犹豫、迟疑不前；夷与——迟疑不前），锄草之义。

类：金文**類**=**米**（米，谷物、植物）+**犬**（犬，野兽、动物）+**頁**（页，人头，代思考），表示观察、辨识谷物或动物。金文异体字**類**省去"犬"**犬**。造字本义：品种繁多的谷物或动物，外形相似，难以辨识。篆文**類**承续金文字形。隶化后楷书**類**将篆文的**類**写成**類**，将篆文的**犬**写成**犬**。俗体楷书**类**省去正体楷书的"页"**頁**。

《说文解字》："种类相似，唯犬为甚。从犬，頪声。"（同一种属的事物呈现相似性，这一点在犬科动物身上体现得尤为充分。字形采用"犬"作边旁，采用"頪"作声旁。）本指种类。类作名词同本义（如类考——学院的科考；类族——事物因习性相近而形成的类别），很多相似事物的综合、族类（如种类、类别、类书、分类），事例、条例。类通"颣"，表示缺点、毛病。类作动词表示相似、好像（如画虎不成反类犬），类比、类推。类通"戾"，表示偏、不平。类作副词表示大抵、大都。《玉篇》："类，兽名，种类也，法也。"《广雅·释诂》："象也。"

输：俞，既是声旁也是形旁，表示用船运送两岸的人员货物。输，诅楚文 **輸**=**車**（车，马车）+**俞**（俞，用船运送），表示车船等交通工具。造字本义：用车船运送货物。篆文**輸**与诅楚文字形相同。

《说文解字》："委輸也。从車俞聲。"（托人转运。字形采用"车"作边旁，"俞"作声旁。）本指转运、运送。输作动词同本义（如输供——输送供给；输将——运送；输场——唐代转运物资的货场；输发——输送和调发粮草、军队；输转——转运；输将——运送；输运，输遣——运送），交出，缴纳（如输诚——献纳诚心；输征——缴纳赋税；输货——献纳财货；输期——缴纳租税的期限；输税——纳税；输粮——缴纳租税；输纳——赈济或交税的捐献；输财助边——捐献财物，帮助边境的防卫；输芒——传说蟹于八月稻熟时，腹中有一稻芒，献于海神），传达，表达（如输心——献纳诚心，表白忠诚的心意；输心贴意——真心实意；输写——倾吐，抒发情意），报告，告诉（如输情——表示真情），灌输，灌注（如输灌——灌输），报效（如输勤——出力、效力；输力——出力、贡献力量；输效——报效，输实——竭尽忠诚），罚役（如输徒——罚作劳役），失败（如输服——认输；输眼——以目测某事物的准确程度打赌，输了的叫"输眼"，常用于方言）。输作形容词有不及，赶不上（如输与——比不上）之义。

质：金文**𧵩**=**𠂈**（人）+**貝**（贝，钱财）+**斤**（斤、斧，武力），表示用武力劫持以求财。造字本义：以刀斧劫持人员作抵押，以求赎金。有的金文**𧵩**误将早期金文的"人"**𠂈**写成"斤"**斤**。篆文**質**调整成上下结构。

《说文解字》："物相贅。从貝从所。"（用物品抵押。字形采用"贝、所"会义。朱骏声认为"所"是砧板；从贝，与财富有关。按，以钱受物曰贅，以物受钱曰质。段玉裁注：引申其义为樸也、地也。）本指抵押，表示以……做人质。质作动词同本义（如质肆——当铺）。质通"诘"，表示问明、辨别、责问（如质之鬼神，质责——以正义质询责问），双方对质、验证（如质验——验证、勘验），评断（如质成——请人评断事情的是非；质律——古代评定市价的一种文书）。质作名词表示抵押品，人质，盟约，古代贸易用的券书（如质剂——古代贸易券契，质和剂的并称；质要——古代买卖货物的凭证；质契——契约、契据），箭靶（如质的——箭靶），素质、本质、禀性（如质像——资质仪表；质性——资质、本性），物质、事物，形体（如质辞——仪表言辞；质貌——形体相貌；质干——躯体，质象——形体；质状——形状、体态），质地、底子。质通"贽"，表示信物、见面礼，对象。质作形容词有朴实、朴素、单纯（如质木——质朴无华；质厚——朴实浑厚；质讷——朴实厚道、不善言辞；质简——质朴简易）、信实、诚信之义。

渝：篆文𤄷，川（水）表意，形体像流水，表示水沾湿；俞（俞）表声，俞本指挖空树木做的原始小船，而船在水中行驶一定会被沾湿。

《说文解字》："变污也。"本指水沾湿，水由净变污，引申为改变、变。渝作动词同本义（如渝变——变更、变化），引申为违背（多指感情或态度，如忠贞不渝、生死不渝），泛滥（如渝溢——盈溢）。渝通"输"，表示通达。渝作名词指重庆的简称。

隅：禺，既是声旁也是形旁，表示手持面具遮挡。金文𩫖 = 𩫰（郭，城郭）+禺（禺，手持面具，表示遮挡），表示城郭隐蔽的角落。篆文𨹱用"阜"𨸏（山岩）代替金文的"郭"𩫰，表示地势隐蔽的山角。造字本义：城郭或山岩中隐蔽的角落。"隅"𨹱的异体字写作"嵎"嵎，强调"山岗"位置。隶书𨹱将篆文的"阜"𨸏写成"左耳旁"𨸏。

《说文解字》："陬也。从阜，禺声。"（山角。字形采用阜作边旁，"禺"是声旁。"阜"是土山，有土则可用于建筑，从"阜"的字有的与建筑有关。）本指山水弯曲边角处。隅作名词同本义（如山隅，隅椒——山角与山顶；隅限——角落和弯曲之处；隅陬——角落；隅中——将近中午的时候），角、角落（如隅头——墙角、拐角；城隅——城的一角；向隅——面对着屋子的一个角落），靠边的、边远的地方（如隅谷——神话中日落的地方；隅镇——边远小镇；隅夷——神话中的日出处；隅辟——边境、国境；隅官——边地官员；海隅——十薮之一），边、旁（如隅坐——座位的侧边），事物的部分或片面（如隅积——部分和总体）。

音："音"与"言"同源，后分化。甲骨文 🔲 在"言"字 🔲 上加几点指事符号 🔲，表示所言说的内涵，即"言"语里的心声。金文 🔲 则将一点指事符号 🔲 加在"言"字 🔲 的"口"中，表示所言所诉。造字本义：说出的话，话语中包含的心声。篆文 🔲 承续金文字形。隶书 🔲 误将篆文的舌状 🔲 写成"立" 🔲。

《说文解字》："声也。生于心，有节于外，谓之音。宫商角徵羽，声；丝竹金石匏土革木，音也。从言含一。凡音之属皆从音。"（音，人声。生于内心的相象，在外形成节奏旋律，称之为"音"。宫、商、角、徵、羽，表示的是五个声调；丝、竹、金、石、匏、土、革、木等不同质地乐器发出的，叫作"音"。字形采用"言"作边旁，像"言"中含"一"。甲骨文"言、音"互用，金文、小篆在"言"中加一横，表示所发之音。所有与音相关的字，都采用"音"作边旁。）本指声音。音作名词同本义（如音强——声音的强弱，也叫响度或音势；音制——音调高下疾徐的节奏；音频——人类耳朵能产生反应的声音频率范围），音乐（声，亦特指有节奏的声，如音律、音调），语言、消息、讯息（如佳音，音讯——言信、消息），字的音读（如音韵——"汉"字字音中的声、韵、调）等。

刑：金文 🔲 = 🔲（"井"中加一点，表示套在头上的木枷）+ 🔲（刀，刑具），造字本义：用刀砍杀披枷戴锁的罪人。有的金文 🔲 省去"井" 🔲 中的点。篆文 🔲 误将金文 🔲 的"井" 🔲 写成"开" 🔲。

《说文解字》："剄也。从刀，开聲。"（刑，字形采用"刀"作边旁，"开"作声旁。）本字为荆："罚罪也。从井从刀。"（对犯罪的处罚。字形采用"井刀"会义。）本指惩罚犯罪的人。刑作动词同本义（如刑牲——古时为了祭祀或盟约而杀牲畜），惩罚，征讨（如刑殄——征讨消灭）。刑作名词，通"形"，指形体、形容、显现。刑通"型"，指法式、典范、榜样，星相术语（如刑冲——地支中相妨害的两类情况），姓氏。《玉篇》："刑，法也。罚总名也。"《尔雅·释诂》："刑，常也，法也。"《广雅·释诂》："刑，正也。"

隐：籀文 🔲 = 🔲（穴，山崖、洞穴）+ 🔲（工，生产器具）+ 🔲（又，持守）+ 🔲（心，欲望），表示匿居深山，修行禁欲。造字本义：为逃避俗世的纷扰和贪欲的诱惑而匿居山崖洞穴，开荒生产，自给自足，修行禁欲，持守本心。篆文▨=▨（阜，盘山石阶，代表高山）＋▨（爪，抓）＋▨（工，生产器具）＋▨（又，持守）＋▨（心，欲望），强调远居深山。隶书▨省去"工"▨，并将篆文的"阜"▨写成"左耳旁"▨；将篆文的"又"▨写成"彐"▨。"显"是身处社会焦点，引人注目；"隐"是为静心修道而远离人群，深居山野。

《说文解字》："蔽也。从阜，▨聲。"（蔽匿。字形采用"阜"作边旁，▨是声旁。）本指藏匿、不显露。隐读 yìn，作动词指倚、靠（如隐几而卧——靠着几案睡眠）。隐又读 yǐn，作动词指藏匿、隐蔽（如隐遁——隐藏；隐秀——隐藏智慧，不露锋芒或才华；隐耀——隐藏光辉，比喻才华不外露；隐身术——古代方士隐蔽自己身形而使他人不可见的一种法术；隐翳——掩蔽、遮蔽；隐掩——遮蔽掩护），隐瞒（如隐忍——忍耐，不露真情），隐测、审度（如隐心——审度；隐实——查证落实，核实），怜悯（如隐恤——哀怜抚恤；隐恻——恻隐、同情怜惜；隐痛——内心深感苦痛），隐逸不出（如隐辟——隐退回避；隐静——避世隐居；隐学——隐居避世、读书自娱；隐吏——退隐的官吏；隐相——深居简出，不露面），塞、堵塞（如隐塞——堵塞），隐没、熄灭（如隐形——隐没形体；隐灭——隐没消失；隐微——隐约细微；隐显——隐没与显现；隐息——休止；隐忽——时隐时现）。隐作形容词指精深、微妙（如隐要——精深简要；隐训——诡僻的训释；隐书——旨意隐秘之书；隐略——隐晦粗略；隐奥——隐晦深奥）。隐同"稳"，指安稳、稳定（如隐坐——稳坐、安坐），威重的样子、深沉稳重（如隐冥——深沉含蓄；隐厚——稳重忠厚；隐隐桓桓——威武的样子；隐重——威重），宏大（如隐虹——长虹），忧伤、疾苦（如隐隐遑遑——忧愁不安的样子），穷困（如隐民——穷人，穷困的人民），幽静（如隐舍——隐居的房舍；隐秀——幽雅秀丽），殷盛（如隐赈——富庶繁盛；隐蔼——茂盛的样子）。隐作名词指矮墙，痛苦、疾苦，隐居的人（如隐伏——隐逸者），隐语，隐衷、隐情。隐通"檃"，表示檃栝、矫正竹木弯曲的工具，姓氏。隐作副词，表示暗暗地。

2. 章意疏解

德是道的外显，德行修养到饱和状态就基本具备了问道的前提。在进入

"德一"境界后，就该问道了，因此接下来就是《闻道》。

上士闻道，董能行之；中士闻道，若存若亡；下士闻道，大笑之。弗笑不足以为道。（此段阐述了不同根性、不同德性修养的人闻道之后的反应，对待大道之理的态度。）

但是，道不远人人自远。大道化生了万物，时刻都在关注着万物的生存发展。人类时刻都生存在道声德养的环境中，就如同鱼生活在水中而不知水一样，鱼要想驾驭水，那就得跳过龙门，鱼跃龙门之后，变成龙，才能主宰水，像海龙王、河龙王等，人也一样。人若明白道德的真谛，那就超凡入圣，跻身于贤达圣真的行列中了。人类因为各自德性品格的不同、德能蓄聚的厚薄多寡，而与大道同频共振的概率各不相同，觉悟大道与道的亲和力各不相同而已。

所谓人有三品（等，流）——上等根性、中等根性、下等根性，法有多乘（"乘"同"层"，不同层次境界）。上士：贤能、贤达之士，也指为了造福众生而追求佛道的大乘修行人。中士：一般人、中等的人，也指追求个人解脱的小乘修行人。下士：浅俗的人，也指贪恋世间快乐，对轮回还未生起自觉的人。"国士"，指一国中才能最优秀的人物。《黄帝四经·前道》云："一言而利之者，士也。一言而利国者，国士也。"（只说一句话就可以使君主获利的人，称作"士"；只说一句话就可以使国家获利的人，称作"国士"。）宋·黄庭坚《书幽芳亭》云："士之才德盖一国，则曰国士。"

上士听闻至道之后，马上能够心领神会，便会时刻与道相印，至诚不息，努力躬行（金兰生《格言联璧》言："下手处是自强不息，成就处是至诚无息。"）；中士听闻至道之后，心中似通非通，徘徊于两可之间，浪费时光；下士听闻至道之后，由于心中无明，视其为儿戏，大笑了之。殊不知，大道平常素朴，并非愚智之人所想象的那么高深莫测，伟大常常寄予在平凡之中，真理往往存身于简单之内。愚智之人闻道不笑，反而不能体现道的本质特征。

是以建言有之曰：明道如费，进道如退，夷道如类；上德如浴，大白如辱，广德如不足，建德如输，质真如渝；大方无隅，大器晚成，大音希声，天象无刑；道隐无名。（此段讲述了道的特性，即何为明道、进道、夷道，与德的本质，即何为上德、大白、广德、建德、质真，以及大道规律，即何为大器、大音、天象、道隐。）

因此，有人说：明白大道之理好像在浪费生命（人就是在为生存而奔波的过程中逐渐明白人生的本质），向大道迈进就必须从各种不合道的后天思维欲念中退出来，尊敬大道就好像质性相同的人之间相处一样，平易祥和，这种感觉是人发自内心的真正诚敬与融入无间，而不是有等级性的敬畏。对道的各种理解和学说，只是道的不同表现形式和名相而已，其实是同一类，都属于道境。至上的德好像使人沐浴其中而不觉；最大的清白好像受辱而不申辩；最广博的德行似乎还有不足；建立德业（即功德业绩）就好像运输，流动不居（意即不倚德显摆，不居功自傲）；最本质的真纯就好像在变更，静如风动，正如莲花出淤泥而不染。道幽隐无形，无边无际，不显方圆，最大的方形没有棱角；大器之才（道器之才）往往成就比较缓慢；道发出来的音的振荡能力，是无法听到声音的，只能感应到能量在流动，在产生作用，最大的音很少能听到声；天的形是象中最大的，故无法用语言描述，常道中的刑罚杀戮也无法施加于它；大道的运行往往处于无为而为、不可名状之中（大道至理往往包含在朴素无华之内）。

夫唯道，善始且善成。（此段阐述了如何成就道德，即善始善终。）

只有尊道，才会以善因开始，以善果成就。在老子的生命哲学中，这句还与生命体内的关键性物质——善粒子有密切关系。只有尊道贵德，人人皆具备这一品质，才能充分发挥生理功能，贯彻于生命的始终，成就修身的最高境界。这种善的细胞颗粒源生于道，畜养于德，因此老子告诫世人："夫唯道，善始且善成。"[①]

三、老子的智慧启示

1. 老子的大唯物主义

《得一》章已经阐述了"唯德辩证法"，《闻道》章再简单介绍一下"大唯物主义"。如果理解了"大唯物主义哲学"和"唯德辩证法思想"这两个概

---

① 熊春锦. 道医学 [M]. 北京：团结出版社，2009：234.

念，再来回答中华民族的绝学时，相信大家会更有自信。

老子的大唯物主义，也是熊春锦先生提出的哲学概念。其核心要义有：①大唯物主义是涵盖常道与非常道、无相与有相物质的哲学体系；②大唯物主义是"修之身，其德乃真"、一气含三论的实践哲学；③大唯物主义是超越了太极模式制约、自如把握阴阳的哲学思想；④大唯物主义是运用德一中和能量长养、平衡和谐阴阳的哲学观。

（1）大唯物主义的道性特征。

老子《德道经》可以说是我们这个世界唯物主义的鼻祖、辩证法的老祖。老子的五千言，实际上在我们民族的大地上构筑了一个宏大而又严密的大唯物主义哲学体系。他的哲学体系，从"常道"到"非常道"，从"无相"的物质世界到"有相"的物质世界，从数学"0"的无到"1"的有，从人类社会到整个宇宙时空，从物质世界到精神世界，将无数个层次、无数个范围内的一切物质，不管我们肉眼看得见看不见，都一概毫无遗漏地包容在其中。而且，他的哲学思想框架层次分明，将所有的内容安排得井然有序，从而构成了博大精深的"大唯物主义"和"唯德主义"辩证法的哲学思想体系。

《德道经·观眇》曰："无，名万物之始也；有，名万物之母也。"《昆成》章曰："有物混成，先天地生。绣呵！缪呵！独立而不亥，可以为天地母。吾未知其名，字之曰道，吾强为之名曰大。"

老子的"大唯物主义"哲学思想，充分地体现了其大无外的道性特征，"其大无外"就在他的哲学思想体系之中。他的唯物论大至涵盖宇宙时空中所有一切看得到、看不到的物质。他仅用了一个"无"和一个"有"、一个"始"和一个"母"，以及一个"一"，就如同画龙点睛一般，揭示了整个宇宙自然的本质特征。他仅用了"有物混成，先天地生"八个字，就将整个宇宙时空全部的物质，纳入他那精深无比的哲学思想学说之中。"字之曰道，吾强为之名曰大"，就是他的"大唯物主义"思想，也可称其为"道唯物主义"思想。可以说，人类历史上还没有任何一个人，能够像他这样以如此巨大的气魄，将整个宇宙万物尽收于其学说之中①。

（2）大唯物主义的实践精神。

我们常说，老子精于大道，他的哲学思想是"居于无为大道境，运用精微上德一，娴熟运化阴阳理，一气含三万物论"的"大唯物主义"和"唯德主义"的辩证法思想，与我们常道之人的思想境界，存在着较为明显的层次落差。《德道经》五千言，恰似"飞流直下五千尺，德道哲学贯九天"。为什么说五千尺？学习五千言就像我们观赏庐山瀑布一样，站在一座巨山的山脚下，尽力抬头仰望，要想窥见老子德道哲学思想的全貌，有一定的难度。仅用我们的意识，用我们有限的一点智性思维，很难把握住老子的"大唯物主义"哲学思想。因为，只有通过"修之身，其德乃真"的实践，才能接近和理解他的哲学思想。这是我们学习与解读、实践老子《德道经》哲学思想的唯一途径。历代修身有成者都谆谆告诫自己的弟子"未修身时莫解老"，这是有道理的。

在《德道经·中和》中，老子所阐述的"道生一，一生二，二生三，三生万物"这句话，将世界上古代的哲学思想和近代所产生的唯物主义学说以及其他所有学说，无一遗漏地全揽括在他那巨大无比的"大唯物主义"学说之中。而且，我们人类所处的这个万物的有相世界，还只是排列于他"大唯物主义"第四层级的"三生万物"之中，距离他所揭示的"二""一"和"〇"的"道"还相去甚远！如果不修身明德，在这位历史巨人面前，我们可能穷尽一生之智，也难以望其项背②。

（3）大唯物主义的哲学本质。

为什么说老子的哲学思想是"大唯物主义"，而不是普通的唯物主义？为什么一定要加一个"大"字呢？我们知道，唯物主义和唯心主义是西方哲学的两大派别。而现在社会中所见到的、旗帜鲜明的，只有唯物主义思想；唯心主义只是一种思想理念和概念。从某种意义上说，唯心主义只是与唯物主义哲学思想相比较、有分别，就像有了矛需要主动去找一个盾才能进行斗争一样，

---

① 熊春锦.中华国学道德根［M］.北京：中央编译出版社，2006：66－67.

② 熊春锦.中华国学道德根［M］.北京：中央编译出版社，2006：67－68.

需要依托对立面才能展开其学术思想，唯心主义也是人们受"二"的思维影响，为了进行学术分类而进行的一种强名。这种强名，其实就将唯物主义哲学思想本身，主动地封闭在一对矛盾的对立体之中，固化在一个阴阳模式体之内，从而进入了长期的阴阳互根、阴阳消长的状态之中。

这种哲学思想就难以保持动态平衡与和谐稳定的发展状态。这种哲学观念，没有黄老哲学思想中太极图的性质，而是针尖对麦芒的一种态势。老子的"大唯物主义"哲学观，则迥然不同。他的哲学思想摆脱了、跳出了矛盾的制约和阴阳太极模式的制约，是自如地把握阴阳、运用阴阳的一种哲学思想。他的哲学思想建立在数学的"0"和"1"的基础模式之上，建立在道"无"和德"一"的物质境界之中，根本就不受"二"的制约与影响，也不会陷在"二"中不能超脱①。

（4）大唯物主义的能量源泉。

人们长期强调"一分为二"，这在一方面可以提醒自己把握住正反两方面，比较客观地看待问题、评价事物；另一方面也不可避免地给自己挖了个深井，使自己深陷在"二"中长期受阴阳的相互损耗而不能脱困，忘记了"一"。忘记了"一"的中和，也就失去了母一（即生二的母亲一），失去了生我们、养我们的德一。失去了德一，失去了德性能量，就只剩下德的品格了。离开了德一，人们会感觉到越来越精疲力尽，没有能量。

综上所述，老子的"大唯物主义"哲学观在《德道经》中是将宇宙中存在的一切，全部地、完整地视为物质。自然中的一切皆物质，宇宙万物皆源自道所生和德所养，道和德就是万物生成和发展的原动力。这个原动力也就是万物的根本。世界上的所有物质只具备"无相"和"有相"两种分类，也就是老子提到的"无"和"有"。因为万物都是物质，所以老子的大唯物论哲学思想中并不存在唯心与唯物的哲学分别性，这一点与近代哲学某些观念是不太相同的。可以说老子《德道经》的哲学思想超越了现代哲学思想的某些内容②。

2. 学习与人生的境界

说到学习、做学问，先了解一下古人的认识。《荀子·劝学》曰："君子

---

① 熊春锦. 中华国学道德根［M］. 北京：中央编译出版社，2006：68 - 69.
② 熊春锦. 中华国学道德根［M］. 北京：中央编译出版社，2006：69，133 - 134.

之学也，入乎耳，着乎心，布乎四体，形乎动静。端而言，蠕而动，一可以为法则。小人之学也，入乎耳，出乎口；口耳之间，则四寸耳，曷足以美七尺之躯哉！古之学者为己，今之学者为人。君子之学也，以美其身；小人之学也，以为禽犊。"意思是说，君子学习知识，要把所学听入耳中，牢记在心，融会贯通到整个身心，并表现在一举一动上；哪怕是极细微的言行，都可以成为别人学习的榜样。小人学习，只不过是从耳中听进去，从口中说出来。嘴巴与耳朵间的距离不过四寸而已，这样怎么能使自己七尺之躯的品德得到修养呢，又怎么能使自己变得完美呢？古时候的学者学习，是为了提高自己，现在的学者学习，是为了给别人看。君子学习，是用它来修正自己的身心；小人学习，是为了向人卖弄，讨人欢心。《论语·宪问》曰："古之学者为己，今之学者为人。"讲的是，古代的人学习是为了提高自己，而现在的人学习是为了给别人看。按照荀子的诠释，所谓"为己之学"，就是"学"要落实到自己的一言一行中，"学"是为了完善自己的人格。而"为人之学"的"学"则只是"入乎耳，出乎口"，听听说说而已，这样的"学"只是为了显示给别人看，而与自己人格的完善毫不相干。是否把"学"付诸实践，就成了"为己之学"与"为人之学"的根本区别。孔子认为学生都应该言行一致，知了就要行，学了就要行，这实际上也说明孔子是非常注重实践的，并把它作为评判学生的标准。

《太平经》曰："习善言，不若习行于身也。"学习、通晓好的言论，不如付诸实践去训练，身体力行。《太平经》又曰："古之学者，效之于身；今之学者，反效之于人。古之学者以安身，今之学者浮华文。不积精于身，反积精于文，是为不知其根矣。"古人做学问，是在心胸中做真学问，在自己身上验证所学的道理；今人做学问，正好相反，是在别人身上验证。古人做学问是为了安身立命，今人做学问，只是做一些无益于身心的表面文章。不在自己身上积精用神，反而在文字表面积精用神，这是因为不知道其中的根本呀。金兰生《格言联璧》也说："古之学者，在心上做工夫，故发之容貌，则为盛德之符；今之学者，在容貌上做工夫，故反之于心，则为实德之病。"

王国维在《人间词话》中曾经用宋词来比喻做学问、人生的三重境界。古今之成大事业、大学问者，必经过三种之境界。"昨夜西风凋碧树，独上高楼，望尽天涯路"，此第一境也；"衣带渐宽终不悔，为伊消得人憔悴"，此第二境也；"众里寻他千百度。蓦然回首，那人却在，灯火阑珊处"，此第三境也。此等语皆非大词人不能道。

第一重境界出自晏殊的《蝶恋花》："槛菊愁烟兰泣露，罗幕轻寒，燕子双飞去。明月不谙离恨苦，斜光到晓穿朱户。昨夜西风凋碧树，独上高楼，望尽天涯路。欲寄彩笺兼尺素，山长水阔知何处？"

这一境界是立志、是下决心，只有具备了这个条件，才会有第二和第三境界。

第二重境界出自柳永的《蝶恋花》："伫倚危楼风细细，望极春愁，黯黯生天际。草色烟光残照里，无言谁会凭阑意。拟把疏狂图一醉，对酒当歌，强乐还无味。衣带渐宽终不悔，为伊消得人憔悴。"

这一境界描述了如何努力奋斗，概括了一种锲而不舍的坚毅性格和忘我追求的执着态度。

第三重境界出自辛弃疾的《青玉案》："东风夜放花千树，更吹落，星如雨。宝马雕车香满路。凤箫声动，玉壶光转，一夜鱼龙舞。蛾儿雪柳黄金缕，笑语盈盈暗香去。众里寻他千百度。蓦然回首，那人却在，灯火阑珊处。"

这一境界是说功到事成，这时人在事业上有独特的贡献。

凡人都可以从容地做到第二境界，但想逾越却不简单。成功人士果敢坚忍，不屈不挠，造就了不同于凡人的成功。他们逾越的不仅是人生的境界，更是自我的极限。成功后回望来路的人，才会明白另解这三重境界而充满禅机的话，即看山是山，看水是水；看山不是山，看水不是水；看山还是山，看水还是水。

宋代禅宗也提出过三境界：第一境界是"落叶满空山，何处寻芳迹"；第二境界是"空山无人，水流花开"；第三境界是"万古长空，一朝风月"。

受禅宗思想影响，南宋诗论家严羽在《沧浪诗话》中，又提出学诗的三境："其初，不识好恶，连篇累牍，肆笔而成；既识羞愧，始生畏缩，成之极难；及其透彻，则七纵八横，信手拈来，头头是道矣。"就诗人主体而言，心灵最初是自由自在的，不辨美丑，处于懵懂状态；当认识到规矩和成法之后，就陷入束缚和捆绑之中；最后摆脱一切外在的桎梏，获得了主体与客体的契合，也获得了真正的、纯粹的自由。这时，作诗方能"行住坐卧、无非是道，纵横自在，无非是法"。

严羽之后，诗人潘德兴又说："诗有三境，学诗亦有三境。先取清通，次宜警炼，终尚自然，诗之三境也。"潘氏是在说诗，其实何尝不是在说人生？返璞归真的人生，就是一朵"出淤泥而不染"的荷花。

还有人用三首诗来道明人生三境界的禅理：境界之一，觉而未悟，弃世绝俗，如唐·柳宗元《江雪》："千山鸟飞绝，万径人踪灭。孤舟蓑笠翁，独钓寒江雪。"境界之二，悟而未透，返虚入明，如唐·王维《鹿柴》："空山不见人，但闻人语响。返影入深林，复照青苔上。"境界之三，通透圆融，已臻化境，如宋·苏轼《和子由渑池怀旧》："人生到处知何似，应似飞鸿踏雪泥，泥上偶然留指爪，鸿飞那复计东西。"

最终将禅学、诗学与人生哲学融会贯通而值得推崇的是清朝王国维的人生三境界。借由王国维先生的治学经验或者人生三境界，再来讲学习经典的境界——与圣人居，与圣人谋。孔子对于治学，曾经提出"诵诗读书，与古人居；读书诵诗，与古人谋"（《孔子集语·劝学》）的著名论断。就是说，诵咏《诗经》、阅读《尚书》，就像和古人生活在一起；研读《尚书》、品诵《诗经》，就像在和古人交谈。这里的诵读就是古代教育最强劲的一个法宝。

经典是常读常新，其中的智慧是圆融的，不要说不同思想的人会有不同的认识，即使是同一个人，在不同时期读，获得的理解也有不同，而且读一遍会有一遍的体悟。在读古书，尤其是古文经典的时候，也会感受到与"闻道"三士类似的三重境界。第一重境界，在刚开始读时，云里雾里，不知所云，有点类似下士；接着，进入第二重境界，过一段时间再去读时，似有感触，心中窃喜，有点类似中士；然后，进入第三重境界，联系自身经历，事理互证，知行合一，有点类似上士。也就是说，在初步读时，你觉得哪种说法合理，可能就会倾向于哪种认识，这是在别人思想的影响下获得的认识，或者读后觉得自己心中所想的和某一种观点一致，这些都说明你和这位解读者的思想比较接近。过一段时间再去看这本书，如果获得的认识和第一遍不同，这说明你的认识在提升。然后有一天，当你读过的书中说的某句话非常契合你的某个想法，对你很有启发时，这说明你的认识和作者开始接近。又有一天，你发现在做某件事时，突然想起了曾经引起你注意的这句话，你突然间明白了它的内涵，或者当你做到了话中所讲的道理之后，对它会有更深切的体会，这就是第三重境界。这时你会发现，就你所明白、所体悟到的这个道理而言，书中的原话是说得最精辟的，恰到好处，你还找不出其他更贴切的话语来表达，就说明你把书读到心里去了，你和作者的思想更近了。然后，以这种心态去理解书里的其他内容，这时你获得的认识，就是最接近作者原意的解读，也说明你把这本书真正读懂了！

3. 高真德道悟鉴

吕祖认为：此章教人知止知退、无道即道的意思。

其文曰：无道，上士闻之，体无为而勤修之；无道，中士闻之，无处着脚，故生疑，若存若亡，乃两可之心，故不能行；无道，下士闻之，付之一笑，何也？言其无影无形，无有把柄，但笑而不言，不笑不足以为之大道。故建言有之。建者，设也。设言有道，以明无为之妙。上士明道，幽处静修，若昧然；中士明道，不以无为为实，心疑之，故不昧；下士明道，一闻即生谤心，安能昧之乎！夷道者，精心于道，与天地同类而修之，与无极同体而暗符焉。进道者，进清虚之气，周流太虚而不知有为，故若退然。

上德乃无为之士，性命归于虚空，精气神合于灵动，与天地合其德，与日月合其明，与阴阳合其体，与四时合其序，空空洞洞，窈窈冥冥，一气于中，若空谷焉。空谷之后，灵光朗曜，内有虚白生焉。若辱焉，辱者，打动于心，真心发现，沛然见于面，红光四布，瑞气蒸扬，形身无影，灵光独现，神隐于中，飘飘荡荡，照彻乾坤，故曰大白若辱。

其文又曰：广德者，若天地之德。上德不见德，其德广矣，故若不足，与人修道同，至道不见道。道乃何物而若无道？无道者，方见道之至矣，故若不足。建德者，设言有德，不知德何居。偷者，引而伸之，知道无道，故以道名，不过设言曰道。德者，即道也。试看天地间万物生育，岂非天地之德乎？天地合其德而万物感之而生，不见其德而德更大。如人之气生，乃道也。性命合道，而气方生，不见其道而道至也，是谓建德若偷。

质直者，真心也。真心见而先天足，充满天地，流灌万川，总归于一，浩浩荡荡，溢溢盈盈，此渝也。真心者，信也。性现而命存，惟精惟一，是质直二字，精一而气足，故如渝。

大方者，空洞天地，无丝毫障蔽，明明朗照，无处不烛，东西南北，前后左右，上上下下，皆成一空洞大窍，惟气流行，光明万国，照彻诸天，谓之大方无隅。大器者，先天见而虚空成器，即神室也，不要以有无寻觅。静极气生，气生神室见，出于自然而然而不待勉强，便成大器也，如水泡一样有形无质的境况。晚成者，气生而后见之谓。

大音稀声：音者，潮信也，时候到而潮不失信，如静极而气生，呼呼若有声然。亦若火然，大音稀声者，故耳。大象者，神凝也。神凝而不见其形，即道也。道原无名，唯自知其妙而难于口言、目睹，故大象无形、道隐无名，即此也。

夫惟这个道，中士闻而怠心生，下士闻而怪无形，唯上士善守善静，收拾身形，撤去心意，一点虚灵常常内固，善贷而且成。"且"字最妙，稍有丝毫心意就不成，如身居土内，"且"成之。"且"字活，则不一定也。夫惟道，善空、静、采、有，复善于无，谓之善贷且成①。

黄元吉认为：天地未有之先，原是虚虚无无，鸿鸿濛濛，一段氤氲太和之气，酝酿久之，气化充盈，忽焉一觉而动，太极开基矣。动而为阳，轻清之气上浮为天；静而为阴，重浊之气下凝为地。天地开辟而人物滋生，芸芸万姓有几能效天地之功用哉？惟圣人从混沌中一觉而修成大丹，以此治身，即以此淑世。虽未敢缄口不言，却亦非概人而授，随缘就缘，因物付物，方合天地大公无我之量。时而遇上士也，闻吾之道，欣然向往，即勤而行之，略无疑意，此其人，吾久不得见之矣。时而遇中士也，出于予口，入于伊心，亦属平常，了无奇异，未始不爱之慕之，一蹴而欲几之，无奈世味浓而道味淡，圣念浅而俗念深，或迁或就，若存若亡，知不免焉。至于下等之士，习染日深，气性多戾，一闻吾道，不疑为妖言惑世，便指为聚众敛财。讵知君子之修造端夫妇，圣人之道不外阴阳，顺则生人，逆则成仙，其事虽殊，其理则一。而贸贸者乃谓神仙为幻术，岂有如此修持，遂能上出重霄乎？否则，谓天地至广，万物至

① 老子.吕祖秘注道德经心传［M］.吕岩，释义；韩起，编校.桂林：广西师范大学出版社，2014：84－86.

繁，如此成性存存，即上下与天地同流乎？何以自古仙圣，至今无几也？于是笑其言大而夸，行伪而僻。噫，斯道只可为知己者道，难与浅见寡闻者言矣！夫蜉蝣不知晦暮，蟪蛄不知春秋，井蛙不知江海，又何怪其笑耶！不笑不足以见道之至平而至常、至神而至奇，神奇即在平常中也。

况道本无声色，何有所言？其有所言，亦因后之修士无由循途而进、历阶而升，故不得不权建虚词、假立名号以引之。人果知虚无为道，自然为功，尤须自阴而阳，由下而上。昧为明本，退为进基。虽明也而若昧，庶隐之深而明之至焉；虽进也而若退，庶却之愈速而进之弥远焉。道原远近皆具，我虽与道大适，亦若于己无增，于人无减，夷若类焉。道本大小兼赅，我虽与德为一，亦若无而不有，虚而不盈，德若谷焉。时而大显于世也，啧啧称道，不绝人口，我若无益于己，反多抱愧。故曰"大白若辱"。时而德充于内也，处处施为，不穷于用，亦若有缺于中，益形支绌，故曰"广德若不足"。即其修德立身，建诸天地而不悖，我若自安偷薄，绝无振拔之心，故曰"建德若偷"。或已至诚尽性，质诸鬼神而无疑，我若常变可渝，毫无坚固之力，故曰"质直若渝"。如此存养心性，惕厉神明，虽有谗言，无间可入；纵多乱德，何隙可乘？世有修道明德而遭侮辱者，其亦返观内省？果如此藏踪敛迹，卑微自下，忝辱为怀，德广而不居，德建而弗信，亦若忠直难言、诐张为幻者耶？吾知其未有此也。纵或数有前定，劫莫能逃，天之所为，人当顺受，安于命而听诸天，是以君子有终身之忧，无一朝之患，我于此益信焉。且道无方所、形状、声臭可言，彼世之廉隅自饬者，规规自守，不能圆转自如，我则大方无方，浑然一团，不落边际，又何模棱之有？凡物之易就者不美观，急成者非大器，我能循循上造，弗期近效，不计浅功，久于其道，自可大成，又何歉于己乎？要之，道本希言自然，恍惚为状，我能虚极静笃，则无音而大音出矣，无象而大象形矣！施之四海皆准，传之万世不穷，岂仅推重于一时而不能扬徽于万代耶？《诗》曰："在彼无恶，在此无斁。"道之建施，实有如此神妙者。其间孰是为之？孰是与之？亦曰"夫惟道，善贷且成"而已。此言抱道人间，用无不足，给万物而不匮，周沙界而有余，且使化功大成，真上士也。

黄元吉又云：太上为世之不自韬光养晦、立德修身者言。彼稍有所得，便矜高自诩，五蕴未空，六尘不净，犹屋盖草茅，火有所借而燃。若只修诸己，不求诸人，浑浑乎一归于无何有之乡、广漠之野，纵有外侮，犹举火焚空，终当自息。如此修己，真修己也。惟其如此，故人与己两相安于无事之天。否则，于道无得，反招尤也。孔子曰："无而为有，虚而为盈，约而为泰，其见恶于人也宜矣。"修道者知此，可以免务外之思，亦可无外侮之患焉①。

第四节　《反复》

一、《反复》章经文内容

反也者，道之动也；弱也者，道之用也。

天下之物生于有，有生于无。

二、《反复》章经文释读

1. 文字释读

反：是"扳"的本字。反，甲骨文 ⺁ ＝ 厂（厂，石崖）＋ 又（又，抓），表示攀岩、攀崖。造字本义：攀岩翻山。金文 承续甲骨文字形。有的金文 加彳（彳，行进），突出登山主题。籀文 、篆文 承续金文字形 。当"反"的本义消失后，再加"手"另造"扳"代替。

《说文解字》："覆也。从又，厂反形。 ，古文反。"（翻转手掌。字形采用"又、厂"会义。"厂"像手掌翻转的样子。 ，这是古文写法的"反"。）本指手心翻转。反作动词同本义（通"翻"，覆、倾倒），指反覆（如辗转反侧；反易——颠倒；反风——风向倒转）；通"返"，返回、回归（如反意——返归的念头；反国——归国；反真——返归淳朴；反根——返回本原）；未能遵守、违背（如反德——违背事物的准则；反道——违反正道；反

① 黄元吉. 道德经精义［M］. 北京：中央编译出版社，2014：109－111.

情——违反人情；反古——违反古训）；往返于……之间（如反往——往返；反报——反复）；反省（如反情——内省；反听——自我省察；反观——反省；反躬自问——反问自己）；归还、送还（如反璧——归还璧玉，表示不贪取财宝）；回报、复命（如反始——报答祖先；反命——复命）；类推（如反隅——比喻类推，能由此而知彼；反惑——释疑）；反对（如反迕——不顺从；反拨——犹言反抗，抵抗）；报复（如反把——反扑）。反通"贩"，贱买而贵卖。反作形容词表示相反的、对立的（与"正"相对，如适得其反；反心内照——反过来对照一下自己；反函数、反定理、反义词）。反作副词表示反而、相反（如反且——反而）。反作名词指姓氏。

复：本字"复"：甲骨文 ⚇ = ⚇（郭，像城邑两头各有出口） + ⚇（倒写的"止"，行走），表示往返城门。造字本义：出城门后返回。金文 ⚇ 加"彳" ⚇（行），有"往返"的意思。篆文 ⚇ 基本承续金文字形。

復的《说文解字》："往來也。从彳复聲。"（前往又回来。字形采用"彳"作边旁，表示行走；"复"作声旁。）本指返回、回来。復（复）作动词同本义（如复还——回返），引申为恢复（如复性——恢复善良的本性；复正——恢复正规、正常；复朴——恢复真朴），回归，回答（如复书——答函；复谢——回拜、答谢），还原、再回到原来的样子（如恢复、康复、回复、收复），报复，免除徭役或赋税（如复除——免除徭役；复租——免除赋税），履行、实践（如复言——实践诺言；复践——履行约定之事），再、又（如去而复返，唐·李白《将进酒》："君不见黄河之水天上来，奔流到海不复回。"），中断再开始（如复籍——恢复学籍，恢复国籍；复旦——夜尽复明）。复与"複"通，与"覆"通（覆盖，引申为庇护，如复土——盖土；复载生成——天复地载、抚育成长，指庇养包容、教育成长；掏复——掏挖地室）；无义（有补充或调整音节的作用，如唐·杜甫《赠卫八处士》："今夕复何夕，共此灯烛光。"南朝梁·无名氏《木兰辞》："唧唧复唧唧，木兰当户织。"）。复作名词表示易经卦名（如六十四卦之一，复卦：震下坤上——机运循环之象），姓氏（如元代有复见心）。

"復""複""覆"三字本义各异。复为还、返；複为有夹里的衣服；覆为翻倒、倾倒的意思。但就其本义都可以引申为再、又、重等义，因此"反复"

也或作"反複""反覆","重複"也或作"重覆""重復"等。但在某些语词的特定用法上，却不可相混。如"復兴"不作"複兴""覆兴"，"複数"不作"復数""覆数"，"覆盖"不作"复盖""複盖"。因此使用这三字，除其意义相通部分外，仍应注意各字单用本义之区别。

也：甲骨文 🜨，有的甲骨文写成 🜨、🜨，金文 🜨 承续甲骨文字形，有的金文 🜨 将甲骨文字形 🜨 中的"大头"形状 🜨 变形成"大腹" 🜨。有的金文 🜨 则在"大腹"部位加一竖，表示其中的东西。篆文 🜨 在金文字形 🜨 的基础上淡化了大腹形象，隶书 🜨 隐约还保留大头、腹身的形象，有的隶书 🜨 变形后大头、大腹形象尽失。"也"是个象形字，本义为盥洗器物（古代用来洗漱的器具）。金文中的"也"字就像古代一种用来取水的器物"匜"，这种器物和放在它下方的盘子结合在一起使用。

《说文解字》："女陰也。象形。🜨，秦刻石也字。"（女阴，有生生不息之义。象形。🜨，是秦代刻石的"也"字。也，是匜的本字。）本指羹魁柄。也作副词表示同样（如也可以，也是），叠用，强调两事并列或对等（如她会打太极拳，也会下围棋），在复句中表示转折或让步（如即使破釜沉舟，也要坚持到底），表示委婉（容忍或承认某种情况，如也罢、也只好如此），在否定句里表示语气的加强（如一点儿也不错），表示强调（如也须——也应当、也应该），表示选择、还是（如也是——还是）。也作语气词用在句末，表示判断或肯定语气，相当于"啊""呀"；用在句中，表示停顿；用在句末，表示疑问，相当于"呢""吗"；用在前半句的末了，表示停顿一下，舒缓语气，后半句将对前半句加以解说，对后半句有强调作用。也作名词有姓氏之义。《玉篇》："也，所以穷上成文也。"

动（動）：金文 🜨 = 🜨（被刺瞎眼睛的男奴）+ 🜨（重，大包袱），表示男奴负重驮物。有的金文 🜨 = 🜨（辵，行进）+ 🜨（重，包袱），突出负重行进的"运输"主题。篆文 🜨 = 🜨（重，包袱）+ 🜨（力），强调使用体力。造字本义：使用体力，负重劳作。

《说文解字》："作也。从力，重聲。🜨，古文动从辵。"（起身作事。字形采用"力"作边旁，采用"重"作声旁。🜨，这是古文写法的"动"，采用"辵"作边旁。）本指行动、发作。动作动词同本义（如按兵不动，动着——

开始下棋；动止——行动和静止，训练调度），摇动、震动、移动（与"静"相对，如动履——走动；动展——伸展、活动；动息——动静、消息；动程——动身、起程），动摇、震撼，触动感应、感动（如动性——动心；动心——感动人心），萌动，做、操作、劳作（如动作——劳动、耕作；动事——兴办事业，日常应用的器具），使用（如动使——动事，用具、器皿；动筷子；动文），改变（如动色——脸色改变；动意——改变意向；不动一字）。也作副词，有动不动、常常之义。

弱：ｙｙ，两"弓"会义，表示弓子强劲有力；彡，像须发，表示年长或衰老。弱，篆文弱在ｙｙ两部分下方各加彡，表示强弓已老旧，比喻强劲的弓弩在使用很久之后失去弹力。造字本义：强弓寿命已到，缺乏力量。隶书弱省去其中一撇。

《说文解字》："橈也。上象橈曲，彡象毛氂橈弱也。弱物并，故从二弓。"（柔曲。字形上部的"弓"像柔曲的形状；而"彡"像毛发柔弱的样子。柔弱的事物往往相连相存，因此字形采用两个弓会义，合起来表示柔弱。）本指气力小、势力差。弱作形容词同本义（与"强"相对，如弱道——道家语，柔弱之道；弱人——势弱之人；弱湍——舒缓的流水），纤柔、软弱（如弱约——柔弱美好；弱愿——柔顺善良；弱蒂——细弱的叶柄或花蒂；弱藻——柔弱的水草），虚弱、瘦弱（如弱甲——老弱之兵），年幼、年少（如弱岁——少年、弱冠的年龄；弱年——幼年；弱口——人口中之幼小者；弱辰——幼年；弱弟——幼弟；弱笄——未成年的少女），小（如弱门——小户；弱湍——微小的激流），不足、略少、坏。弱作名词指年少的人（如弱息——子女、孩子）。弱作动词有衰败，丧失，减少，削弱（如弱寡——削弱孤立；弱敌——削弱敌人），侵害，败，惧怕之义。

物：勿，既是声旁也是形旁，表示刀刃溅血。物，甲骨文物＝牛（牛）＋彡（勿，血溅刀刃），表示用刀杀牛。造字本义：杀牛。有的甲骨文物借用"勿"。金文物、篆文物承续甲骨文字形物。隶书物将篆文物中的"牛"牛写成牛，失去牛的一对尖角形象。在中国古代传说中，地上的一切都是神牛下凡造成的，因此用"牛"指代"物"，用"牛"指代一切。杀牛为"物"，解牛为"半"。

《说文解字》："萬物也。牛为大物；天地之数，起於牵牛，故从牛，勿声。"（万物。牛为大物；天地万物之数，起于牵牛，因此字形采用"牛"作边旁，"勿"作声旁，"勿"是一种杂色旗，表示杂色。）本指万物。物作名词同本义（如物母——万物的本源；物曲——物的性能；物如——事物的本源；物序——事物的规律；物祖——万物之祖；物际——事物的界限；物恺——愿各物安乐；物用——百物器用），物件、东西（如物外——有形事物之外；物变——事物变化；物端——东西、物品；物势——事物的趋势、态势；物则——事物的法则，物像——样子），事、事情（如物务——事务；物事——事情，物格——事理得到穷究），社会、外界环境（如物外人——尘世以外的人；物道——世道；物运——世运；物外交——超世脱俗的友谊），杂色牛、杂色的旗，牲畜的种类、品级（如物类——同类，物的同类、种类；物汇——物类），颜色（如物采——色彩），哲学用语，物质，与"心"相对（如唯物论，物观——客观），物产（如物图——物产分布图；物殷俗阜——物产丰盛、风俗淳厚；物阜民康——物产丰富、人民安康；物阜——物产丰盛），他人、众人（如物听——众人的言论；物意——众人的心意；物师——众人的师表；物轨——众人的榜样；物宗——众人所景仰的人；物和——人和；物物——人对于万物的役使、支配；物忌——众人忌惮或忌妒；物心——人心；物望——人望、众望），景物（如物华——自然景物，物是人非——景物依然、人事已非；物景——景物），财富、财物、特指不动产（如公物），物品，某一有形物品（如物帛——物品财帛），神灵，标记、记号。物作动词有选择、观察之义。

于：本字"亏"。"于"是"竽"的本字。于，甲骨文于在有柄的吹奏乐器"亏"丂（参见"号""可"）的手柄部位加一横，表示手握乐器；凹凸曲折的符号于，表示乐音婉转起伏。造字本义：婉转起伏的竽音。有的甲骨文于省去凹凸起伏的符号。金文于承续甲骨文字形。有的金文于承续甲骨文字形于。篆文写成于。隶书于恢复金文字形于。当"于"的"竹笛"本义消失后，篆文竽再加"竹"另造"竽"代替。

段玉裁注："於，象古文乌省。此即今之於字也。象古文乌而省之。……此字既出，则又于於为古今字。释诂，……凡经多用于，凡传多用於。而乌鸟不用此字。"（段玉裁注："於"的篆文，像古文"乌"字形的省略写法。这个

"乌"字就是今天的"於"字。……这个"於"出现后，"于"和"於"便成了古今字。释诂观点认为……凡是经书，多用"于"的写法；凡是传类书，多用"於"的写法。而"乌"字、"鸟"字，则不用"於"的写法。）本指超过。于作动词表示往、去，取，如、好像（如于何——如何）。于作介词表示引进动作、行为的时间、处所〔意义相当于"在""到"或"在……方面（上、中）"；如于兹——在此；于时——在此〕，引进动作、行为的对象（相当于"向""对""对于"，如他做的事于人民有益），表示动作、行为的所从（意义相当于"从"或"自""由"，如青出于蓝而胜于蓝，取之于民，用之于民），在被动句中（引进动作、行为的主动者，相当于"被"，如不拘于时），引进比较对象（意思相当于"比"，如人民的利益高于一切），表示把动作、行为加给对方（相当于"给"，如荣誉归于教练），表示相对的位置（如垂直于肋板的脊柱）。于作词缀，嵌在动词或形容词后面，不必译出。于作名词指姓氏。

有："又"是"有"的本字。又，甲骨文 像手张开，有所抓持。当"又"的"持有"本义消失后，金文 加"肉" 另造"有"代替，突出"手持肉食"的本义。远古时代肉食是生存资料中极为重要的部分，古人因此以"持肉"借代为"持有"。造字本义：手持肉食。篆文 承续金文字形。隶书 将篆文的"又" 写成 。

《说文解字》："不宜有也。《春秋传》曰：'日月有食之。'从月又声。凡有之属皆从有。"〔不合理的持有。《春秋传》上说："日、月有吞食它们的日食、月食现象。"字形采用"月"作边旁，采用"又"作声旁。金文字形，从又（手）持肉，意思是手中有物。所有与"有"字有关的字，都采用"有"作边旁。〕本指具有，与"无"相对。有读 yǒu，作动词同本义（如有来有去——有板有眼；有尺水行尺船——量力而行；有眼色——有眼力、有眼光；有针线——有主意、有心眼；有字号——有名气的店铺；有出息——有才能、会办事），存在（如有间——有区别、不同；有差——有区别、不一；有等——有些），取得、获得（如有功——有功劳、有功绩；有根有苗——有根据、有线索；有根有底——有根有据；有福同享，有祸同当——有幸福共同享受，有灾难共同担当；有理走遍天下——只要有道理，任何地方都行得通），等候、等待（如有朝——有朝一日；有期——有一定期限；有时节——有时候；有盼头——有希望、有前途），发生、呈现、产生（如有忝祖德——有愧于祖宗的德行，辱没了祖宗的声誉；有事为荣——出头办事，炫耀权势或钱财）。有作形容词用在"人""时候""地方"前面（表示一部分，如这个措施有地方适用，有地方不适用），表示不定指（跟"某"的作用相近，如有人这样说，我可没看见），表示过去有一段时间（如有一年、有一次、有一回、有一天）。有作副词用于某些动词前组成套语（表示客气，如有烦——烦劳、有请、有劳）。有相当于"或"，或许。有作词缀，附着在动词、名词、形容词前（无实际意义，如有夏、有唐）。有又读 yòu，通"又"之义。

无：本字无，合并字無。"無"与"舞"同源，至篆文分化。"無"与"舞"，甲骨文 像一个人 两手挥动花枝 。有的甲骨文 在手挥花枝的人 的头上加"口" （歌唱），像祭祀者双手挥着花枝吟唱祝祷。金文 将花枝与手分离，并在两束花枝 上各加一个"口" 。在金文字形 基础上，篆文"舞"加双足"舛" 写成舞，强调双足踢踏跳跃；篆文"無"加"亡" 写成無，加"亡" 强调歌舞仪式的目的是祭奠战士"阵亡"。造字本义：以歌舞祭奠阵亡勇士。隶书無变形较大，省去篆文字形無中的"亡" ，并隐去篆文字形中的"人"形 、"口"形 、花枝形 ，并将花枝 下端写成"四点底" ，以致面目全非，本义线索尽失。舞蹈是肢体运动造型艺术，挥手作姿叫"舞"，辟腿跺踢叫"蹈"。据甲骨文字形，像一个人持把在跳舞。卜辞、金文中"无、舞"同字。

《说文解字》："亡也。从亡，無聲。 ，奇字无，通于元者。王育说，天屈西北为无。"（没有。字形采用"亡"作边旁，采用"無"作声旁。"无"，这是一个奇字，是"元"的撇画向上贯通而产生的奇字。王育说，天穹向西北弓屈叫作"无"。）本指乐舞。无作名词，在哲学范畴，指无形、无名、虚无等，或指物质的隐微状态，在五千言中，无乃道之象意。无作动词表示没有（跟"有"相对，如无颜落色——面色发白、没有颜色；无头面——没有头绪；无是处——毫无办法、没有一点儿好处；无气歇——没歇一口气、没有停息；无回豁——没有反应；无存济——无办法、难以应付；无笆壁——无依靠，无办法；无干——没关系、不相干；无方——无常，没有固定的行止、住处等；无虞——无误）。无作副词表示不（表示对动词或形容词的否定，如无偏无党——公正而不偏袒；无何——不久；无过——不过、无非、不外；无厌——不满足）。无通"毋"（表示劝阻或禁止，可译为"不要""别"，如无休外——不要见外；无失其时；无落——别误，不要落空；无得——不得，不能；无论——不要说），未、不曾、没，不必、不值得。无作代词——表示不定指的人、事物、时间、处所等（如无移时——不一会儿、时间不久；无一时——不一会儿、时间不久；无明夜——不分白天黑夜；无定着——没有固定的地方；无倒断——没完没了；无碑记——无数、不可计数；无般——样样、处处）。无作连词连接词组或分句（表示在任何条件或情况下都是如此，相当于"不论""无论"，如事无大小，都有人负责；事无巨细，她都认真去做）。无作语气词可用在句首（无义）和句末（表示疑问语气，可译为"吗"）。无读 mó，"南无"nāmó——佛教用语（表示对佛尊敬或皈依）。

2. 章意疏解

反也者，道之动也；弱也者，道之用也。（此段阐述了道动的方向与道用的特征。）

与常道相反的方向，正是大道的运行方向；道贵无用柔，柔弱，恰恰是大道的应用。

《黄帝四经·十大经·姓争》曰："天道环周，于人反为之客。争作得时，天地与之。争不衰，时静不静，国家不定。可作不作，天稽环周，人反为之客。静作得时，天地与之；静作失时，天地夺之。"（明了通晓德赏、刑罚的内涵以及二者之间的关系，就要抓住天道运行的规律来把握采取行动的契机。这样的话，人就能在天道运行当中反客为主。如果一味地竞争，该静时不静，国家就无法安定治理。相反地，该动时不动，那么在天道运行当中，人就会重新处于被动地位。因此说，动静合时宜，就会得到天地的佑助；而如果动静不合时宜，就会失去天地的佑助。）

《黄帝四经·十大经·雌雄节》中又有一段论述，对是否用柔的利弊做了具体阐释："凡人好用雄节，是谓妨生。大人则毁，小人则亡。以守不宁，作事不成。以求不得，以战不克。厥身不寿，子孙不殖。是谓凶节，是谓散德。凡人好用雌节，是谓承禄。富者则昌，贫者则谷。以守则宁，以作事则成。以求则得，以战则克。厥则身寿，子孙则殖。是谓吉节，是谓绮德。故德积者昌，殃积者亡，观其所积，乃知祸福之向。"（大抵好用雄节的，都可以说是有害于生存，作为统治者则会毁灭，作为一般百姓则会亡身。采用雄节，守国则不安，做事则不会成功，求取则无获，征国则无胜。其自身不会长寿，子孙也不会繁衍。因此这种雄节实为"凶节"，结果是在散失其德。而凡好用雌节的，都可以说是在承接福禄。作为在上位的富者因之昌盛，作为在下位的贫者因之得到足够的衣食供给。采用雌节，守国则安，做事则成功，求取则有收获，征战则胜。不但其自身会长寿，子孙也会繁衍。因此这种雌节实为"吉节"，结果便是积聚其德。因此说，积聚其德的国家会昌盛，积累祸殃的国家会灭亡。看一个人是积殃还是积德，便可以预测其祸福的趋向了。）

天下之物生于有，有生于无。（此段主要阐述有无相生的道理。）

道的演化规律是无中生有，有中生物。天下有形可见的万物，都是从有相中产生，有相又是从无相中产生。

三、老子的智慧启示

老子在《反复》章主要探讨反复的人生智慧与有无相生的道理。

1. 孔子弹琴说反复

《史记·孔子世家》中记载了一则"孔子学琴"的故事。大意是说，孔子向师襄子学琴，师襄子教给孔子一个曲调让他练习，孔子记住曲谱以后，一连反复弹奏练习十天，专心致志地练习，并没有要求再添加新的曲子。师襄子感到奇怪，说："这一首曲调你已经完全掌握了，可以增加新的学习内容了。"孔子说："我已经熟悉了这部乐曲，但还没有掌握弹奏这一曲的所有方法，还需要继续练习。"又过了一段时间，师襄子说："你已经熟练掌握了弹奏这一曲的所有方法，下一步可以学新曲子了。"孔子说："我还没有领会乐曲中所表达的情感和意蕴，还需要继续在弹奏中深入地体悟出来。"又过了些天，师襄子说："这个意蕴，你已经完全体会出来，可以学新的内容了。"孔子说："我还不了解作者。"师襄子觉得孔子讲的很有道理，也就不再催促了。又过了些时候，师襄子再次来到孔子跟前，却看到他正在专心致志地抚琴，面色肃穆沉静，好像在沉思着什么；接着又好像心旷神怡，表现出了洞穿幽远深邃的表情。而后抚琴一按，开口高兴地对师襄子说："我感悟出了作曲者是一个什么样的人了，他的肤色黝黑，身材高大，有王者之相，目光明亮而深邃，好像一个统治四方诸侯国的王者。这个人，除了周文王又有谁能够如此呢！"师襄子听了以后，赶紧恭敬地离开座位，给孔子施礼，拜了两拜，说："原来我的老师教我这个曲子时，就说过了，此曲的名字正是叫《文王操》呀。"①

"孔子学琴"的故事，非常典型地体现了"反复"的学习方法，是对"反复"这一智慧的生动演绎。反复，并不是简单的重复，也不是漫无目的地盲进，而是在掌握要领基础上的细心品味、反复揣摩与专一精进、不断升华，是有明确目标的，一步一个脚印进阶。《德道经·昆成》曰："大曰筮，筮曰远，远曰反。"《易经·复卦》曰："反覆其道，七日来复，利有攸往。"物极必反、盈虚消长、寒暑往来、反复其道，都是宇宙天地与大道自然的运行规律。反，有反思、反省的意思；复，有恢复、回复的意思。反复也指向自我反思，通过反躬自省，不断地总结自己的品德修养与行为得失，可以让自己的体力得以恢复，智力得以恢复，德行得以升华，为以后的人生之路奠定基础，是对常道思维的一种扭转、超越与复归、往返。

2. 阴阳和谐话有无

老子在这章中提到了两个概念——"无"和"有"，也就是"道无"和"万有"，这是一对阴阳。在老子的哲学思想中，阴阳是和谐相处的，可称之为"阴阳和谐论"。老子的阴阳和谐论，也是熊春锦先生提出的概念，其重点是揭示"德一""中气以为和"的自然真理。它以天德之气和谐其中，以归于德治为目的，是揭示天阳地阴、万物自然规律的学说。"有"和"无"是老子"阴阳和谐论"中一对最根本的阴阳。

在《德道经》中，无是道的象意，也是天地的初始。有质无形的无相宇空环境，是万物初始之端的环境，可以用"○"表示。有，是万物的根源，有质有形的有相宇空环境，是万物开始生成的环境，可为万物之母，可以用"一"表达。因为大多数人在大多数时候都处在"有"的境界中，所以在此主要解读"有"的内涵，认清"有"的真面目。对于"有"的理解，可以把思

---

① 熊春锦. 中华国学道德根 ［M］. 北京：中央编译出版社，2006：122 - 123.

路放开一点，不要仅仅局限于现代意义上的概念本身，认为它只是和"无"相对，只是一对阴阳的对应，也不仅仅表示存在、取得、获得、拥有等含义①。具体可从以下几个方面解析。

（1）远（外）取诸物的解读。

《说文解字》将"有"解释为："不宜有也。《春秋传》曰：'日月有食之。'从月又声。"引用《春秋传》中的话，意思是说日、月有日蚀、月食现象。月亮因月食而被遮蔽，其圆光缺损为"有"；按照"不宜"的说法，不应当发生和出现的却出现和发生了，就是"有"。就天象来说，月食是非正常的一种天象，虽然有其内在规律，但仍然属于异象。因此，"有"的字形构成是"从月又声"，"月"字上边遮蔽了一部分是"有"，就是说月亮上缺了一块，被遮蔽了一部分，描述得很形象②。

（2）近（内）取诸身的解读。

古人常常用圆月象喻人体生命中的真我本性圆明之光，象喻人的本来面貌，也非常形象。在修身实践方面有成就的人都知道，人的本性光明就好像正月十五的月亮一样皎洁、圆润，有了这个光明的照耀，人可以进入先天无为中，实践天人合一，洞察宇宙真理和自然规律，感知生命真谛，观过去、知现在、察未来。但是，如果有了后天的意念和意识，这个圆润的月亮就会变形，就会消失，类似于天象中的"月食"。当这种"有"出现了，对于实践道德的人而言，就是一种悲哀了。"有"反而悲，"无"反而喜。与世俗常人的认识有些不同（这也是常道与非常道的不同和特点）。为什么？因为这种情况下的"有"，表达的是人的后天有为对先天无为的障蔽作用，是"有相"对于无相的损害作用。孔子的学生颜回能够进入坐忘的境界。当人进入坐忘境界实践时，如果还存在一丝一缕的后天意识，就说明人还处在有相之中，那么我们本性的那轮明月、圆润的皓月就难以出现和变得稳定，如月食一样。其实，在道治社会和德治社会时期，我们的祖先中能进入守德无离、淳德不二境界的人有很多。那时的人们都是开口言德、闭口思道。以有"德"作为做人的基本准

---

① 熊春锦．中华国学道德根［M］．北京：中央编译出版社，2006：141.

② 熊春锦．中华国学道德根［M］．北京：中央编译出版社，2006：142.

则，是当时社会的共识，是民族的共同追求。古人用圆月来象喻人的本性圆明，人能做到无尘、无私、无欲，就能使本性圆明无缺，朗照大千世界。但是，从历史的发展看，当人类离开了"德一"进入阴阳中以后，就好像月食一样被有相遮蔽而失去了本性的圆融光明。老子在《德道经》中用"无"和"有"高度概括了他的"阴阳和谐论"，是抓住了本质的纲领性阐释①。

（3）对"有"的正确态度。

当然，对于"有"字的"不宜"，也要正确对待。有，对于后天和有相世界而言，是正常的显现，但是对于先天无为和无相的时空环境而言，"有"却是屏蔽和障碍。有，能损伤先天的无。人只有在"出有入无"的前提下，才能真正地实现"明明德"②。其实老子在此也是告诉人们常道与非常道、有为与无为两种思维方式的特点，以及如何把握这两种思维方式。如果已进入了先天环境中，就好像人8岁以前的那种心理状态，就应该运用先天无为的思维方式，放下后天有为的思维方式，即使有一丝一毫的后天意识，都会妨碍在先天环境中的发展进度；如果是处于后天环境中，那就主要用后天的有为思维，若能以无为驾驭有为，后天思维退居其后（即阴动为先，阳随其后），那便是最理想的。我们之所以重点解读"有"的内涵，就因为"有"是基础，是进入"无"的基础和阶梯，只有把握住了"有"，能够"出有"，才有可能谈到"入无"。任何时候，基础都是最重要的。

（4）"有"在修身实践中的体现。

在修身明德的实践中，有，就是指因为后天意识的活动，身国内的清静遭受损伤，失去了"德一"的品格和能量，失去了"中"。德的品格丢失了，"德一"的能量损失了，这就是"有"的内涵。离开了"德"、离开了"一"、丢失了"德一"，就是"有"。"德一"朴散开来后，就逐步远离了"无"态环境下的圆润光明，这是"有"产生的根本原因。"德一"的数如果在后天变化越多、越复杂，离开"一"的基数就越远，我们本性的"月食"现象就越严重，心中的光明、身国内的环境也就越来越愚昧无明。因此，一定要守住

---

① 熊春锦．中华国学道德根［M］．北京：中央编译出版社，2006：143.

② 熊春锦．中华国学道德根［M］．北京：中央编译出版社，2006：143–144.

一、不要离开德，才是最安全的，不要贪多。"有"越多，离开"一"就越远。解析了"有"字，再和"无"字结合在一起，以"有"为基础，去实践"无"，就会眼明心亮，融会贯通而没有迷惑①。

（5）解读"有""无"的意义。

理解有和无的内涵，就是要把握住形而上的"气"和形而下的"器"这一对阴阳，复归于"无"的道治身国境界中。要从最简朴的"有"中去寻觅出路，也就是从"德一"的"有"与"道○"的"无"，即在"○"和"一"这两个最简单又最伟大的数中去寻觅真正的出路。在这里面必定会找到自己的本性，找到没有带后天尘浊意识的光明。这条路是捷径②。

人类对有相的物质世界和无相的精神世界的认识向来都存在着"无为思识认识论"和"有为意识认识论"的分歧。在我国社会历史发展的道治和德治时期，人们的认识论是以"无为思识认识论"为主导的。那时的人们很容易进行思想中的"思"，将自己的心和大脑与宇宙连通，进行自然真理的求证③。比如《易经·系辞传》中就说过："《易》无思也，无为也，寂然不动，感而遂通天下之故。"另外，从"思"字本身也可以帮助我们理解无为思识的方法论。《说文解字》："思，容也。从心，囟声。"意为包容有相和无相的万物，心脑合一共同合作产生思想。每个人在自己的生命历程中，都有先天无为时期。人体在婴儿时期，头顶的囟门还是打开的，成为连接天道与外界的通道，这一时期是人的先天时期（0~3岁）。8岁之前，大多数人的慧性比较容易显现。之后，随着年龄的增长，囟门会逐渐闭合，这样，人与天道连接的主要通道就关闭了，而且，后天智识的逐渐增强会慢慢屏蔽先天的慧性，人就逐步进入后天时期（14岁或16岁以后）。9~15岁是先天向后天过渡的时期。

社会就如同身国境界的一面镜子，只有超越社会现象，摆脱几千年惯性运动的"有为意识认识论"，复归于老子所倡导的"唯德主义"哲学和"无为思识认识论"之中，进行长期刻苦的实践，才能真正地实现修身明德，完成道

---

① 熊春锦. 中华国学道德根 [M]. 北京：中央编译出版社，2006：144－145.
② 熊春锦. 中华国学道德根 [M]. 北京：中央编译出版社，2006：159.
③ 熊春锦. 中华国学道德根 [M]. 北京：中央编译出版社，2006：113－114.

德实践的人生①。

3. 高真德道悟鉴

吕祖认为：此章是"动静知宗祖"。

其文曰：动则散而耗，静则聚而见。言语举动则耗，心意驰动则耗，耗则外散，外散则神不宁气不结。神气凝结无他，心安意定耳。安定则中宫见、神室开，此时才为真动。真动本于静也，静者，气返而通；反（返）者，反心之不明，反性之不识，反口之不知味、目之不知色、鼻之不闻香臭、耳之不辨声之高低，反手不能取、足不能履，反五脏化而不生，反不知嘻笑言谈，反不识父母，唯有活泼泼，一团和气，灵性存于中，如此方为反也。如婴儿在腹，不知天日真阴真阳，任他回圈于虚无之中，八万四千、三百六十、五脏六腑无不通彻，皆因静中动也。动亦不知动之所以然，恍恍惚惚之间耳，谓之反者道之动。心泯意绝、含光于内，谓之柔。柔和于我，神宁气定，若似乎无作，又若尸同，弱之无间。时时如是，久则合大道之用，天之真性，结于虚空；人之真性，凝于虚无；道之真性，若入于无。无存于空空，合于玄玄，此为道之用。

其文又曰：天不言不动，从空中而生真动，此天之返也。人，神安气和，从虚中而生真动，此人之返也。能返者弱成，造化回圈于中，五行周流于内，阴阳凝结而成一，则天下万物无不感阴阳之气而生，言其窍窍通彻、处处空灵，诸气朝宗而环抱于中，此乃有也、生也。有生必有化，从生而返化，从有而入无。世人只知有生有，偏见于一生二、二生三、三生万物之说也，殊不知万物生于土而返化于土。归土者有二：枯朽而归者、润泽而归者。枯朽者，入于无何有之乡，为鬼耳；润泽者，归于虚灵不昧之地，为仙耳。学道无他，"无中下手有中得，得后不知有形迹，唯有空中成大窍，清虚天半悬月窟"。此是有中无也。无合于天而性光如月，虚合于地而命蒂如日，日月环抱而为太虚，此人之无中有、道凝虚中之象也。命尽而性存，光华烛于周身、辉于内外、打成一片，虚光而入于无极，此有中无也。学道岂易哉！②

---

① 熊春锦．中华国学道德根［M］．北京：中央编译出版社，2006：129．

② 老子．吕祖秘注道德经心传［M］．吕岩，释义；韩起，编校．桂林：广西师范大学出版社，2014：82－83．

黄元吉认为：大道人人具足，个个圆全，又何待于复哉？不知人自有生以后，气拘物蔽，知诱情生，斯道之为所汩没者多矣。苟非内祛诸缘，外祛诸扰，凝神调息，绝虑忘机，安得一阳发生、道气复返乎？故曰："反者道之动。"此炼丹之始基也。迨至药已归炉，丹亦粗结，汞铅浑一，日夜内观，而金丹产焉。自此采取之后，绵绵不绝，了了常存，以谦以下，以辱以柔，就是还丹之妙用。然非但还丹当如此，自下手以至丹成，无不当冥心内运，专气致柔。盖丹乃太和一气炼成，修道者当以谦和处之。苟稍有粗豪，即动凡火，为道害矣。故曰："弱者道之用。"天下万事万物，虽始于有形有象、有物有则，然其始不自有而肇也。圣人当大道之成，虽千变万化，无所不具，而其先必于至虚至无中采之炼之，然后大用流行，浩气充塞于两大。若非自无而炼，焉得弥纶天地如此充周靡尽乎？故曰："有生于无。"学人修养之要，始也自无而有，从静笃中炼出微阳来；继也自有而无，从蓬勃内复归于恬淡；其卒也，又自无而有，混混沌沌，人我俱忘，久之自炼出阳神三寸、丈六金身。可见有有无无，原回环不已，迭运靡穷。学者必照此行持，方无差忒。

黄元吉又云：此言金丹大道非有他也，只是真气流行充周一身，其静也如渊之沉，其动也如潮之涌。惟清修之子冥心内照，自考自证，方能会之，非言语所能罄也。人能明得动机是我生生之本，彼长生不老之丹岂外是乎？况人人共有之物，无异同、无欠缺，只为身动而精不生，心动而气不宁，于是乎生老病死苦，辗转不休，轮回不已。若欲脱诸一切，非先致养于静，万不能取机于动，返我生初元气。但此个动机，其势至微，其气至嫩，稍不小心，霎时而生癸水、变经流，为后天形质之私，不可用矣。故曰："见之不可用，用之不可见。"由此一动之后，采不失时，则长生有本，大丹有根。如执所有而力行之，笃所好而固守之，虽得药有时，成丹可俟，无如冲气至和，而因此后之采取不善、烹炼不良，一团太和之气遂被躁暴凡火伤之。道本至阳至刚，必须忍辱柔和，始克养成丹道，太上所以有"挫其锐、解其纷、和其光、同其尘"之教也。然道虽有气动，犹是无中生有。有而不以弱养之，则不能返于虚无之天，道又何自而成乎？人第知一阳来复乃道之动机，而不知返本还原，有象者仍归无象。盖有象者道之迹，无象者道之真也。知此，则修炼不患无基矣①。

第五节　《中和》

一、《中和》章经文内容

道生一，一生二，二生三，三生万物。

万物负阴而抱阳，中气以为和。

天下之所恶，唯孤、寡、不谷，而王公以为自名也。

勿或损之而益，或益之而损。

觐殷死，议而教人。

故强良者不得死，我将以为学父。

二、《中和》章经文释读

1. 文字释读

二："二"也是特殊指事字，表示天地两极。造字本义：由混沌分出的天、地两极。二，上面的一横代表"天"，下面的一横代表"地"。

《说文解字》："地之數也。从偶一。凡二之屬皆从二。弍，古文。"（表示地的数。由成双的"一"构成。所有与二相关的字都采用"二"作边旁。"弍"，这是古文写法的"二"。）本指原始记数符号。二作数词表示一加一的和（如二加四得六；总数为二；二难——难兄难弟，即蔡、宋两御史；二仪——两仪，指天地、阴阳；二纪——二十四年，一纪为十二年；二南——原指《诗经》中的《周南》与《召南》，借指淑女与君子相配；二星——银子二钱，星：秤杆上的记数点），百位数后接着整数二十时对二十的简称（如一百二），千位数后接着整数两百时对两百的简称（如八千二），万位数后接着整

---

① 黄元吉．道德经精义［M］．北京：中央编译出版社，2014：107－108．

数两千时对两千的简称（如四万二），排列顺序中第二位的（如二手——副手、二把手；二尹——知县副职县丞的别称：二舍——二公子，舍：舍人，原为官名，后用以称显贵人家子弟；二甲——殿试的第二等；二门——大门内的一道总门），双、比（如独一无二）。二作形容词表示两样、有区别（口不二价——一口价，比喻没有商讨的余地），不专一、不忠诚（如不能三心二意）。

阴：侌，既是声旁也是形旁，是"黔"的本字，表示天空多云、没有阳光、有雨情。金文**昜**＝阝（阜，山地）＋**今**（侌，天空多云、没有阳光），表示山地背阳、缺少阳光的北坡。造字本义：名词，山地背阳的潮湿北坡。篆文**陰**将金文字形中的**阝**写成**陰**。隶书**陰**将篆文字形中的**阝**写成**阝**，将篆文字形中的**侌**写成**侌**。《汉字简化方案》用"月"**月**（与"日"相对，表示没有阳光）代替正体楷书字形中的"侌"**侌**（天空多云而没有阳光）另造会义字"阴"**阴**。

《说文解字》："闇也。水之南、山之北也。从阜，侌聲。"（昏暗无光。阴坡，在河川南面、山岭北面。字形采用阜作边旁，"侌"是声旁。阜，指土山，从阜多与地形有关。简化字属会意，表示月夜笼罩山冈，很阴暗。）本指山的北面、水的南面。阴作名词同本义（如阴山背后——偏僻冷落的地方；阴木——山北的树木，一说秋冬生长的树木；阴竹——生长于山北的竹子；阴滨——江河的南岸；阴麓——山的北麓；阴坡——北坡），泛指北面（如阴窗——北窗；阴隅——西北方；阴列——最北边的一条山脉），背阳为阴（如阴干——放在背阳处吹干；阴崖——背阳的山崖；阴地——背阳地；阴阳瓦陇——瓦房顶的瓦是按一行凸面朝下一行凹面朝上交错铺排的，凸面为阳，凹面为阴，凸凹相间的行列叫瓦陇），秋冬季节（如阴秋——秋季；阴泉——秋冬之水；阴条——秋冬仍青的树木；阴时——秋冬之时；阴期——秋冬季节），日影、阴影（如阴暎——树荫；阴蔚——绿树茂盛，浓密成荫；阴森——树木浓密成荫；阴林——茂林），雨（如阴朗——阴雨和晴朗；阴泄——阴雨；阴官——雨师，水神），水（如阴族——水族），冥间（如阴司——旧时指阴间官府；阴钱——冥钱），月亮（如阴光——月光；阴兔——月亮的别名），妇人（如阴教——女子的教化；阴化——女子的教化；阴德——女德；阴帝——女娲），月经，天空中十分之八以上的部分被中低云量占住叫作阴（如阴晦——云气掩映日光，天气阴晦；阴凝冰坚——阴气始凝为霜，渐积成冰；阴澹——山色暗淡；阴雨——天阴下雨），云块（如阴霞——云霞），鬼怪（如阴兵——鬼兵、神兵；阴力——鬼神之力），中国古代哲学认为宇宙中贯通物质和人事的两大对立面之一（跟"阳"相对，如阴阳不将——阴阳家所称的嫁娶吉日；阴阳官——专司星相、占卜、卜宅、相墓等的职官；阴阳生——阴阳人，指以星相、占卜、相宅、看风水等为职业的人），姓氏。阴作形容词表示凹进去的东西（如阴识——古器物上凹入的文字，即阴文，凸出的文字称为阳文；阴纹——凹下的纹理），幽暗、昏暗（如阴翳——翅毛浅黑色的凤），阴险（如阴狡——阴险狡猾），冷、寒冷（如阴气——寒气、肃杀之气；阴碛——塞外的沙漠，塞外很冷，故称），阴湿、潮湿（如阴润——阴湿滋润；阴土——滋润的土壤），偶数（如晋·王嘉《拾遗记》："禹铸九鼎，五者以应阳法，四者以象阴数。使工师以雌金为阴鼎，以雄金为阳鼎。"阴干——位于偶数的天干；阴辰——干支纪日中地支处于偶数的丑、卯、巳、未、酉、亥六日；阴鼎——编列次序为偶数的鼎），雌的（如阴霓——雌霓，副虹），隐藏的、不露在外面的（如阴拱——私下敛下，不再参与，比喻袖手旁观；阴骘文——旧时专门劝人为善、做好事、积阴德的文章；阴符——军事谋略、部署等机密），负的（如阴极）。阴作副词表示暗中、暗地里（如阴煞——损伤；阴哂——暗笑）。

阳：易，既是声旁也是形旁，是"暘"的本字。陽，甲骨文 = （阜，山地）+ （易，日光照射），表示受光的山坡。造字本义：山地受光的南坡。金文 在甲骨文中"易" （日光照射）的字形上加"彡" （光影），表示日光照射物体产生的投影。篆文 承续金文字形。隶书 将篆文的"阜" 写成"左耳旁" 。俗体楷书阳以"日" 代正体楷书陽的"易" 。

《说文解字》："高、明也。从阜，易聲。"（高而亮。字形采用"阜"作边旁，表示与山有关；"易"是声旁。）本指山南水北。阳作名词同本义（如衡阳——在衡山之南；洛阳——在洛河之北；阳陆——山之南；阳濒——水之北岸；阳木——山南之木；阳柯——向阳光或南向的树枝；阳崖——向南的山崖；阳坡——向阳的山坡），太阳（如阳精——太阳，斜阳；阳宗——太阳；阳明——太阳、阳光，也指光明，人体经络名；阳彩——日光，太阳的色彩），物体的正面、前面，外面（如阳浮——表面顺从；阳效——表面的功效；阳冻——地面上的冰冻；阳事——外治，宫廷以外的政事；阳冰——结在水面的冰），晴天，天（如阳灵——天神；阳祀——祭天及宗庙），人世（如阳类——人世间的物类；阳寿——人在世间的寿命；阳报——人在世间得到的报应；阳功——人间功德），额（又指前面正面），眸子（借指美目），中国古代哲学家认为阳是贯彻于一切事物的两个对立面之一（跟"阴"相对，如阴阳二气、阳九），古代阴阳家、方士以四千六百一十七岁为一元（初入一元为一百零六岁，有旱灾九年，称为阳九。其余尚有阴九、阴七、阳七、阴五、阳五、阴三、阳三等，阳为旱灾，阴为水灾），太乙数以四百五十六年为一阳九，二百八十八年为一百六（阳九为奇数，为阳数之穷；百六为偶数，为阴数之穷），道家称三千三百年为小阳九、小百六，九千九百年为大阳九、大百六（天厄称为阳九，地亏称为百六，又如阳干——十干中的甲、丙、戊、庚、壬，即列于单数位天干，与阴相对；阳木——春夏所生的树木，一说为山南之木；阳辰——相术家以十二地支中的单数位，子、寅、辰、午、申、戌六日为阳辰，余六日为阴辰；阳鱼——鱼，因其生于阴，属于阳，故名；阳施——阳气散布；阳道——外事、政事；阳会——古俗妇女于每月十九日夜举行的一种聚会；阳德——阳气，也指日；阳声——古乐声分阴阳，六律为阳声，也指清声；阳灵——祭天之所，也指太阳），中国中医学上指人体内部某些器官（如阳病——中医指阳虚有寒的病症；阳疾——中医指热邪），春秋国名（在今山东省沂水县西南），春秋燕邑名（在今河南省唐县东北），指春夏（如阳和——春天的暖气；阳夏——夏季；阳时——春夏之时；阳官——《周礼》中的春官），中午，通"旸"，指日出，姓氏（如阳成——复姓）。阳作形容词表示凸出（如阳文——镂刻在器物上凸起的文字，也称阳识；阳刻——浮雕），带正电的（如阳电，阳极），颜色明亮，鲜明，温暖（如阳回——阳气回转；阳晃——晴朗的早晨；阳嘉——春日的暖气；阳春有脚——比喻为人带来春天般的温暖），干旱，诈伪（如阳言——诈言，同佯言），奇数（如阳爵——奇数的爵位等级；阳数——奇数）。阳作动词表示外露、显露，假装，复苏、生长，通"扬"，举起。阳作副词有表面上（如阳施阴夺——表面给予，暗中夺回；阳奉阴违）之义。

谷：本字"谷"。甲骨文 ⿱八口 = 八（"水" ⺀ 的变形表示涧水从山坡两侧向下涧）+ （口，通道，山口），表示涧水通道。造字本义：山岭间涧水汇集的洼地。金文 、篆文 承续甲骨文字形。作为农作物的"谷"产于河谷，因此古人假借"谷"代替同音的"穀"。

《说文解字》："泉出通川为谷。从水半见，出于口。凡谷之属皆从谷。"（泉水出隙，汇入河川，群山夹水的地形称作"谷"。字形采用"水"作边旁，像河水半隐半现地出于山口。甲骨文字形，上面的部分像水形而不全，表示刚从山中出洞而尚未成流的泉脉，下面像谷口。"谷"是汉字部首之一。所有与谷相关的字，都采用"谷"作边旁。）本指两山之间狭长而有出口的低地，往往包含一个流域。谷读 gǔ，作名词同本义（如山谷、河谷、峡谷、幽谷、谷口——两山之间的入口，谷水——山谷的水），两山之间的水流（如谷饮——汲谷水而饮；谷泉——山谷间所出的泉水），泛指水流，水流会聚的地方（如谷王——江海的别名，以其能容百谷之水，故称），井中容水之处，中医学名词（如谷谿——肢体肌肉之间相互接触的缝隙或凹陷部位，为经络气血输注出入的处所），古代道家用语（如谷牝——犹谷神）。谷通"穀"，庄稼和粮食的总称（如谷董羹——一种杂煮的饮食；五谷——庄稼和粮食的总称；百谷——粮食的总称）。谷通"鞫"，困穷，引申为困境（如进退维谷——形容处境非常困难）。谷作姓氏（如谷那——复姓）。谷又读 yù，如"吐谷浑"（Tǔyùhún，我国古代西部民族名）。

假借字"穀"：殸，既是声旁也是形旁，是"毂"的省略，表示套在车轴上、有一圈小孔可以插车辐的部分。穀，古鉢 xǐ 字形 = （殸，"馨"的省略，馨香）+ （禾，庄稼），表示馨香可口的庄稼籽实。造字本义：馨香可口的庄稼籽实。篆文 与古鉢字形相似。隶书 将篆文的"殸" 写成 ，将篆文字形中的 写成禾。

《说文解字》："续也，百谷之总名。从禾， 声。"（用新穀接续旧穀，穀是百谷庄稼的总名。字形采用"禾字边"， 是声旁。）本指庄稼和粮食的总称。谷作名词，是谷类植物或粮食作物的总称，五谷、谷田（如谷人——农夫；谷入——禾稼的收获；谷土——耕地；谷芒——禾谷的芒刺；谷道——古代方士不吃五谷，以求长生不老的道术），粟的北方俗称（如谷草），稻谷（指未脱壳的水稻的籽实，如谷米、稻谷），姓氏，善、良、美好（如穀士——善士、佳士；穀旦——良辰；不穀—— 不善、不好，古代诸侯自称的谦词）、俸禄、官俸，古人常以谷物计禄，古城名（故址在今山东省平阴县西南，春秋齐地，位于齐国西境，为当时交通要地。秦代称为谷城）、赡养、养育（如穀马——喂马；穀食——以谷物为食；穀饱——以谷食充饥；穀弩——以谷物饲养弩马），生、活（即生存、生长）。

觐：金文借𝄇表示觐见之觐，《六书通》里的字形为𝄇、𝄇，篆文𝄇，从𝄇（见）𝄇（堇）声，隶变后楷书写作觐，今简化作觐。

《说文解字》："諸侯秋朝曰覲，勞王事。从見，堇声。"（字形采用"见"作形旁，"堇"作声旁。）本指古代诸侯秋天朝见帝王。觐作动词表示朝见，诸侯秋季朝见天子或朝拜圣地，泛指诸侯朝见天子（如觐岁——岁时朝觐；觐岳——朝拜祭祀山岳；觐礼——古代诸侯秋天朝见天子的仪式），进见、访谒（如觐接——谒见身份地位较高者以接近之；觐省——探望双亲；觐会——会见）。

殷：殳，既是声旁也是形旁，是"殼"的省略，表示击磬奏乐。殷，甲骨文𝄇=𝄇（殳，"殼"，击磬奏乐）+𝄇（身，怀胎妇女），表示击磬奏乐，以怡悦孕妇。造字本义：王宫或贵族经常为孕妇演奏悠缓音乐，安神保胎。金文𝄇基本承续甲骨文字形。有的金文𝄇加"宀"𝄇，表示在室内。篆文𝄇将金文的"身"𝄇写成。隶化后楷书殷将篆文的"身"𝄇写成身。

《说文解字》："作樂之盛稱殷。从𝄇，从殳。《易》曰：'殷薦之上帝。'"（举行盛大的乐舞庆典叫作"殷"。字形采用"𝄇、殳"会义。《易经》上说："乐舞盛大，敬献上帝。"）本指盛乐。殷读 yīn，作形容词同本义，大（如殷奠——大祭；殷祭——盛大的祭典；殷祠——天子、诸侯在太庙对远近祖先的盛大合祭；殷殷轸轸——盛大众多的样子；殷礼——盛大的祭礼；殷事——初一、十五日的盛大祭祀），众、多（如殷大——众多；殷众——众多；殷远——繁多而深远；殷广——繁多而广泛；殷繁——繁多，众多），盛（如殷盛——茂盛、繁盛；殷流——盛行；殷殷屯屯——繁盛的样子；殷炽——殷阗，繁盛；殷草——茂盛的草），富裕（如殷户——殷实的人家；殷充——充裕、丰盛；殷足——殷实、富足；殷昌——富庶、昌盛；殷阜——富足；殷厚——殷实、富裕；殷然——充裕；殷强——富裕强健；殷饶——富饶、富裕；殷盈——丰盈，富足），深、深切（如殷握——深深地了解，掌握；殷谢——深切致谢），恳切（如殷挚——恳切诚挚；殷重——恳切深厚），热情接待客人或陌生人（如招待甚殷）。殷作名词表示殷朝；殷士——殷人；殷正——殷历正月；殷冬——旧历十一月；殷民——殷商的百姓，亦指殷代遗民；殷宗——殷人的宗祀，指殷朝；殷契——殷墟书契的简称，即殷商甲骨文字；殷虚——殷墟；殷见——殷同，周代各方诸侯于一年四季分批朝见天子；殷国——周代天子在侯国行殷见之礼；殷历——起于周末而传于汉初的六种古历之一，亦指殷商时所用的历法），古都邑名（在今河南省安阳市小屯村，商的第十代君王盘庚迁都于此，后世称为"殷墟"），深厚的情谊，姓氏。殷又读 yān，作形容词表示黑红色（如殷妍——红艳；殷殷——殷红的样子）。

议：义，既是声旁也是形旁，表示道理。議（议），金文![]= ![]（言，说）+![]（义，道义、真理），造字本义：论辩是非、道理。篆文![]承续金文字形。隶书![]将篆文的![]简写成![]。

《说文解字》："語也。从言，義聲。"（讨论。字形采用"言"作边旁，采用"义"作声旁。）本指商议、讨论。议作动词同本义（如议计——商议合计；议妥——商量妥当），评议是非（如议勋——评议功勋；议语——谈论），选择（如议才——选拔人才），议处、议罪（如议处——清制对有过失的官吏，交吏部拟定处罚办法；议惩——评议罪刑，给予惩处），议论（特指议论政事）。议通"仪"yí，表示忖度。议作名词表示意见、看法、判断或评价（如议计——意见和计策；议论风生——比喻能言善道，语辞生动有味）。

良："琅"的本字；"瑯""郎""廊"都是"琅"的异体字。良，甲骨文![]是象形字，字形像宫殿![]两侧迂回曲折的游廊![]、![]。有的甲骨文![]将表示宫殿区域的"囗"形![]写成"日"形![]，将曲折的游廊![]、![]简化成![]、![]。金文![]将甲骨文字形中的曲折的游廊![]、![]写成![]、![]，像是分段加关的游廊通道。篆文![]将金文字形中的游廊通道![]、![]写成![]、![]。隶书![]将篆文上部表示游廊通道的![]简化成缺口形状的![]，将篆文下部表示游廊通道的![]写成![]。俗体隶书![]将缺口形状的![]简化成一个点，将正体隶书上部的![]简化成![]。造字本义：名词，宫殿区内精美的玉砌廷廊，是古代帝王侍卫、侍从、顾问、医师等听候的所在。古人也假借表示玉砌廷廊的"良"作地名或姓氏。当"良"的本义消失后，金文**玖**加"王"**王**（玉）另造"琅"代替，强调宫殿廷廊的玉石材质。当"琅"的本义消失后，楷书异体字**瑯**加"双耳旁"**阝**（邑，城，指宫殿区）另造"瑯"代替，强调宫殿区内的玉砌廷廊。楷书异体字**郎**省去"王"**王**（玉）写成"郎"，表示在宫殿廷廊随时听任帝王召唤的侍卫、顾问、医师。当"瑯"和"郎"的本义都消失后，篆文异体字**廊**在"郎"字**郎**基础上再加加"广"**广**（开放式建筑）另造"廊"代替，强调宫殿廷廊的半开放性质。

《说文解字》："善也。从富省，亡聲。**㠯**，古文。**户**，亦古文。**㝂**，亦古文。"（善良。字形采用有所省略的"富"作边旁，采用"亡"作声旁。**㠯**，这是古文写法的"良"字。**户**，是古文写法的"良"字。**㝂**，这也是古文写法的"良"字。）本指善良。良作形容词同本义（如天良——良心；驯良——和顺善良；良正——善良正直），良好、美好（如良图——好办法；良牧——好官；良沃——良田，肥沃的田地；良朋——好朋友；良书——好书、益书；良罟——好的渔网；良贱——好坏老少之人；良士——贤士；良吏——贤良的官吏；良妻——贤淑的妻子，即贤妻），优秀（如良弓——善于制造弓的人；良工——技艺精妙的匠人；良庖——技艺精妙的厨师；良匠——手艺精巧的工匠；良车——制作精良的车子；良史——古称不畏权势，记事忠于史实的史官；良干——廉洁正直的高级官员；良笔——历史家维护正义、忠于史事的记叙笔法），和悦、和善，大（如良枣——大枣的别名；良器——大器，比喻杰出的人才），吉祥（如良月——吉祥的月份；良贞——吉卦；良时——吉时），和乐、欢悦（如良晤——欢聚；良游——畅游；良聚——良会，欢聚），长、久、深（如良夜——长夜；良宵——长夜）。良通"谅"，表示诚实、信实。良作副词表示很、甚、极其、非常、确实、果然（如良然——果然，确实如此）。良作名词表示首、头，首领、首长，遵纪守法的公民（如除暴安良；良耆里老——年长的平民百姓；良俊——贤良且才智杰出的人；良逸——贤才；良禽择木——比喻贤者择主而事；良丁——旧指平民百姓中已成年者）。良通"埌"，指坟墓。良作动词表示认为好，能够（如良比——堪与……比美），善于（如良民吏——善于治理百姓的官吏；良冶——精于冶炼铸造的工匠）。

父：是"斧"的本字。父，甲骨文**父**在"又"**又**字上加一竖指事符号**丨**，代表手上持握的石斧或石凿之类的工具。造字本义：手持石斧，猎捕或劳动。金文 画出尖锐的石斧形状 。篆文 承续金文字形。隶书 将篆文的"又" 写成 ，字形变化较大。当"父"的"持斧"本义消失后，再加"斤"另造"斧"代替。远古男性时代利用工具进行体力劳动，对开创生活具有重大意义，受到特别的尊重，因此"父"是古人对从事劳动的男子的尊称。

《说文解字》："矩也。家长率教者。从又举杖。"（父是规矩的代表，是一家之长，是带领、教育子女的人。字形采用"又"作边旁，像一手举杖教训子女的样子。甲骨文字形，像右手持棒之形，表示手里举着棍棒教子女守规矩的人是家长，即父亲。）本指父亲。父读 fù，作名词同本义（指某人直系血统的上一代男性，如父执——父亲的朋友；父族——父亲的亲族；父业——父亲的事业；父祖——父亲和祖父），对和父亲同辈的男性亲属的称呼（如伯父、叔父；父老，后亦以称姻亲中的长辈，如舅父、姨父、岳父），古代天子、诸侯对同姓长辈的称呼，对某一种大事业的创始者的尊称（如国父、氢弹之父、原子能之父），指万物化生之本（如父天——以天为父；父母国，父母之邦——祖国），上古对官长的称呼（如父师——太师，上古三公之一；父舅——古代天子对诸侯的称呼，同姓诸侯称父，异姓的称舅，宋时，羌、西夏等少数民族对汉族官长亦尊称"父"），亦指与雏、崽有直接血缘关系的禽兽中的雄性（如父马——雄马）。父作动词表示行为像个父亲（如父事——把别人当作父亲一般对待）。父又读 fǔ，作名词表示对有才德的男子的美称，多附缀于表字后面，天（古人以为天地生万物，故称天为"父"，如《易·说卦》："乾，天也，故称乎父；坤，地也，故称乎母。"），对老年男子的尊称（如渔父），通"甫"，开始（如教父——教戒的开始）。父作动词，通"捕"，有捕捉、捉拿之义。

2. 章意疏解

道生一，一生二，二生三，三生万物。（此段阐述了大道顺向演化万物的规律。）

道○化生了德一，德一又化生了阴阳二，阴阳二加上居中调控的德一之气，化生了三，三又化生了五行万物。中和之气，是大道演化、万物生存发展的源动力，也是人信德修养的能量。不论万物还是人类，只有具备中和之气，中和之德，才会永远长久。在此，道○，是万物之本始；德一，是万物生成之能量；阴阳二，从德一而生，反映万物的属性；三，乃一气含三，即"德、阴、阳"，它是万物生成与发展的自然法则，万物皆由此"三"生成。

对此，《黄帝四经·经法·道法》曰："虚无形，其寂冥冥，万物之所从生。"（道体虚空无形，寂静深远，万物赖之以生。）《淮南子·天文训》曰："道始于一，一而不生，故分而为阴阳，阴阳合而万物生。"（道初始于混沌不分的"一"，但"一"还不能直接产生天地万物，需要从混沌不分的"一"中分化出阴阳二气，阴阳二气交和合气才产生万物。）

万物负阴而抱阳，中气以为和。（此段阐述了万物负阴抱阳、中气为和的本质属性。）

万物皆是阴阳的复合体，以德一之气居中调和为用。《文子·自然》曰："夫道者，体圆而法方，背阴而抱阳，……变化无常，得一之原，以应无方，是谓神明。"（所谓的道，是体会其圆而效法其方，背阴而抱阳，……千变万化而没有一定规则，得到一的源头——道的根本，便可应用无尽，这就叫神明。）

天下之所恶，唯孤、寡、不谷，而王公以为自名也。（此段阐述了高低贵贱的辩证关系。）

天下人所厌恶的就是孤独（孤陋）、鳏寡（寡德）、不善，而王公以此作为自己的称名。（《得一》章中已说过，这是王公虚心谦下之辞，体现了他明白"贵以贱为本""高以下为基"的辩证道理。）

勿或损之而益，或益之而损。（此段阐述了阴阳运化消长之道、万物得失损益增减的规律。）

事物有的是先减损后增益，有的是先增益后减损。《文子·上礼》曰："天地之道，极则反，益则损。"（天地之道，物极必反，增益它就减少。）欲益反损，欲扬反抑。想增益反而减损，想发扬反而抑制。《韩诗外传》曰："持满之道，抑而损之。"（保持充盈饱满的法则是始终保持谦逊、谦让的态度，限制减省不必要的耗费和过度的奢望。）

觐殷死，议而教人。（此段阐述了社会发展由礼乐教化向言语教化的转变。）

制礼作乐，以礼乐化人，于周朝时大盛。关于礼乐教化，《礼记·乐记》曰："故礼以道其志，乐以和其声，政以一其行，刑以防其奸。……凡音者，生人心者也。情动于中，故形于声。声成文，谓之音。"（因此古代圣王用礼来引导人们的意志，用乐来调和人们的性情，用政令来统一人们的行动，用刑罚来防止人们做坏事。……凡音，皆出于人心。感情激动于心，因而将其表现为声。把声组成动听的曲调，就叫作音。）

《礼记·乐记》又曰："乐由中出，礼自外作。乐由中出故静，礼自外作故文。大乐必易，大礼必简。乐至则无怨，礼至则不争。揖让而治天下者，礼乐之谓也。……大乐与天地同和，大礼与天地同节。"（乐是从内心发出，礼是表现在外部。因为乐从内心发出，所以诚实无伪；因为礼表现在外部，所以文质彬彬。最高级的乐一定是平缓的，最隆重的礼一定是简朴的。乐深入民心，就会消除怨恨；礼得到贯彻，就会消除争斗。古代圣王之所以能通过谦恭礼让就把天下治理得井井有条，正是因为礼乐在起作用。……最高尚的乐像天地那样和谐，最隆重的礼又像天地一般有节序。）

《礼记·乐记》又曰："乐者，天地之和也；礼者，天地之序也。和，故百物皆化；序，故群物皆别。乐由天作，礼以地制。"（乐，体现了天地间的和谐；礼，体现了天地间的秩序。因其和谐，所以万物能融洽共处；因其节序不同，所以万物都又有其差别。乐是法天而作，礼是仿地而制。）

到春秋时期，礼崩乐坏，诸侯朝觐的礼乐散失在民间四方，以礼乐施行教化的功能失效后，人们就改用言语评论、议论来教化人。

中国古人早就认识到音乐对人的教化作用，自人文始祖伏羲"首创丝、土二音，后八音以次生矣"。（伏羲最早创制了丝质乐器与土质乐器，之后其它八种不同材质的乐器也就按照次序先后产生了。）《世本》曰："庖羲氏作瑟五十弦。瑟，洁也，清洁于心，淳一于行。"（伏羲制作的弦乐器瑟有五十根弦。瑟，是清洁的意思，使之清静自己的心灵，淳厚自己的德行）继而，"帝定六律，于是诸乐备作，金、石、丝、竹、匏、土、革、木，八音咸备，承用至今"（于是各种乐律创制完备，发出音响，进行演奏，金、石、丝、竹、匏、土、革、木八种不同材质的乐器都具备，一直承袭沿用到今天）。"《通考》：而六律尤能辨阴阳之气，识造化之微。武王伐纣，吹律听声，便知吉凶；师旷知《南风》之不竞，亦以律知。《周礼》所谓'太史执同律以听军声'是也。……历代制作之不能决定者，则以律考定之，而其源实创于黄帝。其深微奥妙，为何如哉！"①（况且，六律——定音器，竹管，共有十二个，古书中通常指十二律，即古乐的十二调，尤其能够分辨阴阳之气，识别洞察造化——化育万物的的精微。武王伐纣的时候，通过倾听五音清浊六律相生的数理，就知道吉凶；师旷——春秋时晋国的乐师，以善辩音律知名，知道《南风》音乐乐调低沉、不强劲，即南风不竞，表示南方的音乐柔弱，原指楚国军队战斗力不强，楚军战不能胜，后比喻竞赛的对手力量不强，也是通过倾听音律知道的。《周礼》中所记载的"太史执同律以听军声而诏吉凶，就是太师在大征伐时，手持铜制的律管以辨别军将发出的呼声，从而判断吉凶"。……历朝历代在制定政令不能决断的时候，就通过倾听音律来考察决定，这些做法的源头其实都可追溯至黄帝。其中的精深奥妙是因为什么缘故呢！）

对此，熊春锦先生也有一段论述，前面在解释"音"字的含义时已经提到了，古人是以音为药，音和乐实际上是连在一起的。"在远古早期，人类是凭声音来治疗疾病的。人体70%的体液血水，最易受音而振荡。音，能对人体生命产生极佳的疾病预防治疗和养生修身效果。在人类还没有产生语言交流的时候，就是运用最原始的'声'和'音'的能量来进行疾病的治疗。人类所依赖的'声'和'音'的能量之所以下降了，是因为人类为了掩盖自己心里的想法，不再使用心音直接进行交流，而改换使用语言进行交流。使用语言进行交流后，反而把使用声音这种能量的能力降低了。"② 这种现象与老子在《中和》这一章中所阐述的随着人类离道失德、礼乐教化失效后，人们只能改用言语议论来教化人是一致的。

故强良者不得死，我将以为学父。（此段阐述了自觉觉人，我当其责的内容。）

强良是《山海经》中记载的一种人虎共体的奇兽，可避邪，是古时腊月岁终大傩逐疫的十二神兽之一。

---

① 张亮采，尚秉和．中国风俗史［M］．北京：中国社会科学出版社，2012：172，179．
② 熊春锦．龙文化的文明与教育［M］．北京：团结出版社，2010：169．

因此，人如果能像强良一样，实践"可非恒名"的教育，在自身中呼唤其名现形，就会永久不死。我将以此作为学习的开始。"能充分获得德—能量的身心内环境，需要教化传授和指导实践使其觉悟，我当其责。"《中庸》曰："唯天下之至诚，为能经纶天下之大经，立天下之大本，知天地之化育。夫焉有所倚？肫肫其仁！渊渊其渊！浩浩其天！苟不固聪明圣知达天德者，其孰能知之？"（只有真诚对待天下百姓的，才能成为治理天下的崇高典范，才能树立天下的根本法则，掌握天地化育万物的深刻道理，这需要什么依靠呢！他那圣人的仁心那样诚挚，他的思虑像潭水那样幽深，他的美德像苍天那样广阔。如果不真是聪明智慧，通达天赋美德的人，还有谁能知道天下地地道道的真诚呢？）

《文子·自然》曰："圣人之道，入大不迷，行远不惑，常虚自守，可以为极，是谓天德。"（圣人之道，入大不迷，行远不惑，常守虚静，可以达到极致，这就叫天德。）

三、老子的智慧启示

在《中和》这一章，老子告诉人们的主要是"阴阳和谐论"的内涵，以及如何把握阴阳。具体可从两方面理解：其一，阴阳和谐的内涵；其二，把握阴阳的方法。

1. 阴阳和谐的内涵（老子的阴阳和谐论之一）

说到阴阳，在《黄帝内经》《周易》等经典中都有阐述。《黄帝内经·素问·阴阳应象大论》曰："故积阳为天，积阴为地。阴静阳躁，阳生阴长，阳杀阴藏。阳化气，阴成形。"（拿自然界的变化来比喻，清阳之气聚于上，而成为天，浊阴之气积于下，而成为地。阴是比较静止的，阳是比较躁动的；阳主生成，阴主成长；阳主肃杀，阴主收藏。阳能化生力量，阴能构成形体。）

这一段话是对天地大环境这一对阴阳太极体的解析和介绍，非常全面深刻。杀，有抑制、收敛、调控之意。阴阳的概念是辩证唯物性的，非常系统。而且，"阴中有阴，阳中有阳"，阴阳之中还可再分阴阳，阴阳具有无限可分性。比如，就一天的时间来说，白天为阳，夜晚为阴；从平旦到中午，属于一天中的阳，也是阳中之阳；从正午到黄昏这一时间段，同样是一天之阳，却是阳中之阴。暮夜至鸡鸣这一段时间，属于一天中的阴，是阴中之阴；而鸡鸣至平旦，也属于一天之阴，却是阴中之阳。对于人而言，这种阴阳对应关系也是相同的。

人体的阴阳分类是外为阳，内为阴。男女之间还有差别，男生体表为阳，体内为阴；女生体表为阴，体内为阳。若再仔细分，是后背为阳，腹部为阴。脏腑的阴阳属性是五脏为阴，六腑为阳。这个分类是根据是否能直接与外界相交通的特点而分的。因此，人的背为阳，阳中之阳就是心，阳中之阴就是肺。以腹为阴，阴中之阴就是肾，阴中之阳就是肝。阴中之至阴就是脾。这些阴阳的分类都是按照阴阳的总属在表里、内外、雌雄、腧输而对应确定的。这里的"腧输"是中医学术语，用这种阴阳归类方法与宇宙的阴阳相对应，和谐一致于阴阳总体格局之中。

关于阴阳的概念和归类，在《德道经》中有大量本质性和纲领性的阐述。一般而言，其他古代典籍中介绍阴阳细则性分类的内容比较多一些，而老子是抓住关键性的、最重要、最根本的内容进行阐释，是纲领性的。在老子的哲学思想中，阴阳是和谐相处的，可称之为"阴阳和谐论"。很多经典是直接论阴阳，并没有强调"中气以为和"，但老子天才般地提出"万物负阴而抱阳，中气以为和"，将"中气以为和"作为根本告诉世人，教导后人以此进行体德和悟道。《德道经》中的阴阳和谐论，囊括了宇宙的万事万物，内涵极其博大。正如《黄帝内经·素问·阴阳应象大论》中所言："阴阳者，天地之道也，万物之纲纪，变化之父母，生杀之本始，神明之腑也。"（阴阳是宇宙间的一般规律，是一切事物的纲纪，万物变化的起源，生长毁灭的根本，有很大道理在乎其中。）这段话中阐述的阴阳的内涵很广博，也可看出阴阳和谐学说的思想，是人们认识天地、万物、化育、生杀、神明等客观规律的重要方法论。老子提出的"阴阳和谐论"，就是揭示天阳地阴、万物自然规律的学说，它指出了万物成灭的纲纪、产生变化的依循和动力。

阴阳和谐学说的"二"，距离德"一"和道"○"最近，是"道○"和"德一"直接所化。它本身虽然已经进入后天的时空环境，象喻的主体是后天万物，但是阴阳本身所具备的"德一"品格和能量，常使其最容易逆返回归到德道的境界，或按照正确的方向顺变为三才、四象、五行、八卦，以及八八六十四卦，散化为万物。这些特征就使它能够冠之以"纲纪""父母""本始"和"腑"的荣誉称谓①。

老子的"阴阳和谐论"与天人合一的思想高度一致。《黄帝内经·素问·生气通天论》曰："夫自古通天者，生之本，本于阴阳。"（自古以来，都以通于天气为生命的根本，而这个根本不外天之阴阳。）这就正如"思"字所说，把自己的囟门打开，将心和脑与天相连接。与天相通的通道能够建立，就是生之本，而且本于阴阳变化之道。这里的"通天者，生之本"就是指人天合一，人体能够通达连接天德之气的能量环境，那就是人的生存和健康之本。因为天德养神，地谷养形。从根本上而言，还是"德一"在畜养阴阳体，整个阴阳体的有形和无形，都不能离开"德一"的畜养，因此"德一"就是阴阳之本。如果人们能与"德一"连通而获得其能量，就是长生久视之本。

近代哲学中的矛盾斗争学说只是阐述了它是对立统一的矛盾，至于如何斗争并未展开，其斗争的源起、过程和归宿，都尚未进一步细分和细化性展开，因而具有极大的可发展空间。而黄老思想中的"阴阳和谐论"却是一个巨大的思想宝库，已经将矛盾学说包容在其中。

老子的"阴阳和谐"学说并不以矛盾斗争为理念，而是以天德之气和谐其中，以归于德治为目的。《德道经》中提到的诸如有无相生、难易相成、动静相兼、刚柔相济、施受相濡、唱和相随等阴阳的运行与变化，都是阴阳互根、互为消长的关系，而不是矛盾斗争、相互战胜的关系。因此，老子《德道经》中"阴阳和谐"思想的重点是揭示"德一""中气以为和"的自然真理。只有"德一"的能量在阴阳中进行引领，阴阳才能继续生化滋养。在"道生一，一生二，二生三，三生万物"的总体规律中，"二生三"的机变动力和能量全在于"德一"。一气含三，德主其间。这就是"道生德养"的基本法则。东方哲学是"天地生人"，而西方是"天帝造人"②。

2. 把握阴阳的方法（老子的阴阳和谐论之二）

常听人说："宇宙在乎手，万化生乎身。"（《黄帝·阴符经》）如何把握阴

---

① 熊春锦．中华国学道德根［M］．北京：中央编译出版社，2006：150－151．
② 熊春锦．中华国学道德根［M］．北京：中央编译出版社，2006：151－152．

阳呢?《德道经》不仅教给世人如何"居于无,用于一,运于二,演于三"的上乘绝学,而且还通过大慈悲向世人揭示如何运化阴阳、驾驭阴阳的方法。在"阴阳和谐论"中,把握阴阳、超越阴阳的理论和方法至简至易。关键在于"知白守黑"和"执两用中"。且不说"知守"二字,先说说"执两用中"。太极图中间的太极弦是阴阳互动双曲线,这是把握阴阳的关键点之一。太极是天道能量场左旋,地道能量场右旋,无极的〇在旋动中,因为能量旋转运动而产生太极,也叫"天旋地转成太极,七星斗柄藏天机"。地球的自转、绕太阳的公转,以及以北斗七星斗柄的春指东、夏指南、秋指西、冬指北的旋转轨迹,构成了"天旋地转成太极"。因此,只要用好"中",从太极中央区解开其弦上的心结,这个"中心"——心中之结,就比较容易解开。故修其心是"知守"的关键,以心用脑是方法。

学会用"中",把握好阴阳的"中",执两用中就不难。执两用中运阴阳时,要注意层递而进,逐步深入。要先学会在肉眼看得到的有相世界中把握显性阴阳,从而建立起整体的观念。在显性的阴阳之中,只有持中才是正觉,持中才能发现客观的存在。如果对显性中的假阴阳参不破,就不能识、不能知"中"的真阴阳。修身明德,全在执"德一"而善待显性的一切阴阳,在随顺中自觉。这个"觉"是指要觉悟其中的德和道,以及因和果。在显态用中察阴阳而生活,无为处柔弱而存天性,才能步入老子所指出的"阴阳和谐"之道。关键是要懂得知一之理,并将其应用于万事万物。要掌握关键性的理论和方法,把它转化为自己的正知、正觉、正念、正行。这才是把握老子"阴阳和谐论"的关键。举一反三,触类旁通①。《中庸》有言:"子曰:舜其大知也与!……执其两端,用其中于民。其斯以为舜乎!"(孔子说:"舜可真是具有大智慧的人啊!……过与不及两端的意见他都掌握,采纳适中的方法用于老百姓。这就是舜之所以为舜的地方吧!)

3. 高真德道悟鉴

吕祖认为:此章太上大旨为以弱制强,以静制动,以有入无的意思。

其文曰:何为道?静极乃道也;静虚极乃玄也;道入于玄,谓之道。道从

---

① 熊春锦. 中华国学道德根 [M]. 北京:中央编译出版社,2006:156–159.

虚中见，静里生。何为一？静里有动机，在无心处见，谓之生。道生一：静极机动，恍若有物，谓之道生一。一生二：物有时，阴阳合抱，动静合机、虚虚实实，金生水，木生火，此时天地才分真心（火）与真水（气），一升一降，聚合于虚中，是谓一生二。二生三：阴阳既分，天地即判，此乃二也；俗曰天地人为之三；天地既生，难道又另有天地？此论谬矣。天之秀气、地之生气、感和风（息）之清气，此乃三也，外言也。气之清、神之灵、精之洁，静里分阴阳，而精、气、神同化于虚无，此三者内言也。不静，阴阳不分，阴阳不分则气不清；气不清、精不洁则神不灵；神不灵，安得为道？三生万物：得天之秀、感地而生、乘风之化；风乃天地交感之气，故言之。如无风处，草木虽得天之秀、地之生，无风则不茂、不华，理必然也。人之修道，虽静也，静中不生；阴阳不分，精不洁、气不清、神不灵，入于顽空，故命不立，如草木避风者同。神、气、精者，秉静而先天生，此三者皆先天中物也。会合于虚无，运用于阴阳，合抱于神空，此三者凝而为丹。丹成，八万四千毛窍、三百六十骨节、五脏化尽，血白脉绝，四大皆空，都成一个虚无关头，诸气朝元，而生万物，谓之三生万物。

其文又曰：万物负阴而抱阳，大凡有形之物，皆阴也。有形者皆有性，性乃阴也。性中得命，阳也。阳生于阴，洁白而生光，与月同也。人之修道，无里取金，一静而水里之金自然跃出，不静而用意取，非水中金也，乃穀气聚结之精华即此物，非金也。万物乃诸气之灵。虚无中，先天凝结，四大皆空，而万物方秉先天中的一点阴中之阳，去阴而合抱于阳。如人终日尘世，心存意在，食五穀而加五味养之，尽归于阴，阴盛精生而穿透于皮骨，滋润于四肢，此皆阴中阴也。阴盛情动，精漏而尽。或心动于物、形劳于事、精耗而枯，此阴盛使之然也。假后天之宝，养我皮袋，住居不损，主人公才能安身，此外丹者也。外丹固而内丹方成，释子云"舍身者"，谬矣。（非也！此"舍"应作"忘"或"不著"解。——悟玄子注）此谓之"负阴抱阳"。负阴之体而合抱真阳，万物来归，形化气，骨化虚，形骨化为虚气，似天地之有象无形，负阴之上而抱真阳，一气而已。

冲气以为和：冲者，上也。清气上浮而和合太虚。有形者人所恶之，言其纯阴不见于阳。修真者唯孤寡不谷，言其清静于已，与人不相同也，总不外一个"独"字，独于己身，一于己形，而我之玄，随气之冲和，合无极之至道，谓之"孤寡不谷"。"王侯以为称"：王侯者，神也，精于一，合于虚，方能玄妙独见于我。

故物或损之而益：人能精一于我，静静于中，物之秉静而生，是有也。以无损之，损之又损，清之至，静之至，清静之至，谓之损也。物不损不生，生后以静养之，此其有也。静久则有益于己，旋转周流，或上或下，或左或右，或前或后，冲万窍之开通，诸络之一贯，会众气于神室之中，含养于虚无之境，谓之故物，曰：损之而益。或益之而损：物之通彻明了，静极而益，从益之中化为空，返空不空，无不无，空复真空，无无不无，无无亦无。此二句不外先静后有，从有入无。

静者，以性下手；有者，性中立命；无者，性命返虚而合道。万物复化而为三，化三而为二，化二而返一，一后而入无，从无而合道。此时身心同于虚空，性命归于湛寂，无极而化太极之时也。到此地位，人何以所教乎？有入无，无化虚，人之所教，道有而止，亦我以不明之明心，不动之意而昏昏默默，教以无为而合太虚。

所为强梁者，即心守意取，不以虚而入，以诚而守者是也。不得其死：人以心住守方所，以意用力采取，终日养谷之气、精之华，谷气盛而真阳耗，精化华而精液消，日复一日，阳尽精枯，岂能久于人世？必致恶病生，故不得其死。吾将以无为之父，孤寡不谷，冲气为和，负阴抱阳而教之，如此方谓之道①。

黄元吉认为：道家始终修炼，惟以虚无为宗。元始天王道号虚无自然，即是此义。由虚而实，是谓真实；由无而有，是谓真有。倘不虚不无，非但七情六欲窒塞真灵本体，无以应万事、化阳神，即观空了照有一点强忍意气持之，亦是以心治心，直将本来面目遮蔽无存。总之，虚无者道之体，冲和者道之用，人能如是，道庶几矣。太上曰"道生一"，道何有哉？虚而已矣。然至虚之中，一气萌动，天地生焉，故曰："有物混成，先天地生。"无极之先，混

---

① 老子. 吕祖秘注道德经心传［M］. 吕岩，释义；韩起，编校. 桂林：广西师范大学出版社，2014：87 - 89.

混沌沌，只是一虚。及动化为阳，静化为阴，即"易有太极，是生两仪"是，所谓"道生一，一生二"也。其在人身，即微茫之中，一觉而动，乾坤阖辟，气机往来，静而凝聚者为阴为精，动而流行者为阳为气。若无真意主之，则阴阳散乱，无由生人而成道。可见阴阳二气之间，甚赖元神真意主持其际，所谓"二生三"也。由是一阴一阳，一动一静，气化流行，主宰如故，而万物生生不穷矣，所谓"三生万物"也。或曰："天一生水，金生水也；地二生火，木生火也；天三生木，水生木也；地四生金，土生金也。"以五行所生解太上一二三万物生生之义，总属牵强。不若道为无极，一为太极，二为阴阳，天一地二合而成三，斯为明确之论。

"万物负阴而抱阳，冲气以为和"，明明道元始虚无一气化生阴阳，万物之生即阴阳为之生。冲者中也，阴阳若无冲气，则中无主而神不宁。物之生也，犹且不能，况修道乎？《易》曰："天地絪缊，万物化醇。"可见精气神三者俱足，斯阴阳合太极而不分。使阴阳虽具，太极无存，则造化失权，万物之生机尽灭。大凡修道炼丹，虽离不得真阴真阳，若无太和元气，则丹无由结，道亦难成，盖道原太和一气所结而成也。生人生仙，只是一理，所争只在顺逆间耳。惟以元气为体，阴阳为用，斯金丹之道于是得矣。试观王公大人，位至高也，分至贵也，而自称曰孤、曰寡、曰不穀，其意何居？盖高者易危，满者易倾，电光之下，迅雷乘之。惟高不恃其高，贵不矜其贵，而以谦下柔和之心处之，斯可长保其富贵，而身家不至危殆焉。所以孤、寡、不穀，凡人所恶，王公反以之自称也。然则道为天地至宝，修之者可不知谦柔之意乎？《书》曰："满招损，谦受益"，从无有易之者。夫益不始于益，必先损而后益；损不始于损，必先益而后损。可见富贵贫贱、穷通得丧，屈极则伸，伸极必屈，此天道循环自然之运，虽天地莫能逃，何况人乎？噫！人道如斯，大道奚异？修士欲得一阳来复，必先万缘俱寂，纯是和平之气，绝无躁切之心。如此损之又损，以至于无，则群阴凝闭之中，始有真阳发生，为吾身之益不少。倘或自矜其才，自多其智，心不虚而志自满，未有不为识神误事、邪火焚身者。欲益而反损，天下事大抵如斯，岂独修道乎？至于一切事宜，无非幻景，不足介意，而人犹以为后起者教。须知金丹大道，所为在一时，所关在万世，岂可不以为法耶？太上所以云"人之所教，我亦教之"也。所教维何？至柔已耳。

若不用柔而用刚，必如世上强梁之徒横行劫夺，终无一人不罹法网而得以善终。是知横豪者死之机，柔弱者生之路，此诚修道要术，吾之教人所以柔弱为先也。修士其可忽乎？

《悟真》云："道自虚无生一气，便从一气产阴阳。阴阳自是成三体，三体重生万物昌。"此即"一生二，二生三，三生万物"之谓。修行人打坐之初，必先寂灭情缘，扫除杂妄，至虚至静，不异痴愚，似睡非睡，似醒非醒，此鸿濛未判之气象，所谓道也。忽焉一觉而动，杳冥冲醒，我于此一动之后，只觉万象咸空，一灵独运，抱元守一。或云真意，或云正念，或云如来正等正觉，此时只一心，无两念焉。观其阳生药产，果能蓬勃缊缊，即用前行二候法：采取回宫一候，归炉封固一候。是即一动为阳，阳主升；一静为阴，阴主降。再看气机壮否？若已大壮，始行河车运转，四候采取烹煎，饵而服之，立干己汞。此即采阳配阴，皆由一而生者也。至于一呼一吸、一开一阖，无不自一气而分为二气。然心精肾气，心阴肾阳，无不赖真意为之采取、烹炼、交媾、调和。此即阴阳二气合真意为三体，皆自然而然，无安排、无凑合也。而要必本于谦和退让，稍有自矜自强之心，小则倾丹，大则殒命。故曰："强梁者不得其死，吾将以为教父。"学者须知，未得丹时，以虚静之心待之；既得丹后，以柔和之意养之。慎勿多思多虑、自大自强可也。此为要诀中之要诀，学者知之！否则满腔杂妄，道将何存？如此而炼，是瞎炼也。一片刚强，即得亦丧，如此而修，是盲修也。似此无药无丹，遽行采炼运转，不惟空烧空炼，且必伤性伤精，其为害于身心不小，乃犹不肯自咎，反归咎于大道非真、金丹难信，斯其人，殆不知道之为道至虚至柔。惟以虚静存心，和柔养气，道乃未有不成也已。

黄元吉又云：此言道家修炼，却病延年，成仙作圣，不外精气神三宝而已。然精非交感之精，所谓"元始真如，一灵炯炯"，前云"惚兮恍，其中有象"是，是由虚而生，虚即道。"道生一"即虚生精，精即性也。气非呼吸之气，所谓"先天至精，一气氤氲"，前云"恍兮惚，其中有物"是，是由一而生，一即精。"一生二"即精生气，气即命也。神非思虑之神，所谓"灵光独耀，惺惺不昧"，前云"杳兮冥，其中有精，其精甚真，其中有信"是，自二而化，二即气。"二生三"即气化神，神即元神真意也。要皆太和一气之所化也，惟以柔和养之，斯得之耳。若著一躁心，生一暴气，皆不同类，去道远矣。去道既远，保身犹难，安望成仙？所以有强梁之戒也。太上以忍辱慈悲为教，故其言如此。孔子系《易》，尝于《谦卦》三致意，而金人、欹器之类，示训谆谆，其即此意也欤！①

第六节 《至柔》

一、《至柔》章经文内容

天下之至柔，驰骋于天下之致坚。

无有入于无间，吾是以知无为之有益。

不言之教，无为之益，天下希能及之矣。

二、《至柔》章经文释读

1. 文字释读

至：甲骨文在倒写的"交"下面加一横指事符号，表示地板或床铺，"交"表示站立的人，倒写的"交"表示倒卧的人，因此"至"的整个字形表示一个人倒在床上，叉腿而卧。造字本义：回到家里，躺下休息。对远古狩猎时代整日奔波的男子来说，回到家中就意味着可以安全地躺下放松休息。金文承续甲骨文字形。有的金文用"土"代替表示地面的一横指事符号，明确了"地板"（地铺）的含义。籀文承续金文字形。篆文承续金文字形。隶书将篆文字形中倒写的"交"写成不知所云的。当"至"的"到家"本义消失后，再加"人"另造"到"代替。篆文的"到"误将"人"写成"刀"。当"到"的"到家"本义消失后，篆文再加"人"另造"倒"代替。

《说文解字》："鳥飛飛从高下至地也。从一，一猶地也。象形。不，上

---

① 黄元吉.道德经精义［M］.北京：中央编译出版社，2014：112－115.

去；而至，下來也。凡至之屬皆从至。👤，古文至。"（鸟从高处飞落到地面。字形用"一"作边旁，"一"好像地面。字形像鸟从高处飞落到地面。"不"是鸟飞向高处；而"至"则是鸟从高处飞下来。所有与至相关的字都采用"至"作边旁。👤，这是古文写法的"至"。古文从土，上亦像飞下之形，尾上首下。）本指到来、到达。至作动词同本义（上古时期多用"至"，中古时期多用"到"，如至旦——到天明；从古至今；至竟——到底、毕竟；至止——到达、到来；无微不至；自春至冬；由东至西；至于——到、达到；至乎——至于；至至——达到道的最高境地；至到——程度达到极点、到），来、去。至作形容词形容事物的尽善尽美，犹言最好、最高、最大（如至心——极为诚恳的心意；至骏——最好的骏马；至意——极深远的用意；至情——极其真实的思想感情；至理——极深的道理；至材——极佳的才能；至治——最完善的政治；至德——最高尚伟大的德性），深（如至虑——深思熟虑；至戒——犹深戒；至契——交情极深的朋友），恰当、得当，亲近（如至戚——最亲近的亲属），诚挚、真挚（如至诚、至友），周到。至作副词表示大（如至贤——大贤，指极有贤德的人；至砀——极广大），极、最（如至公——最公正；至足——极充足；至大至刚——极其广大坚强；至大无外——大到极点、外无以加；至小无内——小到极点、内无余隙；至公无私——公正到极点，丝毫没有私心，至清——极其清澈），一定、必、竟、竟然。至作名词，为夏至、冬至的简称（如至节——冬至或夏至；至日——冬至日、夏至日），至道，多指道家最玄妙精深的道理（如至精——我国古代哲学家指一种极其精微神妙而不见形迹的存在），道德高尚的人、圣人（如至人——道家超凡脱俗，达到无我境界的人，思想或道德修养最高超的人），准则。至作连词表示乃、乃至、以至，至于、甚至于。至作介词有到……时候之义。《玉篇》："至，极也，通也，善也，达也，大也，到也。"

柔：矛，既是声旁也是形旁，表示带锋的木枪。柔，篆文 🔣 = 🔣（矛，带锋头的木枪）+ 🔣（木，枪杆），表示矛枪的木柄。造字本义：富有弹性、适宜做矛枪长柄的木材。

《说文解字》："木曲直也。从木。矛聲。"（糅扳木条，使之由曲变直。字形采用"木"作边旁，"矛"是声旁。）本指树木可曲可直。柔作形容词同本义（如柔木——柔软而又坚韧的木），柔弱、细嫩（如柔枝嫩叶；柔条——嫩枝；柔红——柔嫩的花；柔荂——幼芽附着的种子薄膜；柔茬——草木枝叶柔韧；柔桑——嫩桑叶；柔稚——幼嫩），柔软（如柔滑如黄——柔黄；柔穰——柔软的穰草；柔暖——柔软温暖；柔腴——柔软丰满；柔钝——柔软而不锋利；柔革——柔软的皮革），温柔（如柔善——性格温柔的善良之人；柔惠——温顺柔和；柔淑——温柔贤淑），柔和、温和（如柔气——气质柔和的人；柔仁——柔和而仁慈；柔心——性情柔和；柔良——柔顺善良，柔明——柔顺而聪明；柔合——柔顺弥合；柔讷——柔顺而不直言；柔谦——柔和谦逊；柔嘉——柔和美善；柔谨——温和恭谨；柔缓——温和宽厚；柔调——温和地调治；柔愿——温和朴实；柔慈——温和仁慈；柔雅——温和文雅），柔美（如柔妍——娇柔秀丽；柔握——柔美的手），软弱、柔弱（如柔柯——柔弱的枝条；柔桡——柔弱苗条）。柔作动词表示安抚或平息，尤其通过让步（如柔远——安抚远人或远方邦国；柔远能迩——怀柔远方、优抚近地；柔软绥怀——安抚外方归顺者；柔远镇迩——安抚远方、安定内地），润泽，通过加工使变软（如柔麻，柔融——融化使柔软）。柔作名词指汉代侯国名（治所在今山东省临沂地区境内）。柔通"鞣"，表示车轮的外周。

驰：篆文𩣓 ＝𩠐（马）＋它（虫，也表示龙），造字本义：快马如飞龙。隶书𩥓将篆文"马"的四足写成"四点底"灬。

《说文解字》："大驱也。从馬，也聲。"（极力驱马疾行。字形采用"马"作边旁，"也"作声旁。）本指车马疾行。驰做动词同本义，驱使（如驰车——古代战场上快速奔走的马车、轻车，驾车行走；驰马——骑马快跑；驰道——为帝王行驶马车所筑的马路；驰报——疾驰传报，驰夫——骑马送信的差役），疾行（如风驰电掣；驰说——往来劝说；驰求——奔走追求；驰兵——迅速进兵），追逐（如驰竞——追逐，竞争），向往（如驰结——挂念、想念；驰义——向往忠义而奔驰来归，归义，臣服），消逝迅速（如驰年——快速流逝的岁月，驰晖——疾驰的日光），传播（如驰芳——散播芳香；驰声——声誉远播）。

骋：篆文𩢍＝𩠐（马）＋甹（粤，击鼓奏乐），造字本义：奔驰的马蹄撞击地面发出击鼓般的声音。隶书𩥦将篆文"马"𩠐的四足写成"四点底"灬。

《说文解字》："直驰也。从馬，粤聲。"（径直奔驰。字形采用"马"作边旁，"粤"作声旁。）本指纵马向前奔驰。骋作动词同本义（如驰骋——骑马奔驰；骋骛——奔走驰骋；骋步——驰步快走），放任、放纵（如骋心——恣意，快心），施展、发挥（如骋志——施展志向）。骋作名词表示古州名（唐置，在今四川省屏山县）。

致：至，既是声旁也是形旁，表示到达、抵达。金文 𦎫 = 𡯁（至，到）+ 攵（人亻的脚"夂"止，行走），表示走到。造字本义：动词，走到，到达。篆文𦎫省去金文字形中的"人"亻。隶书致承续篆文字形。有的隶书致承续金文字形：在"夂"夂上加"人"人。隶化后楷书致将隶书的"夂"夂写成"反文旁"攵。

《说文解字》："送诣也。从夂，从至。"（送到。字形采用"夂、至"会义。）本指送到。致作动词同本义，招引、招致（如致人——招致人才；致士——招引贤士），造成、导致（如致得——致使），求取、获得（如致知格物——获得知识在于研究事物，致效——效力；致养——得到养育），表达（如致诚——表达诚挚的情意；致精——显示精巧），奉献、献纳（如致君泽民——为皇帝效力、为百姓造福；致福——古代臣子祭祀后，将祭肉奉献给国君，表示为君王和国家添福），转告、回报（如致事——上报施政情况），施加、施行（如致化——施行教化；致礼——向人施礼），集中心、力于某一方面（如致功——把精力和功夫专用于某一方面；致一——专一；致志——集中注意力；致思——集中心思于某一方面；致意——关注、集中心思），归还、交还（如致政、致仕——辞去官职；致位——辞去职位），放置（如致之度外——置之度外；致之死地而后生——兵家用语，将军队置于绝境，则将士必为求生而殊死战斗）。致作副词，通"至"，表示到达，极、尽（如致曲——尽力研究细微的事理）。致作名词表示情趣、兴致（如有致——富有情趣，别致、景致；致度——神采风度），有书卷、契据之义。

入：甲骨文入像盒盖向下，表示收存物品，加盖封藏。造字本义：收存物品，加盖封藏。金文入承续甲骨文字形。有的金文入形似屋"宀"。篆文入承续金文字形入。隶书入有所变形。

《说文解字》："内也。象从上俱下也。凡入之属皆从入。"（进到内部。字形像什么东西一起从上面落下的样子。所有与入相关的字，都采用"入"作边旁。）甲骨文字形像个尖头器具，尖头器具容易进入。本指进来、进去。入作动词同本义（如入门问讳——到别人家里，先须了解人家先祖名讳，以便谈话；入对——进宫回答皇帝的问题；入览——看到；入迁——从外地迁到京城做官；入学——童生考取秀才，入山、入口、入帘——科举时期，考官进场阅卷），参加、加入，接纳、采纳，交、交纳，与……相适应（如入式——合乎程式、道），入朝（指属国、外国使臣或地方官员谒见天子，如入阁拜相——进入内阁，成为宰相；入王——入朝晋见天子），到达（如入玄——达到玄妙的境界；入来——到来、进来；入脚——到临、开始；入圣——达到圣人的境界），侵入，占据（一个地方或位置，如入席、入列）。入作名词表示收入、进项（如岁入，入不敷出），古汉语声调之一（如古汉语四声之一——平上去入。普通话没有入声，古入声字分别读成阴平、阳平、上声、去声。有些方言有入声，入声字一般比较短促，有时还带辅音韵尾。亦即一种汉语调类，声调短促而急，现普通话中已无入声，入声字分别归入阴平、阳平、上声、去声四声之中，如屋、竹等字）。

间："间"与"閒"同源，后分化。閒，金文＝（门，代表家居）＋（"夕"或"月"，代表光线转暗，由昼入夜），表示家居的夜晚时光。造字本义：由白天的外出奔波转入夜晚的家居休闲，含义与"闲"字近同。籀文将金文的"夕"写成"外"，强调"閒"是由"野外"奔波转入"屋内"安歇。没有电力的古代，夜晚没有足够的照明可以提供正常的劳动环境，于是"入夜"加"家居"，便构成无所事事的"安闲"。篆文、隶书承续金文字形。由于"閒"与"闲"混用，因此当"閒"由"休闲"含义引申出其他名词与动词含义后，晚期隶书用"日"代替"月"另造"间"，以使"閒"（间）明确区别于"闲"。

《说文解字》："隟也。从门，从月。，古文閒。"（缝隙。字形采用"门、月"会义。，这是古文写法的"閒"字。）段玉裁注："开门月入，门有缝而月光可入。"古写作"閒"，"间"是后起字。本指门缝。间读 jiàn，作名词同本义，泛指缝隙、空隙（如间出——乘隙私出、微行；间缺——空隙；间蹊——小道；间径——小道、僻路），隔阂、嫌隙，间谍（如间使——密

使；间骑——骑兵侦察员）。间作动词表示拔去多余的植株、去掉林中多余的树（使其他的苗或树能更好地生长，如间玉米苗），隔开间隔（如间行——拉开距离行进；间阔——久别、远离；间岁——隔一年；间世——隔代），夹杂、掺杂（如间错——间杂；间诂——夹注），更迭、交替（如间歌——古时吹笙和唱歌相交替的一种礼制；间出——隔世而出；间生——隔世而生），参与。间作副词表示间或、断断续续，秘密，暗中（隔开众人，使自己隐而不现）。间读 jiān，作名词表示中间、内（如两地之间，上下之间，左右之间，半中间，阴阳两极间的真空），一会儿、顷刻（如间不容息——其时间不容喘息，比喻时间短促），近来，姓氏。间作量词表示房屋的量词（如一间卧室，三间门面）。

言：甲骨文**ᗩ**在舌**ᗩ**的舌尖位置加一短横指事符号**━**，表示舌头发出的动作。一横表示言从舌出。造字本义：鼓舌说话。金文**ᗩ**将甲骨文的**ᗩ**写成。篆文**ᗩ**再加一横指事符号。隶书简写成**言**，完全失去舌形。

《说文解字》："直言曰言，論難曰语。从口，**平**聲。凡言之屬皆从言。"（直说叫"言"，论争辩驳叫"语"。字形采用"口"作边旁，采用"**平**"作声旁。"**平**"，愆的古文。"言"是张口伸舌讲话的象形，从"言"的字与说话或道德有关。所有与言相关的字，都采用"言"作边旁。）本指说、说话。言作动词同本义（如言绝——言罢、说完；言言——直言；言人人殊——各执一词、所言各异；言笑自若——谈笑自得的样子；言信——说到做到的信用），议论、谈论（如言路——谏官的职务；言事——在君主时代，臣民与天子、国君议论政事；言文——谈论文辞；言默——议论和沉默；言状——所述情状），记载（如言行录——记录、叙述一人或多人的嘉言美行的书），问（如言问——讯问），告知、告诉（如言讽——用委婉的语言示告），陈述、叙述（如言功——陈述功绩），说明，解释引文、词语或某种现象的发端词，相当于"就是说"或"意思是"。言作名词表示话、言语、口语，又特指怨言（如言能践行——说到做到；言言善果——多说劝人行善的话，必有好处；言同勒石——喻指说的话深刻而珍贵、如同刻石；言词——用语言表达的词汇或词句；言不尽意——言语无法把所有的心意全部表达出来；言语妙天下——言语精妙，天下没有人比得上；言简义丰——语言简练、含意丰富；言智——言语的才智），言论、见解、意见（如言扬行举——根据德行和声名来选择人才；言金——珍贵的言论；言之成理——言论能自成系统而有文理），言辞、辞令、辞章（如言外——言辞本身以外的意思；言使——使者，使者主要在传达言辞，故称言使；言泉——言辞滔滔不绝，如泉水般涌出，比喻口辩敏捷，言语通畅），政令、号令（如言语——命令、指示；言文——法律条文；言文刻深——法律条文严峻刻薄；言出法随——命令一下达，就依法考核、赏罚），誓言、盟辞、约言（如言约——口头言语为约定；言瑞——守信之言），建议、主意、计策（如言责——进言的职责），学说、主张，言语或文章中的字（如五言诗、七言诗），口语或文章中的句子（如一言为定、片言九鼎），著作（如言对——文体的一种），姓氏。言作助词，无义（用于句中或句首，作语气助词）。

教：甲骨文𣁐 = 爻（爻，算筹）+ 子（子，孩童）+ 攴（攴，手持鞭子、棍杖），表示体罚学子。造字本义：用体罚手段训导孩子做算术。金文𣁐省去"子"子。有的籀文𣁐用"心"心代"攴"攴，强调"教"者引导、启发蒙童的心智。有的籀文𣁐承续金文字形。篆文𣁐承续甲骨文字形。

《说文解字》："上所施下所效也。从攴，从孝。凡教之属皆从教。𣁐，古文教。𣁐，亦古文教。"（在上的操作，在下的效仿。字形采用"攴、孝"会义，"攴"，篆体像以手持杖或执鞭。所有与教相关的字，都采用"教"作边旁。𣁐，这是古文写法的"教"字。𣁐，也是古文写法的"教"字。）本指教育、指导。教读 jiāo，动词，把知识和技能传授给别人，使、令、让。教读 jiào，动词同本义（如教治——教化、教育；教民——教育人民；教迪——教育开导启迪，教帖——古代公侯、大臣所下的手谕、命令；教示——教导、训诲；教戒——教导和训戒；教告——教导教诲；教演——教练、演练；教阅——操演、检阅；教坊司——管理伎乐的机构，专司音乐、戏曲、舞蹈的教习、排练及演出等事宜），叫、让（如教令）。教作名词，表示宗教（如道教、佛教，教乘——佛教、佛法；教法——宗教的理论），教育、教材（如教席，教职——教师的职位；教术——教法、教数，教育的方法；教泽——教育的恩泽；教象——教育规则的条文）。《广雅·释诂》："教，效也。"《玉篇》："教，教令也。"

2. 章意疏解

天下之至柔，驰骋于天下之致坚。（此段阐述了柔弱胜刚强的道理。）

驰骋：有自由地或随意地到处走动，漫游，活动，活跃等义；比喻涉猎。

天下最柔弱的，往往能够驾驭最坚强的。《黄帝四经·名理》也说："以刚为柔者栝（活），以柔为刚者伐。重柔者吉，重刚者灭。"（刚强有力者却表现为虚弱无能的可以生存，虚弱无能者却表现为刚强有力的必定败亡。尊崇柔弱的会得吉而存，追求刚强的将得祸而亡。）天地万物中，以柔弱而长存者，最具代表性的就是水。

《淮南子·原道训》曰："夫水所以能成其至德于天下者，以其淖溺润滑也，故老聃之言曰：'天下至柔，驰骋天下之致坚。出于无有，入于无间。吾是以知无为之有益。'夫无形者，物之大祖也；无音者，声之大宗也。其子为光，其孙为水，皆生于无形乎！夫光可见而不可握，水可循而不可毁。故有像之类，莫尊于水。出生入死，自无蹠有，自有蹠无，而以衰贱矣。"（水之所以能获得天下最高的德行，全由于它生性柔软而润滑。因此老子说："天下至柔，驰骋天下之至坚。出于无有，入于无间。吾是以知无为之有益。"无形是万物的始祖；无音是声音的祖先。无形的子孙是"光"和"水"，光和水都由无形化育而成！这光看得见而抓不住，水摸得着而毁不掉。因此在有形物类中，没有比水更尊贵的了。至于那些有生也有死、从无到有、从有到无以至衰亡的，就更被贱视了。）

《淮南子·原道训》又曰："是故清静者，德之至也；而柔弱者，道之要也。虚无恬愉者，万物之用也；肃然应感，殷然反本，则沦于无形矣。"（因此清静是德的最高境界，柔弱是道的精华要害；虚无恬愉，万物之所用。肃然感应外界，毅然返于根本，就能进入无形的境界。）

无有入于无间，吾是以知无为之有益。（此段阐述了无为之益。）

河上公章句："无有，谓道也。道无形质，故能出入无间，通神明济群生也。"（以无有进入无间之内，我因此才知道无为的益处。）

不言之教，无为之益，天下希能及之矣。（此段指出实现不言之教、无为之益并非易事。）

《中庸》曰："自诚明，谓之性；自明诚，谓之教。诚则明矣，明则诚矣。"（由真诚而明白道理，这叫作天性；在明白道理后做到真诚，这叫作人为的教育。真诚就自然会明白道理，明白道理后就会做到真诚。）

世人中先天本性携带充足德能的，可以因信德厚实而直接明白大道之理；而许多德能不足以问道的人，则须先修身明德，这就需要教育，通过教化使其明白大道之理，方可信服自然规律。不管是由先天而入，还是由后天而得，最终的目标是一致的，都是明白道德。由此，也形成了后人"尊德性"和"道问学"两条不同的做学问途径。

但是，由于人们德性的普遍缺失，天下人很少能够实现施行无言教化、无为而为的效果了。

因为教育本身就意味着："一棵树摇动另一棵树，一朵云推动另一朵云，一个灵魂唤醒另一个灵魂。"① 雅斯贝尔斯也有名言说："教育是人的灵魂的教育，而非理智知识和认识的堆积。"

只有圣人明白其中的道理，能施行不言之教，常知晓无为之益。他们总是用自身修养所积聚的丰厚德能，与心中的慧灯去点亮另一颗心灵中的慧灯，直接进行心与心的交流、对话与互相印证、感染汇化，从而实现无言之教的自然互动与自觉觉人，通过教化心灵，使人觉悟。由于心为一身之主，心灵一旦开悟，行为的自然养成与自我矫正是必然的事，这是一种高度的自律自觉、而又具有极好教育效果的教育境界。只是自古以来，达到圣人境界者少，能够施行不言之教，并且明白其中妙要的人，更加稀少而已。正如《庄子·知北游》中所言："天地有大美而不言，四时有明法而不议，万物有成理而不说。圣人者，原天地之美而达万物之理，是故至人无为，大圣不作，观于天地之谓也。"（天地有最高的美德却不言语，四时有明显的规律却不议论，万物有生成的道理却不说话。圣人追求天地原本的美德，通达万物的道理，因此至人顺应自然，大圣不妄自造作，这是因为他们取法于天地啊！）

关于老子与孔子的一次历史性会面的事迹，我们给大家介绍过，正如这两位教育大师的对话留给后人的启示一样，精于大道的老子，所施行的就是不言之教，而精于常道的孔子，一生主要以文、行、忠、信为四教，宣导德行、政

---

① 熊春锦. 龙文化的文明与教育［M］. 北京：团结出版社，2010：82.

事、文学、言语方面的显态智能教育，其中也闪耀着大道光芒的余辉，也为国家的道德教育做出了重要贡献，为民族培养了不少人才，有弟子三千，贤人七十二。并且，孔子以"仁"为核心构建他的思想体系，也是直接抓住了五德之首来立论。而"德一"中的仁性品格，主要表现就是仁慈柔容、至善无恶，因此，至柔的无为妙用，也是仁德的修养境界。

三、 老子的智慧启示

1. 柔能克刚之妙用

"柔弱胜刚强"的特性（或者智慧）在万物中体现最充分的莫过于水了。

金代刘完素的《素问玄机原病式》曰："夫水数一，道近而善；火数二，道远而恶。水者，内清明而外不彰，器之方员，物之气味，五臭五色，从而不违，静顺信平，润下而善利万物，涤洗浊秽，以为清静，故上善若水；水火相反，则下愚如火也。……故《易》曰：'润万物者，莫润乎水。'"（从水火的生成和作用来说，水居第一位，滋润万物而又清静，它的性质与人体养生之道的要求很相近，因而于人有利。火居第二位，炎上而浊乱，它的性质与人体养生之道的要求相去甚远，因而于人有害。水，它的内部清澈透明，而外部并不彰显，不论是容器的方圆，物质的气味，以及五臭、五色等，水都能够顺从它们的性质而没有违背。水性静顺信平，且能润下，而有利于万物，又能冲洗污浊，使其转为洁净，因而道德高尚且聪明的人，其品性和水一样。……因此《周易》说："滋润万物生长者，没有胜过水的了。"）

水有三态：液态、气态、固态。平常像溪河的流水，柔弱不彰；受热沸腾时，可化作蒸汽奔腾；冷冻成冰时，坚硬如铁。水德最能体现道性特征，因此老子在《德道经》中多处提到水，阐述水的品格德性，如《水德》章曰："天下莫柔弱于水，而攻坚强者莫之能先也，以其无以易之也！水之胜刚也，弱之胜强也。天下莫弗知也，而莫之能行之也。"（天下最柔弱的莫过于水，但攻击坚强没有能胜过它的，因为没有能替代水的！水能战胜刚强，柔弱能战胜强大。天下没有人不知道这个道理，却没有人能够真正实行。）

而且帛书版的五千言直接提出"上善治水"，就是让人用道德的上善能量去治理自己体内70%的体液血水，从而达到清净心身、清净周围环境的作用。

和"上善若水"相比，"上善治水"在肯定水的德性品格的基础上，增加了一层含义，那就是突出了人的主观能动性，让人主动去治理净化自己身体的内外环境。这才是实现人与自然和谐相处的正确方法，也就是老子所说的"正善治"的治理方法，用正确的、善巧的、符合道性特征的方法来治理身心，才是自然之道，符合自然规律①。

《尉缭子·武议》曰："胜兵似水，夫水至柔弱者也，然所触丘陵必为之崩，无异也，性专而触诚也。"

《淮南子·原道训》亦曰："泰古二皇，得道之柄，立于中央；神与化游，以抚四方。是故能天运地滞，……水流而不止，与万物终始。风与云蒸，事无不应；雷声雨降，并应无穷；鬼出电入，龙兴鸾集；钧旋毂转，周而复匝；已雕已琢，还反于朴，无为为之而合于道，无为言之而通乎德；恬愉无矜而得于和，有万不同而便于性。"（远古伏羲、神农，掌握"道"的根本，立身于天地中央，精神与自然造化融合，以此安抚天下四方，因而可使天能运行、地能静凝，像车轮绕车轴转永不停息、水流低处永不休止，与天地万物共始同终。如风起感应云涌、雷隆相应雨降，又像鬼神闪电瞬间即逝，又如神龙鸾鸟显现兴集，还像钧旋毂转周而复始。已被雕琢却又还返质朴。行顺应自然之事来契合"道"，言朴实无华之语来符合"德"。恬静愉悦不矜不骄求得和谐，包容万有不求齐物合于天性。）

2. 不言之教的益处

理解"不言之教"的内涵，实践"无为之益"的体悟。

道本无为，无为之益，正如道性之用。《淮南子·原道训》曰："夫道者，覆天载地，廓四方，柝八极；高不可际，深不可测；包裹天地，禀授无形；原流泉浡，冲而徐盈；混混滑滑，浊而徐清。故植之而塞于天地，横之而弥于四海，施之无穷而无所朝夕；舒之幎于六合，卷之不盈于一握。约而能张，幽而能明；弱而能强，柔而能刚；横四维而含阴阳，纮宇宙而章三光；甚淖而漘，甚纤而微；山以之高，渊以之深；兽以之走，鸟以之飞；日月以之明，星历以之行；麟以之游，凤以之翔。"（"道"，覆盖天、承载地，拓展至四面八方，

---

① 熊春锦. 国学道德经典导读［M］. 北京：中央编译出版社，2006：30－33.

高到不可触顶，深至无法测底，包裹着天地，无形中萌育万物。道像泉水从源头处渤涌出来，开始时虚缓，慢慢地盈满，滚滚奔流，逐渐由浊变清。因此，它竖直起来能充塞天地，横躺下去能充斥四方，施用不尽而无盛衰；它舒展开来能覆盖天地四方，收缩卷起却又不满一把。它既能收缩又能舒展，既能幽暗又能明亮，既能柔弱又能刚强。它横通四维而含蕴阴阳，维系宇宙而彰显日月星辰。它非常柔和湿润而又多汁黏稠，既柔靡又纤微。因此，山凭借它才高耸，渊凭借它才深邃，兽凭借它才奔走，鸟凭借它才飞翔，日月凭借它才光亮，星辰凭借它才运行，麒麟凭借它才出游，凤凰凭借它才翱翔。）正因为道有这样的特性，所以它能出入无间，无往而不适。

何为不言之教？字典中的解释是：人应该向自然学习，以万物为师。老子所谓的不言之教，指的是自然规律，也就是自然法则，这些自然法则不能用语言表达，但借由观察自然，让我们学习到宇宙自然现象中恒久不变的道理。不言之教指非形式条规的督教、潜移默化的引导。

有一则来自网络的故事：一位上了年纪的老教授在给即将毕业的学生上最后一节课时说："这是我给你们上的最后一堂课了，这是一堂简单的实验课，也是一堂深奥的实验课，我希望你们以后能永远记住这最后一堂课。"

教授说着，取出一个玻璃容器，又注入了半容器清水。教授把盛水的容器放进一旁的冰柜说："现在我们将它制冷。"过了一会儿，取出容器，里面的水凝结成了晶莹剔透的冰。教授说："0℃以下，这些水就成了冰，冰是水的另一种形态，但水成了冰，它就不能流动了。""现在，我们来看水的第三种形态。"教授边说边把盛冰的玻璃容器放在酒精炉上，并点燃了酒精炉。过了一会儿，冰渐渐融化成了水，后来水被烧沸了，咕咕嘟嘟地翻腾出一缕缕白色的水蒸气，在实验室里静静地氤氲着、弥漫着。过了没多久，容器里的水蒸发干了。教授关掉酒精炉，让同学们一个个验看玻璃容器，说："谁能说出这些水到哪儿去了呢？"

学生盯着教授，他们不明白学识渊博的教授为什么在这最后一堂课给他们做这个最简单的实验。教授看着那些不愿回答这个问题的学生说："水去哪里了呢？它们蒸发进空气里，融进了蓝蓝的辽阔无边的天空。"教授微微顿了一顿又说："你们可能都觉得这个实验太简单了，但是……"教授口气一转，严肃地说："它并不是一个简单的实验！"

教授瞅了一眼那些迷惑不解的学生说："水有三种状态，人生也有三种状态。水的状态是由温度决定的，人生的状态是由自己心灵的温度决定的。假若一个人对生活和人生的温度是0℃以下，那么这个人的生活状态就像冰一样，他的整个人生境界也就不过他双脚站的地方那么大；假若一个人对生活和人生抱平常的心态，那么他就是一掬常态下的水，他能奔流进大河、大海，但他永远离不开大地；假若一个人对生活和人生是100℃的炽热，那么他就会成为水蒸气，成为云朵，他将飞起来，他不仅拥有大地，还能拥有天空，他的世界和宇宙一样大。"

水靠火的加热达到100℃，而人心灵的温度则靠"正面的思考、乐观的心、亲友的关怀、温柔体贴的心、对这世界的好奇心、勤奋努力等来加温"。

3. 高真德道悟鉴

吕祖认为：此章因上章强梁者不知无为之益，而申明上章之意也。

其文曰：天下之至柔，清心静意，绝欲安神，不知有天地，亦不知有身形，一气贯通，凝丹室内，惟性而已，此天下之至柔者也。或意著心存，或取或就，吞吐后天，在皮毛上用功夫，终日擒拿，劳苦身形，凝养后天，此"天下之至坚"也。学玄之士，虚虚一性，真气氤氲，听自然之冲突，即可诸窍皆通，神室顿开，我之真道从柔而坚，自然驰骋之至坚，何须用心意而苦身形？此之谓天下之至柔，驰骋天下之至坚。柔者，气也。驰骋者，冲突也。坚者，身形也。以自然之真一，冲突乎假形，何须作为哉！

其文又曰：无"有"之心意，无间于时日，空空一性，清静无为，时时刻刻，入无间功夫，自然真一上升，木来交并，虚无中会合，空洞中交感，如此景象，岂待作为而然哉！如此从无为中来得，何苦作为。吾是以知无为中，如此之玄、奥，空空洞洞，窈窈冥冥，一个虚无，有益于我之神，不去言玄说妙，无言而内教之，无为而内益之，如此，岂非天下稀有之人哉？不言而道教之，无为而玄益之，如此之奥妙，乃天下稀有之道也。不但稀有如此之道，亦稀有以柔驰骋之坚、以无为入于无间之人也。又，不但天下稀有知此者，天下也无闻此者。以柔制坚，以弱制强，以无为入无间，如此之道，岂易言哉！①

黄元吉认为：道者何？鸿濛一气而已。天地未开以前，此气在于空中；天地既辟而后，此气寓于天壤。是气固先天地而常存，后天地而不灭也。天地既得此气，天地即道，道即天地，言天地而道在其中矣。惟天地能抱此气，故运转无穷、万年不敝者此气，流行不息、群类资生者亦此气，一气原相通也。圣人效法天地，其诚于中者，即所以形于外，内外虽异，气无不同；其尽乎己者即所以成乎人，人己虽殊，气无不一。究何状哉？空而已矣。空无不通，一物通而物物皆通；空无不明，一物明而物物俱明。孔子云："为政如北辰居所，而众星自拱。"孟子云："君子过化存神，上下与天地同流。"是诚有不待转念移时，而自能如此一气潜孚、一理贯注者。故曰："天下之大，自我而安；人物之繁，自我而育；古今之遥，自我而通。"圣道之宏，真不可及也。以是思之，宇宙何极，道能包之，抑何大乎！金玉至坚，道能贯之，不亦刚乎！然闻之《诗》曰："维天之命，于穆不已。"又曰："上天之载，无声无臭。"是柔莫柔于此矣。虽然，天地无此气则块然而无用，人物无此气亦冥顽而不灵，有之则生，无之则没，是"天下之至柔，驰骋天下之至刚"，以无气则无物也。大而三千世界，小而尘埃毫发，无不包含个中。不惟至柔，抑且无有，非孔子所谓"视之不见，听之不闻，体物不可遗"者欤？夫何相间之有？顾物至于极柔，则无用矣，惟道之至柔，乃能撑持天下之至坚。物至于无有，又何为哉？惟道之无有，乃能主宰天下之万有。此不过浑然一气周流不滞焉耳。故太上曰："吾是以知无为之大有益焉。"且夫天地无为而自化，圣人无为而自治，究无一民一物不被其泽，非由此气之弥纶而磅礴也哉？其在人身，浩气流行，不必搬运，自然灌溉周身，充周毛发，其获益良非浅矣。至于教之一事，古人以身教，不以言教，是有教之教，诚不若无教之教为倍真也。夫天不言而四时行，圣不言而天下化，视之端拱垂裳无为而平成自治者，不同一辙耶？故曰："不言之教，无为之益，天下希及之。"孔子曰："中庸之德，民鲜能久。"不诚然哉？何今之执迷不悟、甘居下流者，竟甚多也！噫，良可慨矣！

① 老子.吕祖秘注道德经心传［M］.吕岩，释义；韩起，编校.桂林：广西师范大学出版社，2014：90-91.

　　黄元吉又云：此状道之无为自然，包罗天地，养育群生，本此太和一气，流行宇宙，贯彻天人，无大无小，无隐无显，皆具足者也。是至柔而能御至刚，至无而能包至有，以故一通百通，一动群动，如空谷传声，声声相应。道之神妙，无以加矣！非圣人孰能与于此哉？若在初学之士，具真信心，立大勇志，循途守辙，自浅而深，由下而上，始由勉强，久则自然，方能洞彻此旨。总要耐之又耐，忍之又忍，十二时中，不起厌心，不生退志，到深造有得，居安资深，左右逢源，乃恍然于太上之言真无半句虚诳。至于修炼始基，古云："精生有调药之候，药产有采取之候。"先天神生气，气生精，是天地生物之理，顺道也。若听其顺，虽能生男育女，而精耗气散，败尽而死。太上悲悯凡人流浪生死，轮回不息，乃示以逆修之道，返本归根，复老为少，化弱为强，致使成仙证圣，永不生灭。始教人致虚养静，从无知无觉时，寻有知有觉处，《易》曰"寂然不动，感而遂通"是也。后天之精有形，先天之精无迹，即"恍恍惚惚，其中有物"，所谓"玄关一动，太极开基"也。自此凝神于虚，合气于漠，冥心内照，观其一呼一吸之气息开阖往来、升降上下，收回中宫，沐浴温养，少顷杳冥之际，忽焉一念从规中起，一气自虚中来，即精生气也。此气非有形也，若有形之气，则有起止、有限量，安望其大包天地、细入毫毛、无微不入、无坚不破者哉？是气原天地人物生生之本也，得之则生，失之则亡。虽至柔也，而能御至坚；虽至无也，而能宰万有。古仙喻之曰药，以能医老病、养仙婴也，故曰"延命酒、返魂浆"，又曰"真人长生根"，诚为人世至宝，古人谓万两黄金换不得一丝半忽也。凡人能得此气，即长生可期。然采取之法又要合中合正，始可无患。若有药而配合不善，烹煎不良，饵之不合其时，养之不得其法，火之大小文武，药之调和老嫩，服之多少轻重，一有失度，必如阴阳寒暑非时而变，以致天灾流行、万物湮没矣。学者能合太上前后数章玩之，下手兴工方无差错。吾点功至此一诀，诚万金难得。能识透此诀，则处处有把握，长生之药可得，神仙之地无难矣。①

---

　　① 黄元吉. 道德经精义［M］. 北京：中央编译出版社，2014：116－118.

第七节 《立戒》

一、《立戒》章经文内容

名与身孰亲？身与货孰多？得与亡孰病？

甚爱必大费，多藏必厚亡。

故知足不辱，知止不殆，可以长久。

二、《立戒》章经文释读

1. 文字释读

立：甲骨文▲像一个人▲站在地上━，一横指事符号表示地面。造字本义：站在地上。金文▲承续甲骨文字形。篆文▲将站着的人▲写成▲。隶书▲彻底失去人形。

《说文解字》："住也。从大立一之上。凡立之屬皆从立。"（站住。采用"大"作边旁，在"大"的下面加一横指事符号，表示立于"一"之上，甲骨文像一人正面立地之形。所有与立相关的字，都采用"立"作边旁。）本指让人笔直的站立、端正心身立足于道德之境中。立作动词同本义（如挺立——直立；坐立不安；肃立——恭敬庄严地站着；立托——依托；立容——站立时的仪态容表；立戟——卫士持戟侍立守卫；立谈——停立交谈），耸立、树立、建立、竖起（如立事——建功立业；立言——著书立说；立业——建功树烽；立勋——建立功勋；立石——树立碑石；立权——树立权威；立德——树立德业；立德立言——儒家认为，为了匡时济世，应树立圣人之德，宣谕圣人之言；立碑垂成——刻文于石碑留作规戒），设置、设立（如立元——建立年号；立仗——设立仪仗；立本——建立根本，确立根基；立表下漏——设置日晷、漏刻以计时；立事——设置治事小臣；立制——建立制度），确定、决定（如立限——确定期限；立计——决意、打算；立报——立志报效；立

126

愿——立定意向，立语；立说——立论），制定、订立（如立文书，立军令状；立格——订出标准），存在、生存（如立命——修身养性以立天命；立品——培养品德；立行——建德修行；立计——立业、谋生；立身——处世为人），立身、立足（如立崖岸——做出高傲不凡、难以亲切的样子；立士——能自立的士人；立身——立足、安身；立行——行为举动；立脚——安身、立身），扶立、确定某种地位（如立人——扶持、造就人），推荐（如立主——竭力主张；立贤无方——推举贤人不以常法），指出仕（如立班——上朝时依品秩站立；立幕——管理文案的差役），显现（如立挣——发怔、发呆；立睁——目瞪口呆），停止、停留（如立车——停车；立定——站住）。立通"莅"，表示临、到。立通"粒"，表示进食。立作名词通"位"，表示爵次、位次。立作副词表示立刻（如立定——马上、立即；立马造桥——十分快速、急迫，不容拖延；立成——立刻完成）。

戒：甲骨文 **ᇁ** = ᅡ（戈）+ **ᄊ**（双手），造字本义：双手持戈，警惕备战。金文 **ᇁ** 调整结构，将甲骨文的双手 **ᄊ** 并列成 **ᄴ**。篆文 **ᇁ** 承续金文字形。隶书 **戒** 将篆文的双手 **ᄴ** 连写成 **廾**。

《说文解字》："警也。从廾持戈，以戒不虞。"（保持警惕，做好战斗准备。字形采用"廾、戈"会义，表示双手持戈，戒备森严，以警戒意外的发生。）本指警戒、戒备。戒作动词同本义（如戒慎——戒备谨慎；戒书——用来自我警戒的文字；戒旦——警告天将破晓；戒守——警戒守卫；戒命——禁止某些行为的命令；戒戢——警戒禁止；戒诗——自我警戒的诗），留神、当心（如戒口——慎言；戒火——慎于用火，戒谨，戒慎），预备、准备（如戒装——准备行装；戒辖——准备车辆）。戒通"诫"，告诫（如戒勉——告诫勉励；戒约——告诫约束；戒谕——告诫、训导），登程、出发，戒除（如戒杀——戒除杀生；戒脱——戒掉、戒绝），告请、约请（如戒期——定期；戒速——事先告知，届时再邀请），斋戒。戒作名词表示警戒之事，即戒指的简称，佛教的教规惩戒（梵语 Sila 的意译，指必须遵守的各种准则，防非止恶的规范，如戒定慧——佛教用语，指持戒、禅定和智慧，为佛家三无漏说；戒体——佛教用语，受戒的比丘内有防非止恶的自治力，而且始终符合戒律的要求，身心完全清净），用于告戒的一种文体（如戒书——汉代皇帝的四种命令之一，用以戒敕刺史、太守及三边营官）。戒通"界"，界限、分界之义。

货：化，既是声旁也是形旁，表示改变、转变。金文货 = 北（化，转变）+ 只（贝，钱财），表示可以转变成钱财的商品。造字本义：可以出卖而转换成钱财的商品。篆文顺承续金文字形。

《说文解字》："财也。从贝化声。"（财物。字形采用"贝"作边旁，"化"作声旁。）本指财物。货作名词表示财物、金钱珠玉布帛的总称（如货易——即贸易），钱币（如货贝——古代用贝壳做的货币；货法——货币流通的法令），货物、具有经济用途或者能满足经济上的某种需要的东西（如上等货、货真价实、货全部合格），对人的贬称（多为詈语或玩笑语，如宝货，货渣子）。货作动词表示买进、卖出（如货卖——出售；货畚——售畚箕；货与——卖给、效力），购买（如货取——买进；货买——购买、采购；货籴——买进谷物）。

孰：是"熟"的本字。孰，甲骨文 ⿰ = 亯（祭祖的庙宇）+ 丮（丮，执，像伸手献祭），表示在祖庙献祭。造字本义：带着困惑用煮熟的香肉献祭，向祖先问卜。金文孰加"女"⿰，表示用女童献祭。篆文孰以"羊"羊代"女"⿰，表示用羔羊献祭。隶书孰将篆文的"丮"丮写成"丸"丸；同时以"子"孑代"女"羊，表示用男童献祭。当"孰"的"祭祀的熟肉"本义消失后，后人再加"火"另造"熟"代替。

《说文解字》："食饪也。从丮，亯声。易曰孰饪。"（食物被煮熟。字形采用"丮"作边旁，表示手持；"羊"，表示食物是羊肉；采用"亯"作声旁，合起来表示手持熟食来吃。《周易》上曾提到"烹熟食物"。）本指熟、煮熟。孰作动词同本义（"熟"的古字，如孰烂）。孰通"熟"，表示成熟，庄稼丰收、五谷有收成。孰作形容词，通"熟"，表示缜密、仔细、周详（如孰复——反复思虑；孰虑——计虑周详；孰视——细看；孰计——考虑缜密周到；孰论——仔细辨析；孰察——仔细观察）。孰作代词指谁，哪个人或哪些人（如孰能当之，孰胜孰负；孰何——谁何；孰与——与谁；孰谁——何人），一组中的哪一个或哪几个（如孰是孰非），什么。

亡：甲骨文 ⿰ 是指事字，在"人"⿰ 的手部加一竖指事符号 ⿰，表示手持盾、甲之类的护具作掩护。造字本义：战败的士兵手举盾甲逃命。金文 ⿰ 承续甲骨

文字形，有的金文 将"人" 形中的手部与护具形状的 连写成"人"形
，而将"人"形中的另一部分写成一个折角 。篆文 承续金文字形。隶书
严重变形，将篆文的"人" 写成一点一横 ，导致"人"形消失，字形
晦涩。

《说文解字》："逃也。从入从乚。凡亡之屬皆从亡。"（逃跑。字形采用
"人、乚"会义。"人"是人字。乚读 yǐn，表示隐蔽，两者合起来表示人到隐
蔽处。所有与亡相关的字，都采用"亡"作边旁。）本指逃离、出走。亡读
wáng，作动词同本义（如亡奔——逃奔），丢失、丧失（如亡逸——散失；
亡缺——散失残缺），灭亡，外出、出门。亡通"忘"，轻视（如亡如——瞧
不起、不放在眼里）。亡作名词表示过去。亡读 wú，作动词，古同"无"，通
"无"，没有。亡作副词通"毋"（可译为"不""不要"等，表示否定）。《集
韵》："失也。"

费：金文 ＝ （弗，捆绑）＋ （钱贝）＋ （刀，割、解），造字本
义：解开系扎的贝壳，购物开销。篆文 省去"刀"。

《说文解字》："财用也。从贝弗聲。"（耗散钱财。字形采用"贝"作边
旁，从"贝"表示与钱财有关，"弗"作声旁。）本指花费钱财。费作动词，
同本义（如费耗——费用；费出——花费、支出），耗损（如费讲——费唇
舌、难以说解；费想——费心、劳神；费损——耗费、耗损），浪费（如费
资——挥霍钱财）。费通"拂"，表示逆、违背（如费民——违背民意、违逆
民心）。费作名词表示钱财、费用（如道路通行费、报名费、学费、手续费、
诊疗费），古地名（在今山东省鱼台县西南）。费通"悖"bèi，表示谬误，姓
氏。费作形容词表示语句多余、言辞烦琐（如费名——多余无用的文句；费
辞——多费言词、饶舌；费言——多余的话）。《玉篇》："费，损也，用也，
惠也，散也，耗也。"

藏：金文字形 ＝ （宀，指收藏物品的房舍）＋ （酉，指所收藏的
酒）＋ （指音读）。有的金文写为 、 ， 字表示收藏酒的地窖，引申为
收藏。战国文字或从金文字作 ，或先假借臧为收藏字，而分化出从贝、臧
声的 字。从贝，表示收藏财物。篆文 基本承续金文字形， 形体像草，从
艹（表示以草覆盖使不显露）， （臧，是藏的本字，兼表声），假借臧为收

129

藏字。隶书将篆文的"艸"写成"廾"，从艹、臧声作藏，为楷书所从，在六书中属于形声。

《说文解字》："匿也。"（隐藏。字形采用"臧"作声旁。）本指把谷物保藏起来。藏读 cáng，作名词表示储积、收藏、收存起来（如藏品、藏书、储藏、矿藏），隐匿、隐避起来（如蕴藏，藏掩——遮盖、隐瞒；藏名——隐匿名声），怀有（如包藏，藏忧——怀藏忧虑）。藏读 zàng，作名词表示收藏财物的府库（如藏吏——负责宫内府库的官吏；库藏——仓库；藏户——仓库的出入口；藏府——公家的府库），内脏，后作"脏"，古同"臓"，臓是后起的分别字，以别于"宝藏"的"藏"（如藏府——人体内脏器官的总称，同脏腑），佛教或道教的经典的总称（如藏主——主持佛事的当家和尚；三藏——佛经经典分为经、律、论三个部分，总称"三藏"；道藏——道教书籍的总汇；释藏——佛教经典的总汇），宝藏，藏族，西藏的简称（如藏文——西藏的文字；藏香——西藏一带所产的一种线香）。

止：甲骨文🦶是一幅脚掌剪影，像脚趾头张开的脚掌形状，以三趾代五趾。造字本义：脚趾。"趾"的本字。象形，甲骨文字形，上像脚趾头，下像脚面和脚掌。有的甲骨文简化为线描。金文止变形较大，淡化脚掌形象，突出三趾叉开的形状。篆文止承续金文字形。当"止"的"脚趾"本义消失后，篆文再加"足"另造"趾"代替。

《说文解字》："下基也。象艸木出有址，故以止为足。凡止之属皆从止。"（底部的基础。像草木长出地面有根茎的基址一样，因此古人用"止"表示"足"。所有与止相关的字，都采用"止"作边旁。）本指脚。止作名词同本义（古同"趾"，脚，脚趾头）。止作动词表示停住、中断进程（如止步；止戈——停止干戈、平息战争；止止——犹止之，停止、止住；止雨——使雨停止；止泊——停息；止军——让军队停止前进），阻止、不让进行（如止遏——阻止、抑制；止哭——止住哭声；止节——阻塞、节制），居住、处于（如止息——住宿、休息；止居——安居、定居），驻守（如止壁——屯兵扎营；止舍——驻扎宿营；止次——驻扎），停留、逗留（如止顿——止留、停留；止泊——停息；止于至善——处于最完美的境界）。

殆：《六书通》里的字形有𤼦、𤼦、𤼦、𤼦、𤼦、𤼦，篆文𤼦=𤼦（形体像人的残骸，表示危险，多与死亡相近）＋盲（台是"迨"的省文，迨有相及义）。

《说文解字》："危也。从歺，台声。"（危险。字形采用"歺"作边旁，采用"台"作声旁。）本指危险。殆作形容词同本义（如殆危——危险），困乏、疲惫，假借为"怠"，表示懒惰。殆作副词表示推测（相当于"大概""几乎"，如敌人伤亡殆尽；殆其——大概；殆庶——庶几、近似），表示范围（相当于"仅仅""只"），表示肯定（相当于"当然""必定"），表示时间（相当于"将""将要"）。

2. 章意疏解

名与身孰亲？身与货孰多？得与亡孰病？（此段阐述了名利得失与身心德性的轻重。）

得，指得到名利。亡，指亡失生命。病，指忧虑，担心。

名望与自身哪个最亲？自身与货财哪个最多？得到与失去哪个更让人担忧？这里的名闻利养，都属后天所有，占有太多也会妨碍修身进道。

《文子·符言》曰："古之存己者，乐德而忘贱，故名不动志；乐道而忘贫，故利不动心。是以谦而能乐，静而能澹。"（古代那些养神全性的人，乐德而忘记贫贱，因而功名不能动摇其志向；乐道而忘记贫困，因而利益不能动摇其心性。因此能够做到卑下而安乐，虚静而平易。）

甚爱必大费，多藏必厚亡。（此段阐述了贪多与耗费、敛藏与重失之间的关系。）

过分珍爱的，必定会耗费得更多；储藏过多的，必定会丢失更多。为什么？因为人还是处在有得有失的后天阴阳中，没有正确把握天道规律，执一而行。

《黄帝四经·四度》曰："名功相抱，是故长久。名功不相抱，名进实退，是谓失道，其卒必有身咎。"（人的名声与功绩相符，才能长存久安。人的名声与功绩不相符，如名声超过实际功绩，这就是弃失了天道，人最终必有祸患。）

故知足不辱，知止不殆，可以长久。（此段阐述了如何看待正确的取舍。）

对于已经闻道的至理之人来说，因为其了解大道与常道的运行规律，明白生命的正确方向，在行为举止、立身处世上就会有所取舍。是道则进，非道则

131

退。因此，知道满足就不会受辱，知道适可而止，就不会有危险。这样，人才可以永远安闲自得。

三、老子的智慧启示

1. 立戒的修身意义

《中和》章是从修养中正之德、具备中和之气的角度谈如何保持长久，老子在《立戒》这一章则从适度（把握好取舍之度）的角度阐述正确的取舍才是保持长久之道，并且告诫世人明白常道与非常道的分界，把握有为与无为的临界点，不可舍本逐末，不可因有害无，才能正确修身，远离忧患。唐人许浑《不寝》诗曰："到晓不成梦，思量堪白头。多无百年命，长有万般愁。世事应难尽，营生卒未休。莫言名与利，名利是身仇。"要恰当处理好名利修德、得失轻重与身体健康之间的关系，把握住立戒的修身意义，关键在于明白"知止不殆"的深刻内涵。

要理解"知止不殆"，关键在于理解"知止"，知道"止"于什么。止有两个含义，一个有停止、阻止之义，指人的某种行为、想法等适可而止或适度而行，一般指停止一些无益于个体身心健康或生命的习惯、行为及过分的追求等，比如不恰当的饮食、喜好等方面；也指一些无益于整体生存质量或环境的思想观念，如不恰当的行为意识、处世理念等，这是说通过停止一些无益的、有害的错误行为等，来保全正确的、合理的行为，人就会没有危险。或者说人的言行处事等恰到好处，做到适当程度就停下来，不要过头、不要再继续下去，也就是把握好做事的程度，人就会没有危险。从整个自然规律来看，对有相世界中的一些现象性的内容适可而止，就不会妨害无相世界中的本质性的发展。对此，《格言联璧》有言曰："为善如负重登山，志虽已确，而力犹恐不及；为恶如乘骏走坂，鞭虽不加，而足不禁其前。"（行善好像背负重物登山，志向虽然已经确立，但仍担心力量有所不及；行恶如同乘着骏马走下山坡，虽然不加一鞭，但已经控制不住足跟向前下滑的势能。）另一个有根基、居住、达到、处于、静止等义，主要指人的德行修养达到、居于、处于明德的修身状态，或者说道德品格和能量丰厚富足，也就是处于道〇德一的境界，就会没有危险。因为"道生德养"是万物生存的基本法则，道和德始终是万物健康发展的源动力，任何时候只有居于道和德的境界中，才是最安全的。

《大学》曰："知止而后有定，定而后能静，静而后能安，安而后能虑，虑而后能得。物有本末，事有终始，知所先后，则近道矣。"（知道达到至善的境界而后才能确定志向，确定了志向才能心无杂念，心无杂念才能专心致志，专心致志才能虑事周详，虑事周详才能达到至善。万物都有其本末，凡事都有其终始。知道了应该先做什么，后做什么，那就接近了大学的宗旨——大学之道。）大学之道，就是把人塑造成大写之人的学问，教人知书达礼、回归德道的真学问。这里的知止就是指第二个维度而言，同时还阐述了体道、悟道、进道的次第。德行修养达到至善的境界，心就能定下来了，人行为做事也就有了定力，有了定力，就能静下来了，能入静就能把心安顿好，不让心随意驰骋，思绪无边，心安顿好了，就能进行正思正悟，有了正思正悟，才会有所得。万物都有本末，凡事都有其终始，知道了其中的先后次序和发展规律，就接近道了。

2. 名利与德本财末

《吕氏春秋·孟春纪·重己》曰："倕，至巧也。人不爱倕之指，而爱己之指，有之利故也。论其贵贱，爵为天子，不足以比焉；论其轻重，富有天下，不可以易之；论其安危，一曙失之，终身不复得。此三者，有道者之所慎也。"（倕是最巧的人，但是人们不爱惜他的手指，却爱惜自己的手指，这是它属于自己而有利于自己的缘故。以它的贵贱而论，即使贵为天子，也不足以同它相比，以它的轻重而论，即使富有天下，也不能同它交换；以它的安危而论，一旦失掉它，终身不可再得到。正是由于这三个方面的原因，有道之人对生命特别小心谨慎。）

可见，名利固然可喜，但君子爱财，取之有道。通过正当途径与渠道以及努力奋斗拥有了财富，还要符合法度，才可以长久。《大学》中说："是故君子先慎乎德。有德此有人，有人此有土，有土此有财，有财此有用。德者本也，财者末也。外本内末，争民施夺。是故财聚则民散，财散则民聚。是故言悖而出者，亦悖而入；货悖而入者，亦悖而出。"（因此，品德高尚的人首先注重修养德行。有德行才会有人拥护，有人拥护才能保有土地，有土地才会有财富，有财富才能供给使用。德是根本，财是枝末，假如把根本当成了外在的东西，却把枝末当成了内在的根本，那就会和老百姓争夺利益。因此，君王聚

133

财敛货，民心就会失散；君王散财于民，民心就会聚在一起。这正如你说话不讲道理，人家也会用不讲道理的话来回答你；财货来路不明不白，总有一天也会不明不白地失去。）

名闻利养与立德修身之间是有本末关系的。有不同人生志趣和价值取向的人，对待名利与修身、道德与健康的态度是不同的。《大学》中又曰："生财有大道，生之者众，食之者寡，为之者疾，用之者舒，则财恒足矣。仁者以财发身，不仁者以身发财。未有上好仁而下不好义者也，未有好义其事不终者也，未有府库财非其财者也。"（生产财富也有正确的途径；生产的人多，消费的人少；生产的人勤奋，消费的人节省。这样，财富便会经常充足。仁爱的人仗义疏财以修养自身的德行，不仁的人不惜以生命为代价去敛钱发财。在上位的人喜爱仁德，而在下位的人没有不喜爱忠义的；没有喜爱忠义而做事却半途而废的人；没有哪个国库里的财物不是属于国君的。）这段话将道理阐述得相当明晰。

3. 高真德道悟鉴

吕祖认为：此章教人绝有存无的意思。

其文曰：名与身孰亲：名者，有也；身者，神也。举一意，动一心，即名也；存于心，虚于灵，即身也。一心一意，顷刻千里，意去心驰，我之心即耗，如此思之，其孰亲乎？不内照反观，外繁多事，其孰疏乎？知其亲，明其疏，无我之身，安得有名？名从身得，岂有舍身而存名乎？知其身，忘其名，乃道也。

货从身得，舍身而贪货，货又安得？货不过随处有之，不能充满天地，身虽一己之神，散而弥漫乾坤，聚则存于虚室，如此究之，其孰为多乎？

"得与亡孰病"：得于名、货，为我之所有，亡于心、神，为我之所无，如此考之，其孰为病？此三者，皆外讲也。内讲：名者，求其得也；身者，存其神也。不虚心而求得，则妄心生；不无意而求有，则己神耗。不求得其虚名，不求有其虚名，虚我之神而名实，虚我之名而神实，神实名就实，名实而神髓失。请思之，其孰亲乎？

其文又曰：货者，榖之气；身者，清之气。存心着意榖气生，忘心绝意清气腾。榖气不过存其所、透其关，清其窍，窍流通周身充塞榖气，存心意以养之；清气虚，神灵以蕴之，请思之，其孰多乎？得，意中得；亡，心中亡；有意去得，著意去亡；得，虚中得；亡，无中亡；虚里自得，无里自亡，请思之，其孰病乎？此三者在下文以明之。

"是故甚爱必大费"。欲虚身，爱也；欲惜灵，爱也。爱则爱矣，必无中废心，虚中废意，灵中废身。废之至，方为真爱。藏乃养也，多藏必厚其神，神清而知足，神凝而知止，神灵而知身。知身而不亲其名、不多其货、不为其病。有此"三不"，则身清、神灵，故不有辱于我、取殆于我，如此亲其身、多其气、不病其神，可以为道之长久。①

黄元吉认为：夫人之好名好货者，莫不以名能显扬我身，货足肥润我身，身若无名则湮没不彰矣，身若无货则困苦难堪矣，是以贪名者舍身而不顾，黩货者丧身而不辞。贾子曰："贪夫徇财，烈士徇名。"人情类然，古今同慨。然亦思名与身孰亲耶？以名较之，名，外也；身，内也。人只为身而求名，何以因名而丧身？岂名反亲而身反疏乎？货与身孰多耶？以身拟之，身，贵也；货，贱也。人皆为身而求货，何以因货而亡身？岂身反少而货反多乎？亦未思之甚也！夫有名而性不存，与有身而名不显，孰得焉？孰失焉？舍生而货虚具，与失货而命常凝，孰存耶？孰亡耶？以是思之，与其得名货而失身，不如得身而失名货之为愈。况好名货者，损精神、伤生命，甚爱所以大费也；厚储蓄者，用机谋、戕身心，多藏所以厚亡也。望重为国家所忌，积厚为造物所尤，古来势大而罹祸、财多而受诛者，不知凡几！皆由不知敛抑，不自退藏，贪多不止，以致结怨于民、获罪于天也。惟知足知止者，一路平常，安稳到底，无辱无殆，不危不倾，而长保其身家，并及其子孙。范蠡所以无勾践之患，张良所以有赤松之游也，诚知几之士哉！后起者将有鉴于斯文。

黄元吉又云：此借知足知止，喻止火养丹，以名喻景，货喻药。贪幻景者多被魔缠，好搬运者难免凶咎。药未归炉，宜进火以运之；药既入鼎，宜止火以养之。火足不知止火，非但倾丹倒鼎，致惹病殃，亦且丧命焚身，大遭危殆。又况大道虚无，并无大异人处。或贪美酒美味、艳色艳身、金玉珠玑、楼

---

① 老子. 吕祖秘注道德经心传［M］. 吕岩，释义；韩起，编校. 桂林：广西师范大学出版社，2014：92－93.

台宫殿，又或天魔地魔、鬼魔神魔，种种前来试道，或充为神仙，夸作真人，自谓实登凌霄宝殿，因此一念外驰，以致精神丧败，大道无成者不少。又或识神作祟，三尸为殃，自以为身外有身，而金丹至宝遂戕于顷刻者亦多。若此等等，总由火足不止火，丹回不养丹，所以志纷而神散，外扰而中亡。修炼之士，幻名、幻象、幻景、幻形，须一笔勾销，毫不介意，如此知止知足，常养灵丹，则止于至善，永无倾颓焉。①

第八节 《请靓》

一、《请靓》章经文内容

大成若缺，其用不敝；大盈若冲，其用不穷；大直若诎，大巧若拙，大赢如绌。

躁胜寒，靓胜炅。请靓可以为天下正。

二、《请靓》章经文释读

1. 文字释读

缺：夬，既是声旁也是形旁，是"决"的省略，表示开口。缺，篆文𦈢=𥁻（皿，盛器）+𡗗（夬，开口），表示盛器被打开破口；有的篆文𦈢以"缶"缶（瓦罐）代"皿"𥁻，表示瓦罐被打开破口。造字本义：瓦罐等盛器被打开破口。隶书𦈢将篆文的𡗗写成夬。

《说文解字》："器破也。从缶，决省聲。"（盛器被打破。字形用"缶"作边旁，采用省略了"水"的"决"——夬作声旁；缶，瓦器；夬，也有表意作用，水缺为"决"，玉缺为"玦"，器缺为"缺"，都有破损之意。）本指器具破损。缺作形容词同本义（引申为缺漏而不完整，如墙缺了一块，缺

---

① 黄元吉. 道德经精义 [M]. 北京：中央编译出版社，2014：119-120.

落——破损剥落）。缺作动词表示短少、缺乏（如缺人，缺月——月缺，不圆的月亮；缺势——缺后角的一种坐垫），该到未到（如缺席）。缺作名词时，旧指官职的空额（后亦泛指一般职务的空额，如补缺，缺位——职位空缺；缺项——缺门），空隙、缺口，亏缺（如缺月——不圆之月），缺陷（引申为遗憾，如缺事——工作上的缺失、感到缺憾的事；缺限——缺陷）。

敝：甲骨文 𢽳 ＝ 巾（巾，绢布）＋ 攴（攴，手持器械），造字本义：撕毁巾帛。有的甲骨文 𢿂 在"巾"上加两点指事符号 㡀，代表巾帛的碎片。篆文 𣃚 基本承续甲骨文字形。毁锅砸鼎叫"败"，撕毁巾帛叫"敝"。

《说文解字》："帗也。一曰败衣。从攴，从㡀，㡀亦声。"（幅巾。另一种说法认为，"敝"是破败旧衣的意思。字形采用"攴、㡀"会义。㡀，也作声旁。）本指破旧、坏。敝作形容词同本义（如敝帷不弃——不轻易丢弃破旧的帷幕；敝衣——破旧衣服），疲惫、困乏、衰败（如敝卒——疲惫的士卒；敝敝——疲困的样子），败坏、衰败（如经久不敝），对自己或自己一方的谦称（如敝处——本处；敝房——谦词；敝室，对他人谈到自己的妻子；敝国——自己的国家）。敝作动词有失败、弃、损害之义。《玉篇》："敝，坏也，败也，极也，顿仆也。"

直：甲骨文 � 在眼睛 𥃫 上加一竖线 丨，表示目光向正前方看。造字本义：正视，面对而不回避。金文 𥄨 误将短竖线 丨 写成"十" 十，并加一曲形 乚，表示去曲求正。有的金文 𥄂 在"直" 𥄂 的字形上加"木" 木，表示木匠眯眼看木料，以便消除凸曲部分。篆文 直 基本承续金文字形。有的隶书 直 将转曲形 乚 简化成一横 一。"直"的"正视前方"本义消失后，篆文再加"人"另造"值"代替。

《说文解字》："正見也。从乚从十从目。㥁，古文直。"（正视。字形采用"乚、十、目"会义，徐锴："乚，隐也，今十目所见是直也。"㥁，是古文写法的"直"。）本指不弯曲（与"枉""曲"相对）。直作形容词同本义（如直线、直路、笔直、直觉、直观；直迫——直直慢慢，直截了当；直橛橛——身体挺得直直的；直隆隆——高而直起；直埕——直的沟渠；直缕——形容直直挺挺、形容笔直或僵直的样子；直坦坦——笔直而平坦），竖（与"横"相对，跟地面垂直的，如直上直下、直升机），引申为正直、公正、不偏私（如直辞——正直的言辞；直声——正直之言；直质——正直朴实的资质；直信——正直诚实；直言正色——言语正直，仪容严肃），直爽（爽快、坦率，如心直口快；直势——耿直坦率；直性子——性情直爽的人；直人——直爽的人，正直的人；直心眼——人的心地直率），正（如直南——正南；直北——正北；直准——正则），正当、有理。直作副词表示径直、一直（如直律律——直接，径直；直乃——简直就是；直叙——直接叙述；直解——直接领悟；直抵——直接到达），故意，竟然（如直如此——竟然这样；直恁——竟然如此），只、仅仅（如直当的——仅仅够得上，直好——只得，只好），简直。直通"特"，表示单单、单独。直作动词表示伸直、挺直（把弯曲的伸开，如直身——伸直的身躯，直直腰儿，把铁丝直一直；直屡屡——挺直），面对着、当，遇、碰上，当值、轮值、轮班（如直内——内廷值班的人；直月——当值某月；直房——值班室），担任，价值相当于。直作名词表示价值、代价，工钱，姓氏，汉字笔形之一（自上至下）。直作连词表示即使（如直饶——即使）。直作介词有"当……的时候"之义。

诎：金文字形，𧮫（言）表意，表示言语艰涩不顺畅，𡳿（chū）表声，兼表言语超出了正常状况。《六书通》里的字形写法有𧮫、𧮫、𧮫等。篆文𧮫承续金文字形，将金文的𧮫写成𧮫，将金文的𡳿写成𡳿。隶书字形变化比较大，误将篆文的𡳿（"止"𡳿、"山"𡳿）混合连写为"出"，晚期隶书又将篆文字形中的舌形𧮫简化成三横加"口"的𧮫，简体楷书再将形旁简化为"讠"。

《说文解字》："詰诎也。一曰屈襞。从言出聲。"（弯曲，曲折；事情的原委始末；还有一种说法指衣服褶皱处或修饰、缝缀，襞，读 bì。字形采用"言"作边旁，"出"作声旁。）本指言语钝拙（说话不利落，不顺当）。诎做形容词同本义，表示尽、表示穷尽，声音戛然而止。诎作动词表示屈服，冤屈，通"屈"，弯曲（如诎伸——诎申；诎曲——诎折，弯曲；诎柔——屈曲柔弱）。诎通"讫"，表示止。诎通"黜"，表示贬退。《广雅·释诂》："诎，曲也"，又云"折也"。《玉篇》："诎，枉曲也。"

拙：出，既是声旁也是形旁，是"绌"的省略，表示漏洞、破绽。拙，篆文𢫫＝𠂁（手，动作）＋𡳿（出，"绌"，漏洞、破绽），造字本义：手脚迟钝，不敏捷，易出差错。隶书𢫫将篆文的"手"𠂁简写成𠂇，失去五指形象。

《说文解字》：“不巧也。从手，出聲。”（行动不灵活。字形采用“手”作边旁，采用“出”作声旁。）本指笨拙、不灵活。拙作形容词同本义（如性拙——生性笨拙；拙行——外行，不在行；拙诚——笨拙而真诚；拙鸠——相传鸠鸟性笨拙，不善营巢，常占据他鸟的巢而栖息；拙守——安于愚拙，不取巧），我的（自谦之辞，如拙子——对人称自己的儿子；拙分——谦称自己的名分、职分；拙作——称自己作品的谦词；拙室、拙妇——称自己妻子的谦词），粗劣（如拙易——粗陋肤浅；拙野——粗糙；拙率——粗率；拙浅——粗浅、浅陋），粗俗（如拙俗——粗俗），短浅（如拙智——短见；拙目——眼光短浅的人；拙眼——眼光短浅的人），倒霉，质朴无华（如拙木——质朴；拙句——自然质朴的诗句）。拙作动词表示不善于（如拙生——拙于生计，不善谋生；拙宦——不善于为官，仕途不顺，多用以自谦；拙讷——才疏口拙，不善应对），穷尽、用尽，屈抑、粗暴对待。

赢：金文 🔣 = 🔣（🔣，像多桨龙舟）＋ 🔣（贝），表示多桨龙舟上装着大海贝。造字本义：乘舟拾贝，满载而归。有的金文🔣误将龙的利齿大口🔣写成“月”🔣；误将龙头🔣写成🔣；误将并排的船桨🔣写成“丮”🔣。篆文🔣误将金文的🔣写成🔣。

《说文解字》：“有餘賈利也。从貝，🔣聲。”（扣去买卖成本有盈余、有获利。字形采用“贝”作边旁，贝，是古货币，表示与财富买卖有关；“🔣”作声旁。）本指有余。赢作形容词同本义（如赢衍——丰盈、盈余；赢畜——多余财物的积蓄；赢副——多余的东西；赢绌——盈余和亏损；赢落——帐外结余；赢费——积余和耗费；赢数——余数；赢阙——赢余和短缺；赢粮——余粮、粮食有余；赢缩——有余和不足），宽缓、松懈，充裕（如赢获——丰富、充实；赢储——充裕的准备）；赢做动词表示经商盈利（如赢绌——赢与亏），博赛获胜（与输相对，如赢家——游戏、作战等中获胜的一方），天文上五星趋舍而前为赢，退舍为缩（如赢缩——天文学上称岁星的运行较历法所算超前为赢，落后为缩），博取、获得，来得及，担。赢作名词表示做买卖所获得的利润（如赢入——赢利收入；赢金——经营所获之利；赢啬——赢余和不足；赢赀——赢余的资金；赢羡——赢余、余剩；赢亏——赢余和亏损）。

绌：出，既是声旁也是形旁，表示显露。绌，篆文 ![字形] = ![字形]（糸，丝线） + ![字形]（出，显露）。造字本义：衣物破损，露出棉絮或丝线。隶书![字形]将篆文的"糸"![字形]写成![字形]。

《说文解字》："绛也。从糸，出聲。"（深红色。字形采用"糸"作边旁，采用"出"作声旁。）本指深红色。绌作形容词同本义，表示短缺、不足（即不够，如支绌——款项不够分配；相形见绌——相比之下显得不足）。绌作动词，通"诎"，指屈服、制服；通"黜"，表示废除、贬退（即罢免、革除，如绌约——黜退而穷困；绌陟——升降，同黜陟）。

寒：爿，既是声旁也是形旁，表示睡卧家具。寒，甲骨文![字形] = ![字形]（身，人体） + ![字形]（舛，草堆） + ![字形]（爿，床），像一个人![字形]睡在铺满草褥![字形]的床![字形]上，表示天气凄冷肃杀。有的甲骨文![字形]用"宀"![字形]（卧室）代替"爿"![字形]（床），用"人"![字形]代替"身"![字形]，用四点指事符号![字形]代替三个"屮"![字形]。金文![字形]综合两款甲骨文字形。有的金文![字形] = ![字形]（宀，卧室） + ![字形]（舛，草褥） + ![字形]（人，睡眠者） + ![字形]（夕，夜晚） + ![字形]（"二"是"仌"即"冰"的变形），表示结冰天气的夜晚，睡觉时用草褥保温。篆文![字形]省去金文字形中的"夕"![字形]（夜晚），并将金文字形中的"二"![字形]写成"仌"![字形]（冰），明确"结冰天气"的含义。造字本义：动词，在结冰的冷天夜晚，睡觉时用草褥保暖。隶书![字形]将篆文字形中"舛"![字形]的四个"屮"草写成"井"![字形]，将篆文字形中的"人"![字形]写成"大"![字形]，将篆文字形中的"仌"![字形]（冰）简化成"两点水"![字形]。古人认为"燠"是热之始，"暑"是热之极；"凉"是冷之始，"寒"是冷之极。

《说文解字》："凍也。从人在宀下，以舛薦覆之，下有仌。"（冷气冻人。字形采用"宀、人、舛、仌"会义，表示用草褥垫盖，字形下部有"仌"表示天气冷，水结冰。宀即房屋，中间是"人"，人的左右两边是四个"草"，表示很多；下面两横表示"冰"，寒冷是一种感觉，人们虽能感觉到，但是看不见，于是古人就采用上述四个形体来创造这个字，人蹉曲在室内，以草避寒，表示天气很冷。）本指冷、寒冷。寒作形容词同本义（如寒肃——寒冷肃杀；寒悄——冷气侵入；寒衾——冰冷的床铺），贫困（如寒畯——贫寒的读书人），卑微、低微（如寒官——下级官吏；寒品——出身寒微的人；寒族——寒微的家族；寒穷——寒微贫穷），冷清（如寒山——冷落寂静的山、寒天的山；寒芒——使人感觉冷清的光芒；寒汀——清寒冷落的小洲；寒月——清冷的月光），声音凄凉（如寒吟——哀鸣），凋零、枯萎（如寒枝——寒冬凋零的林木），谦词（如寒第——对自己家的谦称；寒门——贫寒的人家，对人谦称自己的家；寒族——谦称自己的家族）。寒作动词指感到冷（如寒玉——玉质清冷），恐惧、战栗，特指终止盟约。寒作名词表示寒冷的季节（与"暑"相对），寒天（如寒照——寒天的日光；寒蓬——寒天的枯草；寒渡——寒天的渡口；寒川——寒天的河流），寒夜（如寒更——寒夜的更点；寒星——寒夜的星；寒柝——寒夜打更的木梆声），指由寒邪引起的机能衰退的病症（如受了一点寒），姓氏。

炅：《六书通》里的字形有炅、炅、炅，篆文炅＝日（日，表示太阳，代表阳光）＋火（表示火焰，代表火光），合起来表示光、明亮。

《说文解字》："见也。从火、日。"（有火光就可以照亮、看见。）《广韵》："光也。"本指照亮、看见。炅读 jiǒng，作名词表示光、明亮（如炅炅——明亮的样子；炅然——明亮的样子），热。炅读 guì，作名词表示姓氏。

2. 章意疏解

大成若缺，其用不敝；大盈若冲，其用不穷；大直若诎，大巧若拙，大赢如绌。（此段阐述了道体成就、应用的不同表现特征。）

在老子的五千言中，大是道的名，真正的大成好像有所缺失（道体的成就不能看到完整的显像，好像有所缺失），它的应用不会有败坏；最大的盈满好像虚空（道的能量无处不在，好像充满了整个虚空），它的应用不会有穷尽；最大的爽直好像言辞屈曲（大道直行，道的能量直接灌注于万物中，能量传输的轨迹是双螺旋的"S"形曲线，玄曲波态是宇宙各种能量的最佳运输传递模式），最大的灵巧好像有点笨拙（大道的鬼斧神工，没有任何人为的痕迹，看起来质朴无华且不善于表现心机），最大的获利好像还有短缺（道的能量的充裕增加和短缺不足是一样的，加一勺不多，减一勺不少，至道是不增不减，不生不灭的）。

《尚书·皋陶谟》曰："亦行有九德。……宽而栗，柔而立，愿而恭，乱而敬，扰而毅，直而温，简而廉，刚而塞，强而义。彰厥有常，吉哉！"（大约有九种美德可以检验人的行为。……宽宏而又庄栗，柔顺而又卓立，谨厚而又严恭，多才而又敬慎，驯服而又刚毅，正直而又温和，简易而又方正，刚正而又笃实，坚强而又合宜，要明显地任用具有九德的好人啊！

躁胜寒，靓胜炅。请靓可以为天下正。（此段阐述了体道修身实践中的一些现象。）

火躁能克服水寒，清静能解除烦热。黄老的形名学说是古代圣哲探索宇宙真理的思想精华，也是修身大成的法宝利器。实践形名学说和可非恒道、可非恒名的"双可"教育，请出自己体内的两位关键的非恒名，便可使身内天下大正。

三、 老子的智慧启示

1. 躁胜寒的修身内涵

当修身具备了德一的品格和能量，在自身中建立起了道生观（指对宇宙规律和生命本质的正确认识和看法）与唯德辩证法（道生德养是万物存灭的永恒法则，以德一能量居中调控阴阳两端，可使万物顺利和谐地向前发展），即可运用圣人治己的智慧和方法，来治理自己的身国内环境。

要说躁胜寒，不得不说水和火，它们是五行中的两大元素。可以回忆一下前面给大家介绍过的内容，根据《素问玄机原病式》的记述："夫水数一，道近而善；火数二，道远而恶。水者……静顺信平，润下而善利万物，涤洗浊秽，以为清静，故上善若水；水火相反，则下愚如火也。……是知水善火恶。"（从水火的生成和作用来说，水居第一位，滋润万物而又清静，它的性质与人体养生之道的要求很相近，因而于人有利。火居第二位，炎上而浊乱，它的性质与人体养生之道的要求相去甚远，因而于人有害。……水性静顺信平，且能润下，而有利于万物，又能冲洗污浊，使其转为洁净，因而道德高尚且聪明的人，其品性和水一样。火与水相反，因而那些浅薄愚昧的人，其品性和火一样。……因此可知水善火恶。）虽然这里提到水善火恶，但这两种物质是万物生存不可或缺的，因此还需正确对待。

《管子·心术上》曰："毋先物动，以观其则。动则失位，静乃自得。……'毋先物动'者，摇者不走，趮者不静，言动之不可以观也。'位者'，谓其所立也。人主者立于阴，阴者静，故曰'动则失位'。阴则能制阳矣，静则能制动矣，故曰，'静乃自得'。"（不要先物而动，以观察事物的运动规律。动则会失掉为君的地位，静就可以自然地掌握事物运动的规律了。……所谓"不要先物而动"，是因为摇摆就不能安定，躁动就不能平静，"动"就不能很好地观察事物了。"位"，指所处的地位。人君处在阴的地位。阴的性质是静，因此说"动则失位"。处在阴的地位可以控制阳，处在静的地位可以掌握动，因此说"静乃自得"。

就从《管子·心术上》所言的："趮者不静"说起。趮，古同"躁"，在修身实践中，趮专指质元、物元、体元的正负动态，更强调能量的动态性。火热能量是形成干燥的原因，趮性的能量对寒性的能量具有吸引附着性，因此说"躁胜寒"。

2. 躁胜寒的养生意义

对于"躁胜寒"的养生意义，熊春锦先生亦有精辟阐述。在修身的理论与方法中，存在着"水怕涸，火怕寒"的修身法则。四时节序的交替规律是春种、夏长、秋收、冬藏。到了秋季，伴随天运的收敛期，自然界水涸的现象必然会出现，而人体内必然会发生同步变化。人体70%是水，不能干涸，就好像自然界的土地，需要水的滋润，人体中水的储备，如同城市的饮用水库，最怕干涸。因此，如何养水防涸就是修身养生的重要任务之一；人体内的火会因受到寒气、寒湿的侵袭而熄灭。水能量的活跃，表现在水化气的动态中，这种活力离不开水中之火对水的温煦作用，只有人体的心光内火常明常守，才不会产生寒的变化。火能驱寒但又怕寒，因此需要人们积极主动地运用"正善治"的方法，维护君火、民火、臣火的生机，以达到岁岁任自然、不觉肢体寒的效果。老年人常常火衰畏寒，不仅肢体寒，而且还会因五脏寒而衰，这是生命规律使然，因此更要守住体内的火，注意保温，主要是脚部双足的保暖，因为"寒从脚下起，病由脚底生"，防止双脚受凉，邪入经络而传变为病，头部可以适当冻一冻。除了衣服方面的保暖之外，还需要保持足够的活动量，保持体表经络的通透性，但活动量又不宜过大，太剧烈，微微出一点汗就可以了，出汗后防止受风①。

在一年四季中，秋季从秋分到立冬（也就是8月下旬到10月上旬）是阳明燥金当令，冬季从小雪到小寒（也就是10月下旬到12月上旬）是太阳寒水当令。人体内的水和火，主要对应的是心和肾。到了秋、冬两季，就要注意保暖固水。而且，每天的周期律中，早晨的明和傍晚的昏时，也与寒暑的变化具有直接对应的关系。天人合一的实践中，在九月重阳之后，天象的"大火"星宿隐退于天穹，也就是《诗经·七月》中所说的"七月流火"（因为夏正建寅，商正建丑，周正建子，所以周朝的七月相当于夏历的九月）。天人相应，人体内的火也必然受到作用和影响②。《素问玄机原病式》曰："言为心之声也。……水生于金，而复润母燥；火生于木，而反害母形。故《易》曰：'润万物者，莫润乎水。'又言：'离火为戈兵。'故火上有水制之，则为既济。水在火下，不能制火，为未济也。"（言语是心的声音。……水生于金。水又能滋润燥金；火生于木，而火反却伤害木形。因此《周易》说："滋润万物，没有胜过水的了。"又说："离火，有如兵器一般。"因此火上有水相制约，就成为标志事物顺利发展的"水火既济"卦；水在火下，不能制火，那就成为标志事物不能发展的"水火未济"卦了。

因此，当体内的寒气升起的时候，就需要运用相应的方法（寒至需禁制，内火护鼎炉——禁寒守火的方法），主动适应外界自然气候环境的变化从而进行自我保护，使体内的火不要受寒气能量的影响而造成失误。通过经典诵读的"声"达到音韵的"正善治"，也是谨防体内水涸火寒的方法之一。守火的方法就是内观静守，可以运用"躁胜寒"的方法，趮用得恰到好处，趮而不趮也不燥。以守为主，才能实现"靓胜炅"，从而实现体内的防寒虑险③。

3. 高真德道悟鉴

吕祖认为：此章要人致中和的意思，缘上章知止知足而来。

其文曰：大成者，已成之士也。先天见而凝的时候，不要自贪自求，妄意存守，随他自然转动凝止。若缺而不足，其中妙用任其天然，而不能弊我本来

---

① 熊春锦. 中华传统节气修身文化：四时之秋［M］. 北京：中央编译出版社，2016：251－252.
② 熊春锦. 中华传统节气修身文化：四时之秋［M］. 北京：中央编译出版社，2016：254－255.
③ 熊春锦. 中华传统节气修身文化：四时之秋［M］. 北京：中央编译出版社，2016：253.

一点真灵，这才叫做"大成若缺，其用不弊"。

大盈者，周身通彻，无毫发障碍，皆先天一气的时候，若空洞然，若冲虚的一般，其中玄妙，听其自然，其中妙用就无穷矣。

大直者，先天直上，贯于虚中，不要意取，听其自然不能的意思。屈者，不能之意。大巧，是他时至之时，左旋右转的枢机，按周天而合五行，其中巧妙不能言。到此时方知我言不谬矣。其中巧妙难知难识，是他自然之巧，非我之用巧也；他虽巧，而我之心意若拙，随他枢动而我心灰然，谓之大巧若拙。

其文又曰：大辩者，他来时我以心意觉之，谓之大辩。这个辩也说不出，微觉而已。"讷"字是个"死"字，他来时我若不知、不识、不觉，犹似个死的一般，是谓讷。不讷就觉了，是死心灰意然，谓之大辩若讷。世人看"讷"字，以不能言者是讷也，在此作个"死"字看。

躁胜寒，躁乃后天谷气，人用力时而谷气杀，寒则不犯。内讲：躁者，华也。后天足，寒则不犯，内实则外不敢侵，寒不能入，故胜之。凡修道，先固后天为最。静胜热，无心一定热不能生。内讲：静心以待真阳生，而真火薰蒸，脾土固而虚火不生；心地静而妄火不起；意宁而肝火不举；情绝而肺火不炎；性定而五脏火不亢。于是乎一块真阳，诸火皆散，谓之静胜热。清静为天下之正道，清而缺而冲，静而屈而拙，清静而讷，如此则天下正。正者，正其心、诚其意、绝其情。尽性而得命，谓之清静为天下正。[①]

黄元吉认为：道本虚无自然，顺天而动，率性以行，一与天地同其造化，日月同其升恒，无有而无不有，无为而无不为也。当大道未成未盈之时，不无作为之迹，犹有形象可窥，觉得自满自足，不胜欣然。乃至大成之候，又似缺陷弥多，大成反若无成焉。大盈之余，又似冲漠无状，大盈反若未盈焉。是岂愈学而愈劣、愈优而愈绌乎？非也。盖道本人生固有之良，清空无物，静定无痕，一当形神俱妙，与道合真，我即道，道即我，又何成何盈之有？若使有成有盈，犹是与道为二，未底神化之域。是以修道之士愈有愈无，愈多愈少，绝不见有成与盈也，故大成若缺，大盈若冲。以故万象咸空，一真独抱，因物为

---

① 老子．吕祖秘注道德经心传［M］．吕岩，释义；韩起，编校．桂林：广西师范大学出版社，2014：94－95.

缘，随时自应，诚塞乎天地、贯乎古今，放之而皆准也，其用岂有敝哉？其用岂有穷哉？当其心空似海，神静如岳，又觉毫无足用者，然及其浩气常伸，至刚至大，抑何直也！乃反觉屈郁之难堪。神妙无方，可常可变，抑何巧也！乃惟觉愚拙之无知。言近旨远，词约理微，非义不言，非时不语，辩何大乎！而总觉讷讷然，如不能出诸口。惟其如屈、如拙、如讷若此，是以心愈虚、志愈下、德愈广、业愈崇焉。此殆道返虚无、学归自在，一与天地之运转而不知，日月之往来而不觉，所以其成大且久也。若皆本太极之理，顺阴阳之常，久久熏蒸，铅火充盈，寒数九而堪御；蒲团镇定，伏经三而可忘。太上所谓"躁胜寒，静胜热"者，其即此欤？至于清明在躬，虚灵无物，一归浑穆之天，概属和平之象，又何躁、何寒、何静、何热之有哉？学者具清静之心，化寒暑之节，而吾身之正气凝，即天下之正道立矣，又何患旁门之迭出耶？

黄元吉又云：此明道至平至常、至虚至无。人未造虚无之境、平常之域，只觉其盈，不见其缺；只觉其优，不见其绌。所以太上云："少则得，多则惑。"谚云："洪钟无声，满壶不响。"洵不虚也。大德不德，是以有德；大为无为，是以有为。非谦词也。道原虚无一气，惟其有得，是以无得；惟其无得，是为有得。故道愈高，心愈下，德弥大，志弥卑，斯与道大适焉。若一有所长，便诩诩然骄盈矜夸，傲物凌人，其无道无德，大可见矣。太上故云："为学日益，为道日损，损之又损，以至于无"，方为得之。学者切勿视修道炼丹一如百工技艺之术，自觉有益，斯为进境。若修道，总以虚无为宗，功至于忘，进矣；至于忘忘，已归化境。夫以学道之士退则进，弱则强，虚为盈，无为有，以反为正，以减为增，故学之进与不进，惟视心之忘与不忘耳！①

---

① 黄元吉. 道德经精义 [M]. 北京：中央编译出版社，2014：121－122.

第九节　　《知足》

一、《知足》章经文内容

天下有道，却走马以粪；天下无道，戎马生于郊。

罪莫大于可欲，祸莫大于不知足，咎莫憯于欲得。

故知足之足，恒足矣。

二、《知足》章经文释读

1. 文字释读

却：去，既是声旁也是形旁，表示离家出行。篆文**卻** = **合**（去，离开）＋**邑**（人），表示在某人面前后退。造字本义：向后撤，退步。隶书**郤**将篆文的"人"**邑**写成"右耳旁"**阝**。

《说文解字》："節欲也。从卩，谷聲。"（节制并使它退却。字形采用"卩"作边旁，像人下跪的样子，即腿骨节屈曲的样子，从"卩"与脚的活动有关；采用"谷"作声旁。）本指退、使退。却作动词同本义（如却立——后退站立；却去——后退、离去；却归——退归），除、去（如却扇——古代婚礼行礼时，新娘以扇遮面，交拜后去扇；却惑——去邪、消除疑难），避、避免（如却老——避免衰老；却死——避死），反复（如却顾——反复考虑），返回、回转（如却回——回转；却望——回头远望），拒绝（如却情勿过——碍着情面推辞不掉；却绝——拒绝）。却作副词指刚刚（如却才——刚才），恰、正（如却好——恰好、正好；却如——恰如、好像；却待——恰待、正要），才（如却才——方才），还（如却是——还是），固然，再（如却又——再；却再——再）。却作连词用在偏正复句的正句中（提出跟偏句相反或不一致的动作、行为或状况，表示转折，相当于"但""但是""可是"），反而、然而。却作助词用在动词后（相当于"掉""去"，如冷却、忘却、抛却旧包袱）。

147

走：金文 ＝ 彳（彳，行进） ＋ 夭（夭，挥舞双臂） ＋ 止（止，脚），表示摆臂奔跑。有的金文省去"彳"彳（行进）。造字本义：挥摆双臂，奋力狂跑。篆文承续金文字形。隶书走误将篆文的"夭"夭写成"土"土，将"止"止写成止。极速飞跑为"奔"奔；挥臂逃跑为"走"走。

《说文解字》："趨也。从夭止。夭止者，屈也。凡走之屬皆从走。"（小跑。字形采用"夭、止"会义，表示小跑时人必须收腹，弯腰屈背。金文字形像摆动两臂跑步的人形，下部像人脚，合起来表示人在跑。所有与走相关的字，都采用"走"作边旁。）本指跑。走作动词同本义（如走百病——元宵节妇女出游，认为可驱邪除祟；走骤——飞奔、疾驰；走丸——如丸般迅速旋转；走解——在跑动的马背上表演特技；走三家不如坐一家——比喻专心一事，比较容易成功），逃跑（如走避——逃去、避开；走北——战败而逃；走匿——逃走躲避），往、奔向某地（如走奔——快步前往；走晤——走访、前往相见；走谒——前往拜见；走趋——奔往、前往），泄漏（如走作——超出范围或改变原来的样子；走话——说话泄露秘密；走泄——走漏、泄露；走火入魔——即魔入火走，因心中无明，神不守舍，过分沉溺于某种事情，而方法又不正确，以致身心受到伤害），丧失、失去（如走油——旧法用桐油漆饰器物，油饰融褪，称为"走油"；走板——唱歌时不合节拍；走失——丧失、丢去），步行（如走班——行走的序列；走差——服役奔走），遵循、沿着（如走群众路线，走水路），拜访、访问（走亲戚），旅游（如走遍全国），离开，改变（如走色——变色、褪色；走局，走味——失却原味，走相——走样）。走作名词泛指兽类，仆人（有时含蔑称意，如走吏——供奔走的小吏；走史——走使，指仆役；走胥——小吏；走脚——跑腿）。

马：甲骨文是长脸、大眼、鬃毛飞扬、长尾有蹄的动物形象。有的甲骨文用大眼借代口、眼、耳构成的头部。金文简化字形，将甲骨文字形种的大眼与鬃毛的形象写成，将足与尾的形象写成。篆文承续金文字形。籀文将甲骨文的马头、马足变形成，同时强调马鬃形象彡。造字本义：善跑的力畜。隶书馬将篆文字形中侧视的两只马蹄与马尾写成"四点底"灬加折笔的灬。俗体楷书马利用草书字形将正体楷书馬的"四点底"简化成一横。

《说文解字》："怒也。武也。象马头髦尾四足之形。凡马之属皆从马。𢒠，古文。𢒠，籀文马与𢒠同，有髦。"（一种会昂首怒吼的动物。马勇武无比。字形像马头、马鬃、马尾、四足的造型。"马"是汉字的一个部首，所有与马相关的字，都采用"马"作边旁。𢒠，是古文写法的"马"。𢒠，籀文的马与𢒠同，有马鬃。）本指家畜名。马作名词指单蹄食草大型哺乳动物（史前即为人类所驯化，用作驮畜、挽畜和乘骑，它和其他现存的马属和马科动物的区别是尾毛和鬃毛长，后腿飞节内下方有一块胼胝，还有一些非固定特征，如体型较大、蹄子较大、颈稍呈弓形、头小、耳短，用法如骏马、马到成功；马首是瞻——跟随别人行动；马伯乐——相马的人；马首——属马的人；马牌子——官府养马的夫役，他们身上都挂有腰牌做凭证；马曹——官署名，专门管马；马图——传说中龙马背负出水的图），"码"的古字（古代用以计算的筹码，近世也用以计数，如马子——筹码），姓氏。马作动词指发怒时把脸拉长像马脸（如马起面孔叫他们出去），驾着马（如裘马扬扬）。马作形容词指大的（如马道——大路；马包——大的被包，中间开口、两旁可以塞进东西的长布袋；马船——大型官船；马溜子船——航行速度较快的大船）。

戎：甲骨文𢦵=𢦔（戈）+𠂇（十，盾牌的握柄，代盾牌）表示戈戟与盾牌。造字本义：名词，戈戟与盾牌，古代士兵的基本装备。金文𢦵基本承续甲骨文字形。篆文𢦵将金文的"盾"𠂇写成"甲"𤰔。

《说文解字》："兵也。从戈，从甲。"（兵器。字形采用"戈、甲"会义，"戈"代表兵器，"十"代表铠甲的"甲"。）本指古代兵器的总称（弓、殳、矛、戈、戟为古代五戎）。戎作名词同本义（如戎仗——兵器、军械；戎器——兵器；戎储——兵器储备；戎钺——泛指兵器，钺，古兵器名；戎具——兵器），兵车（如元戎——大战车；戎御——兵车的驾驭者；戎轸——兵车；戎轩——兵车；戎路——古代帝王军中所乘的车），军队（如投笔从戎；戎士——将士，兵士；戎级——军职；戎帅——军队的统帅；戎重——军事重任；戎威——军威；戎柄——军权；戎门——军门；戎政——军政；戎伍——行伍、军队；戎略——军事谋略；戎寄——军事任务；戎兵——军服和兵器），战争（敌对双方的军事行动，如戎舰——战船；戎缮——备战与修缮宫室之事；戎场——战场；戎戒——战备；戎捷——战利品），戎羌（中国古代称西部民族，

如戎狄——西戎和北狄；戎落——戎族聚居地；戎骑——戎族的军队；戎
羯——戎和羯），兵士（如戎卫——禁卫之兵；戎符——兵符，引申指兵权；戎
经——兵书；戎卒——兵士；戎章——兵法、兵书；戎号——武官品级；戎
禁——禁卫），敌寇，古国名（故地在今山东省曹县东南），姓氏。戎作动词指
征伐（进行武装的敌对行动，如戎心——征伐的意图），拔除，假借为"从"，
相助。戎作形容词，假借为"崇"，大（如戎功——大功；戎弓——大弓；戎
丑——大众）。戎作代词表示第二人称（相当于"你""你们"）。

郊：交，既是声旁也是形旁，表示相接。篆文𩏂＝𡤒（交，相接）＋𨚫
（邑，城邑），造字本义：城邑与乡野交界的地带。隶书郊将篆文的"邑"𨚫写
成"双耳旁"阝。

《说文解字》："距國百里為郊。从邑，交聲。"（距离国都百里的幅地为郊
区。字形采用"邑"作边旁，表示与城郭、行政区域有关，采用"交"作声
旁。）本指上古时代国都外百里以内的地区称"郊"。郊作名词指郊区（周时
距离国都五十里的地方叫近郊，百里的地方叫远郊；郊祀——古时帝王在郊外
祭祀天地；郊圻——城邑的疆界，圻，地界、地的边长；郊里——郊外的村
落），田野，古代祭天地的典礼（初郊——初即位而祀天；郊社——祭天地；
郊赦——天子祭天于郊，而特赦天下的囚犯；郊畤——祭天的地方，畤，神灵
居止之处，古代祭祀天地五帝的固定处所），古地名（春秋晋地，在今山西省
运城市境内）。郊作动词指在郊区居住。《尔雅·释地》："邑外谓之郊。"

罪：本字"辠"：非，既是声旁也是形旁，表示非法。罪，篆文𦊠＝𦉲
（网，缉捕）＋𦅀（非，非法），表示缉凶。造字本义：抓捕、惩罚犯人。隶书
罪将篆文的"网"𦉲写成"四"罒。

《说文解字》："捕魚竹網。从網、非。秦以罪爲辠字。"（捕鱼的竹网。字形
采用"网、非"会义。秦人用"罪"字代替"辠"字。）本指作恶或犯法的行
为。罪作名词同本义（如罪失——罪愆和过失；罪眚——罪愆、罪过；罪
瑕——罪愆），罪人（如罪疾——邪恶的罪人），过失、错误（如罪诟——过错，
诟病；罪失——罪愆和过失；罪负——过失），苦难、祸殃（如罪疾——灾祸；
罪恼——罪孽烦恼，罪障——佛教语，罪孽能障碍诸善，故称罪障；罪苦——
佛教语，苦难，因为罪孽而蒙受苦难），刑罚，捕鱼竹网。罪作动词指归罪于

（如不罪——不怪罪、不归罪于……），惩罚、治罪（如罪人不孥——治罪止于本人，不累及妻和子女；罪法——罪罚；罪律——治罪的律条）。

莫是"暮"的本字。莫，甲骨文 ▨ = ▨（林莽）+ ▨（日，太阳），像太阳 ▨ 隐没在丛林 ▨ 之中。造字本义：太阳下山，阳光隐入丛林草野。有的甲骨文 ▨ 将丛林 ▨ 改成草丛 ▨。金文 ▨ 篆文 ▨ 承续甲骨文字形 ▨。"莫"的"太阳下山"本义消失后，隶书再加"日"另造"暮"代替。隶书 ▨ 将"艸" ▨ 误解成两只手而连写成"大" ▨。日在草上为"早"，日在草中为"莫"（暮），日在树下为"杳"。古人称日升而天地分明为"旦"，称日落而天地不分为"莫"（通"暮"）。

《说文解字》："日且冥也。从日在茻中。"（太阳快下山。字形采用"日"作边旁，像太阳落在草丛中。甲骨文字形，从日，从茻，太阳落在草丛中，表示傍晚天快黑了。）莫读 mò，作副词表示否定（相当于"不"，如莫可奈何——无可奈何；莫之奈何——对它们无可奈何；莫或——没有；莫奈何——无可奈何），表示劝戒（不要、不可、不能，如闲人莫入；莫得——休得、不得；莫道——休说、不要说），表示揣测（或许、大约、莫非；如莫不成——难道说；莫成——莫非、莫不是；莫是——莫非是、或许是；莫须——也许）。莫作代词表示没有谁、没有什么（指处所或事物，如莫大欣喜；莫二——没有第二个，无比）。莫作名词时通"膜"，表示生物体内部的薄皮组织；通"漠"，表示沙漠；通"瘼"，表示疾苦、病；通"幕"，表示幕府。莫作动词，通"谟"，表示谟划；通"劘"，表示削；通"慕"，表示思慕、向往；通"漠"，表示广漠，寂静。莫读 mù 时，作名词同本义（如莫夜——夜晚），通"幕"（如莫府——即幕府），表示姓氏。

憯：《说文解字》："痛也。从心，朁声。"（哀痛。字形采用"心"作边旁，"朁"作声旁。）本指悲痛、伤心，作形容词同本义（如憯恻——悲悽感伤，憯憯——忧苦的样子），锋利，竟然，忧伤，速疾之意。憯古同"惨"，表示万分悲惨、凄惨。

惨：参，既是声旁也是形旁，表示参拜上天，祈求解悟。篆文 ▨ = ▨（心，悲痛）+ ▨（参，拜天求解），造字本义：遭遇人间特大悲剧，参拜上天，求解灾难根源。隶书 ▨ 将篆文 ▨ 的"心"写成 ▨。

《说文解字》："毒也。从心，参声。"（毒害。字形采用"心"作边旁，采用"参"作声旁。）本指残酷、狠毒。惨作形容词同本义（如惨烈、惨刻），悲痛、伤心（如凄惨——凄凉悲惨；惨不忍言——不忍心把悲惨情形说出口），惨痛、忧伤（可悲伤、使人难受，如惨淡、惨象、悲惨），厉害、程度严重（如惨阳——阳气盛极而炎热）。

欲：谷，既是声旁也是形旁，表示两座山岭之间高深空阔的沟壑。金文 𧮫 ＝谷（谷，高深空阔的沟壑）＋𣢩（欠，叹气、不满），表示永不满足的贪求。有的金文以"人"代"欠"。有的金文 ＝谷（谷，沟壑）＋心（心），"谷心"即"难以填满之心"，强调"欲"的"心念"含义。造字本义：永不满足的心念。篆文承续金文字形。俗体楷书也写作"慾"。

《说文解字》："貪欲也。从欠，谷聲。"（贪欲也。字形采用"欠"作边旁，"欠"表示有所不足，故产生欲望；"谷"作声旁。）本指欲望、嗜欲。欲作名词同本义（如欲障——嗜欲；欲界——佛教语，三界之一，在色界之下，包括欲天、人间和地狱等；欲尘——佛教语，佛家谓财、色、食、名、睡五欲污身如尘埃，故称）。欲作副词表示将要（如山雨欲来风满楼）。欲作形容词指婉顺的样子。欲作动词指想要、希望（如欲踵——想要效仿；欲待——想要、打算；欲人勿知，莫若勿为——想要别人不知道，最好自己不去做；欲速则不达——性急求快反而不能达到目的；欲益反损——想把事情做好，结果反而弄坏），需要（如胆欲大而心欲细），爱好、喜爱。《玉篇》："欲，贪也，愿也。"

2. 章意疏解

天下有道，却走马以粪；天下无道，戎马生于郊。（此段阐述对比了有道和无道的两种环境或现象。）

周时距离国都五十里的地方叫近郊，百里的地方叫远郊。戎马，指战马。先看看什么是有道？什么是无道？所谓有道的社会，就是指天下有道，或者说以道德治理社会的时代，典型的如三皇五帝时期。所谓天下无道，即无道的社会，就是不以道德治理社会的时代，典型的如春秋战国时期。这里的马，既指社会外环境的马，也指人体内环境的马——心猿意马（即人的妄念、阴性意识，以猿马性喜外驰来形容众生的心不能安住，喜攀缘外境的状态。以猿腾马奔比喻凡心无常、无定而又多变，后用以比喻心思不专，变化不定。）

道和德是社会健康发展的根本动力。自天子以至于庶人，若皆能以道治国，以德修身，就会实现内外和谐，安详康宁。心猿意马不妄动，勤耕心田种福会，国泰民安，秩序井然。不以道德修身治国，民众离道失德，国内就会乱象丛生，战事会发生在距离国都五十里的近郊。

罪莫大于可欲，祸莫大于不知足，咎莫憯于欲得。（此段阐述了罪、祸、咎的根源。）

可欲、不知足、欲得，这三个因素和人的动机、心理、行为有关。从体内讲，主要指超越生理阈值上限而无益于身心健康的一些私心欲望；从体外讲，主要指不属于自己本分所有而通过不正当手段或非法途径占有攫取的东西，这和人的动机有关。人一旦不能正确把握住自己的动机、心理、行为，就会和罪、祸、咎这三个因素纠结，从而破坏身内身外的清静、和谐、安定环境。

最大的罪恶莫过于欲望无止境，最大的祸患莫过于不知道满足，最大的灾咎莫过于贪得无厌。

人世间的种种罪恶，社会上的一切乱象，都是人们不明德，不修身，放任自己的私心、贪欲无限膨胀所致。如果能导民向善，让人们真正体会到德的生化长养性与无穷妙用力，人心自然会弃欲就德，止念修德，许多灾咎自然化为乌有。

《荀子·儒效》曰："孔子曰：'周公其盛乎！身贵而愈恭，家富而愈俭，胜敌而愈戒。'"（孔子说："周公多么伟大啊，他地位高贵却更加谦恭有礼，他家庭富有却节俭有加，战胜了敌人却更加戒备。"）

故知足之足，恒足矣。（此段阐述了知足才能恒足。）

恒足，就是常有余而没有短缺匮乏。

因此，知足者常乐，知道适可而止的满足，人永远都不会匮乏。

《黄帝四经·国次》曰："天地无私，四时不息。天地立，圣人故载。过极失当，天将降殃。人强胜天，慎避勿当。天反胜人，因与俱行，先屈后信，必尽天极，而毋擅天功。"（由于天地的公正无私，才有了四季、昼夜、存亡、生死等现象的正常循环。因为万物各当其位，圣人才能够成就万物。任何事情如果超过了天道所限定的准度，都会受到天降祸患的惩罚。在敌国尚处于强盛时，要谨慎地避开它。当敌国由强转弱时，就应该乘机去征讨它，这便是先屈后伸的道理，而这也是由天道所决定的；由于受到天道的指导，一切功德，人都不能独自占有。）

三、老子的智慧启示

1. 有道天下之必需

关于有道天下与无道天下，中国几千年的社会发展历史就生动地演绎了这一过程。对此，孔子在《礼记·礼运》中有过阐述，提出了"大道之行，天下为公"的环境，是社会发展的大同时代，而"大道既隐，天下为家"的环境，是社会发展的小康世界。

在这章，老子选取了古代社会很常见的一种动物——马，从马的用途（战马与民用之马）与生活状态（在和平年代，马匹都很悠闲地供给民用；而在战争年代，马匹则主要用于备战）阐述了有道天下与无道天下的不同特征与自己的观点。从一种在社会上和民用中都很常见的动物身上可以看出，有道之天下的时代，有着和平的环境，人们有着平和的心态，有了这样的生存氛围，不管是人类也好，还是动物也好，都会和谐相处，而不会互相伤害。而这种环境，只有德（包括德的品格与德的能量）能够营造。德平天下，舒顺自然，之后才是物质资源的丰富。从社会治理来说，物质的发展可为人类生存提供一定基础，但不是决定生活质量的唯一因素。几千年的历史证明，物质贫乏的时代，人类同样可以获得精神的富足，心情很愉悦，身体很健康。因此，天下有道的必需因素就是德。《大学》曰："自天子以至于庶人，一是皆以修身为本。其本乱而末治者，否矣。其所厚者薄，而其所薄者厚，未之有也。"（上自国家元首，下至平民百姓，人人都要以修养品性为根本。若这个根本被扰乱了，家庭、家族、国家、天下要治理好是不可能的。不分轻重缓急、本末倒置，却想做好事情，这也同样是不可能的！）

老子著述《德道经》的春秋战国时期，正好是诸侯逐鹿中原、天下兵戈相见的时期。为什么？因为战争是"天下无道"的表现之一。老子又说"天下无道，戎马生于郊"，从这句话可以看出，老子是反对战争的。

2. 知足之足乃恒足

人们常说，"知足者常乐"。对于实现有道天下的社会治理来说，只有把握住知足之足，才是长治久安的恒久之足。最大的知足就是没有战争，社会和平发展。只有保证阴平阳秘的动态平衡，才是最和谐的。就物质与精神这一对阴阳关系而言，互利双赢是最圆满的、最理想的，任何一方的消长形成的发展态势，都会过犹不及，造成损失或偏差。再就其他方面而言，比如争取和平、维护正义，这些都是要付出代价的。战争同样是需要牺牲的，一个国家、社会，积累再多的财富，也经不起战争的消耗；培养再多的人才，也抵不住战争的伤损。

在这一点上，我们国家的发展就是和平发展的突出表现。我们的崛起是和平的崛起，让周边国家都受益，走共同发展、合作共赢之路。可以看看王文分享的内容：第一，走出去后才发现中国面积之大，分量之重，现在许多国民都没有意识到中国到底有多大，在世界上的分量到底有多重。第二，中华民族的伟大性有待挖掘，中国到底有多么伟大，其实到现在也没有一个完整的答案，或者说我们挖掘出的答案不足以让我们信服。而我们之所以不会表述与解释，大概是因为我们从小就没有培养出一颗"大国之心"。王文说，从某种角度上讲，我们需要再一次睁眼看世界，但要带有自信并且能够展示自己。他用0、1、2、3、4五个数字来概括中国过去三十年的发展。中国的崛起没有发动一场战争即为零；一代人的时间，解决了两亿人的吃住，使三亿以上的人脱贫；四则是四个现代化。然而很多人忽视了这些伟大的成果。王文将忽视这些成果的原因归结为两点：一是人们走得少；二是人们局限于一些细节，因此有时会感觉不到中国的变化。还有一个建议便是要相信自己。他说相信自己能做到最好并努力做到最好，这样的人生才不会后悔[1]。这其中的第一和第二点，正如哈佛才女许吉如在《国强则少年强》节目中演讲所言："安全感所带来的自由选择的权利，是一个国家赋予年轻人最好的礼物。因为这意味着你不必一定要在别人的国土上成为一个非常优秀的个体才可以被尊重。你可以踏踏实实地做一个哪怕普普通通的中国人，也会被善待。因为你的背后是一个稳定的国家，

---

① 40 国归来看中国 校友王文做客隆基讲堂 ［N］. 兰州大学报，2016 - 07 - 22（3）.

而世界对你的国家充满敬畏……你不需要时刻去提防国土安全，你更不需要因为担心国破家亡而流落他乡……因为一个强大的国家会赋予一个少年强大的安全感。基于安全感，他可以自由地选择他想生活的地点、职业、状态，乃至是心情。他是轻装上阵去看这个世界，又理直气壮地回到自己的家园。"这一演讲引起许多青少年强烈的共鸣。

由此，再反观古人提出的天人合一、物我为一的理念，由和谐自我身心，到和谐人我，再到和谐万物。真是太明智了，太有智慧了。不同层次的和谐就是对宇宙生态平衡的自然维护，就可以解决个体的健康问题，实现社会的稳定发展与人类的共同繁荣，以及天地的有序运转。直到今天，这个理念依然闪烁着人性的光辉。

3. 高真德道悟鉴

吕祖认为：此章要人收复心意而不外驰的意思。

其文曰：外讲：天下有圣君贤臣在位者，秉公心、立正意，则百姓得以安康。"马"字改作个"心"字看，外面用事也要心，内里修己也要心。外面心不正，则天下不治，内里心不虚，则我不能久，谓之走马以粪。"粪"字改作个"苗"字看，即举心动念也。"苗"字改作个"念"字看，念不起，何以走马？奸臣贼子、忠臣孝子、义夫节妇、暴君污君、仁君圣君，皆从心造，此乃"走马"也。念不动心亦不动，念动则心生苗，心生苗谓之以粪。此在心内讲，善恶俱从心出。天下无道，戎马生于郊，此二句在外讲。天下无道时，乱政多出，颓风败俗，皆是在上者心驰于外。

贪求之欲，盖不由己，而心去矣。心去则恶心生而多欲，焉得无罪？有罪久则必死，因多欲所招。恶心生而不知足，不知足焉得无祸？祸极身必亡，因不知足所招。恶心生而欲得，欲得焉得无咎？有咎身必故，因欲得所招，皆不知足故矣。故知足者无罪、无祸、无咎，如此之人，知足常足。知足者，大而常足天下，次之常足一国，再次常足一家，至小常足一身。类而推之，知足天下治，知足谓之天下有道；不知足谓之天下无道。知与不知，皆出于心，太上故以马譬之，此外讲也。

其文又曰：天下者，是我之一身，有道是一气浑然。"走"字改个"去"字看，"马"字作个"心"字看，"粪"字是寂然不动，走马以粪，是去心寂然之意。我之身一浑化，寂然还空，这叫做天下有道。天下无道，是心性不定而乱驰。"郊"字乃心境也，戎马乃野心也，或存这里，或想那里。戎是操军之马，无休息，终日搬弄，而作有为，不归清静。俗语云"终日盘算"，即此也。心不闲谓之无道。"罪"字作"病"字看，"可欲"是欲不死也，终日盘弄而求长生，殊不知反生病也。不欲则不病，故罪莫大于可欲。"祸"字作个"死"字看，今日贪，明日求，日夜无宁，有限阳气日渐耗光，因求足而反生不足，故死。取祸之端，莫大于不知足。"咎"字作"害"字看，今日欲起，明日欲求，殊不知，着意的都是后天，而反生害。清静自然得，何必欲得？故咎莫大于欲得。

得清静者，故知足，知足者常足而不死、不病、不害，因其不欲、知足、不欲得，而浑我之一气保一身，养我之虚固我之铅，灵我之性而返我之汞，为有道之天下。收束其走马，降伏其心性，常足以岿然不动。养我浩然而返寂，尽性而得命，一气豁然而贯通，故无病无害亦无死，因其清静而不欲，空洞而知足，虚灵而不欲，得如此，方为有道之天下。无心道士，方合得太上本旨，教人去心知足的意思。①

黄元吉认为：天下有道，君民皆安，征伐无用，故放马归林，开田辟地，以期粪其田而已。天下无道，世已乱矣，时有为焉，盗贼迭兴，干戈日起，不用兵马，乌能已乎？故戎马养于郊野，以待国家之需用。是马之却也为有道，马之生也因无道，马之关于天下大矣。呜呼！安得君君、臣臣、父父、子子，型仁讲义，敦诗说礼，长安有道之天乎哉？无如升平久而享用隆，嗜好兴而贪婪出，既得乎此，又羡乎彼，而奇技淫巧之物悉罗列于前。鲜衣美食之不足，又思乎琼室瑶台；千里邦畿犹不广，复念及于万里圻封。吁嗟！内作色荒，外作禽荒，又益之以尚利急功，穷兵黩武，苛求不已，贪得无厌，内外侮乱，不亡何待？缘其故，皆由一念之欲肇其端也。欲心起而贪心生，贪心生而未得期得，既得恐失。若此者，纲常不坏，祸患不兴，国家不至覆败，天下不底灭亡，未之有也，故曰："罪莫大于可欲。"假使无欲，贪何由生？贪既不生，

---

① 老子．吕祖秘注道德经心传［M］．吕岩，释义；韩起，编校．桂林：广西师范大学出版社，2014：96－97.

则苟合、苟完、苟美之风不难再见也。其曰"祸莫大于不知足",夫人既欲心不起,此志常满,此心常泰,无求于世,无恶于人,事之得也听之,事之不得也亦任之,祸从何而起乎?又曰"咎莫大于欲得",人既知足,自能守分安命,顺时听天,无谄无骄,不争不夺,率由坦平之道,长沐太和之风,又何咎之有哉?况真心内朗,真性内凝,修己以敬,常乐于中,素位而行,不愿乎外,自然有天下者常保其天下,有国家者常保其国家,有身命者常保其身命。所患者,欲心一起,不克剪除,卒至穷奢极欲,而莫之救也,欲求天下有道,得乎?自古得失所关只在一念,一念难回,遂成浩劫,此罔念所以致弥天之祸也;存亡所系,介于几希,几希克保,定启鸿图,此克念所由造无穷之福也。如此则知一念之欲,其始虽微,其终则大,可不慎欤?故曰:"知足。""知足常足",彼不知足者,愈求愈失,因愈失而愈求,遂至力倦神疲,焦劳不已,有何益耶?岂知穷通得丧主之在天,非人力所能为,与其劳劳而日拙,何若休休之为得也。若知足者,顺其自然,行所无事,何忧何虑?不忮不求,又焉往而不臧耶?人其鉴诸!

黄元吉又云:此以天下比人身,以马比用火炼丹。人如有道,则精盈气足,何事炼为?惟顺而守之足矣。如其无道,则精消气散,不得不用元神真息以修治其身心。但下工之始,养于外田,故曰"戎马生于郊"。俟其阳生药产,而后行进火退符之工、野战守城之法,收归炉内,慢慢温养。迨垢秽除尽,清光大来,一如天下乂安,国家无事,归马华山,故曰"却走马以粪"。但天下之乱、一身之危,莫不由一念之欲所致,若不斩除,潜滋暗长,遂至精髓成空,身命莫保,可悲也夫!凡人欲心一起,必求副其愿而后快。即令事事如愿,奈欲壑难填,贪婪无厌,得陇望蜀,辗转不休,有天下者遂失天下,而有身命者又岂不丧其身命乎?《诗》曰:"不忮不求,何用不臧?"惟知足者,可以安然无事,而常居有道之天,不须工行补漏,但顺其自然,与天为一而已矣。太上戒人曰"罪莫大于可欲"三句,是教人杜渐防微、戒欺求慊工夫,与孔门言"慎独"、佛氏云"正觉",同一道也。学者曾见及此否?[①]

---

① 黄元吉. 道德经精义 [M]. 北京:中央编译出版社,2014:123 – 124.

第一节　《知天下》

一、《知天下》章经文内容

不出于户，以知天下；不规于牖，以知天道。

其出弥远，其知弥少。

是以圣人，不行而知，不见而名，弗为而成。

二、《知天下》章经文释读

1. 文字释读

天：甲骨文 ![] 在人 ![]（大）的头上加一圆圈指事符号 ![]，表示头顶上的空间。有的甲骨文**将"大"**写成"夫"**。有的甲骨文**将表示的空间的四边形**改成两横指事符号**（即"上"，表示大地上方的太空）。造字本义：人的头顶上方的无边苍穹。金文**承续甲骨文字形**。有的金文**将甲骨文字形**中的"二"**（大地上方的太空）改成"一"**（太初、混沌状态），突出"太空"的含义。篆文**承续金文字形。隶书**将篆文的"大"**写成**。

《说文解字》："顛也。至高無上，从一、大。"（头顶。至高无上，字形由"一、大"构成。）本指人的头顶。天作名词同本义指天空（如天澄澄——天色澄清的样子；天角——天之一隅；天盘——天际；天弩——天空、天空高远），天帝、上天（古人以天为万物主宰者，如天丁——天兵；天功——天的职任、天然形成的工巧），天堂（指神仙或他们所住的地方，如天宫；天居——住在天上；天陛——天宫台阶），在地面以上的高空（如天空、天际；天罡——北斗星；天渊——上天和深渊，喻差别大；天马行空——喻气势豪放、不受拘束），在上面（如天头——书页上面的空白），一昼夜或专指昼间（如今天；天把——一两天、一天半天），比人类品质更高尚和能力更强大的存在（如天晓得，《左传·僖公三十二年》："违天不祥。"），自然所生成的事物（如天演——自然进化；天式——自然法式；天光——自然的智慧之光；天巧——自然工巧；巧夺天工、天性如此、天衣无缝、文章天成），季节、时节（指一年里的特定时候，如天中节——端午节），自然界（如天堑、天时；天籁——自然界的声音，如风声、鸟声、流水声），气候（如天气），气象状态，丈夫，先天不足，古代指君王（如天邑——帝王之都），头等大事（如《史记·郦生陆贾列传》："王者以民人为天，而民人以食为天。"），人的额部（如天炙——朱水点额），天干（古代用来记日或年的字，有"天干"和"地支"两类，天干共十字：甲乙丙丁戊己庚辛壬癸，亦称"十干"），姓氏。天作形容词指天然的、天生的（如天性、天资；天职——应尽的职责；天才——卓绝的创造力、想象力，突出的聪明智慧，有这种才能的人），顶上的（如天桥）。

出：甲骨文**=**（彳，行军）+**（止，脚）+**（口，城邑），表示离邑行军。造字本义：离开城邑，行军远征。有的甲骨文**省去"彳"**。有的甲骨文**将"口"**（城邑）写成"凵"**。金文**承续甲骨文字形**。篆文误将"凵"凵写成"屮"屮。隶书屮误将篆文的"止"屮、"屮"凵混合连写，貌似"两山相连"，至此，"出"的字形面目全非，离城远征的本义线索完全消失。在甲骨文中，"出"与"各"是反义词，脚趾屮背向城邑凵为"出"屮，表示离乡征战；脚趾屮朝向城邑凵为"各"屮，表示异族入侵。

《说文解字》："进也。象艸木益滋，上出達也。凡出之屬皆从出。"（长进。像草木渐渐滋生，向上生长出来。所有与出相关的字都采用"出"作边旁。）本指长出。出作动词同本义，引申为出入的"出"（出去、出来，与"入"相对，如出关、出塞、出城、出国），出现、显露（如出化——显现；出出——连续出现的样子），生产、产生（如出产——生产；出人才），高出、超出（如出奇；出神入化；出人——超越别人；出尖——拔尖、强出头；出众——水准、程度等超越众人；出色——卓越、出类拔萃，在结构、制作、设计或表现方式上高人一等的），使出、拿出、取出（指往外拿、支付，如出力、出谋划策；出费——拿出费用），发出、发布（如出布告），出版、张贴出（如出期刊、出书），出仕（从里面到外面，如初出茅庐；出充——出任；出佐——出任地方辅佐之官），发泄、发散，引文、典故来源于某处（如出处），出生、生育（如出幼——发育长大成人），舍弃、除去、去掉（如出洁——清除），离开（如出发），经过、穿过（如因公出境），脱离、释放、开脱（如出山——经过深山修行后重返人世，比喻出来干事），指军队出动（如出卒——出兵、派出军队；出陈——出阵、出兵列阵应战；出旅——出兵、出军），卖出（如出著——出着、出手），来到（如出席、出勤），用在动词后表示趋向或效果，向外显露或完成，如想出、看出、提出、跑出；表示显得量多（如这米出饭）。出作量词表示传奇中的一回，戏曲的一个独立剧目或节目（如一出《单刀会》）。

户：甲骨文字形户像一块有转轴的木板，是门門的一半。造字本义：装在建筑出入口、可以开关的单扇门板。一般房间的入口只有单扇门板，大厅的入口才有两扇门板。籀文戽有所变形，误将甲骨文"户"户的上格断开写成尸，并加"木"木，强调木质材料。篆文尸省去"木"。楷书户将篆文尸不完整的小门上格淡化成一短横或一点。

《说文解字》："護也。半門曰戶。象形。凡戶之屬皆从戶。戽，古文戶从木。"（可开可关、用以保护家园的活动设置。半边门叫"户"。字形像半边的门板。汉字部首之一，从"户"的多与门户有关。所有与户相关的字，都采用"户"作边旁。𣏕，这是古文写法的"户"字，字形采用"木"作边旁。）本指单扇门。户作名词同本义（如户牡——门钥；户门——守门的人；户钥——门上开关的锁钥），住户、人家（一家称一户户籍，如全户人口、几百户人家；户帖——登记每户人口籍贯、名义的册子），登记户口的册籍（如户版——户籍、户口；户贯——户籍），屋室，出入口，从事某种职业的人或家庭（如农业户），门第，洞穴，姓氏。户作动词指阻止。户作量词用以计户数（如几户人家）之义。

规：篆文𧠩 = 夫（夫，刚成年的人）+ 見（见，观摩），表示成年的青年观摩学习。造字本义：初涉社会的后生向长辈专注观摩，用心见习。古人称圆之标准为"规"，称方之标准为"矩"。

《说文解字》："有法度也。从夫从见。"（有法度。字形采用"夫、见"会义，当系以规画之意。）本指画圆的器具（今指圆规）。规作名词同本义（如规绳——规矩绳墨；规旋——如圆规般旋转；规轴——圆规之轴），法度，准则（如规绳——规矩绳墨，比喻法度；规检——规矩法度；规度——规则法度），模范、典范、风仪（如规仿——以为模范而加以仿效），成例、标准、法则（如规节——规矩、节操；规容——规范；规表——规范表率），文体名（如五规——唐代文体名，即《出规》《处规》《戏规》《心规》和《时规》）。规作动词表示画圆（如规圆——用圆规校之使其圆），划分土地而占有（如规田——周时田地分等的名称，用以蓄水的土地，合九人所分到的称为一规，农耕的土地，合九人所配得耕种的称为一井，四规相当一井；规表——划分明白），劝告、建议（尤指温和地力劝，如规饬——劝诫；规过——规正过失；规谈——劝勉；规箴——规戒劝告；规镜——规鉴，规箴与鉴戒），计划、打算（如规事——计划事情；规谋——规划计谋；规虑——规划与谋虑；规算——规划打算），谋求、谋划（如规图——谋求；规划——筹划，谋划），效法、模拟（如规抚——仿效；规仿——模拟仿效；规法——规摹效法），揣摩（如规虑——揣摩测度）。规通"窥"，指窥察（如规情——窥探军情或情报）。规作形容词指圆形（如规天——圆形的天空；规空——圆形的天空；规规——圆的样子，多形容日月；规天矩地——象征圆的天和方的地），浅陋，拘泥的样子。

牖：篆体牖＝片（片，其形像木片，表示窗用木制成）＋户（户，其形像单扇的门，表示窗与门相似，与外部相通）＋甫（甫，是男子的美称，有俊高之意，表示窗开在房屋高处，通风明亮）。古时将开在墙上的通光透气的洞口称为牖，开在屋顶的称为窗。

《说文解字》："穿壁以木為交窻也。从片户甫。"段玉裁注："交窗者，以木横直为之，即今之窗也。在墙曰牖，在屋曰窗。……古者室必有户有牖，牖东户西，皆南乡。"（穿透墙壁用木材做成的交窗。字形采用"片户甫"会义。片，指锯开的木片；"户"指窗。先秦多用牖，窗少见。段玉裁的注解说："交窗，是用木材一横一直做成的，就是今天的窗户。在墙的就叫牖，在屋的就叫窗。……古时候的堂室一定是户牖俱有，牖在东户在西，都是朝阳面向南方。"）本指窗户。牖作名词同本义（如牖下——家中，牖户、蓬牖茅椽），指地名。《广韵》："牖，向也。"《诗经·大雅》："天之牖民。"《传》："牖，道也。"《疏》："牖与诱通，故以为导也。"

弥："爾"是"彌"的本字。尔，甲骨文、金文像多箭齐发的弓弩。当"爾"的"集发弓弩"本义消失后，金文再加"弓"另造"彌"代替；是对的误写。有的金文加"曰"（箭耙），强调射击。造字本义：将多箭弓弩的所有箭位装满。隶书将簡写成尔。

《说文解字》："弛弓也。从弓璽聲。"（放松弓弦。字形采用"弓"作边旁，"尔"作声旁。）本指放松弓弦。弥作动词同本义，充满、填满（如弥封、弥补、弥缝），又通"弭"，表示停止。弥作形容词表示遍、满（如弥天亘地——满天连地，形容巨大无比；弥旬——满十天；弥衍——蔓延，满溢；弥期——满一年；弥望——充满视野、满眼；弥竟——布满；弥襟——满怀；弥罗——包罗、布满），广（如弥茫——广远、迷茫；弥广——广阔、辽阔），久、远（如弥久——长久；弥时——谓历时久）。弥作副词表示更加、越发（如弥至——更甚，倍至；弥事——愈加从事于）。

少："小""少"同源，后分化。少，甲骨文在指事字"小"（沙子）字上再加一点指事符号，表示"小"的相关特征。造字本义：规模小的，数量不多的。金文 ↑ 承续甲骨文字形。有的金文 ↗ 为区别于"小",将底部的一点写成撇"丿"。篆文 ⺍ 承续金文字形。

《说文解字》:"不多也。从小丿聲。"(不多。字形采用"小"作边旁,"丿"是声旁。)本指不多。少作形容词同本义(如少一时——少时,过一会儿;少可——少、至少、稍好、稍愈;少冗——较忙;少才——小聪明;少年——不几年;少好——少而精;少言寡语——平时说话不多;少说——说少一点;少气——气不足),薄弱。少通"小",作动词表示短缺,距原来的要求还差(如少不得——免不了、少不了;少熟——欠收、减产;少下——欠下、少欠;少如——少于、比……少),使少、减少、削弱(如少其力——削弱它的力量;看看少不少人)、轻视,看不起(如相少——相互轻视)。少作副词表示稍稍、稍微(如少款——稍稍款洽,指交谈渐投机;少憩——略事休息;少罄——稍尽;少杀——稍差些;少停——多一会儿;少可——略微好些;少沮——略有收敛;少苏——稍有缓解;少怠不究——稍加放松没有追究;少需——稍待;少恶——稍感不适;少杀——稍衰、稍差;少息——稍事休息;少差——稍为好转),一会儿(如请少候,少歇——休息片刻;少一时——待一会儿;少安——稍安;少停——一会儿;少息——不久)。

见:甲骨文 ⺤ = ⺀(目) + ⺁(人),表示人眼的动作。造字本义:睁着眼睛看。金文 ⺕、篆文 ⺕ 基本承续甲骨文字形。向前看为"见",回头看为"艮"。

《说文解字》:"視也。从儿从目。凡見之屬皆从見。"(视,看。字形采用"儿、目"会义,在人的头上加上眼睛,就是为了突出眼睛的作用。所有与见相关的字,都采用"见"作边旁。)本指看见、看到。见读 jiàn,作动词同本义(如见雌雄——看到结果;见人——见证人;见不过——看不惯、见不得;见头知尾——比喻聪明透顶),进见、会见(如见面挂脚——古时风俗新娘拜见公婆和诸姑姊妹时所奉上作为见面礼的刺绣鞋面;见礼——朝见之礼),遇到、碰见(如见齿——露齿而笑;见顾——光顾;见礼——受到礼遇),听到(如见说——听说;见话——听说、听讲),观察、知道、了解(如见几——明察事物细微的倾向;见知——知道;见便——识相、知趣),比试、较量(如见阵——交战、对阵;见仗——交战)。见作名词表示看法、见解(如各抒己见,主见),见识(如见趣——见识情趣)。见作助词表示被动(相当于

"被"，如见重于当时），用在动词前表示对我怎么样，如见告、见示、见教，用在动词后表示结果，如碰见、闻见、听见。见作形容词表示现有的（如见力——现有的兵力；见子——现有的儿子；见兵——现有的士兵），明显的（如见证；见人——证人），每（如见常——平常；见年——每年；见天见地——每天；见天见晚——每日每夜）。见读 xiàn，作动词是"现"的古字，表示显现、出现、实现（如见影——现形、发觉；见得——显得），介绍、推荐。见作形容词为"现"的古字，表示现有、现成，现在（如见前——眼前；见年——当年；见世报——当世就受到报应）。

成：甲骨文�=𢧚（戌，大刀，战具）＋▊（囗，城邑），戌在城上，表示武力征服。有的甲骨文𢧚将城邑"囗"▊写成一点指事符号▊，表示征战结束。造字本义：武力征服，称霸一方。金文𢧚承续甲骨文字形。篆文𤤴将金文的"戌"𢧚写成"戊"形模糊的𤤴。隶化后楷书成完全失去"戊"形。

《说文解字》："就也。从戊丁聲。𤤴，古文成从午。"（实现，完成。字形采用"戊"作边旁，"丁"作声旁。𤤴，这是古文写法的"成"，采用"午"作声旁。甲骨文字形，从"丨"，即"杵""斧""杵"具备就可以做成事情。）本指完成、成就。成作动词同本义（如落成——建筑物完工），变成、成为（如成习——成为习惯；成仙——成为神仙），成全（如成持——帮助、扶持），形成（如成市——形成市场；成列——形成队列；成体——构成形体），事物生长到一定的状态、长成，树立（如成名成家——树立名声、成为专家；成果——造就、创建），订立，平定，讲和。成作名词表示成功，成果、成就，十分之一、比率（如增产三成）。成作形容词表示现成的（如成辞——现成的文章；成基——现成的基础），既定的（成科——既定的法律条文），整、全（如成年家——一年到头；成天家——一天到晚），纯的（如成金），表示有能力（如他可真成）。成作副词表示答应、许可（如成，就这么办；成不得——不成、不行），表示达到一个单位，强调数量多或时间长（如成年累月，成何济——有何用处、待如何）。《玉篇》："成，平也，毕也，就也。"

2. 章意疏解

不出于户，以知天下；不规于牖，以知天道。（此段阐述了足不出户知天

165

观道的含义。)

天道：自然运行的规律。

足不出户，就可以知道天下事；不受意识思维一孔之见的限制，就可以通达天地，明白大道的运行规律。《黄帝四经·道法》曰："天地有恒常，万民有恒事，贵贱有恒立，畜臣有恒道，使民有恒度。天地之恒常，四时、晦明、生杀、柔刚。万民之恒事，男农、女工。贵贱之恒立，贤不肖不相放。畜臣之恒道，任能毋过其所长。使民之恒度，去私而立公。变恒过度，以奇相御。正、奇有立，而名形弗去。凡事无大小，物自为舍。逆顺死生，物自为名。名刑已定，物自为正。"（天地之间存在着永恒的规律，天下百姓各自从事着自己的本职工作，贵贱高低也都有他们确定的位置，任用臣子有确定的方法，统治百姓有既定的守则。四季更迭、昼夜交替、荣枯变换、柔刚转化便是天地间所存在的固有规律。男耕女织便是老百姓所从事的固定工作。有才德和无才德的人不能处于同等的地位，就是贵贱都有他们确立的位置。选任官吏时，职位的高低要与他们的能力相符，这便是任用臣子的确定方法。去私门而行公道，这是统治人民的既定守则。如果一旦出现了不正常或超越了常规的事情，就要相应地采取非常规的手段加以控制。而治理国家所使用的常规和特殊方法是因事而施的，明白了这一点，判定事物时也就不会发生偏颇了。事物无论巨细、大小都有它们各自存在的理由，而逆顺死生等一切情况的发生都是由事物本身的性质决定的；根据性质就可以准确界定事物的名称和概念了，因而也就可以正确处理该事物。)

《淮南子·主术训》亦曰："（人主）……目不能见十里之前，耳不能闻百步之外；天下之物，无不通者，其灌输之者大，而斟酌之者众也。是故不出户而知天下，不窥牖而知天道，乘众人之智，则天下之不足有也。"（居室以外的地方，君主两眼只能看到十里以内的东西，两耳只能听到百步之内的声音，可是对天下事物却无所不知、无所不通，这是因为向君主输送信息知识的渠道广宽畅通、与君主一起商讨并出谋划策的人很多。所以，他足不出户而能知天下事，眼不窥牖而能知天象。充分聚集、发挥众人的智力才能，即便天下很大，但可干的事就显得没那么多了，就不够他治理了。)

其出弥远，其知弥少。（此段阐述了出远知少的规律。)

方向错了，走得越远，知道得越少，离目标也越远。

《淮南子·主术训》又曰："故所理者远，则所在者迩；所治者大，则所守者小。……君人者不下庙堂之上，而知四海之外者，因物以识物，因人以知人也。故积力之所举，则无不胜也；众智之所为，则无不成也。"（因此，君主管辖的范围越远，所审察的范围却越近；治理的事情越大，所操持的事情却越小、越简约。……君主不出朝廷，却能知道天下大事，这是因为他能以身边的事物推知其他事物，以身边的人推知其他个人。因为他能汇集体力量、聚集体智慧，所以能战无不胜，事无不成。）

是以圣人，不行而知，不见而名，弗为而成。（此段阐述了圣人的智慧。）

古语云："形之正，不求影之直而影自直；声之平，不求响之和而响自和；德之崇，不求名之远而名自远。"（参见《格言联璧》）因此，圣人专注于自身内在的道德修养，不出门就能知道一切；不示现却能被人知；无意作为，却无所不为，无不成就。圣人的智慧是：经天纬地，博古通今，先天而天弗违，后天而奉天时。圣人的品格是："与天地合其德，与日月合其明，与四时合其序，与鬼神合其吉凶"（参见《易经·乾卦·文言传》）。运用圣人修身的理论和方法，勤谨躬行，就可使自身修养，逐步由庶人到贤人，由贤人到圣人、至人、真人的境界。

《淮南子·主术训》也说："文王、周公观得失，遍览是非，尧、舜所以昌、桀、纣所以亡者，皆著于明堂，于是略智博问，以应无方。由此观之，则圣人之智员矣。成、康继文、武之业，守明堂之制，观存亡之迹，见成败之变，非道不言，非义不行，言不苟出，行不苟为，择善而后从事焉。由此观之，则圣人之行方矣。"（文王全面考察先王施政的得和失，广泛地研究以往治国的是和非，尧舜之所以昌盛、桀纣之所以灭亡的教训都记录在册，存放明堂以供借鉴。然后广泛求教、集思广益，以便能处理碰到的天下大事。由此看来，圣人君主的智谋是多么地圆通啊。周成王、周康王继承文王、武王的事业，恪守祖宗留下的制度成法，研究观察前人存亡的事迹，看清了成败演变的规律，不合乎道的话不说，不符合义的事不做，一言一行都不随随便便，有所选择后才去做。由此看来，圣人君主的品行是多么地端正啊。）

三、老子的智慧启示

1. 名的常道与非常道属性

要理解"不见而名"的启示，先要明白名的内涵，圣人如何对待名，为什么圣人不示现却能名扬天下？

关于"名"的含义，本指自己报出姓名，起名；又有称说、说出，出名、有名声，名字、名称，功业、功名，大的，明白等义。《闻道》章中说"道隐无名"，为什么道要隐藏在无的名相中，而不在有中示现呢？因为大道是无为的，无为即无有，无有就是没有处所，没有处所就是处而无形，但又无所不在，无形的东西就是虚无寂静，不动的东西就是无声无名。无声无名的东西就是虚静而无声无形。（参见《文子·精诚》："大道无为，无为即无有，无有者不居也，不居者即处无形，无形者不动，不动者无言也，无言者即静而无声无形。"）

因此，圣人的原则是不要成为有名誉之尸，不要成为谋略聚集之处，不要为事物所累，不要为巧诈所主导，虚淡无心，忘怀任物，忘心绝虑，大顺群生。藏于无形之中，行于无穷之中，无名无誉，无事无智，与道同体，不为福先而妄行，不为祸始而妄动。以道为本，感而后应，迫而后动，不得已而往，想要得福必须先无祸，想要得利必须无远害，只有如此，方会有福有利。（参见《文子·符言》："无为名尸，无为谋府，无为事任，无为智主。藏于无形，行于无怠，不为福先，不为祸始。始于无形，动于不得已，欲福先无祸，欲利先远害。"）小人从事是为得利，利得而害亦随之而来，君子从事是为获义，不为名利而名利随之而来，不为利而利至，并没有事前的约定。君子、小人所追求的相同，但最终的结果却不同。（参见《文子·符言》："小人从事曰苟得，君子曰苟义。为善者，非求名者也，而名从之，名不与利期，而利归之，所求者同，所极者异。"）

圣人不以行动求名，不以所知求誉，而是治理随顺自然，自己不再强加上什么东西，并无所求。……人与道不同时显明，爱名重誉则心不体道，体道深刻则身不求名，道理灭而人名彰，那就比较危险了。（参见《文子·符言》："故圣人不以行求名，不以知见求誉，治随自然，己无所与，……人与道不两明，人爱名即不用道，道胜人即名息，道息人名章即危亡。"）因此，上士先躲避祸患而后近于利，先远离污辱而后追求声名，故圣人常从事于无形之外，而不留心于已成之内，为之于无有，治之于未乱，因此祸患无法产生，非誉诽谤而不能玷污其身。（参见《文子·微明》："故上士先避患而后就利，先远辱而后求名，故圣人常从事于无形之外，而不留心于已成之内，是以祸患无由至，非誉不能尘垢。"）即古人所云："上士忘名，中士立名，下士窃名。"

虽然上士忘记名利，但中士还可勉强立名。名可强立，功可强成。过去南荣趎以圣人之道亡于己身而感到耻辱，遂南行去求见老子，得闻圣道之言，模糊难懂之处得以豁然开朗，条理通达，好像七月不食而享受高级祭祀一样，是以明照天下，名垂后世，智盖天地，明察秋毫，洞见微妙，称誉赞语不绝于世，至今仍是如此，这可以说是名可强立之例。因此种田之人不努力，粮仓就不会满，官吏治理不勉力，诚心不专一，将相不相互勉励，功业就不会成功，王侯懈怠，后世则无名可传。（参见《文子·精诚》："名可强立，功可强成。昔南荣趎耻圣道而独亡于己，南见老子，受教一言，精神晓灵，屯闵修达，勤苦十日不食，如享太牢，是以明照海内，名立后世，智略天地，察分秋毫，称誉华语，至今不休，此谓名可强立也。故田者不强，困仓不满，官御不励，诚心不精，将相不强，功烈不成，王侯懈怠，泛世无名。"）这就是名的常道与非常道属性。

2. 圣人为何不求名而成名

圣人为什么不示现却能名扬天下、不求名而成就了名？

这里的名主要指在宇宙时空中的名位，这是实实在在的功德业绩，不一定非要在有相的常道世界中被人们知道。弗为可理解为无为、不妄作为。

因为圣人明白这个道理，道德是功名的根本，是民心的归向，得道，民心就归向你，功名就可建立。（参见《文子·自然》："道德者，功名之本也，民之所怀也，民怀之则功名立。"）道德的圆满周全就好像日月一样，即使在边远地区的落后之邦，也不能改变其旨趣。取舍在于自己，是非在于别人，能否奉行在于自己，能否通达则在于时机，事合于世即功成，物合于时即名立。因此建立功名之人，选择不同的时代而谨慎选择时机，时机到来的时候，短促而迫切，不容闪失。（参见《文子·上义》："道德之备犹日月也，夷狄蛮貊不能易其指。取舍同即非誉在俗，意行均即穷达在时，事周于世即功成，务合于时即名立。是故立功名之人，简于世而谨于时，时之至也，间不容息。”）因此大海不推辞百川的汇入才成就了其浩大，山林不推辞弯曲的树木才成就了其崇深，圣人不推辞卑贱者之言才成就了其高名。（参见《文子·自然》："故海不让水潦以成其大，山林不让枉桡以成其崇，圣人不辞其负薪之言以广其名。"）

正因为圣人知道所谓无为……就是循理而举事，凭资质而建立功业，推求自然的形势，巧诈不得容纳，成事而自己不夸耀，立功而声名不显。（参见同篇"所谓无为者……循理而举事，因资而立功，推自然之势，曲故不得容，事成而身不伐，功立而名不有。"）

圣人能够执道虚静微妙以育成其德。因此有道就有德，有德就有功，有功就有名，有名就复归于道，功名长久，即可终身无缺。（参见《文子·道原》："圣人执道，虚静微妙以成其德，故有道即有德，有德即有功，有功即有名，有名即复于道，功名长久，终身无咎。"）江海因为无为而善下，则四方之水都流入进来，圣人效法江海之所为，不求名而名成……故圣人取法于天，无为而成事，无执而获得，与普通人性情相同，但却无为并无执，因此能持续长久。（参见《文子·九守》："江海不为，故功名自化……是以圣人法天，弗为而成，弗执而得，与人同情而异道，故能长久。"）

3. 高真德道悟鉴

吕祖认为：户者，虚中之门。不出户，是一气常盈于户，空洞而不觉也。知天下诸气朝元，通彻万方。不出户，昏昏不知其门，默默贯通六合，其理皆然，不外是也。

牖，是虚中无无，一窍寂寂然而道存，与天相符，与道同体，谓之见天道。

"其"字，指道也；"出"字，渺茫不知所有，空空一性者是也。我之道充满宇宙，愈静而愈玄，更清而更妙。一静而充塞天地，一虚而包罗乾坤。其道愈出而愈弥，更出而更远，言其一灵虚于中，无不照察，无不贯通，谓之其出弥远。静于道而不见其道，穷于玄而不觉其玄。不知何为道、何为玄也，其知弥少者，此也。

是以修真之圣人，清之静之，不行而知道之来；空之洞之，不见而强名曰道；无之虚之，不为而道自成。这才是不行而知者，谓之真知；不见而强名者，谓之真名；不为而成者，谓之真成。知不见其知，名不见其名，成不见其成，此三者，性中融命，命存于性，从无中所得，得后还无，与道合真而洞然湛寂。五行贯通，交泰阴阳，恍兮惚兮，其中有象，虚虚实实，不知其知，不名其名，不成其成，谓之知天下而见天道、名其道而成至道也，所谓弥远弥少者即此也。这才叫作成道，即本不行、不见、不为，而真心见矣。是以圣人修之，得如此其知、名、成，而道真矣①。

黄元吉认为：君子万物皆备，不出户庭以修其身，而世道之变迁、人心之更易，与夫推亡固存、反乱为治之机，无不洞晰于方寸。此岂术数为之哉？良以物我同源，穷一己之理，即能尽天下之理，是以不出户而知天下也。古人造化由心，不开窗牖以韬其光，而无言之帝载、不息之天命，与夫生长收藏、阴阳造化之妙，无不了彻于怀。此岂揣摹得之哉？亦以天人一贯，修吾身之命，即能契帝天之命，是以不窥牖而见天道也。若遨游他乡，咨询天下之故，交接良友，讲求天命之微，未尝不有所知，吾恐不求诸己而求诸人，不索之内而索之外，纵有所知，较之务近者为更少矣。故曰："其出弥远，其知弥少"焉。明明道在户牖之间，奈何舍近而图远耶？孟子曰："言近指远者，善言也；守约施博者，善道也。"以此思之，为学愈近愈远，弥约弥博，近与约安可忽乎哉？是以圣人抱一涵三，观空习定，身不出门庐，足不履廛市，木石与居，鹿豕与游，一步不移，一人不友，似乎孤寂矣。而神定则慧生，虽不行，而胜于行者多矣；虽无知，而胜于知者远矣。凡人以所见为务，圣人则不见是图。故终日乾乾，惟于不睹不闻之地息虑忘机，莫见莫显之间戒欺求慊，只有内知，绝无外见，似乎杳冥矣。而无极则有生，虽不见而弥彰矣，虽无名而愈著矣。至于天下人物之繁，幽冥鬼神之奥，皆此无为之道为之，有伦而有要，成始以成终。所患者拘于知觉，著于名象，功好矜持，心多见解，致令此志纷驰，不能一德，此心夹杂，不如太虚，所以道不成而德不就，无惑乎枉劳一世精神，终无所得也。若此者，以之治世，不能顺理成章，无为而天下自归画一；以之

① 老子. 吕祖秘注道德经心传 ［M］. 吕岩，释义；韩起，编校. 桂林：广西师范大学出版社，2014：98－99.

修身，不能炼虚合道，无为而此身自获成真。彼徒外求，奚益耶？故君子惟慎其独，而人道之要，天命之原，有不求而自知者。

黄元吉又云：此言道以无为为宗、慎独为要，则无为而无不为，无知而无不知矣。然非枯木槁灰之无为也。吾前云"万象咸空，一灵独照"，此为真意；又曰"一觉而动，一阳发生"，是为元气。采药炼丹，不过炼此性命二者。若无真意，性将何依？若无真气，命由何修？以真意采真气，两者浑化为一，即返于太极之初，斯谓之丹。故无为之中又要有作有为，无知之内又要有知有觉，方不堕空、不著有。迨至功力弥深，空即是色，色即是空，久之空色两忘，浑然物化，斯与道大适矣。不知人道，观天道可知。孔子曰："天何言哉？四时行矣，百物生矣。"即是无为之为，斯为至道之精。盖无为是天性，有作是天命；无知是元神，有觉是元气。天地间非二则不化，非一则不神。神而不神，不神而神，斯得一而两、神而化之妙境焉。此非吾言所能罄也，在尔修士长养虚静，常守虚灵，斯性命常存，而大道可成矣。切勿以无为有为各执一边，虽正宗也，而旁蹊开焉。请各自揣量可也。①

第二节 《无为》

一、《无为》章经文内容

为学者日益，为道者日损。损之又损，以至于无为。无为而无不为。将欲取天下者恒无事，及其有事也，不足以取天下。

二、《无为》章经文释读

1. 文字释读

学：甲骨文𦥑=✕（算筹）+∩（六，即"庐"，表示房屋），表示练算习

---

① 黄元吉. 道德经精义［M］. 北京：中央编译出版社，2014：125－126.

字的房屋。有的甲骨文 🅇 在算筹 🅇 两边加 🅇（爪，手），突出"手把手"教练的含义。金文 🅇 在房屋 🅇 下面加"子" 🅇，表明教的对象。有的金文 🅇 加"攴" 🅇（持械打击），表示执教者体罚受教育者。造字本义：教孩子算数、习字的校舍。篆文 🅇 承续金文字形。隶化后楷书 學 将篆文的 🅇 写成 🅇，将篆文的 🅇 写成 子。俗体楷书 学 依据草书字形 🅇 将正体楷书的 🅇 简化成"学字头" 🅇。古人称理论知识的训练为"学"，称生活实践的体验为"习"。

《说文解字》："覺悟也。从教，从冖。冖，尚矇也，臼聲。學，篆文 🅇 省。"（觉悟。字形采用"教、冖"会义。"冖"表示尚处于蒙昧状态。"臼"是声旁。"學"，这是篆文写法的" 🅇 "字，省略了"攴"。）本指学习、觉悟。学作动词同本义（如学理论、学技术、好学、苦学、教学相长；学书——认真读书；学文——学习人文学科或社会科学，学习文化知识；学古——学习研究古代典籍），模仿（指效法，如学不上来）、讲述、说、讲学。学作名词表示学校（传授知识的地方，又曾称学庐、学教、学馆、学堂、学宫、学院、学屋、学园，如学俸——教师的薪水；学台——学政；学里——明清时设立的管理各级地方儒生的机构），学问（掌握的知识，如学耻全牛——惭愧学问未到炉火纯青的地步；学行——学问与品行；才学——才能与学问；绝学——失传的学问；家学——祖传学问），学科（指某一门类系统的知识，如哲学、学说、问学于师；小学——古代指文学、音韵、训诂学，现指初等学校）。《广雅·释诂》："学，教也"，又云"效也"。

者：是"煮"和"诸"的本字。者，甲骨文 🅇 ＝ 🅇（像木柴着火，火星飞溅）＋ 🅇（火），表示古代部落燃烧篝火，用以煮食，聚众社交。金文 🅇 将甲骨文的 🅇 写成 🅇；将底部的"火" 🅇 写成"口" 🅇（言说），表示部落成员围绕火堆漫谈交流。有的金文 🅇 将"口" 🅇 写成"曰" 🅇，明确"者"的"言说"含义。篆文 🅇 将金文 🅇 字形中的 🅇 写成 🅇，将"曰" 🅇 写成"白" 🅇（说清楚），进一步强调"者"的"言说"意味。隶书 者 将篆文字形中"木" 🅇 形和"火星" 🅇 模糊难辨的 🅇 写成不知所云的 🅇，至此"者"的字形中"木"与"火星"的形状完全消失。楷书 者 则将隶书的 🅇 写成"土" 土 加"撇" 丿 的 耂。当"者"的"生火煮食"本义消失后，再加"火"另造"煮"代替；当"者"的"聚火而谈"含义消失后，再加"言"另造"诸"代替。

《说文解字》："别事詞也。从白朿聲。朿，古文旅字。"（表示事物判断的代词。字形采用"白"作边旁，朿是声旁。朿，是古文的"旅"字。）本指区别事物的词（相当于"这"）。者作代词同本义（如者回——这回；者般——这般；者流——这个流派；者番——这番、这次；者里——这里；者个——这个；者边——这边），用在形容词、动词、动词词组或主谓词组之后（组成"者"字结构，用以指代人、事、物），指代人（如《老子》："知人者智，自知者明。"），指代事或物（如《论语》："逝者如斯夫！不舍昼夜。"），用在数词之后（指代上文所说的几种人或几件事，如二者不可得兼）。者作助词，用在表时间的名词后面（表示停顿），作为定语后置的标志；用于名词之后，标明语音上的停顿并引出下文，常表示判断；用在句末表示语气完毕或与疑问词相配合表示疑问、祈使语气、商榷、比拟（相当于"……的样子"）；"者也"两个语气词连用，有加强语气的作用，语气重点在最后一个语气词上，"也"在这里强调了肯定的语气。者作形容词表示轻狂、虚假、不老实，通"诸"，表示众多。者作名词有假借、借口之义。

益："益"是"溢"的本字。益，甲骨文🝧 = 𝖁（盛器）+ ╎╎（水），字形像水𝖁从盛器𝖁的开口处溢出。金文🝧将甲骨文的"水"╎╎简写成八，像水从器皿口沿溢出的样子。篆文🝧将金文的八写成横向的"水"⩴，强调"水横溢"。造字本义：盛器水满而溢出。隶书益将篆文的"水"⩴写成六，将篆文的"皿"皿写成皿。当"益"的"横溢"本义消失后，篆文再加"水"另造"溢"代替。

《说文解字》："饶也。从水皿。皿，益之意也。"（富饶有盈余。字形采用"水、皿"会义，"皿"表示水从器皿上满出来。）《广雅·释诂》："益，加也。"益作动词同本义，引申为水涨，助、补助，在某些方面增加（如体积、数量、程度等，如增益、延年益寿；益甲——增兵；益兵——增加兵力；益封——增加封邑；益军——益兵；益损——增减、兴革；益算——增加岁数），扩大、加大。益作形容词表示有益、有利（如益鸟），富裕，骄傲自满。益作副词表示更加（如精益求精；益复——更加、越发；益发——更加、越发），渐渐。益作名词表示任何一种好处或利益（跟"害"相对，如受益不浅、公益、权益），州名（汉武帝所置十三刺史部之一，辖境约当今四川省折多山，云南省怒山、哀牢山以东，甘肃省武都、两当，陕西省秦岭以南，湖北省郧县、保康西北，贵州省除东边以外地区）。

闻：甲骨文 ![字] ＝ ![字]（像一个人举手掩住一只耳朵）＋ ![字]（露出另一只耳朵），造字本义：集中注意力倾听。金文 ![字] 像一个人挥手 ![字] 并开口说话 ![字]，"口"上的三点指事符号表示发出的声音 ![字] 表示耳朵在倾听。篆文 ![字] 另造会意兼形声字，由 ![字]（门）、![字]（耳）会义，表示在门里听门外的动静。

《说文解字》："知闻也。从耳，門聲。"（听说，了解。字形采用"耳"作边旁，"门"作声旁。）本指听到、了解。闻作动词同本义（如闻所不闻——听到从未听过的事情，也说"闻所未闻"；闻鸡起舞——祖逖与刘琨共被同寝，夜半闻鸡鸣，乃与琨起身舞剑，后世比喻有志之士及时奋起），听说、知道（如闻问——通音讯、获得音讯；闻道——闻知领会道理；闻说——听说；闻得——听说；闻知——听说、知道），接受（如闻教——受教、领教；闻命——接受命令或教导；闻令——接受教诲），传布、传扬（如闻诵——传布与称道），报告上级（如闻达——向皇帝报告；闻问——通消息），趁、乘（如闻早——趁早、赶早），闻名、出名，嗅、嗅到；闻通"问"，表示询问、问候。闻作名词指知识、见闻（如闻见——见闻），传闻、听到的事情、消息（如新闻、要闻、见闻），声望、威望（如闻达，闻誉之施——身受美名）。

损：员，既是声旁也是形旁，表示钟鼎。损，篆文 ![字] ＝ ![字]（手，捣毁）＋ ![字]（员，钟鼎），造字本义：捣毁、破坏钟鼎等贵重器皿。隶书 ![字] 将篆文的"手" ![字] 简写成 ![字]，是失去五指的形象。

《说文解字》："减也。从手，員聲。"（减少。字形采用"手"作边旁，采用"员"作声旁。）本指减少。损作动词同本义（与"益"相对，如损益、增损；损膳——减膳；损夺——削减；损减——节制、减少），损失、丧失（如损折——损失；损阴——折损了阴德；损书——对人书札的敬辞，是说对方不惜贬抑身份写信给自己，损挹——谦退），伤害或损害（如损人害己；满招损，谦受益），病情减轻，用刻薄的话挖苦人（如别损人了）。《玉篇》："损，减少也。"

又：甲骨文 ![字] 像伸手抓持的样子。造字本义：抓，持，持有。"又"的

"抓持"本义消失后，再加"月"（肉）另造"有"，表示手持肉食。金文、篆文承续甲骨文字形。隶书稍有变形。古人也称面南而立时伸手向西为"又"方，该义消失后再加"口"另造"右"代替。古人称静态的前肢为"手"，称动态的手为"又"（抓握、操持）。"又"通常作为造字部件以"边旁"的形式出现。

《说文解字》："手也。象形。三指者，手之列多，略不过三也。凡又之属皆从又。"（手，像手抓握的形状。字形只画三根手指的原因是五根手指排列起来太多，因此略去其二，使字形上手指不超过三个。所有与又相关的字，都采用"又"作边旁，从"又"的字多与手的动作有关。）本指右手。又作名词同本义，后作"右"。又作副词表示复、再、再一次（如读了又读、又称、又说），指几种情况或性质同时存在（如又惊又喜），而且（表示意思上更进一层，如路很近，车子又快，一会儿就到）。又作连词表示整数之外再加零数（如一年又三个月、二又三分之一），表示轻微转折（如我原来想去，现在又不想去了），表示一连串事情接连出现（如一年又一年、一月又一月），加之（如除了拖拉机，又添了一台插秧机），另外。

将："将"与"酱"同源，后分化。将，甲骨文 = 爿（爿，床）+（两个"又"，两只手），表示双手忙碌，照顾卧床的老弱病伤者。金文省去双手，将甲骨文的"爿"（床）写成"疒"，并加"酉"（酒），表示用美酒侍候"病人"。诅楚文（秦石刻）在甲骨文字形基础上加"月"（肉），表示用香肉等高级食物侍候"病人"。造字本义：用酒肉美食侍候卧床的老弱病伤者。篆文基本承续金文字形。俗体楷书将依据草书字形，将正体楷书的简化成，将正体楷书的"月"写成"夕"。当"将"的本义消失后，甲骨文再加"夕"（肉食）、"鼎"（盛器），另造"酱"字代替，表示放在盛器里的豆麦等食物加肉加酒后发酵成的糊状营养食品。

《说文解字》："帅也。从寸，酱省声。"（军队最高统帅。字形采用"寸"作边旁，从"寸"，表示与手有关；采用省略了"酉"的"酱"做声旁。）本指将领、带兵的人。将读 jiāng，作动词表示扶持、扶助（如将美——助成好事；将引——扶助收纳；将扶——扶持、搀扶；将助——扶助、支持），秉承、奉行（如将明——大臣的辅佐赞助，将：奉行，明：辨明；将命——奉命），送行（如将意——致意；将迎——送往迎来；将送——送行、遣送），携带（如将带——携带；将领——携带），带领（如将领——带着、率领；将御——统帅领导；将家——带领家人；将引——引导、带领），顺从、随从（如将顺——顺着趋势推动以加速其成功），供养、奉养（如将亲——奉养父母亲人；将帮——奉养），调养、保养（如将理——休养、调理；将爱——保养爱护；将护——调养护理），传达、表达（如将诚——表达诚意；将意——表达心意；将命——传命），行、进，下象棋时攻击对方的将或帅，使用，进用、吃。将做副词表示就要、将要（如将引——将要、即将、带领；将欲——将要、打算），必、必定，才、乃、刚刚、正（如将在——刚刚），将近，岂、难道。将作介词相当于"拿""取"（如将着——拿着、带着），相当于"把""用"（如将国土保卫进行到底），在、于（如誓将走出困境）。将作连词时连接意思平等的词或词组（表示并列关系，相当于"又""且"，如将信将疑），如果、假若，或、抑。将作助词，用在动词后面表示动作、行为的趋向或进行，在现代汉语里见于方言，如走将出来、叫将起来、赶将上去；将作名词表示姓氏。将读 jiàng，作名词同本义（如将器——将帅之才；将弁——将官、武官；将仕——将士，对有一定家产而无官位的人的称呼，源于最低一级官阶名称"将仕郎"），军衔名（军阶在元帅之下，校官之上，如大将、中将、少将），中国象棋中的一子（即"帅"），能手、能人（如乒坛老将）。将作动词表示统率、率领（如将将——驾驭将帅；将御——统率；将率——率领；将略——用兵的谋略）。将读 qiāng，作动词表示愿、请求（用来表示礼貌上的尊敬）。

及：甲骨文 ⺄ = ⺄（人）+ ⺄（又，抓），像一只手 ⺄ 从背后抓住前面的人 ⺄。造字本义：赶上并抓住。金文 ⺄ 将"手"⺄ 与"人"⺄ 连写；有的金文 ⺄ 写成上下结构。篆文 ⺄ 基本承续金文字形 ⺄。隶书 及 将"人"⺄ 与"又"⺄ 连写。

《说文解字》："逮也。从又，从人。"（从背后追上并抓捕。字形采用"又、人"会义，表示后面的人赶上来用手抓住前面的人。）本指追赶上、抓住。及作动词同本义（如赶不及——来不及；企及——希望赶得上；来得及——能够赶上；及面——见面；及时应令——与季节时令相适应），至、达到（如及瓜而代——为官任职期满，由人接代；及肩——高仅与肩齐，比喻相差甚远），待、等到（如及夫——等到），遭受（如及身——亲身受到），比得上、能与……相比，连累、关联（如罚不及众、城门失火、殃及池鱼）。及通"给"，表示供应。及作介词表示趁（如及今——趁现今之时；及蚤——趁早）。及作连词指和、与（如老子及庄子，孔子及门徒）。及作副词表示反问，相当于"岂"（表示频率）和"又"（表示程度，相当于"极"）。及作名词有姓氏之义。

取：甲骨文 𦥑 = ⴺ（耳朵）+ 𦥑（用手抓），表示手持割下的耳朵。造字本义：割下死敌的耳朵，以示战功。古代战争中，士兵割下死敌的耳朵作为评定战绩的依据。金文 𦥑 将甲骨文的手 𦥑 写成明确的 𦥑。篆文 𦥑 承续金文字形。隶化后楷书 取 将篆文的 𦥑 写成 耳。

《说文解字》："捕取也。从又从耳。"（捕杀。字形采用"又、耳"会义。《司马法》说："载献聝。"聝，就是耳朵。）本指捕获。取作动词同本义，拿（如取则——取作准则、规范或榜样；取将——拿取），采用、接受、收复（如听取、可取、取精用宏、连取十三城），选择、选取、选拔（如取义——选择正义、就义而死；取人——选择人；取友——选取朋友；取途——选取经由的道路；取象——取某种事物之征象），招致，博取（如取选——求取功名、应试；取应——应举、参加科举考试；取誉——博取称赞或好名声），攻取、夺取，得到、取得（如取事——取得成就事功的机会、行事；取和儿——取了和气，和睦相处；取真气——摄取天地间元气；取觅——收入、获得）。取通"聚"，指会合、集合，积蓄；通"娶"，指娶妻（如取亲——娶妻）；通"趋"，指跑、疾走，趋向，治理，消去（如取消、取缔）。取作副词表示范围，相当于"才""仅"；取作助词表示动态（相当于"得"、"着"，如文天祥《过零丁洋》："人生自古谁无死，留取丹心照汗青"）。《玉篇》："取，收也。"

2. 章意疏解

为学者日益，闻道者日损。损之又损，以至于无为。无为而无不为。（此段阐述了如何实现无为。）

为，指学习、研究。闻，指听闻、知道。无为，指没有后天主观意识干扰下的符合道性规律的为。

　　做学问的人，是按照常道的思维方式，每天都在不断地积累增加知识；闻道的人遵循大道的思维方式，每天都在减少超越生理阈值的妄想执着，不断清除有为的心念行为，以至于进入无为状态，就可以无所不为。

　　因此体道之人内修道的根本，而不外修道的末端，磨砺其精神，平息其感知。因此，只要体会到了道的本质，按规律去做事，表面上似乎不存在个人主观意志，但在客观上任何目的都能达到，即使不施加自己的主观意志，也会因势利导而达到天下大治。所谓的无为，就是不以个人主观意念凌驾于客观规律之上；所谓的无治，就是不改变自然而因自然而治；所谓的无不治，就是因循着事物之间的相互联系而治理之。（参见《文子·道原》："是以圣人内修其本，而不外饰其末，厉其精神，偃其知见，故漠然无为而无不为也，无治而无不治也。所谓无为者不先物为也，无治者不易自然也，无不治者因物之相然也。"）

　　庄子说："荣贵、富有、高显、威势、声名、利禄六项，是错乱意志的；姿容、举动、美色、讲理、气调、情意六项，是束缚心灵的；憎恶、爱欲、欣喜、愤怒、悲哀、欢乐六项，是负累德性的；去舍、从就、贪取、付与、知虑、技能六项，是阻碍大道的。这四种每六项不在胸中扰乱就能平正，内心平正就能安静，安静就能明澈，明澈就能空明，空明就能顺应自然而没有什么做不成的。"（参见《庄子·庚桑楚》："贵富显严名利六者，勃志也；容动色理气意六者，谬心也；恶欲喜怒哀乐六者，累德也；去就取与知能六者，塞道也。此四六者不荡胸中则正，正则静，静则明，明则虚，虚则无为而无不为也。"）

　　因为天地之道，大以小为本，多以少为始，天子以天地为法式，以万物为资本，功德真是太大了，势名真是太贤达了，功德与势名的完美结合可与天地相匹配，所以绝对不可以不遵循大道，并以其为天下之母，为天下的根本。（参见《文子·精诚》："天地之道，大以小为本，多以少为始，天子以天地为品，以万物为资，功德至大，势名至贵，二德之美与天地配，故不可不轨大道以为天下母。"）

　　将欲取天下者恒无事，及其有事也，不足以取天下。（此段阐述了无为的作为。）

无事，即无扰攘之事。

人类若顺从道的规律，则顺道者昌，以道性的无为思维为主，辅以人世的有为思维，让慧性与智能同步，人道的一切就会变得顺利可行。

因此，将要取得天下的人，常不恣意妄为，而是先致力于自身的道德修养。自古圣人都以修身为本，以治天下为余事，常常是慧智同运，静坐而观天下，执一以牧天下。如果有为而作，陷入后天的纷繁事物之中，就会干扰慧观的完全展现和慧性思维的充分发挥，往往只把握住事物的一个方面，不足以全面洞察天下动态。

因此，快速而不摇摆，遥远而不辛劳，四肢不动，聪明不损，而能明察天下事物的人，是抓住了道的关键所在，观察到了道的末端细微之处。故天下之事不可违背其规律而单凭主观想象去做，而应该按自然的趋势顺逆去应对天下之事，万物的变化是不可以探究的，只有抓住了道的关键之处去顺从它。（参见《文子·道原》："是故疾而不摇，远而不劳，四支不动，聪明不损，而照明天下者，执道之要，观无穷之地。故天下之事不可为也，因其自然而推之，万物之变不可救也，秉其要而归之。"）

正如《庄子·刻意》所言："夫恬淡寂寞，虚无无为，此天地之本而道德之质也。故圣人休焉，休则平易矣，平易则恬淡矣。平易恬淡，则忧患不能入，邪气不能袭，故其德全而神不亏。"（恬淡、寂寞、虚无、无为，乃是天地的本原和道德的极致。因此圣人常息心于此，息心便能安稳。安稳恬淡，则忧患不能进入，邪气不能侵袭，于是德性完善，精神不亏损。）这就是圣人的境界和作为。

就好像五脏隶属于心而不分离，则意气就会强盛而不邪僻，精神强盛又能保持平易恬淡，忧患就不能侵入，邪气就不能袭击，以之而听则无不可闻，以之而视则无不可见，以之而为则无不可成，忧患无处可入，邪气无处可袭，因此，所求多的人其所得必然很少，所见广的人其所知必然很小。（参见《文子·九守》："五藏能属于心而无离，则气意胜而行不僻，精神盛而气不散，以听无不闻，以视无不见，以为无不成，患祸无由入，邪气不能袭，故所求多者所得少，所见大者所知小。"）

人在遵"道"、循"道"中一旦掺杂了智巧心计就会陷入惑乱，人在守

"德"、行"德"中一旦掺杂了心计智谋就会陷入危险，总之，人有了小心眼就会迷惑昏乱。……"无为"是道之根本。人能掌握无为之道，就能应对任何变化；只凭个人的才智，是难以实现天下大治的。……在社会中没有人可以不受限制而放纵专行，那"道"就占了主导地位、取得了胜利，"道"取得胜利，事理就通畅，于是便可返回到无为而治的境地。这里说的"无为"，不是说什么都凝滞不动，而是说不要任何事情都由君主一个人说了算而不考虑事物本身的规律和特点。（《淮南子·主术训》亦言："是故道有智则惑，德有心则险，心有目则眩。……无为者，道之宗。故得道之宗，应物无穷，任人之才，难以至治。……人莫得自恣，则道胜；道胜而理达矣，故反于无为。无为者，非谓其凝滞而不动也，以其言莫从己出也。"）

三、老子的智慧启示

1. 为学日益与功名

道的运行规律，有顺变与逆反；人类的思维方式，有慧性与智能。按大道的方向，就是无为慧性思维；按人道的方向，就是有为智能思维。"为学日益"与"闻道日损"实际上指出了人类认识真相的两种途径和方式。

"为学日益"的"益"字，就好像杯子里的水，越装越多，就溢出来了。为学者的益，就是指往大脑皮层上不断地灌输后天的智识，这是一种不断增加的意思，也就是通过后天智识不断学习有为的积累，掌握前人总结的文化、知识和经验。这个有为的学习，老子用了一个"益"字，双关地来概括他的思想（即有益、增加，同"溢"，指溢出）。现在网络上有害的东西太多了，有益的东西占的比例很小，老子在此告诫后人，一定要学习有益的东西，要选择那些有利于在我们大脑皮层上、在大脑沟回上建立正觉、正念、正知的内容，那才是真正好的内容。

这个方法虽然属于外求法，向外求，学习前人的知识，但是，只要选择对了方向，选择好的学习内容，对进入后一步的"闻道日损"还是有帮助的。因为它可以帮助人们克服自己的执着、妄想，把前人的经验和别人的经验借鉴过来，就能够帮助自己克服很多错误的思维方式，可以把线性思维调整到正确的位置上来。人所学习的内容，实际全部都储存在大脑皮层沟回里边，面积很大。"知识"，2 500 年之前的古人称之为"智识"。后天的知，叫作知识。"知识"下面加个"曰"，叫"智识"。智识如果堆积得过多，杂乱无章，就可能抑制大脑的质层，也就是把表层的堆积清除以后，质层里面的东西会向外透发，而有害的内容会妨碍大脑质层里的慧性外显①。

《棋经十三篇·洞微篇第十》曰："凡棋有益之而损者，有损之而益者。有侵而利者，有侵而害者。"要正确把握有为中的损益之道，实践为学日益。圣人对待功名的方法和态度，对世人是一个很好的借鉴。

按一般的常道心理来说，人们都希望能够出名，但是，有了名是否就是一件一本万利的事呢？我们先看看圣人是如何对待名的。古人云："声名，谤之媒也。"就是说，好的名誉是诽谤的媒介。又说："浓于名誉，生矫激病"，就是说，过于看重、醉心于名誉，会产生（形成）矫激（或诡激）的毛病或不足。因此，古人采取的态度是"言行拟之古人，则德进；功名付之天命，则心闲"。（言行举止、行为养成方面向古代的圣贤看齐，德行就会精进，因为言为心声，行为意现——言语是心灵的声音，行动是意志的体现；而将功名富贵交付于天命，做好分内的事去随任自然，这样心才不会被功名所困，而有悠闲体会德道清静。）因为"人之心境，多欲则忙，寡欲则闲"，所以，"贵莫贵于无求，贱莫贱于多欲；乐莫乐于好善，苦莫苦于多贪"。

圣人修养值得称赞的德行，不求别人称赞自己。……得道之人守自己的德而不求之于身外，治其内而不治其身外，如果去寻求功名利禄等未得之物，就会内伤其德，为外物所累，要是循其所守，以内制外，就会得到自己所求之物。（参见《文子·符言》：修足誉之德，不求人之誉己。……道者守其所已有，不求其所以未有，求其所未得即所有者亡，修其所已有即所欲者至。"）

正如古籍所云，所谓的圣人，只不过使情适度罢了，根据饭量的大小而进食，根据身体的情况而穿衣，满足于一般的生活所需即可，不多求，不多贪，量食周身而足。这样，贪得污秽之心便无法产生。不生污秽之心，便可守真。因此，能据有天下的人必须无为；能有名誉的人行事必须不逾矩，精诚才能通达性命之情，仁义因之而依从也。（参见《文子·九守》："所谓圣人者，适情

---

① 熊春锦. 德慧智慧性图文思维教育：别把孩子教笨了［M］. 北京：团结出版社，2009：58.

而已，量腹而食，度形而衣，节乎己而，贪污之心无由生也，故能有天下者，必无以天下为也，能有名誉者，必不以越行求之，诚达性命之情，仁义因附。"）

因此，圣人坚守精神而又不使外表受损。……圣人精诚故使耳目精明深奥通达，不被任何外物所诱惑，意气不流失、清静无为而少嗜欲，五脏便会安宁，精神内守形体而不散失，就可以看到从前之事，预料到未来之事，明察祸患与幸福。故走得越远，知道得越少，这是说精神不可过分外溢啊。（参见《文子·九守》："是故圣人守内而不失外。……圣人诚使耳目精明玄达，无所诱慕，意气无失，清静而少嗜欲，五藏便宁，精神内守形骸而不越，即观乎往世之外，来事之内，祸福之间，何足见也，故其出弥远者其知弥少。"）

（如果）精神散布在外面，智虑流荡在胸中，是不能治理好形的，精神专注于远方，近处的事物就会亡失。因此足不出大门，就能知道天下之事，眼不望窗外，就能知道自然之道，走得越远，知道得越少。这是说精诚发自于内心，神气就会感动于天。（参见《文子·精诚》："精神越于外，智虑荡于内者，不能治形，神之所用者远，则所遗者近。故'不出于户以知天下，不窥于牖以知天道，其出弥远，其知弥少'。此言精诚发于内，神气动于天也。"）

2. 闻道日损与无为

人知道自己要去实践道德以后，就要注意去"损"。这里的"损"与前面的"益"是相对的，是减少的意思。减少什么呢？有人可能认为是什么都不干，这不对。古人云："上士闭心，中士闭口，下士闭门。"如果在自己心中不把正的东西树立起来，损的恶念等是减不下去的。因此，老子在此指出：一定要逐步地减少我们后天堆积的智识中的有害部分、无用东西，这就是减少大脑皮层中没用的和错误的信息，以便腾出空间留有思考的余地。人在成长的过程中，从3岁开始一直到进入后天智识的全面发展时期，经过7岁到16岁的过渡阶段，到16岁以后智识就开始定型了。16岁之后，大脑接收到装进去的知识，可以说是乱七八糟、杂乱无序，有意学习的和无意中接收进去的各种信息都有，好坏俱存，良莠不齐。

这里的损，要求把坏的、错误的、不符合道德和规律的那些内容清理掉。这就相当于电脑硬盘的文件整理，进行硬盘整理以后，把经常用的文件和不经常用的文件按先后次序摆放，中间的位置也空出来了，这样硬盘的空间就扩大了，运行速度也就快了。同样的原理，人的大脑皮层也有一个主动学习和整理的过程，因此古人强调反省，如"吾日三省吾身"。如果大脑被浅层的东西覆盖，深层的慧识就出不来，无法透发出来发挥功用。老子提出的"闻道日损"方法，就是要进行清理，让大脑皮层把空间充分展开，使质层中的慧性充分透发出来。

西方人所讲的直觉、灵感，常常是点状透发、线状透发、火星闪现。但是老子以及我们的祖先，主张全面开发，让先天慧识长期保持和后天智识的良好沟通，这就是大慧，远远超越了西方所讲的直觉、灵感。按照古代对人的德性品质分类，拥有慧识思维能力的人是平面全息图文思维型，有可能成为圣人。只具有良好线性思维能力的人，最高境界也只能成为贤人。一般人的思维大多是点状的，线性的不多，立体的更少。但是慧性是与生俱来的，每个人都有慧，都有先天的慧性能量，都具备图文思维能力，就像大德们所讲的，人人都有佛性，人人都有道性。只是被覆盖住了，没有将其解放出来。因此，如果人们能把老子的这种学习方法掌握好，就相当于掌握了生命之道。

如向做到"损"，应把握好以下三点。

第一点，就是平时要约束自己，只读那些具备德性而又有利于我们建立正觉、正念、正识的书。杂书、乱七八糟的书，一概不看。如果看了这些书，书里的信息就会传达到大脑皮层，就会像病毒一样，不仅占据了空间，而且还把其他的记忆破坏掉，跟电脑病毒的原理差不多。因此，老子要求人们读善书，读有益的书，只读能在后天建立正确观念的书，保证人们确立善正德的品质，避免那些有害无益、杂乱无章的信息储存在大脑皮层，从而产生一些类似电脑病毒的反应。

第二点，就是要学会主动自觉地整理大脑的空间。老子提出了一个思想："我恒有三宝之：一曰慈，二曰检，三曰不敢为天下先。"其中的"检"，就是指自我检查、自我反省、自我忏悔，找回自己心灵中已经缺失的那份感恩心、慈悲心和仁爱心。因为慈悲和仁爱都能够给人力量和勇气，敢于剖析自己。古人讲的自我反省，主要是对自己进行分析，扬长补短。按照唯德的标准分析自己。每天晚上休息前，回忆整理今日接收的信息，留益损错，把好的、善的都留下来；错误的清理出去。看书的时候也一样，就像有德者说过的，好的信息，接收它；不好的，就好像陌生人一样，不认识，走过去就是了。也像《大学》中所说："汤之《盘铭》曰：'苟日新，日日新，又日新。'《康诰》曰：'作新民。'"商汤的《盘铭》说："如能够每天除旧更新，就要天天除旧更新，不间断地更新自己。"《康诰》说："要洗心革面，重作新人——激励人弃旧图新。"每天以新的面貌出现，做新的自己。甚至可以定期回婴忆望，追溯清理到婴儿时期。这是道家的方法，就是说，人如果现在是70岁，要从70岁开始，回忆到60岁，把这十年的错误全部清理得干干净净，则大脑就基本上清空了这个区间；然后，回忆到50岁，再回忆到40岁，再继续回忆到30岁。这样区间性逐步地回忆到婴儿时期，就叫"回婴忆望"。实际上，实践有成的人都知道，如果大脑空间真正整理好了，即把一生中各方面的错误，全部都从大脑空间清理出去，当处于这样的情形之下，回溯到3岁左右的时候，在自己的眼前可能就会出现光明，好像十五的圆月一样，人会回到未出生之前的真面目的环境之中。这是道家思想所强调的，一定要把握好"检"。"损之又损，以至于无为，无为而无不为。"等到损无可损的时候，就进入无为中了。在无为里面，人就可以高度符合自己的道、自己的德，去干自己的事了。没有任何的精神负担，所谓的障碍就不会产生了。

因此，在学习老子思想时，要把这个方法论牢牢把握住。现在的人都忙于生活，每天三省吾身都成为奢侈了，再忙也要能够保持三天反省一次，最好不要超过七天。为什么？道学中，七为先天之数。《圣经》中也谈到，上帝是用七天创造了世界。七是个先天之数，超过七天这个数就固定下来了，先天的变化就过了一半了。在七天之内反省检查自己的错误，就不会固化。一旦超过七天的先天之数，错误就会转化为后天的记忆储存。就像电脑里的临时文件和永存文件一样，千万不要让错误的东西转换成存档文件，只能让它处于临时文件的状态，并及时清理出去。

第三点，对待自己身边的人乃至整个国家民族，要主动减少自己的私心，磨砺自己的大脑和心灵，不要背太多的包袱，就像老子说的"少私寡欲"。这里的"少私"，并不是绝对的无私，把你的东西都分享给别人。"少私"一定要在生理允许的界限范围之内。现在的人太注重储存了，有了资本还要积攒，不停地满足后天的欲望、贪心,不制约自己,没能力达到的,也要拼命去挣。实际上,这违反了大脑皮层的功能,过度地堆积了后天的一些东西,先天的禀赋自然就不容易出来了。要减私心,断妄想,去执着,把执着心逐步地减少。其实,老子所讲的道理非常简单,就是道〇德一,但人们对于"为学日益"的原则就是掌握不好,运用不了。原因还是在后天的智能。后天的智能是越多越好,但它跟道的本性是相反的。因此,对于想多了解一些的多知心,也要善于制约,一定要正解,掌握正确有用的道理。

掌握太多后天的知识,并不是真正的博学,只是后天的智识。有人曾问爱因斯坦一个公式,他说,这个公式我不知道。他人说,您这么伟大的科学家怎么不知道这个公式?爱因斯坦说:书上有的,我为什么要记住它?他的思维方式就跟常人不同。既有的知识,根本不记在大脑中,免得占了自己的大脑空间,若大脑的空间被占满了,就没有思考的余地了。要用到公式的时候,可以随时翻书学习。因此,知识性的、已经成型的东西并不是最难掌握的,真正需要推动的是发明创造,是科学头脑。心灵和大脑质层的直觉灵感以及深层的慧性才是需要启发、把握的,自己的创造力也是需要保护的,这才是最宝贵的。如果过早把自己陷在外在的知识海洋里,就没办法再出来了①。正如《文子·道德》所言:"故上学以神听,中学以心听,下学以耳听,以耳听者,学在皮肤,以心听者,学在肌肉,以神听者,学在骨髓。"(因此最好的学习是用神去领会,中等的学习是用心思考,下等的学习是仅凭感觉。凭感觉学习的,仅学到了表面上的东西;用心思考的,便学到了内在的东西;用神去领会的,才能学到实质性的东西。)

3. 高真德道悟鉴

吕祖认为:此章教人复归混沌,返归上清的意思,借学以言道。

为学日进,而不见其功,其学日增;为道日损,而不见其减,其道日寂。道者,混沌之体,以清静而用之,湛然一气也。心无其心而真心见,意无其意而真意存,情无其情而真情寂。空性以立命,养命以还空,若亡若存,一气充塞,窍窍流通;其光日见,其妙日玄,玄之又玄,真道乃见,这是个道,仰不

---

① 熊春锦. 德慧智慧性图文思维教育:别把孩子教笨了 [M]. 北京:团结出版社,2009:59–62.

能攀，俯不能就。若云远，目前可得；若云易，胜若登天。瞻之在前，忽焉在后。杳之冥之，其道难见；空之洞之，其功易成，无他，在己之灵，虚之则神藏于室，实之则神驰于外，在人之专与不专耳。

无人无我是损也，无灵无性又损也，槁木死灰，内有性存。凡取天下者，淳化之风，无为之治，窈窈冥冥，湛寂若清天；空空洞洞，清之若深渊；以无事而取之，天下自然来服。人之心清如水，人之性湛如天，则诸气朝元而合一，混沌打成一片。

空其心，通其性，灵其神，抱其命，熔铸一个空洞镜子，照物无所不澈，光明冲射万方。乾坤为之我有，天地为之我无，阴阳合一，而虚灵以存之，这个是无事。若有毫发所染，丝须挂牵，则为有事，不足以取天下。为道者，不足以通百脉则光明不开、真性不见，难以降伏诸气，当自勉之。

此章不过教人去聪明之心、驰骋之意、贪欲之情，而若愚若蠢，死心灰意，损之而进于道矣。虽是无为而尽性，无不为而立命。无不为，是没有不为之道，静极而动，是无不为；动后返静，是无为。从无为到无不为，再从无不为而返于无为，如此者何患道不成、天下不取也！[①]

黄元吉认为：学者记诵词章与百工技艺之务，皆贵寻师访友，多见多闻，而后才思生焉，智巧出焉，知能愈广，作为愈多，始足以援笔成文，运斤成风，故曰："为学日益。"若为道则反是。如以博览群书、泛通故典为事，不克返观内照、一心内守，则搜罗遍而识见繁，必心志纷而神明乱，虽学愈多而道愈少，久则浑然太极汩没无存矣。故为道者，须如剥蕉抽茧，愈剥愈少，弥抽弥无，以至于无无之境，斯为得之。修道至此，自然神妙莫测，变化无方，其聚则有，其散则无，欲一则一，欲万则万，日月星辰随我运转，风云雷雨听我经纶，其大为何如哉！虽然，学者行一节丢一节，如食蔗然，吃尽丢尽，仍返于无。故曰："为道日损，损之又损，以至于无为，无为而无不为"，得矣。试观取天下者，不得不兴兵动马，称干比戈，乌得无事？然有事之中须归无事，庶能一心一德运筹帷幄，则心志不纷，谋猷始出。故出征者号令严明，耳

① 老子．吕祖秘注道德经心传［M］．吕岩，释义；韩起，编校．桂林：广西师范大学出版社，2014：100－101.

不听外言，目不见外事，心不驰外营，始能运用随机，取天下犹如反掌。不然，纷纷扰扰，事愈多则心愈乱，心愈乱则神愈昏，贼甫至而不能静镇自持，兵初交而遂至凌乱无节，如此欲一战成功，难乎不难？又况东夷未靖，西戎又兴，彼难未平，此波复起，若不知静以制动、逸以待劳，鲜有不委去者。古之败北而走，倾城而亡，莫不由有事阶之厉也。兵法所以有出奇制胜、设疑设伏之谋，敌人望之，旌旗满目，草木皆兵，虽大敌当前，亦心惊胆落，未有不望风先遁者。惟有事视如无事，万缘悉捐，一心内照。如武侯于百万军中纶巾羽扇，自在清闲，所以西蜀偏安，得延汉祚于危亡之际。若有事于心，则方寸已乱，灵台无主，似徐元直之为母归曹，不能再献奇谋佐先帝以中兴，乌足取天下乎哉？"

黄元吉又云：此言修道之人，若见日益，不见日损，则心昏而道不凝矣。故曰："德惟一，二三则昏。"惟随炼随忘，随忘随炼，始不为道障。若记忆不置，刺刺不休，实为吾道之忧也。故必渐消渐灭，至于一无所有，斯性尽矣。然后由无而生有，实为真有，所以能出没鬼神，变化莫测焉。经中"天下"喻道，"取天下"喻修道，"有事无事"喻有为无为。人能清净无为，纯是先天一气，道何难成？此即取天下之旨也。若搬运有为，全是后天用事，便堕旁门，此又不足取天下之意也。或曰：采药炼丹、进火退符，安得无为？须知因其升而升之，非先有心于升也；随其降而降之，非先有心于降也。即至采取不穷，烹炼多端，亦是纯任自然，并无半点造作，虽有为也，而仍属无为矣。彼徒咽津服气者，乌足以得丹而成道哉？[①]

---

① 黄元吉. 道德经精义［M］. 北京：中央编译出版社，2014：127－128.

第三节 《德善》

一、《德善》章经文内容

圣人恒无心，以百姓心为心。

善者善之，不善者亦善之；德善也。

信者信之，不信者亦信之；德信也。

圣人之在天下，翕翕焉，为天下浑心，百姓皆属其耳目，圣人皆孩之。

二、《德善》章经文释读

1. 文字释读

善：羊，既是声旁也是形旁，通"祥"。甲骨文 🜲 = 🜲（羊，即"祥"）+ 👁👁（目，眼睛），表示眼神安祥详温和，如"慈眉善目"。有的甲骨文 🜲 将一双眼睛写成 👁 👁。有的甲骨文 🜲 将一双眼睛写成 👁 和 👁。有的甲骨文 🜲 将一双眼睛 👁👁 省略成一只眼睛 👁。金文 🜲 = 🜲（羊，即"祥"）+ 🜲🜲（两个"言"），表示言语祥和亲切。造字本义：神态安详，言语亲和。篆文 🜲 承续金文字形。隶化后楷书 善 将篆文的 🜲 写成 🜲，将篆文的两个"言" 🜲🜲 写成 "艹" 加"口"的 🜲。

《说文解字》："吉也。从誩，从羊。此與義美同意。"（吉祥。字形采用"誩、羊"会义。"善"这个字，与"義""美"同义。言是讲话，羊是吉祥的象征。）本指吉祥。善作形容词同本义（心地仁爱，品质淳厚，如善时——吉时；善祥——吉祥、吉兆；善征——吉兆；善日——吉日），好、美好（如善风——良好的风气；善言——美言、说好话；善处——好办法；善马——良马；善少——好少年；善秀——佳穗，比喻资质甚佳、才品出众），善良、好心（如善熟——和善；善德——善良、以德待人；善善——犹"善罢干休"，顺顺当当；善觑——好心看待；善眉善眼——面孔和善；善模善样——模样和善；善性——善良的本性；善顺——善良和顺），慈善（如善事、善举；善友——佛教教友；善信——佛教称虔诚信仰佛教的人；善胜——非常善良、慈善信佛；善根——佛教用语，指人所以能为善的根性；善堂——旧指育婴堂、养老院等慈善机构），表示应诺，对、好，正确、和善、妥当地（如善后），慎重（如善政——妥善的政策法令；善思——慎重地思考），高明、工巧（如善手——高手、能手；善工——高手），熟悉、经常看到或经历，易于辨认（如面善，善便——善变，不费力、轻易）。善作动词表示善于、擅长、有做好或处理好某事的才能或技巧（如善文——擅长为文；善化——擅长教化；善丹青——擅长画画；善时——善于把握时机；善喻——善于教喻；善渊——善于保持沉默），羡慕，领悟，喜爱，认为好，赞许（如善善——赞扬人家的优点、美德；善颂善祷——赞美能寓规劝于颂祷之中；善善从长——本是称道别人的善德渊远流长，后转为赞扬人家向善弃恶、舍短取长）。善通"缮"，表示友好、亲善（如善气迎人）。善作名词表示好人、好事、好处，姓氏。善作副词表示好好地，多、常、易（如善变、善虑）等。《玉篇》："善，吉也。《书》曰：作善，降之百祥。"《广雅·释言》："善，佳也。"《释名·释言语》："善，演也，演尽物理也。"

姓：甲骨文 𤯍 = 𡴀（生，产育）+ 𡚹（女，母），表示生母。造字本义：孩子的生母。在母系氏族时代，人们不在乎生父，而崇拜并纪念生母。金文 𤯙 承续甲骨文字形。篆文 𤯎 调整左右顺序。隶书 姓 将篆文的"女" 𡚹 写成 女，将篆文的"生" 𡴀 写成 生。"生"（生育）之"女"（妇女）为"姓"；"司"（掌管）之"女"（妇女）为"始"（女祖）。

《说文解字》："人所生也。古之神圣母，感天而生子，故称天子。从女从生，生亦声。《春秋傳》曰：'天子因生以賜姓。'"（让一个人出生的母系。据说古代神圣的母亲，与天神感应而生下了最终称帝称王的儿子，因此称这些帝王为"天子"。字形采用"女、生"会义，"生"也作声旁。《春秋传》说："天子凭借诸侯的出生背景给诸侯赐姓。"意为人禀受天气而出生。）本指标志家族系统的字。姓作名词同本义（如姓族——大族，望族；姓字——姓氏和名字；姓系——姓氏家族的源流系统；姓第——姓氏行第；贵姓——询问对方姓氏的敬辞），命、性命，官吏，平民（如万姓、百姓），子孙的通称。姓作动词指命名、称呼。

心：甲骨文♡像包形的内脏器官。金文♉在包形器官♉基础上增加动脉和静脉的入口管道形象𝘈，并在包形器官的内部增加一点表示血液的指事符号▮，整个字形像人体内包形的泵血器官。有的金文♉简化血管形状。有的金文♉省去表示血液的指事符号▮。造字本义：人体的泵血器官，从静脉接受血液并将其压入动脉从而维持血液在整个循环系统中的流动。篆文♉基本承续金文字形♉。隶书心变形较大，至此，泵血器官的包形消失、血管形状消失。古人发现，心不仅是泵血器官，还是感知器官，具有直觉思维的能力。

《说文解字》："人心，土藏，在身之中。象形。博士說以爲火藏。凡心之屬皆从心。"（人的心脏，属于土性的脏器，藏在身躯的中央位置。字形像泵血器官的形状。也有博学之士说，心是属火的脏器。所有与心相关的字，都采用"心"作边旁。）本指心脏。心作名词同本义（如心上刃——"忍"字的拆写；心气——中医指心脏的功能；心系——系悬心脏于胸腔中的筋脉），内心（如心悦诚服——真心乐意地情愿或服从；心香——敬事鬼神，心笃意诚，同于焚香；心苗——心意，心愿），心中、心里（如心喻口，口喻心——自己反复思量、揣度），古代人以心为思维器官（故后沿用为脑的代称，如心理、心旷神怡；心知——心智），思想（如心量——志气、抱负；心体——思想；心识——意识；心想——思想、感情；心裁——思想、主意；心用——思想行为），精神（如心神恍惚），心绪、心情（如心持两端——分心，心绪不集中），思虑、谋划（如心重——思虑太多；心模——揣测，估量），中心、中央（指主要的，如心号——兵卒上衣前后的标志符号；心经——《般若波罗蜜多心经》的简称）。

翕：篆文翕＝合（合，并）＋羽（羽，翅膀），造字本义：鸟儿聚集，彼此拍翅嬉戏。

《说文解字》："起也。从羽，合聲。"（起飞。字形采用"羽"作边旁，"合"是声旁。）本指闭合、收拢。翕作动词同本义（如翕翼——合翼；翕敛——收敛、收缩），聚集（如翕集——聚集；翕翕——和合的样子；翕聚——会聚），顺从（如翕习——顺心、惬意；翕服——顺服、悦服），变动。翕作形容词表示和好、一致（如翕合——协调一致；翕应——相互响应；翕

191

绎——声音和谐相续），迅疾（如翕欻——快速；翕忽——形容疾速的样子；翕习——疾快的样子），盛大（如翕如——各种乐器同时演奏的盛况；翕习——威盛的样子），和谐、和顺。翕作名词指鸟类躯部背面和两翼表面的总称。

浑：军，既是声旁也是形旁，是"晕"的省略，表示模糊不清。篆文𣺭 = 水（河水）+军（军，即"晕"，模糊不清），造字本义：河水浊而不清。隶书𣺭将篆文的水写成氵。

《说文解字》："混流聲也。从水軍聲。一曰洿下皃。"（两河渐渐混合涌流的声音。字形采用"水"作边旁，"军"是声旁。一种说法认为，"浑"像河水浊滞慢流的样子，洿读 wū。）本指大水涌流声，作名词同本义，河名（桑干河上游支流，亦名浑源川，发源于山西省北端西麓），浑江（又名佟家江，发源于吉林省龙岗山脉），中国古代少数民族吐谷浑的省称，姓氏，浑天说的简称。浑作形容词表示混浊（如浑浑——浑浊的样子），糊涂（如浑同三拍——含糊），质朴、朴实（天然的、淳朴的，如浑素——朴素、不华丽；浑纯——朴质纯正；浑雅——质朴高雅；浑质——淳厚朴实；浑穆——质朴淳和），纯、无杂质（如浑粹——纯粹；浑钢——纯钢），全、整个（如浑沦——囫囵、完整、浑然一体；浑成——完整、浑然一体；浑全——完整、完全），大（如浑大——宏大、博大；浑芒——广大无边的样子；浑洪——水流盛大的样子；浑浩——水势盛大的样子）。浑作动词表示混同、混合（如浑同——混同、等同；浑融——浑合、融合；浑杂——混杂、混合掺杂）。浑作副词表示简直，全、都、皆（如浑同——一共；浑备——完备、齐备），仍、还。《玉篇》："浑，水喷涌之声也。"

属：蜀，既是声旁也是形旁，表示睁眼察视。篆文屬 = 尾（尾）+蜀（蜀，睁眼察视），表示看头看尾。造字本义：行进的队伍首尾相望。隶书属变形较大，"尾"形消失。

《说文解字》："連也。从尾，蜀聲。"（连续。字形采用"尾"作边旁，"尾"与身体相连；采用"蜀"作声旁。）本指连接，类、族。属读 shǔ，作名词，种类（亦特指牲类，如金属），亲属（如属姓——同宗；属疏——宗族关系疏远），侪辈（指同一类人），官属、部属（如属别——下属的类别；属官——属下的官吏；属佐——下属佐助人员；属部——部下、部属），生物分类系统上所用的等级之一（动植物分类以种为单位，相近的种合为属，相近的属合为科），特指在十二属相中的归属（如属相）。属作动词表示归属、隶属（如属邦——附属国；属心——诚心归附；属车——随从的车辆，也称副车），系、是。属读 zhǔ，作动词——继续、连接（侧重于互相衔接，如前后相属，属界——毗连地带；属连——相连缀；属志——犹连心；属引——连续不断；属文——连缀字句为文章；属读——连读；属聚——聚集），缀辑、撰写（如属文——撰写文章；属句；属章；属笔；属辞——撰写诗文；属书——著作；属对——诗文对仗；属缀——著作；属稿——起草文稿；属诗——作诗），使聚集在一起、集合（如属民——聚集民众；属兵——调集士兵；属役——聚集下役；属神——会聚群神）。属通"嘱"，托付、委托（如属请——请托；属任——委任、任用），叮嘱、告诫，后作"嘱"（如属付——叮嘱；属令——告戒）；通"瞩"，表示关注（如属目、属望、属意）；通"注"表示倾注、佩戴、关联、跟随、推托、借口等义。《广雅·释诂》："属，续也。"

　　耳：是"取"的本字。耳，甲骨文是象形字，像是被切下的蘑菇状的人类听觉器官的外廓。有的甲骨文 = （蘑菇状的听觉器官）+ （又，用手抓），表示手抓割下的听觉器官，即杀人夺命；短竖指事符号表示切割。远古战场上，士兵割下死敌的耳朵作为评价战绩的依据，后世叫作"取"。金文将甲骨文字形中的蘑菇状写成，将甲骨文字形中的写成明确的"又"。有的金文把蘑菇状的简化成，把"又"写成"爪"状的。篆文在金文字形基础上有所变形。隶书、楷书继续变形，至此蘑菇形消失、手形消失，字形面目全非。造字本义：动词，割下死敌的耳朵，以示战功。当"耳"变成单纯的名词"长在头部两侧的蘑菇状听觉器官"后，甲骨文再加明确的"又"（抓）另造"取"代替。

　　《说文解字》："主聽也。象形。凡耳之屬皆从耳。"（负责听音的器官。字形像耳廓形状。甲骨文字形，像耳朵形，汉字部首之一。所有与耳相关的字都采用"耳"作边旁。）本指耳朵。耳作名词同本义（如耳目官——耳、目两种器官；耳斡儿——亦作"耳挖子"，掏耳垢的小勺，另一头有尖头；耳朵垂子——借指耳窝；耳根厢——耳边；耳顺——六十岁），听觉、听力（如耳识，耳性——记性），耳状的东西（如索耳、吊耳、木耳、银耳、虎耳草，耳杯——两侧有便于拿取的耳提的杯子），谷物在雨淋后所生的芽，位置在两旁的（如耳门、耳房）。耳作动词表示听到、听说（如耳食之学——传闻中得到的浮浅知识；耳顽——听不进去；耳生——听来生疏；耳决——犹耳闻），附耳而语（如耳言——犹耳语；耳提面命——当面讲，甚至揪着耳朵讲，比喻教导得殷勤恳切）。耳通"佴"，表示退后、居次。耳作语气词表示限制（相当于"而已""罢了"），表示肯定或语句的停顿与结束（如同"矣"，相当于"了""啊""也"）。耳作连词表示转折关系（相当于"而"）。

目：甲骨文◪、◪金文◪像人的眼睛。籀文◨ = ◘（面，脸）+ ◣（眉毛）+ ◘（眼睛），表示眼睛在脸上的位置，是在眉毛之下。造字本义：人的眼睛。篆文◨将金文字形横写的"美目"◪写成"竖目"。"目"的甲骨文◪竖写则为"臣"◪，表示俯首下视，屈服听命。

《说文解字》："人眼。象形。重童子也。凡目之属皆从目。◨，古文目。"（人的眼睛。字形像眼睛的形状，突出了瞳子形象，外边轮廓像眼眶，里面像瞳孔。所有与目相关的字都采用"目"作边旁。◨，这是古文的"目"字。）先秦时期多用"目"，两汉以后，用眼字逐渐多了起来，"目"具有书面语色彩。）目作名词同本义（如目不斜视——眼睛不向旁边看，形容为人正派，目见耳闻——亲眼看见，亲耳听到；目治手营——亲眼观察，亲手试验），目光、眼力（如目捷——目光敏捷；目击道存——眼光一接触便知"道"之所在，形容悟性好；目色——视力；目注——目光注视；目逆——以目光相迎；目极——用尽目力远望），孔眼（如纲举目张；一个60目的筛），条目、要目（如目次——书刊上的目录，表示内容的篇目次序），目录（如参考书目、故事节目），首领、头目（如目把——西南少数民族中的小首领），分类学上位于科之上、纲之下的类别（如松柏目），名目、数目、行列。目作动词表示观看、注视（如目过——过目，细看；一目十行——形容看书速度极快，目及（看到，目礼——以目注视、表示敬意；目断——犹望断，一直望到看不见；目识——看后即记住；目属——瞩目、注视），递眼色、使眼（如目语额瞬——眉毛眼睛能作态示意），看待之义。

孩：亥，甲骨文 ⻄ 在"人" ⺅ 的头部加一横指事符号 ▬，表示头重脚轻的婴孩。有的甲骨文 ⻙ 在婴孩 ⻙ 的颈部再加形指事符号 ▪，表示发声的喉部。造字本义：幼儿在未学会语言之前，从喉部发出清亮的"呵呵"笑声。"亥"的"幼儿呵呵笑"本义消失后，篆文再加"子" ⻙ 另造"孩" ⻄ 代替，表示幼儿"呵呵"笑。

《说文解字》："小兒笑也。从口，亥聲；古文咳，从子。"（幼儿咯咯笑的样子。字形采用"口"作边旁，采用"亥"作声旁。孩，这是古文写法的"咳"字，字形采用"子"作边旁。）本指小儿笑。孩作动词同本义（同"咳"，婴儿笑，如未孩——还不会笑），当作婴儿看待，抚爱。孩作形容词表示幼小、幼稚（如孩赤无知——年幼无知；孩抱——幼小；孩乳——幼小）。孩作名词表示幼儿（如孩中颜——幼儿的面色；孩幼——幼儿；孩稚——幼儿），未成年的人、孩子。《玉篇》："孩，幼稚也。"《广雅·释诂》："孩，少也。"

2. 章意疏解

圣人恒无心，以百姓心为心。（此段阐述了圣人的心境。）

修养达到圣人境界的人，自己的眼耳鼻舌身意各器官已经被德化，后天的意识思维也不能再干扰身心活动，经常处于德一状态，很少有私心杂念，以天下百姓的心为己心。得道之人隐藏形迹，不事声张，就如雷霆般迅疾的敛藏隐遁，适时而行事立业，根据资质而建功，能进能退，进退无碍，则无处不可通达。得道之人精诚藏于内心，德行传播于四方，看见天下的形势有利，则高兴而不忘；看见天下的形势有害，则恐惧而像死亡一样。那些以百姓之忧为己忧的人，百姓也会把他的忧愁作为自己的忧愁；以百姓之乐为己乐的人，百姓也会把他的欢乐作为自己的欢乐。因此圣人忧天下之忧，乐天下之乐。这样做了而不能王天下者，还从来不曾有呀。（参见《文子·精诚》："至人潜行，譬犹雷霆之藏也，随时而举事，因资而立功，进退无难，无所不通。夫至人精诚内形，德流四方，见天下有利也，喜而不忘，天下有害也，忧若有丧。夫忧民之忧者，民亦忧其忧，乐民之乐者，民亦乐其乐。故忧以天下，乐以天下，然而不王者，未之有也。）

善者善之，不善者亦善之；德善也。信者信之，不信者亦信之；德信也。

（此段阐述了德的善信属性。）

天道，是无为而无形的，内用以修身，外用以治人，功绩而成事业而立，便可与天相连接，与天地同功，无为而无不为，虽有情却不可察，虽有真却不可识，但于杳冥之中，其情其信甚真。（参见《文子·道德》："夫道，无为无形，内以修身，外以治人，功成事立，与天为邻，无为而无不为，莫知其情，莫知其真，其中有信。"）

《玉篇》："信，明也。敬也。《论语》曰：信近于义，言可复也。"《贾谊新书·道德书》曰："信者，德之固也。"有诚实、相信、信任之义。

《德道经》曰："善者善之，不善者亦善之。"这是因为德以善为本的缘故。诚信的人以诚信待他，不诚信的人也以诚信待他，这是因为德以信为本的缘故。

圣人之在天下，翕翕焉，为天下浑心，百姓皆属其耳目，圣人皆孩之。（此段阐述了圣人的浑然真朴。）

浑心：使心思保持浑朴单纯的状态，《庄子·刻意》曰："纯也者，谓其不亏其神也。"所谓纯的意思，就是不损害精神。

圣人在天下的时候，一切都和谐舒顺，总是行不言之教，忘记小我，成就大我，为天下百姓保持物我无分、浑然淳朴之心，圣人眼中看到的、耳中听到的东西，都是为百姓的需求着想，急百姓之所急，想百姓之所想。百姓就好像他的耳朵和眼睛一样，圣人都以孩子般的心态待之。

圣人是体道反真，以不变化而应对变化，用道来制约千变万化，动于无为之中。（参见《文子·道德》："故圣人体道反至，不化以待化，动而无为。"）圣人体道的法则是，从不可发现开始，精诚内藏故不可见，无迹可寻故不可及，始终处于安定之地，处事无为，积累的德行仓库装不下，源源不断地收载于永不竭尽之库府。政令畅行而百姓知道遵守，如山泉的流淌那样不受阻挡，官府事省而无诉讼之争，百姓开启安居乐业、人人自得的门径和方法，不做事实上做不到之事，不强求实际上得不到的东西，不在不稳定处境中安身，不从事没结果的行为。（参见《文子·精诚》："圣人之法，始于不可见，终于不可及，处于不倾之地，积于不尽之仓，载于不竭之府。出令如流水之原，使民于不争之官，开必得之门，不为不可成，不求不可得，不处不可久，不行不可复。"）

因此，成为圣人的关键不在于治理别人，而在于治理自己。品德高的人不在乎其势利名位，而在乎其内心得到了道，内心得道也就等于天下人得到了自己（实现了天地一大人和人身小宇宙）；快乐不在于富贵，而在于调和，知道以自己为大以天下为小（重视自身的修养而轻视治理别人），这样就接近于道了。（参见《文子·道原》："圣人忘乎治人，而在乎自理。贵忘乎势位，而在乎自得，自得即天下得我矣；乐忘乎富贵，而在乎和，知大己而小天下，几于道矣。"）

三、老子的智慧启示

善是道的唯一亲和因子，信是德的基本属性。圣人始终不偏离道德核心，以道为体，以德为用，修身累德，教化众生，积功行善。《德善》章主要讲德的信德属性。

信德，是五德之一，也是德的内涵的重要一端。人言为信，信者，诚也，指真心诚意。我们前面讲"名可强立"的时候提到，要立功名需先明理，以德去建功立名，古人也说"格物致知"，不管是明理也好，致知也好，都是要建立正确的知觉识见，也就是正知、正见，唯有如此，才会有正行正果。而且，有了正知正见，还需要通过自己的正心诚意将其正确表达出来，这里还需注意一点，自己的正知正悟、正确意念，要通过正当的渠道恰当地表达出来。善于管理自己的语言心声，这也是老子"正善治"口识治理的内容之一。"病从口入，祸从口出"，就是提醒人们从饮食和语言两方面管好自己的口舌。自己的口识是发表自己的思想见解和观点的主阵地，不能旁用，只能是自己的专用发言通道，不能被外力所夺，听之任之。只有发出正声音，传递正能量，才会起到"言为心声"的本来功用，为维护身体内环境的清静发挥正确作用；如果自己身体内的主通道发出的是杂音、乱音，就会破坏自己内环境的清静无为并对身心健康造成干扰损害。因此，要管好自己的内置"话筒"，善加应用言语这个利器，明白良言一句三冬暖，恶语伤人六月寒。恶语伤人的同时，也会伤自己。为什么爱发脾气的人肝脏不好，道理是一样的。

1. 上乘境界的信德

在古代典籍中，各家对于信德的阐述非常之多。老子在五千言第一章《论德》中就提出，"夫礼者，忠信之薄也"，为什么礼德是"忠信之薄"？是信德菲薄的原因？因为礼德在五行中属火，信德属土，火能生土，如果礼德修养不佳，不是上乘的礼德，而是带有阴性成分的下乘礼德，那就不是阳火生阳土了，而是阴火生阴土，因此这样的信德自然也不是上乘的真信正信，而是不忠不信，乃至出现妄信。

信在五行中对应土，五脏中对应脾胃，方位中对应中土，季节中对应长夏。信在五音中对应宫，五味中对应甘，七窍中对应口，情志中对应思，数中对应五。对于"信口开河"这个词，人们常认为其带贬义色彩（不加思索地随意乱说），若用道来解，可以用两个词概括，当人的信德修养非常深厚时，就是口若悬河，头头是道，因为圣人修养的是真信、正信，与天地的能量场相连接，出言皆合乎道。因此，信德的修养中有很重要的一项——自信。我们常常会出现不自信的情况，比如在考试中，刚开始写的答案是对的，然后琢磨琢磨，就改错了。这就是一种不自信，也是没有把握好一念初心。凡事临身，一念初心也很重要，应正确把握这个一念真信，一念正信。这可以说是最上乘的信德修养了。

其他达到高境界信德修养的阐述，如《文子》中所言：圣人不下座而能匡正天下，是因为真情胜过大呼小叫。同样的话人们会相信，就是因为在说话之前已有信任了，同样的命令能施行，是因为真诚在命令之外。圣人居上位，民众的教化就能神奇，是因为真情在前的原因。行动于上而下层不响应，是因为真情和命令不一样。三个月的婴儿，不知道利害，会相信慈母的爱，这是因为母子真情。所以言说的使用能引起变化，但这种变化很小；不言说的使用能引起的变化却很大。信任君子的言说，忠诚君子的意愿，忠信藏于心里，就会感应于外，这就是圣贤的教化。（参见《文子·精诚》："圣人不降席而匡天下，情甚于枭呼，故同言而信，信在言前也；同令而行，诚在令外也。圣人在上，民化如神。情以先之，动于上不应于下者，情令殊也。三月婴儿未知利害，而慈母爱之愈笃者，情也。故言之用者变，变乎小哉，不言之用者变，变乎大哉。信君子之言，忠君子之意，忠信形于内，感动应乎外，贤圣之化也。"）

就好像风不吹动，火不出现，大人亦隐身不出，大人不言，小人便无述。火的出现必待柴薪，大人之言必要有信，有信才能真，则诸事可成，无往而不胜。（参见《文子·上德》："风不动，火不出，大人不言，小人无述，火之出也必待薪，大人之言必有信，有信而真，何往不成。"）

因此，不言而信，不施而仁，不怒而威，这是与天同心而感化万物的人。施与而后仁，话说而后有信，发怒而后有威，这是精诚感化的人。施与而后不仁，话说而后无信，发怒而后不威，这是做表面工夫的人。（参见《文子·上仁》："故不言而信，不施而仁，不怒而威，是以天心动化者也。施而仁，言而信，怒而威，是以精诚为之者也；施而不仁，言而不信，怒而不威，是以外貌为之者也。"）

古时候把智慧超过万人的人叫人英，超过千人的人叫人俊，超过百人的人叫人杰，超过十人的人叫人豪。而明于天地之道，通于人情之理，心胸之大足以包容一切，恩惠仁爱足以安抚远方，聪明智慧足以知道权变的，就是人英；道德足以教化，行动足以仗义，信用足以得众，明亮足以照耀天下的，就是人俊；行动可以为仪表，智慧足以判断他人嫌疑，信用可以守约，廉洁可以使其帮人划分财产，做事可以效法，出言就可行的，就是人杰；守职不荒废，处义不偏私，见到灾难不随便躲避，见到利益不随便获得的，就是人豪。（参见《文子·上礼》："明于天地之道，通于人情之理，大足以容众，惠足以怀远，智足以知权，人英也；德足以教化，行足以隐义，信足以得众，明足以照下，人俊也。行可以为仪表，智足以决嫌疑，信可以守约，廉可以使分财，作事可法，出言可道，人杰也；守职不废，处义不比，见难不苟免，见利不苟得，人豪也。"）看来，做人还得做真英俊、真豪杰。

2. 其他方面的信德

关于信德修养的阐述，孔子在《论语》中也多处提到。具体有以下几个方面：

第一，立志修信的言论。

如《公冶长》："老者安之，朋友信之，少者怀之。"（孔子说：我的志向是让年老的人安心，让朋友们信任我，让年轻的子弟们得到关怀。）《述而》：

"子以四教：文，行，忠，信。"孔子以文、行、忠、信四项内容教授学生。《学而》："曾子曰：'吾日三省吾身：为人谋而不忠乎？与朋友交而不信乎？传不习乎？'"（曾子说："我每天多次反省自己，为别人办事是不是尽心竭力了呢？同朋友交往是不是做到诚实可信了呢？老师传授给我的学业是不是复习了呢？"）

第二，笃信谨行的言论。

如《述而》："述而不作，信而好古，窃比于我老彭。"（只阐述而不创作，相信而且喜好古代的东西，我私下把自己比作老彭。）《宪问》："不逆诈，不亿不信，抑亦先觉者，是贤乎！"（不预先怀疑别人欺诈，也不猜测别人不诚实，然而能事先觉察别人的欺诈和不诚实，这就是贤人了。）《卫灵公》："君子义以为质，礼以行之，孙以出之，信以成之。君子哉！"（君子以义作为根本，用礼加以推行，用谦逊的语言来表达，用忠诚的态度来完成。这样的人就是君子了。）《卫灵公》："言忠信，行笃敬，虽蛮陌之邦，行矣；言不忠信，行不笃敬，虽州里行乎哉？立则见其参于前也；在舆则见其倚于衡也，夫然后行。"（说话要忠信，行事要笃敬，即使到了蛮貊地区，也可以行得通。说话不忠信，行事不笃敬，就是在本乡本土，能行得通吗？站着，就仿佛看到忠信笃敬这几个字显现在面前，在车上时，就好像看见这几个字靠在车辕前的横木上，这样才能处处行得通。）《阳货》："能行五者于天下，为仁矣。请问之。曰：'恭、宽、信、敏、惠。恭则不侮，宽则得众，信则人任焉，敏则有功，惠则足以使人。'"（能够处处实行五种品德的人就是仁人了。子张问："请问哪五种？"孔子说："庄重、宽厚、诚实、勤敏、慈惠。庄重就不致遭受侮辱，宽厚就会得到众人的拥护，诚信就能得到别人的任用，勤敏就会提高工作效率，慈惠就能够使唤动别人。"）

第三，笃信好学的言论。

如《公冶长》："十室之邑，必有忠信如丘者焉，不如丘之好学也。"（即使只有十户人家的小村子，也一定有像我这样讲忠信的人，只是不如我那样好学罢了。）《泰伯》："笃信好学，守死善道。危邦不入，乱邦不居。天下有道则见，无道则隐。邦有道，贫且贱焉，耻也；邦无道，富且贵焉，耻也。"（秉持信念并努力学习，誓死守卫并完善治国与为人的大道。不进入政局不稳的国家，不居住在发生动乱的国家。天下有道就出来做官；天下无道就隐居不出。国家有道而自己贫贱，是耻辱；国家无道而自己富贵，也是耻辱。）

第四，无信非信的阐述。

如《为政》："人而无信，不知其可也。大车无輗，小车无軏，其何以行之哉？"（一个人不讲信用，是根本不可以的。就好像大车没有輗、小车没有軏一样，它们靠什么前行呢？輗，指古代大车车辕前端与车衡相衔接的部分。軏，指古代车辕前端与横木相连接处的销钉。）《颜渊》："自古皆有死，民无信不立。"（自古以来人总是要死的，如果老百姓对统治者不信任，那么国家就无法存在了。）又对子路讲"六言""六蔽"，即六种品德和六种弊病，《阳货》："好仁不好学，其蔽也愚；好知不好学，其蔽也荡；好信不好学，其蔽也贼；好直不好学，其蔽也绞；好勇不好学，其蔽也乱；好刚不好学，其蔽也狂。"（六言六蔽：爱好仁德而不爱好学习，它的弊病是受人愚弄；爱好智慧而不爱好学习，它的弊病是行为放荡；爱好诚信而不爱好学习，它的弊病是危害亲人；爱好直率却不爱好学习，它的弊病是说话尖刻；爱好勇敢却不爱好学习，它的弊病是犯上作乱；爱好刚强却不爱好学习，它的弊病是狂妄自大。）《子张》："执德不弘，信道不笃，焉能为有，焉能为亡。……君子信而后劳其民，未信，则以为厉己也；信而后谏，未信，则以为谤己也。"（子张说：实行德而不能发扬光大，信仰道而不忠实坚定，这样的人怎么能说有，又怎么说他没有？……君子必须取得信任之后才去役使百姓，否则百姓就会以为君主是在虐待他们。要先取得信任，然后才去规劝；否则，君主就会以为你在诽谤他。）《尧曰》："宽则得众，信则民任焉，敏则有功，公则说。"（周武王）说：宽厚就能得到众人的拥护，诚信就能得到别人的任用，勤敏就能取得成绩，公平就会使百姓喜悦，等等。

可见，信德的修养，即使达不到像《文子》等典籍中所阐述的最上乘那样可以感天动地，但如果能做到言行一致，也算达到最基本的要求了，这一点在为人处事等方面还是很重要的，有其积极意义。但信德修养中也有一种情况，比如《公冶长》中，孔子因为看到学生宰予在大白天睡觉，就说了这样的话，"始吾于人也，听其言而信其行；今吾于人也，听其言而观其行。于予与改是"。（起初我对待人，听了他说的话后就相信他的行为；现在我对待人，在听了他说的话之后还要观察他的行为。这是由于宰予的事而做出的改变。）当人的信德修养不能达到言行高度一致时，对于观人察人而言，做到像孔子这样，也是一种智慧。

后来成书于清代而影响广泛的蒙学经典《弟子规》，其书就是从《论语·学而》中选取"弟子入则孝，出则弟，谨而信，泛爱众，而亲仁，行有余力，则以学文"的一段话演绎而来，主要侧重于家庭教育和生活教育，对于礼仪规范和行为养成有一定指导，分为孝悌、谨信、泛爱众、亲仁、余力学文五个部分。《总叙》曰："弟子规，圣人训，首孝弟，次谨信。泛爱众，而亲仁，有余力，则学文。"其中第二部分就是讲信德修养。其原文为：

"凡出言，信为先，诈与妄，奚可焉。话说多，不如少，惟其是，勿佞巧。奸巧语，秽污词，市井气，切戒之。见未真，勿轻言，知未的，勿轻传。事非宜，勿轻诺，苟轻诺，进退错。凡道字，重且舒，勿急疾，勿模糊。彼说长，此说短，不关己，莫闲管。见人善，即思齐，纵去远，以渐跻。见人恶，即内省，有则改，无加警。唯德学，唯才艺，不如人，当自砺。若衣服，若饮食，不如人，勿生戚。闻过怒，闻誉乐，损友来，益友却。闻誉恐，闻过欣，直谅士，渐相亲。无心非，名为错，有心非，名为恶。过能改，归于无，倘掩饰，增一辜。"

这里从几个层面阐述信德修养的注意事项。

（1）言为心声，出信言。开口说话，首先要讲究信用，遵守承诺。绝不能欺骗或使用花言巧语之类的伎俩。话说得多不如说得少，应实实在在，不要讲些不合实际的花言巧语。刻薄的言语，下流肮脏的话，以及街头无赖粗俗的口气，都要切实戒除掉。

（2）信守诺言，行信事。还未了解真相之前，不轻易发表意见；对于事情了解得不够清楚，不任意传播。不合义理的事，不要轻易答应；如果轻易答应，就会使自己进退两难。

（3）说话判断，道信字。说话要口齿清晰，语速舒缓，不要说得太快，或者说得字句模糊不清。遇到别人搬弄是非，要用智慧判断，不要介入，与己无关就不必多管。

（4）德行修养，先看齐。看见他人的优点善行，就立刻向他看齐，虽然目前还差得很远，只要肯努力就能渐渐赶上。看见他人的缺点或不良行为，心里先反省自己。有则改之，如果没有，就警醒自己不犯同样的过错。

（5）发奋图强，唯才德。人应当重视自己的品德、学问和才能技艺的培养，如果感觉到有不如人的地方，应当自我激励、奋发图强。至于外表穿着，或者饮食不如他人，则不必放在心上，更没有必要忧虑自卑。

（6）名利交友，凭信取。如果一个人听到别人说自己的过错就生气，听到别人称赞自己就欢喜，那么狐朋狗友就会来接近你，真正的良朋益友反而逐渐远离你。反之，如果听到他人的称赞，不但没有得意忘形，反而会自省，唯恐做得不够好；当别人批评自己的缺失时，不但不生气，还能欢喜接受，那么正直诚信的人，就会渐渐喜欢与我们亲近了。如《季氏》曰："益者三友，损者三友。友直，友谅，友多闻，益矣；友便辟，友善柔，有便佞，损矣。……益者三乐，损者三乐。乐节礼乐，乐道人之善，乐多贤友，益矣；乐骄乐，乐佚游，乐宴乐，损矣。"（有益的交友有三种，有害的交友有三种。同正直的人交友，同诚信的人交友，同见闻广博的人交友，这是有益的。同善于走邪道的人交朋友，同善于阿谀奉承的人交朋友，同善于花言巧语的人交朋友，这是有害的。……有益的喜好有三种，有害的喜好有三种。用礼乐调节自己为喜好，以称道别人的好处为喜好，以有许多贤德之友为喜好，这是有益的。喜好骄傲，喜欢闲游，喜欢大吃大喝，这就是有害的。）

（7）是非对错，直心上。无心之过称为错，若是明知故犯便是罪恶。知错能改，就弥补了错误。如果不但不认错，还要去掩饰，那就是错上加错了。

因此，道不可以进而求名，却可以退而修身。（参见《文子·符言》："故道不可以进而求名，可以退而修身。"）因为，正反两个方面相反相成，互相转化，这是道的常规和常态。（参见《文子·道原》："反者道之常也。"）

3. 高真德道悟鉴

吕祖认为：此章洞烛常虚、光明内固也。

圣人者，神也。常心，世俗之心、知识之心；神静真心现，故圣人无常心。百姓者，气也。气固真空，虚灵之心出，如天之无心而实有心存，故以百姓之心为心。

善者，淳善之辈，真常清静，吾得妙矣，故善之。不善者，尘凡外务，搅乱真道，吾以静治之。无所以乱我之本来，清静虚神，淳化浑然，吾亦善之。"德"字，作"得"看，我之真灵不昧，静极而量弘，天地山川，无所不容，量弘则德重，如天之德，上德不见其德，德善矣。

信者，不无欺也，时至而到也。吾得静之妙，信乎其玄玄矣。不信者，时未至也，坚心清静，必候其至，吾亦以信待之，如此之淳德，乃得信矣。

圣人之在天下，即神之返室矣。神归于室，常慄慄然，慄慄是无人无我之境，"是天下浑其心"，虚中不昧的意思。一气浑然，而"百姓皆注其耳目"；一神虚无，而圣人皆孩之。宁神混沌，凝其虚中，神凝于气，气怀于神，神气合一，运用于虚中，空空于身外，则百姓之耳目真注矣。

圣人无常心，真孩矣。霹雳一声虚空粉碎，飘飘荡荡，不知天地，而我内有天地；不运五行，而我自然转动；不知其身而真身见矣；不知其心而真心明矣。真身见，真心明，圣人物外之神，则常心泯矣，非道而何！①

黄元吉云：圣人之心，空空洞洞，了了灵灵，无物不容，却无物不照，如明镜止水，精光四射，因物付物，略无成心，何其明也！大无不载，小无不包，妍媸美恶毫无遗漏，何其容也！虽然，究何心哉？不矫情，亦不戾物，故曰："圣人无常心。"盖谓圣人未至不先迎，已过不留恋，当前不沾滞，无非因物赋形，随机应变，以百姓之心为心而已。夫百姓又有何心哉？不过好善恶恶而已。所以圣人于百姓之善者，奖之劝之；于百姓之不善者，亦无不诱之掖之。是善与不善，圣人皆以阔大度量包容之，自使善者欣然神往而益勉于为善矣，不善者亦油然心生而改不善以从善矣，斯为"德善"矣。上好善则民莫敢不从，其感应之机自有如此之不爽者。圣人又于百姓之信者钦之仰之，于百姓之不信者亦无不爱之慕之，是信与不信，圣人俱以一诚不二包涵之，自使信者怡然理顺而弥深于有信矣，不信者亦奋然兴起而易不信以从信矣，斯为"德信"矣。上好信则民莫敢不用情，其施报之理不诚有如此之至神哉？民德归厚，又何疑乎？况人同此心，心同此理。圣人以一心观众心，一理协万理，天下虽大，纳之以诚，百姓虽繁，括之以义，纵贤奸忠伪万有不齐，而圣人大

---

① 老子. 吕祖秘注道德经心传［M］. 吕岩，释义；韩起，编校. 桂林：广西师范大学出版社：102－103.

公无我，一视同仁，开诚布公，推心置腹，浑天下为一体，自有民日迁善而不知为之者。其过化存神之妙，岂若后世劝孝劝忠、示礼示义所能几及耶？故曰"惵惵然为天下浑其心"焉。盖视天下为一家，合中国如一人，其仁慈在抱、浑然与百姓为一如此。故百姓服德怀仁，无不爱之如父母，敬之若神明，仰之同师保，凡系耳之所闻、目之所见，恒视圣人之声容以为衡，此外有所不知，故曰："百姓皆注其耳目。"百姓之望圣人如此，圣人亦岂有他哉？惟御众以宽，使众以慈，如父母之于孩子，贤否智愚，爱之惟一，提携保护，将之以诚。如此而天下有不化者，未之有也。无为之治如此，以视夫言教法治者，相距不啻天渊矣。

黄元吉又云：经中"圣人"喻心，"天下"喻身。圣人之修身，不外元神元气。然人有元神即有凡神，有元气即有凡气。下手之初，岂能不起他念、不动凡息？惟知道者，养之既久，自有元神出现，我以平心待之；即他念未除，我亦以平心待之。如此而元神有不见者，未之有也。元神既生，修道有主，又当静守丹田，调养元气。我于此时，于元气之自动，当以和气处之；即凡气之未停，亦当以和气待之。如此而元气有不生者，亦无之也。须知元神为凡神遮蔽，如明镜为尘垢久封，不急磨洗，岂能遽明？元气被凡气汩没，犹白衣为油污所染，不善浣濯，焉得还原？于此而生一躁心、动一恶念，是欲寻元神以为体，而识神反增其势，欲求见性，不亦难乎？是欲得元气以为主，而凡气愈觉其盛，欲求复命，岂易事哉？惟圣人之治天下，不论善恶诚伪，一以仁慈忠厚之心待之，善者善之，不善者亦善之，信者信之，不信者亦信之，一团天真浑然在抱。即此是虚，即此是道，虚自生神，道自生气，应有不期然而然者。否则，心若不虚，已先无道，而欲虚神之克见、道气之长存，其可得乎？修身治世，道同一道，理无二理，知治世即知修身，明外因即明内理，故以此理喻之，其示学者至深切矣！学人用工，当谨守真常，善养虚无，则元神元气自然来归。若起一客念，动一客气，恐不修而道不得，愈修而道愈远矣。学者慎之戒之！①

---

① 黄元吉．道德经精义［M］．北京：中央编译出版社，2014：129－131．

第四节 《生死》

一、《生死》章经文内容

出生，入死。

生之徒十有三；死之徒十有三；而民生生，动皆之死地之十有三。

夫何故也？以其生生也。

盖闻善执生者，陵行不辟兕虎，入军不被甲兵；兕无所椯其角，虎无所措其爪，兵无所容其刃。

夫何故也？以其无死地焉。

二、《生死》章经文释读

1. 文字释读

十："十"从金文开始成为指事字。"十"的甲骨文▎是象形字，像一根用于记事的垂悬绳子（参见"冬"与"系"）。古人用结绳记事、计数，一根绳子代表一个记事主题，代表全数。金文▎承续甲骨文字形。有的金文▎在绳上加圆点指事符号●，表示结绳记事。有的金文十将表示结绳的圆点指事符号●写成短横指事符号一。造字本义：一根用来打结记事的绳子，代表满数、全数。篆文十承续金文字形。"十"是打满了结的记事绳子（参见"系""纪"）；"百"是不断地说（白）；"千"是不断地走（迁）；"厉"（万）是遍布山岩的蝎子；"億"（亿）是无限地憧憬。

《说文解字》："數之具也。一爲東西，丨爲南北，則四方中央備矣。凡十之屬皆从十。"（表示十进位所需数都已具备。"一"代表世界的东西，"丨"代表世界的南北，"一"和"丨"相交成"十"，则表示东西南北中齐备。甲骨文像用一根树枝代表十，金文像是结绳记数，用一个结表示十，后来一点变成了一横。所有与十相关的字，都采用"十"作边旁。）本指九加一的和。十

206

作数词同本义（指十分、十份；如十一——十分之一；十半——十分之五），表示约数（十来个），特指十倍（如十伯——十倍百倍），序数的第十位（如十五删——诗韵中上平声第十五个韵目；十四寒——诗韵中上平声第十四个韵目；十三元——依据《佩文诗韵》，"元"字列在上平声第十三位，故称）。十作形容词表示多、齐全、完备（如十变五化——变化多端；十数——十多、十几，表示众多；十荡十决——多次冲击均能破敌；十万——数目，又形容数量极多；十尧——圣人众多；十有八九——绝大多数），通"什"，杂（如十样锦——有各种不同花纹的织锦）。

陵：甲骨文 = ▮（阜，盘山石阶）＋▮（大，跨步登山的人）＋▮（止，前行），表示沿石阶登山。有的甲骨文▮明确石阶▮的形象，省略"止"▮。造字本义：动词，拾级而上，登上高山。金文▮严重变形。篆文▮综合甲骨文字形▮与金文字形▮。隶书陵将篆文字形中的"阜"▮写成"左耳旁"阝，并误将篆文字形中的▮写成夌。当"陵"的"登山"本义消失后，后人用同音字"凌"代替。

《说文解字》："大阜也。从阜，夌聲。"（高大的山阜。字形采用"阜"作边旁，表示与地形地势的高低上下有关，"夌"是声旁。）本指大土山。陵作名词同本义（如陵谷——山岭和深谷；陵谷变迁——高山深谷变换位置，比喻世事变化；陵丘——后高前低平的大丘；陵居——居住在山陵地区；陵隰——山陵和低湿之地；陵阿——山陵；陵衍——高而广的丘陵地），山、山头，姓氏（如陵尹——复姓）。陵作动词指升、登（如陵云——升上云霄，比喻超尘绝俗或神仙的境界，通凌云；陵霄——升上云霄），超越、逾越（如陵架——超越其上；陵越——超越，也作凌越；凌迈——超越），古同"凌"，侵犯、欺侮，日渐衰微（如陵夷——渐次衰颓，同陵迟），凌驾（如凌架——凌驾；陵跨——跨越、凌驾）。

辟：本字"辟"：辟，甲骨文▮＝▮（人）＋▮（辛，刑具），表示行刑杀人。有的甲骨文▮加"口"▮（头颅），强调砍头的含义。造字本义：行刑砍头。金文▮将甲骨文字形中的▮写成▮。籀文▮将金文字形中的"辛"▮写成"辛＋匕"的▮。篆文▮承续金文字形。隶书▮将篆文字形中的▮写成▮，将篆文字形中的▮写成▮。

《说文解字》："法也。从卩从辛，節制其辠也；从口，用法者也。凡辟之屬皆从辟。"（律法。字形采用"卩、辛"作边旁，表示节制人们的犯罪意念；用"口"作边旁，表示执法者。所有与辟相关的字，都采用"辟"作边旁。）本指法律、法度。辟读 bì，作名词同本义，指君主，古称官吏，罪、罪行。辟作动词，通"避"，回避、躲避（如辟邪——避免或驱除邪恶），征召来授予官职之义。

辟，合并字"闢"：既是声旁也是形旁，表示砍头，斩成两截。闢，金文 𤇾 = 𐤁𐤁（门）＋ 𢆶（双手），表示双手将关闭的两扇门同时推开。籀文 𨳿 承续金文字形。篆文 𨳿 另造会义兼形声的字形：𨳿 = 門（门）＋ 辟（辟，斩成两截）。造字本义：将两扇关着的门一分为二地撞开。隶书 闢 将篆文字形中的 門 写成 門，将篆文字形中的 辟 写成 辟。

《说文解字》："闢也。从門辟聲。闢，《虞書》曰：'闢四門。'从門从廾。"（开启大门。字形采用"门"作边旁，"辟"作声旁。闢，《虞书》上说："开启四门。"字形采用"门、廾"会义。）本指打开、开启。辟读 pì，作动词同本义（如辟阖——开合；辟翕——开合；辟门——开门，后比喻广开贤路、访求人才；辟面——辟头，开头、起首；辟道——开道），开辟、开拓（如辟地——开辟疆域；辟土——开拓疆域），驳斥（如辟驳——驳斥），开垦（如辟田——开垦田地，同辟土；辟治——开发治理；辟除——开垦），屏除、驱除（如辟邪——屏除邪恶）。辟作形容词表示开阔、宽广，通"僻"，有偏僻、邪僻之义。

兕：甲骨文 𧁞 像头顶上长着独角的犀牛的形状，有的甲骨文 𧁞 在象形的基础上有所简化，突出其角。《六书通》里的字形有 𧁞、𧁞、𧁞、𧁞、𧁞，篆文 𧁞 基本承续《六书通》字形，还有的篆文写作 𧁞，隶书 兕 进一步简化，楷书写作"兕"。"兕"字古代指犀牛，皮厚，可以制甲。

《说文解字》："如野牛而青，象形。"（兽名，状如野牛而青，一种雌性犀牛。）本指古代传说中的独角兽，似牛青黑，角助文德。兕作名词同本义，指古代一种酒器（如兕觥）。《尔雅》："兕，似牛。"郭璞注："一角，青色，重千斤。"《三才图会》记载，兕似虎而小，不咥人。夜间独立绝顶山崖，听泉声，好静，直至禽鸟鸣时，天将晓方归其巢。兕为文德之兽，常见于古代青铜器与画像图饰中，是力量与威猛的象征。

角：甲骨文Ⓐ、Ⓐ像牛或其他大型动物头上弯曲、尖硬、带纹路的自卫器官，古人将其用作量器和乐器。造字本义：牛、兽头上弯曲坚硬的自卫器官，亦用作量器和乐器。金文Ⓐ、Ⓐ在顶端加⊐、入，表示挂扣。篆文Ⓐ误将金文Ⓐ的挂扣状入写成了"人"⊅。

《说文解字》："獸角也。象形，角與刀、魚相似。凡角之屬皆从角。"（兽角。象形，角与刀、鱼相似，像兽角形。所有与角相关的字都采用"角"作边旁。）本指动物的角。角读 jiǎo，作名词同本义（如角灯——用透明角质物做罩的灯；角带——缀有角质饰物的腰带；角弓——用兽角做装饰的硬弓；角枕——用兽角来装饰的枕头；角马——马头上生角，比喻违反常态；角节——用犀角做的符节），突起的额骨（如角犀——额角近头发边缘，隐然隆起，有如伏犀，称为角犀；角崩——以头叩地），古代未成年的人（头顶两侧束发为髻，状如牛角，故称角；角儿——头顶向上竖起的发髻，总角；角髻——古代童稚的发髻，状如牛角；角发——束发如角状），几何学上称两条直线相交于一点所形成的形状或所夹的空间（如锐角、钝角、对角、补角、夹角，角台、角明——标明，因标注在角上而得名；角佩——以角锥制成的佩饰），角落（如门角；拐角；墙角；角子——角落、阁子、小屋、饺子；角子门——侧门、边门；角隅——角落），形状像角的东西（如皂角、菱角；角冠——道士的尖帽子；角田——豆田、豆角；角黍——粽子；角巾素服——泛指便服；角巾私第——去官服，换上角巾而住私宅，多用于恭维官员居功不傲），伸入水域的、陆地的尖端或延长部分，或如半岛或如突出的尖端（如好望角、科德角），借指禽兽（如角物——泛指有角的动物），斜（如角槎——斜砍），号角，通"斛"，指古时平斗斛的工具。角作量词指我国辅币名，十角等于人民币一元（如角票——票面以角为单位的纸币的统称；角洋——旧时通用的以角为单位的小银币），四分之一（如一角饼），古代量器名。角读 jué，作名词指古代盛酒的器具（青铜制，形似爵而无柱与流，两尾对称，有盖，用以温酒和盛酒），角色、人物（如主角、配角），行当（即主要根据戏曲演员所扮演人物的性别和性格等划分的类型，如旦角），演员（如男角、女角）。角作动词有比试、竞争（如角试——通过比赛成绩比较优劣；角力——比赛武力，动武），衡量、考察之义。

　　虎：甲骨文像大口、长足、纹身的猛兽。有的甲骨文夸大兽口形象，略去兽身的斑纹。金文承续甲骨文字形。有的金文突出两只利爪。籀文"　　"　　将金文的爪写成两个"匕"，同时加"勿"，强调虎的"杀戮"本性。篆文将金文字形底部的尾形写成"人"，表示虎是会袭击人类的猛兽。造字本义：会袭击人类的山中兽王。隶书承续金文字形，空出利爪的倒"止"形。楷书虎则将篆文的"人"形写成"几"。

　　《说文解字》："山獸之君。从虍，虎足像人足。象形。凡虎之屬皆从虎。虒，古文虎。　　，亦古文虎。"（山林的兽中之王。字形采用"虍"作边旁，虎足像人足。象形，金文字形像以虎牙、虎纹为特征的虎形。所有与虎相关的字，都采用"虎"作边旁。虒，是古文写法的"虎"。　　，这也是古文写法的"虎"。）本指老虎。虎读hǔ，作名词同本义（亚洲产的一种大型食肉类哺乳动物，在黄褐色的毛皮上有黑色横纹，尾长而无簇毛，有黑圈，下体大部白色，无鬣，体形比狮子略大，如虎啸——虎吼叫；虎跃——猛虎腾跃），凡伤害物类之虫（也以虎名之），虎古同"琥"，表示琥珀，姓氏。虎作形容词比喻威武勇猛（如虎虎势势——勇猛的样子；虎豹——勇猛的战士；虎旅——勇猛的军队），比喻残酷凶暴。虎作动词指脸色陡变而露出严厉或凶恶的表情（如虎视鹰瞵——凶狠地注视着，将欲有所攫取），虎古同"唬"，表示威吓（如虎虒——吓唬、恐吓；虎唬——威吓；虎吓——吓唬）。虎读hù，作名词，如虎不拉（北京方言，指伯劳鸟，比喜鹊稍大的一种鸟，性猛善鸣，又指人态度蛮横）。

　　措：昔，既是声旁也是形旁，是"厝"的省略，表示放置。金文　　＝　　（手）＋　　（昔，"厝"，放置），表示摆放、放置。造字本义：摆放，放置。篆文承续金文字形。隶书措将篆文的"手"简写成扌，是失去五指的形象，将篆文的　　写成昔。

　　《说文解字》："置也。从手，昔聲。"（摆放。字形采用"手"作边旁，采用"昔"作声旁。）本指放置、安放。措作动词同本义（如措置——安放、料理；措身——安身、置身；措手——着手处理；措手不迭——形容做事迅速敏捷），处理、安排（如措注——处置；措处——料理、安排），筹划办理

（如筹措、措画——筹划；措处——筹办、置办），施行、运用（如措施——施行、设施），废弃、搁置。

爪：是"抓"的本字。爪，甲骨文 　像一只手，是方向朝下的"又" 　，像一只手因有所抓持而下垂的样子。造字本义：动词，用手抓持。金文 　、篆文 　承续甲骨文字形。隶书 　变形，写成一撇 　加三点 　。当"爪"的"抓持"动词本义消失后，楷书再加"手"另造"抓"代替。

《说文解字》："丮也。覆手曰爪。象形。凡爪之属皆从爪。"（用手抓持。手掌下覆时叫"爪"。字形像手向下持物的样子。按甲骨文和小篆字形，"又"是手，两点表手爪甲形。所有与爪相关的字都采用"爪"作边旁。）本指人的指甲、趾甲。爪作读 zhǎo，作名词同本义（如爪甲——动物手指或脚趾前的角质硬壳），鸟兽的脚趾（如张牙舞爪、前爪、一鳞半爪；爪嘴——鸟类的爪和嘴），像爪的东西（如棘爪、掣爪或制动爪）。爪作动词表示抓、搔，剪指甲或趾甲（如爪足——剪脚趾甲；爪手翦须——修剪手指甲和胡须；爪翦——修剪手指甲和脚趾甲）。爪读 zhuǎ，作名词表示鸟兽的脚爪（多指有尖甲的，多用于口语）。

刃：甲骨文 　是指事字，在"刀"的锋面 　上方加一点指事符号 　，表示刀口。造字本义：刀的锋利部位。篆文 　将甲骨文的 　写成 　。刀的锐利部位叫"刃"，用刀刃砍斫叫"办"（创）。

《说文解字》："坚也。象刀有刃之形。凡刃之属皆，从刃。"（刀的坚锋。像刀有刃的形状。小篆字形，在刀上加一点，表示刀锋所。所有与刃相关的字，都采用"刃"作边旁。）本指刀口、刀锋。刃作名词同本义（指刀的锋利部分，如刀刃，迎刃而解），表示刀剑类的利器（如策马露刃，刃器——刀剑之类的兵器，利刃在手）。刃通"仞"，表示长度单位。刃作动词表示杀死（指用刀杀，如手刃对手），磨。刃做作形容词，通"韧"，有柔软而坚固之义。

2. 章意疏解

出生，入死。（此段概括了无中生有、有归于无的生灭规律。）

刘巘《易义》云："自无出有曰生。"《易·系辞》云："天地之大德曰生。"

大千世界中的芸芸众生，迎来送往，生老病死，朝起夜眠，醒生梦死，每天都按照自己的人生方向行进。生为有，死为无。有从无中来，终归无中去。

生之徒十有三；死之徒十有三；而民生生，动皆之死地之十有三。（此段阐述了人生的不同方向所占的比例。）

其中，心念行为及其思维，向生长的方向行进的有十分之三，向老死的方向行进的有十分之三。民众生生不息的心念行为，凡动皆向死地行进的有十分之三。

河上公注："所以动之死地者，以其求生活之事太厚，违道忤天，妄行失纪。"《文子·符言》中引用老子的话说：人有三种死法，都不是因年老而自然死亡：饮食没有节制，轻易地伤害身体，各种疾病便共同杀死了你；欢乐没有止境，贪得不知满足，各种刑罚便共同杀死了你；以少犯众，以弱小欺凌强大，军队便共同杀死了你。嗜欲死于病，利欲死于刑，强梁死于兵，三者所死不同，但死于非命却是相同的，祸福无门死生在于己，非命而亡，都是自取灭亡罢了。（参见原文"老子曰：人有三死，非命亡焉：饮食不节，简贱其身，病共杀之；乐得无已，好求不止，刑共杀之；以寡犯众，以弱凌强，兵共杀之。"）

夫何故也？以其生生也。（此段承上总结，以反问句进行自问自答。）

这是什么原因呢？因其生生不息。《庄子·大宗师》曰："杀生者不死，生生者不生。"（大道流行能使万物生息死灭，而它自身是不死不生的。肃杀万物的自身不会立即消失，生育万物的自身不再产生意念。）能主宰死亡的就不会死亡，能主宰生化的就不会生化。人如果不明白道德内涵与人生真谛，违背道生德养的自然规律，就会在错误的意识引导下，举动行事。方向错了，一切努力都是徒劳。

盖闻善执生者，陵行不辟兕虎，入军不被甲兵；兕无所揣其角，虎无所措其爪，兵无所容其刃。（此段以善执生者为例，指出了生命境界中的向上一路。）

对于常道中的人来说，生老病死是不变的生命法则；对于明白大道的人来说，长生久视是完全可以实现的，善执生者就是这样的典型。只要掌握正确的理论和方法，进行真实的刻苦实践，与天地同寿，与日月长存，都是有径可寻的，并非无迹可求。

曾经听说，善于养性摄生的人，在山陵间行走，不躲避兕与猛虎；在军营中不会被甲兵所伤；兕角没有可刺击的地方，虎爪没有可进攻的地方，兵刃没有适宜其施展锋利的地方。

夫何故也？以其无死地焉。（此段告诉世人如何正确把握人生的方向。）

那是什么原因呢？因为这样的人善处生而无死地。正如《中庸》所言："君子素其位而行，不愿乎其外。素富贵，行乎富贵；素贫贱，行乎贫贱；素夷狄，行乎夷狄；素患难，行乎患难。君子无入而不自得焉。"（君子安于目前的地位做他所应该做的事，不羡慕自己地位以外的东西。地位富贵，就做富贵人做的事；地位贫贱，就做贫贱人应该做的事；处在夷狄的地位上，就做夷狄应该做的事；处在患难的地位上，就做患难时应该做的事。如此，君子无处不感到悠然自得。）

三、老子的智慧启示

在《生死》章中老子对世人的启发主要是关于生命的向度（或境界）。这里的向度（Dimension）是一个判断、评价和确定一个事物的多方位、多角度、多层次的概念。

生命对每个人来说只有一次，既短暂又宝贵。如何正确对待生与死，让生命在充实无悔中度过，活得有意义，这是每个人都应该思考的，也是自古以来人类一直在书写的一份答卷。如何恰当地把握人生的高度和温度，以及长度和广度，前人为我们留下了这样的昭示。

1. 历史的生死观

（1）处顺境不骄狂。

与这方面有关的人生格言非常多，简要列举几则，比如："莫轻视此身，三才在此六尺。莫轻视此生，千古在此一日"；"求医药，不如养性情"；"善处身者，必善处世；不善处世，贼身者也"；"善处世者，必严修身；不严修身，媚世者也。""天薄我以福，吾厚吾德以迓之；天劳我以形，吾逸吾心以补之；天危我以遇，吾享吾道以通之；天苦我以境，吾乐吾神以畅之"；"以镜自照见形容，以心自照见吉凶"；"谦卦六爻皆吉，恕字终身可行"；"作践五谷，非有奇祸，必有奇穷；爱惜只字，不但显荣，亦当延寿"；"势可为恶而不为，即是善；势可为善而不为，即是恶"；"慎风寒，节饮食，是从吾身上却病法；寡嗜欲，戒烦恼，是从吾心上却病法"；"少思虑以养心气，寡色欲以养肾气，勿妄动以养骨气，戒嗔怒以养肝气，薄滋味以养胃气，省言语以养神气，多读经以养灵气，顺时令以养元气"，等等。

（2）处逆境不颓唐。

屈原在人生不适意时喊出了铮铮之言："纷吾既有此内美兮，又重之以修能"（天赋给了我很多良好的素质，我还要不断加强自己的修养）；"亦余心之所善兮，虽九死其犹未悔"（这是我心中追求的东西，就是为此多次死亡也不后悔）；"民生各有所乐兮，余独好修以为常"（人们各有自己的爱好啊，我独爱好修养美德，并对此习以为常）；"路漫漫其修远兮，吾将上下而求索"（前面的道路啊又远又长，我将百折不挠地追求和探索）。司马迁在《报任安书》中提出了"人固有一死，或重于泰山，或轻于鸿毛，用之所趋异也（人本来就有一死，但有的人死得比泰山还重，有的人死得却比鸿毛还轻，这是因为他们追求的目的不同啊！）"。对生死的价值判断是既不轻看生命，也不随便豁出去拼命。对生命的取舍要看是否有必要，是否符合"舍身取义"的儒家标准，正如《孟子》中所言："生，亦我所欲也，义，亦我所欲也。二者不可得兼，舍生而取义者也。"（生，是我想要的；义，也是我想要的；但这两样东西不可能同时得到，那就舍弃生命而选择义。）又说，生命是我想要的，但我想要的还有超过生命的东西，我就不想随随便便地得到。死亡亦是我所厌恶的，但所厌恶的东西超过了死亡，因此害怕是避开不了死亡的。如果人们所想要的不超过生命，那么所有求生的手段，有何不可用呢？如果使人们所厌恶的不超过死亡，那么凡是可以避开灾患的手段，为什么不去做呢？由此有能生存的手段却不去用，由此得以避开灾害的事情却不去做，是因为所想要的超过了生命，所厌恶的超过死亡。不仅贤能的人有这样的心思，人人都有，只不过贤能的人没有丧失本性。（原文："生亦我所欲，所欲有甚于生者，故不为苟得也；死亦我所恶，所恶有甚于死者，故患有所不辟也。如使人之所欲莫甚于生，则凡可以得生者，何不用也？使人之所恶莫甚于死者，则凡可以辟患者，何不为也？由是则生而有不用也，由是则可以辟患而有不为也。是故所欲有甚于生者，所恶有甚于死者，非独贤者有是心也，人皆有之，贤者能勿丧耳。"）

"竹林七贤"在那个"名士少有全者"的特殊时代，在无法自主把握生命长度的境遇下，以增加生命的宽度来实现生命的价值，成为"魏晋风度"的代表。苏轼《临江仙·送钱穆父》曰："人生如逆旅，我亦是行人。"李清照《夏日绝句》曰："生当作人杰，死亦为鬼雄。"文天祥《过零丁洋》曰："人生自古谁无死，留取丹心照汗青。"于谦《石灰吟》曰："粉骨碎身浑不怕，要留清白在人间。"郑思肖《画菊》曰："宁可枝头抱香死，何曾吹落北风中。"郑燮《竹石》曰："千磨万击还坚劲，任尔东西南北风。"鲁迅先生在《且介亭杂文·中国人失掉自信力了吗》中也说过："我们从古以来，就有埋头苦干的人，有拼命硬干的人，有为民请命的人……虽是等于为帝王将相作家谱的所谓'正史'，也往往掩不住他们的光耀，这就是中国的脊梁。"不管是身处顺境的谆谆诚言，还是身处逆境的钢筋铁骨，他们身上所体现出来的都是对生命的执着追求和对高尚人格的坚守，以及对美好生活的向往。这种对自己对人生认真负责的态度，至今依然对世人有一定启发。

2. 老子的生命观

《庄子·外篇·至乐》中所记载庄子"鼓盆而歌"的故事，既有趣又让人深思，庄子的妻子死了，惠子去吊丧，看到庄子正蹲坐着，敲着盆子唱歌。惠子说："妻子和你生活在一起，为你生儿育女，现在老而身死，你不哭也就算了，竟还敲着盆子唱歌，这不是太过分了吗？"庄子说："不是这样的。当她刚死的时候，我怎能不哀伤呢？可是发现她起初是没有生命的，不仅没有生命还没有形体，不仅没有形体还没有气息。在若有若无之间变而成气，气变而成形，现在又变而为死。这样生来死往的变化就好像春夏秋冬四季运行一样。人家静静地安息在天地之间，而我还在啼啼哭哭，我认为这样是不通达生命道理的，因此才不哭。"……万物都是出于自然，又归于自然。（原文"庄子妻死，惠子吊之，庄子则方箕踞鼓盆而歌。惠子曰：'与人居，长子、老、身死，不哭亦足矣，又鼓盆而歌，不亦甚乎！'庄子曰：'不然。是其始死也，我独何能无概然！察其始而本无生；非徒无生也，而本无形；非徒无形也，而本无气。杂乎芒芴之间，变而有气，气变而有形，形变而有生。今又变而之死，是相与为春秋冬夏四时行也。人且偃然寝于巨室，而我噭噭然随而哭之，自以为不通乎命，故止也。'……万物皆出于机，皆入于机。"）当然，庄子在此是借事来阐发生命出有入无的成灭变化规律。他达观也好，悟道也罢，对人们如何勘破生死、正确对待生命也是一副清醒剂。

《文子·符言》中说，人有三种怨恨：当你爵位太高人们就嫉妒你，当你的官位太大人们就厌恶你，当你的俸禄太厚人们就责恨你。爵位越高的人，心意越关注百姓，官位越高的人，心胸越要谦卑，俸禄越厚的人，施舍越要广博，修养到这三点，怨恨就没有了。（原文："人有三怨：爵高者，人妒之，官大者，主恶之，禄厚者，怨逮之。夫爵益高者意益下，官益大者心益小，禄益厚者施益博，修此三者怨不作。"）这是教人如何修德以免除怨恨。

老子的生死观是非常积极的，且不说其他的，就五千言中所阐述的，且梳理一下来看。首先，如何对待生死。在《生死》章中，开头提到万物生灭的总规律就是"出生入死"，出入于有无之间。其次，列举了芸芸众生的不同生命方向及其所占的比例。最后，重点阐述了"善执生者"的境界。让世人学习善执生者的榜样，学习他们如何立身处世，如何养生执生的人生智慧。也就是说，在生与死的态度上，老子只谈生，对死一带而过。并且，在论及生时，只谈善于养生执生者，只说如何不断提升生命质量和生存境界，少说或不言及其他。《贵生》章说："民之轻死，以其求生之厚也，是以轻死。夫唯无以生为者，是贤于贵生。"（民众不惜身家性命，铤而走险，是因为被谋求生存的强烈愿望所驱使，因此不看重死亡。民众看轻死亡，必然看轻生存。只有明白人生的真谛，正确把握生命的方向，不为生存而处心积虑，才是崇尚以生为贵，珍惜和尊重生命。）

《浴神》章说："浴神不死。"（让自己的精神系统一直沐浴在道德的能量中汲取营养，就会永远长存。）《居位》章中说："以道莅天下，其鬼不神；非其鬼不神也，其神不伤人也；非其神不伤人也，圣人亦弗伤也。夫两不相伤，故德交归焉。"（以道莅临天下、以德行走世界，则鬼怪钦服，无处显示其神通。不是鬼怪无处施展神通，而是其神通无法伤人。不是因为其神通伤不了人，而是因为修养到圣人境界后，心正意诚，正气存内，邪不可干；同时，圣人恒无心，物我两忘，圣人与物相处，不伤害对方，物也不来伤害。双方都不相互伤害，就是德上往来、以德相互交往的缘故。）《尽己》章中说："不失其所者，久也；死不忘者，寿也。"（能够各得其宜、各处其适的人，才是真正的长久；躯体已死，仍不被人所遗忘，甚至无生无死的人，才是真正的长寿。）

此外，老子提出"长生久视"的养生命题。《长生》章说："早服谓之重积德；重积德则无不克；无不克则莫知其极；莫知其极，可以有国；有国之母，可以长久。是谓深根固柢，长生久视之道。"（早得一就叫作重视积累德行；重视积累德行，就可以无所不能；无所不能，则德一品格和能量的作用力就不可限量。道德的能量在身国内全面发挥功效后，则身可健国可安。身国中拥有德一能量和品格这个性命的根本物质后，身国就可以实现长久。这就叫做深植道根，巩固德本。以道德能量营养强固生命，就是长生久视的方法。）《宠辱》章说："吾所以有大患者，为吾有身也，及吾无身，有何患？"（我最大的忧患就是有这个承载历史因由的形体，如果没有这个载因之身的制约，我还有什么忧患呢？）这段话对我们的启示是，既要涵养精神，又要锻炼形体。把自己这个载因之器锻造成载德之器、载道之器，那就没有忧患了。道德是人类万物的源头，又是最终的归宿。人始终不离开道域德境，让生命不断地净化、提纯、升华，才是生命存在的价值和人之所以为人的意义所在，也可说是"生生不息"的道解德释。其实，任何时候，不管外部环境如何变化，自己应该始终把握正确的方向，做生命的主人。德全者形全，形全者神全，得道者身全，有了身这个载体，才可以谈及其他的生命活动及其作为，否则一切都无从谈起，而这才是道德修身的初衷。几千年历史的借鉴，使人们把这一点看得更加清楚。

3. 高真德道悟鉴

吕祖认为：此章外其身形以求身外之真身，故无生亦无死。

夫有生死，生者死之门，死者生之户；处有心之生，人无有心之死，生之徒十有三矣。生生者，生一气之真；死死者，死通灵之心。忘其生即忘其死，不待穿凿而归自然，十之中有三矣。三三之数，老阳之体，去九而归于一，纯阳之体矣。此句太上破九转之说。九转还丹，是耶，非耶？世人以讹传讹，讹作为九转，非九转也。九者，阳也，金也，阳九之数，返而归一，谓之"十有三"。"死之徒十有三"，言人入于作为，求术求长生，岂止避了九数，而妄作九转之行功，不能归一而反闭阳金，则又落地矣。必有落地伤生取死之道也。夫何故？生生之厚，求生之心切，反有死矣。

民者气也，气生则生，气动则地见，气见则阳金生，金生而动，动则九数纯，纯而返一，不厚生而生金矣。如是则五谷、五味、药物、方术等，皆生生也。外此则不生，殊不知反害也！

盖闻善养生者，忘其生亦忘其死，俱从无心无意中而长生。有心则铅耗，有意则汞竭，铅耗汞竭则死矣。何以故？因作为而求生，岂知反死也！

善摄生者，陆行不遇兕虎：陆乃命也，忘其命则真龙真虎见，是以兕虎不遇，因其无心也。军者，性也，入于性则不避兵戈。兵戈者，刀圭也，戊土己土也。性定真心见，二土自然归中，何待作为？因其忘身也。身心既忘，天地自然交泰，不惟兕虎无能投措其角爪，兵亦不能容其锋刃乎！因其忘人、我、形，而凝神定性，气和得命，清天静地是也。返于虚，归于空，气息神灵，惟存一性，兕虎、兵戈，安能得害！夫何故？因其无死地。盖其不入于术而常虚也。有术者必死，无术者性生，修道者岂可行术耶！①

黄元吉云：天地之生物也，虽千变万化，无有穷极，而其道不外一阴一阳盈虚消长、进退存亡而已，其间亦无非一太极之理气流行而已。夫生死犹昼夜也，昼夜循环运行不息，亦如生死之循环迭嬗不已。但其中屈伸往来，原属对待两呈，无有差忒。自出生入死者言之，则遇阳气而生者十中有三，逢阴气而死者亦十中有三。其有不顺天地阴阳之常，得阳而生，犹是与人一样，自有生后，知识开而好恶起，物欲扰而事为多，因之竭精耗神，促龄丧命，所谓动之死地者亦十中有三。是生之数不敌其死之数，阴之机更多于阳之机，造化生生之理气不虞其竭乎？然而太极之元，无声无臭，动而生阳，静而生阴，发为五行，散为万物，极奇尽变，莫可名言，亦无欠缺。所以顺而出之，源源不绝；逆而用之，滴滴归宗。生者既灭，死者又添；死者既静，生者又动。此造化相因之道、鬼神至诚之德寓乎其间，自元始以至于今，未有易也。不然，万物有生而无死，将芸芸者充满乾坤，天地不惟无安置之处，亦且难蓄生育之机。此消者息之，盈者虚之，正所以存生生之理也。人能知天地生生之厚即在此消息

---

① 老子．吕祖秘注道德经心传［M］．吕岩，释义；韩起，编校．桂林：广西师范大学出版社，2014：104-105.

盈虚，于是观天之道，执天之行，于杀中觅生机，死里求生气，行春夏秋冬之令，合生长收藏之功，顺守逆施。彼天地生化众类，而成万年不敝之天，以此；人身返本还原，以作千古非常之圣，亦莫不由此。此岂靡靡者所能任哉？惟善于摄生之人，用阴阳颠倒之法、造化逆施之方，下而上之，往而返之，静观自在，动候阳生，急推斗柄，慢守药炉，返乎太极，复乎至诚，出有入无，亘古历今，同乎日月，合乎乾坤。以之遣大投艰，亦无入不得，即猛如虎兕，亦且化为同俦，利若甲兵，亦且销为乌有，亦何畏兕角之投、虎爪之措、兵刃之加，而计生死存亡于一旦耶？此何以故？以其无死地也。况圣人炼性立命有年，聚则成形，散则成气，日月随吾斡旋，风雷任其驱使。虎兕纵烈，兵刃虽雄，只可以及有形，安能施于无形？天下惟无形者能制有形，岂有有形者而能迫无形乎？噫！万物有形则有生死，圣人无形则无生死。且主宰乎生生死死之原，万物视之以为生死，有何人灾物害而漫以相加者哉？

黄元吉又云：此言十为天地之全数，三为三阳三阴。人禀乾三阳而生，遇坤三阴而死。此原是天地一阴一阳屈伸往来、循环相因之理，非阴无以成阳，非死无以为生，故休息退藏，无非裕生生之厚德于无疆也。其在纵情肆欲，灭理丧心，不顺阴阳，自戕身命，所谓动之死地，非耶？其生虽与人同，其死却与人异。盖顺阴阳而生死者，固太极之浑然在抱，俱两仪之真气流行；若逆造化而生死者，皆本来之元气无存，因后起之阴邪太甚。故皆曰"十有三"也。十者全数，即道之包罗天地；三者，天一生水，地二生火，一天二地，合水火而为三。且天一生水，金生水也，地二生火，木生火也，四象具焉。土无定位，游行于四象之中，即太极之纯粹以精者，主宰阴阳之气，运行造化之机。在天地则为无极，而太极之原在人身，静则无声无臭不二之元神，动为良知良能时措之真意。合之，即五行也。此天地人物公共生生之厚德，有物则在物，无物则还太虚，不以人物之生死而有加减也。是以善摄生者，入室静修，观我一阳来复，摄之而上升，摄之而下降，摄之而归炉温养。丹成九转，火候十分，所谓"道高龙虎伏，德重鬼神钦"者是，有何虎兕兵刃之害哉？试观古人深山僻处，虎兕为群，豺狼与伍，甘心驯伏，自乐驰驱者不少。又有单骑突出，群酋倾心，弃甲抛枪，敬如神明，爱若父母者。他如孝心感格，贼寇输诚，节烈森严，奸回恻念。皆由至诚之德有以动之也。观此而"兕无所投其角，虎无所措其爪，兵无所容其刃"，洵不诬也。要之，一元之理气，非造化有形之阴阳，我能穆穆缉熙至于光明，又何生死之有？彼有生死者，其迹也，我能泯其迹，一归浑沦之命、太和之天，虽迹有存亡，而理则长存而不敝，又何生之足乐、死之堪忧乎？古圣人舍生取义，杀身成仁，视刀锯为寻常，烹鼎镬为末事，此何以故？良以有得于中，无畏于外焉耳。故曰："无死地"。他注：水之成数六，火之成数七，合为十三，亦是。①

第五节 《尊贵》

一、《尊贵》章经文内容

道生之，而德畜之，物形之，而器成之。

是以万物尊道而贵德。

道之尊，德之贵也，夫莫之爵而恒自祭也。

道生之、畜之，长之、遂之，亭之、毒之，养之、覆之。

生而弗有也，为而弗寺也，长而弗宰也。此之谓玄德。

二、《尊贵》章经文释读

1. 文字释读

尊：甲骨文 ![字] = ![字] （酉，酒坛）+ ![字] （廾，双手，持举），像双手捧着 ![字] 酒坛 ![字]。金文 ![字] 承续甲骨文字形。有的金文 ![字] 误将"酉" ![字] 写成"酋" ![字]。篆文 ![字] 承续金文字形。简体篆文 ![字] 以"寸" ![字] 代替"廾" ![字]。造字本义：动词，手捧酒坛，献礼祭拜。隶化后楷书 ![字] 将篆文字形中的 ![字] 写成 ![字]，将篆文字形中的 ![字] 写成 ![字]。

《说文解字》："![字]，酒器也。从酋、廾以奉之。《周禮》六尊：犠尊、象

---

① 黄元吉. 道德经精义［M］. 北京：中央编译出版社，2014：132 – 134.

尊、著尊、壶尊、太尊、山尊、以待祭祀宾客之禮。尊，或从寸。"（盛酒的器皿。字形采用"酉、廾"会义，像双手捧举酒坛。《周礼》提到的六尊是：犀牛角做的酒樽、象牙做的酒樽、没有尊脚尊底着地的酒樽、壶形的酒樽、太古的酒樽、刻画了山峦的酒樽，祭祀和宴请宾客时用作礼器。尊，这是**尊**的异体字，字形采用"寸"作边旁。）本指酒器。尊作名词同本义（如携尊——端起酒器；尊觯——尊谭，泛指酒器；尊爵——泛指礼器或酒器；尊彝——尊、彝均为古代酒器；尊中弩——酒尊中的弩影），行使行政和司法职责的地方官员（如邑尊、县尊）。尊作动词表示敬重、推崇（如尊人——尊敬他人；尊上——尊敬长上；尊明——尊敬地对待并明示于人；尊贤——尊敬贤者；尊优——尊敬优待；尊齿——敬重年长者），重视（如尊用——重用；尊异——格外重视，《礼记·中庸》："故君子尊德性而道问学。"）减损。尊古同"撙"，表示节制、谦抑；同"遵"，表示遵行、遵从，置酒（把酒倒入杯、碗；尊中，如尊醮——酌酒），尊奉。尊作形容词表示尊贵、高贵（如尊大——尊贵伟大；至高至大，尊安——尊贵安泰；尊客——尊贵的宾客；尊遂——尊贵显达；尊胜——尊贵、尊严；尊肃——尊贵庄严；尊优——地位尊贵、生活优裕；尊爵——尊贵的爵位），高、高出（如尊远——高远；尊位——高位；尊者——称辈分或地位高的人；尊盛——位高势盛；尊属——辈分高的亲属），年龄大（如尊老——称年老的长辈；尊年——高龄；尊宿——年老而有名望的高僧），庄重、隆重（如尊礼——隆重的礼仪），重要、紧要（如尊要——重要；尊秘——重要而深秘）。尊作代词，表示敬词（对帝王、官吏的称呼，如尊王、尊君——称帝王；尊官——对官员的敬称），称呼父亲（既可称别人的父亲，如尊上、尊大人——称他人的父母；尊大君——称他人的父亲；尊甫、尊公、令尊、尊侯——敬称别人父亲；尊堂——敬称他人母亲；也可称自己的父亲、母亲，如尊慈，尊萱——对自己母亲的敬称；家尊，亦以称"伯叔"），对长辈的称呼（如尊上——尊长），对一般人的敬称（如尊篆——您的大名，客气说法；尊人——旧时称他人父母的敬词，尊官——尊敬的客官；尊壶——尊夫人；尊兄——对同辈年长者或己兄、他兄或朋友、共事者之间的敬称；尊姓——对人姓氏敬称；尊门——对人家族敬称）。尊作量词有称盛酒器，称塑像（如一尊佛像，一尊圣像），称大炮（如五尊大炮）

之义。

形：籀文**彭**＝**廾**（"井"的变形，矿井）＋**圭**（土，矿粉，指丹青等颜料）＋**彡**（彡，光彩），表示用矿物颜料着色。有的籀文**形**＝**廾**（开，"研"的省略，研磨）＋**彡**（彡，光彩），表示研磨有色矿石，制成丹青，用以着色。造字本义：着色加彩，以突出显示图案。篆文**形**承续籀文字形**形**。隶书**开彡**误将篆文的"开"**廾**（研）写成"开"**开**。"彤"是用朱丹上彩，使物品带上红色；"形"是着色加彩，使图案从背景中显示出来。

《说文解字》："象形也。从彡开声。"（描画，使其像物之形。字形采用"彡"作边旁，"开"是声旁。）本指象物之形。形作名词同本义（如形物——有形之物，条形、线形、方形、圆形、梯形、三角形、正方形、多角形、多边形），样子、形象（如形迹、地形、形式、形态），形体、实体（如形响——形体和声响；形解——形体超脱现实；有形、无形；形生——身体与性命；形性——形体和性质；形训——用文字形体的分析来解释字义），容色、容貌（如形藏——模样、身份；形质——容貌与性情；形清——容貌清俊），各种自然环境或地表的自然特征（如形便——地形有利；形要——形势险要；形局——地理格局），情势、形势（如形宜——按照形势所应注意之事），状况、地势（如形势），通"型"，表示模型。形古同"刑"，表示刑罚。形作动词表示画图形（如形摹——描摹），使之现形、显露、显示（如形藏——秘密、隐私；形见——显现、显形；形言——表现在言辞上），表现（如形诸笔墨、喜怒不形于色），比较、对照（如相形见绌），描绘，形成、成为某种形象之义。《广雅·释诂》："形，见也。"

器：金文**器**是个象形字，像纵横交错的经脉血管**犬**连接着两侧众多内脏**吅**。有的金文误将交错的经脉血管形状**犬**写成"犬"形**犬**。造字本义：由纵横交错经脉血管相连接的众多内脏组织。篆文**器**承续金文字形。隶书**器**将金文字形中交错的经脉血管形象**犬**简化成一纵两横的"工"**工**，表示经脉血管纵横交错。

《说文解字》："皿也。象器之口，犬所以守之。"（皿。字形像器具之口，是看家犬看守的器具。）本指器具。器作名词同本义（如段玉裁注："器乃凡器统称。"），泛指用具（如漆器；器直——木工用的曲尺；器仗——亦作"器杖"，武器总称，指帝王所用的仪仗器具），器官（如细胞器），度量、胸怀

（如器识——器度和见识；器行——器量品行；器怀——胸怀、度量；器宇——人的胸襟和度量），才能（如器能——器量才能；器分——人所具有的资质和才能；器志——才识和志向；器尚——才具、节操），人才（如大器、道器、德器，《易经·系辞》："形乃谓之器。"）。器作动词有重视（如器任——重视任用；器待——谓器重而礼遇之；器爱——器重而爱护；器遇——器重而厚待）之义。

爵：甲骨文 **像一个有盖**、有嘴**、有手把**的酒器，有三足**。有的甲骨文**有所变形。金文**不辨其形。篆文**继续变形，字形复杂。造字本义：类似鼎的祭祀酒器。

《说文解字》："禮器也。象爵之形，中有鬯酒，又持之也。所以飲。器象爵者，取其鳴節節足足也。**，古文爵，象形。"（行礼用的酒器。字形像鸟雀形，爵中有鬯酒，字形中的"又"表示用手持握。爵是用来饮酒的器皿。爵像雀形的原因，是依据爵的注酒声像鸟鸣声"节节足足"。**，这是古文写法的"爵"字，字形像雀形酒器。）本指古代酒器、青铜制。爵作名词指盛酒的礼器（形似雀，青铜制，有流、两柱、三足，用以温酒或盛酒，盛行于殷代和西周初期），爵位、爵号、官位（如爵人——有爵位吃俸禄的人；爵敕——分封爵位的敕书；爵谥——爵位和谥号；爵号——爵位的名号；爵等——爵位的等级）。爵通"雀"（指一种鸟，赤黑色，如爵跃——如雀之跳跃，表示欣喜之极；爵踊——足不离地而跳；爵钗——雀形的发钗；爵韦——赤黑色的韦；爵室——古代船上的远望室）。爵作动词有授予官爵（如爵命——封爵受职）之义。

亭：甲骨文的"京"**、甲骨文的"高"**、金文的"亭"**，三个字字形相近。亭，古匋**=**（京，有柱无墙的简易建筑）+**（丁，男子，指旅客），像无墙无窗的楼台上有人在休息。造字本义：古代设在路边、供旅客歇宿的有顶无墙的小型简易建筑。篆文**将屋顶与阁子分离，将"丁"**写成"个"**。当"亭"的"停歇"本义消失后，篆文再加"人"另造"停"代替。

《说文解字》："民所安定也。亭有樓，从高省，丁聲。"（路边可以让行人歇息的建筑。亭上有楼，因此字形采用有所省略的"高"作边旁，采用"丁"

作声旁。战国文字字形，其中"T"像矗立的亭柱。小篆以为从高省，丁声。）本指古代设在路旁的公房，供旅客停宿。亭作名词同本义（后指驿亭；如亭邮——驿站；亭民——驿亭附近的居民；亭寺——驿亭；亭舍——驿亭的客舍；亭传——客栈；亭置——邮亭驿站），亭子（有顶无墙，供休息用的建筑物，多建在路旁或花园里，如亭榭——亭阁台榭；亭馆——供人游憩歇宿的亭台馆舍；亭槛——亭子的栏杆；亭子、亭院——造有凉亭、楼阁等建筑物的庭园或花园；亭景——亭影；亭落——亭院、村落），古代设在边塞观察敌情的岗亭（如亭戍——古代边境上的岗亭和营垒；亭吏——亭长；亭佐——亭长的副手；门亭——设于城门处的亭；亭卒——秦汉亭中的差役），像亭子的小房子（如书亭、邮亭、亭子间、亭场——卖盐的地方），山梨，秦汉时的基层行政单位。亭作动词指养育（如亭育——养育、培育；亭毒——养育、化育），停止。亭同"停"（如亭当——完毕、妥当；亭居——水静止的样子）。亭作形容词表示适中、均衡，直，姿势挺立的或笔直笔直的（如亭立——直立、耸立；亭亭秀秀——身材修长，容貌、体态俊美；亭亭款款——身材修长、缓步走动的样子；亭亭植立——花木主干挺拔的；亭亭当当——妥当、合宜；亭亭袅袅——形容女子身材修长和体态轻盈），公正（如亭决——公平的判断）之义。《玉篇》："亭、大丁切，民所安定之为除害也。"《仓颉篇》："亭，定也。"

毒：毋，既是声旁也是形旁，表示否定，拒绝。毒，篆文 𡑸 = 屮（生，成长）+ 𡯂（毋，否定、拒绝），表示生命本能所拒绝的有害物质。有的篆文 𧅁 加"甲"𤰍，表示带甲壳的有毒昆虫。有的篆文 𧂇 写成形声字，以"副"为声旁，以"艸"屮屮代"生"屮，表示"有毒"的植物。造字本义：一种含有危害生命的化学成分的野草。隶书 毒 将篆文的"生"屮简化成 𡈼，将篆文的"毋"𡯂简化成"母"母。

《说文解字》："厚也。害人之艸，往往而生。从中，从毒。"（滋味厚涩苦烈的野草，野地里到处生长。字形采用"中、毒"会义。）本指毒草滋生。毒作名词表示毒物、毒药（如毒熨——用药物熨帖毒病患处以治疗），祸患、祸害（如毒患——祸患），苦、苦痛，罪恶（如毒乱——为恶作乱），姓氏。毒作动词表示毒害，伤害、危害（如毒贼——伤害），怨恨、憎恨（如毒恨——

痛恨、憎恨；毒苦——怨恨）。毒通"督"，表示治理。毒作形容词表示有毒的、恶性的（如毒孽——深重的罪孽），厚、多（如毒赋——繁重的赋税），暴烈、猛烈（如毒毒——酷烈；毒燎——烈火），指极盛的热气（如毒暑——酷热的夏天），厉害、甚于（如毒严——严寒），狠、狠毒。

养：羊，既是声旁也是形旁，表示羊群。甲骨文 🐑 = 🐑（羊）+ ✦（攴，手持鞭子），表示在山地驱赶羊群。造字本义：放牧羊群。金文 🐑承续甲骨文字形。篆文 🐑 = 羊（羊）+ 食（食，喂食），表示圈羊喂草。古代称放牛为"牧"，称放羊为"养"。后来"养"专指圈喂家畜家禽。

《说文解字》："供養也。从食，羊聲。"（供养。字形采用"食"作边旁，"羊"是声旁。）本指饲养。养作动词表示供养、奉养、抚育（供给生活品，如赡养，养济院——孤老院，专收容鳏寡孤独老人的慈善机构），饲养动物、培植花草（如养花、养殖），教育、训练（如教养），培养、修养（如养息机——修养身心、修炼；养材儿——正处在教养阶段学习干活的少年；养廉银子——清朝按职务等级在常俸之外另给官吏的银钱；养士——培养人才），保护修补（如养路），保养（如养身——保养身体，同养生），治理、调养（使身心得到滋补和休息，如养心、休养、养精蓄锐、养疴——调养疾病），蓄养，贮藏（如养羞——把食物贮藏起来），隐、隐蔽（如养晦——隐居匿藏以等待时机）。养作形容词表示由非亲生父母的人养育的（如养娘——乳母；养子；养父）。养通"痒"，表示皮肤受刺激，产生欲挠的感觉。养作名词，有姓氏之义。《玉篇》："养，余掌切，育也，守也，乐也，畜也，长也。"

覆：复，既是声旁也是形旁，表示往返、反转。籀文 🦱 = 🦱（像罩盖）+ 🦱（复，往返、反转），表示将朝下的罩盖反转朝上。造字本义：将朝下的罩盖反转朝上。篆文 🦱承续籀文字形。隶化后楷书覆将篆文罩盖状的 🦱写成"西" 🦱。

《说文解字》："覂也。一曰蓋也。从襾復聲。"（覆盖。一种说法认为"覆"是盖子。字形采用"襾"作边旁，"复"是声旁。）本指翻转、倾覆。覆作动词同本义（如覆手——把手反转过来，比喻事情容易办到；覆水——已倒出的水，喻事已成定局；覆篑——倒一筐土），覆盖、掩藏（如被覆——遮盖、蒙；覆荐——覆盖铺垫；覆罩——覆盖笼罩；覆裹——覆盖包裹；覆帱——遮盖），保护、庇护（如覆庇——庇护、保佑；覆荫——庇护；覆帱——犹覆被，谓施恩、加惠；覆露——荫庇），伏击、袭击（如覆荡——扫荡平定；覆拔——攻占），审察、查核（如覆勘——审核；覆案——审查、查究），回报、答复（如覆报——执行命令后回报；覆音——回音；覆信——回信；覆函——回信）。覆通"孵"，表示孵化。覆通"复"，表示还、返回。覆作副词有再、重（如覆校——复查、校对；覆试——初试以后再行测试）之义。

寺："寺"是"持"的本字。金文 ＝ （之，止，不动）＋ （"又"的变形，表示持握），表示持守、维护、控制。有的金文将"又" 写成"寸" 。有的金文加"口" （邑），表示辅政官员聚集的地方。有的金文加"邑" （都邑），表示"寺"是设在都城供官员暂住的地方。秦代前后称都城接待官员的地方为"寺"；汉代开始亦将接待西来高僧的地方称为"寺"。篆文 承续金文 的字形。当"寺"的"维护、持守"的本义消失后，篆文 加"手"另造"持"代替；而"寺"的篆文 则再加"门" （代建筑），突出"寺"的行为与建筑物的关系。造字本义：保守，维护，控制。隶书 误将篆文的"止" 写成"土" ，将篆文的 写成 。

《说文解字》："廷也。有法度者也。从寸，之聲。"（官府、朝廷，即拥有执法权的地方。字形采用"寸"作边旁，表示与法度有关；采用"之"作声旁。）本指古代官署的名称，秦将官员任职之所通称为寺。寺作名词同本义（如太常寺——古代掌管宗庙礼仪的官署；鸿胪寺——略同于现代的礼宾司；寺正——大理寺正卿的略称；寺舍——官舍，官署办公的房子；佛教僧侣的房舍；寺库——古时寺观里设的当铺；寺省——古时的中央行政机构，"省"和"寺"的合称；寺曹——九卿官署；寺署——官署；寺卿——九寺大卿的简称；寺棘——大理寺的别称；寺丞——官署中的佐吏），佛教的庙宇（如寺观；寺宇——寺院；寺刹——寺和塔；寺主——主管佛寺事务的僧人；寺庵——僧和尼所居的寺庙；寺寝——祠庙的后殿），某些宗教供礼拜、讲经的处所（如礼拜寺、摩尼寺，特指伊斯兰教做礼拜、讲经的地方），姓氏。寺作动词，通"恃"，有依赖、倚仗之义。

2. 章意疏解

道生之，而德畜之，物形之，而器成之。（此段阐述了道生德养的法则。）

《管子·内业》曰："万物以生，万物以成，命之曰道。"（万物由于得到它才产生，由于得到它才成长，因此把它叫作"道"。）《庄子·天地》曰："物成生理，谓之形。"（万物的形成有各自的物理结构。）《列子·周穆王》张湛注："夫禀生受有谓之形。"《淮南子·原道训》曰："形者，生之舍也。"（形体是性命居住生息的地方，相当于住所。）

在道的化生、德的畜养下，物得以彰显其形，器得以铸造成型。

是以万物尊道而贵德。（此段阐述了道尊德贵的原因。）

因为这样，万物皆以道为至尊，德为至贵。道德能量是万物生存的动力源泉，这种养育是永恒的，不随时空环境变化而发生改变；由无至有是宇宙演化的基本规律，这种运化是自然的，不因主观愿望而有所偏离。

道之尊，德之贵也，夫莫之爵而恒自祭也。（此段阐述了道德的自然规律。）

《尸子·劝学》曰："爵列，私贵也；德行，公贵也。……夫德义也者，视之弗见，听之弗闻，天地以正，万物以遍，无爵而贵，不禄而尊也。"（按官爵排列次序，这是私贵；而德行，是公贵。……所谓的德义，视之不见其形，听之不闻其声，天地以此为正，万物以此为普遍，没有爵位而显高贵，没有俸禄而受尊敬。）

道至尊，德至贵，则万物莫不常常自观自然，自察自省。尊道贵德是万物化生的基本法则，也是自身修养的基本品格。《中庸》曰："诚者自成也，而道自道也。诚者物之终始，不诚无物。是故君子诚之为贵。诚者非自成己而已也，所以成物也。成己，仁也；成物，知也。性之德也，合外内之道也，故时措之宜也。"（真诚，是自己成全自己。道，是自己引导自己。真诚贯穿万物的始终，没有真诚就没有万物。因此，君子把真诚看得非常珍贵。真诚，并不只是成全自己，还要成全万物。成全自己是仁义，成全万物是智慧。这是发自本性的德行，是结合了内外的道，因此，任何时候它都可实行。）

道生之，畜之，长之、遂之，亭之、毒之，养之、覆之。（此段阐述了道生养成灭的规律。）

春生夏长，秋收冬藏，阴阳消长，生成坏灭。道化生、畜养、生长、成就万物，也调和、成熟万物。养育万物，也掩藏万物。《黄帝四经·经法·名理》曰："莫能见知，故有逆成。物乃下生，故有逆刑，祸及其身。养其所以死，伐其所以生。"（因为人们不能完全认识"道"，所以违反常规的事情时有发生；不能认识"道"，悖逆之事因之而起，刑罚的滥施也由此产生。其结果自然是自取其祸，维护悖逆，损害顺正。）《中庸》曰："故天之生物，必因其材而笃焉。故栽者培之，倾者覆之。"（上天生育的万物，必会因为它们的资质而受到厚爱。因此，能够栽培的就培养它们，而歪斜的就让它们歪斜。）

生而弗有也，为而弗寺也，长而弗宰也。此之谓玄德。（此段阐述了玄德的境界。）

大道至公无私，生化万物而不据为己有，有所作为但不自恃矜持，长养万物而不任意主宰，这就叫做玄德，其中有深刻的哲理内涵。

德根据不同的行为方式和结果，有显德、阴德、玄德多种，大体上可分为显德与隐德两大类。其中，在有为中行善积德，即做了好事被人知道的，就属于显德；而做了好事不留名，不被人知，或者在无为中行善积德，常人莫之能察，莫之能知，这都属于隐德，因此，阴德和玄德都属于隐德范畴。在此，重点谈谈玄德。

《黄帝四经·经法·六分》曰："王天下者有玄德，有玄德独知王术，故而王天下而天下莫知其所以。王天下者，轻县国而重士，故国重而身安；贱财而贵有知（智），故功得而财生；贱身而贵有道，故身贵而令行。故王天下者天下则之。"（称王天下的人要具备恒德，有了恒德，还要懂得王术，因此能称王天下而天下的人却不知其中的缘故。称王天下的人，看轻一城一地而重视士人的归附，因为士人的归附能使国家稳固而自身安逸；看轻财利而尊重知识，因此功成而财生；卑屈己身而尊重有道之人，因此能使自身显赫而令行天下。因此称王天下的人，天下人都会以其为表率。）

在《德道经》中，除了这一章，老子还在其他章中论述了玄德，比如《无不为》说："生之，畜之，生而弗有，长而弗宰也，是谓玄德。"（道德生化长养万物，生化却不据为己有，畜养却不任意主宰，而是遵循自然本身的规律，这就叫做玄德——深远广大的德行。）《玄德》章说："玄德深矣，远矣，与物反矣，乃至大顺。"（玄德深奥、远大，与常道中有为意识对事物的认知往往是相反的。把握无意识思维的玄德行为实践，以德为本，慧性为用，智能辅助，就能实现大治大顺。圣人更注重对玄德的积累。）

三、老子的智慧启示

这章的章名为《尊贵》，主要阐述道尊德贵。为什么道至尊、德至贵？说到德，人们很容易将其和另一个字联系起来，这就是善字。其实，在古代文化中，这两个字还是有所区分的，比如简帛《五行经》认为，"仁、义、礼、智、圣五行，形于内则谓之德，未形于内则谓之行。定义：德之行五，和谓之德。四行和（和合），谓之善。善，人道也；德，天道也"。其明确指出德和善的不同级别、境界。下面具体从两个方面来看道尊德贵的体现。

1. 道德与万物生成

道尊德贵在万物生成方面的体现，主要在于道德是化生长养万物的源动力。这一点前文已经说得比较多了。《文子·自然》中说："天地之道，以德为主，道为之命，物以自正。至微甚内，不以事贵，故不待功而立；不以位为尊，不待名而显；不须礼而庄，不用兵而强，……故道立而不教，明照而不察。道不立而教者，不夺人能也；明照而不察者，不害其事也。"（天地之道，以德为主，道为万物赋予生命，万物因此而自正，遂顺自然。微妙的极致是无内之内，不以事为贵，因此，不等待功业而功业已立；不以位为尊，不等待名声而名声已显；不须礼而庄重，不用兵而强大，因此道立而不需要教化，就是不剥夺人的能力，所谓明照而不需要观察，就是不去伤害事物之性。）

而圣人之道，在于对万物心无主宰，因此圣人顺从天地的变化，其德才天覆而地载，以时引导百姓，他养育百姓之功才会深厚，这样做就会把自身和国家治理好，即使神圣之力也无法改变这些。（参见《文子·自然》："圣人之道，于物无有，……是以圣人因天地之变化，其德乃天覆而地载，道之以时，其养乃厚，厚养即治，虽有神圣，夫何以易之？"）

如此，即使是最偏远的地区，也有着截然不同的风俗；即使昆虫分为飞行和爬动，都没有不相亲相爱的，道的作用就是这样大，因此执道而行，无往而不通，无往而不顺，能为天下贵，为百姓所爱戴。道与德这两种物质，是用来相互生养的，是用来相互养育的，是用来相互亲爱的，是用来相互敬贵的。（参见《文子·道德》："虽绝国殊俗，蚑飞蠕动，莫不亲爱，无之而不通，无往而不遂，'故为天下贵'。……夫道德者，所以相生养也，所以相畜长也，所以相亲爱也，所以相敬贵也。"）

道是无所不在的，有了道才有了万物，道在天地间，其大无外，其小无内，无外之外是至大，无内之内是至贵。能知道至大至贵，则做什么事情都能成功。（参见《文子·九守·守平》："无外之外，至大，无内之内，至贵，能知大贵，何往不遂。"）

道又是至高无上的，深是没有下限的，它平于准，直于绳，圆于规，方于矩，包裹天地而没有内外之别，是普遍的和连续的、绝对的和无限的。（参见《文子·符言》："道至高无上，至深无下，平乎准，直乎绳，圆乎规，方乎矩，包裹天地而无表里，洞同覆盖而无所碍。"）《庄子·在宥》认为："出入六合，游乎九州，独往独来，是谓独有。独有之人，是谓至贵。"（人的精神境界能往来于天地四方，神游九州，独往独来，这可称为"独有"。具有这样特立独行的人，才是无上的尊贵。）

《文子·符言》也说："老子曰：一言，不可穷也。二言，天下宗也。三言诸侯雄也。四言，天下双也。贞信则不可穷，道德则天下宗，举贤德，诸侯雄，恶少爱众，天下双。"就是说，一言是不可穷尽的，二言是天下的根本，三言是诸侯的雄长，四言是天下的匹敌。信为一言，则是不可穷尽的；道德为二言，则是天下的根本；举贤德是三言，则是诸侯的雄长；恶少爱众为四言，则是天下的匹敌（对等、相称）。

2. 道德与万物发展

道尊德贵在万物发展方面的体现，主要在于道德是人类和社会健康发展的核心动力。关于道德对人类健康的作用力，在《德善》章中讲过，善是道的唯一亲和因子，因为生命体内的关键性物质——善粒子与德一能量具有极佳的亲和性，而道德能量可以提升、激活善粒子的生理功能，可从根本上改善人的身体健康。

只有全方位、高度重视细胞质内的这个慧观物质，使它直接获得德一能量的滋养，思想言行，举止动静，全都符合这个善性细胞颗粒的特征，才能充分确保善性颗粒充满活力，从而对生命体发挥巨大的生理作用。真正的古文经典，是人类精神系统的食粮和治疗精神疾病的药物。长期坚持诵读道德经典，就能够使人从亚健康恢复到精神旺盛，并且能够自调细胞的节律而治愈众多慢性疾病。长期坚持诵读五千言，还能使人清净心身，淡化贪念，由庶转贤，由愚转智，由智转慧，让人的精神面貌产生根本性转变①。

再如《文子·九守·守静》中说："静漠恬惔，所以养生也，和愉虚无，所以据德也，外不乱内即性得其宜，静不动和即德安其位，养生以经世，抱德以终年，可谓能体道矣。若然者，血脉无郁滞，五藏无积气，祸福不能矫滑，非誉不能尘垢。"（静漠恬淡，是用以养性的；和愉虚无，是用以据德的。静漠恬淡之性，不为外物所乱，则可使性全；和愉虚无之德，不累于外物则安其位，养性以治世，抱德以终年，可以说这就是体悟到道了。这样做了，血脉就不会闭结不通，五脏就没有郁结之气，祸福不能举乱，毁誉不能使人蒙垢。）

至于道德与万物发展的关系，《文子·微明》中说："道可以弱，可以强，可以柔，可以刚，可以阴，可以阳，可以幽，可以明，可以苞裹天地，可以应待无方。"（道可以弱，可以强，可以柔，可以刚，可以阴，可以阳，可以幽，可以明，可以包裹天地，可以适应事物的变化而无极限。）

《文子·道德》又说："畜之养之，遂之长之，兼利无择，与天地合，此之谓德。……故修其德则下从令，修其仁则下不争，修其义则下平正，修其礼则下尊敬，四者既修，国家安宁。故物生者道也，长者德也，爱者仁也，正者义也，敬者礼也。不畜不养，不能遂长；不慈不爱，不能成遂；不正不匡，不能久长；不敬不宠，不能贵重。故德者民之所贵也，仁者民之所怀也，义者民之所畏也，礼者民之所敬也。此四者，文之顺也，圣人之所以御万物也。"（积累它、养育它、遂顺它、使它成长，兼利无别，与天地吻合，由道而在德，兼及仁义礼，这就叫做德。因此君王修养德，百姓就服从政令，修养仁，百姓就不会纷争，修养义就会使百姓平正，修养礼就会使百姓尊敬。四者都修养了，国家便会安宁。因而事物的化生在于道，成长在于德，慈爱在于仁，正行在于义，尊敬在于礼。不积累不养育它，就不能顺利地成长；不仁慈不爱护

---

① 熊春锦. 道医学［M］. 北京：团结出版社，2009：235.

它，就不能成就事业；不匡正不规范它，就不能保持长久；不敬重不尊宠它，就不能使其身份尊贵。因此德是百姓所尊贵的，仁是百姓所仰慕的，义是百姓所畏惧的，礼是百姓所敬崇的。德、仁、义、礼这四者是圣人以文治天下，顺应天道，因而圣人可以成为统御天地万物的精神领袖。）

得道之人，外化而心不化，外化因而知道与人道世俗交往，心不化因而知道与天道同游而保全身体。因此，心有一定操守，而外能屈伸变化，与万物推移，万举而不失宗旨，以道为贵的人，贵就贵在其善于变化，以应对时事。……道是万物所由来的，德是万物之所扶助的。（参见《文子·微明》："得道之人，外化而内不化，外化所以知人也，内不化所以全身也，故内有一定之操，而外能屈伸，与物推移，万举而不陷，所贵乎道者，贵其龙变也。……道者，物之所道也，德者，生之所扶也。"）综上，这就是道德之所以至尊至贵的原因。

3. 高真德道悟鉴

吕祖认为：此章叫人不待矫揉造作，听其自然，而知渐进之功焉。

"道"字作个"无"字看，"有"字就是术了，"无"字就是至道。道从无而生，从虚而入，空而又空，道乃生焉。故道生之。乾坤合一谓之道，阴阳转输谓之生，太和之气谓之德。道从太和生，生而不舍谓之蓄。蓄之若有物，空其灵，虚其实，蓄而成形若有之，因其旋转左右、冲突上下，若有势焉，故成金液。物成，而天下万物无不生化。万物本无而生，是以万物莫不尊道；万物本太和而成，是以万物莫不贵德。故道所以尊之，德所以贵之。何也？本于一性也。一性而生，太和而成。"夫莫之命"：命者，动也；静极而成道，自有命存，何有意动？而道出于自然，而自然之中，道自然火发而生之。若有以蓄之，我以自然之气，内合太和而长之，蓄清虚而育之，体静而成之，无为而熟之，不动而养之，以气还元而复之，故生而莫知其有，为而莫之可恃，长而不见其形，故不宰。是谓虚无之道，太和之德，窈窈冥冥，若有而不见其有；空空洞洞，若存而不见其存。如此者，是谓玄德。[①]。

---

① 老子. 吕祖秘注道德经心传 [M]. 吕岩，释义；韩起，编校. 桂林：广西师范大学出版社，2014：106－107.

　　黄元吉云：道，无名也，无名即无极，所谓清空一气，天地人物公共生生之本。以其非有非无，不大不小，无物不包涵遍覆，故曰大道。德者，万物得天之理以成性，得地之气以成形，物各得其所得，无稍欠缺者，故曰大德。道即万物所共之太极也，德又万物各具之太极也。是故万物资生，本太虚之理。一元之气，溥博弥纶，无巨细，无隐显，莫不赖此道以为生，而托灵属命。阴阳燮理于其中，日月斡旋于其内，有如草木然：日夜之所息，雨露之所润，而得以培植其本根，是即"道生之，德蓄之"也。万物得所涵育，则熏蒸陶熔，始而有气，久则有形，由是潜滋暗长，日充月盛，而人成其为人，物成其为物，又即"物形之，势成之"也。惟其生也以道，蓄也以德，万物虽繁，皆无遗漏，是以万物莫不以道为尊，以德为贵焉。盖道为生人之理，非道则无以资生；德为蓄物之原，非德则无由蕴蓄。道之尊、德之贵，为何如乎？然皆自天而授，因物为缘，不待强为，天然中道，无事造作，自能合德，莫或使之，莫或命之，而常常如是，无一勉强不归自然者。

　　是道也，何道也？天地大中至正之途，圣人成仙证圣之要也。欲修金仙者，舍道奚由入哉？是以凝神于虚，合气于漠，虚无之际，淡漠之中，一元真气出焉，此即道之生也。道既生矣，于是致养于静，取材于动，一真在抱，万象咸空，常操常存，勿忘勿助，则蓄德有基矣。然顺其道而生之，则道必日长；因其德而蓄之，则德必日育。以长以育，犹物之畅茂繁殖，一到秋临而成熟有期也。夫道之既成且熟如此，而其间以养以覆，又岂有异于人哉？要不过返乎未形之初，复乎不二之真而已矣。究之，生有何生？其生也，一虚无之气自运，我又何生之有而敢以为有乎？虽阳生之候，内运天罡，外推斗柄，似有为也，而纯任自然，毫无矜心作意于其际，非为而不恃者欤？以此修道，则德益进而道日长，自然造化在手，天地由心，虽万变当前，亦不能乱我有主之胸襟。此不宰而宰之，胜于宰也，非深且远之玄德哉？"

　　黄元吉又云：此言人能盗天地之元气以为丹本，而后生之蓄之、长之育之，以还乎本来之天，即得道矣。然欲盗天地之元气，须先识天地之玄关。玄关安在？鸿濛未判之先，天地初开之始，混混沌沌中，忽然感触，真机自动，此正元气所在也。而修炼者必采此以为丹头，有如群阴凝闭，万物退藏，忽遇冬至阳回，即道生矣。由是成性存存，温养于八卦炉中，久久气势充盈，一如夏日之万物畅茂，即德蓄矣。物生既盈，花开成实，一如秋来之万宝告成。其在人身，养育胎婴，返还本来面目，即成之熟之矣。物既成熟，仍还本初，一如冬日之草木成实，叶落归根，还原返本，《易》云"硕果不食"，又为将来生发之机。其在人身，三年乳哺，九载面壁，炼就纯阳之体，实成金色法身，必须养之覆之，而后可飞空走电。然下手之初岂易臻此？必须万缘齐放，片念不存，空空洞洞，静候阳生。虽然，其生也，原来自有，而不可执以为有。即用升降之术，进退之工，未免有为，要皆顺气机之自然，而无一毫矫强，非有为而不恃所为耶？至德日进、道日长，而文武抽添，沐浴封固，无不以元神主宰其间，此有主而无主、无宰而有宰存焉。如此修道，道不深且远哉？故曰玄德。①

第六节 《守母》

一、《守母》章经文内容

天下有始，以为天下母。

既得其母，以知其子，复守其母，没身不殆。

塞其闷，闭其门，终身不堇。

启其闷，济其事，终身不救。

见小曰明，守柔曰强。

用其光，复归其明。

二、《守母》章经文释读

1. 文字释读

始：司，既是声旁也是形旁，表示掌管。始，金文𤔌=司（司，掌管）+

① 黄元吉. 道德经精义 ［M］. 北京：中央编译出版社，2014：135 – 137.

S（女），表示在母系时代，有生育能力的妇女享有至高无上的权力。有的金文S又加S（厶，头朝下的胎儿或幼婴），强调生育能力；有的金文S = S（台，怀胎）+ S（女，母），造字本义：代表家族繁衍渊源的最先之母。篆文S承续金文字形S。隶书S将篆文的"女"S写成S。古人称天地初开、人类诞生之际为"元"；称代表家族繁衍渊源的太母为"始"。

《说文解字》："女之初也。从女，台声。"（女子的初生。字形采用"女"作边旁，采用"台"作声旁。）本指开头、开始。始作名词，同本义（与"终"相对，起头、最初，如始祖、始创、周而复始、自始至终，始卒——开始和终止，始基——初立的基业。朱骏声《说文通训定声》曰："裁衣之始为初，草木之始为才，人身之始为首为元，筑墙之始为基，开户之始为戽，子孙之始为祖，形生之始为胎"），过去、从前，根本、本源，姓氏。始作动词表示谋划，滋生。始作副词表示当初、在最初的时候（如欲善终、应善始，始春——立春日，二十四节气之一；始愿——最初的志愿；始初——开始、起初），曾、尝，刚刚、才（如方始，始悟——才觉悟到），然后、随之、立刻就，仅仅、只。

子：甲骨文子像一幅幼儿的线描，画出了幼儿的脑袋子、头发子、两脚子。有的甲骨文子简化字形，像幼儿两脚被裹在襁褓里，露出脑袋子，挥动两臂子。造字本义：包裹在襁褓中挥动两臂、尚不能独立的幼儿。金文子承续甲骨文字形子。籀文子综合甲骨文子和甲骨文子的字形。有的籀文子像坐在凳子子上的小孩子，挥动着两手子。隶书子淡化了篆文字形子中襁褓婴儿的两手形象。"私"即"厶"子，是头部朝下、尚未出生的神秘胎儿；"了"子是刚出生的、性别确然可辨的幼婴；"子"子是挥动两臂、两腿包裹在襁褓中、尚不能独立活动的幼儿；"大"子是顶天立地的成年人；"人"子是双手采摘或在地里忙活的劳动者。

《说文解字》："十一月，陽气動，萬物滋，人以为稱。象形。凡子之屬皆从子。子，古文子，从巛，象髮也。子，籀文子，囟有髮，臂脛在几上也。"（在十二地支之中，"子"代表十一月，这时阳气发动，万物滋生，人假借"子"作称呼。字形像幼儿的形象。甲骨文字形，像小儿在襁褓中，有头、身、臂膀，两足像并起来的样子。"子"是汉字的一个部首，所有与子相关的字，都采用"子"作边旁。♀，这是古文写法的"子"字，字形采用"巛"作边旁，巛，像幼儿的头发。♀，这是籀文写法的"子"字，头顶有头发，手臂与小腿都放在几案上。）本指婴儿。子读 zǐ，作名词同本义，儿女（古人称子兼男女，如子党——儿女辈；子道——儿女对父母应遵循的道德规范；子姓——泛指子孙、后辈；子辈——儿女），今则专指儿子（即某人直系血统的下一代男性，如子侄——本指子与侄，后用以通称晚辈；子胤——子息、后嗣，子父——父和子；子母——母和子；子客——儿子的宾客），子孙，通常指晚辈直系或旁系血亲，系另一人或一个共同世系的后裔、后代，人的通称（如子马——人马；子童——后妃或仙女的自称；才子——特别具有才华的人；女子——女性；小子——年幼的人，晚辈；夫子——旧时对学者的称呼，旧时学生称老师；孝子——对父母十分孝顺的人），中国古代士大夫的通称，中国古代对男子的通称，古人对自己老师的称呼，地支的第一位，与天干相配，用以纪年，用以纪月，即农历十一月，用以纪日（如子卯日），用以纪时，即夜半十一时至一时（如子夜），专指女儿（如子媳——女媳），加在姓氏或数词后面作为对人的尊称，姓氏。子作形容词表示小（如子将——小将；子舍——小房；子闩——小门闩；子墙——院落内部的小墙；子亭——小亭；子城——大城所属的小城），嫩的或易咀嚼的（如子姜），幼小（如子鹅——幼鹅，小而嫩的鹅），属于别人的，受别人控制的（如子公司）。子作动词，通"慈"，爱，尤指像对子女一样地爱护（如子谅——慈爱诚信；子惠——惠爱百姓；子育——抚爱养育如己子），收养为子，结果实，尽儿女之道、善事父母。子作副词表示限制，相当于"只"（如子有——只有；子索——只得，只索）连词相当于"虽然"（如有子有——有虽然是有，虽则有）。子作代词表示你（尊称对方，通常为男性）。子读 zi，作助词表示构词后缀，加在名词后（如车子），加在动词或形容词词素后（如垫子），个别量词后缀。

没：金文 ♒ = ♒（水，河川）+ ♒（回，即"洄"，漩涡），造字本义：被漩涡卷入水底淹毙。籀文 ♒ 省去"水"♒加"又"♒（手），表示被淹于漩涡中的人挥手挣扎。篆文 ♒ 将金文与籀文的字形相结合。隶书 没 将篆文的♒写成氵；将篆文的漩涡♒写成 ♒ 或 ♒。

《说文解字》："沈（沉）也。从水从 ♒。"（下沉。字形采用"水、♀"会义，表示入水有所取。）本指沉没水中。没读 méi，作动词表示不领有、不具有、不存在（如没对——无敌，无与匹敌；没边儿——没有边际），不及、不到（指不够、不如，如汽车没飞机快）。没作副词表示没有、不曾、未，用在动词或形容词前面（表示对过去的行为、动作或状态的否定，如没巧不成话——没有巧合就没有故事，没走完的路），用在选择问句末（代表选择问句的否定方面，如这本书你看完没?）。没读 mò，作动词，同本义（漫过、高过，如沉没——没入水中；淹没——大水漫过、盖过；没胫——没过脚胫，没不煞——方言，沉没不了），潜游水中（如没人——熟知水性能潜水的人；没水——潜水；没头蹲——扎猛子，以头朝下钻入水中），消失、不见、隐没，通"殁"，死（如没世——终身，一辈子），沉迷、糊涂（如没汩——糊涂，不明事理），没收（如没官——没收入官，没入——没收财物、人口等入官，没有——犹没收），覆灭、败亡，隐没（如没矢——谓箭射进石头后隐没不见）。没作形容词表示〈方〉：满（如没口——没口子，满口），尽、终（如没世——终身、永远；没代——世代，永远；没身——终身；没后——末后、最后；没振——终兴，一直振兴）。没作副词表示决不、丝毫不（如没想到），表示否定（相当于"莫""不"，如没揣——不意，出人意料）之义。《玉篇》："溺也。"

塞：甲骨文𡑋 = ∩（宀，房屋）+ ⼯⼯（两个"工"，表示大量器械、材料）+ 𢪒（双手操持），表示借用工具修补房屋。金文𡑋承续甲骨文字形。篆文𡑋加"土"土（泥巴），强调胶泥的补砌作用。造字本义：借助工具、材料，用泥土填堵房墙的漏洞。隶书𡑋将篆文的𡨄写成𡑋。

《说文解字》："隔也。从土，从㥶。"（筑在边区的隔障。字形采用"土"作边旁，采用"㥶"作声旁，塞同罅，空隙之义。）本指阻隔、堵住，又有读 sāi，作动词——同本义（如塞除——堵塞并消除，塞井夷灶——填井平灶，谓做好布阵的准备，亦表示决心战斗，义无反顾，塞井焚舍——填井烧屋，表示决心死战），填塞、充满，遏止、禁止（如塞默——犹沉默，不作声），使满足（如塞望——满足别人期望，塞职——称职，塞白——充数），补救、抵偿（如塞咎——抵补罪过），答、回报（如塞别——酬别，塞诘——回答问题），应付（塞白——拼凑文字搪塞或应付考试）；塞作形容词——困窘、时运不通，诚实；名词——塞子，堵住洞口、瓶口等的东西（如木塞、活塞）；塞读 sài，作名词——险要之处、要塞、边塞（如边塞——边疆地区的要塞，塞守——占据边界险要处，塞人——古代指塞外的游牧民族，塞徼——边塞上的碉堡，塞邦——塞外之国，塞色——塞外的景象，塞邑——形势险要的边境城邑，塞角——塞外所吹的号角，塞垣——本指汉代为抵御鲜卑所设的边塞，后亦指长城，边关城墙），边境（如塞垣——边境地带，塞曲——边远地区的乐曲，塞氛——边境上的气氛，指敌方的威胁，塞关——边境上的关隘），特指北方边境（如塞外江南，塞北——北方的边土）；塞作动词——构筑要塞，通"赛"，酬神（如塞具——祭祀用的器具）；塞读 sè，作动词——通"僿"，实、堵、填充空隙，用于书面词语中（如闭耳塞听，阻塞）。

闭：金文**門**在门栓"闩"**門**上加上一竖指事符号|，表示在门栓和地面之间斜支一根木棍，构成牢固的三角支撑，防止用暴力从门外强撞。造字本义：在门栓和地面之间斜支木棍，构成三角支撑，防止暴力从门外强行撞门。篆文**閉**误将金文的"十"**十**写成"才"**才**。在汉语词汇"关闭"中，"关"（關）与"闭"（閉）近义，但有所不同："关"表示拉上门栓，拒绝出入；"闭"表示不仅栓门，而且在门栓上增加三角支撑，以防用暴力从门外强行撞门。"闭"是更彻底的"关"。

《说文解字》："闔门也。从门；才，所以距门也。"（两扇门板拉合。字形采用"门、才"会义。才，是用来顶住门板的木棍，用来闭门的东西。）本指关门、把门合闭起来。闭作动词同本义（如闭扫——即闭门欲扫，指闭门谢客；闭影——关门不与外界往来），泛指闭合、合拢（如闭目、闭嘴，闭卷——答题时不能查阅有关资料的考试方法），壅塞不通（如闭气、闭塞，闭绝——堵塞、杜绝；闭心——闭绝欲望），禁绝（如闭钳——禁制；闭籴——禁止输入，封闭其买入米谷的通道），停止、结束（如闭会）。闭作名词表示门闩的孔（如键闭），古时称立秋、立冬为"闭"（即开始闭藏的气节），又表姓氏。

门：甲骨文**閉**像在房屋入口**廾**并装两"户"**户**、**户**。有的甲骨文**門**省去房屋入口的上框**廾**。造字本义：房屋入口处可开关的双户。金文**門**、篆文**門**承续甲骨文字形。俗体楷书**门**根据草书字形**门**整体简化，完全淡化了正体楷书**門**的

"户" ♪ 的形状。

《说文解字》："闻也，从二户，象形。凡門之屬皆从門。"（活动的两户，开或关时可以听到转动的声响。字形采用两个"户"会义。像门板的样子。所有与门相关的字，都采用"门"作边旁。）本指双扇门。门作名词同本义（房屋垣墙等建筑物，在出入通口处所设可开关转动的装置。古代门与户有别，一扇曰户，两扇曰门，又在堂室曰户，在区域曰门，如门阑——门帘、门框；门钉——大门上的圆头装饰物；门楔——门槛两端靠门框竖立的短木；门吊儿——门上的搭钩），房屋、围墙、车船等的出入口（如门籍——古时写有朝臣姓名年纪等，凭以出入宫门的门证；门不停宾——宾来即见，不须等候，言主人能礼贤下士），稽查、征税的关卡（如门征——边境关卡征的税，即关税），形状或作用像门的东西（如门旗——在阵前对称竖立的两面大旗，即指阵门），水路、陆路必经的出入口（如玉门），门径、诀窍（如窍门——能解决困难问题的好方法），家、家族（如门闾——指家门；门功——祖先世代的功劳；门地——家世地位，即门第），学术思想或宗教的派别（如佛门，道门，门徒），类别（如分门别类），门前、门口（如门塘——门口墙边；门台——门口的台阶；门堂——门侧的堂室，也指家；门戟——门前所列之戟；门塾——闾门两侧的厅堂，古代乡里多于此设立家塾以教化民众），传统指跟师傅有关的人（如门僧——门下僧人；门下人——门客；门生故吏——学生和老部下；门人——弟子、门生）。门作动词表示守门（如门皂——旧时衙门口值守的差役；宅门——深宅大院的大门；门正——掌管城门关闭及出入的人），攻门。门作量词表示用于炮（如一门炮），用于功课、技术等（如三门功课，两门技术）。《玉篇》："人所出入也。"

启：甲骨文 ♪ = ♪（又）+ ♪（户，小门），表示将门打开。有的甲骨文 ♪ = ♪（开门）+ ♪（口，说教），造字本义：比喻开口训导，使人脑袋开门、开窍。篆文 ♪ 省去"又" ♪，启 = ♪（户，开门）+ ♪（口，说教），强调教育开化。

《说文解字》："开也。从户，从口。"（开门。字形采用"户、口"会义。甲骨文字形，左边是手（又），右边是户（单扇门）；用手开门，即开启的意思。后繁化加"口"，或省去"手（又）"而成"启"。金文又加"支"成

"啓"。现简化为"启"。）本指开、打开。启作动词同本义（经传皆作"啟"，
如启沃——开诚忠告，旧时指用治国之道开导帝王；启扉——开门；启请——
开口询问、请教；启户——开门），启发、教育（如启诲——开导教诲；启
导——开导，启发指导；启机——开启机兆），开始，出发、起程（如启
行——启程，动身上路；启锚——谓开船），开创（如启土——开拓疆域，启
设——创设；启业——开创基业），启奏、禀告（如启帖——叙述情况的帖
子，启白——禀告；启问——陈述、禀告），烦请、启请（启动——套话，劳
驾；启烦——套话，麻烦、多劳），通"啓"，省视、察看。启作名词表示书
信，官方文件（如官信），中国古代指立春、立夏（启，指立春、立夏；闭，
指立秋、立冬。启闭泛指节气）之义。《玉篇》："开发也。"

合并字：啟，金文 𣪊 = 𢻻（启，训导使脑门开窍）+ 戈（戈，武力，强
力），造字本义：以外部强力刺激对方开窍。篆文 啟 将"戈" 戈（武力）写成
"攴" 攴（手持打击器械），强调用外力刺激的开窍作用。

《说文解字》："教也。从攴，启声。《論語》曰：'不愤不啟。'"（教导。
字形采用"攴"作边旁，采用"启"作声旁。《论语》："不到他愤而求解的
时候不去开导他。"）

济：齐，既是声旁也是形旁，表示动作一致，节奏相同。金文 𣲽 = 水（水，
渡河）+ 齊（齐，相等，统一），造字本义：众人在同一船上喊着号子，以统
一节奏发劲，整齐划桨，强渡激流。篆文 濟 承续金文字形。俗体楷书 济 依据草
书字形，将正体楷书 濟 的"齊"类推简化为"齐"。

《说文解字》："水。出常山房子赞皇山，東入泜。从水齊聲。"（河川名。
源于常山郡房子县的赞皇山，向东流入泜河。泜，古同"坻"，停止不动。字
形采用"水"作边旁，"齐"作声旁。）本指水名（即济水，古四渎之一）。
济读 jǐ，作名词同本义（发源于今河南省济源市西王屋山，原在山东境内与黄
河并行入渤海。后因黄河改道，下游被黄河淹没。现在黄河下游的河道就是原
来济水的河道），州名（北魏泰常八年——公元 423 年置，治所在今山东省聊
城东南），五代周置（在今山东省巨野县），金置（在今吉林省农安县）。济作
形容词表示众多（如人才济济，济济——众多；济济一堂——形容许多人聚
集在一起；济济彬彬——形容人才众多且文雅有礼），整齐美好的样子（如济

然，济楚——整齐清洁；济济——整齐美好的样子）。济读 jì，作动词表示渡过水流（如同舟共济，济胜之具——指能登山涉水的健康身体；济水——渡水；济涉——渡水；济运——渡水运输），帮助、救助（如济人利物，济拔——从险恶的境地中救出；济惠——济会、济惠，周济、照顾；济物——帮助他人，济时——匡救时世），拯救、救济（如济护——救护；济恤——救济，济救——救济；济众——救济众人；济难——拯救时难；济施——救济施舍），成就（如济胜——取胜；济勋——济功，成就功业；济办——成功地把事办妥；济克——成功），（对事情）有益、成（多用于否定）、发挥作用（如济事——顶用），增加，弥补，停、止，成、可以，及、比得上。济作名词表示渡口，过河的地方。济作形容词表示整齐、漂亮（如济楚——整整齐齐，整洁，雅致，潇洒，端庄；济美——承继先人美好的事业），能干、中用之义。《玉篇》："水出常山，又渡也。"

救：金文 🀄，🀄（攴）表意，篆体 🀄像手持棍棒，表示出手援助；🀄（求）＝🀄（九，用手抓、揪）＋🀄（尾），求（qiú）表声，也有应求而救之义。有的金文写为 🀄、🀄，略有变形。《六书通》里的字形有 🀄、🀄，篆文 🀄将金文的 🀄写成 🀄，🀄基本承续金文字形。隶书 🀄将篆文的 🀄写成 又，俗体隶书 🀄将手形的"九"🀄简化成"十"加一点的 🀄，手形消失。楷书 求将隶书字形中的"尾"🀄写成"水"🀄，尾形消失，在古代字形结构中"攴""攵"常常相通用。

《说文解字》："止也。从攴求聲。"（终止。从攴，表示轻轻敲击。字形采用"攴"作边旁，"求"作声旁。）本指止、禁止、阻止。救作动词同本义（如救止——阻止、纠正；救祸——消除祸乱；救灭——扑灭；救熄——亦作"救息"，扑灭；救扑——扑灭），援救别人（如解救——使脱离危险或困难，救穷——救济穷困；救度——救拔并使脱离苦难，多指神仙超度之事；救落——救助、说情、救护），救助，治疗（如急救——紧急救治；救药——医疗救治，也用来比喻挽救、补救；救病——治病；救疾——救治病人治病；救疗——救治、医治），纠正（如救正——纠正；救弊——匡除纠正弊害；救奢——纠正奢靡；救过——纠正过失），求助于人，"捄"，同"救"之义。《广雅·释诂》："助也。"

2. 章意疏解

天下有始，以为天下母。（此段主要阐述大母。）

大道顺行演化，天下万物生于有，有是万物之初始，可以说是万物的母亲。

《观眇》章中云："无，名万物之始也；有，名万物之母也。"道是天地万物之慈母，母是在不同层面的指称。只有明白了母在不同层面的内涵，才可能真实地守住母。守母的核心就是把握阴阳，守住道和德。母，除了母亲的含义之外，还有本源、育养的意思，《广雅》曰："牧也，言育养子也。"守一法，也是黄老修身思想中的一个利器，在《得一》章中讲过人体脊柱的得一，这个两千年前的脊柱得一方法，在马王堆汉墓帛书《导引图》中就有记载。知晓如何修身守一，就能复返到自身本性的圆明状态中。

既得其母，以知其子，复守其母，没身不殆。（此段主要阐述由母及子的关系。）

明白了其母，就可知其子，反过来再守住其母，就会没有亡身的危险。

什么是母？什么是子？母和子之间是什么关系？母强子壮，子强护母，孩子幼小时，是母亲养育子女，到了年老的时候，子女长大了，反过来奉养母亲，这就是孝道精神的体现。"孝"字还有一种解法，也很新颖。在人体内，"土"，指坤腹；"子"，指四肢百骸；"丿"，代表人体气血经络。腹中元气涵养着四肢百骸，故腹中元气为"母"，四肢百骸为"子"。腹中元气充盛，则身体健康，四肢百骸灵活自如，就像有了生命，也叫"母强子壮"；若腹中元气不足，身体羸弱，四肢迟滞痿废，这就是母不强子不壮。如何才能扭转不足呢？子敬母、助母、养母为孝。我们通过四肢百骸的灵活运动，锻炼形体，化精化气，不断补充腹内元气，使腹内元气保持充盈，也叫"子强母安"，或者子强护母。这种反复之道，需要科学的方法；科学的方法就是智慧，我们的祖先给我们留下了诸多的宝藏，如五禽戏、太极拳、养生导引等都是延缓衰老的方法。

塞其闷，闭其门，终身不堇。（此段主要阐述堵塞漏洞的效应。）

上士闭心，中士闭言，下士闭门。运用黄老学说中的修身守一法，堵塞使身体内生命能量耗散的各个端口，关闭眼耳鼻舌身等尘根六门，就会终身受用不尽。

《管子·心术上》曰："门，谓耳目也。"河上公注："口也，使口不妄言。"

什么是生命活动的漏洞？五贼六欲，都是对生命活动有害的阴性意识，就好像漏壶一样，在不断地损耗消磨人体的正能量精气神。眼耳鼻舌身意各个器官，就是这些阴性信息出入的门户，所以六根清净、六门紧闭，就是堵漏的方法。只有把这些滴漏的端口都堵上，才会有效地防止生命能量的散失。

关于五贼，有外在天上的五贼，《阴符经》中曰："天有五贼，见之者昌。"立天定人，其在于五贼。心是五贼之苗，万恶之根。先且观天明五贼，次需察地以安民。张果注："五贼者，命、物、时、功、神也。……故反经合道之谋，其名有五，圣人禅之，乃谓之贼；天下赖之，则谓之德。故贼天之命，人知其天而不知其贼，黄帝所以代炎帝也。贼天之物，人知其天而不知其贼，帝尧所以代帝挚也。贼天之时，人知其天而不知其贼，帝舜所以代帝尧也。贼天之功，人知其天而不知其贼，大禹所以代帝舜也。贼天之神，人知其天而不知其贼，殷汤所以革夏命也，周武所以革殷命也。故见之者昌，自然而昌也。"唐·李筌注："中欲不出，谓之启；外邪不入，谓之闭。"闭六门无为静守，擒五贼有法拘囚。

关于人体内的五贼，清·唐甄《潜书·厚本》中有阐述："思淫心疾，气淫肝疾，味淫脾疾，饮淫肺疾，色淫肾疾。此五者，内自贼者也。五贼日蚀，则渐伤而中虚，以成内疾。"（就是说，思虑太多会伤心脏，怒气太盛会伤肝脏，厚味太过会伤脾胃，饮用过度会使水湿停聚，水道不通，肺功能被遏制，形成四饮，会伤肺脏，好色过度会伤肾脏。这五种贼都属体内自我伤害。五贼每天侵蚀，就会逐渐损伤五脏，从而导致五脏各自中气虚弱，因此形成暗病，也就身体内部潜藏的病症、疾病。）

六欲是中国古代区分感情的一种分类。一般指眼（见欲，贪美色奇物）、耳（听欲，贪美音赞言）、鼻（嗅欲，贪香味）、舌（味欲，贪美食口快）、身（触欲，贪舒适享受）、意（思欲，贪声色、名利、恩爱），通常的说法，也指色、声、香、味、触、法。东汉高诱对此作的注释："六欲，生、死、耳、目、口、鼻也。"（《吕氏春秋·贵生》）《西游记》第十四回《心猿归正，六贼无踪》中就说六欲分别为："眼看喜，耳听怒，鼻嗅爱，舌尝思，意见欲，身本忧。"

启其闷，济其事，终身不救。（此段主要阐述开启漏洞的结果。）

打开使生命能量漏泄的端口，陷入其中，去应对纷繁琐事，就会终身不得解救。

该如何管理这些漏洞和端口呢？《管子·心术上》曰："'心之在体，君之位也；九窍之有职，官之分也。'耳目者。视听之官也，心而无与于视听之事，则官得守其分矣。夫心有欲者，物过而目不见，声至而耳不闻也。故曰：'上离其道，下失其事。'故曰：心术者，无为而制窍者也。故曰'君'。"（"心在人体，处于君的地位；九窍各有各的功能，有如百官的职务一样。"这是说耳目是管视听的器官，心不去干预视听的职守，器官就得以尽到它们的本分。心里有了嗜欲杂念，那就有东西也看不见，有声音也听不到。所以说："上离其道，下失其事。"所以说：心的功能，就是用虚静无为来管辖九窍的。所以叫作"君"。）

见小曰明，守柔曰强。用其光，复归其明。（此段主要阐述守柔复明的规律。）

大道自然，其大无外，其小无内，一粒粟中藏世界，能够返观内视，于自身体内看到大千世界，即是见明；道用贵柔，柔弱胜刚强，能够持守柔弱，就是刚强。

这里的小，既指有形有相的物形大小，也指修身实践中的见光阶段，包括两层含义：其一，是本性中的光由小逐步变大直到变得像十五的圆月那样光明圆满；其二，是卷束收之其小无内。（即一粒沙含大千界，内外灵光到处同。）就是说，一粒沙中可见三千大世界，也如一首歌的歌词中所言："一花一天堂，一草一世界，一树一菩提，一土一如来。"换言之，看到了那个明点守住了那个明点，用这个粟米之光进入到大明大白（即庄子所说"虚室生白"）的境界。

《黄帝内经·素问·气交变大论》："所谓精光之论，大圣之业，宣明大道，通于无穷，究于无极也。余闻之，善言天者，必应于人；善言古者，必验于今；善言气者，必彰于物；善言应者，同天地之化；善言化言变者，通神明之理。"（就是说，这些正是所谓精深高明的理论，圣人的伟大事业，研究发扬它的道理，达到了无穷无尽的境界。我听说：善于谈论自然规律的，必定能应验于人；善于谈论古代的，必定能验证于现在；善于谈论气化的，必定能通晓万物；善于谈论应变的，必定能适应天地的变化，采取与天地同一的步骤；善于谈论化与变的，就会通达自然界变化莫测的道理。）这就是从理论认知到实践验证如何去守柔，"用其光，复归其明"。

三、老子的智慧启示

1. 知与守的当下启示

前面章节中已经讲了"阴阳和谐话有无"，并且谈及把握阴阳的方法之一，就是执两用中，首先学会用"中"。把握阴阳的另一个利器就是"知守"，老子在第七十二章《恒德》中，用"知其雄，守其雌""知其白，守其辱""知其白，守其黑"十八个字，就高度概括了"知守"这个根本性的方法，并且指出了三阶段和三层次的实践过程。同时，以"复归婴儿""复归于朴""复归于无极"作为社会复归于德治和道治，以及人的性命复归于德境道地的循序渐进层次和递进次第论，全面地揭示了如何把握阴阳、运用阴阳、超越阴阳、摆脱阴阳制约的方法，即把握阴阳论知守。

老子所揭示的把握阴阳的方法，虽然至简至易，只有"知守"这两个字，但是，运用起来却非甚易。难就难在观念的改变，也就是几十年形成的后天意识观念的改变。人们长期依赖有为意识主宰自己的性命，放任眼耳鼻舌身意这些显性的六根为用，把自己生命的大部分时间都交付给阴我意识心去掌握，把这个管理权拱手相送了。因此，几十年来已经形成了根深蒂固的显性条件反射，一睁开眼就很自然地去用后天的有为意识，去捕捉万事万物的"有相"，迅速地建立前识观念和认知，而无为思识却难以迅速地建立、运用和主宰意识思想的全过程①。

此章所提到的"知强守柔"都属于把握阴阳的"知守"方法范畴，由知守任何一对阴阳到知德守一，那就突破了阴阳的制约，而进入德一环境中了，

---

① 熊春锦．中华国学道德根［M］．北京：中央编译出版社，2006：156－157．

这时才会没有忧患。如果还处在阴阳之中，除了已经提到的"用中""知守"这两个根本方法之外，平时在思维动念、行为做事的过程中，还需注意突破思维定式或者惯性思维的制约，比如，我们做事与往常相反时，马上会产生不良感觉，这就是由已经形成的"与正确的相反的就是错误的"这样一种惯性思维所致。但是，如果与错误相反，那不就正好吗？不就是正确的吗？因此，这种惯性思维，如果仅仅体现在某一件事或小范围内，那还没什么，但是，如果人们长期乃至一生都固囿在常道思维的定势中，那是否也是对自己认识真理的一种阻碍呢？与之相反，一旦脚跟转向正确的方向，那就不仅仅是相反，而是回归，是一种向真理的迈进和向真朴的返归。

　　知守对当下的启示主要在于，明白事理，做好储备。有人说，大学阶段是人生必须经历的一个时期，因为这个时期是我们在知识结构、能力素养等各方面都处于人生阶段的形成、积累、完善时期，也是为以后的人生奠定良好基础的时期，所以应该把握好这个时期，注意节约能源，做好储备，让它过得充实而有意义。"书到用时方恨少"，我们的积累要达到一个什么状况才算最好呢？每个人由于各自的人生经历不同，需要储备的量也有差异，多有多的用途，少有少的用途，应该准备到用的时候游刃有余才是比较理想的，而且，不管是多是少，用得恰到好处就好。我们常说，知为行先，理论是行动的指南、先导，对一些正道正理知道得早，这是优势，但这个优势仅仅是用来早服，也就是早明德、积累德，只有"重积德"才会"无不克"，这是老子早就说过的。比如，在青年时期就了解一些修德的道理，或者了解一些如何护养生命的道理，这就比到了年老体衰时再去学习养生之道要好得多，或者和一些还不知道这些道理的同龄人相比，是先走了一步。但是，这还不是真正的优势，因为知易行难，把这些理论落实到自己身心两方面的护养中，还需有一个过程。所以，即使知道得早也应该珍惜时光，去实践，达到知行合一，这才是真正的优势。否则，知道做不到，也是不全面的。光阴荏苒，转瞬即逝，数十年弹指一挥间。俗话说"君子爱财，取之有道"，其实，从大道和天地的角度来看，万事万物都是有名有主，也有获取的舍得之道。只有顺应这个规律，才能出入自然而不会进退两难。这些可能只有边走边体悟，才会有心得。有一个词叫"高瞻远瞩"，虽然人们要达到高境界有一个努力的过程，但是，有一个高远的志向还是很重要的，志向就是人努力的方向和前进的航标，如果连个志向都没有，那很容易被红尘琐事牵绊住腿脚而虚度光阴。作为红尘客，若一开始就扎进茫茫人海，就看不清前面的路了。正如古人所说："不虚心，便如以水沃石，一毫进入不得；不开悟，便如胶柱鼓瑟，一毫转动不得；不体认，便如电光照物，一毫把捉不得；不躬行，便如水行得车，陆行得舟，一毫受用不得。"

2. 见微知著与知强守柔

关于见微知著，字面含意比较容易理解，但落实到修身实践中却不好把握。《中庸》曰："莫见乎隐，莫显乎微，故君子慎其独也。"（尽管隐藏得好，没有不被人发现的；尽管极其细微，没有不显露出来的。因此君子在独处时要慎重。）《中庸》用这句话来警示有道君子应慎独修身。因为宇宙万有，氤氲化育，事事物物，莫不自无而有，自隐而显，自微而著，最后才把迹象完全显现出来，在为人处事的方方面面都做到，殊非易事。但有两个大的原则可以了解，见微知著对人们的两个启示：首先，对于有益的事物，要把握住，这是由小到大、由不明显到显露出形迹，是一个发展成长的过程，应该明白遵循这种规律，不要急于求成。其次，对于有害的事物，应该注意防微杜渐，将祸患消弭在萌芽幼小时期，到了危害现形的时候，就不好收拾了。

关于知强守柔，《文子·九守·守弱》中阐述较多，其中说："是以圣人以道镇之，执一无为而不损冲气，见小守柔，退而勿有，法于江海，江海不为，故功能自化；弗强，故能成其王；为天下牝，故能神不死，自爱，故能成其贵，万乘之势，以万物为功名，权任至重，不可自轻，自轻则功名不成。"（因此，圣人以道守之，执道而无为，而不损害虚和之气，见小守柔，守柔而强，退而不为己有，效法于江海，因江海能容纳一切水流的归附，所以称为百谷之王。江海无为而善下，则四方之水都流入进来，人效法江海之所为，不求名而名成，不逞强而成强，便可王天下；成为天下最为柔弱者，故能使精神长存而不离于形，自我爱护之，所以能成就大贵。贵有万乘的威势，以万物为功名，权力责任至重，不可自我轻贱，自我轻贱则功名不成。）

又说，道是因小而成大，多是以少积累而成，所以圣人以道莅临天下，柔弱微妙的可以见小，俭啬损缺的可以见少，见小故能成就其大，见少故能成就其美。……圣人谦卑，清静避让者就可见其卑下，虚心无有者就可见其谦虚。

见卑下故能达到高，见谦虚故能成就贤。……因此，圣人执柔弱中之柔弱，去除骄奢，不敢行强横凶暴之气。执柔弱中之柔弱，故能立其阳刚，不敢骄奢，所以才能保持长久。（参见《文子·九守·守弱》："夫道，大以小而成，多以少为主，故圣人以道莅天下，柔弱微妙者见小也，俭啬损缺者见少也，见小故能成其大，见少故能成其美。……圣人卑谦，清静辞让者见下也，虚心无有者见不足也，见下故能致其高，见不足故能成其贤。……是以圣人执雌牝，去奢骄，不敢行强梁之气。执雌牝，故能立其雄牡，不敢奢骄，故能长久。"）

事物兴盛之后就要衰亡，太阳影子到了正午中正之后就会偏斜，月亮圆全之后就要缺损，高兴的顶点就是悲哀，因此，聪明广智要坚守愚陋，多闻博辩要坚守俭约，武力勇毅要坚守畏惧，富贵广大要坚守窄狭，德施天下要坚守礼让，这五点，就是先王所以守天下的原因。（参见《文子·九守·守弱》："夫物盛则衰，日中则移，月满则亏，乐终而悲，是故聪明广智守以愚，多闻博辩守以俭，武力勇毅守以畏，富贵广大守以狭，德施天下守以让，此五者，先王所以守天下也。"）

人的精神和志气，虚静以后便可逐渐兴盛，躁动之后就会逐渐衰败，因此，圣人涵养精神、平和气息、端正形体，莫不与道一体，乘时变化，事来而顺之，物动而应之，如此，则万物之化无不合，百事之变无不应。（参见《文子·九守·守弱》："夫精神志气者，静而日充以壮，躁而日耗以老，是故圣人持养其神，和弱其气，平夷其形，而与道浮沉，如此，则万物之化无不偶也，百事之变无不应也。"）

3. 高真德道悟鉴

吕祖认为：此章是返本还元归于太虚。如《大学》有云："物有本末，事有终始，知所先后，则近道矣。"《中庸》有云："致中和，天地位焉，万物育焉。"这是重本留末的意思。

天下者，身也；有始，是一气之初，发生未动之先，此时乃先天也。万物未生之前即有灵性，灵性就是万物之母。既知有性，性发就是子也，发生时即是意了。有意是后天，性是先天，先天秉而后天生。未发之初，即有意存，谓之已知其子。意胜而复灭，生意尽，复归其性，谓之复归其母。如未惊蛰时，草木秉性而未生，内有先天存焉；到清明后，渐多生意，而枝叶萌动，此其子也。夏茂秋落，有霜雪肃之杀之，生意尽，只有性存，涵养于内，寂然不动，而又待来春，此是复归其母。如修道者，一气融性清静，而俟物至，上升下降，而会于虚，此其母也。左旋右转，上下冲突，而为金液，此其子也。复性而候动，动而复静，随其自然，不待勉强，而合天真，此即是知母知子，而明本末终始之谓也。既明本末终始，不知先母后子、先子后母，则近于真常之道矣。真常之道，在于湛寂，没身而不殆。

兑者，口也；塞其兑①，寡言惜气之谓也，则内境不出。门者，耳目也，无听无视之谓也；则心灰意绝，无所摇动，则外境不入。闭其门，塞其兑，终身不待勤劳，而近于道矣。闭其兑，则真气不出。真气凝，则餐风饮露而济于其事。若兑开而不凝，露泄真气，则终身莫能救。

见小而不贪，入无而不有，虚其神，和其气，益其精，皆化为空，则内外通透，无有障碍，辉煌乎见于微渺，故曰明。守纯一之中和，空虚无之境界，不知人我而无所求，退藏幽境，远于嚣闹尘俗，知柔而返曰强。

用其柔和之光，复归于见小之明，则知天下万物，有母必有子，有子复归于母。言其静而生动，动而返静也。"遗"字作个"说"字看，如此，光至于柔和，明至于见小。内外虚白，冲塞天地，无说我之身、皮袋之殃也。如此者，是谓袭常。袭者，时时不闲，念念常存，不可须臾离之谓也。知天命而率性，于率性中而得命，是谓常。真常存之，至道也。极言虚中有，有还虚，譬如命本性出，无性罔为真常；药本静灵，无静不成玄妙。于是，天下万物，本末、终始、前后，自此而明矣。②

黄元吉云：金丹一物，岂有他哉？只是先天一元真气，古人喻为真铅、为金花、为白雪、为白虎初弦之气，种种喻名，总不外乾坤交媾之后，乾失一阳而落于坤宫，坤得此乾阳真金之性，遂实而成坎。故丹曰金者，盖自乾宫落下来的，在人身中谓之阳精，此精虽在水府，却是先天元气，可为炼丹之母。修士炼药临炉，必从水府逼出阳铅以为丹母。故曰："一身血液总皆阴，一物阳精人不识。"此个阳精，不在内、不在外，不入六根门头，不在六尘队里，隐

---

① 通行本中，"塞其闷"写作"塞其兑"。
② 老子. 吕祖秘注道德经心传［M］. 吕岩，释义；韩起，编校. 桂林：广西师范大学出版社，2014：108－109.

在形山，视而不见，听而不闻，却又生生不息，是人身之真种子、大根本也。一己阴精，不得先天阳铅以为之母，则阴精易散，无由凝结为丹。是以古仙知己之阴精难擒易失，不能为长生至宝，乃以真阴真阳二八初弦之气、同类有情之物烹炼鼎炉，然后先天真一之气、至阴之精，从虚极静笃、恍惚杳冥时发生出来，此丹母也，亦母气也。用阳火以迫之，飞腾而上至泥丸，与久积阴精混合融化，降于上腭，化为甘露，此阴精也，亦号子气。由是降下重楼，倾在神房，饵而吞之，以温温神火调养此先天真一之气与至阴之精，此即太上曰："既得其母，以知其子；既知其子，复守其母。"始也母恋子而来，继也子恋母而住，终则子母和偕而相育，阴阳反覆以同归，虽没身不殆也。从此恪守规中，一灵内蕴，务令内想不出，外想不入，缄口不言，六门紧闭，绵绵密密，不贰不息，勿助勿忘，有作无作，若勤不勤，如此终身，金仙证矣。否则，有济于外图，先已自丧其内宝，所谓"口开神气散，意乱火功寒"。重于外者轻于内，命宝已失，命根何存？故终身不救也。人能塞兑闭门，宝精裕气，母气子气合化为丹。古云："元始天王悬一黍珠于空中，似有非有，似虚非虚，惟默识心融者乃能见之。"小莫小于此丹，能见者方为明哲之士。当其阳气发生，周身苏软如绵，此至柔也。能守此至柔之气，不参一意，不加一见，久之，自有浩气腾腾，凌霄贯日，故"守柔曰强"。然下手之初，神光下照于气海，继则火蒸水沸，金精焕发，如潮如火，如雾如烟，我当收视返听，护持其明，送归土釜，仍还我先天一气，小则却病延年，大则成仙证圣，身有何殃可言哉？不然，老病死苦转眼即来，能不痛耶？要皆人自为之，非天预为限之也。夫人既不爱道，独不爱身乎？切勿自遗身殃，后悔无及。此为真常之道，惟至人能袭其常，不违其道，故日积月累而至于神妙无方，变化莫测。语云："有恒为作圣之基，虚心实载道之器"，人可不勉乎哉！

此言真阳一气原从受气生身之初而来。人之生生于气，气顾不重哉？试思未生以前，难道无有此气？既死而后，未必遂灭此气。所谓先天一气悬于太空之中，有物则气在物，无物则气还太空。天地间举凡一切有象者，皆有生灭可言，惟此气则不生不灭，不垢不净，不增不减，空而不空，不空而空，至神而至妙者也，故为天下万物生生不息之始气。学道人知得此个始气，则长生之道可得，而神仙之位可证焉。夫神仙亦无他妙，无非以此阳气留恋阴精，久久烹炼，则阴精化为阳气，阳气复还阳神，所谓"此身不是凡人身，乃是大罗天上仙"。倘若独修一物，焉得此形神俱妙、与道合真，而极奇极变、至圣至灵者哉？故火候到时，金丹发象，自然口忘言，舌忘味，鼻忘臭，视而不见，听而不闻，所谓"丹田有宝"，自然"对境忘情"。此轻外者重内，守内者忘外，一定理也。然在未得丹前，又当塞兑闭门，为积精累气之功。且知小丹者为明哲，守太和者自刚强。以神入气，以气存神，忽然一粒黍珠光通法界，此即金丹焕发，大道将成之候矣。始也以神降而候气，继则气生，复用神迫之使上，驱之令归，即长生之丹得，而身何殃之有哉？是在人常常操守，源源不息可也。①

第七节　《盗夸》

一、《盗夸》章经文内容

毋道身殃，是谓袭常。

使我介有知也，行于大道，唯施是畏。

大道甚夷，民甚好解。

朝甚除，田甚芜，仓甚虚；服文采，带利剑，厌食而赍财有余；是谓盗夸。

盗夸，非道也！

二、《盗夸》章经文释读

1. 文字释读

袭：甲骨文👤像一个人👤手持戈、斧之类的武器🪓，表示袖藏武器，以便接近目标、发动突然性的攻击。先秦古人的衣袖长而宽大，可以内藏刀、锥之类

---

① 黄元吉．道德经精义［M］．北京：中央编译出版社，2014：138－140.

的暗器。造字本义：袖藏武器，趁敌不备，突然近距离攻击。金文**誤**将甲骨文字形中手持武器的形象**⚔**写成似"龙"非"龙"的**龙**，并加似"衣"非"衣"的**⚮**，强调"袭"的"袖藏"含义。篆文**龖**将金文字形中似"龙"非"龙"的**龙**写成明确的"龙"**龖**；将金文字形似"衣"非"衣"的**⚮**写成明确的"衣"**㐅**。俗体楷书**袭**依据草书字形**⚛**将正体楷书**襲**的**龍**简化成**尼**。

《说文解字》："左衽袍。从衣，龖省聲。龖，籒文襲不省。"（衣襟居左的死者穿的内衣。字形采用"衣"作边旁，采用"龖"作声旁。龖，这是籒文写法的"袭"字，"龖"未加省略。）本指死者穿的衣服，衣襟在左边。袭作名词同本义（如袭玩——衣着器用），姓氏。袭作量词表示衣一套为一袭（如袭衣——成套衣服，袭衣兼食——成套衣服，多盘菜肴，谓生活优裕），层、重。袭作动词表示因袭、照旧搬用（如沿袭——依照旧传统办理；袭因——依照旧例；袭迹——依照前人的遗迹），继承（如世袭——指帝位、爵位等世代相传），重复（如袭吉——卜若不吉则止，不可因而重卜；重卜而得吉，叫作"袭吉"），调合、合（如袭从——言两者相合；袭然——合一的样子），袭击（指乘其不备，偷偷地进攻，如奇袭、夜袭、空袭），衣上加衣，穿衣（如袭朝服），盖（如袭裘——古代盛礼时，掩上裼衣而不使羔裘见于外），触及、熏染、侵袭（如袭人——侵袭到人，薰人）。

施：金文**旃**＝**㫃**（㫃，旗杆和游幅**⚐**）＋**它**（也，即"蛇"，表示蜿蜒游动），比喻旗帜蜿蜒游动。造字本义：旗帜起伏飘扬。篆文**旆**将金文字形中的**㫃**写成**㫃**，将金文字形中的**它**写成**也**。隶书**施**将篆文字形中的**㫃**简写成**方**，将篆文字形中的**也**写成**也**。

《说文解字》："旗儿。从㫃也聲。亝欒施字子旗，知施者旗也。"（旗帜飘动的样子。字形采用"㫃"作边旁，"也"作声旁。齐国栾施字子旗，由此可知施是旗。）本指旗帜。施作动词表示旗飘动，假借为"吔"，给、给予，引申为施舍（如施予——给，给别人恩惠、财物；施生——施惠于人，给人生路；施人——施恩于人；施香——施舍香火钱；施报——有所施与，则有所报答；施赈——施舍财物救济贫民或灾民；施遣——施舍赠送；施泽——给予恩惠，乐善好施），设置、安放（如施置——处置，安排），施行、实行、推行（如施为——施展，作为；施巧——施展巧技；施令——施行政令；施张——

施行；施呈——施展；施敬——施行庄敬之教），散布、铺陈（如施散——布施散发；施属——散布连缀），加、施加（如施检——加印密封），判罪，用、运用（如施作——做）。施作名词表示恩惠、仁慈（如报施——报恩），旄羽珥、旗竿头上缀饰物。姓氏（如施琅，Shī Láng，1621—1696，中国清朝时将领，福建晋江人。其字尊侯，号琢公。初为郑芝龙部将，降清后任水师提督。康熙二十二年（1683），攻灭台湾的郑氏政权。他建议在台湾驻兵屯守，以备御西方殖民者的侵略，为清政府所采纳，封靖海侯）。

　　除：余，既是声旁也是形旁，表示屋舍、旅馆。除，篆文**除** = **阝**（阜，石阶）+ **余**（余，简易屋舍），表示屋前台阶。造字本义：屋舍门前的台阶。隶书**除**将篆文的"阜"**阝**写成"左耳旁"**阝**。

　　《说文解字》："殿陛也。从**阝**，余聲。"（殿阶。字形采用"阜"作边旁，表示与地形地势的高低上下有关；"余"是声旁。）本指宫殿的台阶。除作名词同本义，一般建筑的台阶，泛指台阶（如阶除、庭除）。除作动词表示拜受官位（任命官职，如除授——授予（官职）；除召——为任官而被召；除书——授官的诏令；除官——授官，除去旧职以任新职），清除、去掉（如除暴安良，除恶务尽——清除邪恶势力，务必彻底；消除——使不存在，除去），修治、修整，改变、变换（如除夕，岁除——农历一年的最后一天），打扫（如除舍——打扫房舍），诛灭（如除残祛暴——驱除残暴邪恶势力），算法的一种（把总数折为若干分，是"乘"的反运算，如除法，即数学名词，算术中四则运算之一，其符号为÷）。除作副词表示不计算在内（如除此之外，其余都在），常跟"还""又""也"等配搭（表示在此之外，还有别的，如一天到晚，除了工作，就是学习）之义。

　　芜：无，既是声旁也是形旁，表示没有。芜，篆文**芜** = **屮**（艸，植物，代庄稼）+ **無**（無，没有），造字本义：田地里野草茂盛、庄稼稀少。俗体楷书**芜**用**无**代替正体楷书**蕪**的**無**。因为战争或洪灾的毁灭性破坏，田园草盛人稀，叫作"荒"；因为庄稼地辍耕，草盛禾稀叫作"芜"。

　　《说文解字》："薉也。从艸，無聲。"（草被割尽。字形采用"艸"作边旁，"无"是声旁。）本指土地不耕种而荒废。芜作形容词——同本义（如芜蔓——荒芜，荒凉；芜废——荒废；芜荟——荒芜；芜蒌——野草；芜旷——

犹荒芜），杂乱（如芜音——声音多而杂乱，引申指音律不协畅；芜昧——不明，杂乱不清的样子）。芜作名词表示丛生的杂草（如芜没——指杂草丛生，隐没于其中；芜芜——草木茂密繁盛的样子），乱草丛生的地方（如平芜），姓氏。

仓：냐，既是声旁也是形旁，表示筑版，借代墙。倉，甲骨文 = （合，并）+（냐，墙），表示用墙围成的建筑。有的甲骨文误将"냐"写成"户"。造字本义：古代用于存储谷物的、用墙围筑的简易建筑。金文、篆文倉承续甲骨文字形。楷书倉将隶书上部的"口"写成"人"加一点的。俗体楷书仓依据草书字形局部简化。

《说文解字》："穀藏也。倉黄取而藏之，故谓之倉。从食省，口象倉形。凡倉之屬皆从倉。仺，奇字倉。"（收藏稻谷的粮库。通常在稻谷成熟、颜色仓黄之时将它们收割入库，因此称粮库为"仓"。字形采用有所省略的"食"和"口"会义，"口"像粮仓形状。所有与仓相关的字，都采用"仓"作边旁。仺，这是"仓"的奇怪写法。甲骨文字形，上像盖儿，中间像一扇门，下面是进出的口儿，合起来表示仓库这个概念。）本指粮仓。仓作名词同本义（如谷仓——粮仓；仓廒——粮库；仓敖——储藏米谷的地方），泛指储藏物资的建筑物（如盐仓、货仓、义仓），姓氏。

采：本字"采"：采，甲骨文 = （爪，用手摘）+（果树），表示摘果。造字本义：摘集果子。有的甲骨文省去了树上的果子。金文、篆文承续甲骨文字形。远古采集时代的人们摘集植物的花、叶、果子作为食物。

合并字"彩"：采，既是声旁也是形旁，表示收集、选取。彩，篆文 = （采，收集、选取）+（彡，光、色、影），表示采集光色。造字本义：收集在一起的光色，即多元、丰富的光色。

《说文解字》："将取也。从木，从爪。"（捋叶子、摘果子。字形采用"木、爪"会义。甲骨文，上象手，下象树木及其果实，表示以手在树上采摘果实和叶子。）本指用手指或指尖轻轻摘取来。采读 cǎi，其作动词同本义（如采及葑菲——对别人征求意见时的谦辞），引申为采集、搜集（如采兰赠药、博采众长、广收薄采，采了 200 多种矿样，采药），挑选、采纳。采作名词表示多色的丝织品，后来写作"綵"，引申为彩色，后写作"彩"（如采缯——彩色丝织品，采服——彩色的衣服；采章——绘有彩色图案的旌旗、车舆及服饰），文章的词藻，精神上的活力或生气（如兴高采烈），神色、神态（如风采）。采读 cài，作名词表示采地，古代士大夫的封邑（如采邑——食邑，采地），古九畿之一（如采圻——采畿，九畿之一）。

带：甲骨文像是前巾与后巾之间有扣结的布条。造字本义：扎在腰间用以系裙的扁长的布条。赵孟頫临写的籀文像穿在一排扣孔里的绳子。有的籀文综合甲骨文字形与籀文字形，将甲骨文字形中的前巾与后巾重叠成，将籀文字形中排扣里的绳子写成。篆文基本承续籀文字形，上面表示束在腰间的一根带子和用带的两端打成的结，下面像垂下的须子，有装饰作用。隶书将篆文字形中两"巾"重叠的写成。古代饰物，佩在身上叫"带"，别在头上叫"戴"。

《说文解字》："绅也。男子鞶带，妇人带丝。象繫佩之形。佩必有巾，从巾。"（较宽的衣带。男子佩皮革的衣带，妇人以丝为衣带。，像系佩的样子。衣佩一定有巾，所以字形采用"巾"作边旁。）本指大带，束衣的腰带。带作名词同本义（用皮、布或线等做成的长条物，如带冕——大带和冠冕；带围——腰围、腰带；带钩——皮革腰带上的金属钩，形状一端曲直，另一端为圆钮以承钩。有动物形的，也有铸花纹的；带头——旧时衣袍外腰带上的扣头，常镶以金、玉等装饰物），泛指狭长形条状物（如带钢、声带），根据纬度和温度把地球表面分为5个大带的任一带（指区域，如温带），生物地理区的典型带状区（如海洋滨岸带、南方生物带），以某种特殊性质、作用或成分为特征的地球物质（如岩石）的分带、分层或层系（如饱和带）。带作动词表示佩带、披挂（如带剑，带甲——披戴盔甲的将士），携带（随身拿着，如带挈），抚养（如他是由奶奶带大的），率领、引导某人或某物（如带动，带将——带、领），兼管，具有某种标志或特征（含有、呈现，如带叶子的橘子）。带作连词表示两个动作同时进行（相当于"又"，如带口——随口），表示附有较小的数量（如才三十带点，人生还长呢）。

剑：金文，左半部是一个（金）字，就像一把带有装饰的短剑；右半部（佥）是它的声旁。篆体，剑的左半部变成了声旁（佥），金（金）字则变成了（刃）放在了右半边。隶变后楷书写作"劍"，楷体"劍"中，

255

"刃"字改为刀字旁（刂），简化汉字后写作"剑"。

《说文解字》："人所带兵也。从刀，佥声。"（人所随身携带的兵器。字形采用"刀"作边旁，"佥"作声旁。）本指古代兵器（长刃两面，中间有脊，短柄，指古人带兵打仗时候所使用的武器）。剑作名词同本义（如宝剑、长剑、剑鞘，剑锷——剑的锋刃；剑拔弩张——形容形势紧张，一触即发，后亦喻书法雄健；剑首——剑环，用玉或金属制成，上面镂刻有花纹；剑气——剑的光芒，比喻人的声望），剑术（如剑士——剑术高明的人；剑仙——精于剑术的仙人）。剑作动词表示以剑杀人，挟在胁下之义。《玉篇》："籀文劒。"《释名》："劒，检也，所以防检非常。"

财：才，既是声旁也是形旁，表示建筑房屋的栋梁，代表有用之物。财，篆文**財**=**貝**（贝，宝物，金钱）+**才**（才，有用物）。造字本义：金钱及有价值的物品。

《说文解字》："人所寶也。从贝才聲。"（人们当作宝贝珍藏的东西。字形采用"贝"作边旁，"才"作声旁。）本指财物。财作名词同本义（多指日常生活必需品，包括米粟在内，如资财——资金与财物，生财，地财），财富、财产（如钱财），姓氏；副词表示通"才"，仅仅，通"纔"，刚刚。财作动词通"裁"，裁成、裁制，裁断、指材料的剪裁和人事的论断，节制、制裁。

2. 章意疏解

大道至简至常，当人们德行缺失严重，不明真常之道后，往往以妄为常，曲解大道，从而产生种种误导人心的思想意识与行为表现，急待澄清。

毋道身殃，是谓袭常。（此段主要概括提出袭常的概念及对身心的有害性。）

不遵道而行，与自然规律相悖，身体受到虚邪贼风的侵袭，就会有灾殃，这就叫作沿袭常道。

使我介有知也，行于大道，唯施是畏。（此段主要阐述在行道中为防有害而需要规避之处。）

这使我觉悟、警惕而敛藏后天有为智能的认识，全力实践行持大道；道可传而不可受，对大道之理的传播与德性能量的布施，也要遵循自然规律，不可随意而为，以圣人之道告圣人之才，则道易学矣。

大道甚夷，民甚好解。（此段主要阐述大道的特性及民众对大道的误解。）

大道非常均平坦易，但人们喜欢求得甚解，往往用有限的后天知识进行曲解。

朝甚除，田甚芜，仓甚虚；服文采，带利剑，厌食而赍财有余；是谓盗夸。（此段主要列举了民众误解大道的不同现象，提出盗夸之名。）

大而言之，朝见之礼被废除，农田一片荒芜，仓库一片空虚；小而言之，自身"双可"教育的早晚功课废弃，德缺慧少，心灵沙漠化，精气神生命能量匮乏，库储空虚，却喜欢穿有文采的华丽衣服，佩戴着利剑，不满足于口腹之欲而积敛财富有余，这都是曲解大道的行为现象，就叫作道空。大道真朴无奇，唯在得闻至道，实修内证，善德董行，并不在于空谈大道、妄行假道。

盗夸，非道也！（此段主要总结指出盗夸是不合道的。）

空有大道之名，并不是真正的道！

三、老子的智慧启示

1. 袭常的养生之用

老子在此章开篇即说："毋道身殃，是谓袭常。"就是说，不去修身就想要明白大道规律，不符合道生德养法则的生命活动，就会害身，这就叫因袭常道而行。古人云："善处身者，必善处世；不善处世，贼身者也。善处世者，必严修身，不严修身，媚世者也。"《中庸》曰："天命之谓性；率性之谓道；修道之谓教。道也者，不可须臾离也；可离，非道也。是故君子戒慎乎其所不睹，恐惧乎其所不闻。莫见乎隐，莫显乎微。故君子慎其独也。"

为什么道不可须臾离？为什么要以善因开始？为什么要慎独？其中也有深刻的道理。现代科学的研究及其成果应用，也在逐步走近古人认识到的一些真理。

其一，曾有报道介绍科学突破奖。荣获 2017 年基础物理学科学突破奖的是三位超弦理论专家。超弦理论的提出统一了量子力学和广义相对论，它有三个理论观点：第一，基本粒子的本质是一根弦，弦的不同震动产生了不同粒子。第二，认为存在比我们目前发现的四维时空更多的时空维数，时空是 10 维的。可以写成 10 = 6 + 4，其中 4 是我们熟知的"三维空间 + 时间"，而 6 则缩小为一个小宇宙。第三，宇宙中的基本粒子之间存在超对称。

其二，量子纠缠效应证实了中国古代圣人慧识哲学文化中"必通天地之心"论断的科学性。只不过西方将中国文化中定义的同步感应性起了个名称叫"纠缠效应"。其实，所谓量子通信理论中所蕴藏的，就是老子"上善治水"的奥秘。天地、宇宙之间都存在着相互感应，所以说，整个宇宙都是一个道德的能量网络，具有双重结构性。信息在质象能量场内传递是神速而且远超光速，因为在质象世界内时间与空间的束缚不再存在，没有任何束缚，而在物相世界里还存在着空间扭曲和时间制约。所以，此处动一善念，则千里万里、乃至光年之外，在质象境内都在同步动善；此处动一恶念，则光年之外，没有空间距离的障碍、与时间数值的制约，在质象境内都会动恶。并且这些思维动念的善与恶都会翻转成物相状态而产生相互反馈作用。①

也如《易传·系辞上》中所说："子曰：'君子居其室，出其言善，则千里之外应之，况其迩者乎？居其室，出其言不善，则千里之外违之，况其迩者乎？言出乎身，加乎民；行发乎迩，见乎远。言行，君子之枢机。枢机之发，荣辱之主也。言行，君子之所以动天地也，可不慎乎！'"（孔子申论之云："君子住在家里，发出善美的言论，则千里之外的人也会闻风响应兴起，何况是接近他的人呢？如发出不善的言论，则千里之外的人也会违背他，而不以为是，何况是接近他的人呢？言语是从本身发出，而能影响百姓，行为是从近处着手，而显现于远处。言行是君子的关键要枢，要枢的发起，是光荣或受辱的主宰。言行正是君子感动天地之由，可以不谨慎吗？"）所以，做人一定要立善为本，以修德为终极目标。这也是我们传统文化的古代典籍中一直强调的核心要点。

那该怎么办呢？后文接着说"使我介有知也，行于大道"，这使我只有把后天的认知规范化、有所限制，以便于集中精力去修养行持大道。这里的袭常还是人体的一个非恒名，是人的三心中阴我心识的形名，是人体生命治理中阴性特征明显的决策型心神，当其完成阳性转化而归正以后，可以直接对脾土意识、阴阳体元的管理工作下达指令，并且可以透过意识指挥前五根识，从事后

---

① 熊春锦. 中华传统节气修身文化：四时之冬［M］. 北京：中央编译出版社，2017：225.

天有为物相境内的活动。如何让袭常德化归一，应用于修身养生？对此，熊老师有精到阐述。① 古人云："施必有报者，天地之定理，仁人述之以劝人；施不忘报者，圣贤之盛心，君子存之以济世。"

2. 误解大道之缘由

老子在此章又说"大道甚夷，民甚好解"，大道其实非常素朴简易，就包括常道与非常道，就是立德修身、明理识法，只是人们非常喜欢求解，或者不重视修身实践，所以有时只把握住常道而忽略了非常道，反而误解了大道的本质。并且，列举了一些误解大道的现象，如"朝甚除，田甚芜，仓甚虚，服文采，带利剑，厌食而赀财有余"，这都是人们误解大道的表现。就以礼为例来说，任何时候，礼的本质就是修养礼德。从内在修养看，就是以礼制心，正心诚意，立德修身，孔子曾说"克己复礼以归仁"（见《论语·颜渊》），就是通过礼德的修养，规范后天的阴性意识，树立正觉正念，修复人类道德的最后一道防线，回归到上乘的仁德，进而由五返一，由五德修养的丰厚圆满回归于德一道〇之境。从外在行为看，礼仪、礼制的本质就是通过礼德的修养，对人内在的心灵进行自律，从而达到对外在行为的规范，由对每个个体的规范达到对整个社会的治理，由此形成了一段以礼治世的历史文化与礼仪制度。因为礼乐的制定，最初都是象天法地而成，是遵循天地自然规律的，后来人们不修礼德、只重礼仪，自然就离开了道性本质。

但在现实生活中，只重事物表象而忽略道性本质又非常普遍，形成了典型的"盗夸"形象。究其缘由，这些现象的产生，既有民众心理方面的，也有历史文化方面的。在此主要探讨道德与功名财富的关系，以便于人们树正破迷。

关于道德与功名的关系，前面在《无为》章中说得比较多。《文子·自然》曰："王公修道则功成不有，不有即强固，强固而不以暴人，道深即德深，德深即功名遂成，此谓'玄德深矣，远矣！与物反矣'。"（王公修养道德，不居功而自傲，无为即刚强，刚强而不以之欺侮他人，道深就是德深，德深就成就功名，"自然之德幽深而邈远啊！它同万物一起返归于本原。"）

---

① 熊春锦. 中华传统五德修身文化［M］. 北京：中央编译出版社，2017：38，170.

至于道德与财富的关系，《大学》中提出了"德本财末"的经典命题。《文子·上仁》曰："四海之内，哀乐不能遍，竭府库之财货，不足以赡万民，故知不如修道而行德，因天地之性，万物自正而天下赡，仁义因附。……德贵无高，……古者无德不尊，无能不官。"（四海之内，哀痛和欢乐不能普遍，竭尽府库内的所有货财，也不足以供养万民，所以喜欢才智不如修养道而推行德，顺应天地的自然之性，万物便自然各得其所而天下万民自然会给养充足，仁义也就依附而存在了。……德贵于不自高自大，……古代的时候没有德行不能尊贵，没有能力不能做官。）

说到对名利的把握，可以举两个现实比较成功的例子。先说对财富的经营。考察一下国内那些百年老字号，即一直运营到今天的百年品牌，都很重视商德，体现了"德本财末"经营理念。把握住了这个大原则，还需准确把握商机，才比较容易成功、保持久远。成功了不能保持，昙花一现，也是现在商界比较常见的现象。且不说历史上的成功人士，就说离人们最近的，"海尔"是当前世界上成长最为迅速的家电供应商。人们常说"商场如战场"，商界的形势也是瞬息万变，机遇和挑战并存，在当今竞争非常激烈的时代，要想在同行业中脱颖而出，争取市场份额，除了自己的产品要有特色之外，首先对市场行情的把握与调查要抢占先机。而"海尔"集团的总裁张瑞敏就是用无为的方法捕捉商机的。据说他会边开着车在城市里转边领会市场信息。他的名言有很多，比如："领导者需要完成的重要工作之一就是预测变化，规划未来。而要做到这一点，领导者必须具有洞察力和趋势分析能力。""市场永远不变的法则，就是永远在变。'变易，不易，简易'，《易经》上这样说。""管理无小事，'天下难事，必作于易；天下大事，必作于细。'（老子所言）可谓'成也细节，败也细节'。""人无我有，人有我优，人优我奇。""学历有上限，不是越高越好；其次是动手能力强；此外，人际关系还要和谐。智力比知识重要，素质比智力重要，觉悟比素质重要。""人的素质过去是海尔成功的根本，今后我们面临的挑战也是人的素质问题。""没有思路，就没有出路。"从这些格言中可以看出，他对老子的思想运用得很自如。而且，"海尔"的管理模式（OEC）——日事日毕，日清日高，全方位地对每个人、每一天所做的每件事进行控制和清理（每天的工作每天完成，而且每天的工作质量都有一点儿——1%的提高），这和《大学》中讲的"作新民"有异曲同工之妙。

又如："什么样的选择决定什么样的生活。今天的生活是由三年前我们的选择决定的，而今天我们的抉择将决定我们三年后的生活。我们要选择接触最新的信息，了解最新的趋势，从而更好的创造自己的将来。""有一个有名的三八理论：八小时睡觉，八小时工作，这个人人一样。人与人之间的不同，是在于业余时间怎么度过。时间是最有情，也最无情的东西，每人拥有的都一样，非常公平。但拥有资源的人不一定成功，善用资源的人才会成功。白天图生存，晚上求发展，这是二十一世纪对人才的要求"；比尔·盖茨说："二十一世纪，没有危机感是最大的危机，最大的陷阱是满足。人要学会用望远镜看世界，而不是用近视眼看世界。顺境时要想着为自己找个退路，逆境时要懂为自己找出路"。"学历代表过去，学习力掌握将来。懂得从任何的细节、所有的人身上学习和感悟，并且要懂得举一反三。这里主要的是学习，其实是学与习两个字。学一次，做一百次，才能真正掌握。学，做，教是一个完整的过程，只有达到教的程度，才算真正吃透。而且在更多时候，学习是一种态度。只有谦卑的人，才能真正学到东西。大海之所以成为大海，是因为它比所有的河流都低"；"积极的人，像太阳，照到哪里哪里亮，消极的人，像月亮，初一、十五不一样。想法决定我们的生活，有什么样的想法，就有什么样的未来"，等等。可见，有文化的企业，是有思想的。

再说对功名的超越。如德国足球明星贝肯·鲍尔，这位足球明星一生不离身的一本书，就是《老子五千言》。他之所以在获得了冠军以后能够激流勇退，也是老子思想给予他的启迪。他甚至把世界杯足球赛上赞助方给他送来的一架直升飞机命名为"老子号"，在整个欧洲国际赛场上飞来飞去，进行赛事评论。这可以说是对名的把握比较好的一个例子。

3. 高真德道悟鉴

吕祖认为此章教人知本知末，行近正而远邪，就无去有的意思。

我者，身外之身也。使身外之身介然湛寂，湛寂中有所知。知者觉照也。如此觉照，若行于大道，惟听其自然之施为，常存是畏之心，深息常守而不敢放逸。

大道，即天地之正气，如天之无言无动，轻清而至高，虚静而至灵，无有奇异处，平夷而已。大道与天同体，亦是甚夷，而无奇异，平常而已，无有施为，静以俟其自动，随一气之周流，静则径生。民者，气也，处静则径路通贯，民随其径而入虚无。气静则和，气和则定，气定真生，真生而好径，从径而起，元海如火发，火发上升，则先天见矣，这才叫做"民好径"。

朝者，一气也。气升除息，谓之"朝甚除"。田者，身也，修身要无丝毫挂牵，看得如千年不耕不种的无用之地，为世之所废，我之身亦看得如此无用，若田之芜。真修道者，舍其身而修心，修得心灰身芜而道日益，若将身看得重，道安在哉！身重心动则求名求利念出。轻其身而身存，身存则道存；重其身而身亡，亡其身，道安在哉！谓之"田甚芜"。仓者，无名、无处，空虚之室也。虚心静意则先天生，先天生仓才能开，人才可知其处也，这个时节方才知道之妙，谓之"仓甚虚"。历代祖师所言虚无窍者，此也。后人求见者，有诀，诀曰："心静而性明，意清而慧觉，息深忘我，空我忘形，一气才生，火发乃见。"起者，金室也；止者，神室也；无意之中，听其自然，四海之富，莫能敌此。这才是太上仓甚虚的本旨诀法。

服者丹也，丹乃保身之珍，服乃护身之物，故以"服"字作"丹"字看。文采者，内五行而还于虚白，从虚中见丹，丹成于三色云气之中，照彻天下，保我之身，谓之"服文彩"。带利剑：先天生，慧光照，则心之厌矣。厌者，无心之谓也；饮者，金液也；金液有物谓之食，无心动时，是我饮也、食也；总之不过一气耳。财者气也，货者神也，神气足而有余，是谓盗天地阴阳之道兮。天地阴阳之盗兮，非道也哉？当这个不是大道就错了。不错，上文即道也，非道而何？！①

黄元吉云：君子之道，造端夫妇；圣人之道，不外阴阳。苟能顺天而动，率性以行，成己为仁，成物为智，合内外而一致，故时措而咸宜，有何设施之不当，足令人可畏乎哉？无如道本平常，并无隐怪，末世厌中庸而喜奇异，遂趋于旁蹊曲径而不知。有如朝廷之上，法度纪纲实为化民之具，而彼昏不觉，概为改除，且喜新进而恶老臣，好纷更而变国政，先代典型尽为除去，犹人身

---

① 老子.吕祖秘注道德经心传［M］.吕岩，释义；韩起，编校.桂林：广西师范大学出版社，2014：110 - 111.

之元气伤矣。朝无善政，野少观型，于是惰农自安，田土荒芜，草莱不治，财之源穷矣。靡费日甚，仓廪虚耗，菽粟无存，财之储罄矣。非犹人身之精气概消磨，而无复有存焉者乎？不图内实，只壮外观，由是衣服必极光华，刀剑务求精彩，饮食须备珍馐，财货更期充足，不思根本之多匮，惟期枝叶之争荣，如此而欲取之不尽、用之不竭，在在施为俱无碍也，不亦难乎？是皆由不顺自然之天、日用常行之道有以致之也。犹盗者窃物，藏头露尾，如竿之立，见影而不见形，喻修道者之以假乱真也。大道云乎哉！

此介然有知，是忽然而知，不待安排，无事穿凿，鸿鸿濛濛，天地初开之一气，先天元始之祖气是。是即孟子"乍见孺子之入井，皆有怵惕恻隐"之一念，吾道云"从无知时忽然有知"，真良知也。此等良知之动，知之非艰，而措之事为、持之永久，则非易耳。当其动时，眼前即是，转瞬而知诱物化，欲起情生，不知不觉流于后天知识之私，此顺而施之所以可畏也。惟眼有智珠，胸藏慧剑，照破妖魔，斩断情丝，自采药以至还丹，俱是良知发为良能，一路坦平，并无奇怪，此大道所以甚夷也。无奈大道平常，而欲躁进以图功者，往往康庄不由，走入旁蹊小径，反自以为得道，竟至终身不悟，良可慨也夫！朝喻身也，身欲修饬，不欲覆灭，必须闲邪存诚，而后人欲始得净尽，天理乃克完全，久久灵光焕发，心田何至荒芜之有？精神团结，仓廪何至空虚之有？不文绣而自荣，匪膏粱而克饱，又何服文采、厌饮食之有？且慧剑锋锐，身外之利刃无庸；三宝克全，身内之货财不竭。若此者，真能盗天地灵阳之气以为丹者也。胡今之人不由中庸，日趋邪径，一身尘垢除不胜除，而且妄作招凶，元阳尽失。于是纷来沓往，并鲜空洞之神，荒芜已极，关窍非尽塞乎？力倦神疲，毫无充盈之象，空乏堪嗟，精气非尽耗乎？徒外观之有耀而文采是将，徒利剑之锋芒而腰带是尚，亦已末矣。乃犹厌饮食以快珍馐，好货财以期丰裕，何不思学道人巧用机关盗回元气，固求在内而不在外者也。《易》曰："作《易》者，其知盗乎？"正此之谓也。若舍此而他图，支离已甚，敢云大道？他注云，"介然"数句是倏忽间有一线之明，何尝非知？但验诸实行，每多穷于措施，故云可畏，此明大道之不易也。下一节言学者不探本源而徒矜粉饰，不求真迹而徒务虚名，是犹立竿见影，得其似，不得其真，故谓之盗竿①。此讲亦是。

古来凡有道者，肌肤润泽、毛发晶莹等等效验，要皆凡人所共有，然未可以为定论也。又况炼精炼气，阳光一临，阴霾难固，犹霜雪见日而化，故神火一煅，陈年老病悉化为疮疡脓血，从大小二便而出。不但初学有之，即至大丹还时，亦有变化三尸六贼，流血流脓，臭不堪闻者。惟有心安意定，于道理上信得过，于经典中参得真，足矣。须知遏欲存诚、去浊留清，层层皆有阴气消除、阳气潜长，学道人不可不知。以外之事，莫说身体光荣、行步爽快，不可执以为凭，即飞空走雾、出鬼没神、霎时千变、俄顷万里，亦不可信以为道。盖奇奇怪怪，异端邪教、剑客游侠之类，皆能炼之，未可以为真。若认外饰为真，必惑奇途，造成异类，可惜一生精力竟入左道旁门，欲出世而涉于三途六道，不亦大可痛哉！太上此章大意，教人从良知体认，方无差误。无奈今之学道者，只求容颜细腻、身体康强，岂知外役心劳，而良田荒芜，宝仓空旷，先天之精气为所伤者多矣。后天虽具，又何益乎？果然三宝团聚，外貌自然有光。彼驰之于外而矜言衣食者，何若求之于内而先裕货财也。内财既足，外财自赅，岂同为盗者，不盗天地灵阳之气，而徒盗圣人修炼之名也哉？②

第八节 《善观》

一、《善观》章经文内容

善建者不拔，善抱者不脱，子孙以祭祀不绝。

修之身，其德乃真；修之家，其德有余；修之乡，其德乃长；修之邦，其

---

① 通行本中，"盗桍"写作"盗竿"或"盗夸"。
② 黄元吉. 道德经精义［M］. 北京：中央编译出版社，2014：141－143.

德乃丰；修之天下，其德乃博。

以身观身，以家观家，以乡观乡，以邦观邦，以天下观天下。

吾何以知天下然兹？以此。

二、《善观》章经文释读

1. 文字释读

建：金文建＝⻖（"阜"⻖表示山地，⻌表示墙基）＋聿（不是"聿"，表示手持⼅杵棒⼃，夯土筑墙），表示辟山为址，傍山筑屋。为了肥沃的土壤和方便灌溉，古人大多定居于河湖岸边；又为了地基牢靠和防洪防汛，古人常辟山为址，傍山筑屋，面河而居。有的金文建将"阜"形的⻖简化成⻌，将聿写成建，加"土"土强调"夯土筑墙"。有的金文建误将⻌写成"辶"建。造字本义：辟山为址，筑墙造屋。篆文建承续金文字形建，以"彳"彳代替院墙⻌。隶化后楷书建将篆文的聿写成聿，将篆文的彳写成廴。标宋建"走字底"廴省略一点，写成"建字底"廴。

《说文解字》："立朝律也。从聿，从廴。"（定立朝廷法律。字形采用"聿、廴"会义。从廴，有引长的意思，从聿，意为律）。本指定立朝廷法律。建作动词同本义（如建法——制定法律；建中——订立标准；建极——制定至中至正的建国大法），引申为建立、创设（如建官——设置官职；建封——设置爵位，分封诸侯；建竖——建立功绩；建醮净宅——设场建坛，用酒祭神以祛除宅院里的邪气；建本——奠定基础，建立根本），封立（如建侯——封立诸侯，封侯建国，立功封侯；建德——封立有德者为诸侯），树立、竖起（如建鼓——立鼓；建旗——树立旗帜；建牙——古时出师，在军前树立军旗；建节——树立节操；建标——树立标志；建麾——树立旌旗），建筑、建造（如建缮——建筑修缮），建议、倡议、提出（如建言——建议，陈述己见；建倡——倡议；建明——建白，陈述意见；建策——献出谋策；建陈——提议陈请，建画——建议谋划；建弼——建议和辅佐），覆、倾倒（如建瓴——建瓴水的简省，倾倒瓶中之水，形成居高临下的形势）。建作名词表示古代天文学中北斗星斗柄所指（一年之中，斗柄旋转而依次指为十二辰，称为"十二月建"，夏历（农历）的月份即由此而定，如建寅——正月；建卯——农历二月；建辰——农历三月；建巳——农历四月；建子——农历十一月），为岁首的历法，星官名（如建星——古星官名，亦省称"建"，凡六星，在黄道北，与南斗六星同属斗宿）。建作形容词表示通"健"，刚健（如建德——刚健之德；大建——指 30、31 天之月；小建——29 天之月），指福建（如建兰、建漆）。《玉篇》："竖立也。"《释名·释言语》："健，建也。能有所建为也。"

拔：犮，既是声旁也是形旁，即"跋"，狗骤然抽腿奔行的样子。拔，篆文拔＝扌（手，抽）＋犮（"跋"，骤然抽腿奔行）。造字本义：比喻猛然挥手，将物体从平面中抽出来。隶书拔将篆文的"手"扌简写成扌，失去五指形象。

《说文解字》："擢也。从手，犮聲。"（抽、拉。字形采用"手"作边旁，采用"犮"作声旁）本指拔起、拔出。拔作动词同本义（抽、拉出、连根拽出，如拔草、拔秧），选取、提升（如拔补——提拔补官；选拔——挑选；提拔——挑选人员任更高职），高出、超出（如海拔，拔地——山、树、建筑物等高耸在地面上；拔绝——卓越；出类拔萃——才能出众），突起（如挺拔——直立而高耸；拔立——耸立，挺立），脱身、脱离、摆脱（如拔身——脱身），攻取（指夺取军事上的据点，如连拔敌人四个据点，连拔数城），移动，把东西放在凉水里使它变凉（如把西瓜放在水里拔一拔），改变（如坚韧不拔、心志不可拔），吸出（毒气等）（如拔火罐、拔毒）。

祀：巳，既是声旁也是形旁，表示幼儿。祀，甲骨文祀＝子（子，幼儿）＋异（像一个人张开双臂托举），表示托举幼儿做祭祀。有的甲骨文祀写成似"異"的字形，表示头戴面具，施行活祭。有的甲骨文祀用"巳"巳（幼儿）代替"子"子，用"示"示（祭拜）代替"举"异。造字本义：用幼儿做活祭，敬神祛灾。金文祀、篆文祀承续甲骨文字形。篆文异体字禩综合两款甲骨文字形祀、祀。隶书祀将篆文字形中的巳写成巳。

《说文解字》："祭無已也。从示巳聲。禩，祀或从異。"（不停地祭祀。字形采用"示"作边旁，"示"常与祭祀有关；采用"巳"作声旁。"禩"，这是"祀"的异体字，采用"異"作声旁。）本指祭祀天神。祀作动词同本义，一说指祭祀地神，祭祀（如祀灶——祭灶神，在腊月二十三日，为古代五祀之一；祀南北郊——天子即位后在城南郊外祭天，在城北郊外祭地；祀土——

祀祀土地神；祀天——祭祀天神；祀孔——指祭祀孔子的典礼；祀田——以田租收入供祭祀用的田，祀社——祭祀土神；祀奉——祭祀供奉；祀典——记载祭祀仪礼的典籍；祀物——祭祀所用的供物；祀命——祭祀的命令；祀享——祭祀供献；祀姑——古代旗帜名）。祀作名词表示祭神的地方（如祀堂——祭殿；祀舍——祭祀的房屋，庙宇；祀场——古代祭祀地神的处所；祀坛——古代祭祀时用土筑的平台），世、代，中国商代对年的一种称呼，向神或神明供奉动物、植物、食物、酒类、香烛或珍贵物品作为祭祀的行为或举动。

绝：甲骨文🔠是指事字，在两缕丝线🔠的中间各加一短横指事符号━，表示将丝线割成两段。造字本义：将丝线切断。金文🔠则在两组丝线🔠之间加一把刀🔠，明确表示用刀割断丝缕。籀文🔠承续金文字形。篆文🔠（丝）+🔠（刀，割）+🔠（卩，人），表示用刀割断丝缕。隶书🔠将篆文的"糸"=🔠写成糸；并误将篆文的"刀"🔠写成"人"🔠，于是将篆文的"刀+人"（🔠+🔠）严重误写成"色"🔠。"断"是将物体截成两段；"绝"是将丝线切成两段；"继"是将断丝相连接；"续"是传承祖业家宝。

《说文解字》："斷絲也。从糸，从刀，从卩。"🔠，古文絕。象不连體，絕二絲。"（切断丝线。字形采用"糸、刀、卩"会义。从糸，表示与线丝有关，从卩，即人，表示人用刀断丝。🔠，这是古文写法的"绝"，字形像丝线不连贯的形体，像切断了两束丝线。）本指把丝弄断。绝作动词同本义（如绝缨——冠缨断绝，比喻宽宏大量），引申为断、断绝，切断（如绝长补短——本指计量国土大小，后常用为截取有余以补不足），气息中止、晕死，横渡、穿越（如绝塞——横渡关塞，渡越边塞；绝漠——穿越沙漠；绝险——越过险阻），落，杜绝、摒弃（如绝弦——断弃琴弦，不再使用；绝仁弃义——抛弃世俗的仁义，回复到纯朴的本性），超过（如绝后光前——超越古今；绝俗——超出世俗之外；绝才——过人的才能；绝特——超出寻常），停止（如绝息——停止；绝脉——脉息停止），竭、尽（如绝力——用尽力气；绝目——极目，尽目力之所及；绝叫——大声呼叫；绝阴——阴气竭尽，阴阳家称农历四月戊辰日为绝阴之日，百事不宜）。绝作形容词表示才技特异、独一无二（如绝学——独到的学问、绝顶的学问；绝足——喻千里马；绝才——过人的才能，无人能及的才能；绝手——具有第一等才艺的高手），距离远、隔绝难通的（如绝域——极远的地方；绝地——极远的地方；绝垠——极远的地方，绝国——僻远隔绝的邦国；绝徼——极为遥远的地方；绝郡——边远的郡县，绝区——极边远地区），缺乏、贫困（如绝乏——缺乏，多指供应短缺）。绝作副词表示绝对、全然，用在否定词前面（如绝不可能，绝无此意，绝非偶然，绝异——全然不同；绝无——全然没有），极、最（如绝少——极少；绝早——极早；绝峰——山的最高峰；绝顶——山的最高峰）；绝作名词表示绝句（诗体名，亦称"截句""断句"，律诗通常有八句，而绝句仅四句，是截取律诗一半而成，如五绝、七绝，每首四句，每句五字者称五绝，七字者称七绝；绝诗——即绝句）；绝作语气词表示罢了、了。

修：本字"修"：攸，既是声旁也是形旁，是"悠"的省略，表示缓慢、从容。修，篆文 ＝ （攸，"悠"的省略）＋ （彡，赋形着彩），表示细心从容地上色。造字本义：从容装饰，精心美化。

合并字"脩"：攸，既是声旁也是形旁，是"條"的省略，表示木条。脩，篆文 ＝ （攸，"條"，木条）＋ （月，肉），表示肉条。造字本义：条状肉干。

《说文解字》："飾也。从彡，攸聲。"（纹饰。字形采用"彡"作边旁，有装饰义；采用"攸"作声旁。）本指修饰、装饰。修作动词同本义（如修词——修饰词句，亦指作文、文辞；修饰边幅——形容注意仪容、衣着褴褛），整修、修理（如修姪——整理修补；修完补辑——修葺整治，补缀损缺；修月——古代传说月由七宝合成，人间常有八万二千户给它修治），兴建、建造（如修立——修建；修治——制作；修构——修建；修营——修建；修辟——修整开垦），（学问、品行方面）学习、锻炼和培养（如修省——提高道德修养、不断反省自己；修省退悔——修身反省、退而自悔；修己——自我修养），修行（如修积——行善积德；修服——指道教的修炼服气，服气，即吐纳；修持——持戒修行；修真——道教指学道修行为修真），整治（如修文偃武——修明文教、停止武备；修文——采取措施加强文治，主要指修治典章制度、礼乐教化等；修近——整顿内务；修言——统一号令；修事——治理政事），实行、从事某种活动（如修全——补救、变通；修禊——古代习俗，在三月三日到水边游玩，以祓除不祥），编纂、撰写、写（如修撰——编辑又指掌修国史的官；修文郎——称阴曹掌著作之官；修札——写信），设、置备（如修名——修刺，置备名帖，以作通报姓名之用；修馔——准备饭食），循、遵循（如修古——遵行古道；修本——犹溯源；修名——循名、依照名称），修通"休"，休整、休养（如修摄——保养、调护；修鳞养爪——喻保养、积蓄战斗力），修订、修改、改正。修作形容词表示长（如修龄——长龄、长寿；修短固天——生命的长短本由天定；修亘——连绵不断；修篁、修筠——长长的竹子），高、大（如修茂——树木高而繁茂；修波——大波；修峻——高峻；修雅——高雅、不粗俗；修皙——身材高而皮肤白），远（如修阻——路途遥远而阻隔），善、美好（如修名——美好的名声；修直——高尚正直；修禀——良好的禀赋）。修作名词——通"脩"，致送师长的酬金（如修金——学费；修脡——旧指送给老师的薪金，修，通"脩"，干肉；修脯——旧时称送给教师的礼物或酬金；修馔——教师的薪金及饭食，修，通脩，束修），姓氏。

真：与"贞"同源，后分化。真，金文 ＝ （卜，神杖）＋ （鼎，祭祀神器），表示用神鼎占卜。造字本义：贞卜如验的贞人，贞卜高人。籀文 将金文的"卜" 写成"匕" ，将金文的"鼎" 写成 。篆文 则将金文的"鼎" 写成 。隶书 真 将篆文的"匕" 写成"十" ，将篆文的 写成 ，至此字形面目全非。

《说文解字》："僊人變形而登天也。从匕，从目，从乚，八，所乘載也。"（长生不死的人变形升天。字形采用"匕、目、乚、八"会义，匕，表示变化；目，表示眼睛；乚，表示隐藏；"八"，表示仙人升天所乘坐的东西或工具。）本指道家称存养本性或修真得道的人为真人。真作名词同本义（旧时所谓仙人，如真人府——道人居住的地方；真仙——仙人；真君——道教对神仙的尊称；真味——真实的意旨或意味），本性、本原（如真宰——宇宙的主宰者、造物主；真佛——本身、本人，比喻难以见到的人物；真力——本原之力；真原——本源；真源——本源、本性），身，肖像、摹画的人像，汉字楷书的别称（如真字——正楷字），古州名。真作形容词表示真实（与假、伪相对），亦为佛教观念（与"妄"相对，如真人真事，真形——真实的形体或形象；真教——纯真的教化；真笔——真迹；真相——佛教语，犹言本相，实相，后指事物的本来面目或真实情况），正（与副、邪相对，如真红——正红，深红色；真楷——指正楷；真粹——品德高超；真履——纯正的志行），精、淳（如真白——纯白色；真钢——纯钢；真品——纯真的品质；真风——淳朴的风俗；真朴——纯真朴素），本来的、固有的（如真态——本色，天然风致），真诚、诚实、情感真切（如真烈——坚贞忠烈；真忱——真诚；真修——精诚修持；真信——真诚；真笃——诚挚深厚；真恳——真诚恳切；真至——情感真挚），清楚、真切（如听得真、看得真、真亮，真真——清清楚楚、明明白白）。真作副词表示实在、的确（如跑得真快；真不忝——真不愧；真可——真可以，真能够；真来——实在、确实）。

丰：本字"丰"："丰"是"封"的本字。丰，甲骨文 ✦ = ✦（"未"的变形，枝叶茂盛的树木）+ ●（土），表示古人在帝王所赐的土地四周种植高大茂盛的树木，以标志所属的地界。当"丰"主要作为名词使用后，甲骨文 ✦ 再在"丰"字 ✦ 基础上再加"又" ✦（用手抓持、执苗）另造"封"代替，强调执苗种树。造字本义：名词，种在土垟上作为地界标志的、高大茂盛的树木。金文 ✦ 承续甲骨文字形。篆文 ✦ 简化金文字形，导致金文字形中的"未" ✦ 形消失、"土"形 ● 消失。隶书 ✦ 继续简化字形，连篆文字形中的"中" ✦ 形也略去了。

《说文解字》："艸盛丰也。从生，上下達也。"（草势茂盛。字形采用"生"作边旁，像上下相达的样子。）

合并字"豐"：豐，甲骨文 ✦ 象豆形的盛器 ✦ 中装满一串串玉环 ✦，表示富足。造字本义：装满玉串的祭礼。金文 ✦ 承续甲骨文字形。篆文 ✦ 有所变形，玉串 ✦ 形象消失。当"豐"的"祭礼"本义消失后再加"示"另造"禮"代替。

《说文解字》："豆之豐滿者也。从豆，象形。一曰《鄉飲酒》有豐侯者。凡豐之屬皆从豐。"盛器装满了宝物。字形采用"豆"作边旁，象形，上面象一器物盛有玉形，下面是"豆"（古代盛器），故"豐"本是盛有贵重物品的礼器，这由"豐"字可以得到证明，古文"豐"与"豐"是同一个字。一种说法认为，《乡饮酒》里提到一个豐侯。所有与"豐"相关的字，都采用"豐"作边旁。本指古代盛酒器的托盘。丰作名词表示中国古代礼器（形状像豆，用以承酒觯），蒲草，地名（周国都名，在今陕西省西安市西南；秦沛县之丰邑，汉置县，今江苏省徐州市丰县），传说中的古侯国名（在今西安市鄠邑区、周至县一带），姓氏（如春秋时鲁有丰愆，丰将——复姓）。丰作形容词表示草木茂盛（如丰容——草木茂盛；丰彤——林木茂密的样子；丰林——丰茂的林木；丰荣——花木繁茂），大、高大（如丰石——高大的石碑；丰岸——大堤；丰居——高大的房屋；丰祠——高大的祠堂；丰堂——高大的厅堂），丰满、胖（如丰洁——健壮，俊美；丰致——美好的容貌和举止），指农作物收成好（如丰稔——庄稼成熟、丰收；丰歉——收成好坏；丰成——丰收；丰信——丰收的音信；丰索——年成的好坏；丰虚——丰收与荒歉，偏指荒歉），盛多（多指事物的数量，如丰沛——盛多的样子；丰融——盛多的样子；丰霈——盛多的样子；丰露——盛多的甘露），丰厚、富裕（如丰利——丰厚的利益；丰施——丰厚的施与；丰秩——丰厚的俸禄；丰禄——优厚的俸禄；丰雍——丰厚雍和），富饶（如丰阜——富饶；丰壤——肥沃富饶的土地；丰土——富饶的地方），豆器所盛丰富的。丰作动词表示增大、扩大。丰作形容词表示容貌丰满美好（如丰妍——丰美艳丽；丰容——容貌丰润美丽）；丰作名词表示通"风"，风度、风姿之义。

　　然：是"燃"的本字。然，金文 = 𣎜（月，兽肉）+ 犭（犬，代表狩猎）+ 火（火，烧烤），表示烧烤猎物。造字本义：将猎获的动物烤熟了吃。篆文承续金文字形。在远古时代，烤食是生存能力突破性的一大进步，所以"然"也表示"合理、正确"。隶化后楷书将篆文字形中的 𥸮 写成头，将篆文字形中的"火"写成"四点底"灬。当"然"的"烧烤兽肉"本义消失后，后人再加"火"另造"燃"代替，强调"烧火"含义。

　　《说文解字》："燒也。从火，肰聲。𤐩，或从艸難。"（烧烤。字形采用"火"作边旁，四点是火的变形，"肰"是声旁，狗肉的意思，合起来表示下面加火以烤狗肉。𤐩，"然"的异体字采用"艸"作边旁，"難"作声旁。）本指燃烧。然作动词同本义（俗字作"燃"，如然海——古代传说中的油海，其水可燃；然脂——点油脂或蜡烛照明；然灰——死灰复燃；然火——点火；然炬——点燃火炬；然脂——泛指点燃火炬；然犀——传说点燃犀牛的角可以照见怪物。后以明察事务为然犀；然灯——点灯），明白，耀、照耀，以为……

对，同意（如然纳——同意采纳；然疑——半信半疑、犹豫不决；然赞——赞同，然然可可——犹唯唯诺诺；然可——同意；然诺——答允、许诺；然许——然信。许诺、信守诺言；然信——然诺、许诺；然可——应允），形成，宜、合适；连词——但是、然而（如然且——然而，尚且；然如——然而），虽然（表示让步关系，如然是——虽然；然虽——虽然），于是，然后、才（如然乃——然后；然始——犹然后）。然作形容词表示是、对（假借为嘫，古同"然"，应答声，表示肯定，相当于"是的"）。然作代词表示如此、这样、那样（如理所当然、其实不然）。然作助词——用作形容词或副词的词尾（表示状态，有"如"的意义，如斐然、欣然、惠然、贸然、蔚然），用作句末语气词（表示比拟、有"……的样子"之意，常与"如""若"连用，有"如……一般""像……一样"之意），用作句末语气词（表示断定或决定，相当于古汉语的"焉""也"）。然作名词表姓氏。

兹：兹的异体字，丝，既是声旁也是形旁，表示丝线。甲骨文 88 = 8（幺，单根蚕丝）+ 8（幺，单根蚕丝），表示积丝成缕。金文 88 承续甲骨文字形。篆文 88 = ψψ（艸，草）+ 88（丝缕），表示草木有如积丝成缕般渐生渐长。有的篆文 88 误将"艸" ψψ 写成似"竹"非"竹"的 竹竹。造字本义：草木渐生渐长。隶化后楷书 兹 将篆文字形中的"艸" ψψ 写成 ⺍，将篆文的丝缕 88 写成 丝丝。

《说文解字》："艸木多益。从艸，兹省聲。"（草木大量增生。字形采用"艸"作边旁，采用省略了草头的"兹"作声旁。）本指草木茂盛。兹读 zī，其作动词同本义（如兹兹——增加繁殖）；兹作名词表示年，草席，现在、此时；兹作代词表示这个、此（如兹事体大——此事牵连甚广，关系重大），这里。兹作副词通"滋"，益、愈加。兹帮语气词，相当于"哉"。兹读 cí，"龟兹"（Qiū cí，古代西域的国名，唐代征服东突厥时曾在此设郡，旧址在今新疆库东县一带）之义。《广雅·释言》："今也。"

2. 章意疏解

善建者不拔，善抱者不脱，子孙以祭祀不绝。（此段主要阐述修养善德的良性效应。）

善于建德立业者，基础稳固，不容易动摇；善于坚守事业者，孜孜不倦，不会松懈。所以，子孙绵延，祭祀永续。这就是人们常说的"道德人家福泽长"。

什么是建德立业？《易经·系辞传》曰："显诸仁，藏诸用，鼓万物而不与圣人同忧，盛德大业至矣哉！富有之谓大业，日新之谓盛德。"（君子之道即易道显现之仁道，可以见之于实行。蕴藏之以致用，可以舍之则藏。能鼓动万物的生机，而不与圣人同其忧思，盛明的德行和伟大的事业就可以达到极致了！学问德行乃至天下万事万物的具足富有，就是伟大的事业了，日新又新，就具足了盛明的德行了。）《物理论》中说："古者尊祭重神，祭宗庙，追养也；祭天地，报往也。"（古时候的人很尊重祭祀天地山川、祖先神灵，祭祀宗庙，是为了寄托追念祖先的养育恩情，继尽孝养之道；祭祀天地，是为了报答天地自然保护万物丰收的恩泽。）

《易经·系辞传》又说："乾以易知，坤以简能；易则易知，简则易从；易知则有亲，易从则有功；有亲则可久，有功则可大；可久则贤人之德，可大则贤人之业。易简而天下之理得矣。天下之理得，而成位乎其中矣。"（乾为天，代表时间，故知天地之大始；坤为地代表空间，故能作成万物。乾为天昭然运行于上而昼夜攸分，是容易让人了解的，坤为地浑然化为万物，是以简易为其功能的。容易则易于知解，简易则容易遵从。容易使人了解，则有人亲附，容易遵从，则行之有功。有人亲附则可以长久，有能成功则可以创造伟大的事业。可以长久的，是贤人的德泽；可以伟大的，是贤人的事业。《易经》的道理即是如此简易，而能包含天下的道理。能了知天下的道理，则能与天地同参，而成就不朽的名位了。）

修之身，其德乃真；修之家，其德有余；修之乡，其德乃长；修之邦，其德乃丰；修之天下，其德乃博。（此段主要阐述由近及远、由己及人的德行修养模式。）

以德修身的实践，能真实地改变人生，预防和减少疾病的困扰，摆脱厄运的纠缠，提高生命品质，又可以系统地再造性命，明德归道而成就为真人，这个德，必须要用在心中身内，在心身中进行实践，才具有真实意义。全家修身明德，其德的能量就富足有余，全家幸福，还可以福荫子孙后代。以德治乡，其德会恩及久远。以德治国，其德的能量会极为丰富，使民族壮大强盛。以德治天下，其德的能量就会博大，普被万物众生而自然和谐。这样，由家至乡，由乡至邦，由邦至天下，形成良性效应向外辐射，逐渐扩大自身修养圈，既福泽众生，也展示自我人生价值。

清·金兰士《格言联璧》："以虚养心，以德养身。以仁养天下万物，以道养天下万世"。这正说明了道德修身的强大功能与力量。

以身观身，以家观家，以乡观乡，以邦观邦，以天下观天下。（此段主要阐述推己及人、返观内求的方法。）

观：仔细看，观察，察照。

圣人见微知著，唯德是察。观察一个个体，就可以看出其内在的修养品质；观察一个家庭，可以看出全家人的道德水准；观察一个乡，可以看出一乡人的精神风貌；观察一个国都，可以看出一都人的人格素养；观察天下，可以看出整个天下的道德状况。

《黄帝四经·经法六分》中也有论述："观国者观主，观家观父。能为国则能为主，能为家则能为父。凡观国，有六逆：……凡观国，有六顺：……六顺六逆乃存亡兴坏之分也。主上者执六分以生杀，以赏罚，以必伐。天下太平，正以明德，参之与天地，而兼覆载而无私也，故王天下。"（考察一个国如何关键在君，考察一家如何关键在父。能治理一国政事的堪任其君，能主持一家事务的堪当其父。在考察一个国家的时候，有六种悖逆的现象需要注意：……考察一个国家，有六种顺当的现象需要注意……六顺与六逆是决定国家存亡兴坏的分界，君主掌握判断六顺、六逆的标准，并以此来施行生杀、赏罚及果决征战。天下安定宁和在于君主执度公正以明其德，同时效法天地公平无私，这样就可以称王天下。）

吾何以知天下然兹？以此。（此段主要阐述返观类推的法则。）

以，凭借，根据。何以，以何。

我如何知道整个天下的事理呢？就是以这种居于道无、用于德一的唯德观，形名学说以及用小而知大的反观同类方法。

《黄帝四经·经法·道法》曰："故执道者之观于天下也，无执也，无处也，无为也，无私也。是故天下有事，无不自为形名声号矣。形名已立，声号已建，则无所逃迹匿正矣。"（所以懂得大道的人向天下示范的便是变通而不固执，功成而不依赖它，顺时而动不妄为，处事公正不以私意。因此天下之事便可以在形名确立、名实相符的情况下自然而然地得到治理。各项法令制度都已确立，官职都已建置，那么天下万物就都在正道中了。）这也是黄帝形名学说的阐述。

《吕氏春秋·察今》曰："故察己则可以知人，察今则可以知古。古今一也，人与我同耳。有道之士贵以近知远，以今知古，以益所见知所不见。"（考察自己就可以知道别人，考察现在就可以知道古代。古今的道理是一样的，别人与自己是相同的。有道之人，他们的可贵之处在于由近的可以推知远的，由现在的可以推知古代的，由见到的可以推知见不到的。）也就是老子所说的"执今之道以御今之有"。

三、老子的智慧启示

纠正了对大道临世的错误观念，可按正确的方法修养德道。中华道德根文化的最大特点之一，就是修身内求。即以自身为实验室，修身养性，探求自然规律与生命实相，从而逐步达到天人合一。内修有成后，以自己的道德能量去帮助周围的人，改善内外环境，维护宇宙生态平衡。此章中老子对世人的启示，是内成外就说善观。

这里的内成外就，与前面说的内修外用、内圣外王思路都是一致的，都指以内求法为主的修身实践。内成外就，是说自身已经完成了"修之身，其德乃真"的复返德道实证，体内的精神系统和形体系统都完成了后天向先天德性转化的全部工程，心身修养也达到上善明德、天人合一，也就是五德圆明、淳德归一，回归到道德一的境界，那么，修之家、修之乡、修之国、修之天下的外用就是自然的过程。这与《大学》中所讲的"物格而后知至，知至而后意诚，意诚而后心正，心正而后身修，身修而后家齐，家齐而后国治，国治而后天下平"，修身、齐家、治国、天下平的修养模式是一致的。通过感格物理——万物生成坏灭的道理，获得正确的识见，有了正知正觉，将其运用到自我修身过程中，建立起符合自然规律的人生观、世界观、价值观和道生观，正确的人生观、道生观建立起来了，才能使其辨别善恶，思维意念才会真诚、诚信并且高度符合自然规律，意念真诚才能使内心端正，内心端正才能使自身修养落到实处，自身修养获得了真实效应，才能使全家修德，共同建设道德人家。家庭是社会的细胞，每个道德人家建设好了才能使邦国得到治理，邦国得到治理才能使天下太平，这也是德的良性效应福泽众生的体现。

这章的章名是《善观》，告诉人们需要把握住两个要点：一是如何观？要善观。二是观什么？观善。先说第一个，如何观？

1. 从如何观话善观

当然，首先要明确的，就是观的原则。古人认识世界和宇宙自然以及生命规律的时候，是采用"近取诸身，远取诸物""内取诸身，外取诸物"的总原则，也就是通过上观天文、下察地文、中观人文，把握住宏观、微观、中观三个维度进行格物致知，这就是《易经·系辞上》中所说的"仰以观于天文，俯以察于地理，是故知幽明之故；原始反终，故知死生之说；精气为物，游魂为变，是故知鬼神之情状。……仰则观象于天，俯则观法于地，观鸟兽之文与地之宜，近取诸身，远取诸物"。（向上则观察天上日月星辰的文采，向下则观察大地山河动植的理则，所以知道昼夜光明幽晦的道理。追原万事万物的始终，故知死生终始循环的道理。精神气质合则构成万物，灵魂是生命的泉源。它是随着生老病死而变化的，由是我们可以探知鬼神的情态。……上则观察天上日月星辰的现象，下则观察大地高下卑显种种的法则，又观察鸟兽羽毛的文采，和山川水土的地利，近的就取象于人的一身，远的就取象于宇宙万物。）

运用这个原则，顺向类推以察今，逆向溯源以识古，顺逆同用，内外齐观，实现老子所说的"执今之道以御今之有"。也就是《易经·系辞上》中所说的"《易》无思也，无为也，寂然不动，感而遂通天下之故。……彰往而察来，而微显阐幽"的意思。（《易经》本身是没有后天思虑的，是在无为中作为的，是很安详而寂静不动的，人若能感发兴起而运用之，终能通达天下一切的事故。……《易经》是彰明以往的事迹，以体察未来事态的演变，而使细微的理则显著，以阐发宇宙的奥秘。）亦如《说卦传》所言："八卦相错，数往者顺，知来者逆；是故，易逆数也。"（八卦相互交错排列组合。数是定数，万物皆有定数定理一定的趋势，是过去的延伸；没有偶然发生的事情。往是过去，过去已经发生，容易知道，以现在知道过去是顺。逆是倒着，过去是顺，未来是逆；要知道未来，就要承顺过去和现在的发展趋势，有理有象有数。所以，知过去是顺，而《周易》是根据数理的规律，逆知未来。从果推因是顺，这是事后能知司马懿式的，是顺；从因推果是逆，这是事前预知诸葛亮式的，是逆知未来。）其中，内观是基础，外观是应用；以内修为本，外用为末。向内观，就是向里面看。人们多年来已经形成了向外看的习惯，包括向外听、向外嗅，总之，是把自己的眼耳鼻舌身这些感官都向外用，而没有养成向内用的习惯，这个思维定式需要突破，因为向外看是在消耗能量，消耗过度了，就不够用了，需要一些延伸工具来辅助，比如眼镜等。古人讲究的是内求法，向内，在自己身体内求证与自然的合一，领悟宇宙真理，实践天人合一。人们常说"闭目养神"，就是说要让自己的精神得到休息，就要闭目，这也是提醒人们向内看，内用是节约能量。然后，要善于观，也就是要有正确的方法。比如，像内观经典诵读那样，可以把自己的双目之光向内收，眼帘向下看鼻尖，垂帘而观，用自己两个眼球的后半眼球去观里面，看自己体内，往里面看，看内部，就能够发现其中的奥妙。①

2. 由观什么说观善

第二个，观什么？既指观平时诵读的内容，也指观自己体内的各种动向和动像，包括心理活动和动态的像。就说观经典中的文字吧，说到内观经典文字，汉语言文字的形体有许多种，在早期的时候观篆体是最容易的，为什么？

因为"文字"一词，是文前字后组合而成，其实代表了文化的不同特点。文是字的母亲。中华道德根文化的基因有三大系统，分别是性慧基因系统、文理基因系统和汉字基因系统。这三大系统分别代表了不同文化时期的特点，其中，性慧基因系统是最根源性的文化基因，是文化原生态中的母体。它是人类处于无为而为、顺天应人历史时期，自如应用慧性思维、实行不言之教阶段的应用。文理基因系统是人类从先天性慧转向后天智能的过渡，也是一个很漫长的历史时期，比如甲骨文、符图，都是这一时期应用的，特点就是画图、象形，从伏羲创八卦到仓颉造字的历史时期。从文理系统向汉字系统的转换，又经历了很长的历史时期，从三皇五帝一直到春秋战国，这一期间文字的应用特点主要是表意，字体代表如金文、籀文（籀的意思就是诵读，可见诵读经典

---

① 熊春锦. 德慧智慧性图文思维教育：别把孩子教笨了［M］. 北京：团结出版社，2009：86－87.

的源起极为久远）等。① 汉字基因系统是从秦朝统一，到汉字定型，这一时期的代表字体有小篆、隶书、楷体，造字的特点就是会意、指事、形声。所以，篆体是介于文与字之间。

其实，从一些概念称呼就可以看出这一点，汉语中"文"和"书"都表示字体类型，但含义有所区别：篆体之前的文字，都叫文，如甲骨文、金文、钟鼎文、籀文等，篆体以后的叫字或书，如隶书、楷书、繁体字、简体字等，只有篆体，既可以叫篆文，也可以叫篆书。从书写工具看，"文"是用刀具刻划出来的图画性表义符号，具备较强的形象感；"书"是用软笔写出来的表意符号，通常规则而抽象。因此，有"甲骨文""金文"之名，没有"甲骨书""金书"之称；有"隶书""楷书"之说，没有"隶文""楷文"之谓；而篆体符号，既有用刀刻画的也有用笔描写的，所以既可称之"篆文"，也可称之"篆书"。

对今天大多数人学习实践古人的诵读方法来说，观篆体比较容易，因为这是连接贯通后天与先天的桥梁。在烂熟于心的基础上，可以尝试把握要领，内观经典而诵读。在观篆体的时候，可以由逐字观到整章观进行整合式练习，也可以从整章观到逐字观进行分解式练习，以此尝试培养练习者的平面立体思维，按照自己的实际情况灵活把握。如果刚开始做不到整体观，就只能一个字一个字地观，慢慢前进。由诵读经典内观文字到观图文、图像（比如《易经》的卦象、太极图等，都可以观），乃至各种心理动向，一直到观善——深入观体内细胞质中的善粒子，一旦见之（即能够观察到这个善粒子），修身就能够进入命体深层次的完整再造阶段之中，让善粒子充分发挥出生理功能，贯彻于生命的始终，即可成就修身的最高境界。② 当每个细胞都被上善德化了，外环境的净化也是必然的，那时你会发现这个世界也变成了一方善土。这就叫由心随境转到境随心转，也就是《闻道》章所说的"夫唯道，善始且善成"。

3. 高真德道悟鉴

吕祖认为此章教人一生二、二生三、三生万物的意思。

---

① 熊春锦. 德慧智慧性图文思维教育：别把孩子教笨了 [M]. 北京：团结出版社，2009：127 - 134.
② 熊春锦. 道医学 [M]. 北京：团结出版社，2009：234.

建者，树立直上之谓也。善性则气生，纯一莫能拔，静定则生，生动，直上而不移，抱一而定，忘人忘我的境界。时时如是而不脱。性，母也；气，子也。母静子定，常守母之规模而呼吸自如，动静天然，不待勉强，时时不辍。稍有心中心、意中意，则忘母之规模而不自然。常常定静安虑而得真道，以此真道不辍而修之，而我之身外身真矣。

纯一不杂，一团天然之趣，即是我修身之德。如此其德乃真。得天然之气，时时不辍而修我之家。身者，神也，家者，虚室也，其家空洞中现，以我纯和之德修之，其德乃余；使我天然之气时时不辍，养纯一之体。修之于乡，乡者，性也，虚室之外宅也，常常纯和其气而德乃长，得真性而不昧。使我天然之气时时不辍，而修之于国，则国有淳化之风，常常清静，无毫发之余，以性还空，内若有所得，冲盈而丰之。使我天然之气时时不辍，而修之于天下，则通身透彻，无丝毫隔障，光明于万国，无不普照，此身外之身。

慧光朗映，一贯乾坤，而天地息归于我，我还天地，故以我之身，观身外之身；我之虚含，观虚空之室；我之性，观虚白之性；我之神，观湛寂之神；我之慧，观混沌天然之慧。吾何以知天下之道然哉，不过一性者矣，即此也。静、静而后动、动而返静、湛寂而归于虚白、混沌而返太清，尽即此也，无他，尽性以俟命也。返命而复归于性，此乃常真常存之道也，以此。

怀真人曰："静性静性真静性，先天一气起太清。寂然常绕虚无窍，一气流通万气朝。浑然一身云外客，不知身外有金身。太极炉中常锤炼，混元鼎内现真形。以空还空随觉悟，无无有有此真神。心灰意灭归大道，灵灵虚虚显阳神。顶上一声雷霹雳，天地晴和放光明。算来都是无著处，一身之外始为真。真，真，真，到了妙处道有灵。我身不作主，任他自己行。得了天然味，才得作真人。"①

黄元吉云：天地之生人也，赋之气以立命，即赋之理以成性，理气原来合一，性命两不相离，要皆清空一气盘旋天地、盈虚消息、纯乎自然、造化往来，至于百代者也。人类虽有不齐，造物纵有不等，而此气同，即此理同，终

① 老子. 吕祖秘注道德经心传［M］. 吕岩，释义；韩起，编校. 桂林：广西师范大学出版社，2014：112－113.

无有或易者。圣人居中建极，亭亭矗矗，独立而不倚，中行而不殆，虽穷通得丧、忧乐死生，万有不同，而此理此气，流行于一身之中，充塞乎两大之内，绝不为之稍挫，谓非"善建者不拔"乎？否则有形有质，即岩岩泰山，高矣厚矣，犹有崩颓之患。盖以有形者虽坚固而难久，惟无形之理气不随物变，不为数迁，历万古而常新焉。此道立于己，化洽诸人，自然深仁厚泽、沦肌浃髓，斯民自爱戴输忱、归依恐后，无有一息之脱离而不相联属者。虽曰胶漆相投，可谓坚矣，水乳交融，可谓合矣，而聚散无常，变迁亦易，不转瞬而立见睽违。惟仁心仁闻，被其泽者，爱之不忘，即闻其风者，亦怀之不置，何异子弟之依父兄、臂指之随心，无有隔膜不属者，谓非"善抱者不脱"乎？自此君子贤其贤而亲其亲，小人乐其乐而利其利，无非垂裳以治，共仰无为之休。圣人虽不常存，而其德泽之深入人心者，终古未常稍息。《诗》曰："世世子孙，勿替引之。"其斯之谓乎！昔孔子赞舜之大孝曰："宗庙享之，子孙保之。"足见德至无疆，子孙祭祀亦万古蒸尝不绝，千秋俎豆维新。语云："有十世之德者，必有十世子孙保之；有百世之德者，必有百世子孙保之。"至于大德垂诸永久，虽亿千万年，而子孙继继绳绳，愈悠久愈繁盛，其理固有如是之不爽者。此皆以无为自然之道，内修诸己而不坠，外及诸人而不忘，所以天休滋至，世享无穷焉。人以此道修之于一身，而形神俱妙，与道合真，道即身，身即道，是道是身，两无岐也，德何真乎！以道修之于一家，亲疏虽异，一道相联，亲者道亲，疏者道疏，亲疏虽别，道无二也，德何余乎！且道修之于乡，乡里联为一体；道修之于国，国家视如一人。其德之长之丰又何如乎！果能静镇无为，恬淡无欲，自然四方风动，天下归仁，民怀其德，无有穷期，德何普乎！此非以势迫之、以利啖之也，盖本固有之天良，以修自在之身心，如游子之还家、故老之重逢，其乐有莫之致而至者。人与己异体而不异心，同命而应同性，故明德即新民，安人由修己，无或异也。况乡为家之所积，国为乡之所增，天下之大，万民之众，无非一家一乡一国之所渐推而渐广，愈凑而愈多。知一人之道即家国天下之道，一己之修即家国天下之修，反求诸己，顺推诸人，自有潜孚默化，易俗移风，而熙熙皞皞，共乐其乐也。故曰："有德化而后有人心，有人心而后有风俗。"其道在乎身，其德及乎家，而其化若草偃风行，无远弗届，将遍乡国以至于天下。呜呼噫嘻！吾何以知天下之然哉？

以此故也。

《易》曰："大哉乾乎！刚健中正，纯粹精也！"是知道为先天乾金，至刚至健，卓立于天地之间，流行于万物之内，体物不遗，至诚不息，势常伸而不屈、直而不挠，擎天顶地，摩汉冲霄，固未尝稍拔也。然皆无极之极、不神之神，以至于卓卓不摇如此。人能以无极立其体，元神端其用，即古云"采大药于不动之中，行火候于无为之内"，居中建极，浩然之气常充塞于宇宙间焉。自此一得永得，一立永立，神依于气，气依于神，神气交感，纽结一团，即归根复命，道常存矣。夫人之生也，神与气合；其死也，神与气离。人能性命混合，神气融和，即抱元守一，我命由我不由天矣，何脱之有？由是神神相依，气气相守，一脉流传，一真贯注，自能千变万化，没鬼出神，有百千亿万之化身，享百千亿万之大年，谓非"子生孙，孙又生子，子子孙孙根深叶茂，源远流长，万代明禋不辍"乎？要不过以元气为药物，以元神为火候而已。夫元气者，无气也；元神者，不神也。以神炼气而成道，如以火炼药而成丹。凡丹有成毁，神丹则无终无始，故曰"金丹大道历万古而不磨"。无非以己之德修己之身，非由后起，不自外来，其德乃真矣。

天地生人，虽清浊不同、贤否各异，而维皇诞降，由家庭以及天下，无不厥有恒性，故一心可以贯万姓，一德可以孚万民。是修身齐家，德有余矣；修身化乡，德乃长矣。至于治国平天下，莫非垂衣裳而天下化，究无有外修身而可以普获蚌蠓者，此治世之常道也。反之修身，又何异焉？论国家天下，原是由近而远，一层深一层之意，如精气神三者一齐都有，不是一步还一步。自初功言曰炼精，而气与神在焉；二步曰炼气，而神与精在焉；三步曰炼神，而精与气亦在焉；即还虚合道，道合自然，自始至终，俱不离也，离则非道矣。身比精，精非交感之精，乃受气生形之初，所禀太虚中二五之元精。修之于身，即炼精化气。修行人初行持也，人得此精以生，亦得此精以长，以精修身，不啻以身修身，其真为何如哉！以气而论，精为近于身者，气则稍远，故曰："修之于家，其德乃余。"夫采外边真阳之气，炼内里真阴之精，即如以身齐家，其得于己者，不绰绰然有余裕耶？乡视身又更远，比家稍近，犹之神。然神如火也，热者属气，光者属神，是二而一。修之于乡即炼神还虚，故曰："其德乃长"，以其长生而悠久也。至于国视乡为近，比身又更远，其广宽非一目可睹。国比虚也，修之国即炼虚合道。夫炼至于虚，与清虚为一，朗照大千，而况天下乎？故曰："其德乃丰。"至于天下，则与道为一，纯乎自然，可以建天地而不悖，质鬼神而无疑，百世以俟圣人而不惑矣，而皆自然之精、之气、之神、之虚、之道，非有加增者也，故曰："其德乃普。"他如以身观身、家观家、乡观乡、国观国、天下观天下，无非以一己之身家，为天下身家之表率，以一人之乡国，为天下乡国之观型，默契潜孚，相观而化，天下皆然，何况托处宇内者哉！太上取喻，其意切近，其义精微。

大道无他，精之又精，以至于虚无自然，尽矣！学大道者亦无他，惟损之又损，以至于无为自然，无为而无不为，尽矣！然内药外药，内丹外丹，取坎填离，抽铅添汞，种种喻象比名，要不外以身中禀受于天地之精气神。以其生来素具，只因陷于血肉躯壳之中，故曰"阴精、阴气、阴神"；以其与生俱来，故曰"内药"。修士兴工之始，必垂帘塞兑，凝其神，调其息，将三元混合于一鼎，一鼎烹炼乎三元，名曰炼精，实则神气俱归一窍。直待神融气畅，和合为一，于是气机发动，蒸蒸浮浮，是曰气化，又曰水底金生，又曰凡父凡母交而产药，此是人世男女顺以生人之道。若不知逆修之法，顷刻化为后天有形之精，从肾管而泄，故"固气留精，决定长生"。人欲长生，此精之化气，即是长生妙药。如有冲突之状，急需内伏天罡，外推斗柄，进退河车，收回中宫再造，此为炼内药也，精气神亦混合为一者也，岂仅气化云哉！一内一外，一坎一离，始而以身之所具交会黄房，温养片晌，则气生焉，此以神入气，以身中之精，炼出天地外来灵阳之气，即炼精化气。继以此气采之而升，导之而降，送归土釜，再烹再炼，即是以铅制汞，以阳气伏阴精。盖精原己身素具，故曰"离己阴精"，气由精化而产，故曰"坎戊阳气"，非精属心中、气生肾内也。自涌泉以至气海皆属阳，阳则为坎；自泥丸以至玄关皆属阴，阴则为离，是水火之气为坎离，非以心肾为坎离也明矣。又曰坎中有气曰地魄，在外药白虎是也，在内药金丹是也。此丹从抽铅添汞合一而生者也，均属水府玄珠。内外之说，一层剥一层，非真有内外也。离宫有精曰天魂，在外药，青龙是也；在内药，己之真精是也。水中金生，即精中气化，在外药，白虎初弦之气是也；在内药，铅中之银是也，又曰金丹长生大药。只此乾元一气陷入人身，非以神火下煅，则沉而不起，且欲动而倾。此如灯之油，灯无油则息，人无气则灭。人之生生于此，故为长生大药，以其自乾而失于坎，今复由坎还乾，金丹之说所由来也。夫人欲求长生，除此水乡铅一味，别无他物。但此金丹，虽曰人人自有，然非神火烹煎，别无由生。及真金一生，再将白虎擒龙，自使青龙伏虎，龙虎二气复会黄房，二气相吞相啖而结金丹。运回土釜，会己真精，再以神火温养而结圣胎。胎既结，内用天然真火，绵绵于神房之中，外加抽添凡火，流转于一身之际，即日运己汞包固真精。久则脱胎而出，升上泥丸，炼诸虚空，务归本来自然之地。不是精气神三宝攸分，亦不是内外二药各别。苟非坐破蒲团，磨穿膝盖，自苦自炼，安能了悟底蕴？

　　吾今聊注大概，不过为后学指条大路耳。且道本平常，非有奇异，愈精深愈平常。他如变化莫测，在世人视之，以为高不可望，妙无从窥，而以太上《道德》一经思之，即如三清太上，亦只是一个凡人造成。但凡人以生死为喜忧，仙则视生死如昼夜。一生一死，即如一起一卧，顺而行之，不尽安然？有谓长生不死为仙家乐事者，非也。人以长生为荣，仙则以顺理为乐。虽杀身成仁，舍生取义，亦所素甘。不然，刀锯之惨，谁不畏哉？古来志士仁人，多视鼎镬为乐地、死亡为安途者，盖见得理明，信得命定，其生其死，无非此心为之运行。生而不安，不如速死；犹醒而抱痛，不如长眠。只要神存理圆，生何足荣？死何足辱？一听造化运行，决不偷生于人世。如好生恶死，是庸夫俗子之流，非圣贤顺时听天之学也。否则，孔子何以七十而终，颜子何以三十而卒？顺天而动，不敢违也。此岂凡人所能见哉？窃愿学者只求于内，无务于外，患难生死一以平等视之，此心何等宽阔！何等安闲！谚云："认理行将去，凭天摆布来。"如此落得生安死泰，永为出世真人，岂不胜于贪生怕死之徒，时而欣欣于内，时而戚戚于怀，此心终无宁日耶？况有道高人，天欲留之以型方训俗，我不拒之，亦不求之，但听之而已，初何容心于其间乎？盖生死皆道也，尽其道而生，尽其道而死，又何好恶之有哉？凡有好恶于中者，神早乱，性早亡，不足以云仙矣。①

---

　　① 黄元吉．道德经精义［M］．北京：中央编译出版社，2014：144－149．

第九节 《含德》

一、《含德》章经文内容

含德之厚者，比于赤子。蜂蜴蝎地弗螫，攫鸟猛兽弗搏，骨弱筋柔而握固，未知牝牡之合而朘怒，精之至也。终日号而不忧，和之至也。

和曰常，知和曰明；益生曰祥，心使气曰强。

物壮而老，谓之不道，不道早已。

二、《含德》章经文释读

1. 文字释读

含：金文 ![含金文] = ![今] （今，低吟） + ![口] （口，说），造字本义：话在口中，没有吐露。篆文 ![篆含] 将 ![今] 写成 ![今]。隶书 ![含] 误将篆文的"口" ![口] 写成"人" ![人] 加一横 ![一]。

《说文解字》："嗛也。从口，今声。"（口有所衔。字形采用"口"作边旁，"今"作声旁。）本指含在嘴里。含读 hán，作动词同本义（如含咀——衔在口中咀嚼，比喻品味），容纳、包含（如含元——包含万物的本原，包含元气；含气——含藏元气，含孕——包含，孕育；含光——内藏光彩，包藏美德），忍受、宽容（如含容——容忍，宽恕；含贷——包涵，宽恕），怀着不露、隐藏在内（如含哀——怀着哀痛之情；含戚——怀着忧伤；含道——怀藏正道，抱有主张；含愁——怀着愁苦），显现、带着（如含脸——板着面孔；含香——带着香气）。含读 hàn，作名词指古时丧葬时放在死人口里的珠玉（天子用玉，诸侯用璧，士用米贝）。

比：甲骨文 ![比甲骨] 字形与"从"相似，像两个人 ![人]、![人] 并肩而立。造字本义：两人并肩挨着。金文 ![比金文]、篆文 ![比篆] 承续甲骨文字形。隶书 ![比] 变形较大，将篆文的"人" ![人] 写成"匕" ![匕]。

《说文解字》："密也。二人為从，反从為比。凡比之屬皆从比。夶，古文比。"（相从密切。两人相随构成"从"字，反写"从"字遂成"比"。字形象两人步调一致，比肩而行，它与"从"字同形，只是方向相反。所有与比相关的字，都采用"比"作边旁。夶，这是古文写法的"比"字。）本指并列、并排。比作动词同本义（如比肩——肩碰肩，谓高矮差不多；比物——排比同类事物；比集——排比汇集；比缀——编排连缀），连接、接近（如比户——比家，比舍，比屋，一家挨着一家，家家户户；比屋——隔壁；比里——邻里，乡里），比较、考校、核对（如比量——比照；比类——比照旧例；比句 gōu——核对检查簿籍；比次——考校；比并——相比；比势——较量武艺，比试；比进——比武较量），及、等到，比拟（如比象——比拟象征；比傅——勉强类比并不能相比的事物；比尚——比配），勾结、偏爱，等同（如比伍——等同，匹敌），通"庀"，具备，官府限期办好公事（如比卯——旧时地方衙门中差役的名簿叫"卯簿"，百姓有欠粮的，按卯簿派差役去催缴，如到期不缴，拘衙受刑叫"比卯"）。比作形容词表示接近、亲近（如比近——亲近；比周——亲近；比善——和睦亲近，比世——近世，近代；比辰——近时，近日；比者——近来；比岁——近年；比际——此时，这时），密（与"稀""疏"相对），和谐。比作名词表示比喻、比方（如比似——如同；比偶——排比对偶；比兴——比与兴；比讽——用"比"的方法讽喻），比较两个同类数量的倍数关系（其中一数是一另一数的几倍或几分之几，如七与九之比，等于九分之七），姓氏。比作副词表示皆、都、同等地（如比隆——同等兴盛；比行——并行），连续、频频，近来。比作介词表示比起（如甲长得比乙高），为、替，及、等到。

赤：甲骨文🔥=🔥（大）＋🔥（火），字形像一个人🔥身在熊熊大火🔥中。造字本义：名词，火刑，用大火处决罪人。金文🔥将甲骨文的火堆🔥写成🔥。篆文🔥将金文的火堆🔥写成🔥。隶书🔥则误将篆文的"大"🔥写成"土"🔥，将篆文的"火"🔥写成"四点底"🔥，至此面目全非。执行火刑为"赤"；将死囚从火刑中放生为"赦"。

《说文解字》："南方色也。从大从火。凡赤之屬皆从赤。烾，古文从炎、土。"（南方的颜色。字形采用"大、火"会义，意为人在火上，被烤得红红的。一说"大火"为赤。所有与赤相关的字，都采用"赤"作边旁。"烾"，这是古文的"赤"字，字形采用"炎、土"会义。）本指火的颜色（即红色）。赤作形容词——同本义（如赤刀——刀口赤色的宝刀；赤衣——红色衣服；赤丸——红色弹丸；赤日——红日，烈日；赤石——红色的石头；赤泥——呈红色的泥土），忠诚、真纯（如赤诚——极其真诚；赤心——忠心；赤衷——赤诚的心意；赤情——真诚的心意；赤子——纯洁无瑕的初生婴儿，古代亦指百姓），裸露（如赤脚大罗仙——传说中得道的李君），空、尽、一无所有（如赤洒洒——形容无牵无挂）。赤作动词表示除掉、诛灭（如赤诛——诛杀）。赤作名词表示古以赤为南方之色，后因以赤指南方（如赤帝——神话中的南方之神，代指汉高祖刘邦；赤方——指南方；赤位——指南方；赤天——南方的天），谶纬家谓汉以火德王（火色赤，后因以借指汉朝，如赤德——指汉朝的气运），"赤子"的简称（指婴儿，如赤襁——指婴孩；赤子苍头——泛指老人小孩，苍头原指老仆，此指老人），指鲜血（如赤血），共产党。赤作动词指除掉、诛灭（如赤诛——诛杀）。

攫：蒦，既是声旁也是形旁，表示栖在猎人手上的鹰隼，双眼锐利警觉，随时准备捕猎。攫，篆文 = （手，抓、抢）+ （蒦，双眼锐利的猎鹰），造字本义：像双眼锐利的猎鹰，用利爪自上而下快而有力地抓取。

《说文解字》："扟也。从手，蒦聲。"（用利爪从上而下刨抓。字形采用"手"作边旁，采用"蒦"作声旁。）本指鸟用爪迅速抓取。攫作动词同本义（如攫取——抓取，拿取；攫捷——抓取、猎获；攫啄——以爪抓取、以嘴啄食；攫搏——鸟兽以爪翅猎物；攫噬——抓取而吞噬），夺取（如攫攘——争夺）。

搏：尃，既是声旁也是形旁，是"缚"的本字，表示捆绑。搏，甲骨文假借"尃"。尃，甲骨文 = （像线绕在纺砖上）+ （又，抓），表示抓住并捆绑。搏，金文字形多样化，都强调武力拼杀、绑获对手：金文字形 = （十，盾）+ （尃，"缚"），表示武力拼杀，捆绑俘虏；有的金文 将"盾"形的 写成 ；有的金文 以"干" 代替"盾" ；有的金文 则以"戈" 代替"干" 。造字本义：武力拼杀，捆绑俘获敌人。当后人将金文字形的 误写成"博"后，篆文 在甲骨文字形 基础上再加"手" 另造"搏"代替。

《说文解字》："索持也。一曰至也。从手尃聲。"（捆绑俘获。一种说法认为，"搏"是"至"的意思。字形采用"手"作边旁，"尃"作声旁。）本指搏斗、对打。搏作动词同本义（如搏击——奋力进击；搏膺——捶胸，表示愤怒），捕捉（如搏获——捕获；搏狩——狩猎），执持、拾取、击取（如搏杖——扶杖、抱杖；搏弊——人虽疲困，但也自持完成礼仪），通"拍"表示轻击、击（如搏鸷——猛烈拍击；搏膺——捶胸、表示愤怒；搏影——拍击影子，影随物动，故不能拍到，比喻不能成功或不易捉摸），夺取，跳动（如搏跃——跳跃，跳动）。

筋：篆文筋 = 个个（竹）+ 励（肋，支撑性骨架）。造字本义：比喻附在竹簧上、使竹身直立而富于弹力的青皮层。

《说文解字》："肉之力也。从力从肉从竹。竹，物之多筋者。凡筋之屬皆从筋。"（肌肉的力量来源。字形采用"力、肉、竹"会义。竹子，是多筋之物。所有与筋相关的字，都采用"筋"作边旁。）本指附着在骨上的韧带。筋作名词同本义（如筋皮——筋骨与皮肉；筋血——精力与血汗；筋条——身体结实强健；筋马——筋骨强健而不过于肥壮的马），肌肉的旧称（如筋丝无力——没有一点力气），静脉（可见的皮下静脉的俗称，如筋脉、筋络），类似或可比作肋的东西（如叶筋、豆角筋、橡皮筋），加强物、加固物（如钢筋），植物的脉络（如这菜筋多嚼不烂）之义。

握：屋，既是声旁也是形旁，表示住户。握，籀文𢬲 = 丰（手，控）+ 圉（屋，住户），圆圈⭕将"手"与"屋"相连接，表示对住房加锁，显示拥有与控制权。造字本义：对住房享有控制权。篆文𢪏省去锁圈，并调整成左右结构。隶书握将篆文的"手"�简写成扌，失去五指形象，将篆文的"至"𡊄写成至。

《说文解字》："搤持也。从手，屋聲。𢬲，古文。"（紧紧抓持。字形采用"手"作边旁，采用"屋"作声旁。𢬲，古文握字。）本指攥在手里、执持。握作动词同本义（如握君——如意的别称；握篆——手握官印；握算——执算筹以计数，亦指谋划；握镜——执持明镜；握节——持守符节，不辱君命；握炭流汤——握炽炭、蹈沸汤，不畏危难，敢于用命），屈指成拳（如握固——屈指成拳，握拳透爪——形容愤怒到极点），掌握（如握枢——掌握中枢之权；握要——掌握要领；握守——把手），控制，用同"捂"表示遮盖。握作量词指一把的容量，一拳的长度。

精：青，既是声旁也是形旁，是"倩"的省略，表示好看的、漂亮的。精，金文精＝米（米，稻粟）＋青（青，"倩"，漂亮），表示特别好看的大米。造字本义：经过筛选的上等稻米，粒长而均匀、晶白而莹润、高级而漂亮。篆文精承续金文字形。"精"是经过筛选的上等稻米；"粗"是未经筛糠去碎的糙米。在中医观念中，"精"是生命能量的最高级形式，用以化血化气养神，精气有限，精竭人枯；"神"来自于受孕时的父母"两精相搏"，是统领生命的天真魂灵，若不自觉持守，容易在后天耗散。

《说文解字》："择也。从米，青声。"（优选品。字形采用"米"作边旁，"青"是声旁。）本指挑选过的好米、上等细米。精作名词同本义（如精凿——舂过的净米；精粲——精米），精气（如精秀——精华灵秀之气；精气命脉神——生命与血汗，比喻辛苦；精血——精气和血液；精胆——精气；精耀——精气），精神、精力（如精采——精神，有活力；精舍——学舍、书斋，聚徒讲学的地方；精思——精力和思虑），精灵、灵魂（如精爽——灵魂；精魄——精神魂魄；精胆——魂魄，胆量），指瘦肉，通"菁"表示花，通"晶"，星，日月之光，水晶，通"情"，实情，性情。精作形容词表示细致、精密（如精切——精确切当；精造——精工制造；精敏——精细敏捷；精鉴——精细鉴别；精审——精确详实；精的——精确；精备——精密详尽），纯洁、纯净（如精楚——精美，精致漂亮；精比——精纯细密；精真——精粹纯真；精诣——精到，谓学养精粹），精诚、专一（如精勤——专心勤奋；精虔——精心虔诚，诚心诚意；精志——至诚的心志；精信——精诚信实），清朗、光明（如精芒——光芒；精晃晃——形容光亮；精朗——明亮；精全美玉——比喻纯洁完美的人或事物，精剋——廉明克己；精廉——清廉；精息——明白；精色——鲜明的色泽；精沐——清明，清察明审；精尽——明察详尽），锐利（如精手——精锐的兵卒；精甲——精锐的军队；精劲——精良锐利，精悍勇猛，精勇——精强勇敢，精锐的士兵；精强——精明高强；精刻——精明能干；精乖——聪明乖觉；精记——精明强记），精妙、隐微奥妙（如精阐——精妙的阐发，精通，精言——精妙的言辞；精理——

精微的义理；精趣——精妙的意趣；精义入神——精研微妙的义理，进入神妙的境界）。精作副词表示甚、很（如精熟——十分熟练），全、皆（如精打光——精光，全无；精乌账——骂人话，真混账，光胡闹）。精作动词表示深到、精通（如精习——精深，熟悉；精博——精深广博；精究——精心研究；精洽——精深广博），光、袒露着（如精拳——精拳头，空拳，空拳头），舂捣使精（如精凿——舂去谷物的皮壳）。

号：本字"号"：号，篆文 𮥍 = 𠙵（口，吹）+ ㇁（丂，像竽，乐器），造字本义：古人用管、角发出警讯或集结指令。

《说文解字》："痛聲也。从口在丂上。凡号之屬皆从号。"（悲痛的声音。字形采用"口"作边旁，像口在芋管上。所有与号相关的字，都采用"号"作边旁。）

合并字"號"：號，篆文 𪔗 = 号（号角）+ 虎（虎）。造字本义：虎发出号角般威震山谷的咆哮。在古籍中，动物高声呼叫为"号"；呼天抢地为"哭"；声泪俱下为"涕"；无声落泪为"泣"。

《说文解字》："呼也。从号从虎。"（高声呼叫。字形采用"号、虎"会义。"号"是"號"的古字，上面是"口"，下面代表声音，即号呼的意思。后繁化，变成"號"，现在简化为"号"。）本指大声喊叫。号读 háo 作动词同本义（如号噪——呼叫，喧嚷；号踯——号叫跳顿；号佛——高声念佛），哭而有言（如号啕痛哭；号天搭地——大声哭叫；号天哭地——哭天抢地；号泣——大声哭泣），动物引声长鸣、大风发出巨响（如号群——禽兽鸣号以求群类；号怒——怒号，指风声疾厉，北风怒号）。号读 hào，作动词指扬言有（多少多少）（如口喧圣号——大声诵念圣名），命令、发令（如号令），召唤、呼唤（如号召），宣称、称号；号作名词，表示名位、名称、称谓（如号位——称号和爵位，名号；号带——军旗，古代大将出征，旗上绣出主帅姓氏，叫号旗；号名——标志，称谓，位号、国号、年号），记号、标帜（如号记——标记、记号；号箭——用来传达信号的响箭），别号（名、字以外的称谓，如号谥——谥号，古代帝王、贵族、大臣等死后将葬，按其生前事迹给予寓意褒贬的称号，号簿——犹今登记簿；号屏——雨师的别名），用以识别敌我的口令、暗号（如号哨——表达信号的口哨；号炮——军内用来传达信息的火炮；号火——用作信号的火光，旧时军内为传信息而举的火），指编列的次序或等第（亦指编列次序的事物，如号件——挂过号的函件、电报等），犹种、类（多为贬义，如那号人），管乐器号角、号筒、军号等的简称（如号筒，号头——号角的别称），用号吹出的表示一定意义的声音（如起床号），商店的代称。号作量词表示人数的单位（如一百多号人），表示次序（常放在数目字之后，如车牌 H—10098 号），表示一个月里的日子（如八月五号）之义。

2. 章意疏解

含德之厚者，比于赤子。蜂虿虺蛇弗螫，攫鸟猛兽弗搏，骨弱筋柔而握固。未知牝牡之合而朘怒，精之至也。终日号而不忧，和之至也。（此段主要阐述道德能量深厚若赤子者的修养特点。）

道德修养有素、内在德性能量丰厚、品格纯正的人，心身如赤子，不会招来毒虫侵袭，也不会遭到猛兽凶禽的攻击抓取。能够保持像初生婴儿那样，握固手形，以固体卫身；心中并无相合的意念，在外却能够阴合自然。这是由于生命能量富足，身中精气神非常充沛的缘故。终日大声号叫，却不忧愁，这是身内性命大到水火既济、和气充溢的缘故。《庄子·秋水》亦曰："至德者，火弗能热，水弗能溺，寒暑弗能害，禽兽弗能贼。非谓其薄之也，言察乎安危，宁于祸福，谨于去就，莫之能害也。故曰：天在内，人在外，德在乎天。"（道德修养到最高境界的人，入火不焚，入水不溺，火不能烧他，水不能淹他，寒暑也不能损伤他，禽兽不能侵害他。并不是说他迫近它们而不受损伤，而是说他的言行能观察安全和危险的境地，安心于祸患和幸福的情境，进退出入符合天道规律却很谨慎，所以没有能够加害于他的。因此说，天机藏于心内，人事露于身外，至德在于保持天性、不失自然。）

和曰常，知和曰明；益生曰祥，心使气曰强。（此段主要阐述常、明、祥、强的修身内涵。）

身体内的先天和后天达到阴阳平衡，把握"中和之气"，使身体保持恒久的规律和法则，就叫常；知道这种规律和法则，就叫明，也就是真正明白修神明德的理论和方法。有益于身心向先天无为转化，使生命长久的，就叫吉祥。心为身国之君，心中藏神，气为血之统帅，若能以神驭气，使身内的君臣团结，各施其道，就会使身国真正强大。

物壮而老，谓之不道，不道早已。（此段主要阐述不道早已的原因。）

事物一旦壮大强盛起来，就是走向老迈衰弱的开始，这是常道中的顺变演化方向，却不是非常道的逆返回归法则，不明白大道的这种规律，没有掌握使生命从后天复返先天、达到长生久视的方法，就叫不明道。不明修德归道之理，只会顺着常道的演化，过早地完结自己的生命历程。

其实，道德生养万物的能量充满了整个宇宙，只是人类在成长的过程中，将与外界联通获取能量的管道逐步封闭了。因此，运用古代圣贤修身的方法，正确学习中华传统文化，动口、动手、动心、动眼，通过内观诵读经典，进行可非恒名、可非恒道教育等是获得切身感受的最佳方法，重新将与天地连接的通道打开，获得大量弥散在宇宙中的气音光等自然能量，以此滋养心身，再造性命。当体内仓库储存饱满，就可以焕发出青春光彩，达到像婴儿赤子那样的生命状态。

三、老子的智慧启示

老子在此章对世人的启示，主要探讨如何通过修身实践赤子之德，明白心使气曰强的真正内涵。

1. 什么是赤子之德

从字面意思看，赤子：指初生婴儿。赤子之德，意谓德行修养像赤子般纯正无邪、中和圆明。《诗经·大雅·生民》中关于后稷出生的描写，虽属于神话故事，但可以说是赤子之德的一个生动写照。其诗曰："诞置之隘巷，牛羊腓字之。诞置之平林，会伐平林。诞置之寒冰，鸟覆翼之。鸟乃去矣，后稷呱矣。实覃实訏，厥声载路。"（新生婴儿弃小巷，爱护喂养牛羊至。再将婴儿扔林中，遇上樵夫被救起。又置婴儿寒冰上，大鸟暖他覆翅翼。大鸟终于飞去了，后稷这才呱呱啼。哭声又长又洪亮，声满道路强有力。）

从修身实践说，当身体的性命两大系统经过修养锻炼，进入五德归一、精足、气满、神圆的层次，或者达到圣人的修养境界，也是老子所说赤子之德的体现。关于圣人的境界，《黄帝内经·素问·上古天真论》中有阐述："有圣人者，处天地之和，从八风之理，适嗜欲于世俗之间。无恚嗔之心，行不欲离于世，被服章，举不欲观于俗，外不劳形于事，内无思想之患，以恬愉为务，以自得为功，形体不敝，精神不散，亦可以百数。"（有称为圣人的人，能够安处于天地自然的正常环境之中，顺从八风的活动规律，使自己的嗜欲同世俗社会相应，没有恼怒怨恨之情，行为不离开世俗的一般准则，穿着装饰普通纹采的衣服，举动也没有炫耀于世俗的地方，在外，他不使形体因为事物而劳累，在内，没有任何思想负担，以安静、愉快为目的，以悠然自得为满足，所以他的形体不益衰惫，精神不益耗散，寿命也可达到百岁左右。）

圣人的做事，所以异路而同归，存亡安危如一，心志不忘记利益人。（参见《文子·精诚》："圣人之从事也，所由异路而同归，存亡定倾若一，志不忘乎欲利人也。"）

大丈夫心神安逸无所思，清静无为无所虑，以天为华盖，以地为车子，以四时为马匹，认阴阳为驾驭车马之人，就可以无路而行，无怠而游，无门而出。以天为华盖则无所不覆，以地为车子则无所不载，以四时为马匹则无所不使，阴阳驭之则无所不顺。（参见《文子·道原》："大丈夫恬然无思，惔然无虑，以天为盖，以地为车，以四时为马，以阴阳为御，行乎无路，游乎无怠，出乎无门。以天为盖则无所不覆也，以地为车则无所不载也，四时为马则无所不使也，阴阳御之则无所不备也。"）

因此，尽最大努力使心灵虚寂不存它念，就要切实坚守清静，万物都在生长发展，我从而观察它的循环往复。……使你的形貌端正，使你的视力专一，自然之和气就会到来，使你的智慧收敛，使你的仪容端正，精神就会留存到你的身上，你就将会有德，你就将会有道……所以圣人不以人力去改变自然生成的状态，在外表虽然可以人力去改变自然生成的状态，虽然在外表可以与物质利益相接触，但在内心仍然要保持其自然之性，所以，能达于道的人，恢复到清静的自然之性，穷尽于物质利益者，到最后仍是碌碌无为。以清静的自然之性养护智慧，以淡漠的性情调和精神，就能够停息在大道之上，遵循着自然之理就能让精神与道同游，不背离大道而使性守虚静，而顺乎人事，让智慧与物质利益相接触，便会生好恶之念，好恶之念生便会破坏清静，扰乱本性，跌入到俗尘之中；所以圣人不以人事扰乱自然之理，不以贪欲破坏自然之性，不事谋划，临事顺从自然而治，自会得当。（参见《文子·道原》："故曰：'至虚极也，守静笃也，万物并作，吾以观其复。'……正汝形，一汝视，天和将至；摄汝知，正汝度，神将来舍，德将为汝容，道将为汝居。……是故圣人不以人易天，外与物化而内不失情，故通于道者，反于清静；究于物者，终于无为。以恬养智，以漠合神，即乎无门。循天者与道游也，随人者与俗交也；故圣人不以事滑天，不以欲乱情，不谋而当，不言而信，不虑而得，不为而成。"）

就好像水的本性是想清澈，但沙子和石头污染了它，人的本性是想清静，但嗜好和欲望侵害了它。只有圣人才能脱离外物的浸渍而返归到本性上来，因此圣人不被物欲所使役，不被欲望扰乱恬愉的心态，他们对于欢乐之事并不感到高兴，他们对于忧愁之事并不感到悲哀，无忧无乐，情绪不为外物所动，所以他们处于高处而不危险，安稳而不倾斜。所以听到好言善论，虽然是愚钝的人也知道高兴而接受它，称赞圣德高行，虽然是不肖的人也知道去羡慕它；谈论的人多而施行者少，羡慕的人多而实践者少，之所以如此，是因为被社会上的名利地位和风俗习惯所牵系。（参见《文子·道原》："水之性欲清，沙石秽之；人之性欲平，嗜欲害之，唯圣人能遗物反己。是故圣人不以智役物，不以欲滑和，其为乐不忻忻，其于忧不惋惋，是以高而不危，安而不倾。故听善言便计，虽愚者知说之；称圣德高行，虽不肖者知慕之；说之者众而用之者寡，慕之者多而行之者少，所以然者，擘于物而系于俗。"）

还有古籍中阐述的至德，也可帮助理解赤子之德。《庄子·逍遥游》曰："藐姑射之山，有神人居焉。肌肤若冰雪，淖约若处子；不食五谷，吸风饮露；乘云气，御飞龙，而游乎四海之外；其神凝，使物不疵疠而年谷熟。……之人也，之德也，将旁礴万物以为一，世蕲乎乱，孰弊弊焉以天下为事！之人也，物莫之伤，大浸稽天而不溺，大旱金石流、土山焦而不热。是其尘垢粃糠，将犹陶铸尧舜者也，孰肯以物为事！"（在遥远的姑射山上，住着一个神仙，肌肤有如白雪一般洁白，姿容有如处女一般柔美，不食人间烟火，吸清风饮露水；乘着云气，驾驭着飞龙，遨游于四海之外。他气敛神凝，保物不受害，年丰谷熟。……有这样的神人，有这样的至德啊。那神人的德量将统筹万物，广被万物而合为一体，使其同归大道，协和成一。人间之事喜忧纷扰，他怎么肯为世俗之事劳碌呢！这种人，任何外物伤害不了他，能入水不溺、入火不焚，大旱可使金石熔化、土山枯焦，他也不会感到热。他的尘垢和秕糠，可以造就尧舜，怎么肯纷纷扰扰地以俗物为事呢！）当然，这个境界就更高了。

2. 何为心使气之强

心主神，五行中属火，对应礼德；肺主气，五行中属金，对应义德；肝主怒，在五行中属木，对应仁德。仁义礼是五德中的三块基石，又火生金，心为气之母，所以，以神用气驭形，才是安全可靠的，此为心使气曰强的基本内涵。

《素问·灵兰秘典论》曰："心者，君主之官也，神明出焉。肺者，相傅之官，治节出焉。肝者，将军之官，谋虑出焉。……故主明则下安，以此养生则寿，殁世不殆，以为天下则大昌；主不明则十二官危，使道闭塞而不通，形乃大伤，以此养生则殃，以为天下者，其宗大危。"（心，主宰全身，是君主之官，人的精神意识思维活动都由此而出。肺，是相傅之官，犹如相傅辅佐着君主，因主一身之气而调节全身的活动。肝，主怒，像将军一样的勇武，称为将军之官，谋略由此而出。……所以君主如果明智顺达，则下属也会安定正常，用这样的道理来养生，就可以使人长寿，终生不会发生危殆，用来治理天下，就会使国家昌盛繁荣。君主如果不明智顺达，那么，包括其本身在内的十二官就都要发生危险，各器官发挥正常作用的途径闭塞不通，形体就要受到严重伤害。在这种情况下，谈养生续命是不可能的，只会招致灾殃，缩短寿命。同样，以后天意识的昏聩不明来治理身国内天下，那生命的正常活动与身心健康就危险难保了。）

如果在明理的基础上，再加强心的修养与气的锻炼，使三心二意归于一心一意，让五德圆明、执中精一、炼精化气、炼气化神、炼神还虚，步虚合道，那时，人就能顶天立地了，就是天人师、人中龙，拥有通天彻地的智慧，成为真正的强者了。

《管子·内业》曰："心以藏心，心之中又有心焉。彼心之心，音以先言。音然后形，形然后言，言然后使，使然后治。不治必乱，乱乃死。"（心中包藏着心，心里面又有个心。那个心里面的心，先生意识，再说出话来。有了意识，然后理解具体形象。理解形象，然后有话可说。有了话，然后有着使唤调遣的作用；有了使唤调遣作用，然后可以管理事务。不能管理，就会造成纷乱；纷乱了，就会造成灭亡。）

《管子·内业》又曰："夫道者，所以充形也，而人不能固。其往不复，其来不舍。谋乎莫闻其音，卒乎乃在于心；冥冥乎不见其形，淫淫乎与我俱生。不见其形，不闻其声，而序其成，谓之道。凡道无所，善心安爱，心静气理，道乃可止。彼道不远，民得以产；彼道不离，民因以知。是故卒乎其如可与索，眇眇乎其如穷无所。彼道之情，恶音与声，修心静音，道乃可得。道也者，口之所不能言也，目之所不能视也，耳之所不能听也，所以修心而正形也；人之所失以死，所得以生也；事之所失以败，所得以成也。凡道无根无茎，无叶无荣，万物以生，万物以成，命之曰道。"（道，是用来充实心的形体的，但人们往往不能固守。它走开就不再来，来了又不肯安家常住。模糊得没有人听出它的声音，却又高大地显现在人的心里；昏暗得看不到它的形状，却又滋滋润润地与我们共同生长。看不到形体，听不到声音，却是有步骤地使万物成长着，它就是道。凡是道都没有固定的停留场所，碰到善心就藏居下来，心静而气不乱，道就可以留住在这里。道并不在远方，人们就是靠它生长的；道并不离开人们，人们就是靠它得到知识的。所以道是高大的，似乎可以寻找得到；又是细微的，似乎追寻不出它一定的所在。道的本性，讨厌声音语言，只有修心静意，才能得道。道这个东西，是口不能言传，目不能察看，耳朵也听不到的；它是用来修养内心和端正形貌的；人们失去了它就会死亡，得到了它就能生长；事业没有了它就将失败，得到了它就能成功。凡是道，没有根也没有茎，没有叶子也没有花朵。但万物由于得到它才产生，由于得到它才成长，所以把它叫作"道"。）

所以圣人效法天道随顺地道，不拘泥于社会，不迷惑于人，以天为父，以地为母，以阴阳为纲，以四时为举事准则，天以清明为虚静，地以不动为安定，万物违背了它就会死亡，顺从了它就会生长，因此说静漠是精神的住宅，虚无是大道的居所。（参见《文子·九守》："故圣人法天顺地，不拘于俗，不诱于人，以天为父，以地为母，阴阳为纲，四时为纪，天静以清，地定以宁，万物逆之死，顺之生，故静漠者神明之宅，虚无者道之所居。"）

如何实践？看轻天下万物使精神不被万物所累，藐视天下万物使心灵不被万物所惑，把生与死都等同起来，内心守住虚无，保持道的纯洁，精神可永存，守无即守道。守道即可齐生死而不惧，随同自然的变化而变化就会明白而不迷乱。体道之人依靠不挠之柱，亦即依靠道，行进在不可闭关的路途之上，秉承永不竭尽之府库，推崇道的本源，事事可成，无往而不胜，处处可通，无往而不前，屈伸俯仰，抱命不惑，而变化祸福、利与害都不足以使心患祸。……无为的人就是无累，无累的人，把天下名利富贵看成是虚设的影像，上观体道之人的高论，深入推究道德之意义，下考世俗人的行动，乃足以感到羞耻啊！（参见《文子·九守》："轻天下即神无累，细万物即心不惑，齐生死则意不慑，同变化则明不眩。夫至人倚不挠之柱，行无关之途，禀不竭之府，学不死之师，无往而不遂，无之而不通，屈伸俯仰，抱命不惑，而宛转祸福、利害不足以患心。……无为者即无累，无累之人，以天下为影柱，上观至人之论，深原道德之意，下考世俗之行，乃足以羞也。"）

3. 高真德道悟鉴

吕祖认为：此章是返本而归太清的意思。

德者气之和；厚者，常常精一，含蓄和气而不间断，谓之含德之厚，如赤子毫无知识。螫，是行毒也；毒虫不螫，无心之谓也，如赤子无容心，外害不能入；猛兽不据，无意之谓也，如赤子无私意，外不能搅乱；攫鸟不搏，无情之谓也，如赤子不种情于万物，内绝心、意、情，外欲不入。和气以合道，则骨弱筋柔而握固，虽有其身而不知有我之形，虽有其气而不知有我之道。

赤子无知识，则忘人忘我而不知我之为我，常归于空。修道者故以赤子譬之。他既不知人我而无所求，又安知牝牡之合而朘作？朘者，赤子之真阳也，一点真阳隐于内，赤子气和而生一，故，见牝牡出，他也不知用意用情，听其自然而乐天真。气固则精洁，精洁则一气生，谓之未知牝牡之合而朘作，精之至也。赤子无心而气不耗，终日号呼而嗌，嗌者咽也。虽然号呼而真气不散，言其无欲无忿，故不嗄①。精粹纯一，和之至也。

言其气归于空，空无所空，气存于有，有无所有，听其天然，常和以合道。知和之所以然而曰真常；知真常而返于虚，慧生而曰明；和之至，有益于先天；先天抱一而曰祥；损而曰不祥；气一则生，气损则耗，心益不祥，心损

---

① 通行本作"嗄"，帛书本作"嚘"或"忧（忧）"。

祥见，不过损心而益气。心使于气者凡，气使于心者圣，心使气者则强，气使心则弱。强者万物壮而老，弱者万物化而生。能若是，即道也；能强是谓不道。弱者同天地之气，天地坏而我存，是谓道也，安得早已？强者自耗真阳，日渐消化，是谓不道，不道者安得不早已乎？

总不过和其气，去其心，忘其形，存其道，听其天然，随其流通，周遍天下，而复归空，归空不空，是谓含德之厚，比于赤子，存真常之道，清之静之，返于太清而道常存，岂已矣乎！①

黄元吉云：《易》曰："天地细缊，万物化醇。男女媾精，万物化生。"以发生之初，去天不远，其气柔脆，顺其势而导之，迎其机而养之，犹可底于纯化之域、太和之天。孟子曰："大人者，不失其赤子之心也。"以赤子呱地一声脱离母腹，虽别具乾坤、另开造化，然浑浑沦沦一团天真在抱，无知识，无念虑，静与化俱，动与天随。古仙真含弘光大，厚德无疆，较诸赤子，殆相等也。当父母怀抱之时，鞠育顾复，足不能行，手不能作，虽有毒虫不能螫焉，虽有猛兽不能据焉，虽有攫鸷无从搏焉。以动不知所之，行不知所往，是无虞于毒虫而毒虫不得螫之也，无虞于猛兽而猛兽不得据之也。且危居在榻，偃息在床，不为攫鸷所窥，而攫鸷亦不得搏之也。倘年华已壮，动履自如，虽有游行之乐，不获静室之安，其能免恶物之患者，盖亦鲜矣。况赤子初生，气血调和，筋骨柔软，而手之握者常固。盖以阴阳不乱，情欲不生，未知牝牡之交欢合而朘作，足见元精溶溶，生机日畅。人能专气致柔如婴儿之初孩，则自有精之可炼。第其时呱呱而泣，声声不断，虽至终日呼号，而咽嗌不嗄，此非随意而唤、任口而腾也，要皆天机自动，天籁自鸣，无安排，无造作，和之至矣。知得元和内蕴适为真常之道，不假一毫人力以矫强之，而守其真常，安其固有。《诗》曰："既明且哲，以保其身"，其斯之谓欤？若非以和柔之气修诸身心之中，安得生而益生，天休滋至于勿替？人之祥莫祥于此。第自强壮而后，天心为人心所乱，精神之耗散者多。今以太和为道，大静乃能大动，至柔方克至刚，于是以心役气，务令此气同于赤子，不以气动心，致使此心乖乎太和，

---

① 老子．吕祖秘注道德经心传［M］．吕岩，释义；韩起，编校．桂林：广西师范大学出版社，2014：114－115.

庶几和而不流，强哉矫矣。非独赤子为然也，观之万物，其始柔脆，其终强壮。柔脆者生之机，强壮者死之兆。是以物壮则老，不如物稚则生。生者其道存，老者其道亡。故曰物老为不道，不道不如其早已。世之修道者，盍早已其老之气而求赤子之气乎？果得同于赤子，无恐无怖，无识无知，一片浑沦，流于象外，所谓和也。夫天道以和育物，人能知之，则健行不息，故曰常。知常则洞达阴阳，同乎造化，故曰明。修身立命，夺天地生杀之权，人之祥瑞莫大于此。炼神还虚，得长生不坏之道，强斯至也，又何不道之有哉？

此教人修身之法，取象于赤子。庄子曰："儿子动不知所为，行不知所之，身若槁木，心如死灰，祸亦不至，福亦不来，祸福无有，乌有人灾物害哉？""毒虫"① 等句即此意。后云采药炼丹，须取天一新嫩之水，此水即人生生之本，犹如一轮红日夜半子初，清清朗朗照耀于沧海之中，又如一弯秋月发生于庚震之方，正是修士玄关窍开，恍惚杳冥，方有此境。盖以初气致柔，犹万物甲坼抽芽，于此培之养之，方能日增月长，至于复命归根，以成硕果之用。若桑榆晚景，则物既老而将衰，不堪采以为药。但老非年迈之谓也，是言药老不可以为丹。若以年而论，即老至八、九十岁，俱可修炼以成长生不老之仙。何者？一息尚存，此个太和之气具足于身，无稍欠缺。非至人抉破水中之天、一身内外两个消息，则当面错过者多矣。学者欲修金丹大道，非虚心访道、积德回天，则真师无由感格，白虎首经莫觅，一任青年入道，必至皓首无成。更有误认邪师，错走岐路，一生之精力竟流落于禽兽之域者不少。学者慎之！②

---

① 通行本中，"蜂虿虺蛇"写作"毒虫"。
② 黄元吉. 道德经精义 [M]. 北京：中央编译出版社，2014：150-152.

第一节　《玄同》

一、《玄同》章经文内容

知者弗言，言者弗知。

塞其闷，闭其门，和其光，同其尘，锉其兑而解其纷，是谓玄同。

故不可得而亲，亦不可得而疏；不可得而利，亦不可得而害；不可得而贵，亦不可得而贱。故为天下贵。

二、《玄同》章经文释读

1. 文字释读

同：甲骨文 ☱ = ☱（凡，众人夯地的多柄夯桩）＋☱（口，劳动号子），表示夯地的号子。造字本义：众人在兴桩夯地时用号子统一用力节奏。金文 ☱ 基本承续甲骨文字形。篆文 同 略有变形。多柄夯具 ☱ 叫"凡"；众人喊着统一的号子，用"凡" ☱ 夯地叫"同" ☱。

《说文解字》："合會也。从☱从口。"（会合。字形采用"☱、口"会义。冃，表示重复。）本指聚集。同读 tóng，作动词同本义（如云同——云彩聚集；同天——共存于人世间；同合——使相一致，融会；同流——诸水合流），相同、一样、共同（侧重于同样，齐一，如同功一体——功绩地位一样；同号——称号相同，运算符号相同；同忾——相同的愤慨；同义——仁义或道义相同；同义字——意义相同的字；同源字——音、义相同或相近）；参与、一起干某事（如同举——一同举荐；同乐——一同娱乐；同休——同享福禄；同利——共享利益），共、共一个（如同福——共同的福禄），齐一、统一；同作副词表示共同、到一处（如同参——共同参与；同暑——同受日光照耀；同奖——共同辅助；同庆——共同庆贺；同进——一同前进；同举——一同举荐，同游）。同作名词表示中国古代诸侯朝见天子的六礼之一（每隔十二年，诸侯一齐来朝见天子叫"同"）；中国古代土地面积单位（地方百里为同），中国古代爵一类的酒器，姓氏。同作介词表示引进共同行动者（如我同她说话），给、为。同作连词表示和，表示并列关系（如教师同塾师）。同读 tòng，衕，参见"胡同" hútòng。

弗：甲骨文 ☱ 像绳子捆绑 ☱ 箭支、枪、矛等战械‖。造字本义：捆绑箭支、枪矛、干戈，表示休战。金文 ☱、篆文 ☱ 承续甲骨文字形。又一说，甲骨文字形，中间像两根不平直之物，上以绳索束缚之，使之平直。

《说文解字》："撟也。从丿从乀，从韋省。"（矫正。字形采用"丿""乀"、省略式的"韋"会义。丿，古同"撇"，汉字主要笔画之一，自右上向左下斜；乀，汉字笔画的一种，从左向右斜下，亦称"捺"。）本指矫枉。弗作动词同本义，违拗、拂逆（如弗声——不要出声）。弗作形容词、副词则通

"沸"，泉水喷涌的样子；通"怫"，忿怒的样子，如怫郁，指不舒畅；"弗"为"不"的同源字（如弗招架——方言，不留神、疏忽；弗受用——方言，不舒服、患病；弗翻淘——方言，没有关系；弗识起倒——不知趣，不识好歹）。弗作名词指笔，法国货币法郎的异译。

闷：门，既是声旁也是形旁，表示关在里面。篆文 = 門（门，关闭）+ （心，情绪），造字本义：情绪无法交流、释放而不快。隶书将篆文的"心"写成 。

《说文解字》："懑也。从心，門聲。"（心懑。字形采用"心"作边旁，采用"门"作声旁。）本指烦闷、愤懑。闷读 mèn，作形容词同本义（如闷怀顿释——心中的忧虑、烦闷一下子就消失了），密闭，不透气（如闷子车）。闷读 mēn，作形容词表示气闷、因气不通畅而引起的不快之感（如闷躁——气闷烦躁），默不出声或声音不响的样子（如闷默——静默不出声；闷闷——闷声不响）。闷作动词表示密闭、使不透气（如茶刚泡上，闷一会儿再喝），待在家里不出门（如别老闷在家里），过饱，昏闷、失去知觉之义。《玉篇》："实也，满也。"

光：甲骨文 = （火炬）+ （人），字形像蹲跪着的人 擎着火炬 ，高过头顶。造字本义：古代提供照明的、由奴隶手举的火把。金文 将火炬 简化成 。有的金文 将火炬 进一步抽象化。篆文 略有变形。隶书 将篆文的"火" 变形为 ，将篆文的"人" 变形为 。

《说文解字》："明也。从火在人上，光明意也。"（明亮。字形采用"火"作边旁，像火把在人的上方，光明的意思。）本指光芒、光亮。光作名词同本义（如阳光、灯光；反光——反射的光线；色光——带颜色的光；晨光——清晨的太阳光；曙光——清晨的日光；光晃——光芒闪烁），色泽、光彩（如油光——光亮润泽；光色——光彩色泽），荣耀、昭著（光国——为国争光；光天——光辉达于天下；光隆——光辉隆盛；光烂——光辉明亮；光晶——光辉；光赫——光辉显赫），光阴、光景（如寸光——短暂的光阴；光阴荏苒——时光一天一天地逝去，荏苒，（时间）渐渐过去；光景如梭——光阴如梭，形容时间过得很快；光阴拈指——阳光在弹指间逝去，形容时间过得很快），景色（如风光、山光），恩慧、好处（如借光），特指太阳、月亮、星辰等天体（如光岳——天地，光，即星辰；岳，指河山），称人来访的敬词。光作形容词表示光明、明亮（如光净——明亮洁净；光朗朗——光亮；光眼——大而有神的眼；光灯——明亮的灯火；光润——光亮润泽），光滑（如这种纸很光，磨光，光出律——光滑；光碌碌——光圆滚动的样子；光圆——光滑圆溜；光油油——光滑明亮），空、净尽（如光鞑剌——方言，空荡荡，空旷无物），通"广"，广大、宽阔（如地光——地域广大）。光作动词表示照耀（如光烛——照耀）；增辉，发扬光大（如光国——为国争光；光德——显扬有德之人；光演——光大延续；光昌——显扬昌盛；光前——光大前人的功业）。光作副词指仅仅、单（如要为国家民族着想，不能光考虑个人）。

解：甲骨文🐾=𝍢（双手）+𝍟（角）+𝍠（牛），字形像屠夫双手𝍢从牛𝍠的头上剖取牛角𝍟，牛角上的两点指事符号▮𝍡，表示血滴。取牛角，是剖牛过程中技术最复杂、最具代表性的步骤，因此用取牛角代表剖牛。造字本义：剖牛，取牛角。金文🐾承续甲骨文字形。篆文🐾省去金文的两手𝍢，另加"刀"𝍠（切割），强调剖宰，字形结构有所调整。隶书🐾将篆文的"牛"𝍠写成牛，牛角形象尽失。

《说文解字》："判也。从刀判牛角。一曰解廌，獸也。"（判也。字形采用"刀"作边旁，表示用刀判牛角。一种说法认为，是解荐，剖解兽体。）本指分解牛，后泛指剖开。解读 jiě，作动词同本义（如解手刀——随身携带的小佩刀，又称解腕尖刀），解体、离散（如解泽——散布恩泽），分解、熔化，解除、解围（如解厄——解除厄难；解厌——解除饥饿，充饥，厌，通"餍"，饱；解祟——解除祸害；解疗——除病），解开（如解绶——解去印绶，指辞去官职；解维——解缆，即解下系船的绳索，开船），解释、说明（如解字——解说文字的结构和意义；解论——解说讨论；解喻——说明比喻；解梦——解说梦兆；解义——解释词义或文义），晓悟、明白（如解悟——领会，觉悟；通俗易解；解豁——弄明白，解开；解拆——分解，排解；解会——领会，理解；解人——通达言语、文辞意趣的人），脱去、松开（如解褐——解下平民所穿的布衣，换上官服；解冠——脱帽；解巾——脱去隐居时所系的方巾，表示出去做官；解珥——脱去耳饰，古代妇女请罪的表示），打开、开放（如解帆——开船），排解、劝解、使和气（如解纷——解除纷争、困境；解慰——劝解安慰），缓解，助动词表示能、会、得。解作名词指文体中的一种（如扬雄的《解嘲》，韩愈的《进学解》），代数方程中未知数的值（如求解），道家以为修道者死后魂魄脱离尸体而成仙，称为"尸解"，见解、见识。解又读 jiè，作动词指古代乡举，举送入试（唐宋时举进士者由地方推荐发送入京的称为"解"，如解元——明清科举时代，乡试称解试，解试第一名称为解元；解首——同解元；解牌——登录乡试录取名单的一种文书；解荐——推荐选送；解头——解元；解榜——唐、宋时解试中式的榜文），典当（以物当钱，如解帖——当票；解典库——又称解库，解铺，解当铺，即当铺，收取抵押品放债的店铺），兑换（零钱）。解读 xiè，作名词指兽名（如解豸——传说中神兽名），官署（官吏办事的地方，如解舍——官府，官舍），旧时指杂技表演的各种技艺（特指骑在马上表演的技艺，如跑马卖解），古地名（春秋周畿内地，有二，大解在今河南省洛阳市南，小解在今河南省洛阳市西南），姓氏。解作动词则通"懈"，松懈、懒散、做事不抓紧（如解弛——懈怠松弛；解休——松懈，休息；解怠——松懈，懒惰）之义。

纷：分，既是声旁也是形旁，表示散开。篆文**紛**＝**糸**（糸，丝）＋**分**（分，散开）。造字本义：装饰旗帜的众多游丝迎风飘散。隶书**紛**将篆文的"糸"**糸**写成**糸**。

《说文解字》："馬尾韜也。从糸，分聲。"（包藏马尾的套子。字形采用"糸"作边旁，从"糸"，表示与线丝等有关；采用"分"作声旁。）本指马尾韬，扎束马尾的丝麻织物。纷作名词同本义，旗上的飘带（如佩纷——佩饰丝带），花边，争执、纠纷（如纷纠——纠纷，纷扰；纷哓——争辩不休），扰乱、灾难，抹布（拭物的佩巾，如纷帨——用来拭物的佩巾）。纷作形容词表示盛多、各种各样（如纷委——盛多；纷若——盛多的样子；纷营——众多，杂乱；纷郁——盛多的样子），杂乱（如纷腾——杂乱喧腾；纷嚣——纷乱喧嚣；纷错——杂乱的样子；纷罗——排列混乱无序的样子，或指众多并列）之义。《玉篇》："乱也，缓也。"

亲：辛，既是声旁也是形旁，表示刑罚。親，金文**親**＝**辛**（辛，受刑、受监）＋**見**（见，探望），表示探监。有的金文**親**在"辛"**辛**下加"木"**木**，表示刑械。造字本义：探视狱中受监的家人。在专制文化深入人心的古代，无论罪名虚实，一个人一旦被投狱入监，就成其终生的莫大耻辱，因此在古人看来，只有被血缘联系着的至近至密者，才可能探监慰问。篆文𥘹承续金文字形𥙿。俗体楷书亲省去"见"。

《说文解字》："至也。从见，亲声。"（关系至近至密者。字形采用"见"作边旁，"见"与"至"义相通；"亲"作声旁。）本指亲爱。亲读 qīn，作形容词同本义（如亲如一家，亲心——亲爱之心、父母爱护子女之心；亲厚——亲爱并加以厚待），亲密（与"疏"相对，如亲懿——亲密的朋友，同亲友；亲比——亲近依靠），准、准确（如亲切——准确、真切），通"新"表示更新，通"辛"表示艰苦。亲作名词表示父母（也单指父亲或母亲，如亲人，双亲——父母），泛指有血统或婚姻关系的人（如亲故、亲邻，亲契——亲朋），称呼同一地方的人（如乡亲），亲密的、可靠的人（指感情好、关系密切，如亲睦；亲密；亲渥——情分深厚的人）。亲作副词表示亲自、亲身（如亲聆；亲笔；亲睹；亲秉旄钺——亲自统率军队；亲炙——亲见；亲任——亲自担任）。亲作动词表示亲近、接近。亲又读 qìn，表示夫妻双方的父母彼此的关系或称呼（如亲家，"家"读轻声）。

贵：甲骨文𦥑=𦥑（双手）+𡈼（土），像双手捧着𦥑泥土𡈼。有的甲骨文𧶘增加"宁"𤼲（即"贮"，存宝的匣子），强调将具有象征性的泥土装进匣子里加以珍藏。造字本义：古人敬拜萌生万物的泥土。金文𧷀误将甲骨文字形𧶘中的𤽆（匣子和泥土）写成𧷀，将"土"𡈼写成"贝"（价值），强调土地的"价值"。篆文𧷀承续金文字形。隶书贵将篆文的𡊬写成𤴓，"爪"形消失，字形晦涩。

《说文解字》："物不贱也。从贝臾声。臾，古文𧷦。"（货物价格不低贱。字形采用"贝"作边旁，表示与钱物有关，"臾"作声旁。臾，古文写作"𧷦"。）本指物价高（与"贱"相对）。贵作形容词同本义（如春雨贵如油，昂贵——价格很高；贵腾——价格暴涨；贵踊——物价上涨；贵贾——高价），社会地位高（如《广雅》"贵，尊也。贵贱以物喻，犹尊卑以器喻"；贵地——显达的地位，尊称他人的乡里；贵私——一心想私人占有），贵重、重要（如贵宝——贵重的宝物；贵献——贵重的献礼；贵器——贵重的器皿，喻大器或高位；贵珍——贵重的珍品），尊称与对方有关的事物时用的敬辞

（如贵国、贵府；贵上下——询问对方姓名的敬辞；贵上——对别人的仆役称其主人的敬称）。贵作名词表示地位显要的人（如贵阶——唐代品秩之制有九品，五品以上称贵阶；贵游——没有官职的王公贵族；贵躬——指王公贵人），贵州省的简称（如云贵高原），姓氏（如汉有庐江太守贵迁）。贵作动词指抬高物价，崇尚、重视（如贵德——崇尚道德；贵爱——珍贵爱重；贵农贱商——重农轻商；贵尚——崇尚、尊崇；贵好——崇尚和喜好；贵贵——尊敬显贵的人，贵敬——敬重；贵异——特别看重、不作一般看待、珍视；贵信——尊重和信任）。

贱：戋，既是声旁也是形旁，表示刀戈相加。贱，篆文贱＝贝（贝壳）＋戋（戋，刀戈相加），表示用刀、戈破坏贝壳。远古时代完整的贝壳曾经是可流通的货币，而贝壳的碎块却没有货币功能。造字本义：毁坏贝壳，使其失去货币价值。

《说文解字》："贾少也。从贝戋声。"（价格卖得低。字形采用"贝"作边旁，"戋"作声旁。）本指价格低。贱作形容词同本义（如贱敛贵出——低价买入，高价售出；贱酬——降价付钱；贱售——贱卖），地位低下，人格卑鄙（如贱业——卑微的职业），自谦的用语（如贱役——指自己，谦称；贱荆——同"贱内"，谦称自己的妻子；贱造——谦称自己的生辰八字；贱降——谦称自己的生日），拙劣、粗笨（如贱事——低贱、平凡的事情；贱位——简陋的居处），行为卑鄙、下流。贱作动词表示使其地位低下，鄙视、轻视。

2. 章意疏解

知者弗言，言者弗知。（此段主要阐述体道与言知、言和知之间的关系。）

道本无问，文本无应。见诸文字，已落言筌。自身修养能够跨越太极弦、进入玄同状态的人，在玄览中所获得的知，属于无意识思维在慧观下的认知，不可轻易言于人听，否则，容易产生所知障，言语道断，甚至丧失慧观所知，再也难以展开慧性思维与智能认识的同步，获得真知。

《吕氏春秋·任数》曰："无言无思，静以待时，时至而应，心暇者胜。凡应之理，清净公素，而正始卒。焉此治纪，无唱有和，无先有随。古之王者，其所为少，其所因多。因者，君术也；为者，臣道也。为则扰矣，因则静矣。"（不说话，不思虑，清静地等待时机，时机到来再行动，内心闲暇的人就能取胜。凡是行动，其准则是，清静无为，公正质朴，自始至终都端正。这样来整顿纲纪，就能做到虽然没有人倡导，但却有人应和，虽然没有人带头，但却有人跟随。古代称王的人，他们所做的事很少，所凭借的却很多。善用凭借，是当君主的方法，亲自做事，是当臣子的准则。亲自去做就会忙乱，善用凭借就会清静。）

严遵《道德真经指归》曰："得道之士，损聪弃明，不视不听，若无见闻，闭口结舌，若不知言。"（得道的人，抛弃聪明，不视不听，好似没有见闻；闭口结舌，好像不懂言语。）

《文子·微明》曰："知之浅不知之深，知之外不知之内，知之粗不知之精，知之乃不知，不知乃知之，孰知知之为不知，不知之为知乎！夫道不可闻，闻而非也；道不可见，见而非也；道不可言，言而非也，孰知形之不形者乎！故'天下皆知善之为善也，斯不善矣！知者不言，言者不知。'……所谓道者，无前无后，无左无右，万物玄同，无是无非。"（知道其浅不知道其深，知道其外不知道其内，知道其粗不知道其精，知道它就是不知道，不知道才是知道，谁知道知道它为不知道，不知道它才是知道它的道理呢！道是不可闻的，闻到的并不是道；道是不可见的，见到的并不是道；道是不可言的，言到的并不是道，谁知道有形生于无形之中的道理呢！所以"……知道的人不乱说，乱说的人并不知道。"……所谓的道，无前无后，无左无右，万物心无私宰而与天地暗合，无是无非，如此而已。）

塞其闷，闭其门，和其光，同其尘，锉其兑而解其纷，是谓玄同。（此段主要阐述玄同的内涵。）

河上公注："兑，目也，目不妄视。"《淮南子·道应训》曰："王若欲久持之，则塞民于兑。"高诱注："兑，耳目鼻口也。"玄同，齐同于玄妙的道德境界。

收心止念，心不外驰，堵塞使生命能量漏泄的端口，紧闭眼耳鼻舌身意等尘根之门，返观于内，守注于一，心意保持中和，则容易进入玄同状态。明光自现，性光、心光、身光浑融合和，在其中朗照尘身尘境，内外同一，调节控制意识的无明活动，保持玄同的深化，性命的圆明，注意排解纷纭杂念的产生，这就是实践与道的玄中合一同步，就叫玄同。

《黄帝四经·四度》曰："君臣当位谓之静，贤不肖当位谓之正，动静参与天地谓之文，诛禁时当谓之武。静则安，正则治。文则明，武则强。安则得本，治则得人，明则得天，强则威行。参于天地，合于民心，文武并立，命之曰上同。"（君臣各安其位就叫位次整肃，贤与不贤的人各安其位就叫贵贱正定，耕战参合于天时地利就称作"文"，伐乱止暴合于天道就称作"武"。君臣位次整肃则上下安定，贤与不贤的人位次正定则万事都可得到治理，有文德则政令清明，讲武德则国家强大。上下安定则国家有了存在的保证，万事治理会更好地招揽人才，政令清明会得到天助，国家强大则威慑天下。参合于天地，顺应于民心，文德武德并举，君主就会得到人民的普遍拥戴。）

《文子·九守·守弱》曰："老子曰：圣人与阴俱闭，与阳俱开，能至于无乐也，即无不乐也，无不乐即至乐极矣。是内乐外，不以外乐内，故有自乐也，即有自志贵乎天下，所以然者，因天下而为天下之要也。不在于彼而在于我，不在于人而在于身，身得则万物备矣。故达于心述之论者，即嗜欲好憎外矣。是故无所喜，无所怒，无所乐，无所苦，万物玄同，无非无是。"（老子说：圣人与阴阳同步而行，顺理自然，能够达到于无乐，就会无所不乐，无所不乐就是达到极乐的顶点了。我乐于物，不以物乐于我，所以就自得其乐，以内乐外，不以外乐内，就可显贵于天下。之所以如此，是因为其乐而乐之，即以内乐外，不以外乐内，是圣人体道的途径，求之于物就与道相背，修之于身，行为才会与道而合，故体道之法，不在于外物而在于我。所以，通达于心、叙述于论者，其嗜欲好憎就显露了。因此，无所喜，无所怒，无所乐，无所苦，心无私宰而与道暗合，没有是与非可言。）

故不可得而亲，亦不可得而疏；不可得而利，亦不可得而害；不可得而贵，亦不可得而贱。故为天下贵。（此段主要阐述贵为天下的原因。）

对于玄同状态中的道光德能，不可因获得而执着，也不可因既已获得而轻慢。玄同中的性光分为不同层次和阶段，不可得而于其中追求利锐，也不可乱用而伤害它；不可因性光的圆明而骄傲贡高，也不可因得而浅尝辄止，无所谓地慢待之。玄同是得到了"体道"的自然表现，不应当受后天凡俗的亲疏、利害、贵贱意识所左右，得而"不即不离"，用中持之，《文子·九守》曰：

"抱德炀和，以顺于天。"（抱德并与之融合，以顺达于天。）故为天下所至贵至尊。

圣人居上位，怀道而不言，却泽及万民。所以说不言之教化，其力量实在太大了。……因此圣人就像一面镜子一样平静，对其不送不迎，物来则应，物去则静，所以应物而不藏其形，万物无所损伤。得到它的时候也就是失去它的时候，失去它的时候也就是得到它的时候，有得有失均为失道，只有无得无失方为得道。所以通达于太和的人，私下里就好像喝了美酒醉后舒适地卧息以游动于道的里面，好像没有从根本上脱离其宗旨，这就叫作大通于物，这是依恃不用便能成就其用啊！……至于说到圣人之游，即是在至虚中运动，在太无中优游，驰骋于世俗之外，于不知所由中行进，在无声中倾听，在无形中观察，不被世俗所束缚，不被世俗所挂系。（参见《文子·精诚》："圣人在上，怀道而不言，泽及万民，故不言之教，芒乎大哉！……是故圣人若镜，不将不迎，应而不藏，万物不伤。其得之也，乃失之也；其失之也，乃得之也。故通于太和者，暗若醇醉而甘卧以游其中，若未始出其宗，是谓大通，此假不用能成其用也。……若夫圣人之游也，即动乎至虚，游心乎太无，驰于方外，行于无门，听于无声，视于无形，不拘于世，不系于俗。"）

《管子·内业》曰："天主正，地主平，人主安静。春秋冬夏，天之时也；山陵川谷，地之材也；喜怒取予，人之谋也。是故圣人与时变而不化，从物而不移。能正能静，然后能定。定心在中，耳目聪明，四肢坚固，可以为精舍。……心无他图，正心在中，万物得度。道满天下，普在民所，民不能知也。……人能正静，皮肤裕宽，耳目聪明，筋信而骨强。乃能戴大圜，而履大方，鉴于大清，视于大明。敬慎无忒，日新其德，遍知天下，穷于四极。敬发其充，是谓内得。"（天在于正，地在于平，人在于安静。春秋冬夏是天的时令，山陵川谷是地的物材，喜怒取予是人的谋虑。所以圣人总是允许时世变化而自己却不变化，听任事物变迁而自己却不转移。能正能静，然后才能够安定。有一个安定的心在里面，那就能耳目聪明，四肢坚固，就可以作为"精气"的留住场所。……心别无所图，只一个平正的心在里面，对待万物就会有正确标准。道布满在天下，并且普遍地存在人们的身边，人们自己却不能认识。……人如能达到正和静的境界，形体上就表现为皮肤丰满，耳目聪明，筋骨舒展而强健。他进而能够顶天立地，目视如同清水，观察如同日月。严肃谨慎地保持正静而没有差失，德行将与日俱新，并且遍知天下事物，以至四方极远的地域。这样恭敬地发展其内部的精气，就叫作内心有得。）

正如《中庸》所言："在上位不陵下，在下位不援上，正己而不求于人，则无怨。上不怨天，下不尤人。故君子居易以俟命，小人行险以徼幸。子曰：'射有似乎君子，失诸正鹄，反求诸其身。'君子之道，辟如行远必自迩，辟如登高必自卑。"（居上位，不欺凌下级。在下位，不攀附上级。端正自己不苛求他人，这样就没有怨恨。对上不怨恨天命，对下不归咎别人。所以，君子安于自己的地位等候天命的到来，小人则冒险求得本不应该获取的东西。孔子说："射箭的道理与君子的行为有相似的地方：假如没有射中靶子，就应反过来责求自己。"实行君子的中庸之道，就好像是走远路，必须从近处开始；就如同是登高，必须从低处开始。）

三、老子的智慧启示

人所生存的环境有社会环境和自然环境，社会有社会的行为法则，宇宙有宇宙的运行规律。进入玄同境界，也应自觉遵守宇宙规律，不断积蓄道德能量，深入实践天人合一。否则，就像在社会上触犯法律一样，会受到相应的制约。

此章中老子对世人的启示主要在于明白观天之道，执天之行。观天之道，执天之行，就是说让人们观察天道运行规律，明德知道，善正实践修身；持守适度原则，执一而行，遵循自然规律。对此，主要说两个话题：什么是天道规律，什么是适度原则。

1. 什么是天道规律

《文子·道原》中说，道，最高而没有顶点，最深而不可测量，容纳涵括天地，承受着无形和有形，就像泉水一样汩汩而流，流动而不会溢出，泉水流动起来虽然混浊，但它一旦平静下来就会慢慢地清澈了，它在空间上是无限的，在时间上也同样是无限的，道之微妙，确实不可把握，它可以缩小又可以伸张，可以幽暗也可以光明，可以柔软也可以刚强，可以含阴也可以吐阳，而能像日月星辰一样彰显光明；山因为有了道而高，渊因为有了道而深，野兽因为它而奔跑，鸟儿因为它而飞翔，鱼因为它而游动，凤凰因为它而翱翔，星辰因为它而运行；以灭亡换取存在，以卑下换取尊贵，以退却换取先进。古代的燧人、伏羲、神农，得到了道的纲纪和真谛，立足于道的核心，在精神上体会到了道的本质与其同游，用它来安抚了天下。（参见《文子·道原》："夫道者，高不可极，深不可测，苞裹天地，禀受无形，原流泏泏，冲而不盈，浊以静之徐清，施之无穷，无所朝夕，表之不盈一握，约而能张，幽而能明，柔而能刚，含阴吐阳，而章三光；山以之高，渊以之深，兽以之走，鸟以之飞，麟以之游，凤以之翔，星历以之行；以亡取存，以卑取尊，以退取先。古者三皇，得道之统，立于中央，神与化游，以抚四方。"）

　　而用道来治理百姓，就是要遵循事物发展的客观规律，顺应自然界运动的客观趋势；这样，万物的变化就无不相合，各种事物的变化也就没有不和谐之处。……所以，以内制外，就会百事不废，内心得到了道的真谛（得到百姓内心的拥戴），外部就会得到治理。内心得到了道的真谛，人的五脏也就会安宁，思虑平息，筋骨强壮，耳目聪明。大道是坦荡荡并不艰险的，距离人的自身并不远，盲目地前往远方的人是寻找不到的，如果返回来在自己身上寻求，就会得道于心。（参见《文子·道原》："执道以御民者，事来而循之，物动而因之；万物之化无不应也，百事之变无不耦也。……故以中制外，百事不废，中能得之则外能牧之。中之得也，五藏宁，思虑平，筋骨劲强，耳目聪明。大道坦坦，去身不远，求之远者，往而复返。"）

　　《黄帝四经·论》曰："天执一，明三，定二，建八正，行七法，然后施于四极，而四极之中无不听命矣。……明以正者，天之道也。适者，天度也。信者，天之期也。极而反者，天之性也。必者，天之命也。顺正者，天之稽也。有常者，天之所以为物命也。此之谓七法。"（上天依靠道的力量生成了日月星辰，并使阴阳定位，建立八政，颁行七法，然后施行于天下，使天下万物无不听命。……上天建立八政、颁行七法，万事万物的明了和确定的特性，是自然规律决定的。万物万事所具有的恰当适度是由天道本身的度数决定的。事物都具有信实的特性，这是因为天道运行本身就具有确切的周期性。事物发展到极端就必然向相反的方面转化，这是道本身的性质所决定的。事物都具有必然性，这是由天道本身的命数决定的。事物都具有顺正的特性，这是由天道本身的守则决定的。事物各自守其常规，这是由于天道能使万物各安其性。以上所述，便是"七法"。）

《黄帝四经·论约》说："始于文而卒于武，天地之道也。四时有度，天地之理也。日月星辰有数，天地之纪也。三时成功，一时刑杀，天地之道也。四时而定，不爽不忒，常有法式，天地之理也。一立一废，一生一杀，四时代正，周而复始，人事之理也。"（始于生育长养而终于肃杀，这是天地的自然规律。四时的更迭运行自有一定的规则，这是天地自然的道理。日月星辰自有定位和运行固有轨道、周期，这是天地本有的纲纪。所谓天地之道，即是春夏秋三季生长收获而冬季枯萎凋谢。所谓天地之理，即是四时的交替更迭既已确定，便永无差错，常有定则。有生长就有凋谢，有繁荣就有枯萎，四季交相行事，终而复始，这就是天道，人类社会的运行法则即是这些天道的取法和再现。）

因此，天设日月，以次序排列星辰，陈设四时，调和阴阳，用太阳来暴晒，用夜晚来生息，用热风来干燥，用雨露来滋润。天生万物，没有谁能看出它的养育但万物却在生长；天杀万物，没有谁能看出它的伤害但万物却在消亡，这就叫作神明。因此圣人效法天道，其兴福，看不到他兴福的举措而福已经兴起；其除祸，看不到他除祸的举措而祸已经除掉。考察福祸兴除的原因却又得不到结果，观察福祸兴除的结果却又实实在在，其兴利除害若仅从每天观察，看不到它的功绩，如从一年的时间内去观察，就可以看到它的业绩了。寂然无声之中，圣人效法天地，处无为之事，行不言之教，养民除害，兴利除弊，言而不失信，一言声闻于外，四方莫不相应震动，是以精诚之心深敛内藏，气感于天，阴阳顺之，而业绩自然显现。所以精诚藏于内，神气动于天地，如此就会景星显现，黄龙降下，凤凰到来，醴泉出现，嘉谷生成，江河不溢水，大海不扬波。反之，如果忤逆天道残害万物，则日食、月食等异常天象就会出现，五星也会失去了运行的轨道，乱了运行的秩序，四时相侵凌，白天昏暗，夜晚明亮，昼夜失次，大山崩塌河流干涸，冬天打雷夏天降霜。因此，天和人之间可以相通，以气类相感，人事活动可以影响自然现象，这就需要具有高度的环保意识，保护人类生存环境，维护宇宙生态平衡。（参见《文子·精诚》："天设日月，列星辰，张四时，调阴阳。日以暴之，夜以息之，风以干之，雨露以濡之。其生物也，莫见其所养而万物长；其杀物也，莫见其所丧而万物亡。此谓神明。是故圣人象之，其起福也，不见其所以而福起；其除祸也，不见其所由而祸除。稽之不得，察之不虚，日计不足，岁计有余，寂然无声，一言而大动天下，是以无心动化者也。故精诚内形，气动于天，景星见，黄龙下，凤凰至，醴泉出，嘉谷生，河不满溢，海不波涌；逆天暴物，即日月薄蚀，五星失行，四时相乘，昼冥宵光，山崩川涸，冬雷夏霜，天之与人，有以相通。”）

而且，天道不可私自接近，无亲疏之别，没有去就之私，无私则有余，有欲则不足，只有无欲无为，顺合自然之理，方能去凶得利。……冬至时节的阴极阳生、阳气来复和夏至时节的阳极阴生、阴气来复，万物都归向它而没有谁来主使其如此，这是一种极客观、极自然的行为，是穷尽自然至为精诚的感应，不召而来，不去而往，深远不可见，不知所为者而功效自成。（参见《文子·精诚》："天道无私就也，无私去也，能者有余，拙者不足，顺之者利，逆之者凶。……冬日之阳，夏日之阴，万物归之而莫之使，极自然至精之感，弗召自来，不去而往，窈窈冥冥，不知所为者而功自成。"）

2. 什么是适度原则

《黄帝四经·名理》曰："道者，神明之原也。神明者，处于度之内而见于度之外者也。处于度之内者，不言而信；见于度之外者，言而不可易也。处于度之内者，静而不可移也；见于度之外者，动而不可化也。静而不移，动而不化，故曰神。神明者，见知之稽也。"（天地间各种奇妙的作用都本原于道。各种神妙的作用既存在于事物的适度之内又表现在事物的极限之中。当事物处于稳定的适度之内时，不需要用言语去表述而万物自有定则；当事物运行到开始转化的极度时，无论怎样用语言去表述，道仍然在其中发挥着神妙的作用而不会改变。事物处于适度之内时，它便保持相对静止状态，而道的神妙作用也不会发生变化；当事物处于适度之外时，它的性质便发生变动，而道的神妙作用仍然未改变而继续发挥作用。这种事物动、静有异而道的神妙作用不变的现象，就被称为"神"。道的这种神妙作用，便是人们的认识所要取法的楷式。）

《黄帝四经·四度》曰："规之内曰圆，矩之内曰方，悬之下曰正，水之上曰平。尺寸之度曰小大短长，权衡之称曰轻重不爽，斗石之量曰少多有数，绳准之立曰曲直有度。八度者，用之稽也。日月星辰之期，四时之度，动静之位，内外之处，天之稽也。"（规用来画圆，矩用来画方，悬用以测端正，水用以测水平。用尺寸度量小大短长，用权衡称量轻重，用斗石比量多少，用绳准来测度曲直。以上八种度量标准是人们日常生活中实际应用的准则。日月星辰都遵循着固定的运行周期，四时更迭都有一定的次序，自然界的消息盈虚进退出入自有一定的守则，事物的适度与非适度自有分际，这些都是天道自有的法则。）万物都在依据自己的阴阳属性确定本身的生长规律，人类只有明白天道规律，遵循自然法则，不背离四时之度，才会身康体健，一切顺遂而远离灾咎、疾病和困苦！

就好像圣人的立身处世一样，天下的万事万物，都容纳在德这一孔道之内，百事的根本，都出于道这一个门径之内。因此，圣人一度沿着法则，顺应天道的圆度周期律而行，不改变其根本，依循准绳，曲直都因应于物体和恒常规律而定。……执道以变化相合，先可以制约于后，后也可制约于先，为什么这样呢？处静而知变，则先可以制约后；观变而返静，则后可以制约先；动静无为，则可先后同制，制约的主动权在我，就可以不被人所制约。所说的后者，要调整其情势而合于时间，时间的变化很快容不得停息，比事物先动肯定是过分的，比事物后动肯定是来不及的，日月运行，周而复始，时间不等人，不能与人同游，所以圣人不以一尺长的玉璧为宝贵，反以一寸的光阴为宝贵，珍惜极短的时光，这是因为时光难得而易失。因此，圣人随着时间的变化而行事，凭借着自己的资质而取得成就，坚守清静之道，拘持柔弱之性，因循而应变，随动而行事，常后发制人而不先发制人，柔弱以保持清静，安徐以保持稳定，成就越大会越坚定，就会无往而不胜，没有谁可与之相抗衡。（参见《文子·道原》："万物之总，皆阅一孔，百事之根，皆出一门。故圣人一度循轨，不变其故，不易其常，放准循绳，曲因其直，直因其常。……夫执道以耦变，先亦制后，后亦制先，何则？不失所以制人，人亦不能制也。所谓后者，调其数而合其时，时之变则间不容息，先之则太过，后之则不及，日回月周，时不与人游，故圣人不贵尺之璧，而贵寸之阴，时难得而易失。故圣人随时而举事，因资而立功，守清道，拘雌节，因循而应变，常后而不先，柔弱以静，安徐以定，功大靡坚，不能与争也。"）

上古时期的圣人取法于天，其次崇尚贤才，再下则任用臣下。任用臣下来治理国家的道，是危亡之道；崇尚贤才的治理国家之道，是让人感到痴迷惑乱的原因；只有取法于天，才能把天下治理好，使天下太平。天地之道，虚清为主，虚无不纳，静无不持，懂得了虚静之道，才能有始有终，所以圣人以静为治，以动为乱。所以叫不挠不乱，万物才能自我清静；不惊不骇，万物才能自我治理，这就是天道。（参见《文子·九守》："上圣法天，其次尚贤，其下任臣。任臣者，危亡之道也；尚贤者，痴惑之原也；法天者，治天地之道也。虚静为主，虚无不受，静无不持，知虚静之道，乃能终始。故圣人以静为治，以动为乱，故曰勿挠勿撄，万物将自清，勿惊勿骇，万物将自理，是谓天道也。"）

3. 高真德道悟鉴

吕祖认为：此章教人无贪无求、知止知辱的含义。

道原无道，强名曰道；道原无知，强以有知；道不行功，强以有为；道原天地之理、人生之气。知者实无所知，采此为真知；真知无可说，谓之知者不言，这就是道了。言者或说何处下手，何处采丹，何处结丹……不听天然，强以意取，此非道矣。如此之人毫无知道，是谓言者不知。

真知者，坐若山，行若轮，时时不放，内固以塞其兑，外固以闭其门，内外真固，常挫其有为之锐，不知不识，以返其本，柔和以随其自然。内外柔和，无心意之纷，则以知者不言解之。一气贯通，内外贞白，柔和则慧生，慧生则光明万窍，诸经络通透，空无所空，有无所有，谓之和其光。自以为一，天地四时八节无不合之而常存，天地间无我，我无天地。呼之以牛，我以牛应之；呼之以马，我以马应之。水溺火焚不能动其心，这等才称得和光同尘。和光是慧生内外，同尘是窍窍光明，一气周流而无隔障者也。内中一生二、二生三、三生万物，变化无穷而复返于一，归于混沌，是谓玄同。

如此地步，不可得而亲之，亲之意存，必归于有；如此地步，不可得而疏之，疏之入于顽空；如此地步，不可得而利之，利之贪得，反伤其元；如此地步，不可得而害之，害之欲得，反枯其精；如此地步，不可得而贵之，贵之骄心生，终不能成；如此地步，不可贱之，贱之退心起，而空闻至道。闻道者不亲而亲，疏而不疏，不利而利，害而不害，不贵而贵，贱而不贱，如此者，故为天下贵。才为知者不言之至道也。①

黄元吉云：大凡无德之人，当其闻一善言，见一善行，辄欣欣然高谈阔论，以动众人之耳，取容悦于一时，不知革面洗心，返观内证。孔子曰："道听途说，德之弃"，洵不诬也。若真知大道之人，方其偶有所知，朝夕乾惕之不暇，安有余力以资口说，徒耸外人之听闻耶？即令温故知新，悠然有会意处，亦自有之而自得之，犹饮食餍饫，既醉且饱，惟有自知其趣味，难为外人道也。彼好与人言者，殆有不足于己者焉。而况德为己德，修为己修，知之既真，藏之愈固，窃恐一言轻出，即一息偶离，斯道之失于吾心者多矣。此知者所以不言也。若言焉者，其无得于己，实不知乎道。使果有所知，又孰肯轻泄如斯乎？是言者不知益审矣。又况不可言者精华，可言者皆糟粕，知者非不言，实难言也，言者非不知，盖徒见其皮肤耳。所谓"得了手，闭了口"者，诚知得道匪易，讵容以语言耗其气，杂妄损其神，矜才炫能标其异，徒取恶于流俗哉？以故有道高人，塞兑闭门，养其气也；挫锐解纷，定其神也。和光同尘，则随时俯仰，与俗浮沉，如愚如醉，若讷若痴，众人昏昏，我亦昏昏，不矜奇，不立异，与己无乖，于世无忤也。苟有一毫粉饰之心、驰骛之意，即不免放言高论，以取快于一堂。如此者，非为名即为利。岂不闻太上告孔子之言乎："可食以酒肉者，我得而鞭扑；可宠以爵禄者，我得而戮辱。"惟闭户潜修，抱元守一，神默默，气冥冥，沉静无言，恬淡无欲，无为为为，无事为事，则人不可得而亲，亦不可得而疏，不可得而利，亦不可得而害，不可得而贵，亦不可得而贱。此求诸己，不求诸人，尽其性，复尽其命，故为天下之所最贵。三界内外，惟道独尊，我修我道，即我贵我道，天下无有加于此者。太上曰："知我者希，则我贵焉"。学者亦知之否？

此言有道之人必不轻言，以世上知道者少，苟好腾口说，不惟内损于己，亦且外侮于人。《易》曰："机事不密则害成。"古来修士因轻宣机密以致惹祸招灾者不少，是以君子慎密而不出也。即使可与言者，亦兢兢业业，其难其慎，试之又试，然后盟天质地，登坛说法，亦不敢过高过远，刺刺不休。足见

---

① 老子.吕祖秘注道德经心传［M］.吕岩，释义；韩起，编校.桂林：广西师范大学出版社，2014：116－117.

古人韬光养晦之功，即见古人重道敬天之意。彼轻易其言者，皆无得于己，不知道者也。若果知之，自修自证之不遑，又安有余闲以为谈论地耶？彼放言无忌者，非欲人亲之、利之、贵之乎？不知有亲即有疏，有利即有害，有贵即有贱。何如缄默不言，清净自养，使人无从亲疏、利害、贵贱之为得也。夫以我贵我道，自一世可至万世，天下孰有加于此者？学者修其在己，刻刻内观，勿使议论之风生，可也。①

第二节 《治邦》

一、《治邦》章经文内容

以正之邦，以畸用兵，以无事取天下。吾何以知其然也哉？

夫天下多忌讳，而民弥贫；民多利器，而邦家兹昏；人多知，而奇物兹起；法物兹彰，而盗贼多有。

是以圣人之言曰：我无为，而民自化；我好静，而民自正；我无事，而民自富；我欲不欲，而民自朴。

二、《治邦》章经文释读

1. 文字释读

邦：甲骨文 = （丰，茂盛的草木）+ （田，即"界"，指边境），表示高大树木标志的地界。造字本义：在封地四周种上了草木以示领地界线。金文将甲骨文的"邦" 简化成"丰" ，同时加"邑" ，强化"领地"主题。篆文 承续金文字形。隶书 将篆文的"邑" 写成"双耳旁" 阝。

《说文解字》："國也。从邑，丰聲。 ，古文邦。"（诸侯封国。字形采用"邑"作边旁，采用"丰"作声旁。 ，这是古文写法的"邦"字。）本指古

---

① 黄元吉. 道德经精义［M］. 北京：中央编译出版社，2014：153－154.

代诸侯的封国、国家。邦作名词同本义，汉避高祖讳，多以国易之（如邦畿——古代指直属于天子的地方；邦家——诸侯的封国和大夫之家；邦国——诸侯的封国，大的叫邦，小的叫国，后泛指国家），泛指国家（如邻邦，盟邦，邦典——国家的法令制度），疆界、边界，国都、大城镇，泛指地方，姓氏。邦作动词表示封、分封（《说文》："邦，国也。"段注："邦之言封也。古邦封通用。《书序》云：'邦康叔，邦诸侯。'《论语》云：'在邦域之中。'皆封字也。"）之义。

正：是"征"的本字。甲骨文 ♀ = ☐ （囗，城邑、方国）+ ✔ （止，行军），表示征伐不义之邑。造字本义：行军征战，讨伐不义之地。有的甲骨文 ✔ 将表示方国的方框 ☐ 写成实心点的指事符号 ●，写成指事字，上面的符号表示方向、目标，下面是足（止），意思是向这个方位或目标不偏不斜地走去。金文 ⅎ 承续甲骨文字形。有的金文 ⅎ 将指事符号由实心点 ■ 改写成一横 一。篆文 ⅎ 承续金文字形。隶化后楷书 正 将篆文字形中的 ⅎ 写成 止。当"正"的"征战"本义消失后，篆文再加"彳"（行）另造"征"代替。古人称不义的侵略为"各"，称仗义的讨伐为"正"。

《说文解字》："是也。从止，一以止。凡正之属皆从正。ⅎ，古文正，从二；二，古上字。ⅎ，古文正。从一、足；足者亦止也。"（纠正，使恰当。字形采用"止"作字根，指事符号"一"表示阻止错误。所有与正相关的字，都采用"正"作边旁。ⅎ，这是古文写法的"正"字，采用"二、止"会义，二，表示上苍。ⅎ，这也是古文写法的"正"字，采用"一、足"会义，足，也是"止"的意思。）本指不偏斜、平正、善。正读 zhèng，作形容词同本义（如正锋——中锋；正分——正半、恰好一半；正位——中正之位），图形各边、角都相等（如正印——正方形的官印，正方形、正多边形、正方体），正直、正派（如正人君子、忠正、廉正；正明公道——正大光明、不偏私；正明交易——正大光明的交易；正士——正直之士；正人——正直的人，品行端正的上等人），纯正不杂（多指色、味，如正一——纯正之一；正意——纯正的心志；正风——纯正的民歌、纯正的风气；正性——纯正的禀性；正味——纯正的滋味；正青——纯青），作为主体的（与"副"相对，如正角、正团长），正当、合适（如正号——正当的名号），正点（如十二点正、正午），正面、面对观察者或对手的一面（如这张纸正反面都很光洁）。正作动词则通"整"，使正、整理、端正（如正襟——端正衣襟；正德——端正自己的德行；正己——端正自己的思想、言行），治理、整治（如正世——整治世道；正域——整治封疆；正治——治理、整治），纠正、改正、匡正（如正历——改订历法；正俗——匡正风俗；正曲——矫正枉曲），正法、治罪，决定、考定。正作名词表示官长、君长（如正受——编制以内的官员），正常情况、正命、正常寿限，道理、规律，通"政"表示政治、政事，通"证"表示凭证、证据，姓氏。正作副词表示正好、恰好（如正未有艾——正无穷期；正要——刚要、正预备），表示动作、状态的进行，持续、正在（如正然——正在，正下着雨），仅、只，端正地（如正坐），方、刚刚，公然、显然，总是。正作代词表示 这么、这样（如今年怎正利害？怎正大、怎正多）。正读zhēng，作名词表示农历一年的第一个月，箭靶的中心，引申为目标。正作动词则通"征"，征税，出兵、征讨之义。《广雅·释诂》："君也。"《广雅·释言》："要也。"《玉篇》："长也，定也，是也。"也指清静之道。清静，即精神活动安静守常，劳逸适度。《黄帝内经·素问》注："夫嗜欲不能惑其目，淫邪不能惑其心，不妄作劳，是谓清静。"

畸：奇，既是声旁也是形旁，表示怪异的，不正常的。畸，篆文畸＝田（田，纵横有序的井田）＋奇（奇，怪异、不对称）。造字本义：不规则的田畴。古代的井田通常规则而对称，形状不规则的田亩叫"畸"。

《说文解字》："殘田也。从田奇聲。"（不完整的井田，零片的田地。字形采用"田"作边旁，"奇"jī是声旁。）本指零片的田地。畸作名词同本义（如畸零——小块零散土地），数的零头、余数（如畸零，畸羡——剩余，多指剩余之物），古称军队阵形的一翼（如左畸——军队左部）。畸作形容词表示不整齐的、不正规的，偏离、偏颇（如畸重畸轻——偏重偏轻，不合常规），通"奇"表示神奇、奇异，脱俗的、超群的（如畸人——与世俗格格不入的人；畸士——犹畸人，独行拔俗之人；畸行——超俗的、非凡的行为；畸民——畸客，高行拔俗之人；单数的、奇数的（跟"双""偶"相对，如畸日——单日，即逢一、三、五、七、九等的日子，跟"双日"相对）。《玉篇》："数畸，亦作奇。"

哉：𢦐，既是声旁也是形旁，是"哉"的本字，表示火灾和兵灾等令人哀叹的天灾与祝。𢦐，甲骨文 ＝ 才（才，"灾"的省略，火灾）＋ 戈（戈，兵灾），表示水火灾害或战争灾害。金文 将甲骨文的 才 写成 ，并加"口" （惨叫）写成"哉"，表示因火灾、兵灾等天灾人祸而惨痛呼号。有的金文 将"才" 误写成"十" 。有的金文 承续甲骨文字形。造字本义：令人惨痛呼号的天灾人祸。篆文 承续金文字形。隶化后楷书 承续误写的金文字形 。

《说文解字》："言之間也。从口𢦐聲。"（表示言语间歇的语气虚词。字形采用"口"作边旁，"𢦐"作声旁。）本指语气词（表感叹）。哉作助词同本义（表示感叹，相当于"啊"，如远哉遥遥、命不易哉），表示肯定语气（相当于"啊"，如敢不畏君王哉），表示疑问或反问（相当于"呢"或"吗"，如吾又何能为哉?），表示测度（相当于"吧"，如其岂有所失哉!），表示祈使语气（相当于"吧"，如《诗经·召南》："振振君子，归哉归哉!"）。

忌：已，既是声旁也是形旁，即"纪"，系。忌，金文 ＝ 已（"纪"，系，约束）＋ 心（心，想法）。造字本义：想法受约束，不能随心所欲。篆文 承续金文字形。隶书 将篆文的"心" 写成 心。

《说文解字》："憎惡也。从心，己聲。"（憎恨，反感。字形采用"心"作边旁，采用"己"作声旁。）本指憎恨。忌作动词同本义（如忌恶——憎恶坏人坏事；忌愤——怨愤），嫉妒（如忌前——妒嫉贤才；忌妇——妒妇，善妒的妻子；忌克——忌妒他人才能而想超过他；忌才——嫉妒他人的才华或才能），禁忌，忌讳（如忌作——唐宋习俗谓春、秋社日停做针线；忌针——阴历正月忌动针线；忌惮儿——忌讳害怕），顾忌（如忌畏——畏惧害怕；忌器——有所顾忌）。忌作名词表示先辈去世的日子，古时每逢这一天，家人忌饮酒作乐，所以叫"忌日"（如忌时——古时指禁忌的时日）。《玉篇》："畏也，恶也。"《广雅》："恐也。"

讳：韦，既是声旁也是形旁，是"违"的本字，表示逆反。讳，金文 ＝ 言（言，话语）＋ 韦（韦，即"违"）会义。造字本义：有违感情、道义的话题。篆文 承续金文字形。隶书 将篆文的 简写成 言。

《说文解字》："誋也。从言，韋聲。"（因回避禁忌而不敢言及。字形采用"言"作边旁，采用"韦"作声旁。）本指避忌，有顾忌而躲开某些事或不说某些话。讳作动词同本义（如直言不讳，讳名——对尊长避免说写其名，表示尊敬的心意；讳恶——先王的名讳与国家的凶恶），隐、隐蔽（如讳疾——隐瞒缺失；讳匿——隐匿，藏匿），畏、怕，死的婉辞。讳作名词表示忌讳的事情（如犯讳），旧时指死去的帝王或尊长的名字。《玉篇》："隐也，避也，忌也。"忌讳：防禁。

贫：贫，籀文 **㝮** = **宀**（宀，家）+ **分**（分）。造字本义：分割家产。篆文 **貧** = **㐫**（分）+ **貝**（贝，财产），强调分割财产。

《说文解字》："财分少也。从贝从分，分亦声。**㝮**，古文从宀分。"（家产因众人分割而减少。字形采用"贝"会义，"分"也是声旁。**㝮**，这是古文写法的"贫"，字形采用"宀、分"会义。"贝"是古货币，一个"贝"还要分开，表示贫困。）本指缺少财物、贫困（与"富"相对）。贫作形容词同本义（如贫贱之交——贫困患难中结交的朋友；贫户——贫穷人家），引申为缺少、不足（如贫阙——不足，短缺；贫寒——贫乏单薄；贫空——谓空无所有；贫辛——贫乏艰涩），絮叨可厌（如其嘴真贫，贫嘴饿舌——形容人话多令人讨厌），僧道、尼姑自谦之称（如贫僧，贫尼——尼姑对自己的谦称；贫家——谦称自己的家）。贫作动词表示使贫穷（如贫人——使人贫穷；贫心——使心纯清，谓不以外物累其心；贫化——在采出的矿石中，有用矿物含量比在矿体中含量低，叫作"贫化"）。

起：巳，既是声旁也是形旁，表示婴孩。起，金文 **𧺆** = **走**（走）+ **巳**（巳，幼儿），表示幼儿行走。造字本义：婴儿学习站立、行走。籀文 **𧻹**、篆文 **起** 承续金文字形。

《说文解字》："能立也。从走，巳声。**𧺆**，古文起，从辵。"（能独自站立。字形采用"走"作边旁，采用"己"作声旁。**𧺆**，这是古文写法的"起"字，采用"辵"作边旁。）本指由躺而坐、由坐而立。起作动词同本义（如起在——起来；起舞——起身而舞，欢欣的样子；起坐——起立与坐下；起谢——起立谢过），起床（如起去——指起床），产生、发生（如起念——产生某种想法），开始、开端（如起末——始末；起票——起码；起为头——开头；起工——动工，开工），源起、起因于（如起首——发端，原由；起倒——说头，缘由；起本——起因，由来），治愈、病愈（亦谓复苏，如起死——使病笃者复活；起禾——使禾苗直立复苏），起身、动起来、采取行动（如起车——把货物装车；起程出发；起马——骑马动身启程；起征——出征），隆起、凸起、耸立，草拟，使疏松，取（证件、书信等），扶持，兴建、建造（如起屋——建造房屋；起造——建造），征收、征召（如起差——征派；起集——征集；起动——征用），使死者复活（如起生——死而复生），举用（如起废——重新振兴已被废弃的事物），启发（如起予——能启发自己的观念和想法，指启发他人），离开、除去（如起油——除油），开启、张开（如起齿——张唇露齿，开口；起张——张开，掀开），搬运（如起驳——起拨，用驳船将货物运到岸上），出身。起作量词表示群、组（如一起客人）、批（如分两起出发），次、回（如第一起），病例、案例（一起奇症——一件妙手回春、治病救人的医案）。起作介词通常放在时间或处所词的前面，表示始点（相当于"从""自""由"，如起这儿剪下来，我起北京来）。起作副词则用在动词后作为补足语（表示动作的向上方向，如拿起雨伞就走，抬起头来一看）；起用在动词后（常与"不""得"连用），表示能或不能经受住，够或不够标准（如看得起、买得起、经得起考验）。《玉篇》："兴也，发也，立也，作也。"

化：化，甲骨文 ⿰ = ⿰（一个头朝上站立的"人"）+⿰（一个头朝下入土的"人"），表示由生到死的改变。造字本义：由昂首挺立到向下入土，即自然死亡。金文 ⿰ 误将甲骨文字形中头朝下的"人"⿰写成"匕"⿰。篆文⿰承续金文字形。中医称固体食物从撑胃到变成流质的过程为"消"；称流质在肠道被吸收、合成养分的过程为"化"。

《说文解字》："教行也。从匕从人，匕亦聲。"（化，教化施行。字形采用"人、匕"会意。甲骨文字形像二人相倒背之形，一正一反，以示变化。）本指变化、改变，包括显化隐化、化吉化凶、化善化恶。化读 huà，作动词同本义（如化现——变化；化心——改变其心性；化先——四时变化之始；化治——变化治理），教化（如化声——因推行教化而有声誉；化行——教化播扬于某地；化诲——开导教诲；化雨——比喻善于施教，犹如雨水滋润植物一样；化作——化育生成；化物——化育外物；化气——化育之气；化光——德化光大；化向——受德化而归顺；化流——德化传布），感化、转变人心（如化俗——化民成俗，改善习俗；化物——感化外物；化服——感化顺服；化盗——感化盗贼使为良民），募化（如化布施——即化缘，佛教用语，募化钱粮；化斋——僧道向人募化斋饭），用火烧（如火化），消化、领会、融会贯通（如化食），消除、去掉。化作名词表示习俗、风气，造化，自然的功能（如化力——造化之力；化元——造化的本原；化功——造化之功；化儿——造化小儿），化学（如数理化）；后缀，使成为、使变成（用在名词或形容词后面，以构成动词，如绿化、电气化、现代化）。化读 huā，作动词表示用掉、耗费，同"花"（如化工夫）之义。《玉篇》："易也，教行也。"《广韵》："德化。"自化：自我教化、化育。《潜夫论·德化》："化者，所以致之也。"

2. 章意疏解

以正之邦，以畸用兵，以无事取天下。吾何以知其然也哉？（此段主要总括治邦的原则，并以设问引起下文。）

以德正治国，以奇巧用兵，以不兴劳民事而取天下。我凭什么知道是这样的呢？

《孙子兵法·始计篇》曰："故能，而示之不能；用，而示之不用；近，而示之远；远，而示之近；利而诱之，乱而取之，实而备之，强而避之，怒而挠之，卑而骄之，佚而劳之，亲而离之。攻其无备，出其不意。此兵家之胜，不可先传也。"（所以，能战而示之软弱；要打，装作退却；要攻近处，装作攻击远处；要想远袭，又装作近攻；敌人贪利，就用小利引诱；敌人形势混乱，就要攻取；敌人力量充实，就要防备；敌人兵强卒锐，就避其锋头；敌人气势汹汹，就设法扰乱它；敌人谦卑就要使之骄横；敌人安逸就要使之疲劳；敌人内部和睦，就要离间他们。总之，要在敌人没有防备处攻击，在敌人料想不到的时候采取行动。这是指挥家制胜的秘诀，不可预先讲明。）

《淮南子·诠言训》曰："天下不可以智为也，不可以慧识也，不可以事治也，不可以仁附也，不可以强胜也。五者皆人才也，德不盛，不能成一焉。德立则五无殆，五见则德无位矣。故得道则愚者有余，失道则智者不足。渡水而无游数，虽强必沉；有游数，虽羸必遂。又况托于舟航之上乎！"（天下的事情不是单凭智力就能做成的，也不是单靠聪明就能认识清楚的，更不是只靠人的本事就能办成的，同样不是只以仁术就能使人归顺的，单凭强力取胜更不可能。智力、聪明、本事、仁术、强力五项都归属人的才能范畴，但如果只有这些才能而德行不高，就不能做成每一件事情。只有德行修养好了，这五项才能才可以随之发挥作用；反之，只强调突出这五项才能，那么德行修养也就被忽略了。所以，只有获得了"道"，才会使愚笨无能的人都感到力量无穷；反之，失去了"道"，就会使聪明者都感到力不从心。这就好像泅渡江河而没有游泳技术，即使身强体壮也一定会沉没；而有了游泳技术，即使身体瘦弱也一定会顺利渡过，更何况托身于舟船之上呢！）

夫天下多忌讳，而民弥贫；民多利器，而邦家兹昏；人多知，而奇物兹起；法物兹彰，而盗贼多有。（此段主要阐述常道、常规思维治理的不足之处和产生的各种弊端。）

天下禁忌避讳、繁文缛节太多，就会导致人民身心贫困、精神空虚。民众拥有了太多的武器，就会使国家滋生昏乱。人的智巧太多，就会导致奇物泛滥，势必惑乱人心。过分宣扬夸大法律条文的作用，必然导致道德丧失，德治和法治失去平衡就会使各种盗象十分猖獗。

《管子·权修》曰："赋敛厚，则下怨上矣。民力竭，则令不行矣。……故取于民有度，用之有止，国虽小必安；取于民无度，用之不止，国虽大必危。"（赋税繁重则人民怨恨朝廷，民力枯竭则政令无法推行。……因此，对人民征收有度，耗费又有节制的，国家虽小也一定安宁；对人民征收无度，耗费没有节制的，国家虽大也一定危亡。）

这里的奇物主要指珍奇宝物或奇珍异物。对于奇物的据有，也应取之有道，用之合德，才会没有忧患。《孟子·尽心下》曰："诸侯之宝三：土地，人民，政事。宝珠玉者，殃必及身。"（诸侯君主们有三样宝，土地、人民和政治权力。宝贵于珠宝玉器的人，灾祸一定会殃及其身。）

《黄帝四经·经法·君正》曰："法度者，正之至也。而以法度治者，不可乱也。而生法度者，不可乱也，精公无私而赏罚信，所以治也。省苛事，节赋敛，毋夺民时，治之安。无父之行，不得子之用。无母之德，不能尽民之力。父母之行备，则天地之德也。三者备则事得矣。"（法度，是至为公正的。以法度来治理国家，而不能任意妄为。创制法度，不能变化不一。依法办事，公正无私，赏罚分明便能取信于民，这是治理天下的大道所在。省去烦琐的政事，有节度地征收赋敛，不侵占百姓的农时，国家的政治才能安定。君主如果没有像父母一样的严威慈爱，就不能使子民有效地为之效力。君主若具备了待民如子的德行，便是德如天地一样广大。如果赏罚相济，恩威并施，那么万事都可以成功。）

《淮南子·诠言训》曰："为政之本，务在于安民；安民之本，在于足用；足用之本，在于勿夺时；勿夺时之本，在于省事；省事之本，在于节欲；节欲之本，在于反性；反性之本，在于去载。"（治国的根本，务必要使人民安定；安定人民的根本，在于衣食充足；衣食充足的根本方法，在于不失农时；使人民不失农时的根本，在于减少徭役；减少徭役的根本，在于节制物欲；节制物欲的根本，在于归返虚静平和的天性；归返天性的根本，在于抛弃内心世界那些多余的精神压力和不必要的思想负担。）

是以圣人之言曰：我无为，而民自化；我好静，而民自正；我无事，而民自富；我欲不欲，而民自朴。（此段主要指出圣人之治的法则与良性效应。）

进入三维以上空间玄览，明白宇宙的双重结构与生命的显隐两面，也就知道德能对生命的不可或缺。为什么呢？

《淮南子·诠言训》曰："有以欲多而亡者，未有以无欲而危者也；有以欲治而乱者，未有以守常而失者也。"（只有因欲念多而灭亡的，没有因无欲而危险的；只有以欲治国而乱天下的，没有因守常道而亡天下的。）《左传·僖公二十年》曰："宋襄公欲合诸侯，臧文仲闻之，曰：'以欲从人则可，以人从欲鲜济。'"正义："屈己之欲，从众之善。"

《管子·权修》曰："欲为天下者，必重用其国，欲为其国者，必重用其民，欲为其民者，必重尽其民力。无以畜之，则往而不可止也；无以牧之，则处而不可使也；远人至而不去，则有以畜之也。民众而可一，则有以牧之也。见其可也，喜之有征。见其不可也，恶之有刑。赏罚信于其所见，虽其所不见，其敢为之乎？"（要想治好天下，必须珍惜本国国力，想要治好国家，必须珍惜国内人民，想要治好人民，必须珍惜民力之耗尽。没有办法养活人民，人们就算外逃而无法阻止；没有办法治理人民，他们即使留下来也不能驱使；远地的人们来而不走，是因为国家有效地养活了他们。人口众多而可以统一号令，是因为国家有效地治理了他们。见到人们做好事，喜悦而要有实际奖赏。

见到人们做坏事，厌恶而要有具体惩罚。赏功罚过，对于亲身经历的人们确实兑现了，那么谁还敢胡作非为？）

《周易·系辞传》曰："一阴一阳之谓道。继之者善也，成之者性也。仁者见之谓之仁，知者见之谓之知，百姓日用而不知，故君子之道鲜矣。"（一阴一阳的相反相生，运转不息，为宇宙万事万物盛衰存亡的根本，这就是道。继续阴阳之道而产生宇宙万事万物的就是善，成就万事万物的是天命之性，亦即道德之义。有仁德的人见此性此道，即认为是仁，聪明的人体察此性此道，就认为是智。百姓日常受用，遵循此性此道而各遂其生，而不知晓，所以君子之道能涵盖万有，为万物之根，而知之者却很少呀！）阴阳是我国古代一对概括宇宙万象万物内在基本矛盾的范畴。

因此，圣人的言论说："我实践道德，无为而治，治国理身，百姓自然得到教化而改变；我喜欢清静，民心归德，百姓自然行正道；我无私心贪欲，不多事，百姓自然富足；我效法水德，居民众之所恶，欲众人之所不欲（比如大家都不愿意约束自己，都喜欢追逐名利，我则适可而止，淡然处之，静以修身，俭以养德；都喜欢当宅男宅女，没有节制地上网、打游戏，我则遵循生命规律，动静有度，劳逸结合，让生活充实而富有诗意，怡然自得，何乐而不为？）毫不利己，专门利人，则民心向正，自然淳朴。"

对此，《庄子·天道》曰："夫帝王之德，以天地为宗，以道德为主，以无为为常。无为也，则用天下而有余；有为也，则为天下用而不足。故古之人贵夫无为也。上无为也，下亦无为也，是下与上同德。下与上同德则不臣。下有为也，上亦有为也，是上与下同道。上与下同道则不主。上必无为而用下，下必有为为天下用。此不易之道也。"（帝王的德业，以天地为根本，以道德为主体，以无为为常法。帝王无为，则治理天下有余力，要是有为的人，则为天下役使而不足。君上无为，臣下也无为，这是下与上同德。下与上同德，是不合臣道。臣下有为，君上亦有为，这是上和下同道。上和下同道，是不合君通。君上要无为而治理天下，臣下要有为而为天下役使，这是不变的道理。）

《庄子·天道》又曰："故古之王天下者，知虽落天地，不自虑也；辩虽雕万物，不自说也；能虽穷海内，不自为也。天不产而万物化，地不长而万物育，帝王无为而天下功。故曰：莫神于天，莫富于地，莫大于帝王。故曰：帝王之德配天地。此乘天地，驰万物，而用人群之道也。"（所以古代的君王，智慧虽然包罗天地，但自己不谋虑；口才虽然足以应对万物，但不自己言谈；才能虽然海内无双，但不躬亲事务。天不生产而万物自然化育，地不生长而万物自然成长，帝王无为而天下成功。所以说：没有比天大的，没有比地富的，没有比帝王权力大的。所以说帝王之德合于天地，这就是驾驭天地、驱使万物，役使百姓之道。）

因为，圣人以德治身而事半功倍的优势，与社会上不以德治理而产生的乱象相比，孰去孰存，判然分明。正如《文子·上德》曰："大人去恶就善，民不远徙，故民有去就也，去尤甚，就少愈。风不动，火不出，大人不言，小人无述，火之出也必待薪，大人之言必有信，有信而真，何往不成。河水深，壤在山。丘陵高，下入渊。阳气盛，变为阴。阴气盛，变为阳。故欲不可盈，乐不可极。"（大德之人远离恶而亲近善，民众就不会向远处迁徙，民众就会明白取舍礼数，舍会更多，取则稍增。就好像风不吹动，火不出现，大人亦隐身不出，大人不说话，小人便无法转述。火的出现必待柴薪，大人之言必要有信，有信才能真，则诸事可成，无往而不胜。河水深深是因为土壤在山上没有塌下来，丘陵高耸在上，河水在下流入深渊。阳气太盛会变为阴气，阴气太盛会变为阳气。所以欲望不可太多，欢乐不可过度。）

三、老子的智慧启示

此章对世人的启示主要是阐述治国如治身的理念——生命的正善治（之一），与下章内容有关。对此论题，主要从两个方面理解。

1. 生命的构成与天人合一

（1）生命的终极真相——二重营养性。

《易经·系辞》云："一阴一阳谓之道。"又曰："形而上者谓之气，形而下者谓之器。"现代科学的长足发展，如场理论、黑洞说、宇宙弦的提出，及"暗物质"的发现，均对宇宙结构的二重性、宇宙万物的诞生进行了一定探索，也对古代哲学中的宇宙观与生命起源作出了部分佐证。与此相应，人的生命也具有二重性，由精神系统与命体系统两部分组成，是一个阴阳复合体，是精神与形体、先天与后天、气与器、显与隐的完整统一。而且，形而上的道气是万物化生的基础和根本，"气无所不同，形无所不类"。万物皆禀气受形，气的质量高低，决定了器的成败、生死与活力。人体中精神的道德状况，也决定了形的好坏、荣枯与美丑。形为神之宫，神为形之容。形是神的载体，神是形的主宰。这两大系统的相互配合和健康，才使我们的生命拥有完整的健康。但是，这两大系统的存在靠什么来支撑？人每天要吃饭，吃饭是为了什么？当然是为了摄取营养。但五谷营养主要滋养我们的形体，并不能直接滋养我们的精神。精神系统需要什么营养呢？精神系统的营养是道德能量。

也就是说，这两大系统各有自己的营养来源。《素问·六节藏象论》云："天食人以五气，地食人以五味。五气入鼻，藏于心肺，上使五色修明，音声能彰；五味入口，藏于肠胃，味有所藏，以养五气。气和而生，津液相成，神乃自生。"（人们的色味是分别与五脏相通的。草木显现五色，产生五味，天供给人们以五德之气，地供给人们以五味。五气由鼻吸入，贮藏于心肺，其气上升，使面部五色明润，声音洪亮。五味入于口中，贮藏于肠胃，经消化吸收，五味精微内注五脏，以养五脏之气。脏气和谐而保有生化机能，津液随之生成，神气也就在此基础上自然产生了。）

《黄帝内经》中早已揭示了这一生命现象，《素问·四气调神大论》曰："天气清净光明者也，藏德不止，故不下也。"（天气，是清净光明的，蕴藏其德，运行不止，由于天不暴露自己的光明德泽，所以永远保持它内蕴的力量而不会下泄。）道所化生的天气就是德，其质量具有"清净光明"的特性。这种清净光明的能量，充满整个宇宙，无所不在，滋养着万物和人类。《灵枢·本神》说："天之在我者德也，地之在我者气也，德流气薄而生者也。"就是说，宇宙大道的能量，在人身中以德的形态显现；大地自然的能量，在人身中以气的形态显现。天德地气在身中流动和布输，使人的生命具有活力，是生命的源动力。因此，天德养神，地谷养形。必须给生命补充双重营养，才能更好地发挥生命的功能。

气，是宇宙中大量存在的滋养我们精神系统的一种生命能量。它在宇宙自然界有非常丰富的储存，只是我们看不见、摸不着而已，就好像空气一样，但又比空气浓度更高、密度更大、质量更高。与其种类相同的还有音和光，这两种是我们比较熟悉的。气、音、光，都是宇宙间客观存在的质元类高级生命能量物质，我们的精神系统必须依靠这些物质才能得到滋养。我们平常吃的五谷食物，只能营养我们的命体系统（最多滋养我们的七魄而已）。而我们的精神系统必须要靠天德能量来滋养。①

（2）天人合一理念。

古人认为，人身小宇宙，天地大人身。人与天是一一对应的，从生命构成来说，都具有二重性。从营养来源而言，天上的五德之气与地上的五谷之气以及人体内的五德、五脏都是一一对应的。再从其他方面来说，也是如此。《素问·生气通天论》说："夫自古通天者，生之本，本于阴阳。天地之间，六合之内，其气九州、九窍、五脏十二节，皆通乎天气。其生五，其气三，数犯此者，则邪气伤人，此寿命之本也。"（自古以来，都以通于天气为生命的根本，而这个根本不外天之阴阳。天地之间，六合之内，大如九州之域，小如人的九窍、五脏、十二节，都与天气相通。天气衍生五行，阴阳之气又依盛衰消长而各分为三。如果经常违背阴阳五行的变化规律，那么邪气就会伤害人体。因此，适应这个规律是寿命得以延续的根本。）

《素问·宝命全形论》曰："夫人生于地，悬命于天，天地合气，命之曰人。人能应四时者，天地为之父母；知万物者，谓之天子。天有阴阳，人有十二节；天有寒暑，人有虚实。能经天地阴阳之化者，不失四时；知十二节之理者，圣智不能欺也；能存八动之变，五胜更立；能达虚实之数者，独出独入，呿吟至微，秋毫在目。"（一个人的生活，和自然界是密切相关的。人能适应四时变迁，则自然界的一切，都成为他生命的泉源。能够知道万物生长收藏的道理的人，就有条件承受和运用万物。所以天有阴阳，人有十二经脉；天有寒暑，人有虚实盛衰。能够应天地阴阳的变化，不违背四时的规律，了解十二经脉的道理，就能明达事理，不会被疾病现象弄糊涂了。掌握八风的演变，五行的衰旺，通达病人虚实的变化，就一定能有独到的见解，哪怕患者的呵欠呻吟这样极微小的动态，也能够明察秋毫，洞明底细。）

《灵枢·邪客》中讲得更为详细，其文曰："黄帝问于伯高曰：愿闻人之肢节以应天地奈何？伯高答曰：天圆地方，人头圆足方以应之。天有日月，人

---

① 熊春锦. 道德复兴论修身 [M]. 北京：团结出版社，2008：184－185.

有两目；地有九州，人有九窍；天有风雨，人有喜怒；天有雷电，人有声音；天有四时，人有四肢；天有五音，人有五脏；天有六律，人有六腑；天有冬夏，人有寒热；天有十日，人有手十指；辰有十二，人有足十指、茎垂以应之，女子不足二节，以抱人形；天有阴阳，人有夫妻；岁有三百六十五日，人有三百六十五节；地有高山，人有肩膝；地有深谷，人有腋腘；地有十二经水，人有十二经脉；地有泉脉，人有卫气；地有草蓂，人有毫毛；天有昼夜，人有卧起；天有列星，人有牙齿；地有小山，人有小节；地有山石，人有高骨；地有林木，人有募筋；地有聚邑，人有䐃肉；岁有十二月，人有十二节；地有四时不生草，人有无子。此人与天地相应者也。”（黄帝对伯高说：我想听听，人体的四肢百节是怎样与天地相应的。伯高回答说：天是圆的，地是方的，人的头圆、足方，以与天地相应。天上有日、月，人则有两目。地有九州，人有九窍。天有风雨，人有喜怒。天有雷电，人有音声。天有四时，人有四肢。天有五音，人有五脏。天有六律，人有六腑。天有冬夏，人有寒热。天有十天干，人有手十指。天有十二辰，人有足十指、阴茎、睾丸与之相应，女子无阴茎、睾丸，但可受孕而怀胎儿，以补其不足之数。天有阴阳，人有夫妻。一年有三百六十五日，人身有三百六十五个穴位。地有高山，人有肩、膝。地有深谷，人有腋、腘。地有十二经水，人有十二经脉。地下有潜伏的泉脉，人体内有流行的卫气。地上生有众草，人身生有毫毛。天有白昼、黑夜，人有睡时、起时。天有众星，人有牙齿。地有小山包，人有小骨节。地有耸起的山石，人有高起的骨骼。地有林木，人有膜筋。地上有人烟凑集的村落都邑，人体有聚结隆起的肌肉。一年有十二个月份，人身有四肢十二骨节。地或四时不生草木，人或终身不育儿女。这就是人与天地相应的情况。）

2. 生命的护养与变化规律

人生百年，草木一秋。人的一生是短暂而美好的。一个人，从出生到最后离开，生命的历程可以分为六个大的阶段、三个时期。六大阶段，即胎婴时期（十月怀胎~3岁）、幼儿时期（4~8岁）、少年时期（9~15岁）、青年时期（16~24岁）、成人时期（25~56岁）、老年时期（57岁及以上）。三个分期，即无为先天期、先天向后天的转换期、纯后天有为人生期。胎婴时期和幼儿时期是人生的先天无为时期；而少年时期，则是人生的一个重要的从先天无为时期转向后天有为时期的阶段；青年时期、成人时期和老年时期，则都是人生的后天有为时期。① 因为人的生理机制有先天时期、后天时期，以及先天向后天的过渡时期，同样，人的思维也有先天与后天、无为与有为之分（无为先天慧性与有为后天智能），对人体生命的治理，也分无为而治与有为而治。

1~3 岁身体内的先天生理机制从天地中摄取生长的天德元气，而生成一阳之象，构成《复卦》卦象模式。《复卦》是《易经》中专门讲修身的一卦，也是中华典籍中最早出现"修身"一词的记载，祖先早就告诉后代修身的重要性。生长至 5 岁，身体内的先天生理机制从天地中摄取天德能量，而生成二阳，构成《临卦》之卦象模式。生长至 8 岁，身体内的先天生理机制从天地中摄取天德能量，而生成三阳，构成《泰卦》之卦象模式。此时乳牙更换，恒牙萌生。生长至 10 岁，身体内的先天生理机制从天地中摄取天德能量，而生成四阳，构成《大壮卦》之卦象模式。生长至 13 岁，身体内的先天生理机制从天地中摄取天德能量，而生成五阳，构成《夬卦》之卦象模式。生长至 16 岁，身体内的先天生理机制从天地中摄取天德能量，而生成六阳，构成为《乾卦》之卦象模式。

人生长至 16 岁（女性 14 岁）之后，生命库储的这些本源能量就开始被天地所反夺。尤其后天欲念与后天智识一开，体内库储的天德元气就开始泄漏。人的"眼、耳、鼻、舌、身、意"这六根在后天常道中的有为的活动，都是对能量的泄漏、消耗和损伤。如果不树立正确的人生观、世界观和生命观，不用正确的心念和意识管理好自己，不知禁忌，私心贪欲没有制约，这种库储的消耗速度将会明显加快。

此后，也是男性每 8 年、女性每 7 年损耗一道阳爻，从纯阳的《乾卦》一直损到纯阴的《坤卦》，阴阳反复一周。如果不进行正确的养生护生，人的生命也就快接近尾声了。②

每个人由于出生的时空点不同，加之遗传信息的影响，凸显出每个人先天五行五德能量的不均衡，表现在外就是仁义礼智信五德的参差不齐，从而形成

① 熊春锦. 国学道德经典导读 [M]. 北京：中央编译出版社，2006：97-98.
② 熊春锦. 国学道德经典导读 [M]. 北京：中央编译出版社，2006：98-105.

不同的性格特征，直接影响到未来的人生；表现在内就是五脏生理功能的失调，直接影响到后天的体质和健康。人的这些五德能量的不同，共同构成生命的本因和内因，如果再加上外部环境的影响力和作用力，共同构成人生际遇的不同。人的一生中，最佳的五德能量培补提升期，是男性16岁以前和女性14岁以前。由于意识储存于大脑的皮层，对大脑中间质层、核心层的慧性具有屏蔽性，而这一人生阶段其屏蔽性较弱，所以成为启迪大脑慧性生理功能的最佳时期。①

一个人最大的敌人就是自己，战胜了自己，也就征服了天下。所以老子告诉世人："知人者智，自知者明。胜人者有力，自胜者强。""人能常清静，天地悉皆归。"又告诉人们："有无相生"，物极必反。如果明白生命发展变化的道理，运用行之有效的方法，在生命开始消耗的时候就进行大量补充，这样由壮而衰的现象，就会明显出现延缓。体内先天能量的消耗速度将比常人明显减缓，甚至出现库储消耗中止、返老还童现象，创造自己人生的奇迹。

给大家介绍这些知识，是希望大家了解我们古代的文化是一种天人合一，内修外用的文化，首先在自己身体内取得效应，然后再把它应用到身外事物中，为库储带来希望。另外，了解一些常识，也可以指导自己的生命健康和人生发展。实际上，人生中的许多困惑，都是源于我们并不了解人生与生命的本质，没有按照生命所需要的正确方向去关爱自己，关爱他人。如果明白了生命的构成原理，以及发展变化的规律，就绝对不会用南辕北辙的方式去损害生命的健康。

前面说了生命的构成与变化规律，那么既然知道了生命构成的原理，又该如何护养自己的生命呢？你是否知道生命的方向？你是如何保养自己的身体的？

（1）养生与健康——道德与善粒子。

《黄帝内经·素问·上古天真论》："精神内守，病安从来。"《素问·刺法论》："正气内存，邪不可干。"可以结合形名学及现实生活，理解这两句话。

大家都听说过能量守恒，而在古代性慧理气科学的慧观中，人们发现物质

---

① 熊春锦.国学道德经典导读·序［M］.北京：中央编译出版社，2006：3-4.

全都具有能量转换性，任何物质在气化形的变化中，都存在一些共性，这就是正气化善精，善精生善形；恶气化恶精，恶精生恶形。[①] 而且古人早有名言"太上养神，其次养形"，《文子·下德》曰："神清意平，百节皆宁，养生之本也；肥肌肤，充腹肠，供嗜欲，养生之末也。"（老子说，治理身国，最好的方法是养护精神，最高境界的养生是涵养人的精神，达到精神清静，意志平和，人体的肢节都能得到安宁——身体四肢各个关节环节都和谐通畅，这是养生的根本；其次是养护形体——次而下之，才是修养我们的形体，使身体肥胖，吃得既饱又好，满足口腹之欲，则是养生的末端——这是养生的末流。）现代科学也在无情地逐步验证着古代文化的科学合理性。

大家都知道，细胞是人体生命结构的最小单位，生物体由无数细胞组成，通过改变细胞的功能可从根本上改善人体生命健康。生命科学的研究，已经深入到每一个细胞内液和细胞外液中的"正负电位"，细胞通讯理论的确立，从更微观的角度揭示了深层的生命现象。他们发现，人体内损害健康的各种毒素，在性质上全都具有阳性酸性正电位的特征，而阴性碱性负电位，正好是其天然克星。当细胞处于负电位磁场时，细胞膜可以高效而且顺畅地通过离子通道加快营养物质和代谢废物的向外移动，这时细胞具有良好的活性和通透力，反之，则细胞处于一种抑制而缺乏活力的状态。一旦阳性的正电位高于阴性的负电位，就会造成细胞壁传输功能的下降和失效，从而出现新陈代谢的障碍和异常，导致体液和器官组织的功能性病变和器质性病变。

但是，人体只要五德能量充沛，中和之气能够和谐这一对阴阳正负的动态平衡，让阴性负电位始终处于主导地位，就能有效地保持体液的健康和整体生命的健康。因为，在人体的细胞质中天然地具有"善"因子，这是一种决定和影响精神与生理健康的关键性物质，这个"善"性的颗粒状结构体，决定着生命中细胞寿命的长短、代谢机制的旺衰，体液的长治久安，是健康长寿的本源。善念、善行和上善的经典，都能够激活、提升"善"因子的调节能力，维持、提高细胞的活力，对命体发挥巨大的生理作用。[②]

---

① 熊春锦. 道医学 [M]. 北京：团结出版社，2009：5-10.
② 熊春锦. 道医学 [M]. 北京：团结出版社，2009：234-235.

因此，明白了这些原理之后，就应该知道，要保持身体的健康，不仅要重视食物营养，更应重视精神修养与心理健康。而且，生命质量的提升与恒久健康的拥有，其实并不困难，这个主动权就掌握在自己手中，只看是否明理，明理之后，是否能够持恒去行。这里主要介绍两大健康理念：治未病与以德养生。

（2）治未病与以德养生的健康理念。

首先，关于治未病（包括未病先防与已病防变）。

《素问·四气调神大论》曰："道者，圣人行之，愚者佩之。从阴阳则生，逆之则死，从之则治，逆之则乱。反顺为逆，是谓内格。"（对于养生之道，圣人能够加以实行，愚人则时常有所违背。顺从阴阳的消长，就能生存，违逆了就会死亡。顺从了它，就会正常，违逆了它，就会乖乱。相反，如背道而行，就会使机体与自然环境相格拒。）又曰："是故圣人不治已病，治未病，不治已乱，治未乱，此之谓也。夫病已成而后药之，乱已成而后治之，譬犹渴而穿井，斗而铸锥，不亦晚乎？"（所以圣人不等病已经发生再去治疗，而是在疾病发生之前治疗，如同不等到乱事已经发生再去治理，而是在它发生之前治理。如果疾病已发生再去治疗，乱子已经形成再去治理，那就如同临渴而掘井，战乱发生了再去制造兵器，那不是太晚了吗？）

其次，关于以德养生。

比如《素问》第一章《上古天真论》中，开篇就言："上古之人，春秋皆度百岁，而动作不衰；今时之人，年半百而动作皆衰者，时世异耶？人将失之耶？"（上古时代的人，都能够年过百岁而没有衰老的现象；而现在的人，年龄到了五十岁，就明显地出现了衰老现象。这是因为时代环境不同，还是人们不注意养生之道呢？）

大家想想是什么原因？要注意这段话中的时间概念，这里的"现在"是指黄帝时期，并非现代当下这个时空段。在黄帝那个时候，就已经出现人们的健康状态每况愈下、大不如前的现象，这到底是什么原因呢？当然答案是肯定的，主要是因为上古时期的人，大都懂得养生的道理，很普通的人，都顺利活到百岁以上而并无衰老现象，更不用说那些异于常人的人了。

"上古之人，其知道者，法于阴阳，和于术数，食饮有节，起居有常，不妄作劳，故能形与神俱，而尽终其天年，度百岁乃去。今时之人不然也，以酒为浆，以妄为常，醉以入房，以欲竭其精，以耗散其真，不知持满，不时御神，务快其心，逆于生乐，起居无节，故半百而衰也。"（上古时期的人，因为大多都懂养生之道，所以能效法天地阴阳的自然变化，调和于术数，饮食有一定的节制，作息有一定的规律，又不妄事操劳，所以能够形体与精神两相称合，活到天赋的自然年龄。而不像后来人，把酒当作水饮，好逸恶劳，又纵情声色，不知道保持精气的充沛，经常不适当地运用精神，只顾一时高兴，违背养生而寻找乐趣，作息又没有一定的规律，所以活到五十岁便衰老了。）

现在比起上古时期，物质生活可以说非常丰富了，而且，随着温饱问题的解决，人们也逐步开始注重精神修养，追求生命健康和生活质量的提升，于是，也开始注意饮食方面的营养合理搭配。但是，有一个当下困扰人们的客观现实，那就是许多动物都能活到天赋寿命，而贵为万物之灵的人，尤其是现代人，却常常活不到天赋的自然年龄，这又是什么原因呢？

大家是否愿意了解古人的养生观呢？有人可能说我心向往之，但我做不到古人那样。没关系，我们虽然暂时达不到古人那个境界，但是可以先了解古人是如何善待自己、善待生命的，如何对自己真正负责的，然后尝试把自己平常生活中的一些不利于生命健康的想法、观念以及生活习惯慢慢纠正过来，这就行了，不需要再多做什么。因为虽然我们与古人的生活环境有不同，但有一点是不变的，即生命的基本构成是不变的，行走坐卧、衣食住行，生命的基本需求和流程是不变的，人任何时候都是人。

《素问》第一章《上古天真论》中，记载了这样一段话："夫上古圣人之教下也，皆谓之虚邪贼风，避之有时，恬淡虚无，真气从之，精神内守，病安从来。是以志闲而少欲，心安而不惧，形劳而不倦。气从以顺，各从其欲，皆得所愿，故美其食，任其服，乐其俗，高下不相慕，其民故曰朴。是以嗜欲不能劳其目，淫邪不能惑其心，愚智贤不肖，不惧于物，故合于道。所以能年皆百岁而动作不衰者，以其德全不危也。"（古代那些精通修养的人，是这样教导人们的，对于四时不正的虚邪贼风，要适时回避；同时思想上保持清静，无欲无求，真气居藏于内，精神内守而不耗散。这样，病从哪里来呢？所以他们精神都很安闲，欲望很少；心境安定，没有恐惧；形体虽劳，并不是过分疲倦。真气平和而调顺；每人顺着自己的心思，都能达到满意；吃什么都香甜，穿什么都舒服；乐于习俗，不羡慕地位高低，人们都自然朴实。所以不正当的嗜好，不会干扰他的视听；淫乱邪说，也不会诱惑他的心绪；不论愚笨的、聪明的、贤能的或不肖的人，对于酒色等事，都不急于寻求，这就合乎养生之道。所以都能够过百岁而动作还不衰颓，这都是因为他们的养生之道完备而不偏颇，因为德行周全圆满，所以不会被疾病困扰。）

我们通过这个非常简单的例子可以发现，在如何对待生命、如何保养身体的问题上，古人和现代人有很大不同。古人都很实际，很讲究实用性。这一点，比现代人有些地方要聪明得多。因此，千万不要小瞧古人，认为他们那个时候的生产力赶不上现代，就一切都比我们落后。其实不然，古人是很注重人与自然的和谐统一的，他们的环保意识、自然情怀、人文关爱，比现代人要浓重得多、深厚得多，对于违背自然规律、破坏生态平衡的事，哪怕多超前，他们也不会盲目去做；对于不利于后代子孙、竭泽而渔的事，他们都是很谨慎的。他们明白自然规律，所以知道哪些发明创造符合自然规律，可以造福于后代；哪些不利于后代子孙，有利的他们就干，不利的就尽量不发明。这样，就没有或尽量减少负面效应的产生。不像现代文明，很多只考虑当下的发展，只看到了物质利益的一面，而没有更长远地看到对人类本身存在的严重负效应。现代科学技术被广泛应用到不同的工业产品中，这的确标志着人类文明的一大进步。但是，历史的发展也促使一些社会学家反思：从十九世纪中期到二十世纪末发展起来的科学技术到二十一世纪是否依然有用？为什么？因为在科学技术发展带来现代文明这个积极面的背后，还存在着消极的一面，典型的例子如工业废料排放、能源和食品短缺、人口爆炸、世界范围内的环境问题。到二十一世纪，这些问题肯定会变得更加严重。而且，还有其他一系列问题，诸如资源枯竭、人体亚健康、疾病的繁复化及病种的变异迅速化等，这都是已经摆在人类面前的生存危机。我们是否有所感觉呢？生活在地球村上的每一个公民，是否有义务关注这些呢？

从社会治理的正善治，如《文韬·盈虚》中所引太公的一段话："帝尧王天下之时，金银珠玉不饰，锦绣文绮不衣，奇怪珍异不视，玩好之器不宝，淫佚之乐不听，宫垣屋室不垩，甍桷椽楹不斲，茅茨遍庭不剪。鹿裘御寒，布衣掩形，粝粱之饭，藜藿之羹。不以役作之故，害民耕织之时，削心约志，从事乎无为。吏忠正奉法者尊其位，廉洁爱人者厚其禄。民有孝慈者爱敬之，尽力农桑者慰勉之。旌别淑德，表其门闾。平心正节，以法度禁邪伪。所憎者有功必赏，所爱者有罪必罚。存养天下鳏寡孤独，赈赡祸亡之家。其自奉也甚薄，其赋役也甚寡。故万民富乐而无饥寒之色，百姓戴其君如日月，亲其君如父母。"（帝尧统治天下时，不用金银珠玉作饰品，不穿锦绣华丽的衣服，不观赏奇珍异品，不珍视古玩宝器、不听淫逸的音乐、不粉饰宫廷墙壁、不雕饰屋脊橡柱，不修剪庭院茅草。以鹿裘御寒，以粗布蔽体，吃粗粮饭，喝野菜汤。不以征发劳役的原因而耽误民众耕织的农时。约束自己的欲望，抑制自己的贪念，用无为理念统治国家。官吏中忠正守法的就得到升迁，廉洁爱民的就增加其俸禄。对臣民中孝敬长辈、慈爱晚辈的给予敬重，对尽力农桑劳动的慰问勉励。区别善恶正邪，表彰善良人家，心志公平、品德端正，用法制禁止邪恶诈伪。对自己厌恶的人，如果建立功勋同样给予奖赏；对自己喜爱的人，如果犯罪必定施行惩罚。赡养无人供养的鳏寡孤独之人，赈济遭受天灾人祸的家庭。帝尧自己的生活则十分俭朴，所征赋税劳役也很少。所以天下民众富足安乐而没有饥寒之色，百姓像爱戴日月一样爱戴他，像亲近父母一样亲近他。）可谓无为而治的典型实例。

3. 高真德道悟鉴

吕祖认为：此章教人归静，勿使精魂搬弄而伤其生。

以正治国：正其心，诚其意，我自安然，静极景生，无不照察。如天之清极，风云雷雨，沛泽天下，此乃天之奇；景现是人之奇。兵者，意也，以静治兵，则兵良不害人。总而言之，无意气醇，无不贯通；有意气积，无病不生；以奇用兵，去意而已。

天下者，身也，以无为治身，则长生不死。吾何以知道之然乎？譬如以静修真，真何在也？以无为言道，道何存也？故吾何以知其然乎？此句解作个体修身不知道看，"然"字，指道而言也。太上真道不知何道，是谓大道，故以清静修之，以此然也。

世人讹传，误人多矣。误人者，讲后天一气，即以下数句是也。天下多忌讳，清静而归于有。忌讳者，用情用意是也。则民弥贫，民者，气也；贫者，绝也；用意用情，气绝早亡。何也？心意耗气故已；已者，死也。民多昏，因意所害，故奇物多起；滋者，念也，随他以愿搬弄，则念起而随之，于气多有效也。人故娱之，殊不知取死之道也。法令滋彰：法令者，后天气路的规矩，何也？何起、何行、何住，如此行久，精耗而真一散，后来路熟，不能丢去，盗贼多有而伤身也，真修者切宜戒之。盗者，心也，贼者，意也，搬弄久，我不能为主，死日近矣。

故圣人戒人有云："我无为而气自化。"无为之妙真一，听其自然，则行止自然合天之度。我好静而气自正，静之至，情之极，清静至极，一气贯通，周遍天下，江海河汉，无不流动，故天地能长久。人效之，岂不道也！无事、无欲，则民朴而风化淳，去心去意之谓也，常清常静之谓也。此是太上苦心，一一教人，无为修身，有为气化，化而返元，归之于空，此章之意也。[①]

黄元吉云：孔子曰："吾道一以贯之。"是知道只一道，而天下万事万物，无不是此道贯通流行，所谓"一本散为万殊，万殊仍归一本"是。治身治世，其大端也。治世之道，无过士农工商各安生理，孝悌忠信各循天良。此日用常行之事，即天下之大经，万古之大法，固常道也，亦正道也。人人当尽之事，即人人固有之良。为民上者，躬行节俭，力尽孝慈，为天下先，而又庄以莅之，顺以导之，不息机以言静镇，不好事以壮规模，一正无不正，自有风行草偃，捷于影响者焉。孟子曰："一正君而国定矣。"又曰："天下之生久矣。"一治一乱，循环相因，自古及今，未有或爽。虽然，治则用礼乐，乱则用兵戎。一旦两军对垒，大敌交锋，社稷安危、人民生死系于一将，顾不重哉？虽权谋术数之学、智计机变之巧，非君子所尚，然奉天命以讨贼，仗大义以吊民，又不妨出奇制胜也，兵法所以有掩袭暗侵、乘劳乘倦、离间反间、示弱示强、神出鬼没之奇谋焉。惟以奇用兵，战无不胜，攻无不克，不伤民命，不竭民财，而万民长安有道之天，共享太平之福，不诚无事也哉？然联山河为一统，合乾坤归一人，此中岂无事事？但任他事物纷投，而此心从容静镇，自然上与天通而天心眷顾，下为民慕而万民归依，天下于焉可取也。故曰："唐虞

---

① 老子. 吕祖秘注道德经心传［M］. 吕岩，释义；韩起，编校. 桂林：广西师范大学出版社，2014：118－119.

揖让三杯酒，汤武征诛一局棋。"惟见天下不甚希奇，取天下亦不介意，所以胸中无事，其量与天地同，故莅中国、抚四夷，有不期然而然者。

此治世之道如是。吾何以知其然哉？以治世之道不外治身，身犹国也。视听言动一准乎礼，心思智虑一定以情，内想不出，外想不入，性定而身克正矣。至于静养既久，天机自动，以顺生之常道为逆修之丹法。临炉进火大有危险，太上喻为用兵，务须因时而进，相机而行，采取有时，烹炼有地，野战有候，守城有方，不得不待时乘势，出之以奇计也。他如药足止火，丹熟温炉，超阳神于虚境，养仙胎于不坏，又当静养神室，毫无一事于心，而后丹可就、仙可成。此治身之道，即寓治世之功。吾所以知治世之道者，即此治身之法而知之也。夫取天下者在无事，而守天下者又不可以多事。否则兴条兴款，悬禁悬令，使斯民动辄龃龉，势必奸宄因之作弊，民事于焉废弛，天下多忌讳，而民所以日贫也。金玉玑珠，舆马衣服，民间之利器弥多，而贪心一起，欲壑难填，神焉有不昏、气焉有不浊者哉？浑朴不闻，奸诈是尚，一有技巧者出，人方爱之慕之，且群起而效尤之，于是奇奇怪怪之物悉罗致于前。呜呼噫嘻！三代盛时，君皆神圣，民尽淳良，令悬而不用，法设而不施，所以称盛世也。今则法网高张，稠密如罗，五等刑威，违者无赦，三章法典，犯者必诛，顾何以法愈严而奸愈出，令愈繁而盗愈多乎？盖德不足以服民心，斯法不足以畏民志耳。古来民之职为乱阶者，未有不自此刑驱势迫使然也，秦汉以来可知矣。古圣云："天以无为而尊，人以有为而累。"我若居敬行简，不繁冗以扰民，不纷更以误国，但端居九重之上，静处深宫之中，斯民日迁善而不知为之者。且淡定为怀，渊默自守，惟以诚意正心为事，而孰知正一己即以正朝廷，正百官即以正万民，皆自此静镇中来也。万民一正，各亲其亲、长其长，无越厥命，永建乃家，于是耕田而食，凿井而饮，日出而作，日入而息，仓箱有庆，俯仰无虞，而民自富矣。若此者，皆由上之人顺其自然、行所无事有以致之也。又况宁静守寂，恬默无为，一安浑浑噩噩之真，而民之感之化之者，有不底于忠厚长者之风、浑朴无华之俗，未之有也。《书》曰："一人元良，万国以贞。"其机伏于隐微，其效察乎天地。吾愿治世者以正君心为主，治身者以养天君为先焉。此理已明，不容再赘。吾想打坐之顷，其始阳气沉于海底，犹冬残腊尽，四顾寂然。以神光下照，即是冬至阳回，此时虽有阳生，而阒寂无声、四壁萧条仍如故也。从此慢慢气机旋运，不觉三阳开泰，而万物回春，花红叶绿，水丽山明，已见阳极之甚。天道如斯，人身奚若？惟有以头稍稍向下，以目微微下顾，即是阴极阳生。第此个工夫，不似前此下手执着一个意思去数呼吸之息，须将外火不用、内火停工，一任天然自然，随其气机之运动，但用一个觉照之心以了照之，犹恐稍不及防，又堕于夙根习气而不自知。此即存有觉之一心，以养无为之性是也。迨至觉照已久，义精仁熟，又何须存？又何须养？一顺其天然之常而已。不然，起初不用力操持，则狂猿烈马一时恐难降伏。及至猿马来归，即孟子所谓"放豚入苙"，切不可从而束缚之，反令彼活泼自如者，转而蹋蹐难安也。其法维何？《易》曰："天地絪缊，万物化醇。"这个絪缊之气，在人身中就是停内火外符，浑然不动，任气息之流行。在工夫纯熟者，斯时全不用意，若未到此境，觉照之心不可忘也。若或忘之，又恐不知不觉，一念起，一念灭，转转生生，将一个本来物事，竟为此生灭之心而汩没焉。古佛云："了知起处，便知灭处。"如此存养，久久而见起灭之始，又久久而见未有念之始，斯得之矣。至于黄庭之说，在不有不无、不内不外，又在色身之中，又不在色身之中。此个妙窍，到底在何处？古所谓"凝神于虚，合气于漠"是也。夫凝神于虚、合气于漠，亦犹是在丹田中，但眼光不死死向内而观耳，神气不死死入内而团耳。惟凝神于脐下，离色身肉皮不远，此即不内不外之说也。以意凝照于此，但觉口鼻呼吸之气一停，而丹田之气滚滚辘辘，在于内外两相交结之处纽成一团，直见絪絪缊缊、浑浑沦沦、悠扬活泼之机，一出一入，真与天之元气两相通于无间。生精、生气、生神即在此处，与天相隔不远，此即"合气于漠"之说也。昔人谓之"元气""胎息""真人之息以踵"者，非此而何？所谓元气者，即无思无虑、无名无象中，浑沦一团，清空一气是也。所谓胎息者，盖人受气之初，此身养于母腹，此时口鼻未开，从何纳气而生？惟此脐田之气与母之脐轮相通，是以日见其长，及至呱地一声生下地来，此气即从呱鼻出入往来，所谓"各立乾坤"者此也。吾示脐轮之气与外来之天气相接，不内不外，絪缊混合，打成一片，即是返还于受气之初，而与母气相连之时，即是胎息也。所谓"真人之息以踵"者，盖以真人之息藏之深深，达之亹亹，视不见，听不闻，搏不得，深而又密，如气之及于脚底是也。彼口鼻之气非不可用，但当顺其自然，不可专以此气为进退出入。若第用此气，而不知凝神于脐下一寸三分之地，寻出这个虚无窟子，以纳天气于无穷，终嫌清浊相间，难以成丹。昔人云："天以一元真气生人"，此气非口非鼻，非知觉运动之灵可比。又云："玄牝之门世罕知，休将口鼻妄施为。饶君吐纳经千载，怎得金乌搦兔儿？"即此数语观之，明明道"出玄入牝"，实在脐下丹田离肉一寸三分之间，氤氤氲氲凝成一片者是。学道人无论茶时饭时，言语应酬时，微微用一点意思，凝神于虚无一穴之中，自然合气于漠，直见真气调动，有不可名言之妙。然于此调息，则知觉不入于内，而坎水自然澄清。此历代仙圣不传之秘，吾今一口吐出，后之学者勿视为具文而忽之也。[①]

第三节　《为政》

一、《为政》章经文内容

其正闷闷，其民屯屯；其正察察，其邦夬夬。

祸，福之所倚；福，祸之所伏。孰知其极？

其无正也。正复为奇，善复为妖。

人之迷也，其日固久矣。

是以方而不割，兼而不刺，直而不绁，光而不耀。

二、《为政》章经文释读

1. 文字释读

屯：甲骨文$\textbf{\textit{像一颗种子，上有嫩茎}}$，下有细根$\textbf{\textit{；在根部加一撇指事符}}$号，表示种籽扎根。有的甲骨文写成与"生"相似的字形，下部$\textbf{Y}$（屮）像种子刚破土萌发，上部像幼苗的嫩稍。造字本义：种籽萌芽，向下扎根。金

① 黄元吉. 道德经精义［M］. 北京：中央编译出版社，2014：155－159.

文 将嫩稍变成一点。篆文 将实心圆点写成一横。种籽萌芽扎根为"屯"，种籽同时萌芽为"齐"。

《说文解字》："難也。象艸木之初生。屯然而難。从中貫一。一，地也。尾曲。《易》曰："屯，剛柔始交而難生。"（生长艰难。字形像草木初生的样子。屯然而艰难。字形采用"中"作边旁，像"中"贯穿了"一"。这里的"一"，表示大地，土地。"中"的尾部弯曲。像草木初生的艰难。《易经》上说："屯，刚柔始交而难生。"——即刚柔始相交而难以生成。）本指艰难。屯读 zhūn，做形容词表示艰难、困顿、困难，迟钝。屯作动词表示吝惜（如屯膏——吝于对下广施德泽）。屯读 tún，作动词引申为聚集（如屯聚——会合、聚集；屯屯——聚集；屯合——聚集；屯行——集中行进；屯萃——聚集；屯结——聚集、集结；屯师——集结军队；屯居——聚居），戍守、驻扎（如屯封——屯守之地；屯堡——军队戍守的保垒；屯卫——派兵驻守护卫；屯籍——登载屯兵的名册；屯夫——守卒；屯列——布防、屯驻；屯次——驻扎；屯防——驻兵防御；屯住——屯驻、驻守；屯泊——驻扎），驻军防守，屯田（利用戍卒或农民、商人垦殖荒地。汉以后历代政府沿用此措施取得军饷和税粮。有军屯、民屯和商屯之分，如屯政——有关屯田的事务；屯丁——屯田之人；屯田客——募来屯田的农民；屯弁，屯衙——管理屯田的小吏；屯收——屯田的收益；屯官——掌管屯田事务的官），积聚、聚集储存起来（如屯积——积聚财货；屯粮，屯积居奇——把奇货储存起来，待机高价出售；屯云——积聚的云气），阻塞。屯作名词表示屯子、村庄（如屯落——村庄、村落），兵营，小山，河港靠船之处，玛雅历法中表示年（由十八个月、每月二十天构成的三百六十天的周期，并且用作再加五天的三百六十五天的玛雅历长年的基础）。

察：篆文 ＝ 冂（宀，庙宇）＋ （祭，祭祀），表示在庙宇进行的祭祀活动。造字本义：审视、细究祭祀时显示的神迹。

《说文解字》："覆也（一说"覆審也"）。从宀、祭。"（屋檐向下覆盖，另一种说法是"反复审视"。字形采用"宀"作边旁，"祭"作声旁。）本指观察、仔细看。察作动词同本义（如观察——仔细察看客观事物或现象；觉察——发觉、看出来），明察、知晓（如察士——能明察事理的人；察议——

察明情节而议定处分，通常是对过失较轻者；明察秋毫——"秋毫"指秋天鸟兽身上新长的细毛，喻为人精明，任何小问题都看得清楚），调查、考察（如察勘——实地调查；察访——详细调查），分辨，考察后予以推举、举荐（如察举——选举、选拔；察廉——举廉；察选——察举、选拔）。察作形容词表示明显、精明（如东方朔《答客难》："水至清则无鱼，人至察则无徒。"）。

夬：是"诀"和"玦"的本字。夬，甲骨文 ＝ （"又"，手）＋ （像有所"中断"的玉环，象征中断、分别）＋ （"又"，手），像一手 赠玦 ，一手 受玦 ，表示古代王公赠玦（半环形有缺口的佩玉，古代常用以赠人表示决绝），纪念分别。古代交通不便，山阻水隔，王公贵族，临别赠玦，寄意重逢。造字本义：赠玦纪念分别。篆文 误将甲骨文字形上半部由手 和半个玉环 组成的 ，合写成了 ；将甲骨文下半部的 写成 。隶书 又误将篆文字形中本为上下结构的 、 连写成混合结构，导致"手形"（又）消失。隶化后印刷体楷书 夬 则误将隶书字形中的"又" 写成"人" ，至此，印刷体楷书与甲骨文字形之间已经找不到丝毫联系。当"夬"作为单纯字件后，再加"言"另造"诀"、加"玉"另造"玦"代替。"诀别"与"决别"字形相似，含义相异："诀别"是正式庄重的话别，表示较长时间的分离；"决别"是最后的话别，表示此后永无相见之日。

《说文解字》："分决也。从又， 象决形。"（分手引决。字形采用"又"作边旁，持 像决断形。）本指夬作动词表示分决，作名词指六十四卦之一，夬卦，乾下兑上（如《彖辞》："决也，刚决柔也。健而说，决而和。"——即决去，阳刚决去阴柔。刚健而喜悦，决去而又和谐）。

倚：奇，既是声旁也是形旁，是"椅"的省略，表示可靠背的坐具。倚，篆文 ＝ （人）＋ （奇，即"椅"，靠背的坐具），表示以人为椅，即半靠半坐地斜站。造字本义：动词，臀部和背部顶在支撑物上，双脚或单脚屈膝着地，以似站似坐的姿势斜立。隶书 倚 将篆文字形中的 写成 ，将篆文字形中的 写成 奇 。俗体楷书 倚 恢复篆文字形，把篆文字形中的 写成 奇 。

《说文解字》："依也。从人，奇聲。"（依靠某物。字形采用"人"作边旁，采用"奇"作声旁）本指斜靠着。倚作动词同本义（如倚望——父母倚门望子；倚身——把身体靠在某一物体上；倚门——靠着门），依靠、依赖（如倚任——倚重信任；倚信——倚重信任），仗恃，偏、歪，倾斜（如倚盖——倾斜的伞盖），靠近，立（如倚石——耸立的石头；倚乘——站着乘车），拄（如唐·杜甫《茅屋为秋风所破歌》："归来倚杖自叹息。"），随着、和着，依照、合着（音乐）、伴奏。倚作名词指姓氏。

福：畐，既是声旁也是形旁，是"酉"的变形，表示酒坛。福，甲骨文 ⿱ = ⊤（示，祭祀） + ⺕（又，巫师的动作） + ⊎（酉，酒坛） + ⅩⅩ（双手，奉持），表示巫师手奉美酒，祭祀祈祷。有的甲骨文省去双手ⅩⅩ，将⊤写成⊤，将"酉"写成"畐"。金文福将甲骨文字形的写成。篆文福误将金文字形的酒坛形写成"畐"。造字本义：动词，用美酒祭神，祈求富足安康。从甲骨文字形看远古祖先的幸福观，"幸"为帝王所赐，是临死获赦而活着；"福"为上苍所赐，是神佑而富足安康。

《说文解字》："祐也。从示畐声。"（神灵保佑。字形采用"示"作边旁，"畐"作声旁。"畐"，本象形，是"腹"字的初文，上像人首，"田"像腹部之形，腹中的"十"符，表示充满之义，则"畐"有腹满义。"福""富"互训，以明家富则有福。）本指福气、福运（与"祸"相对）。福作名词，古称富贵寿考等齐备为福（与"祸"相对，如福泽——福分，福气；福缘——福气；福寿——幸福长寿），祭祀用的酒肉（如福礼——祭祀用的供品；福酒——祭过神明的酒；福食——供祀神用的食物；福脯——祭祀用的干肉），用于书信中（表示良好祝愿，如福安、福体，福躬——旧时书信中对尊长的敬语，指安吉的身体），姓氏。福作动词表示赐福、保佑（如福田——佛教认为积善可得福报，犹如种田就会有收获一样；福神——能赐人幸福的神灵；福善祸淫——赐福给为善的人，降祸给作恶的人），亦作"拂"表示行礼（上身稍微前倾，双手重叠在偏右方向上下移动），通"副"fù表示相称、符合（如福德——符合道德准则；福望——符合众人的愿望）。

伏：金文 = ⼃（人，猎手） + ⼅（犬，猎犬），表示猎手与猎犬。造字本义：猎手带着猎狗，趴卧隐蔽，伺机出击猎物。篆文将金文字形中狗的形象写成。隶书**伏**将篆文的写成**犬**。

《说文解字》："司也。从人，从犬。"（伺机行猎。字形采用"人、犬"

会义。）本指俯伏，趴下。伏作动词——身体前倾靠在物体上（如伏轼——乘车。也作"扶轼"，轼，车厢前面的横木扶手；伏惟——俯伏思惟，常用于书信中的敬词），隐藏、潜藏、埋伏（如伏道——暗藏的地道；伏龙——潜伏的龙，灶神），通"服"表示屈服、顺从（如伏老——自认年龄老、精力衰退；伏从——服从），通"服"，佩服、信服（如伏伏腊腊——极其顺服的样子），低下去（如此起彼伏），降伏、制伏、使屈服（如降龙伏虎、伏魔，伏魅——降伏鬼怪，亦指打败敌人），通"服"表示从事（如伏术——从事学术工作），通"服"，保持。伏作名词指伏天、伏日（指夏至后第三个庚日起至立秋后第二个庚日前一天止的一段时间，分为初伏、中伏、末伏，统称三伏，相当于阳历七月中旬至八月下旬，如入伏——进入伏天；头伏——初伏；数伏——进入伏天；歇伏——在伏天停工休息），电势差和电压单位"伏特"的简称，居处，姓氏。

奇：是"骑"的本字。奇，甲骨文 = 𡗕（大，人）+ （马），像一个人𡗕骑坐在马背上。有的甲骨文将马形简化成 。篆文奇 = 𡗕（大，人）+ 可（可，"呵"），表示骑行者吆喝催马。造字本义：动词，骑马代步。胡人以骑马代步，在古代的中原人看来，那是不可思议的交通方式，并从"奇"引申出"特别、不可思议"的含义。隶书奇误将篆文上部的"大" 与"可"可字上部的一横连写成"立" 。俗体楷书奇恢复篆文字形。当"奇"的"骑马"本义消失后，篆文再加"马"另造"骑"代替。

《说文解字》："異也。一曰不耦。从大，从可。"（特异。另一种说法认为，"奇"是数字不成偶数。字形采用"大、可"会义。）本指奇特、奇异、怪异。奇读 jī，作形容词表示单数、偶之对（如奇日——奇数之日，即单日），非法的（如奇车——不合制度的车），（遭遇）不顺当的，中医中指药味合于单数或单味药的（如奇方）。奇作名词表示余数、零头、不足整数者（如奇得——多余的利益；奇零——不满整数的数目），姓氏。奇读 qí，作形容词同本义（如奇挺——奇异挺拔，奇异超群；奇怀——奇异的想法；奇缘——奇特的缘分；奇古——奇特古朴；奇辟——奇特异常；奇节——奇特的节操；奇险——奇特险怪），珍奇、稀奇（如奇稀——奇希，希奇；奇花异卉——稀奇少见的花草），出人意料、诡变莫测（如奇正——兵法术语，设伏掩袭为奇，对阵交锋为正），新奇（如奇纵——新奇豪放；奇律——新奇的乐律），非凡、佳、妙（如奇度——非凡的气度；奇笔——奇妙的书法；奇方——奇妙的丹方）。奇作副词表示极端、极其、非常、异常（如奇大，奇效的药水）。奇做动词表示引起惊讶、感到惊异（如不足为奇，奇诧——惊奇，诧异；奇骇——非常惊异，奇特惊人）。奇作名词表示泛指一切奇特的、异乎寻常的人或事物（如奇门——一种古代术数，认为可依此推算预测人的吉凶祸福），姓氏。

方：甲骨文 ￼ 在人 ￼ 的颈部位置加一个代表枷械的指事符号 ￼，表示披枷的罪人。有的甲骨文 ￼ 在披枷罪人 ￼ 的头部加一横指事符号 ￼，￼ 表示剃发刺字的罪犯；并加"水" ￼（河，流放）写成"㳽"，突出将罪犯"流放边疆"的含义。造字本义：将罪犯剃发刺字，流放边疆。金文 ￼ 省去"水" ￼。有的金文 ￼ 将木枷形状 ￼ 简写成一横 ￼。篆文 ￼ 基本承续金文字形。篆文异体字 ￼ 承续甲骨文异体字字形。隶书 ￼ 误写成"万"字加一点，至此人形消失，枷形消失。当"方"的"流放犯人"本义消失后，篆文再加"凡"（方形木枷）另造"旁"；加"攴"（打击）另造"放"，表示刑罚驱逐。

《说文解字》："併船也。象两舟省，緫头形。凡方之屬皆从方。㳽，方或从水。"（相并的两只船。字形下部像两个"舟"字省略合并成的样子，字形上部像两只船总缆在一起的样子。所有与方相关的字，都采用"方"作边旁。"㳽"，"方"的异体字采用"水"作边旁。）本指并行的两船，泛指并列、并行。方作动词同本义（如方轨——两车并排行驶；方轩——并排的窗户），等同、相当，比拟（如方天——可与上天相比；方比——比较），辨别，占有，通"放"表示依据、依托，通"仿"表示模拟，通"谤"表示指责别人的过失。方作名词表示竹木编成的筏（如《诗·邶风·谷风》："就其深矣，方之舟之。"高亨注："方，以筏渡；舟，以船渡。"），方形（如方巾——明朝书生戴的帽子；方裾——直衣襟；方员——即方圆，指物之形体），方向、方位（指方向位置，如东方、四面八方；方客——四方宾客；方神——四方之神；方国——四邻之国），地区、地方（如方俗——地方风俗；方帅——地方军事长官；方贡——四方的土贡；方处——地方），方面，相对于如走廊、河流或街道的中心或分界线而言的场所、空间或方向（如右方、左方、四方），相反于或相比着另一方位观察的一个方位（如双方平衡），交易、战斗或辩论的一个组成部分（如双方均未获胜），指四面、周围、四旁，又指统辖一个方面的大员（如方面大员——独当一面的大员），规律、道理，指儒家伦理道德和学问，合成药物的配方（如方诊——处方和诊察病情；方脉——医方和脉象，医方），一个数的 n 次乘方的简称，品类、类别，大地（如方局——大地，方州、方舆—— 大地），平方米的简称（如铺地板十五方），立方米的简称（如一方木材），响度单位（以最弱可听声为零开始，与声强的分贝标度相当，某一声音的方数等于听起来同样响时 1 000 赫纯音的分贝数），方法（如千方百计、教导有方；方儿——方法、药方），方圆（指土地面积，又如今齐地方千里，有二十城），通"房"，植物种子的外皮，住室，姓氏。方作形容词表示方正、正直（如人行为、品性正直无邪，如方刚——方正刚直；方切——正直而恳切；方心——方正之心；方质——方正质朴），通"旁"，遍、广（如方行——广泛施行）。方作副词表示方才，表示时间（相当于"始""才"，如如梦方醒，方当——正当、正值），表示时间（相当于"正在"，如方殷——正当剧盛之时），表示时间（相当于"将"），表示情态方式（相当于"一并"），表示范围或程度（相当于"只""仅"）。方作介词表示时间（相当于"在""当"，如"故方其盛也，举天下之豪杰莫能与之争"）。

耀：《六书通》里的字形有 𣇄、耀，篆体耀＝火（火，表意，表示照亮）＋𦊫（翟 dí，表声，是长尾山雉，羽毛灿烂夺目，借以表示光亮耀眼），也有的字形从𤈷（光，好像人头上的火炬，表示明亮）。

《说文解字》："照也。从火，翟声。"（照耀。字形采用"光"作边旁，"翟"作声旁。）本指光线照射。耀作动词同本义（如耀目晶光——光彩夺目；耀夜——萤火虫的别名；耀芒——光芒照射；耀采——光彩照耀；耀亮——照亮；耀耀——光辉照耀），晃眼（如车灯耀眼），炫耀（如耀师——显示军队的威力，光荣出师），显扬、显示出来、显耀（如耀颖——聪明过人；耀武——显示武力）。耀作名词表示光芒、光辉（如耀耀——光明的样子；耀蝉——以飞蝉多投明，故于夜间燃火可以捕蝉，比喻天子招致贤士，必先自明其德；耀光——光彩），光荣、荣誉（如耀德显扬德化；耀颖——显扬出众的才华），古州名（治所在今陕西省铜川市耀州区）。

2. 章意疏解

其正闷闷，其民屯屯；其正察察，其邦央央。（此段主要对比了以德治身为政与不以德治的不同治理效果。）

理身如治国，治国如理身。为政者若能施行德治，广开言路、纳谏语，不禁锢人民，人民就会聚集团结拥护。为政者若只监察控制民众的思想，而不反躬自省，以德化民，邦国就会分离解体。为什么？《管子·法法》曰："政者，正也。正也者，所以正定（端正确定）万物之命也。是故圣人精德立中以生正，明正以治国。故正者，所以止过而逮不及也。过与不及，皆非正也。非正，则伤国一也。"

什么是"明正以治国"？《黄帝四经·经法·论》曰："明以正者，天之道也。适者，天度也。信者，天之期也。极而反者，天之性也。必者，天之命也。顺正者，天之稽也。有常者，天之所以为物命也。此之谓七法。七法各当其名，谓之物。物各合于道者，谓之理。理之所在，谓之顺。物有不合于道者，谓之失理。失理之所在，谓之逆。逆顺各自命也，则存亡兴坏可知也。"（万事万物的明了和确定的特性，是自然规律决定的。万物万事所具有的恰当适度是由天道本身的度数决定的。事物都具有信实的特性，这是因为天道运行本身就具有确切的周期性。事物发展到极端就必然向相反的方面转化，这是道本身的性质所决定的。事物都具有必然性，这是由天道本身的命数决定的。事物都具有顺正的特性，这是由天道本身的守则决定的。事物各自守其常规，这是由于天道能使万物各安其性。以上所述，便是"七法"。七法的内容与各自的名称相符，这就叫事物得到验证。如果事物验证后的结果与道的具体特质都能相合，这便称做合理，合理就是顺。而假如事物验证的结果与道的具体特质都不相合，这便称作失理，失理就是逆。逆和顺这两种不同的称呼是由它们各自的性质决定的，懂得了这一点，存亡兴坏的道理也就可以把握了。）

祸，福之所倚；福，祸之所伏。孰知其极？（此段主要指出祸与福阴阳转化的辩证关系）

祸与福是一对阴阳，常常相伴而随，可以互相转化。祸，是福的依凭之处；福，是祸的隐蔽之所。谁能知道其中的极致呢？

其无正也。正复为奇，善复为妖。（此段主要揭示了人们反常对待正与善的原因。）

人们之所以陷在阴阳"二"中转化没有终极，是因为离失了"德一"这个正。只有牢握德本，以德施行正治，才能很好地平衡、化解矛盾。

因此，不施行道德教化，不以德治身国，正反而变成稀奇的了，善反而变成怪异的事了。

为什么？到底该如何正？还得从身内去求。因为常言道："正人先正己。"

《淮南子·诠言训》曰："矩不正，不可以为方；规不正，不可以为员；身者，事之规矩也。未闻枉己而能正人者也。原天命，治心术，理好憎，适情性，则治道通矣。原天命，则不惑祸福；治心术，则不妄喜怒；理好憎，则不贪无用；适情性，则欲不过节。不惑祸福，则动静循理；不妄喜怒，则赏罚不阿；不贪无用，则不以欲用害性；欲不过节，则养性知足。凡此四者，弗求于外，弗假于人，反己而得矣。"（矩尺不正就不能划出方形，圆规不标准就无法画出圆形。自身的修养就像上述说的矩尺圆规，没听说过自身不正而使别人端正的事。溯源天性、端正心术、理顺好憎感情、调适情性，那么治国之道就通畅了。溯源天性就不会被祸福迷惑，端正心术就不会喜怒无常，理顺好憎感情就不会贪求那些于本性无用的东西，调适情性这欲念就不会没有节制。不被祸福所迷惑，行为就能动静循理，不喜怒无常，赏罚就不会出偏差，不贪求于本性无用的东西，就不会因物欲而伤害本性，欲念有节制，就可怡养天性而知足。这四个方面，都不能从外界求得，也不必借助别人的力量，只需立足自身就能得到。）

人之迷也，其日固久矣。（此段主要指出人类离开道、失去德已经很久了。）

人们迷失了修身明德、无为而治的正途已经很久了。

是以方而不割，兼而不刺，直而不绁，光而不耀。（此段主要指出德治与法治本用关系以及正治与适度原则。）

因此，以德治身与以戒束心，二者并行，德治为本、法治为用，德治与法治相结合，就会有规矩，但法治不因规矩而妨碍裁决；德法兼蓄，赏罚分明，就不因偏曲而受指责；法治正直有准则，但不以绳索拘系人；德治光明坦荡，但不耀人眼目。时刻以正觉正念，存德树正，才能导民向正归德。

王符《潜夫论·德化》曰："人君之治，莫大于道，莫盛于德，莫美于教，莫神于化。道者所以持之也，德者所以苞之也，教者所以知之也，化者所以致之也。民有性，有情，有化，有俗。情性者，心也，本也。化俗者，行也，末也。末生于本，行起于心。是以上君抚世，先其本而后其末，顺其心而理其行。心精苟正，则奸匿无所生，邪意无所载矣。"（君主的政治措施，没有什么比正确的思想原则更重要的了，没有什么比仁德更盛大的了，没有什么比教育更美好的了，没有什么比感化更神妙的了。正确的思想原则，是用来控制民众的；仁德，是用来包容民众的；教育，是用来告知民众的；感化，是用来招引民众的。民众有本性，有感情，有风气，有习俗。感情、本性这种东西，是思想意识，是根本性的因素，风气、习俗这种东西，是行为方式，是末梢性的因素。就像树的末梢长在根本上一样，行为方式产生于思想意识。因此，高明的君主治理社会，先抓住那根本，然后再去抓那末梢；先理顺民众的思想意识，然后再去管理他们的行为方式。思想感情如果端正了，那么奸诈邪恶的事就无从产生，邪恶的意图就无处立身了。）

三、老子的智慧启示

这章的章名是"为正"，可以从两个方面理解：一是从个体修身而言，指无为而治与有为而治相结合，符合无为道性规律的正善治，也指行为端正、为人正派、作为公正合度，清静守正、纯正不杂。二是从治国理事来说，正通"政"，指从政，从事、治理政事。老子在五千言中为什么要提倡无为而治？老子在此章对世人的启示，主要是治国如治身理念——生命的正善治（之二），也可从两方面理解。

1. 身与心的生理机制

常听一个词叫"三心二意"，此章的话题就从这个词说起。在生命构成的精神与形体两大系统中，心是一个在整个生命活动中处于关键地位而又具有独立性的系统。《黄帝内经·素问·灵兰秘典论》曰："心者，君主之官也，神明出焉。……故主明则下安，以此养生则寿，殁世不殆，以为天下则大昌；主不明则十二官危，使道闭塞而不通，形乃大伤，以此养生则殃，以为天下者，其宗大危。"（心，主宰全身，是君主之官，人的精神意识思维活动都由此而出。……所以君主如果明智顺达，则下属也会安定正常，用这样的道理来养生，就可以使人长寿，终生不会发生危殆，用来治理天下，就会使国家昌盛繁荣。君主如果不明智顺达，那么，包括其本身在内的十二官就都要发生危险，各器官发挥正常作用的途径闭塞不通，形体就要受到严重伤害。在这种情况下，谈养生续命是不可能的，只会招致灾殃，缩短寿命。同样，以君主之昏聩不明来治理天下，那政权就危险难保了，千万要警惕再警惕。）

《荀子·解蔽》云："心者，形之君也，而神明之主也，出令而无所受令。"（心是身体的主宰，是精神的主管；它发号施令而不从什么地方接受命令。）

心为一身之主，又是十二官中唯一会思考而能释放出光明的器官。《孟子·告子上》曰："耳目之官不思，而蔽于物，物交物，则引之而已矣。心之官则思，思则得之，不思则不得也。此天之所与我者，先立乎其大者，则其小者弗能夺也。此为大人而已矣。"（人的耳朵眼睛等器官，因不会思考而会被蒙蔽，它们接触外物，只是被引导而已。心这个器官则会思考，思考就会得到答案，不会思考就得不到答案。这是上天赋予人类的，首先确立人生的大事，那么小的事情就不能占据人的心灵。这就是心被称为大人的原因。）

之所以说"三心"，是因为根据修身生理学的慧识哲学研究，从"玄之又玄"的几学方法论中观察，质象玄的空间内，人的心里面的确存在性识（真我心）、慧识（阳我心）、智识（阴我心）三种能量结构；其实，人的"意"也有三种，但是对于不修身的常人而言，真意是出不来的，只有修身进入一种很高的层次，在和合四象之后，真意才能出现，而常人最常见的就是阴阳相互搏击的阴意识和阳意识，所以归纳起来就是"三心二意"。意识在我们的生命中是一个人人都具备的精神系统，在古代"玄之有玄"的修身几学中，将其划归为"前识"，是眼识、耳识、鼻识、舌识、身识、意识这六大前识中的管理者。意识司职于生命系统中的外王系统，是前识六根的总管与具体指挥者，具有阴阳、显潜之分，显潜意识在修身文化中都有非恒名，显意识名为"妄意"，一个妄字就确定了它的属性为阴，潜意识名为"常在"，正常情况下应当是常在在治理前五根的工作岗位上，却被妄意篡位夺权，被逼成了"潜意识"。妄意这个前识是人不守信不遵信仪的关键所在。因此，净化妄意培植信土（脾脏对应的是土），内治情志在则正信，意识的净化、转变和提升是立信（建立信德树立自信）的关键。中国古代几学的修身生理学发现，人的意识是由真意、阳意和阴意三部分构成，脾胃和胰腺两个区域是它们的"宿舍"，即能量发源地，在脾脏的精气神三元系统中具有阴阳属性特点。大脑皮层是意识的"办公室"，也有阴阳左右之分，右侧的大脑皮层是阳性潜意识的工作区，古人把它命名为"常在区"，它的思维方式以灵感和直觉为特征，它对应的信（信德信仪）属于正信；左侧的大脑皮层是阴性显意识的工作区，古人又将它命名为"妄意区"，它对应的信属于阴性的信。常在和妄意共同产生了我们的信。正是意识的这些生理特点决定了人们既有阴性的信仰，也有阳性的信仰，各有所主。至于是正信还是妄信，是善信还是恶信（信善或信恶），等等，都会在人生当中产生反应。因而，阴信不转化，正信难树立，这是基本规律。

　　意识在我们生命当中虽然不是绝对的策划者，但是一个名副其实的管理者，居于前线的指挥者，眼耳鼻舌身这些全身的"随意肌"的器官与组织，全都听从它、服从于它，执行它所发出的工作指令。所以意识的转变是关键，因为它对我们生命的管理权力极其强大，是具有实际管理权力的。如果它不改变、改善，则我们在其他方面所有的改善都会遇上一块巨大的拦路石，不容易克服。

　　在理想的修身生理学状态下，意识的主导权应当由常在（潜意识）掌握，二者协同工作，但是人类的精神系统内却长期存在着阴意识与阳意识之间的搏击，也就是"妄意"与"常在"之间的争夺战，所以有一句成语"以妄为常"，说的就是人们如果将妄意的判断作为常在的判断而错误地采用，就会犯错误，迷失方向。

　　我们的生命治理最重要实现的目标就是内圣外王的得一治理。内圣外王是以意识的信德信仪得一，作为一个是否实现"中气以为和"的分界标志。内圣系统，简而言之，就是我们体内所有不受意识指挥的器官组织，包括五脏六腑三焦、血管、神经等，用常规医学专业名词来说明，就是由非随意肌构成的器官组织都属于内圣管理系统，它们的生命活动都属于无为而为范畴，我们的主观意识无法控制它们的活动，对它们的治理就以无为而治为主，不干扰不破坏，通过坚持诵读老子《德道经》（如行不言之教、健康饮食、清新空气，顺四时之度内观诵读，乃至进入色象境）提升能量，打造品格，运用自身的道德人文素质气质传导对流辐射潜移默化，五行得一，就可以实现。外王系统，就是指我们的意识和外在的头颅、四肢、躯干、眼、耳、鼻、舌、身、意等意识可以指挥的组织器官，它们的各种活动则属于有为而为范畴，对它们的治理就以有为而治为主（通过诵读《易经》与《黄帝四经》，进行七相培训——站相、坐相、行相、睡相、说相、吃相、动相和六识训练——训练前五根的眼识和身识得一，早期依照标准的王治法则进行有为而治，实现王治以后，将无为治理与有为治理并行不悖，就可以实现，这些都有专门的系统理论和训练方法）。比如，人想看东西时，眼睛可以随着意识转。有些患者到医院接受医生检查的时候，医生会伸出一根手指来让患者的眼睛跟着看，上来下去看一圈，患者的眼睛都能跟着医生的指头转，医生一般就会断定这个患者的意识与大脑内的视神经反射是否存在病变，这就是从外王系统来进行意识主持眼识的观察判断。①

《大学》中提出正心、诚意，再从微观角度看正心诚意与我们的身心健康。从微观角度观察我们的心念思维动向，它也是有轨迹可循的。比如我们的意识思维波，如果我们的起心动念是正的、善的、符合德的，则意识思维波的波形是优美而圆润的；反之，凡是错误的起心动念，产生的波形要么是锋锐波，要么是低平波，要么是这两种波形夹杂着的，这些波形都不利于人体的身心健康。而我们身体中正常的标准、优美的波形，是由两个半圆形连接起来的波曲，非常圆润、流畅、丰满。比如，当我们有一种要把自己的爱心奉献出来的意识产生的时候，产生的波形就是这样的。这种波分为质象波和物相波，质象波肉眼虽然看不到，但的确是客观存在的。老子说"见素抱朴，少私而寡欲，绝学无忧"，其中的朴和素就是老子给玄曲波的左玄和右玄定的名字，"素抱朴"是每个细胞内的 DNA 双螺旋结构，当我们通过修养丰厚的仁德，德化每个细胞，能够内观到生命核心的 DNA，就可以看到"素抱朴"的结构；然后通过减少后天的私心杂念和过多的欲望，保持住这种状态，就可以实践"圣人之治"的绝顶学问了。为什么要强调少私而寡欲？因为道的本质属性和

---

① 熊春锦. 中华传统五德修身文化（一）：信 [M]. 北京：中央编译出版社，2017：88-91，96.

特点就是大公无私，老子说"天道无亲，恒与善人"，就是这个意思。只有无私，才容易与道的频率共振；只有无私，才会无欲；只有无欲，才会无畏。人们常说"无欲则刚"，就是这个道理。这个"玄之有玄"的"S"玄曲波，或者标准的波形，看起来非常简单，却意义非凡，它是生命的基本模式。前圣们一再强调，只要把这个波把握住了，那就是执中守一，就是恒德不忒。老子说："知其白，守其黑，为天下式。为天下式，恒德不忒。"恒德不忒，就是要把握住"德一"能量的最基本的形态结构、传输方式、韵动方式，人们无论是处于动态之中还是处于静态之中，全都能与之同频共率，这样才能真正地见到素，抱到朴，见到"素抱朴"的结构，从而达到老子所说的"绝学无忧"。①

我们的意识中有阳意识和阴意识，它们对于外王系统的指挥是不同的。显态阴意识对于随意肌所构成的这些器官组织的指挥常常都是错误的。例，我们现代人崇尚的竞技体育运动，大部分项目的运动韵律并不十分优美，所形成的"S"波韵常常不是非常圆润的，而是以峰值尖锐波占大多数。这样，运动员们在追求竞技成绩拼命达到运动极限的同时，破坏了身体内在的无为治理，久而久之，会损伤肌肉，被疲劳性损伤所困扰。还有些人喜欢做宅男宅女，一天到晚悠闲地坐在家里，结果也会出现很多健康问题。这是因为他们把自己体内的"S"波养成了塌平波。这也是不明白生命系统中内圣外王工作机制的表现，放任外王的阴意识阻碍自己标准的得一，使我们眼耳鼻舌身意的"S"波始终处在一种被破坏的、偏移的、不标准的状态，从而造成了体质的下降，难以保持比较旺盛的生命状态。② 这就是说，不管是动还是静，都要保持适度，才有益健康，但是有时候这个适度是难以做到的，还需要人们明白生命的真相与如何护养健康的正理，同时转变一些不利于健康的观念习惯，能够达成共识，才会取得比较理想的效果。

2. 正善治与内观诵读

"正善治"出自《德道经·治水》章。简单来说，就是用正确而善巧方便

---

① 熊春锦. 中华传统五德修身文化（一）：信［M］. 北京：中央编译出版社，2017：121 - 122, 125.
② 熊春锦. 中华传统五德修身文化（一）：信［M］. 北京：中央编译出版社，2017：97.

的方法治理我们的身体内环境。我们知道，水是人体生命的主要成分。地球上的水占70%的比例，同样，人体内的各种水（体液、血液等）也在生命构成成分中占70%的比例，人几乎都在以水为主导地位的内环境和外环境中完成生命的全部进程，从胎儿时期（完全浸泡在母腹羊水中，体内分布着95%以上的水），到婴幼儿时期（4～8岁，身体内占有90%的水分），即使在成人时期，体内的水分也高达70%。所以，治理好身体内的各种水，对于我们的整个生命活动与身心健康有非常重要的意义。①

　　而且，老子有"上善治水"的教育理念，这也是我们经典诵读实践的重要理论指导之一，就是让人用道德的上善能量去治理自己体内70%的体液血水，从而达到清净心身、清净周围环境的作用。

　　大家知道，每个人生存在这个世界上，都自然地有内外之分。什么是内外之分？如果以个体为中心，自身是内，外界是外，相信这一点大家能理解。大家再想想，我们的眼睛、耳朵、鼻子、舌头、意识是干什么的？人人都知道它们的基本功能。但是这里有一个问题，不管这些感官是听、看，还是嗅、尝、想，它们都是在外用，都是在向外看、向外听、向外嗅，在想外界的事物。可以说，我们从生下来一直到现在，如果没有老师教，没有人指点，我们从来都不会向内看，看自己，谁经常看自己？（有句名言说："为别人是更好地为自己，为自己是更好地为别人。"）古代把眼睛睁着无止境地向外看，叫神光外泄，我们平常也听说"闭目养神"，而不是"睁眼耗精"。其实，我们平常大多是在向外看。实际上，古人（尤其是那些有大智慧者）就不是这样，他们跟我们现代人有所不同，他们更多是向内看（看自己体内的各种变化，包括气机运行、健康状况、精神面貌、心理活动），向内想（古人叫内自省，即反省自己）（冯友兰先生对哲学的定义是：反思的学问）。

　　这一点在中国传统文化中，其实是很明显的。比如我们的声带，大家知道它最初是干什么的吗？是发音的吗？不是。人类的声带最初是用来治病的，通过声带发出的音来治病。这一绝技其实在我们文化中是有记载的，而且民间还有这样一些身怀绝技的人。只是这样的人我们一般不认识而已（所谓真人不

---

① 熊春锦. 国学道德经典导读［M］. 北京：中央编译出版社，2006：31.

露相）。为什么让大家心脑并用？我们常把古代有通天彻地本领的人、圣人称为大智大慧者，而今天的"智慧"一词在古代是两个含义境界完全不同的字组成的，如果把人的智慧比喻为一棵参天大树的话，慧就好像是树的根部，而智则正如树的花叶，这就是智与慧之间的关系。我们常听慧根、慧心，这是因为心中藏慧，脑中有智（智者，每日新知），只有心脑并用、慧智同步运作，才可以产生大智慧，而不是只有小聪明。通过每日三省，不断反思清理，使大脑经常保持空而有序的状态，才会有效地工作。人的大脑是接收器，又是一个发射器，相当于一个信息库，我们每天通过眼耳鼻舌身意所接受到的信息，如果任其存留，日久月深，必然是杂乱无章，这样，思维也是茫然无序的状态。随时整理、清洁，可以使大脑保持井然有序，则在输出信息时，思维也必然是井然有序的。而人的大脑通过思维在输出信息时，最常见的是用口与用手两种，如果大脑的工作效率高，也自然会达到出口成章、下笔成文的效果。所以给大脑留出一定或足够的空间，才会有思考的余地。

所以学习中国古代文化，尤其整个民族文化源头性的经典，必须掌握这样几个概念，道、德、象、数、理、气。其中道、德是古代哲学中的范畴，在老子《德道经》中做了深入详尽的阐述。而象、数、理、气则是《易经》认识世界万物的主要方法。学习《易经》，必须掌握象、数、理、气这四把金钥匙，否则就不能完全正确解读其中的内涵。

根据现代科学研究，人的左右脑有不同的功能，其中左脑理性，主逻辑思维，主智，也称抽象脑、学术脑，主理逻辑、语言、数学、文字、推理、分析；右脑感性，主形象思维，主慧，主理图画、音乐、韵律、情感、想象、创意，也称艺术脑、创造脑。经典诵读，具有开启右脑性慧思维的功能。[①]

而人类的图像思维主要是运用右脑来完成的，所以图像思维的过程实际是右脑工作的过程，进行图像思维的过程本身，就是在应用右脑、开发右脑功能。这是人类开启深层智慧、慧性思维开发的一个重要途径。因此，结合我们已有的脑科学研究成果，及汉语言文字本身的特点，我们提出，内观式地诵读经典，尤其像《易经》这样图文兼具的蕴含深刻的科学原理的符号经，以及

---

① 熊春锦. 德慧智慧性图文思维教育：别把孩子教笨了 [M]. 北京：团结出版社，2009：224－227.

《德道经》这样的殊胜哲学诗与形名学大全经典，是完全有可能成为慧智双运、大智大慧的新世纪人才的。

内观式诵读，就是动手、动口、动脑、动心，也就是心脑一体，协同运动读书方法。内观式诵读，其实也是古代非常优秀的一个培养圣贤人才、开发大智慧的重要方法，而且历来有系统理论和方法承传。在这里给大家介绍的，只是其中最简单的一点皮毛而已，有兴趣的读者可以去实践。就是在出声诵读（动口）的同时，内观字形或图像（动眼、动心），身感体悟，不仅要动脑去想，更要用心去悟（人们常说一个词——悟性，是不是说人有了悟性，就有智慧了？这个悟性是要靠修养得来的，不是深不可测、遥不可及，也不是凭空而就的），感受身体的变化。这样来学习经典，才会更大效果地发挥经典对人潜移默化（内化）的作用力。否则，经典的内涵不能充分地发掘，效果不会很明显。

总之，《老子五千言》中之所以主张施行不言之教、提倡无为而治，是因为无言的教化、无为而为或无为而治，是使人们修身治世、读书学习，生活工作实现效率最大化、效果最优化的必然途径，和语言教化、有为而治相比，具有不可替代的优势。可以举个简单的例子，就如人的记忆力，慧性思维的立体式、光电式记忆的学习效率与读书效果，与意识思维的点状记忆、机械记忆的学习效果，是不可同日而语的，有为而为与无为而为的区别由此可见一斑，古代所说的大人的境界，或对天道规律的体悟、天人合一的实现，必须要在无为中，才能更好地应用、更充分自如地展示，只有忘我，才能无为。在有为之境中，不利于完全充分地进入或实现，这是几千年来历代修身成就者的实践经验和总结。对此，典籍中也有不少阐述。

关于"文人的层次"的论述，曾有这样的观点，认为"文人应如何分层？……（可以）根据其文化贡献大小、对社会的重要程度及工作的复杂程度来划分。贡献的新文化数量越多，层次越高，而那些主要从事文化保存、传播、学习等工作的层次就低一些。据此，文人可以划分为四个层次：第一层是'思想家'，他们的文化创新最大，且其创新对整个文化的影响都很大。老庄、孔孟、申韩、柏拉图、康德、马克思等人属于这样的文人。第二层是'作家、艺术家、科学家'，他们的创新也很大，但其创新及影响领域有限，不能贯通一切领域。李白、曹雪芹、门捷列夫、爱迪生、贝多芬等属于这个层次。第三层是'学者'，他们主要诠释前两层文人的作品，其对知识的系统化、学理化有较大贡献，但创新较少。朱熹、俞平伯、朱光潜等都置身于这一层位上。第四层是'职业文人'，其工作是学习、传授和运用已有文化，基本谈不上创新，如一般教授、中小学教师、工程师、医生等大批偏文的职业都是如此"。

"与文人的层次相对应，也可以把人才也划分为四个层次。第一层是创业者，包括思想家、大作家、大艺术家、企业家、革命者、改革者等。他们的特点是创造性极高，拥有巨大的社会创造力或思想创造力，无中生有，身居业界领袖地位。这些人或者创造一个实际的事业，或者创造一个臆想的事业。他们经常面对挑战，为自己的组织树立目标，提出前进方向。老子、陈独秀、袁文才、邓小平、马克思、贝多芬、福特、比尔·盖茨等均属于这样的人才。这部分人在人类中数量极少，最有贡献（当然有的是恶影响力，如希特勒），各个进入历史典籍。第二层是'领军者'、管理者。这是一个组织里处于中上层管理岗位的人员，是各种事业的领头羊，他们接受创业者留下的基业，按照既有的管理规范进行管理，维护组织的秩序，奖惩相关人员，执行程序规章。管理人员需要良好的管理能力，善于计划、组织、协调、沟通，要把组织的效能提升到最大程度。但管理者的创造性不同于创业者，他们主要是技术层面的创新，而非根本的组织或价值的创新。县长省长、厂长校长、团长军长等均属管理者，他们现实地位高，历史定格低。第三层是技术人员。包括各类专家教授、工程师、教师、医生、律师等。他们掌握专门知识和技能，解决专门化问题，但非组织性工作与创造性劳动。当代我们所称的白领、CEO（首席执行官）等，多属于此层。第四层是普通劳动者。他们从事物质生产和文化生产活动，是社会的基础。他们的工作基本是常规性的、重复性的、指定好的，不需要创新也无力创新。四个层次的人才，在实际存在上相互交错，一人多职，如钱学森是技术人员，也是管理者、创业者，所以他才很了不起。如果他只是科学家、技术员，就不会这么出名了。"

所以，后面的结论也很有趣，"不同层次的文人、人才需要的条件不同，职业文人、技术人员要有文凭，要受专业教育，但是，思想家、科学家、创业者和管理者，却未必都需要这些。古今中外思想家、艺术家、创业者、科学家

很多都并非'高学历'的。……这说明，知识多了，有时限制人的发展空间
（我们既要积极学习正确有用的知识，不断更新创新知识，又不要被已有的知识局限思维）。大文人大人才不能有太多框框，知识的框子太多也不好。建功立业，一方面成就于时势，另一方面成就于自己的素质和选择。英明的头脑，超凡的胆魄，把握世界大势，顺应时代潮流，这些不是书本教会的，本源还在个人的气质、胸襟和创设"①。

《淮南子·诠言训》曰："自信者，不可以诽誉迁也；知足者，不可以势利诱也。故通性情者，不务性之所无以为；通命之情者，不忧命之所无奈何；通于道者，物莫不足滑其调。"（自信的人是不能用诽谤赞誉来改变他的志向的，知足的人是不能用权势利益来诱发他的欲望的。所以通达天性的人是不会追求天性所做不到的事情的，懂得命运的人是不会担忧命运本身所无法左右的事情的，通晓道体的人是没有外物能够搅乱他的内心和平的。）

对于治国理事而言，正善治的阐述如《尉缭子·治本》所言："凡治人者何？曰：'非五谷无以充腹，非丝麻无以盖形。'故充腹有粒，盖形有缕，夫在芸耨，妻在机杼，民无二事，则有储蓄，夫无雕文刻镂之事，女无绣饰纂组之作……古者土无肥瘠，人无勤惰，古人何得，今人何失耶？耕者不终亩，织者日断机，而奈何饥寒。盖古治之行，今治之止也。夫谓治者，使民无私也。民无私，则天下为一家，无私耕私织，共寒其寒，共饥其饥。故如有子十人，不加一饭；有子一人，不损一饭，焉有喧呼酖酒以败善类乎？"的确如此。

3. 高真德道悟鉴

吕祖认为：此章教人混沌养真、杳冥养神的意思。

修真以柔、弱、无、空，虚则灵，空则明；其道也，常常闷闷以无我。闷字，乃关防我心，为道之要；其气也，通贯融和，心无主也，谓之醇醇②。政是道，民是气，道和于气，气和于我，忘我和真，始为政也。察察者，惺惺之谓也，我能惺惺，我即为心所使，不能关防也。其气散而不和，因有心也；而道不成，故有祸福兼行。

---

① 姜继为. 教育的常识：关于教育价值与方法的思考 ［M］. 北京：中央编译出版社，2014：61–64.
② 通行本中，"屯屯"写作"醇醇"。

　　祸者因福而至，福者防祸而得，祸福兼至，在于心也。我能谨防贪得之心，无求福之念，其祸无门能入。我若惺惺常住，求福而返招其祸也。如此推之，孰能明至极之道哉？惟无，可以为天下政也。我有淳化之风，感动其民，民则无不归我之化；政若施于有为，好奇之心，无不招祸。我能空洞善根，常常关防，不放半著，其德无不合天，无心之谓也，非道而何？我若修有为之善、好胜之心，生于妄念，则訞见矣，求福而祸随之；我无奇，我无訞，只闷然而不放，气通天下，水流九州，湛寂真常，若迷其心，则我之气无不浑然而泯迷，常常握固之久，而道成矣。

　　是以古之修道圣人，坚刚其志而不割动丝毫，志不移也，谓之方而不割。清心静意，常守其神，外不能动我之情，生死寄之于天，身形忘之于地，我不在天地间，天地未尝生我，亦未尝死我，清静廉洁而不刿。刿者，碎割也，言其我成一片，不能分也。直立不邪，秉空性而不倚，虚我神而不摇，常常诚之、正之而不肆。肆者，放逸也，言其我常关闭防闲而不使出入，久而不肆。光者，性生于内，我常收藏幽谧之室而不耀。方者，道之机也；廉者，道之统也；直者，道之体也；光者，道之用也。全此四者，无道不成。

　　关防心意，而心意醇醇，惺惺放纵，而真元缺缺[①]。泯心泯意，非道也，而又何求？意绝气生，意至气止，意寂气腾；无意而气和，冲满天地，照彻乾坤，如此者，为政闷闷矣。意者，心之苗；情者，心之根；念者，心之发生；绝心而泯意，忘心而情寂，空心而念无。为道者，可不闷我之心而妄求至道？其道远矣！嗟乎哉！欲学闷闷者，自求真心，忘其识心，而道成矣。[②]

　　黄元吉又云：天地无心而化育，帝王无为而平成，此无为之道，圣人开天辟地、综世理物之大经大法，人主统摄万民、纲纪庶物，无有过于此者。若涉于有为，则政非其政，治非其治，虽文章灿著，事业辉煌，而欲其熙熙皞皞共乐时雍之化也不能。故太上云："政者，正也"，以己正、正人之不正也。自古为民上者，肇修人纪，整饬天常，有知若无知，有作若无作，一任天机自动，初无有妄作聪明、创矩陈规、悬书读律，而一德相感，自有默喻于言语之

---

　　① 通行本中，"夬夬"写作"缺缺"。

　　② 老子. 吕祖秘注道德经心传［M］. 吕岩，释义；韩起，编校. 桂林：广西师范大学出版社，2014：120 - 121.

表者，故其政闷闷，若愚朴无知者。然而其民之感孚，亦淳淳有太古之风，无稍或易。上以无为自治，下以无为自化，上下共安无事之天，休哉！何其盛矣！苟为上者励精图治，竭力谋为，拔去凶邪，登崇俊杰，小善必录，大过必惩，赏罚无殊冰镜，监观俨若神明，其政之察察，无有逃其藻鉴者，此岂不足重乎？而无如上好苛求，下即化为机巧，缺缺然无不以小智自矜。上以有为倡之，下以有为应之，甚矣！民心之难治也！夫非上无以清其源，斯下无以正其本也哉！

盖无为者，先天浑朴之真；有为者，后天人为之伪。闷闷察察，其效纯驳如此，此可知道一而已，二之则非。况先天太极未判，纯朴未分，无阴阳之可名，无善恶之可见，《易》曰"易则易知，简则易从"，其政之所以可大可久也。若后天太朴不完，贯阴阳于始终，互祸福为倚伏，祸中有福，福中有祸，祸福所以循环无端也。故有为之为未必不善，但物穷则变，时极则反，阴阳往复之机原属如此，有孰知其底极而克守其正耶？且正之复则为奇，善之反则为妖。无为之政，政纯乎天；有为之政，政杂以人。杂以人者，正中有奇，善中有妖，其机肇于隐微，其应捷于影响，其势诚有不容稍间者，无怪乎尔虞我诈，习与性成，执迷而不悟也，其日固已久矣。是以圣人御宇，一本无为之道，整躬率物，正己化人。本方也，不知其为方，殆达变通权，而不假裁截者欤？本廉也，竟忘其为廉，殆混俗和光，而不致伤残者欤？时而直也，虽无唯诺之风，亦非径情之遂，认理行持，不敢自肆，其梗概风规，真有可敬可畏者。他如化及群生，恩周四表，几与星辉云灿上下争光，而独自韬藏，不稍炫耀，其匿迹销声为何如哉！此无为为体，自然为用，从欲以治，顺理以施，四方风动，有不于变时雍、共游于太古之天也，有是理乎？

道曰大道，丹曰金丹，究皆无名无象，在天则清空一气，在人则虚无自然。修炼始终，要不出此而已。人能知冲漠无朕是大道根源、金丹本始，从虚极静笃中，养得浑浑沦沦、无知识、无念虑之真本面，则我之性情精气神，皆是先天太和一气中的物事，以之修道则道成，以之炼丹则丹就，又何奇邪可云、危险可畏哉？惟不知无为为本，第以有为为功，则知识不断，纷扰愈多，虽有性有情，皆后天气质之私、物欲之伪，至于精气神，又乌得不落后天有形有色之杂妄耶？太上以政喻道，以民比身。道炼先天无为，则成不坏金身；道炼后天有识，安有不二元神？纵炼得好，亦不过守尸鬼耳，乌能超出阴阳、脱离生死，永为万代神仙？又况一堕有为，则太极判而阴阳分，阴阳分而善恶出，祸福于以相往来也。孰知修道之极功，虽其中炼命一步不无作为之用，然必从"有用用中无用，无功功里施功"，方不落边际。孟子曰："必有事焉而勿正"，修道之要即在于此。论人心，有一动则有一静，一阴则有一阳，邪正善恶原是循环相因，往来不息，故有正即有邪，有善即有恶。惟一归浑忘，不分正邪，安有善恶？否则正反为奇，善复为妖。庄子曰："天以无为为尊，人以有为为累。"是知有为之时，亦必归于无为，方免倾丹倒鼎之患。

无奈世上凡夫俗子，开口言丹，即死守丹田，固执河车路径，即在身形之中，其未了悟无为之旨也久矣。惟圣人知修炼之道，虽有火候药物、龙虎男女、鼎炉琴剑种种名色，犹取鱼兔之筌蹄：鱼兔未得，当用筌蹄；鱼兔入手，即忘筌蹄。若著名著象，皆非道也。故方则方之，廉则廉之，直则直之，光则光之，要皆为无为、事无事，一归浑穆之天焉。愿学者以无为自然之道为体，体立然后用行，虽有为仍是无为也。知否？信否？①

第四节　《长生》

一、《长生》章经文内容

治人事天，莫若啬。

夫唯啬，是以早服；早服谓之重积德；重积德则无不克；无不克则莫知其极；莫知其极，可以有国；有国之母，可以长久。

是谓深根固柢，长生久视之道也。

---

①　黄元吉. 道德经精义［M］. 北京：中央编译出版社，2014：160 – 162.

二、《长生》章经文释读

1. 文字释读

长：甲骨文 𠂆 是象形字，像一个人 𠂆 头发飘散 𢑑 的样子。有的甲骨文 𠤏 像头发飘散 𠂆、拄着拐杖 𠂉 的老年人，一横指事符号表示发簪。有的甲骨文 𠂆 在头发飘散形象 𠂆 的基础上加"又" 𠂇（抓），表示拄杖的老人。古代中国人认为须发是父母所赐，不能随意剔剪，因此年龄越大，须发越显眼，成为年老的象征。金文 𠂆 突出了人 𠆢 的头上飘飘的头发 𠂆 和拄杖的手 𠂉。籀文 � = 𡆥（头发）+ 一（发簪）+ 𠤏（人），强调头发。篆文 � 在籀文的"人" 𠆢 里面加"手" 𠃌。造字本义：头发飘飘的拄杖老人。隶书 长 将篆文的"人"与"手" 𠃌 写成 𠃋。

《说文解字》："久遠也。从兀，从匕。兀者，高遠意也。久則變化。亾聲。𠃋者，倒亾也。凡長之屬皆从長。�，古文長。�，亦古文長。"（时空久远。字形采用"兀、匕"作边旁。兀，是高远的意思。匕，表示久则变化。字形采用"亡"作声旁。𠃋，𠃋，是倒写的"亡"字。所有与长相关的字，都采用"长"作边旁。�，这是古文写法的"长"字。�，这也是古文写法的"长"字。甲骨文字形像人披长发，以具体表抽象，表示长短的"长"。）本指两点距离大。长读 cháng，作形容词同本义（与"短"相对，指空间、亦指时间，如长空，长铗——剑的一种，刀身剑锋长的叫长铗，短的叫短铗；长风破浪——喻志趣远大；长短句——词的别名），时间久（如《广雅》"长，久也"，长律——长的音律；长宵——漫长的夜），遥远（如《诗·秦风·蒹葭》"溯洄从之，道阻且长"），高、高大（如长林——高大的树林；长壮——高大而强壮），优、是、正确（如长才——突出的才能；长技——专长、特长；长材——优良的木材，也指才能优越的人），深长（如气味长），深厚（如恩情长）。长作名词表示长度（如身长、波长），长处（如取长补短、扬长避短、一技之长、学有所长、特长），姓氏。长作副词表示长久、永远（如长川——长的河流，或同"常川"，即连续不断，如川流不息；长流——长久、永远），长长地，经常，直直地，顺利迅速地。长又读 zhǎng，作形容词表示老、年高（如长艾——老年），年长、年龄较大（如长德——年长而有德；长贤——年长而贤明；长宾——年长的宾客；长年——年龄较大；长郎——尊称他人的长子），成年的、成人曰长，排行第一（如长杰——超群出众），辈分大、居高位者（如长吏——官吏中俸禄高、职位尊的人；长雄——领袖人物，即"雄长"；长爵——高的爵位）。长作动词表示生长、成长（如长俊——长进、进步；长成——长大成人；长立——长大自立），抚育、使……成长（如长养——抚育培养；长育——养育），滋长、助长、增长（如长托——滋补身体；长美——增长美德；长益——促进、增益），崇尚，做长官、为首领，升高（多指水位或物价，后作"涨"，如长成——小孩长得高）。长作名词表示首领、君长、领袖、各种组织的位高者（如长卿——六卿之长；长侯——诸侯之长），年纪较大的人（如长少——年长者与年少者），姓氏。

事："吏"与"事"本为同一个字，后分化为两个字。甲骨文 ![字] = ![口]（口，传令）+ ![卜]（卜，权杖，表示监督）+ ![又]（又，抓持），造字本义：传达朝廷命令并监督实施。金文 ![字]、![字]将甲骨文的权杖 ![卜]（卜）写成 ![中]（中）。篆文 ![字]承续金文字形。

《说文解字》："職也。从史，之省聲。"（当差。字形采用"史"作边旁，史，掌管文书记录。甲骨文中与"吏"同字。声旁"中"是"止"的省略。![字]，这是古文写法的"事"。）本指官职。事作名词同本义（如事宦——仕宦，事通"仕"），引申为职守、政事、事务（如事分——职分、名分），职业，事情（如事有分定——凡事情总有定数；事在呼吸——比喻事情临近眼前，情况非常紧急；事序——事情的条理、秩序），事业（如事绩——业绩、重大的成就；事济——事业完成），自然界和社会中的现象和活动（如事件，事款则圆——遇事要从长计议，才能圆满解决），典故、故事，办法（如光着急也不是事），关系和责任（如没你的事），情况、情形（如事色——情况、情势）。事作动词表示侍奉、供奉（如事师，事亲——侍奉父母），做、从事（如事本——从事本业；事力——从事体力劳动；事行——做事，行事），使用、役使（如事役——劳役；事智——运用智慧；事用——使用，应用），奉行，治理、办理，任用。事作量词表示件、副（如《孔雀东南飞》"事事四五通"）之义。《玉篇》："奉也，又职事也，营也。"

啬：是"穑"的本字。啬，甲骨文 ![字] = ![来]（来，即"麦"）+ ![粮仓]（粮仓），表示存储麦子的粮仓。有的甲骨文 ![字] = ![三禾]（三禾，表示大量庄稼）+ ![田]（田，庄稼地），表示从田地收获庄稼。造字本义：名词，仓储稻麦谷物。金文 䆶 将 ☖（来，麦）写成 耒，将粮仓 ⌂ 写成 回。篆文 嗇、嗇 有所变形。当"嗇"的"仓储粮食"本义消失后，再加"禾"另造"穑"代替。

《说文解字》："愛濇也。从來，从 ⌂。來者，⌂ 而藏之。故田夫謂之嗇夫。凡嗇之屬皆从嗇。嗇，古文嗇从田。"（爱惜不舍。字形采用"來、⌂"会义。来，表示将谷物归仓收藏。小篆从来回，"来"是小麦，"回"是仓库。所以田夫被称作"嗇夫"。所有与嗇相关的字，都采用"嗇"作边旁。嗇，古文的"嗇"字采用"田"作边旁。）本指收获谷物。嗇作动词同本义（嗇事——农事；嗇夫——农夫，同穑夫、穑人；嗇黍——收获的黍稷），古同"穑"，收割庄稼（嗇夫——农夫，同穑夫，穑人；嗇黍——收获的黍稷），爱惜、积、保养（嗇神——爱惜精神；嗇气——爱惜保养元气；嗇养——犹保养），节省、节俭（嗇夫——俭省节用的人）。嗇作形容词表示吝嗇、悭嗇（指小气、该用的财物舍不得用，如吝嗇），犹歉，收成不好（如嗇年——歉收之年），闭塞不通之义。《玉篇》："爱也，悭贪也。又嗇夫，农夫也。"

早：屮，既是声旁也是形旁，是"草"的本字，表示禾本植物。早，甲骨文 ⵁ = ◎（日，太阳）+ 丫（屮，小草），表示草木沐浴在朝阳中。造字本义：红日初升、小草带露的清晨。金文 早 承续甲骨文字形。篆文 早 误将"屮"丫（小草）写成"甲"甲，使字形复杂化。隶书 早 恢复甲骨文字形 早。日在草上为"早"（朝日初出）；日在树上为"杲"（天色大亮）；日在草中为"莫"，通"暮"（太阳下山）；日在树下为"杳"（天色昏暗）。

《说文解字》："晨也。从日在甲上。"（清晨。字形采用"日、甲"会义，像"日"在"甲"上，"甲"的最早写法像"十"，指皮开裂，或东西破裂。"早"即天将破晓，太阳冲破黑暗而裂开涌出之意。）本指早晨。早作名词同本义（指太阳出来的时候，如清早——清晨；早天——早晨的天空；早角——早晨的号角声；早霞——朝霞），姓氏。早作副词表示本来、已经（如早来——本是、已经；早为——已是），幸亏、幸而（如早则——幸而、早该、早已），比一定的时间靠前（如尚早、早定大计）。早作代词表示何时、何日。早作形容词表示在平生的早期、在年轻时（指时间在先的、从前，如早茂——年幼时便才华出众），特指年幼时（如早年，陆游《书愤》诗："早岁那知世事艰，中原北望气如山。"），在通常、预期、规定或实际的时间以前（是迟或晚的反义词，如自有早晚；早律——早来的季候；早间——不久前；趁早——抓紧时机或提前时间；提早——提前；早早——比常时为早、很早）。早作动词指早上见面时，相互招呼用语（如大哥，您真早啊！）。

服：甲骨文 = 月（凡，方形木枷）+ 人（人，罪人）+ 又（又，抓捕），表示抓捕并上枷。造字本义：抓捕战俘或罪犯，强制上枷，使之曲从。金文 承续甲骨文字形。有的金文 误将甲骨文字形中的方形木枷 月 写成"舟" 月。篆文 基本承续金文字形。隶书 又误将篆文字形中的"舟" 月 写成"月" 月，以致字形面目全非。

《说文解字》："用也。一曰車右騑，所以舟旋。从舟，月聲。凡，古文服字，从人。"（使用、役使。一种说法认为，"服"是马车右边的骖马，以便马车可以向右周旋。骖马，是古代驾在车前两侧的马，騑，指驾在车辕两旁的马。字形采用"舟"作边旁，采用"月"作声旁。凡，这是古文写法的"服"字，字形采用"人"作边旁。）本指舟两旁的夹木。服读 fú，作动词表示服从、顺服（如服杀——折服，倾倒，杀：用在动词后，表示程度深；服主——轻易服输的人；服属——顺从归属），佩服、信服、使信服（如以理服人；心服——衷心信服；悦服——从心里佩服；服众——使众人心服；服善——佩服、顺从别人的长处），实行、治理、使用、从事、致力（如《墨子·尚贤》"以德就利，以官服事"，《论语》"有事，弟子服其劳"，服田——从事耕作，种田；服官——做官；服贾——从商，作买卖），饮用或吞服药物，担任、承当（如服职——供职），承认、肯定、认可，穿着，佩带（如服剑——随身佩带的宝剑），铭记、怀念（如服膺——铭记在心），任用，实行、施行，得，使习惯于（如不服水土），遵从、遵守（如服习——遵循习尚；服善——遵行善道；服礼——遵行礼法；服度——遵守礼法），通"负"，负荷、驾驶（如服牛乘马——役使牛马驾车），通"覆"，遮盖、掩蔽。服作名词表示衣服、服装，事情，古代一车驾四马（居中的两匹叫"服"），通"箙"，用竹、木或兽皮做成的盛箭之器具（如服无矢——箭筒内无箭，形容实力不强大），通"鵩"，鸟名（又名山鹗），姓氏。服又读 fù，作名词表示车厢，负载、负荷。服作量词用于指称中药剂量（一剂称一服）。

克：是"剋"的本字。有的甲骨文將人形写成一人手持戈器。甲骨文字形，下面像肩形。整个字形，像人肩物之形。金文承续甲骨文字形；有的金文误将甲骨文字形中的血滴形状写成"人"，将蜷曲的人形写成"尸"。籀文将金文的"尸"误写成。篆文承续金文字形。隶书克写成"十""口""人"的组合。

《说文解字》："肩也。象屋下刻木之形。凡克之属皆从克。，古文克。，亦古文克。"（用肩扛。字形也像人在屋下凿刻的样子。所有与克相关的字，都采用"克"作边旁。，这是古文写法的"克"。，这也是古文写法的"克"。）本指胜任。克作动词同本义（如克当——担当、承受；克堪——胜利；克家——能承担家事；克祚——能继承祖辈的福禄；克家子——克家儿，能继承祖业的子弟；克明——能察是非），消化（如克食），能够（如克勤克俭；克化——能够消化；克尽——能够尽力；克协——能够符合、等同；克果——能成功、能实现；克承——能够继承；克荷——能够承担；克枭——能奉法行事；克能——能够），攻下、战胜、打败（如克复——战胜敌人并收回失地；克伏——降伏、制伏；克伐——侵害；克平——制伏、平定；克胜——克敌制胜，克己奉公、以柔克刚），克制（如克心——约束内心），通"剋"，严格限定期限（如克期完工）。克作名词表示公制质量或重量的单位（一克等于一公斤的千分之一，如克分子，克当量"剋"），中国西藏地方的容量单位（一克青稞约二十五市斤；亦是其地积单位，播种一克种子的土地称为一克地，约合一市亩）。

母：甲骨文在"女"的胸部位置加两点指事符号，表示妇女因生育而发达的两乳。造字本义：婴儿的生育、哺乳者。金文、篆文承续甲骨文字形。隶书有所变形。

《说文解字》："牧也。从女，象裹子形。一曰象乳子也。"（像养牛一样哺育子女。字形采用"女"作边旁，像怀抱孩子的样子。另一种说法认为，"母"的字形像在给孩子喂奶）本指母亲。母作名词同本义（如母以子贵——母亲因儿子居官而显贵；母子——母亲和儿子；母族——母亲之亲族；母道——为母之道），家族或亲戚中的长辈女子（如母妗——舅母；祖母；叔母；伯母），本源（如字母、工作母机），通"姆"，女师，古时以妇道教子女的女教师。母作形容词指雌性的，特指能生子或能下蛋的（如母蟹）。

固：古，既是声旁也是形旁，是篆文对金文字形▨中▨的误写。固，金文▨=▨（盾甲）+▨（束，缠绕、捆束），表示对盾甲进行某种加强。造字本义：给盾甲捆扎或加层，使之牢不可破。篆文▨误将金文字形中加强型的盾▨写成"古"▨；也就是说，"古"▨中的"十"▨其实是"甲"▨，"古"▨中的"口"▨，其实是捆束▨。

《说文解字》："四塞也。从口古声。"（四周阻塞不易进出。字形采用"口"作边旁，是"围"的古体字，像四周围起来的样子；"古"作声旁）本指坚、坚固。固作形容词同本义（如固阴——隆冬时阴气固结），特指地势险要和城郭坚固（如固塞——坚固的要塞），久（如《小尔雅·广诂》："固，久也。"），疾病经久难治的（后作"痼"），安定、稳固（如固色——安定的情绪和神色），固执、专一（如固护——精神专一，意志坚定），鄙陋（如固陋），坚定（如固志——坚定的意志；固色——坚定的志节）。固作动词表示安定（如固圉——使边境安静无事），巩固、使坚固、加固（如固堤；固垒——加固营垒；固壁清野——固壁，加固壁垒，使敌不易攻击，清野，转移人口、物质，使敌无所获取），安守、坚守（如固穷——信守道义，安于贫贱穷困），禁锢、闭塞（如固扃——牢牢关闭；固塞——闭塞、不开朗）。固作副词表示执意、坚决地（如固守阵地，固却——坚决拒绝；固获——坚持据为己有；固谢——执意推辞，谢绝；固让——再三辞让），必、一定（如固当如此；固必——引申义：一定，必然），原来、本来，当然、仍然，确实，已经（如固众——固然很多），通"胡"，何、何故（如《庄子·天地》："夫明白入素，无为复朴，体性抱神以游世俗之间者，汝将固惊邪？"）

柢：篆体▨字形像棵树，从木（木，表示柢是树的根），从氐（氐，氐是邸的本字，表示深入泥土的树根）。

《说文解字》："木根也。从木氐声。"（树木的主根。字形采用"木"作边旁，"氐"作声旁。）本指树根、根柢。柢读 dǐ，作名词同本义（特指直根），引申为事物的本源和基础（如根深蒂固，他的语文很有根柢）。柢又读 chí，作名词表示桃（如《集韵·支韵》："柢，桃也。"），碓衡、杵柄（如《集韵·支韵》："柢，《字林》：碓（木石做成的捣米器具）衡"。）《尔雅·释言》："柢，本也。"

2. 章意疏解

治人事天莫若啬。（此段主要概括性地提出啬在治人事天中的关键作用与核心地位。）

治身理国以合天道，最好的方法莫过于像园丁那样，勤奋耕耘，节俭朴素，慈爱生命，高度重视精神修养。

什么是天？什么是人？《吕氏春秋·本生》曰："始生之者，天也；养成之者，人也。"（最初创造出生命的是天，养育生命并使它成长的是人）又曰："人之性寿，物者抇之，故不得寿。物也者，所以养性也，非所以性养也。今世之人，惑者多以性养物，则不知轻重也。不知轻重，则重者为轻，轻者为重矣。若此，则每动无不败。"（人本来是可以长寿的，外物使他迷乱，所以人无法达到长寿。外物本来是供养生命的，不该损耗生命去追求它。可是如今世上糊涂的人多损耗生命去追求外物，这样做是不知轻重的。不知轻重，就会把重的当作轻的，把轻的当作重的了。像这样，无论做什么，没有不失败的。）

《黄帝四经·论约》云："始于文而卒于武，天地之道也。四时有度，天地之理也。日月星辰有数，天地之纪也。三时成功，一时刑杀，天地之道也。四时而定，不爽不忒，常有法式，天地之理也。一立一废，一生一杀，四时代正，终而复始，人事之理也。"（始于生育长养而终于肃杀，这是天地的自然规律。四时的更迭运行自有一定的规则，这是天地自然的道理。日月星辰自有定位和运行固有轨道、周期，这是天地本有的纲纪。所谓天地之道，即是春夏秋三季生长收获而冬季枯萎凋谢。所谓天地之理，即是四时的交替更迭既已确定，便永无差错，常有定则。有生长就有凋谢，有繁荣就有枯萎，四季交相行事，终而复始，这就是天道，人类社会的运行法则即是这些天道的取法和再现。）

关于事，即用。《吕氏春秋·先己》曰："故心得而听得，听得而事得，事得而功名得。五帝先道而后德，故德莫盛焉；三王先教而后杀，故事莫功焉；五伯先事而后兵，故兵莫强焉。当今之世，巧谋并行，诈术递用，攻战不休，亡国辱主愈众，所事者末也。"（所以，心有所得，听就会有所得；听有所得，政事就会处理得当；政事处理得当，自然功成名立。五帝把道放在首位，而把德放在其次，所以没有任何人的德行比五帝更美好的了。三王把教化放在首位，而把刑罚放在其次，所以没有任何人的功业比三王更出色的了。五霸把功业放在首位，而把武力征伐放在其次，所以没有任何人的军队比五霸更强大的了。当今世上，各种诡计一齐实施，奸诈骗术接连使用，攻战不止，灭亡的国家、受辱的君主越来越多，其原因就在于他们所致力的是细枝末节啊。）

夫唯啬，是以早服；早服谓之重积德；重积德则无不克；无不克则莫知其极；莫知其极，可以有国；有国之母，可以长久。（此段主要具体阐释了啬的层层功用。）

古人云：俭于目，可以养神；俭于言，可以养气；俭于事，可以养心；俭于欲，可以养精；俭于心，可以出生死，是以俭为万化之柄。其中"俭于心"，是修真了道的大关键，正如六祖慧能有一首偈子所言："菩提本无树，明镜亦非台。本来无一物，何处惹尘埃。"对修身养性而言，唯一的办法是节省爱惜身中的上药三品——精气神，心常居空，百俗不入，始终保持无境亦无台。这样，才可以较早得一，得一就叫作重视积累德行；重视积累德行，就可以无所不能；无所不能，则德—能量和品格的作用力就不可限量。道德的能量在身国内全面发挥功效后，则身可健而国能安。身国中拥有德—能量和品格这个性命的根本物质后，身国就可以实现长久。

《河上公章句》曰："服，得也。"《孟子·离娄下》曰："故善战者服上刑。"焦循注："服，治也。"极，《说文解字》："栋也（屋柱）。"《玉篇》："《书》曰：建用皇极。极，中也。又至也，尽也，远也，高也。"

为什么得了一，明德知道，明白了大道之理后，就会有如此效应呢？《吕氏春秋·论人》曰："太上反诸己，其次求诸人。其索之弥远者，其推之弥疏；其求之弥强者，失之弥远。何谓反诸己也？"（最高境界的治身原则是向自身求得，其次是向别人寻求。越向远处寻求的，离开它就越远，寻求它越花力气的，失掉它就越远。什么叫向自身求得呢？）

《吕氏春秋·论人》又曰："适耳目，节嗜欲，释智谋，去巧故，而游意乎无穷之次，事心乎自然之涂。若此则无以害其天矣。无以害其天则知精，知精则知神，知神之谓得一。凡彼万形，得一后成。"（使耳目适度，节制嗜好欲望，放弃智巧计谋，摒除虚浮伪诈，让自己的意识在无限的空间中遨游，让自己的思想立于无为的境界。像这样，就没有什么可以危害自己的身心了。没有什么危害自己的身心，就能够知道事物的精微，知道事物的精微，就能够懂得事理的玄妙，懂得事理的玄妙就叫作得道。大凡万物，得道而后才能生成。）

"故知一，则应物变化，阔大渊深，不可测也；德行昭美，比于日月，不可息也；豪士时之，远方来宾，不可塞也；意气宣通，无所束缚，不可收也。"（所以，懂得得道的道理，就会适应事物的变化，博大精深，不可测度，德行就会彰明美好，与日月并列，不可熄灭。豪杰贤士就会随时到来，从远方来归，不可遏止；精神、元气就会畅通，无所束缚，不可持守。）

"故知知一，则复归于朴，嗜欲易足，取养节薄，不可得也；离世自乐，中情洁白，不可量也；威不能惧，严不能恐，不可服也。"（所以懂得得道的道理，就会重新返璞归真，嗜欲容易满足，所取养身之物少而有节制，不可支配，就会超脱世俗，怡然自乐，内心洁白，不可污染，就会威武不能使他恐惧，严厉不能使他害怕，不可屈服。）

"故知知一，则可动作当务，与时周旋，不可极也；举错以数，取与遵理，不可惑也；言无遗者，集肌肤，不可革也。逸人困穷，贤者遂兴，不可匿也。"（所以懂得得道的道理，就会举动与事合宜，随着时势应酬交际，不可困窘，就会举止依照礼数，取与遵循事理，不可迷乱，就会言无过失，感于肌肤，不可改变，就会奸人窘困，贤者显达，不可隐匿。）

"故知知一，则若天地然，则何事之不胜？何物之不应？譬之若御者，反诸己，则车轻马利，致远复食而不倦。"（所以懂得得道的道理，就会像天地一样，那么，什么事情不能胜任？什么事情不能得当？这就像驾驭马车的人，反躬自求，就会车轻马快，即使跑很远的路再吃饭，中途也不会疲倦。）

是谓深根固柢，长生久视之道也。（此段主要总结，点出长生久视之道。）

长生久视：即长久维持，长久存在。

这就叫作深植道根，巩固德本，以道德能量营养强固生命，就是长生久视的方法。

《淮南子·俶真训》曰："静漠恬澹，所以养性也；和愉虚无，所以养德也。外不滑内，则性得其宜；性不动和，则德安其位。养生以经世，抱德以终年，可谓能体道矣。若然者，血脉无郁滞，五藏无蔚气，祸福弗能挠滑，非誉弗能尘垢，故能致其极。非有其世，孰能济焉？有其人不遇其时，身犹不能脱，又况无道乎！"（静漠恬澹是用以养性的；和愉虚无是用以养德的。外物不诱乱内在本性，那么本性就有安适的居所；性情保持平和，那么德就有安处的位置。人能够养性以处世，怀德以享天年，这样就可以说能够体察天道了。如是这样，人的血脉就不会郁积阻滞，五脏就不会受病气侵入，祸福也不能扰乱，毁誉也不能玷污，所以也能达到最高的道德境界。但是，如果不是处在一个有道德的时代，哪里能做到这点呢？有能体道的人，但如果没有遇上好的世道，就有可能摆脱不了乱世的干扰，更何况那些本身没有道德的人呢?)

三、老子的智慧启示

遵循玄同中的规律，用德治理自身，树正破迷，正确对待身中的民及各种矛盾，就基本能把握身体内外和阴阳两面。如此，修身有正确方向和行为准则，可进一步深根固蒂，追求长生久视。此章老子对世人的启示，主要是从啬与俭的修身意义进行解读，探讨生命的境界与长生久视。

1. 啬与俭的修身意义解读

啬：有爱惜、保养，节省、节俭等义。从修身角度理解，爱惜、保养，指爱惜精神，保养元气。节省、节俭，与俭同义。治人事天，事，用。当用天道，顺四时。治国者当爱惜民财，不为奢泰；治身者当爱惜精气，不为放逸。早，先也。服，得也。独爱惜民财，爱惜精气，则能先得天道也。先得天道，就叫重积德于己。

《吕氏春秋·先己》曰："凡事之本，必先治身，啬其大宝。用其新，弃其陈，腠理遂通。精气日新，邪气尽去，及其天年。此之谓真人。昔者，先圣王成其身而天下成，治其身而天下治。故善响者不于响于声，善影者不于影于形，为天下者不于天下于身。"（大凡做事的根本，首先一定要修养自身，爱惜自己的身体。不断吐故纳新，肌理就会保持畅通。精气日益增长，邪气完全除去，就会终其天年。这样的人叫作"真人"。过去，先代圣王修养自身，治理天下的大业自然成就，端正自身，天下自然太平安定。所以，改善回声的，不致力于回声，而在于改善产生回声的声音；改善影子的，不致力于影子，而在于改善产生影子的形体；治理天下的，不致力于天下，而在于修养自身。)

《礼记·乐记》曰:"人生而静,天之性也;感于物而动,性之欲也。物至知知,然后好恶形焉。好恶无节于内,知诱于外,不能反躬,天理灭矣。夫物之感人无穷,而人之好恶无节,则是物至而人化物也。人化物也者,灭天理而穷人欲者也。"(人生下来是好静的,这是先天赋予的本性。受到外界的影响而变为好动,这是本性受到了引诱。人的认识和外界事物相交接,就会表现为两种态度:喜好或厌恶。喜好或厌恶的态度如果从人的自身得不到节制,再加上对于外界事物的引诱不能自我反省和正确对待,人的天性就会完全丧失。本来外界事物就在不断地影响着人,如果再加上人在主观上对自己的好恶反应不加限制,那就等于外界事物和人一接触就把人完全征服了。人被外界事物完全征服,就等于人的天性完全丧失,放纵人欲。人到了这一地步,就会产生犯上作乱、欺诈虚伪之心,就会干出纵欲放荡、胡作非为之事。)

诸葛亮《诫子书》曰:"夫君子之行,静以修身,俭以养德。"关于静以修身,是一种精神境界,"静"是一种修养,静不仅可以思考,也可以养性、养心。纵观历史,大部分有成就的人都是以静制动!在静思的过程中,对人生重大问题的思考可能会更上一个台阶。简单说,就是通过静,通过静定、静思实现以德养生的修身效果。

关于俭以养德,也是修身养性的一种办法,德行的提高在于对自身的约束,而"俭"则是对于自身的一种约束,对于德的修养则无疑是有好处的!一般指节俭有助于养成质朴勤劳的德操。《老子五千言》中对"俭"已有阐述。《三宝》曰:"我恒有三宝之,一曰慈,二曰检,三曰不敢为天下先。"(我常有三宝随身:一是慈柔,二是检查反省,检也作俭,当俭约讲,三是不敢引导天下之风气,被天下所宣导。慈为仁德之本,当仁不让则有勇;检为礼德之途,心地无私则宽广;不敢为先为义德之核,举动适宜则长久。)这里老子论述人生修养的三宝时,把慈放在首位,是第一宝,可见其重要性。为什么重要?因为慈就是慈柔,属于仁德修养范畴,仁德是五德之首,是距离德一最近的,我们在平时的立德修身中,若能将慈悲心和感恩心牢固地确立,把这两种优良品格长期保持,处处事事都严格要求自己,事事处处念念都"上善治水",保持住内环境的净化,"修之身,其德乃真;修之家,其德有余;修之乡,其德乃长;修之邦,其德乃丰;修之天下,其德乃溥",这样就能保持世界的和平、社会的安宁，这就是圣人教导我们的人生之道和道德人生观。① 第二宝就是俭，既有俭约的意思，也有反省检查的意思。俭既可以不断反省反思自我，修正自身的各种不足，从而培养美好丰厚的德行，也可以保养我们的精气神，节省节约我们的生命能量，实现以德养生。

静以修身与俭以养德是密切相关的。大德云：要达到明心见性修证层次，应先知收心法，再言炼静功。修心是万法之祖，定其心神，方可言修真，定则静，静则生，不但要静中能静，必须做到动中也能静。闹处炼神，静中炼气。收心当知俭之道，心意不落于后天世俗，入于后天而知及时收回名为节俭之法。俭于目可以养神，俭于言可以养气，俭于事可以养心，俭于欲（六根之欲，眼耳鼻舌身意）可以养精，俭于心可以出生死，是俭为万化之柄。俭于心乃修真了道的大关键，心常居空，百俗不入，染而迅退，久久无物。制心当明内外三关，内三关：性不迁情，气不化精，神不外驰；外三关：耳不淫听，目不妄视，口不欺心。这跟《玄同》章所讲的"塞其闷，闭其门""锉其兑而解其纷"的道理是一样的，把使生命能量漏泄的各个端口堵住，紧闭眼耳鼻舌身意六尘根之门，使前六识得一归一，归于德一。

再看看典籍中的阐释。《淮南子·精神训》曰："夫精神者，所受于天也；而形体者，所禀于地也。……夫天地之道，至纮以大，尚犹节其章光，爱其神明，人之耳目曷能久熏劳而不息乎？精神何能久驰骋而不既乎？是故血气者，人之华也，而五脏者，人之精也。夫血气能专于五脏而不外越，则胸腹充而嗜欲省矣。胸腹充而嗜欲省，则耳目清、听视达矣。耳目清，听视达，谓之明。五脏能属于心而无乖，则勃志胜而行不僻矣；勃志胜而行之不僻，则精神盛而气不散矣。精神盛而气不散则理，理则均，均则通，通则神，神则以视无不见，以听无不闻也，以为无不成也。是故忧患不能入也，而邪气不能袭。故事有求之于四海之外而不能遇，或守之于形骸之内而不见也。……夫孔窍者，精神之户牖也，而气志者，五脏之使候也。……使耳目精明玄达而无诱慕，气志虚静恬愉而省嗜欲，五脏定宁充盈而不泄，精神内守形骸而不外越，则望于往世之前，而视于来世之后，犹未足为也，岂直祸福之间哉？"（人的精神是从

---

① 熊春锦. 国学道德经典导读 [M]. 北京：中央编译出版社，2006：47－48.

上天得到的；而形体则是从大地得到的。……天地之道宏大深邃，尚且还要节制，珍惜其光彩，人的耳目又怎能长久劳累而不休息呢？人的精神又怎能长久驰骋而不耗尽呢？所以说人的气血和五脏是人的精华。血气如能专注聚集在五脏之内而不外溢，那么这胸腹内的五脏就充实而嗜欲也随之减少。五脏充实而嗜欲减少，就能使耳目清明、视听畅达。耳目清明、视听畅达，叫作"明"。五脏能归属于心而不与心违逆，这样旺盛之气占优势而使人行为不乖悖、怪僻，人的精神就旺盛而精气不散泄。精神旺盛和精气不散泄则顺畅，顺畅就调匀，调匀则通达无阻，通达无阻就能产生出神奇的能力。这种能力能使人视无不见、听无不闻，没有什么事是办不成的。这样，忧患祸害就不会侵入，邪气歪风也无法侵扰。因此有些事情到四海之外去追求寻找却不能得到，有些则持守在身体之内却不能见效。……人的五官七窍是精神的门窗，而气血则是五脏的使者。……让耳目精明通畅而不受外界的诱惑、气志虚静恬愉而省却嗜欲、五脏安宁充盈而不外泄、精神持守于内心而不外越，那么即使是遥远的往事和未来的事情也不够你所认识的，更何况只是觉察眼前一些祸福之间的事情呢？）

2. 生命境界与长生久视

长生久视，即长久维持，长久存在，让生命能够长久维持、长久存在，这就需要不断地提升生命质量，让身体从不健康、亚健康，到没有疾病、身心都健康，乃至于形与神俱，长生久视，让生老病死这些常人看来是无法抗拒的自然规律，变为可以自己主宰自己的生命，自己掌握自己生命的主动权，即"我命由我不由天"，这就是自古以来仁人志士们一直追求的人生境界，也是老子的非常积极的生命观。而深根固蒂，就是长生久视的方法。什么是人体的根底？如何做到深根固蒂？人能以气为根，以精为蒂，犹如树木有根，花果有蒂（花或瓜果跟枝茎相连的部分，引申为末尾，假借为蒂，跟蒂相通），树根不深则拔，果蒂不坚则落。所以，人应该深藏其气，固守其精，不要使其漏泄。为什么？

《淮南子·原道训》曰："夫形者，生之所也；气者，生之元也；神者，生之制也。一失位，则三者伤矣。是故圣人使人各处其位，守其职，而不得相干也。故夫形者非其所安也而处之则废，气不当其所充而用之则泄，神非其所宜而行之则昧。此三者，不可不慎守也。"（形体是生命的居舍；气血是生命的支柱；精神是生命的主宰。一旦它们失去各自的地位作用，就会使三者都受到伤损。就像圣人让人各安于自己的地位，各司其职而不允许互相干扰。所以形体如果处于不适的环境就会伤残，气血如果运行不当就会泄失，精神如果使用不当就会昏昧。对此三者，人们不能不谨慎对待。）

还可以联系《安民》章的"虚其心，实其腹""弱其志，强其骨"来理解。老子在《德道经·安民》章中说"虚其心，实其腹""弱其志，强其骨"，这里的"虚其心"，就是以德一治心，抱元守一则虚怀若谷，心空则明。"实其腹"，以道光德能之气充实和再造性命①，关于这一点，可以联系前面讲楷体"孝"字内涵时的内容，从个体修身角度理解"孝"字，人体的腹中元气含养着四肢百骸，腹中元气充盛与否，决定着四肢百骸的灵活运动与身体健康，通过锻炼形体，化精化气，不断补充腹内元气，使其保持充盈，"实其腹"即指此而言。"弱其志"，淡薄私心欲望，转化禀性习性。"强其骨"，肾主骨，当心志淡泊，心火必下降，肾水则上升，及至水火既济，则身康体健，骨节皆气，即所谓傲骨者也。命体的修证达到了"块块骨骼皆金丹"，才是真正"强其骨"的实现②。

《淮南子·原道训》曰："夫精神气志者，静而日充者以壮，躁而日耗者以老。是故圣人将养其神，和弱其气，平夷其形，而与道沉浮俯仰。恬然则纵之，迫则用之。其纵之也若委衣，其用之也若发机。如是，则万物之化无不遇，而百事之变无不应。"（精神恬静平和而日益充实，人的身体就强壮；反之，精神躁动烦恼而日益耗损，人的身体就衰老。因此，圣人注重调养自己的精神，柔和气志，平稳身体，和大道一起运转变化，该恬静时就放松它，该急迫时就使用它；放松它就如同垂放衣服那样轻便，使用它就如同击发弓弩那样迅疾。这样的话，就没有什么不能相合万物的变化，没有什么不能适应万事的变动。）

因为《淮南子·诠言训》中阐释这样的道理抛弃了外在的这些精神压力，心胸就会虚静；心胸虚静就平和；平和是道的基本素质，虚静则是道的居所宅

① 熊春锦．老子·德道经［M］．北京：中央编译出版社，2010：127.
② 熊春锦．老子·德道经［M］．北京：中央编译出版社，2010：127.

舍。能够拥有天下的天子，必定不会失去诸侯国；能够拥有诸侯国的诸侯王，必定不会失去他的家族；而能够治理好自己家族的，也必定不会不注意自身的修养；能够注重自身修养的人，也必定不会忽略自身的心性；而能够使自己心体返归本原的，必定不会亏损本性；不亏损本性的人，必定不会迷失"道体"。所以广成子说："谨慎地持守着你的内心，周密地封闭与外界的接触，智慧过多不是一件好事情；不要看不要听，以虚静平和的心态拥有精神，那么形体就会自然端正。不能把握自身的虚静平和而能通晓道体，这是从未有过的事情。"所以《易经》说："收束口袋，没有过错也不会有赞誉。"……强硬尽管能胜过不如自己的人，但碰上力量与之相等的人就互相抗衡而难以取胜了。而柔弱可以胜过比自己强大的人，它的无形的柔性之力是无法计算的。所以能从多次失败中转变为大胜利，这只有圣人才能做到。（参见《淮南子·诠言训》："去载则虚，虚则平。平者，道之素也；虚者，道之舍也。能有天下者，必不失其国；能有其国者，必不丧其家；能治其家者，必不遗其身；能修其身者，必不忘其心；能原其心者，必不亏其性；能全其性者，必不惑于道。故广成子曰：'慎守而内，周闭而外，多知为败。毋视毋听，抱神以静，形将自正。不得之己而能知彼者，未之有也。'故《易》曰：'括囊，无咎无誉。'能成霸王者，必得胜者也；能胜敌者，必强者也；能强者，必用人力者也；能用人力者，必得人心也；能得人心者，必自得者也；能自得者，必柔弱也。强胜不若己者，至于与同则格，柔胜出于己者，其力不可度。故能以众不胜成大胜者，唯圣人能之。"）

因此，一旦已经坚定地得道，就不受外物变化的影响，不因外物一时变化而来决定自我得道的态度。我所说的"得"，是指生命中的本性处在安适的位置上。生命和形骸一起出自"道"；形骸具有了，生命也就诞生了。生命一旦形成，好恶之情也就容易产生。所以士人有固定的行为准则，女子有不变的行为原则，规矩使他们不能或方或圆，钩绳使他们不能或曲或直。（参见《淮南子·原道训》："是故夫得道已定，而不待万物之推移也。非以一时之变化而定吾所以自得也。吾所谓得者，性命之情处其所安也。夫性命者，与形俱出其宗。形备而性命成，性命成而好憎生矣。故士有一定之论，女有不易之行，规矩不能方圆，钩绳不能曲直。"）

因此，大道平坦，离你自身不远；在身边寻找，转个身就能得到。得道者，有逼迫就有反应，有感触便有举动；深邃无穷，变化没有形迹；优游悠闲，委曲顺从，就像回响呼声，又如物影随形；居高临下而不失所秉之"道"；遭遇危机而勿忘玄妙之"道"。能保持这"道"，他的"德"就不会亏损；万物纷糅复杂，也能与之周旋变化；凭"道"处事，就像顺风奔跑一样轻松快捷，这就是最高的德性。有了这最高的德性，也就有了快乐。古代有人住在岩洞里，但他们的精神道德没有丧失。随着世道衰败，有人虽然身居高位却天天忧愁悲伤。由此看来，圣明不在于治理人事，而在于得"道"；快乐不在于富贵，而在于得到"平和"。懂得重视自身修养而看轻身外之物，那就接近于"道"了。（参见《淮南子·原道训》："大道坦坦，去身不远，求之近者，往而复反。迫则能应，感则能动，物穆无穷，变无形像，优游委纵，如响之与景。登高临下，无失所秉，履危行险，无忘玄伏，能存之此，其德不亏。万物纷糅，与之转化，以听天下，若背风而驰，是谓至德。至德则乐矣。古之人有居岩穴而神不遗者，末世有势为万乘而日忧悲者。由此观之，圣亡乎治人，而在于得道；乐亡乎富贵，而在于得和。知大己而小天下，则几于道矣。"）这就是对"长生久视之道"的理解与追求。

3. 高真德道悟鉴

吕祖认为：此章乃尽性以俟命的工夫。

治人者，治己之神，纯一不杂，念念归真，绝妄远思，清其内而心死，静其中而意亡，神魂守舍，铅汞交加，听其天然，周旋于内，身与天同，气合日月，运用亦是周天之度，身形皆同湛寂之体，此乃治人也。事天者，清虚穷极之谓也。轻清而上浮，虚之至也；包罗万象，无不含容，穷之极也，谓之事天；人能治人事天，无他，莫如啬足矣。啬者，俭也，一俭则易于虚、空、无，俭则妄念不生，妄念绝而心死，则不耗其气也。夫唯啬，是谓早复其元，习静而气足。

德者，道也。早能回其心意，静内潜修，返复元阳，不耗真一，谓之重积德。若能如此，重积乃德，则金水流通，先天到而无处不克，百脉万窍无不通连，而成一个空洞洞的大光明窍矣。到了无不克时节，就入了湛寂之乡，无人无我亦无法的田地，反而不知其道之所以然者，空之至矣。莫知其极，空至极，我不能知，极中又生有矣；莫知其极可以有国者，就是静极方见无影无形的虚无矣。不静不能知，不静极不能见，静极见者，是有国矣。有了这个则元一自投，不待意为者也。

意至复灭，意尽复现，真一来投则有母矣。其中生化之机，口不能言，惟有觉照；有母方能生化，生化不绝，我用就无穷；常生常化，内有天机，中合道机，我明玄理，听其自然生化，不耗于外，常固于中，可以长久矣。长久者，只要深静其性，固生其命，根性命蒂，从虚而入，从有而生，从空而成，生生化化，其用无穷，如此乃是长生久视之道也矣。治人、事天，岂外此乎！总不过著而不著，不著而著，虚虚实实，无无有有，皆一其气，生化之机，玄妙无穷，而道久矣！①

黄元吉云：治人之道，即事天之道，天人固一气也，故治人所以事天，事天不外治人。莫谓天道甚远，即寓于人道至迩之中。不知天道，且观人心。能尽人事，即合天道。虽一高一卑迥相悬绝，惟在于安民为主，民治定则天心一矣。其要在于重农务本，教民稼穑为先。夫以民为邦本，食为民天，啬事既治，则衣食有出，身家无虞，孟子所谓："树艺五谷，五谷熟而民人育。"又曰："圣人治天下，使有菽粟如水火，而民焉有不仁者乎？"是知为人上者，以啬为急图，而民得以乐业安居、养生送死，早有以服民心于不睹不闻之际，而欣然向往，如享太牢之荣，如登春台之乐矣，是不言修德而德自修，不言尚德而德自尚。且耕三余一，耕九余三，多黍多稌，为酒为醴，以畀祖妣，以治百礼，其德之积与积之重，不谓此而谁谓耶？如此重开有道之天，大被无穷之泽，自然兼弱攻昧，取乱侮亡，而无往不克矣。既所向披靡，无敢交锋，非特接壤邻封云霓慰望，即彼殊方异域，亦时雨交欢。若此东被西渐，北达南通，声教四讫，伊于胡底，夫谁知其极也哉？既无其极，立见帝道遐昌，皇图巩固，而得有其国也。《汉书》云："黄河如带，泰山若砺。国以永宁，爰及苗裔。"夫固有不爽者。人既抚有一国，即有得国之由，其由维何？国之母气也。若无母气，焉能得国？此根本之地，人所宜急讲者。在未有其国，必须寻

母；既有其国，尤当恋母。国之有母，犹树之有根，水之有源，可以长久而不息。此治世之道，通乎治身。学道人能守中抱一，凝神调息，始以汞子求铅母，继以铅母养汞子，终则铅汞相投，子母混合，复还本来，返归太朴，是谓深根固蒂、长生久视之道。如此则凡也而圣，人也而天矣。治身之道，又岂异治世哉？

此治人事天，即尽人事以合天道。以"天人本一气，彼此感而通。阳自空中来，抱我主人翁"，非易易事也。其道不外虚无，其功同乎稼穑。始而存养省察，继而以性摄情，迨水火混融，坎离和合，先天气动，运转周天，所谓"乾坤交媾罢，一点落黄庭"是。此取坎中之满，填离中之虚，即命基筑固，人仙之功了矣。此犹治啬者开田辟土，载芟载柞，然后可得而耕种，以树艺乎五谷也。由是再将离中阴精下入于坎户之中，将坎中阳气合离中阴精配成一家，种于丹田，炼而为药，所谓"彼家无而自我有之，彼家虚而由我实之"。直待此中真铅发生，即以阳铅制阴汞，汞性之好飞者不飞矣；又以阴汞养阳铅，铅情之好沉者不沉矣。《悟真》云："金鼎欲留朱里汞，玉池先下水中银。"待至铅金飞浮，如明窗中射日之尘，片片飞扬而去，将坎府外之余阳化尽，收入离宫，又将离己阴汞私识一并消化，复还纯阳至宝之丹，可以升汉冲霄，飞灵走圣，即神胎成、仙婴就矣。虽然，其功岂易及者？始须持志养气，如农者之耕耘，不无辛苦；终则神闲气定，内而一理浑然，外而随时处中。非偶一为之，即与道大适。由其修性炼命，早有以宾服乎后起之缘，而万累齐绝，一丝不存，尽人道以合天德也，匪伊朝夕矣。犹国家然，保赤诚求，深仁厚德入于民心，沦肌浃髓，其德之积与积之重也，岂有涯哉？自是欲无不除，己无不克，天怀淡定，步伍安详，无论处变处常，自有素位而行、无入而不自得之概。若此者，以之炼性而性尽，以之修命而命立矣，冲漠无朕之中，万象森然毕具，真有莫知其底极者焉。太上所谓："内观其心，心无其心；外观其身，身无其身；远观其物，物无其物……空无所空……无无亦无……能悟之者，可传圣道。"此即外其身而身存。身犹国也，即如王者无为而治，可以正南面而有国有天下，亦犹阴精在己，杂于父精母血之中者已久，非得先天阳气不能自生自长。盖后天阴精原从先天生来，但阴精难固，情欲易摇，非得天地外来灵阳之气，必不能结而成丹，长生不死。故曰："有国之母，可以长久。"

惟圣人以真阴真阳二气合为一气，三家融成一家，煅出黍米一珠，号曰金丹、曰真铅、曰白虎首经，要无非先天一气而已，从色身中千烧万炼，千磨万洗，渐采渐凝，时烹时炼，而金丹乃成，英英有象，所谓"人盗天地之气以为丹母"者是，是即深根固蒂、长生久视之道。夫以天地灵阳合一己真气，结成圣胎，即古仙云："先天一阳初动，运一点己汞以迎之，于是内触外激而有象，外触内感而有灵，如磁吸铁，自然吻合。"即汞子造水府而求铅母，既得其母，复依其子，子母和谐，团结中宫，而大丹成、神仙证矣。

夫炼丹始终本末，太上已曾道尽，学者细心体会。迹象虽相似，而精粗大有分别。然未到其时不能知，非得真师指授亦无由明，此须天缘、地缘、人缘，三缘凑合，始可入室行工。后之学者，第一以积诚修德，虚己求师，庶可结三缘而入室。切勿一得自喜，即无向上之志。务要矢志投诚，一力前进，迤逦做去可也。惟下手之初，无缝可入，无隙可乘，不啻咀嚼蜡丸，淡泊无味。朱子云："为学须猛奋体认，耐烦辛苦做一晌，久之苦尽甘回，闷极乐生，道进而心有得矣。"当此理欲杂乘，天人交战，最难措手。其进其退，就在此关。此关若攻得破，孔子所谓宗庙之美，百官之富，赏玩之不置矣。切不可萎靡不振，自家精神放弱，则终身不得其门而入焉。尤要虚其心，大其志，鼓其神，立德立功，修性修命，须知是天地间第一大事，非有大力量不能成。昔有联云："撑起铁肩担道义，放开辣手做文章。"噫！世间一材一艺，小小科名之取，犹要辛苦耐烦，做几件大功德，用满腹真精神，始可为神天默佑，用观厥成。何况道也者，天大一件事乎？所以佛说"我为大事因缘下界"，吾亦尔尔。学者既遇真师，须以真心诚意体认吾言，始可算人间一大丈夫也。①

---

① 黄元吉. 道德经精义 [M]. 北京：中央编译出版社，2014：163 – 166.

第五节 《居位》

一、《居位》章经文内容

治大国，若烹小鲜。

以道莅天下，其鬼不神；非其鬼不神也，其神不伤人也；非其神不伤人，圣人亦弗伤也。

夫两不相伤，故德交归焉。

二、《居位》章经文释读

1. 文字释读

位："立"是"位"的本字。立，甲骨文 ![字形] 在"大" ![字形]（人）的下面加一横代表地面的指事符号 ![符号]，表示一个人规矩地站在地上。"立"的"规规矩矩站"的本义消失后，篆文 ![字形] 再加"人" ![字形] 另造"位"，用以区别一般的站立。造字本义：上朝时臣相们依官阶高低肃立。

《说文解字》："列中庭之左右謂之位。从人立。"（宫中群臣排列在朝廷的左右两边叫作"位"。字形采用"人、立"会义，表示人站在朝廷上。）本指官吏在朝廷上站立的位置。位作名词同本义（如位著——也作位宁，古代宫殿，中庭左右两侧叫"位"，门屏之间叫"著"或"宁"，故用以借指在朝居官），位置、方位（如座位、席位、铺位），职位、地位（如位任——官位，职务；位行——名位与事迹；位序——官职级别；位宦——位号，官职爵位；位秩——官爵和俸禄；位阶——官阶品级；位极人臣——官位达于人臣的最高一级；位遇——官位和待遇），座位（如就位——走到自己的座位上；舱位——船、飞机等舱内的铺位或座位），先后顺序的位次（如这个城市从第十一位升到第七位），算术上的数位（即一个数字在一串数字中与其他数字相关的位置，如个位），特指君王或诸侯之位，集合体中具有明确的独立存在状态的最小组成部分并正常形成该集合体内组织的基本单元（如本位），适于或带有铭刻的祭祀时用的平板（如神位；位主——神主；位版——神位之版），对人的敬称（如位下——对守门人的尊称，好几位，第一位），姓氏。位作动词表示占据其应有的位置，立、站，引申为居、处。

国："或"是"域"和"國"的本字。囗，既是声旁也是形旁，是"郭"的省略，表示城邑外围武力守卫的护墙。或，甲骨文**或**＝**𠃓**（戈，武力）+**𠙴**（囗，即"郭"，城墙、城邑），表示有武力护卫的城邑、疆域。当"或"的"疆域"本义消失后，金文**國**再加**囗**（囗，即"郭"，城邑外围武力守卫的护墙）另造"國"代替，表示古代诸侯封地而建的、有武力守卫的相对独立的城邦。篆文**國**承续金文字形。篆文异体字**國**＝**或**（或，即"域"，领地）+**王**（王），强调"国"是"王的领地"。造字本义：武力守卫的一方独立疆域，有独立军政体系的主权社会。隶书**國**、楷书**國**承续篆文字形。《汉字简化方案》中的简体楷书**国**综合了篆文字形**國**和篆文异体字字形**國**，并在篆文异体字**國**中的"王"（**王**）字上加一点指事符号，写成"玉"字形（**玉**，不是玉），表示"四境之内皆为王土。"

《说文解字》："邦也。从囗，从或。"（诸侯受封之地，大曰邦，小曰国。字形采用"囗、或"会义，囗表示疆域，或即"国"。）本指邦国（古代指诸侯所受封的地域）。国作名词表示周代，天子统治的是"天下"，略等于现在说的"全国"（如齐国、晋国、郑国），国都（一国最高政权机关所在地，又称国城、国邑，如国中——王城之内、国内；国人——国都中的人；国阴——都城北郊；国郊——国都周围地名），泛指国家（指有土地、人民、主权的政体，如国格、国魂、国力、国防、国威；国宝——国家的宝物，喻对国家有特殊贡献的人），古代王、侯的封地（如国租——封地的田赋），帝王，部落，地方，家乡，姓氏，特指中国的（如国学、国乐、国药、国粹）。

烹：《六书通》里写作**烹**，篆体**烹**＝**火**（火表意，其古文形体像火焰，表示用火烹饪）+**亨**（亨 hēng，表声，亨通享，表示烹饪的食物是供人享用的），也有的字形写作**烹**、**烹**。

《集韵》："烹，煮也。"（烹调，烹炒调制。）本指烧煮。烹作动词同本义（如烹炮——烹调的手艺；烹鲜——比喻治理国家；烹石——煎药；烹炙——

烹煮煎烤；烹庖——烹治，烹煮；烹茗——煮茶或沏茶），冶炼（如烹炼——冶炼、提炼、锤炼；烹锻——烧炼），一种烹饪方法（先用热油略炒，然后加入酱油等作料迅速搅拌，随即盛出，如烹鲜），浸泡在热水中以制成（一种饮料或其他液体，如烹茶）。

鲜：羊，既是声旁也是形旁，是"祥"的省略，表示吉利的、平安的。鲜，金文 = 羊（羊，即"祥"，吉利、平安）+ 鱼（鱼），表示虽死但仍安好未腐的鱼。在没有保鲜能力的远古时代，死鱼是容易腐化的动物尸体，鲜鱼表示虽死但仍可安全食用。造字本义：虽死但仍然可以安全烹饪食用的鱼。篆文 调整成左右结构。隶书 将篆文字形中的鱼尾形状 火 写成"四点底" 灬。

《说文解字》："魚名，出貃國。从魚，羴省聲。"（一种鱼的名称。出产于貃国。字形采用"鱼"作边旁，用省略了两个"羊"的"羴"作声旁；鱼表类属，羊表味美。）本指鱼名，出貃国（貃或写作貊——貃古同"貊"，中国古代称东北方的民族，古族名。《周礼·职方氏》曰："七闽九貊。"貊国是古代东北地区少数民族建立的国家。北方诸族，传中国之文明最早者，莫如貊。族名或国名来自一种以鱼类为主食的动物——貊，意指该民族像貊那样喜欢生吃鱼肉。貊族发明了生鱼片的吃法，汉字把生鱼片及其味道记作"鲜"。东北地区的鲜卑族及朝鲜族的族名都有"鲜"字，与生鱼片吃法有关）。鲜读 xiān，作名词表示假借为鱻（xiān，古同鲜），鲜鱼、活鱼（如鲜眼——像鱼那样的圆眼；鱼鲜；海鲜；鲜鳞——活鱼；鲜羽——活鱼和活鸟），鲜美的食物（如时鲜；尝鲜；鲜肥——鱼肉类美味肴馔；鲜食——鲜活的食品；鲜杀——活杀的猎物）。鲜作形容词表示新鲜（如屡见不鲜，数见不鲜，鲜食——新鲜的食品），鲜艳（如鲜妆——鲜明美丽的打扮；鲜衣——华美的衣服），鲜明、明洁、洁净（如鲜色——清新美丽的颜色；鲜新——清新），味美（如鲜爽——鲜美爽口；鲜脆——鲜美脆嫩；鲜香——鲜美芳香），独特（如她的行事作为就是很鲜，和别人都不一样），夭折的、早死的。鲜又读 xiǎn，作形容词表示非常少、很不多（如鲜薄——微少；鲜言——寡言；鲜浅——浅鲜；鲜乏——缺乏；鲜少——很少）。鲜作动词表示缺少、不足。

莅，同蒞：篆体 = 立（立，表意，篆体字形像人站立，表示来到）+ 隶（隶，表声，隶是逮的初文，逮有及、到达之义）。隶书字形"莅"从 艹（艸，表示如草覆盖地面一般）、从位（表示人来到必占据一定的位置），楷书承续隶书字形。

《说文解字》："临也。从茻，位聲。"（从高处往低处察看，引申为从上监视着。字形采用"茻"作边旁，"位"作声旁。）本指走到近处察看。莅作动词同本义，临视、治理、统治、管理（如莅官——官员到任；莅会——到会；莅政——掌管政事；莅民——管理百姓），来、到（如莅止——来到；莅临——亲自到达，多指为政者或上级官吏的到来）。莅作象声词形容水声、风声（如莅莅——形容流水声；莅飒——树木摆动的声音，形容行动迅速）。《玉篇》："莅，临也。"与涖同。《尔雅》："莅，视也。"

非：是"排"的本字。非，甲骨文 � 是指事字，字形在相背的两个人 �（背）头上各加一横指事符号 ━━，表示两人思想相背、观念冲突、行为排斥。有的甲骨文 � 变形，指事特征消失。造字本义：思想相背者之间互相抵制、排挤，相互攻击、责难。当"非"的"排斥"本义消失后，甲骨文 � 在"非"字 � 基础上再加双手 �，另造"排"代替，强调"排"的手部行为特征。金文 � 承续甲骨文字形 �。篆文 � 有所变形。从本义上看，时日恰当为"是"；相互抵制为"非"。

《说文解字》："違也。从飛下翅，取其相背。凡非之屬皆从非。"（违背。字形采用"飛"字下部表示"翅膀"的字形部分构成，采用左右两翼相背的含义造字。所有与非相关的字，都采用"非"作边旁。）本指违背、不合。非作动词同本义（如非度——违反法度；非德——不合道德，违背道德；非理——不合常理，违背情理），责怪、非难、反对（如非驳——非难驳斥，未可厚非），讨厌、讥刺（如非讥——讥评、议论；非笑——讥笑），通"诽"，诽谤、诋毁（如非誉——诽谤与赞誉），通"避"，躲开，〈方〉必须，下决心一定要、坚决要（常与"不"相呼应，如要学好一种语言，非下苦功夫不可），在口语中，"非"后也可以不用"不可"等词（表示一定要……不可，常用于承接上文或反问句中，如干这活非得心细），无、没有（如非辜——无辜，无罪）。非作名词表示不对、错误（如分清是非），疑惑烦恼的问题。非作副词则相当于"不""不是"（如非时——不是时候；非直——不但，不仅；非细——不小；非据——不应据有的职位）。非作形容词指不真实，邪、不正。

两：是"辆"的本字。两，金文 是象形字，像车架 内有一双套马的车轭 。有的金文 加一横指事符号 ，表示一车双轭。造字本义：古代双马牵引的战车。篆文 将金文字形中的车架形象 写成 ，将金文字形中的一双车轭 写成两个"人"形 。正体楷书 承续篆文字形。俗体楷书 将正体楷书字形中的车架 简化成 。当"两"的"战车"本义消失后，篆文再加"车"另造"辆"代替。

《说文解字》："二十四铢为一两。从一； ，平分，亦声。"（重量单位，二十四铢为一两。字形以"一"为字根； ，表示平分，也是声旁。）本指二十四铢为一两。两作量词同本义（10 钱等于 1 两，旧制 16 两等于 1 斤，一两合 31.25 克；后改为 10 市两等于 1 市斤，1 两合 50 克。），双（用于鞋类），匹（长四丈），通"辆"，车一乘；数词——二（如两考——官吏的两次考绩；两榜——明清以会试——考进士为甲榜，乡试——考举人为乙榜，由举人考中进士，叫两榜进士，简称"两榜"），双方（常用于相对的两个方面或成对的人或事物，如两珥——指日、月两旁的光晕；两阵——交战的双方所布列的阵势；两握——指双拳；两视——同时看两件事物；两雄——两者一起强大；两仪——指天地），表示不定数（多与"一"或"三"前后连用，义为少量，如两三——几个，表示少量；两言——三言两语）。两作副词，表示同时兼具两方面（双方、两下里，如两兼——兼具两方面；两礼——双方免礼；两誉——夸奖双方；两让——双方各自责让）。两作动词表示等同、比并（如两大——两者并大；两当——两者相当）。

交：甲骨文 像一个人 两腿左右错立 。造字本义：反叉两腿站立。金文 、篆文 承续甲骨文字形。隶书 变形，成为"六""乂"组合，没了"人"影。

《说文解字》："交胫也。从大，象交形。凡交之属皆从交。"（交叉小腿而立。字形采用"大"作边旁， 像两腿交叉的样子。所有与交相关的字，都采用"交"作边旁。）本指交叉。交作动词表示脚胫相交（如交趾——古郡名，汉置，地处五岭以南一带，相传这里的人入睡时，两足相交），交叉、交错、错杂（如交拐——拐弯走；交戟——执戟相交；交牙——如犬牙相交叉；交歧——交错的路径），结交、交往（如交友——结交朋友；交礼——交往的礼节；交驰——交相奔走，往来不断；交绝——关系断绝，绝交；交善——结交；交援——与人交结而得其援助），交接、移交、交换（如交盘——点交，交接；交受——犹交易；交点——清点财物，交付于有关的人；交关——交接，紧要关头），进入（某个季节）、刚到（某个时刻）（如交子时，交冬至了，交九的天，交节——临近节气），接触（如交兵，交臂失之——走得很靠近，擦肩而过，形容遇见好机会而又错过），送上、付出（如交卷），分配。交作名词表示朋友（如故交，知交），友谊、友情（如断交），相互认识、相识（如一面之交），交往（如绝交，邦交），（地点）相交之处、毗邻之处（如交界），（时间）交替之际（如春夏之交），贸易，跟头，地名（汉代交州的略称）。交作副词表示交替、更替、更迭（如交至——一齐来到；交下——俱下、齐下；交攻——一并进攻；交赞——一齐称赞），互相、相互（如交注——互相注视；交沁——相互渗透；交眩——交相惑乱而不明）。交作形容词则通"姣"，美丽，侮慢、骄傲；通"狡"，狡谲、诡诈之义。

2. 章意疏解

治大国，若烹小鲜。（此段主要提出治理大国的基本原则。）

治理身国就好像烹菜肴，国虽大，其理相同。关键之处在于火候法度的掌握，不宜乱翻动。《物理论》曰："君子修身居位，非利名也，在乎仁义。"

《黄帝四经·名理》曰："道者，神明之原也。神明者，处于度之内而见于度之外者也。处于度之内者，不言而信；见于度之外者，言而不可易也。处于度之内者，静而不可移也。见于度之外者，动而不可化也。静而不移，动而不化，故曰神。神明者，见知之稽也。"（天地间各种奇妙的作用都本原于道。各种神妙的作用既存在于事物的适度之内又表现在事物的极限之中。当事物处于稳定的适度之内时，不需要用言语去表述而万物自有定则；当事物运行到开始转化的极度时，无论怎样用语言去表述，道仍然在其中发挥着神妙的作用而不会改变。事物处于适度之内时，它便保持相对静止状态，而道的神妙作用也相应地不会发生变化；当事物处于适度之外时，它的性质便发生变动，而道的神妙作用仍然并未改变而继续发挥作用。这种事物动、静有异而道的神妙作用不变的现象，就称为"神"。道的这种神妙作用，便是人们的认识所要取法的楷式。）

《文子·上义》曰："天下几有常法哉！当于世事，得于人理，顺于天地，祥于鬼神，即可以正治矣。"

以道莅天下，其鬼不神；非其鬼不神也，其神不伤人也；非其神不伤人也，圣人亦弗伤也。（此段主要具体阐述遵道而行去治理，则隐显万物皆得和谐舒顺。）

前一处"神"名词用如动词，显神通；后一处为名词，神通、神奇。

以道治身国，以德养神，则天下有道，就会使鬼魅钦服，无处显其神通。不是鬼魅无处显其神通，而是其神通不能伤害人。不是其神通不能伤害人，是因为修养达到圣人的境界后，心正意诚，正气存内，邪不可干；同时，圣人恒无心，物我无分，内外合一，空明寂定，德一能量强大，即容即化。圣人与物相处，不伤害对方，不伤害物，物也不来伤害。

《文子·上德》曰："夫道者，内视而自反，故人不小学，不大迷，不小惠，不大愚。……天道为文，地道为理，一为之和，时为之使，以成万物，命之曰道。大道坦坦，去身不远；修之于身，其德乃真；修之于物，其德不绝。……地承天，故定宁；地定宁，万物形；地广厚，万物聚。定宁无不载，广厚无不容。地势深厚，水泉入聚，地道方广，故能久长，圣人法之，德无不容。"

夫两不相伤，故德交归焉。（此段主要揭示德尚往来的交往境界。）

双方都互不伤害，所以，以德相交，同归道境。

《淮南子·原道训》曰："故达于道者，不以人易天，外与物化，而内不失其情……是以处上而民弗重，居前而众弗害，天下归之，奸邪畏之，以其无争于万物也。故莫敢与之争。"（所以，通达于道的人是不以人间利欲而改变天性的，即使外随物化内心也不会丧失原有的本性。……所以，得"道"者身居上位时民众不会感到有欺压之感，身处前列时民众不会感到有伤害之感，这样天下能归附他，奸邪要惧怕他。正因为他不和万物争先，也就没有什么能与他争的了。）

三、老子的智慧启示

每个人都有自己的时空定位，包括最适合自己生存的地理环境、最适合自己发展的天时机遇，以及在社会上的工作职业。这些都与自己的生命历程密切相关。只有掌握了道的运行规律，努力修养厚德，才能找准自己的位置，洞察先机，以德驾驭智慧，明智把握自己的人生，以最恰当的面貌行道于世，将道德播洒给众生。此章中老子对世人德的启示，主要是阐述遵道而行、德上往来的话题。

1. 为什么要遵道而行

居位：作为自然人，或者作为一个生命体，首先指在时空环境中的定位。前面解释"宇宙"二字的含义时已说过，每个人都是以占有时间和空间作为存在方式的。所以，从我们从出生时的那一刻（年、月、日、时，一般称之为"四柱"），这个时空点，就基本决定了自己在三维空间中的一些生活要素和前提。比如，自己长什么模样？先天携带来的五德能量厚薄如何？由此而决定了自己的一些生理和心理方面的基本素质，如自己的整个身体构成状况如何？五脏功能、五德修养如何？智商高低、个性品质、脾气喜好如何？等等。这个时空点就是自己在所生存的这个环境中的基本定位。其次，作为社会人，每个人在自己的人生历程中有定位，幼为人子，长为人父人母，在工作中，所从事的职业和工作岗位，就是社会角色的基本定位。如此来看，每个人来到这个世界上，作为天地人三才之一，其实时时都在自然环境与社会环境的双重规范中，在两大环境中都有定位，这就是自然环境中的时空定位与社会环境中的人伦与社会角色定位。

古籍中对人的社会定位与治理阐述较多，如前面说过，《黄帝内经》中提到上古时期的人们，因为能够"恬淡虚无，真气从之，精神内守，病安从来"，所以"是以志闲而少欲，心安而不惧，形劳而不倦。气从以顺，各从其欲，皆得所愿，故美其食，任其服，乐其俗，高下不相慕，其民故曰朴。是以嗜欲不能劳其目，淫邪不能惑其心，愚智贤不肖不惧于物，故合于道。所以能年皆度百岁，而动作不衰者，以其德全不危也"。这就是比较理想的一种生存境界。因为这个时期的人们普遍性地知道合德，生活起居都能顺应天道规律和四时法则，所以都能够度过百岁而动作还不衰颓，这是因为他们的养生之道完备而不偏颇，正是因为德行周全圆满，才不会被疾病困扰。

又如《礼记·礼运》中提到："大道之行也，天下为公……故人不独亲其亲，不独子其子，使老有所终，壮有所用，幼有所长，矜寡孤独废疾者皆有所养。男有分，女有归。货恶其弃于地也，不必藏于己；力恶其不出于身也，不必为己。是故谋闭而不兴，盗窃乱贼而不作，故外户而不闭，是谓大同。"（大道实行的时代，天下是公共的……使老年人都能安度晚年，壮年人都有工作可做，幼年人都能健康成长，矜寡孤独和残废有病的人都能得到社会的照顾。男子都有职业，女子都适时而嫁。对于财物，人们只是不愿让它白白地扔在地上，倒不一定非藏到自己家里不可；对于气力，人们生怕不是出在自己身上，倒不一定是为了自己。所以钩心斗角的事没有市场，明抢暗偷作乱害人的现象绝迹。所以，门户只需从外面带上而无须用门上锁。这就叫大同）。再如《孟子·梁惠王上》中提到："老吾老，以及人之老；幼吾幼，以及人之幼。天下可运于掌。……权，然后知轻重；度，然后知长短。物皆然，心为甚。"（尊敬自己的老人，并由此推广到尊敬别人的老人；爱护自己的孩子，并由此推广到爱护别人的孩子。做到了这一点，整个天下便会像在自己的手掌心运转一样容易治理了。……称一称才知道轻重，量一量才知道长短，什么东西都是如此，人心更是这样。）这都是说，让人尽其力，物尽其用，人人各安其位，这样，社会自然就能治理好。据说，尧舜时代，天下没有穷人，就因为大家都有适合自己的事干，没有闲散而无所事事的人，社会自然是稳定的。

《淮南子·诠言训》曰："释道而任智者必危，弃数而用才者必困。有以欲多而亡者，未有以无欲而危者也；有以欲治而乱者，未有以守常而失者也。故智不足免患，愚不足以至于失宁。守其分，循其理，失之不忧，得之不喜。故成者非所为也，得者非所求也。"（放弃道而依靠智慧是危险的，抛弃术数而单凭才能是会窘迫的。所以，只有因欲念多而灭亡的，没有因无欲而危险的；只有以欲治国而乱天下的，没有因守常道而亡天下的。因此，智慧不足以免除祸患，愚蠢倒不足以致使失去安宁。持守本分，遵循事理，失去了不忧虑，得到了不兴奋。所以成功并不是所要做的，获得并不是所追求的。）

所以，离朱（据说是黄帝时人，视于百步之外、见秋毫之末，一云见千里针锋）的眼力尽管能看到百步之外的针尖，却看不到深渊中的鱼；师旷（人名，字子野，春秋时晋国乐师，生卒年不详，以善辨音律著名）的耳力尽管能听辨各种声调，却听不见十里之外的声响。这就像单凭一人之能力不足以治理深宅大院一样。遵循道的规律，顺应天地自然，那么天地四方也不够他治理。所以夏禹疏通江河正是以顺水流往低处这一自然特性来进行的；神农播种五谷正是以循守苗之自长这一自然特性来耕作的。（参见《淮南子·原道训》："离朱之明，察箴末于百步之外，而不能见渊中之鱼；师旷之聪，合八风之调，而不能听十里之外。故任一人之能，不足以治三亩之宅也。修道理之数，因天地之自然，则六合不足均也。是故禹之决渎也，因水以为师；神农之播谷也，因苗以为教。"）

再看看自然界的人类万物，当秋风乍起霜降大地之时，草木就凋零，鹰雕搏击，昆虫伏藏，草木根部忙于吸储营养，鱼鳖开始凑潜深水之中；没有人见到它的所为，万物消失而不见形迹了。居于树上的筑巢，处于水中的靠窟，兽类卧草，人类居室；陆行适用牛马，水深适宜舟行；匈奴地产粗糙的皮毛，吴越地产透风的葛布。各自生产急需的东西来防备燥湿，各自依靠所处的环境来防御寒暑，并各得其所、各适其宜。由此看来，万物均按其本性生存发展，对于圣人的无为而治来说，又有什么需要人为去干预的呢！（参见《淮南子·原道训》："秋风下霜，倒生挫伤，鹰雕搏鸷，昆虫蛰藏，草木注根，鱼鳖凑渊；莫见其为者，灭而无形。木处榛巢，水居窟穴，禽兽有芄，人民有室，陆处宜牛马，舟行宜多水，匈奴出秽裘，于、越生葛絺。各生所急，以备燥湿；各因所处，以御寒暑；并得其宜，物便其所。由此观之，万物固以自然，圣人又何事焉？"）

《淮南子·原道训》曰："所谓无为者，不先物为也；所谓无不为者，因物之所为。所谓无治者，不易自然也；所谓无不治者，因物之相然也。万物有所生，而独知守其根；百事有所出，而独知守其门。故穷无穷，极无极，照物而不眩，响应而不乏。此之谓天解。"（所谓自然无为，是指不超越事物的本性人为地去做；所谓没有什么事办不成，是说顺应了事物的本性。所谓不去治理，是说不改变事物的本性；所谓没有什么治理不好，是指顺应于事物的必然性。万物都有其产生、生存的各种具体特性，百事都有其出现、存在的各种具体根据；圣人就是能掌握这些根本、关键的东西的人。所以能探究无穷无尽的事物，并能照观事物而不会眩惑，因顺响应而不会困乏。这就叫知晓"天然"。）

2. 德尚往来的适用性

要理解德尚往来，先说说礼尚往来。《礼记·曲礼上》曰："礼尚往来，往而不来，非礼也；来而不往，亦非礼也。"尚，注重。礼尚往来指别人以礼相待，也要以礼回报。指在礼节上注重有来有往，借指用对方对待自己的态度和方式去对待对方（以同样的态度或做法回答对方）。

中国号称"礼仪之邦"，礼尚往来已经成了中华民族的传统美德之一，在我国古代已有礼乐治国的历史。

《荀子·乐论》曰："乐合同，礼别异，礼乐之统，管乎人心矣。穷本极变，乐之情也；著诚去伪，礼之经也。"（音乐使人们同心同德，礼制使人们区别出等级差异。所以礼制音乐的纲领，可以总管人们的思想了。深入的触动能极大地改变人的心性，是音乐的实际情形；彰明真诚、去掉虚伪，是礼制的永恒原则。）

《礼记·乐记》曰："礼节民心，乐和民声，政以行之，刑以防之，礼乐刑政，四达而不悖，则王道备矣。乐者为同，礼者为异。同则相亲，异则相敬，乐胜则流，礼胜则离。合情饰貌者礼乐之事也。礼义立，则贵贱等矣；乐文同，则上下和矣；好恶著，则贤不肖别矣。"（用礼来节制民心，用乐来调和民性，用政令加以推行，用刑罚加以防范。礼、乐、政、刑，如果这四个方面都得到贯彻而不发生梗阻，也就具备王道政治了。乐的作用在于协调上下，礼的作用在于区别贵贱。上下协调就会互相亲近，贵贱区别就会互相尊重。过分强调乐会使人际关系随便，过分强调礼会使人际关系疏远。要使人际关系内心感情融洽外表互相尊重，这就是礼乐应尽的职能了。礼的制度建立了，贵贱的等级才有区别。乐的文采协调了，上下的关系才能和睦。善恶的标准明确了，好人与坏人也就容易区分了。）

老子在此章中主要阐述了"德尚往来"的良性效应。而德尚往来在今天依然具有适用性，而且比历史上任何时期都更为迫切，更加需要提倡。为什么？我们都知道，《大学》中讲的是修德的入门之径。历史前进到今天，物质文明有了极大发展，甚至可以说非常丰富。这一方面是好事，可以解决人们的温饱和基本的生存问题，但另一方面，人们片面追求肉眼可见的物质享受，心被物役，心灵受物质利益的驱使，认假作真，本末倒置，只知以物养命，不知以德养神。盲目追求物质利益，私心欲望没有遏制地膨胀扩张，私欲利己的个性张扬，精神毫无道德制约。而且，有时在亲近的人之间也是"利"字当头，人们在表达"亲"的时候，是以利益相亲，并未以德相亲。过度地谋利、谋名，就会滋长人的利益思想，把人往"利益"上引导，使人忽略精神世界的充实饱满。前面已说过，人的生命构成具有二重性，自然也需要二重营养，在人的成长过程中，物质营养和精神营养都需要，而且，精神营养更重要。可以说，现在满眼满世界都充满了物质，但就是缺乏精神食粮，所以，在人与人之间，见得比较多的现象是，并没有做到真正的亲，没有用德去亲，而是用物质在亲，是用"利益"在亲。人们不知道精神的食粮才是人生最大的营养，人们的心身健康、灵魂健康，都靠它来喂养、来输送；如果做到了，即使物质贫乏，也会活得非常自在。

《淮南子·原道训》中说，圣人就是不让自身受外物役使，不以贪欲来搅乱中和天性。所以，他高兴时不忘乎所以，悲伤时不愁云满面。万物尽管变化莫测，我只管胸襟坦荡不予理睬而和道共进出。因此，能够自得快乐之性，即使住在深山老林之中，栖身空旷山洞之内，也足以惬意舒心；……能够达到"无乐"境界的人，就没有什么不快乐；无不快乐就是最大的快乐。（参见原文："圣人不以身役物，不以欲滑和，是故其为欢不忻忻，其为悲不惙惙。万方百变，消摇而无所定，吾独慷慨，遗物而与道同出。是故有以自得之也，乔木之下，空穴之中，足以适情；……能至于无乐者，则无不乐；无不乐，则至极乐矣！"）而所谓"自得"，是指保全自身的天性，能够保全自身天性的完美，便与"道"融合一体。（参见原文："所谓自得者，全其身者也。全其身，则与道为一矣。"）

3. 高真德道悟鉴

吕祖认为：此章去心之谓也。

大国者，身也；治者，虚也，空也。虚生明，空生慧，虚极空极，阴阳合一。治身以虚空为主，不要顽空，而要虚空。虚有存，空有具，如此若烹小鲜，言其虚空易得也。莅者，到也，普遍也。周流世界无不贯通，一团真一之气，一块乾健之精，通身化而为气，性抱命而命隐于气中，休作释氏顽空，而道一一有具。释氏去身养性，玄门化身养性，（此处原释有门派之见，吾以佛道同源之义略作合一之说，望先成后证者斧正之——悟玄子注）皮囊化为一气，聚散无不有身，身归虚空，性命玄同，佛道之妙，妙在圆通。

　　人有魂魄，魂魄各一，故为人；魂魄合一，故为仙；魂魄不虚，故为鬼；魂魄能虚，故为神。其鬼不神：我无心而鬼难测，故鬼不神。非其鬼不神：天地不能度我，而况鬼乎！其神不伤人：神者，虚也、空也，虚空为实，灵灵为神，故不伤人。人者，生也，神灵乃得常生，故无害也。非其神不伤人，杳冥湛寂之中，神不知其为神，而我亦不知其为我，故非其神不伤人。圣人以无心立脚，亦无意下手，心意窈然，故圣人不能伤人，如天地久也、神也、我也，神我合抱，入无寻有，有中返空，两无隔碍，俱不著于有。若存若亡之间，一气贯通，而周遍天下，至道至德，交感为一，同归于无极，已入玄玄之境，同归上清之乡。治身之要，虚空见矣，故德交归焉。①

　　黄元吉云：夫道者，天下人物共有之理也。以此理修身，即以此理治世。欲立立人，欲达达人，不待转念，无俟移时，何其易而简欤？故太上曰："治大国若烹小鲜。"夫国大则事必烦、人必众，苟不得其道，则必杂乱繁冗，犹治乱丝之不得其绪，势必愈治而愈棼。惟以人所共有之道，修诸一人之身，统御万民之众，其理相通，其气相贯，而其势亦甚便焉。不然，徒以法制禁令、权谋术数之条号召天下，明则结怨于民，而民心变诈多端矣；幽则触怒于鬼，而鬼怪灾殃叠见矣。盖人者，鬼神之主也，人君横征暴敛，淫威肆毒，民无所依，则鬼怪神奸亦无所附丽，不得不兴妖作祟，凶荒疫疠所不免焉。故石言于晋，彗见于齐，蛇斗于郑，伯有为厉，申生降灵，二竖梦而病入膏肓，有莘降而虢遂灭亡，若皆鬼神为之，亦由上无道以致之也。为民上者，诚能以道修身，即以道化民，鬼虽阴气，得所依归，鬼即冥顽，咸为趋附，人无怨讟，鬼不灾殃，山川不见崩颓，物产不闻怪异，熙熙皞皞，坐享升平。《书》曰："古我先王，方懋厥德，罔有天灾，山川鬼神亦莫不宁"是也。此岂鬼之不神哉？盖魑魅魍魉以及山精水怪，亦皆依傍有所，血食有方，顺其自然，毫无事事，虽有神亦无所施，即有施亦乌得为祟？故阴阳人鬼共嬉游于光天化日之

———————

① 老子．吕祖秘注道德经心传［M］．吕岩，释义；韩起，编校．桂林：广西师范大学出版社，2014：124－125.

中，又何伤人之有哉？亦非神不伤人也，由圣人有道，无事察察之智，无矜煦煦之仁，慎厥身修，敦叙彝伦，居敬行简，不务纷纭，无有一毫伤乎人者，在乎阴阳和而民物育，祀典崇而鬼神安，幽冥之间两不侵害，故天下咸服圣人之德而交归焉。呜呼！无为之治，近取诸身，远取诸物，不识不知，顺帝之则。以视尚政令者严诰诫，希勤勉者重典型，孰难孰易，为简为烦，奚啻云泥之判！人何不反求其本哉？

此大国喻大道，烹小鲜喻炼丹。小鲜者，羔羊鱼肉之类，其烹也，惟以醯醢盐梅调和五味，扶其不及，抑其太过，而以温养之火慢慢烹煎，不霎时而滋味出，口体宜矣。大丹之炼，亦惟取和合四象，攒簇五行，使三花聚于一鼎，五气聚于中田，于是天然神火慢慢温养，不用加减，无事矫持，逆而取之，顺而行之，七返九还，易于反掌间矣。古云："慢守药炉看火候，但安神息任天然。"何便如之？是故无为之道即临驭天下之道，亦即炼吾人大还之丹。太平盛世，治臻上理，庆洽重熙，上无为而自治，下无为而自化，一切鬼怪神奸皆不知消归何有。非谓其灭迹亡形也，亦化于无为自然之道，而诪张变幻无所施，旱潦疫疠无从作矣。其在人身，鬼，阴静，无知觉者；神，阳动，有作为者也。大修行人，心普万物而无心，情顺万事而无情，阴中含阳，阳中含阴，静而无静，动而无动，一动一静交相为用，一阴一阳互为其根。非谓无觉竟无觉、有为竟有为也，其实无觉中有觉，有为中无为焉。曰"其鬼不神"，非谓蚩蠢而无灵爽也。盖无觉之觉，实为正等正觉；无为之为，无非顺天所为。岂似有觉者之流于伪妄，有为者之类于固守，而有伤于本来之丹也哉？曰"其神不伤人"，亦非神不伤人也，以无为而为之道，原人生固有之天真，生生不已之灵气，至诚无息，体物不遗，虽有造化，实无存亡，虽有盈虚，原无消息，所谓"不扰不惊，无忧无虑"者此也，又何伤人之有耶？亦非圣人之不伤人也，盖以勃发之生机，裕本来之真面，以调和之三昧，养自在之灵丹，立见神火一煅，而鬼哭神号，阴邪退听，真人出现矣，谓为两不相伤，谁曰不宜？天上人间，皆归美其德。噫！幽明交格，非德之神，乌能至此？①

---

① 黄元吉. 道德经精义［M］. 北京：中央编译出版社，2014：167 – 169.

第六节　《处下》

一、《处下》章经文内容

大邦者下流也，天下之牝也，天下之郊也。

牝恒以靓胜牡，为其靓也，故宜为下。

大邦以下小邦，则取小邦；小邦以下大邦，则取于大邦。故或下以取，或下而取。

故大邦者，不过欲兼畜人；小邦者，不过欲入事人。

夫皆得其欲，则大者宜为下。

二、《处下》章经文释读

1. 文字释读

处：虎，既是声旁也是形旁，表示食人猛兽。處，金文■=■（虎头）＋■（虎爪）＋■（站着的人），表示恶虎虐人。造字本义：恶虎残虐犯人。推测远古将死刑犯投入虎穴，或把饿虎放进牢狱，囚虎同牢，让饿虎残食罪犯（可参阅"戏"）。有的金文■省去金文■中的"人"形■，并将"止"形■写成■，将"爪"形■写成"人"形■。篆文■承续金文字形■。有的篆文■省去虎头■。隶书■将■连写成■。俗体楷书■整体上采用篆文字形■，但误将篆文的"人"■写成"卜"■，至此，"处"字的本义线索完全消失。

《说文解字》："处，止也，得几而止。从几，从夂。處，处或从虍。"（处，停止，坐几（凳）而歇。字形采用"几、夂"会义，夂，表示从后至。"處"，这是"处"的异体字，字形采用"虍"作边旁。）本指中止、停止。处读 chǔ，作动词表示居住、生活，居家不仕，隐居（如处人——居家不出之人、隐士；处家——居家、在家里），惩罚，治理、办理（如处断——处理决断；处方——给病人开药方），决断、定夺，主持、执掌（如处位——居位；

处势——所处的地位；处馆——在私塾中教书、做私塾先生；处实——务实），对待（如处待——处置、对待；处物——对待人和事物），与人交往（如处常——长远相处；处交——结交、社交）。"处"又读 chǔ，作形容词表示定、常（如喜怒无处——处，常也）。"处"亦读 chù，作名词指处所，地方（指人或物所在的地方，如住处、别处、停车处，《广韵》："处，所也。"），部分、方面（如好处、益处），行政机关或行政机关里的一级单位、一个部门（如业务处、办事处、政策处）。

流："充"是"流"和"毓"的本字。充，篆文充上部是头朝下的"子"，下部是"水"，表示生产时的羊水。造字本义：胎儿伴随大量羊水移出母体。当"充"作为单纯字件后，金文加"每"（生育）另造"毓"代替"充"的"生育"本义；加"水"另造"流"，代替"充"的"大量羊水排出"的本义。中山王墓宫堂图中的"流"写成（羊水中的胎包）、（心，指腹部）会义，强调生育含义。篆文承续金文字形。有的篆文省去右边的"水"。隶书流将篆文的"水"写成"三点水"；将篆文倒写"子"的写成充。古人称正常生产为"毓"，称坏胎病产为"流"。

《说文解字》："水行也。从㳘、充、充，突忽也。流，篆文从水。"（水上旅行。字形采用"㳘、充"会义。充，表示突忽意外。"流"，篆文简化字形，采用"水"作边旁。）本指水流动。流作动词同本义（如流进——涌流而出；流水行云——流动的水和飘浮的云彩；流冰——冰块在河面上漂动和流动；流泉——流动的泉水，引申为流动），顺水漂流（如流觞——在环曲水道旁宴聚时，将杯放入水中，任其漂流，如停在某人面前，某人当即取饮；流柿——江中漂流的木片；流泊——在水面漂流；流花——水面漂流的落花），漂没、移动不定、流浪（如流穴——辗转流落、居无定所），传布、扩散（如流风——遗风；流称——传颂；流闻——辗转传闻、流播；流迈——传播远方；流声——流播名声、流传的名声；流誉——传播声誉；流语——流传的话），流露、显露（如流韵——诗文等表现出的风格韵味），放纵、无节制（如流泆——放纵），放逐、流放，古代五刑之一（如流户——流放边区服劳役的人家；流逐——流放），变化、演变（如流易——演变、变换），涂饰（如流金——涂饰泥金），通"留"，停留、停止，通"摎"，求取。流作名词表示河川，江河的流水（如流川——江河的流水；流温——流水温和；流涧——山间的流水），像水流的东西（如流馥云外——形容香飘万里，寒流、暖流、气流），潮流、风气（如流化——犹流俗；流俗——社会上流行的风俗习惯），流派、派别，品类、等级（如三教九流；流比——同类比照类推；流伍——同辈、同类；流序——流品、等级），避难者（如盲流）。流作形容词指流畅（如流亮——流畅明白，流美——流畅华美，流畅动听）。

牝：匕，既是声旁也是形旁，是"妣"的省略，表示女性，通常指生育过的妇女。牝，甲骨文 𐤘 = 𐠿（匕，"妣"，女性）+ 𐤙（牛），"匕牛"表示母牛。甲骨文时代的古人重视对动物的驯养繁殖，因此对动物的性别敏感，定义也相当细致准确，如"匕羊"为母羊 𐤚；"匕虎"为母虎 𐤛。造字本义：母兽，雌性的动物。篆文 𐤜 承续甲骨文字形 𐤘。隶书 𐤝 将篆文中的"牛" 𐤞 写成 𐤟，失去牛的一对尖角形象。因牛体庞力大，助益农耕，且天性温和，古人对牛特别厚爱。公牛称为"牡"；母牛称为"牝"；专门用于祭祀的小公牛称为"特"。

《说文解字》："畜母也。从牛，匕声。《易》曰：'畜牝牛，吉。'"（母畜。字形采用"牛"作边旁，"匕"作声旁；"匕"为雌性动物的标志。《易经》上说："畜养母牛，大吉大利。"）本指雌性的禽兽。牝作名词同本义（与"牡"相对，如牝朝——唐人称武后当政为牝朝；牝牡——雌雄两性），泛指阴性的事物（如"溪谷为牝""肾者，牝藏也"），锁孔。

靓：青，既是声旁也是形旁，指蓝黑色颜料。靓，篆文 𐤠 = 𐤡（青，古代蓝黑色颜料）+ 𐤢（见，看），表示用蓝黑的颜料使自己好看。造字本义：古代年轻女子用丹青颜料画眉染唇，艳丽化妆。

《说文解字》："召也。从见，青声。"（召见。字形采用"见"作边旁，"青"作声旁。）本指召见、邀请（也作"请"）。靓读 jìng，作动词表示妆饰艳丽。靓作形容词表示淑静，艳丽、美好（如靓衣——艳丽的衣饰，靓妆），幽静，通"静"。靓又读 liàng，靓形容词指〈方〉：好看、漂亮。

胜：朕，既是声旁也是形旁，表示船舵。勝，金文 𐤣 = 𐤤（朕，船舵）+ 𐤥（力），表示掌舵的能力。造字本义：掌舵行舟，担当大任。篆文 𐤦 承续金文字形。隶书 𐤧 将篆文的"舟" 𐤨 误写成"月" 𐤩。

《说文解字》：“任也。从力，朕声。”（有能力担当。字形采用“力”作边旁，“朕”作声旁。）本指胜任、禁得起。胜作动词同本义（如不胜其苦——苦得受不住；胜任愉快——有能力承担并能愉快地完成任务；胜兵——能充当士兵参战的人），战胜、打败（如以弱胜强，以少胜多），胜过、超过（如胜常——超过平常；胜却——胜过，略胜一筹），一说通“称”，相当、相称、克制、制服，通“升”，上升。胜作名词则特指名胜古迹（如胜迹），通“升”，容积单位，古代妇女首饰（如蓬发戴胜），姓氏。胜作形容词表示胜利（如胜期；胜日——胜利之日），非常美好、美妙（如胜异——奇妙出众；胜绝——绝妙；胜妙——佳妙，胜情；胜致——高雅的情趣；胜侣——良伴；胜语——出众的言语、警句；胜谈——高明的言论；胜气——不平凡的气质、气度；胜士——佳士、才识过人的人士；胜致——优美的景致；胜事——美好的事情）。胜作副词指尽、完。

牡：土，既是声旁也是形旁，疑是金文对“上”的误写，“上”表示与“下”相反的方位。牡，甲骨文 𦏲 ＝ 𦏲（鹿）＋ ⊥（上），“上鹿”表示交配时体位在上的公鹿，即种鹿。甲骨文时代的古人重视对动物的驯养繁殖，因此对动物的性别敏感，定义也相当细致准确，如“上猪”为种猪𥘶；“上牛”为种牛𤘝；“上羊”为种羊𦍋；“上马”为种马𢒠，等等。造字本义：交配时体位在上的动物，即雄性动物。金文𤙒误将甲骨文字形中的“上”⊥写成“土”⊥。篆文𤙗承续金文字形。

《说文解字》：“畜父也。从牛，土声。”（雄性牲畜。字形采用“牛”作边旁，“土”是声旁。）本指雄性的鸟兽。牡作名词同本义（亦指植物的雄株，与“牝”相对），丘陵（如“丘陵为牡”），古代锁器的一部分（相当于后来的锁簧、门闩，如牡飞——门闩自行脱落，古谓内乱之征兆；牡龠——门闩、锁钥）。牡作形容词指雄性的，表示在生殖过程中起授精作用从而生育下一代的生物（如牡鸡，牡牝——雄性和雌性）之义。

宜：“宜”与“俎”同源，后分化。且，既是声旁也是形旁，是“俎”和“宜”的本字，表示祭祖杀牲，平分肉食。宜，甲骨文 𡥝 ＝ 𠁷（且，祭祖杀牲，平分肉食）＋ 𢎘（两个“夕”，两肉块），表示祭祖仪式上平分肉食。造字本义：祭祖杀牲，平分肉食。金文𢏕基本承续甲骨文字形。有的金文𡧬将“且”

的中间一横写成"等号"　，强调"平分"。有的金文　误将"且"　写成
"宀"　。籀文　、篆文　基本承续金文字形　。隶书　将篆文的　写成"且"
　。平分肉食为"宜"，独享双份或数份肉食为"多"，堆积大量肉食为
"叠"。

　　《说文解字》："所安也。从宀之下，一之上，多省声。　，古文宜。　，
亦古文宜。"（安居的所在。字形采用"宀、一"会义，表示在宀（房屋）之
下、在一（地板）之上，由省略了一半的"多"作声旁。　，这是古文写法
的"宜"字。　，这也是古文写法的"宜"字。甲骨文字形，像屋里俎上有
肉的形状。）本指合适、适宜。宜作形容词同本义（适合、适当，如合宜、适
宜、相宜；宜民——使民众安辑；宜时——适时；宜夏——适宜于夏天）。宜
作名词表示煮熟可吃的肉，祭名、祭祀土地之神，适宜的事，丰收（如宜
年——指丰收之年），通"仪"，法度、标准，通"谊"，合理的道理、行为，
姓氏。宜作副词表示当然、大概。宜作助动词指应当、应该（多用于否定式，
如宜蠲——应该减免；事不宜迟；不宜操之过急；宜速归；宜然——应该这
样；宜当——情理上必须如此）。

　　或：是"域""國"的本字。囗，既是声旁也是形旁，是"郭"　的省略，
表示城郭。或，甲骨文　＝　（戈，武器）＋　（囗，城郭），表示武力守城。
金文　将甲骨文的"囗"　（城郭）写成　，表示四边有护墙　的城邑　。有
的金文　将四边护墙　省略为一边　。造字本义：军队守卫的一方疆域。篆文　
承续金文字形。当"或"的"军队守卫的疆域"本义消失后，再加"土"另
造"域"代替。当"域"的本义消失后，又加"囗"另造"國"代替。古人
称军队守城为"或"，称全民皆兵为"咸"。

　　《说文解字》："邦也。从囗从戈，以守一。一，地也。域，或又从土。"
（小邦国。字形采用"囗、戈"会义，囗，像城形；戈，以戈守之；用以守
"一"。"一"，代表土地，表示以戈卫国。"域"，这是"或"的异体字，再加
"土"的边旁。）本指国家（用本义时读 yù）。或作代词表示有人、有的，泛
指人或事物（如或人——某人，不称名而暗指的人，有些人；或时——有时；
或种——某种；或日——某日、有一天）。或作连词则用作虚词（表示选择或
列举，如或是——连词，表示选择或并列关系；或乃——或者，常用于句首表

示变换叙述内容），在不同或不相似的事物、状况或行动之间的一个抉择（如天晴或阴，他都不应该在这里），近似、可疑或不肯定（如在五天或六天之内），两个词或两个短语同义或替换的性质（如今天或明天完成都行），表示假设，犹倘若、假使（如或若——假使、倘或）。或作副词表示或许、也许（表示不肯定，如或是——或许、也许是；或恐——也许、可能），稍微（略微，表示数量少或程度浅，如不可或缺、不可或缓），间或、有时（如或时——有时）。或作动词则通"惑"，迷惑（如或或——迷惑，或，通惑；或疑——怀疑、疑惑，有人怀疑）。或作语气词指语气词（在否定句中加强否定语气）。

兼：金文 𥡝 = 秝 （两株稻禾）+ 彐 （又，抓握），表示手握两株庄稼。造字本义：一手同时抓握两株稻禾。收割时，通常一手抓住一株稻禾，一手执镰拉割；有些人则一手同时抓住两株或两株以上的稻禾，以达到一刀数株的收割效率。篆文 𥡝 承续金文字形。隶书 兼 变形，失去"禾"的形象。手握一株为"秉"，手握两株为"兼"。

《说文解字》："并也。从又持秝。兼持二禾，秉持一禾。"（同时操持、把握。字形采用"又"作边旁，代表手，字形像一只手同时抓握两茎禾，秝读lì。"兼"是手持二禾，"秉"是手持一禾。）本指一手执两禾，引申为同时进行几桩事情或占有几样东西。兼作动词指同时具有或涉及几种事务或若干方面（如兼收并蓄；兼署——官吏除本职外，又兼理其他职务；兼味——指两种以上的菜肴），合并、由部分合成整体，并吞、兼并（如兼列——犹兼并；兼畜——犹兼并、并吞），倍、加倍（把两份并在一起，如兼旬——二十天；兼通——通晓两门或两门以上的学问或技艺），重复、累积，尽、竭尽，胜过、超越（如兼人——胜过别人，表示一个人能干两个人的事），同、连同。兼作形容词表示全部、整个（如兼裒 póu——广为聚集）。兼作连词表示并列关系，和、与（如兼罗——并列；兼言——合在一起说），表示递进关系，而且、并且（如兼之，兼且——并且）。兼作副词表示另一方面（可译为"还""同时""再加上"之类）。

2. 章意疏解

大邦者下流也，天下之牝也，天下之郊也。（此段主要以牝和郊为例，提出大邦或强者的处身原则——居于下位。）

牝，代表阴、雌性，柔弱。牡，代表阳、雄性，刚强。《国语·越语下》曰："凡陈之道，设右以为牝，益左以为牡。"韦昭注："在阴为牝，在阳为牡。"（布阵的方法也很重要，右翼可以布阵严整，但不是主力所在。左翼应该加强一些，使它成为主力）大邦，从社会外部而言，可以理解为国力强盛的国家，从个体修身而言，可以理解为道德能量丰厚的修身者。

有道之身国大邦，常处于下流地位，这是因为道无高下贵贱，德能平等普利，唯看频谱是否相同，并且，自然界的能量总是从高的一端向低的一端传递。所以，大邦者效法天地自然的厚德载物，主动承担责任，扶助弱小，谦虚居下，这是义德圆满的表现。正如牝与牡相对，虽处阴位、弱位，但可以为天下母；郊与都城相对，虽居野外，但田禾耕作可以供给天下。大邦者也是效法牝和郊的能生与能养之道，主动处于慈柔、蓄养之位。

《黄帝四经·观》曰："混混沌沌，窈窈冥冥，为一囷。无晦无明，未有阴阳。阴阳未定，吾未有以名。今始判为两，分为阴阳。离为四时，刚柔相成，万物乃生，德虐之行，因以为常。其明者以为法，而微道是行。行法循道，是为牝牡。牝牡相求，会刚与柔。柔刚相成，牝牡若形。"（黄帝说：天地未生之前，先天一气，看去混混沌沌，窈窈冥冥，浑聚昏暗，如一谷仓。此时阴气阳气未分，无所谓明暗昼夜。阴气阳气聚散未定，所以一切都无法称名。现在天地既分，阴阳有别，离析而为春、夏、秋、冬四季，刚柔的相互更迭推衍便有了万物的生成，因此奖惩赏罚须兼行并举，并要将其作为一项制度确定下来，而奖惩赏罚的施行，要取法自然规律，二者须相互配合。顺行取法自然规律，遵循天道，这便是阴阳的全部道理。阴阳聚合，刚柔相济；刚柔的相辅相成，阴阳的融会贯通，便成就了万物。）

牝恒以靓胜牡，为其靓也，故宜为下。（此段主要以牝以靓胜牡为例，指出何以处下的原因。）

静与动是一对阴阳，静为主，动为客。牝为静是反客为主之道，故能胜之。这就是要守静处下的原因。

大邦以下小邦，则取小邦；小邦以下大邦，则取于大邦。故或下以取，或下而取。（此段主要展示了大邦与小邦的国际交往、强势与弱势交往的具体情形。）

取：收取，获得，战胜。以取：以取人。而取：取于人。《左传·襄公十九年》曰："小国之仰大国也，如百谷之仰膏雨焉。若常膏之，其天下辑睦，岂唯敝邑？"（小国仰望大国，好像各种谷物仰望润泽的雨水。如果经常润泽，天下将会和睦，岂独是我国？）

有道之身国，若能处下行德，加上自身强大的德能优势，则德能缺失不足的身国（小邦），必然乐于从修依附。小邦本来因五德不全而弱小，若不守德谦卑，或与大邦为敌，则是以卵击石，自然难以长久。相反，若能安守本分，向大邦求教学习，则可以从以道治身国者的强大淳厚德性能量中，获得益处。倘若作为小国却自高自大，激怒大国，使它把祸乱加到自己身上，那么大难当头，言辞又有什么用处？（参见《国语·鲁语上》："若为小而崇，以怒大国，使加己乱，乱在前矣，辞其何益？"）

故大邦者，不过欲兼畜人；小邦者，不过欲入事人。（此段主要分析强势与弱势各自不同的心理，大邦之所以强势的目的与小邦之所以弱小的存身愿望。）

兼：合并，加倍。畜：容纳，收容，养育，喜爱。入：加入，参与。事：任用，役使，治理。《左传·哀公七年》曰："小所以事大，信也；大所以保小，仁也。背大国不信，伐小国不仁。民保于城，城保于德，失二德者，危，将焉保？"（小国用来侍奉大国的，是信；大国用来保护小国的，是仁。违背大国，这是不信，攻打小国，这是不仁。百姓由城邑来保护，城邑由德行来保护。丢掉了信和仁两种德行，就危险了，还能保护什么？）《国语·鲁语上》曰："处大敬小，处小事大。所以御乱也，不闻以辞。"（大国要做好小国的表率，小国要侍奉好大国。这样才能防备祸乱，没听说用言辞就能解决问题的。）

因此，以道治身国者（大邦），不过是想以德治兼爱众生，教化养育众生，同归德道。五德不全者（小邦），也不过是甘居下位，治人事天，如果知己不足而尊道贵德，同样也就进入了德治的状态中。

夫皆得其欲，则大者宜为下。（此段主要总括以德为本进行国际交往的益处，也是德尚往来的具体应用。）

要想双方都能够各随所愿，各得其所，大邦（道治身国者）更应该谦虚处下，和平共守仁慈、柔容、包涵、德化、同一五项原则。

三、老子的智慧启示

此章中老子对世人的启示，是恬静处下话德本。对于这个话题，主要阐述两方面内容。

1. 为什么要处下（处下的原因与目的）

俗话常说："人往高处走，水往低处流。"古人又说："又恐琼楼玉宇，高处不胜寒。"到底是"争上游"好，还是"处下不争"好？

老子在本章中是以大邦与小邦相处（处理国际关系时）、强势与弱势（处理人际交往）时，提出大者宜为下、处下的原则。在五千言的其他篇章中，是以水来阐述善"处下"的道理，他在《江海》章说："江海之所以能为百浴王者，以其善下之，是以能为百浴王。"（就是说，百川归海，有容乃大。江海之所以能成其大者，由于它善于处下，所以，能够成为百川之王）；《治水》章又说："水善利万物而有静，居众人之所恶，故几于道。"）为什么要处下？

道就是虚无、平易、清静、柔弱、淳粹、素朴。这六个方面就是道的形象。所谓的虚无，是道的归宿；所谓的平易，是道的本质；所谓的清静，是道的镜子；所谓的柔弱，是道的作用。正反两个方面相辅相成，互相转化，这是道的常规和常态；柔，是道的刚；弱，则是道的强。所谓的淳粹、素朴，是道的主体。（参见《文子·道原》："故道者，虚无、平易、清静、柔弱、淳粹、素朴，此六者，道之形体也。虚无者，道之舍也；平易者，道之素也；清静者，道之鉴也；柔弱者，道之用也；淳粹、素朴者，道之干也。"）

因此，守柔处下是遵循道的本性。《文子上》说："能胜敌者，必强者也；能强者，必用人力者也；能用人力者，必得人心者也；能得人心者，必自得者也；能自得者，必柔弱也。强胜不若己者，至于与同则格，柔胜出于己者，其力不可度。故能以众不胜成大胜者，唯圣人能之。"（能够战胜敌人的人，一定是个强大的人；能够强大的人，一定是利用了民众的力量；能利用民众的力量的人，也必定是得人心的；能得人心的人，也一定是自身修道得道的人；能够得其道的人，一定是以柔弱处世处事的。强硬尽管能胜过不如自己的人，但碰上力量与之相等的人就只能互相抗衡而难以取胜了。而柔弱可以胜过比自己强大的人，它的无形的柔性之力是无法计算的。所以能从多次失败中转变出大胜利，这只有圣人才能做到。）

而且，老子说过："天下之物生于有，有生于无。"任何事物的发展，万物的产生都是从无至有，自微而显，从小到大，从无形到有形，乃至全部露出痕迹。这是一个自然规律。《易经·乾卦·文言传》曰："同声相应，同气相求。水流湿，火就燥。"（声息相同就互相应和，气味相投就互相求助。水向低湿的地方流动，火向干燥的地方蔓延。指物之气质类似必相感应。后用以比喻事物发展的必然规律），自然万物本性如此。从这个角度说，处下的目的，主要是奠基，打好基础，就好像盖房子要先打好地基一样，"万丈高楼平地起"。《易经》说："潜龙勿用。"（这里引用初九爻辞说"潜藏的龙，无法施展。"这是什么意思？孔子说："龙是比喻有才德而隐居的君子。操行坚定不为世风所转移，不求虚名，隐居避世而没有苦闷，言行不为世人所赏识而没有烦恼。乐意的事就施行它，忧患的事就避开它，坚定而不可动摇，这是潜龙的品德。"）所以，先打好基础，是遵从道的规律、顺应万物的本性而动。

古人云："参天之木，必有其根；怀山之水，必有其源。"从外界的自然现象中，也可以看到这样的例子。树木要长成参天大树，必须深深地扎根于大地，把自己的根部牢牢地深入大地，只有深根，才能固蒂。大家也可以观察一下竹子的生长过程。我们常听一个词叫"势如破竹"，形势如劈竹子一样，劈开上端之后，下面就随着刀刃分开了。形容作战或工作顺利进行，节节胜利，毫无阻挡，也形容不可阻挡的气势。竹子用了 4 年时间仅仅长了 3 厘米，之后突然发力，以惊人的速度生长，从第 5 年开始每天疯狂生长 30 厘米。如果在夜深人静的时候来到竹林里，会听到竹子在拔节生长的声音。竹子的生长是用 4 年的时间将根系在地下延伸并找到合适的突破口，然后再消耗 4 年将突破口处的根系加粗，最后在第 9 年的时候开始快速生长 50 天左右（筇竹）。平均速度为每天 3～10 厘米（部分竹种如果条件合适能达到 24 小时内长 250 厘米的极限速度），然后成熟……同一批能有上百株竹子，而且，竹林还在向四周疯狂地扩张，整个竹林其实都是同一株竹。这就说明了基础、根基的重要性。

同时，竹子的精神也是值得人们在为人处事中学习的。竹子在我国的寓意非常深刻：竹者重节，节者为信！所以竹子代表重节、重信。竹与松、梅号称

"岁寒三友"（这三种植物以在寒冬时节仍可保持顽强的生命力而得名，是中国传统文化中高尚人格的象征，也象征着忠贞的友谊。传到日本后又加上长寿的意义。松竹梅合成的岁寒三友图案是中国古代器物、衣物和建筑上常用的装饰题材。同时岁寒三友还是中国画的常见题材，画作常以"三友图"命名）；竹是君子的化身，梅兰竹菊号称"四君子"。竹子有奋发向上与虚心谦逊的精神品格，竹子有坚韧不拔、永不变色的英雄本色，竹子有刚正不阿的坚贞气节，竹子有无私奉献的精神。竹子的象征意义始终是正气的，竹子象征着生命的柔韧坚强、长寿安宁、幸福和谐。竹子秀逸而具风韵，纤细柔美，长青不败，象征青春永驻；竹子潇洒挺拔、清丽俊逸，象征君子风度；竹子空心，谦虚内敛低调，象征虚心品格；竹子弯而不折，折而不断，象征着气节和傲骨；竹子生而有节，竹节必露，象征着高风亮节，富有气节。在生活中，我们也要像竹子一样，一生正直，坚强乐观。

竹子精神是感物喻志的象征，也是喻物诗和文人画作中最常见的题材。它表现着自强不息、顶天立地的精神；象征清华其外、淡泊其中、清雅脱俗、不作媚世之态。郑板桥有很著名的《竹石》诗吟咏："咬定青山不放松，立根原在破岩中。千磨万击还坚劲，任尔东西南北风。"竹子在荒山野岭中默默生长，无论是丛山峻岭之中，还是沟壑险谷之间，它都能以坚韧不拔的毅力在逆境中顽强生存。尽管长年累月守着无边的寂寞，一年四季经受着风霜雪雨的抽打，但它始终"咬定青山"、专心致志、无怨无悔。千百年来，人们都会赋予竹子清峻不阿、高风亮节的品格形象。竹子心无杂念，甘于孤寂，它不求闻达于莽林，不慕热闹于山岭，千百年过去了，却终成瀚海般的大气候。竹轻盈细巧、四季常青，却从不哗众取宠，更不盛气凌人，虚心劲节、朴实无华才是它的品格。竹子不开花，清淡高雅，一尘不染，它不图华丽、不求虚名的自然天性为世人所倾倒。竹子在清风中瑟瑟的声音，在夜月下疏朗的影子，都让文人墨客深深感动。而竹于风霜凌厉中苍翠依然的品格，更让诗人引为同道，因而，中国文人的居室中大多植有竹子。王子猷说："何可一日无此君。"苏东坡说："宁可食无肉，不可居无竹。无肉令人瘦，无竹令人俗。人瘦尚可肥，士俗不可医。"可见竹的悠久文化精神已经深入士人骨髓。明月如霜，凉风如水。庭院中翠竹依阶低吟，挺拔劲节，既有梅花凌霜傲雪的铁骨，又有兰花翠色长存的高洁，并以它那劲节、虚空、萧疏的个性，使诗人在其中充分体味君子之风。"劲节有高致，清声无俗喧"，它的"劲节"，代表不屈的气节；它的"虚空"，代表谦逊的胸怀；它的"萧疏"，代表超群的脱俗。

2. 如何正确处下（处下的益处与原则）

首先，处下并非什么事都不做，等待观望，而是不断充电，积蓄前进的力量。这里的力量主要是对自身德能的补充，因为道德能量是社会发展与人类身心健康的原动力，在行走的过程中，随时补充德能，这是对生命健康与人生发展的及时充电。

其次，处下不是没有进取心，而是积极进取，奋发有为。老子说过："不敢为天下先，故能成器长。"（不因私而逞勇于天下，所以，能成就德道事业的长久。）按照陈鼓应先生的翻译是："不敢居于天下人的前面，所以能成为百物的首长。"这都说明了谦虚处下、虚怀若谷，对成就事业与个人发展的益处。这其实与老子所说"善用人者，为之下"是一脉相承的。甘居下游，故能得到人民的信任，从而成为首长。这也是老子说的："是以圣人后其身而身先，外其身而身存。"鲁迅先生"俯首甘为孺子牛"，耗费自己非常多的时间和精力，为年轻人改稿子，帮助他们进步，也是"处下"的最好写照。即使有人恩将仇报，也痴心不改。

处下需要一颗博大慈悲、富于包容的心。他愿意牺牲自己，去成全他人；他甘居下游，去为别人的成长铺路架桥。他不愿做珍珠，让人艳羡；他愿做铺路的石子，为人们铺平一条宽阔的路。因为有包容，所以不争；因为有包容，所以能让。"退一步海阔天空"，给了别人空间，自己也有了空间；让别人天宽地阔，自己也天宽地阔。这样看来，是选择天宽地阔还是针尖对麦芒，全在于个人的不同理解和修养了。

最后，处下不是懦弱，不是任人宰割。中国文化从来不缺乏勇于抗争的因子。但有一个有趣的现象是，处下无论在道家还是儒家看来，都是一种谦谦君子的风范，都受到肯定。孔子在弟子面前，从来不是高高在上，相反，他与弟子平等对话，有时甚至被弟子逼得对天发誓！譬如弟子子路非常不满孔子会见卫灵公夫人南子，因为南子行为不端。但孔子却对天发誓，说如果其与南子的会面不合乎礼法的话，"天厌之，天厌之"。在孔子心目中，真理面前人人平等，老师也没有任何特权可言。

可见，处下是为了保存实力，也是一种谦虚的美德。"甘居下游"，也许恰恰是向上的阶梯。譬如大炮，后坐力越大，射程才可能越远呢！处下，不就与这火炮的后坐力有相似的道理吗？可以了解一下现实生活中一些大师的为人处世，以文章《大师往往低姿态》为例：

不因为别人的无理就降低自己的水准，大师级的人物常以低姿态处世为人。台湾星云大师讲过这样一件事：他的一位很有名望的教授朋友带着上中学的女儿去街上买水果。挑选水果时，因教授穿着简单朴素，不像有钱人，小贩很不耐烦地问："你到底买不买？"教授礼貌地回答："买！"教授将挑好的水果递给小贩，小贩努努嘴说："这种水果很贵的，你买得起吗？"教授一脸微笑、语气谦恭："买得起。"回家路上，15 岁的女儿问父亲："爸爸，您是大学里人人敬仰的名教授，今天却让一个小贩吆来喝去，您不生气吗？"教授答道："不生气。待人有理、礼貌、谦虚是我的为人处世水准，我从来不会因为别人怎样对我而降低自己的水准。"沈从文与启功先生的品格也都是如此，德高望重的人往往放低自己，以低姿态示人，以低姿态处世。

3. 高真德道悟鉴

吕祖认为此章知彼知此的意思。

大国、小国、天下，皆是我身；下、上、上流，合而为一。大国者下流，言其一身通透，无有隔障。阴阳交泰，感而成孕，抱合乾坤而真成矣，谓之天下之交。天下昏昏默默，不知已有而有自现。大凡此章之意，乃虚能实、空能有，不待自作聪明造作而成。小国者，虚无也，虚无通，天地成一大窍，玄妙而久，心不在焉。视而不见，听而不闻者，乃得于玄而通于道也。心者，虚中不昧，窈窈冥冥之中存一真性，养和万物，蓄气于中，贯通于外，各得其宜，皆是玄妙的宗旨。如此行之清静，外妄不生，内欲不动，澄其心，去其意，灰其情，则小人不敢犯；诚笃宜慎，皆为大道提纲。上下贯通，内外贞白，如此故与天同。故天者宜为下。

天下者，形也；大国者，性境也；小国者，虚灵也。形清静则性生。性清静则虚灵不昧，灵不昧则慧剑铸，慧剑铸则外魔不生，外魔不生则内欲尽除，内欲除则虚中静，虚中静则万窍归通，万窍通则入于湛寂（湛寂乃不漏丹矣——悟玄子注）而道成矣。故谓之大国下流，小国贯通也。此乃章中大旨，玄妙显然，而后人得之，可以进道成玄矣。①

太上言修道炼丹之学，皆当以柔为主，以静为要。虽曰柔懦无用，孤寂难成，而打坐之初，要必动从静出，刚自柔生，方是真正大道。喻曰"大国者下流"，言水有上有下，上之水必流于下而后已，如大国自谦自抑，毫无满假之思，必为天下所景仰，犹下流之地为万派所归，其势有必然者，故曰："天下之交。"夫天下交归，以其能自下也，自下则其气最柔也，非至刚也。彼物之至刚者，孰为过于牡乎？物之至柔也，孰有过于牝乎？牡为阳为刚，牝为阴为柔，宜乎阳刚之牡，常胜阴柔之牝矣，顾何以牝常胜牡耶？夫亦曰牝之能静焉耳。古云"静以制动"，其言不爽，亦同下之承上，其势必然。何况抚兹大国者，卑以自牧，虑以下人，而万国有不来享来王者乎？是以下为高之基，静又为下之本也。古今来，或大国以下小国，如成汤下葛伯，卒取葛之地抚而有之是也；或小国以下大国，如勾践下吴王，卒取吴之业兼而有之是也。又或大国不自大而自小，所以取小国如反掌也；亦或小国安于小而事大，所以取大国如拾芥也。论赫赫大邦，实为诸国表率，而抚绥有道，怀柔有方，不欲并吞天下，以山河为一统，乃欲并蓄小国，以天下为一家，实非有大过人之德者，不能休休有容也，宜天下归仁，万方奉命矣。区区蕞尔，同属分封藩臣，而贡献频来，奔趋恐后，不欲高人以取辱，莫保宗社之灵长，惟期事人以自全，幸延苍生之残喘，亦非有大过人之智者不能抑抑自下也，宜人心爱戴，天命来归矣。况乎人必有所志，而后有所欲。今大国欲兼畜人，小国欲入事人，两者所欲，一仁一智，已各得其所欲，而不流于人欲之私，足见大小诸邦各循其理、安其分，而无敢越厥职者焉。虽然，小者自下，其理固然，彼大者尤宜居下，始见一人之端拱，为天下之依归。

治世如此，治身又何异乎？大国喻元神也，下流喻以神光下照丹田，而阴精亦下流入丹田，神火一煅，精化气矣。此个丹田，即玄关也。夫人一身之总持，五气之期会，三花之凝聚，结丹成胎，出神入圣，无不于丹田一穴是炼

① 老子. 吕祖秘注道德经心传［M］. 吕岩，释义；韩起，编校. 桂林：广西师范大学出版社，2014：126－127.

焉，故曰"天下之交"，犹百川众流之朝宗于海也，炼丹之所在此。而合药之道又贵以柔顺为主，故取象于天下之牝。牝，柔也，和也，即"太和所谓道"，又曰"专气致柔"。如此至柔至和，则元精溶溶，可以化气而生神。且元精在内，静摄肾气于其中，迨神火一煅，精化为气，于是行逆修之术，运颠倒之工，升而上之，饵而服之，送归土釜，以铅制汞，即以牝制牝，此河车以后之事。若在守中之始，心本外阳而内阴，肾本外阴而内阳。以后天身形而论，心之外阳为牡，肾之外阴为牝。今自离中虚而为阴，坎中满而为阳，即《悟真》云"饶他为主我为宾"，又曰"阳本男身女子身，阴虽女体男儿体"，此颠倒乾坤，离反为牡，坎反为牝矣。修炼之法，务令心之刚者化柔、动者为静，肾之柔者化刚、静者反动，是以离之柔和，温养坎之阳刚，此即"火中生木液，水里发金刚"。以心使气，以性节情，情不妄动，无非以默以柔、谦和忍下，以炼心性，故上田美液流入元海，液又化气而入丹田。"大国下小国"，即由上田到下田也。"取小国"者，采取丹田金水之气，逆运河车，上转天谷是也。"小国下大国"，又从下田上昆仑是也。"取大国"者，并合昆仑金液共入黄庭也。或以上田甘津美液流入下丹田以生气，则取丹田之气者，是为大国之自下以取也。又或丹田之气逆上天谷以生液，则吞天谷之气，是为小国之自下而取也。此即金水上升，铅气合髓，精凝气调，片晌间化为甘露神水，流于上腭，滴滴归源，即液化气之候也。待气机充壮，又运河车，送上昆仑，吞脑海髓精，复降下黄庭，是气又化液之时也。然"大国者下流"，以柔以静，休休有容，诚有大过人之度，此即神化气而气化精，于以充满丹田也，故有欲兼畜人之德。小国亦有内朗之智，自知势力不敌，甘愿入觐奉命，诚有大过人之量，此即精生气而气生神，亦以归依黄庭也，故有欲入事人之道。两者所欲均无外慕，故丹成九转，道高九天，永与乾坤并寿焉，其德之交归为何如哉！修身妙诀，无出于此。得者宝之，勿轻泄焉。①

---

① 黄元吉．道德经精义［M］．北京：中央编译出版社，2014：170－172．

第七节　《道注》

一、《道注》章经文内容

道者，万物之注也。善，人之宝也；不善，人之所保也。美言可以市，奠行可以贺人。

人之不善，何弃之有？

故立天子，置三卿，虽有共之壁，以先四马，不若坐而进此。

古之所以贵此者何？不谓求以得，有罪以免与？故为天下贵。

二、《道注》章经文释读

1. 文字释读

注：本字，主，既是声旁也是形旁，是"柱"的省略，表示直立的杆子。注，篆文 ![字形] = ![字形]（水，雨丝）+ ![字形]（主，"柱"），造字本义：比喻从上向下朝器皿灌入液体时液体如柱。隶书 ![字形] 将篆文的 ![字形] 写成 ![字形]。

注：合并字，主，既是声旁也是形旁，是"注"的省略，表示灌入。注 = 言（言，说明）➕主（主，"注"的省略，小心向小孔灌入）。造字本义：比喻在文本中插入说明，标记。

《说文解字》："灌也。从水主聲。"（将液体从小孔灌入。字形采用"水"作边旁，"主"是声旁。）本指灌入、注入。注作动词同本义（如把酒注到瓶里；注溉——灌溉；注集——流泻汇集；注溜——倾泻的水流），集中、聚集（如注心——集中心意、专心；注耳——倾耳；注仰——抬头注视；注盼——凝视；注神——凝神；注眼——集中目光看；注眸——凝眸），解释古书原文意义为"注"（解释前人注文的意义为"疏"，如注本——带有注释的版本；注述——注释；注训——注解；注家——注解古籍的人），投、击，连为一个整体、连接（如注易——接连不断；注连——连属、接连不断），预示，涂

410

抹，记载，预先决定，附着、安放，输送。注作名词通常为字较小的、在正文以外印刷的评注或附注（如脚注），用于斟注的小壶，屋檐滴水处，古地名（故址在河南省临汝县西）。注作量词则用于钱款、交易等（相当于"笔""桩"），用于雨（相当于"阵""场"，如陆龟蒙《奉酬袭美苦雨见寄》"萤飞渐多屋渐薄，一注愁霖当面落"）。注作动词表示用文字解释词句（如批注——加评语和注解；评注——评论并注解；注述——注释和著述；注官——注出拟授官职；注家——从事注释的人；注语——用作说明的文字；注赞——关于言行的说明和赞语），记载、登记（如注代——古代前后仕官吏替换时登记备案；注记——记载、记录）。

市：金文𡴃＝𡳾（止，前往）＋丂（兮，叫喊招徕）。造字本义：带着货物或钱币，到集贸地叫卖或求购。篆文𡸁误将金文字形𡳾中的"兮"丂写成内，字形复杂费解。隶书市严重变形，"止""兮"的"前往叫卖"线索彻底消失。

《说文解字》："買賣所之也。市有垣，从冂，从𠃊，𠃊，古文及，象物相及也。之省聲。"（市，买卖时前往的交易场所。集市有垣墙，所以字形采用"、、𠃌"作形旁；冂，表示城外、郊外、野外，𠃊，同"乙"，汉字部首；𠃌，这是古文写法的"及"字，表示集市中物品比比相连。采用有所省略了下部的"之"作声旁。金文字形，上面是"之"（往），下面是"兮"，表市场嘈杂声。）本指市场。市作名词同本义（如市征——市场的税征；市声——街市中的喧闹声；市人——集市或城中街道上的人；市吏——市官，管理市场的官吏；市刑——古代市场中的刑罚；市司——古代管理市场的官员），集镇、城镇、城市（如市稍头——城镇接近农村的地方；市井之夫——市集里的人；市心——城镇中心地区；市语——行话，常指下层社会中用的隐语；市门——商店的门、城门；市口——市镇；市邑——市镇、城镇；市列——如市场中的店铺），街市（如市肆——市廛，街市上的店铺），手工业作坊、铺子、商店或由商店组成的活动中心、贸易中心（如开市），物价、价格（如行市），我国度量衡的市用制（如市斤、市两、市石、市尺、市丈、市寸）。市作动词表示交易、商品买卖（如市易—— 交易买卖，宋代王安石所创的一种新法；市官——管理买卖市集的官吏；市交——市肆交易；市合——开市；市步——码

411

头上的集市；市利——贸易之利或指牟取利益；市买——交易），购买（如市骏——购买骏马；市沽——买酒），卖出（如市酒——卖酒；市食——市中售卖的食物）。

奠："奠"是"郑"的本字。奠，甲骨文✿是指事字，字形在酒坛✿下面加一横代表地面的指事符号━，表示在新建筑的地基上洒酒祭奉地神与祖先，以求居所安定幸福。金文✿＝✿（酉，酒）＋✿（丌，基），表示新建筑开工立基时洒酒祭神，明确了"奠"与"基"的关系。有的金文✿在"奠"✿字上加"宀"✿（安居），强调"奠"与"居"的关系。造字本义：动词，在地基上隆重献酒，祭奉地神与祖先，以求新居落成后安定幸福。篆文✿误将金文字形中的"酉"✿（酒）写成"酋"✿。隶书✿误将篆文字形中的"丌"✿（基）写成"大"✿。当"奠"的"洒酒祭地神"本义消失后，篆文✿再加"邑"✿（城邑）另造"郑"代替，表示为新城邑的开工建设进行祭祀。

《说文解字》："置祭也。从酋。酋，酒也。下其丌也。《禮》有奠祭者。"（在祭台上摆放祭品。字形采用"酋"作边旁。酋，就是酒。"酋"字下面的"丌" jī 像放东西的基物，是供摆放的架子。《周礼》上有关于奠祭者的记述。）本指设酒食以祭。奠作动词同本义（如奠馔——置食物以祭；奠飨——置酒食以祭祀），荐献、敬献（如奠雁——古代婚俗，新郎用雁作见面礼到女家迎亲，表示不再娶他人），定、确定、规定（稳固地安置，如奠基；奠定——使稳固安定；奠位——定位；奠居——定居、安居），放置（如奠枕——安枕以卧，形容局势安定）。奠作名词指祭品（如奠馈——祭品）。

贺：金文✿＝✿（贝，钱财）＋✿（又，操持）＋✿（口，恭维赞美），表示送礼志庆。造字本义：奉送财礼，向对方道喜庆祝。篆文✿调整结构。在现代汉语词汇"庆贺"中，"庆"与"贺"近义，但在甲骨文字形中有所区别："庆"强调赠送礼物，以示纪念主人的称心事件；"贺"强调送礼的同时，现场说好话恭维主人。

《说文解字》："以禮相奉慶也。从貝加聲。"（以礼物捧场庆祝。字形采用"贝"作边旁，"加"作声旁）本指奉送礼物表示庆祝。贺作动词同本义（如贺敬——贺礼；贺吊往还——庆贺吊唁往来应酬；贺冬——庆祝冬至节；贺厦——庆祝大厦落成），通"嘉"，嘉奖、犒劳（如贺功——庆功；贺军——

犒劳将士），赞许、附和（如贺曰——赞许地说；齐贺——齐声附和；赞贺——赞许），增加、增益（如贺人——增加人员）。贺作名词指锡的别名（因古时以临贺——今广西贺州市出的锡最出名，因称锡为贺），姓氏（如贺拔——复姓；贺若——复姓）。

置：本字"置"：置，篆文 ▦ = 网（网，缉捕）+ 直（直，正派无辜者）。造字本义：赦罪，释放错抓的人或罪轻的人。隶书 置 将篆文字形中的网写成似是而非的 ⺆⺆；将篆文的 直 写成 直。楷书 置 则将隶书字形中似"网"非"网"的 ⺆⺆ 写成了"四" ⺕⺕。

合并字"寘"：寘，金文 ▦ = ⼧（宀，居家）+ 眞（真，以鼎熬骨汤）。造字本义：在家中安置鼎锅。篆文 ▦ 承续金文字形。

《说文解字》："赦也。从网、直。"（赦免罪人。字形采用"网、直"会义，网直宜赦）本指赦罪、释放。置作动词同本义，安放、搁、摆（如置立——设立、安置；置措——措置；置锥之地——安放锥子的地方，比喻极狭小的、赖以安身立命的地方），设置、建立、设立（如置社——周时大夫与庶民共设置的社稷神；置顿——设置供人停留和食宿的处所），豁免，废弃、舍弃（如置之高阁——比喻弃置一旁，不睬不用），搁置、放下、放在一边（如置阁——耽搁、迟延；置之不问——搁在一边、不予过问；置之死地而后生——置于不战则死的境地，然后方能奋勇战斗，取胜得生），委托、交付（如置质——委质，谓臣下向君主呈献礼物，以示献身；置重——侧重、着重），购买、置办（如置产——购置产业；置田；置房），通"植"，树立。置作名词指古代传递文书的驿站，驿车、驿马（如置邮——用马车传递文书信息，亦谓传递文书信息的驿站）。

卿：即，既是声旁也是形旁，表示就餐。卿，甲骨文 ▦ = ⻊（张口的人）+ 皀（食）+ ⻊（张口的人），表示主宾 ⻊、⻊ 围着餐桌的食物 皀 相向而坐，一同进餐。造字本义：主宾双方隔着餐桌相向而坐，亲密相敬，共用美餐。有的甲骨文 ▦ 将 ⻊⻊ 简化为 ▦。金文 ▦ 基本承续甲骨文字形 ▦。篆文 ▦ 将金文字形 ▦ 中的两个"人" ⻊⻊ 写成 ▦，以致"人"形消失。隶书 卿 将篆文的"食" 皀 写成 皀。当"卿"的"相向进餐"本义消失后，篆文再加两个"口"另造"鄉"代替。当"鄉"的本义消失后，篆文再加"向"另造"嚮"代替。

《说文解字》："章也。六卿：天官冢宰、地官司徒、春官宗伯、夏官司马、秋官司寇、冬官司空。从卯，皂聲。"（表彰。古代六卿指天官冢宰、地官司徒、春官宗伯、夏官司马、秋官司寇、冬官司空。字形采用"卯"作边旁，表示事之制也；采用"皂"作声旁。）本指飨食。卿作名词指古时高级长官或爵位的称谓（汉以前有六卿，汉设九卿，北魏在正卿下还有少卿，以后历代相沿，清末始废，如卿相——指中央行政机构的长官；卿贰——侍郎的别称，次于九卿的少卿，清代一般为三品到五品的虚衔），古代用为第二人称（表尊敬或爱意），古代君对臣的称谓，古代朋友、夫妇间的爱称，将领（秦以前天子、诸侯之将帅皆以卿为之），通"庆"，祥瑞、福泽，姓氏。

共：是"拱"和"供"的本字。共，甲骨文 ＝ （左手）＋ （右手），表示双手捧着什么。金文 加"口" （代物品），像两手捧着贵重物品。有的金文 以 （午）代替"口" 。造字本义：以珍品供奉祭神。篆文 将金文的"口" 或"午" 写成"廿" 。隶书 将篆文的"廿" 写成"廾"，将篆文的双手 写成 ，手形消失。当"共"的"奉礼供拜"本义消失后，篆文再加"手"另造"拱"、加"人"另造"供"代替。

《说文解字》："同也。从廿廾。凡共之屬皆从共。 ，古文共。"（一同使劲。字形采用"廿、廾"会义。廿，表示二十；廾，两手捧物，今作"拱"。所有与共相关的字，都采用"共"作边旁。 ，这是古文写法的"共"。）本指同。共读 gòng，作动词表示共享、共用或共有（如共名——共有的名称；共少——共享少许东西，谓上下同甘苦；共主——共同崇奉的宗主），通"拱"，执持，抱拳、拱手（如退共——退后并抱拳的礼节；共手——拱手），环绕，通"供"，奉献（如共贡——奉献贡物），供给，通"恭"，恭敬、有礼貌（如共己——自敬）。共作形容词表示相同、一样。共作副词指一同、一起（如共车——同乘一车；共饷——共同享受；共奖——共同奖掖扶助），总共、共计（如合共、统共、一共）。共作名词指共产党的简称（如中共）。共作介词则表示涉及的对象（相当于"跟""同"）。共作连词——和、与。共又读 gǒng，作动词即拱的本字，拱手、打拱（如拱手礼，共手——两手在胸前叠合，表示恭敬），引申为环抱（如众星拱月——比喻许多人共同簇拥一个人）。共亦读 gōng，作动词表示供奉，恭敬，通"恭"（如共命——敬从命令；共勤——恭谨勤劳；共承——恭敬地承奉；共奉——敬奉、供奉），供给、供应，通"供"（如共给——供给；共张——供应、置备；共待——备用；共具——用以摆设酒食的器具，供职、奉职。共作名词指古国名（有两个：一个在今甘肃省泾川北，另一个在今河南省辉县市），姓氏（如共华——春秋时人）。

进：甲骨文 ![字]=![字]（隹，鸟）+![字]（止，脚，表示追逐），表示追鸟。造字本义：追逐鸟雀。金文![字]加"彳"![字]（行走），强化追逐含义。篆文![字]承续金文字形。隶书![字]将篆文的"辵"![字]写成![字]。简化方案用"井"代替正体楷书![字]的"隹"![字]，"井"既是声旁也是形旁，表示用来捕兽的陷坑。古人称急速寻捕犯人为"追"，称追兽为"逐"，称追鸟为"进"。

《说文解字》："登也。从辵闄省聲。"（向上登高。字形采用"辵"作边旁，采用省略了"門"的"闄"作声旁。甲骨文字形，上面是"隹"，像小鸟形，下面是"止"（趾），鸟脚只能前进不能后退，故用以表示前进。）本指前进（与"退"相对）。进作动词同本义（如迈进——大踏步地前进；奋进——奋勇前进；进旅退旅——进退一致，整齐合一；进退中绳——举动合乎规矩），超过，入、走入（一个地方）（跟"出"相对，如进学——上学读书；进镇——进驻镇守；进壁——进驻并筑工事固守；进营——进驻），奉献（如进草——遇有紧急事情在处理完毕后给皇帝的奏章；进上——进贡给皇帝；进御——将东西奉献给皇帝），任官、出仕（如进导——引导进入仕途），推荐（如进举——荐举，推荐；进荐——推荐；进贤兴功——荐举贤士功臣；进贤任能——进荐任用贤能之士），登、上朝（如进谢——进谒致谢；进对——进谒并答对；进朝——前往拜见；进参——进见），饮（如进服——服用，多指药物；进羞——进食菜肴果品；进补——进食滋补药品或食物），规劝（如进喻——劝说；进议——向皇帝进呈议论得失的奏表；进劝——劝说；进说——向君主述说；进疏——向皇帝进呈奏议；进规——进谏规劝），倒满、送上客气话（如进酒；进酌——斟酒），促进、增强（如进躁——急于进取；进趋——努力向上；进锐退速——急于求进者往往后退亦快；进致——进取；进事——发展事业），推崇、赞扬，（常为公事而）立即或迅速派遣（如至某特定目的地，进藏；进剿——进军剿灭；进趋——进攻），力图奋发、竭力努力（如进修、进取），晋升（如进擢——进用，擢升官职；进职——进升官职；

进仕——进升官阶；进爵——进升爵位），用在动词后（表示到里面，如走进、放进、开进），通"尽"，终止、竭尽。进作名词表示钱财，平房的一宅之内分前后几排的，一排称为一进，收入（如进项——进账、收入的款项，有进有出、进出相当）。进作量词指层。

免：是"冕"的本字。免，甲骨文 🅰️ = ⌒（帽子）+ 🅱️（人），表示戴在头上的帽子。有的甲骨文🅰️将⌒写成🅰️，像帽子🅰️上饰有角绅🅰️🅰️，表示"免"比"帽"高级。造字本义：有角饰的高级帽子。金文🅰️承续甲骨文字形🅰️。篆文🅰️误将甲骨文字形中🅰️的帽子角饰🅰️🅰️写成"人"。隶书🅰️变形较大，帽形完全消失。当"免"的"帽子"本义消失后，篆文再加"冂"（帽），另造了"冕"代替。

《广雅·释诂四》："免，脱也。"《古今韵会举要·铣韵》："免，释也。"金文字形下面是"人"，上面像人头上戴帽形，是冠冕的"冕"本字。因假借为"免除"义，另造"冕"字。本指免除、避免。免作动词表示脱掉、脱落（如免胄——脱下头盔），赦免、释放（如惠而免之），逃避灾难或罪过（如免却——避免、防止；免身——脱身免祸），去掉、除掉（如免虑——免得挂念；免试；免学费；免俗——不拘世俗常情；免责——不受责备；免掉——消除、除去），罢黜（如免去——免除；免册——罢免的册书；免臣——被罢官的人；免退——撤职），豁免（如免丁——免除服劳役；免租——免交租税；免债——免除债务；免试——免除考试；免虑——不必挂念、放心），不允许（如闲人免进），分开、分离、别离，通"俛"，低头，通"勉"，努力、尽力。免读 wèn，作名词指物之新生、稚弱者。

2. 章意疏解

道者，万物之注也。善，人之宝也；不善，人之所保也。美言可以市，奠行可以贺人。（此段主要总括道的能量特性与德养品格，具体阐明善与不善的真意，世俗中人对待善与不善的态度，以及对美言与尊行的正确理解。）

道化生万物，德长养万物。道德的能量注入万物中，滋养万物而无声无息，万物中客观、本然地存在着道的资讯，只是各自所含道的基因能量不同而已。正如《中庸》所言："诗曰'德辅如毛'，毛犹有伦。'上天之载，无声无臭。'至矣。"（德辅如毛：引自《诗经·大雅·杰民》。辅，古代一种轻便车，引申为轻。伦：比。上天之载，无声无臭：引自《诗经·大雅·文王》。臭，气味。就是说，《诗经》说，"德行轻如毫毛"。轻如毫毛还是有物可比拟。"上天所承载的，既没有声音也没有气味"，这才是最高的境界！）

　　善，是人先天真性、本性中的道德，这是最为珍贵的品格。人的不善，主要在于后天意识、禀性习性中的私欲贪心难以净化、放弃，各种不善的意识行为，都会遮蔽、消耗自身中道的光明与能量。所以，人在心中无明、不识道德的光明公正之前，都以此为宝而不愿舍弃。不断培补人的善性，去除不善，能使体内的道性光明增量增值，不仅广德，也可免忧。华丽的言辞可以取悦于人，满足人的意识喜好需求，可以在社会上倡行，形成不良风气。《物理论》曰："以誉取人，则权势移于下，而朋党之交用；以功取士，则有德者未必授，而凡下之人或见任也。君子内洗其心，以虚受人，外设法度，立不易方。今人称古多贤，患世无人，退不三思，坐语一世，岂不惑耶。"

　　修身明德，遵道向善，建立广大善正的德行基业，则是永久的惠己利人之举，是对自己生命的长远负责，也是每个人真正的人生事业。这样的行为会受到人们的嘉（美善）言庆贺。所以《中庸》曰："故大德，必得其位，必得其禄，必得其名，必得其寿。"（所以，有大德的人必定得到他应得的地位，必定得到他应得的财富，必定得到他应得的名声，必定得到他应得的长寿。）

　　《管子·内业》曰："凡道，必周必密，必宽必舒，必坚必固，守善勿舍，逐淫泽薄，既知其极，反于道德。全心在中，不可蔽匿，和于形容，见于肤色。善气迎人，亲于弟兄；恶气迎人，害于戎兵。不言之声，疾于雷鼓；心气之形，明于日月，察于父母。赏不足以劝善，刑不足以惩过，气意得而天下服，心意定而天下听。"（道，一定是周到而细密、宽大而舒放、坚实而强固的。能做到守善而不舍，驱逐淫邪，去掉浮薄，充分领会守善的最高准则，就可以返回到道德上来了。健全的心在内部，外面是不能隐蔽的，自然表现在形体容貌上面，也表现在肌肤颜色上。善气迎人，相亲如同兄弟；恶气迎人，相害如同刀兵。这种不说出来的话语，比打雷击鼓还传得快。这心和气的形体，比太阳和月亮还更光明，体察事情比父母了解子女还更透彻。赏赐不一定能够劝善，刑罚不一定能够惩过。而气的意向对头，天下就可以顺服；心的意向安定，天下就可以听从。）

《吕氏春秋·大乐》曰："道也者，至精也，不可为形，不可为名，强为之，谓之太一。"（道这个东西是最精妙的，无法描绘出它的形状，无法给它命名，勉强给它起个名字，就叫它"太一"。）《贾谊新书·道术》曰："道者，所从接物也，其本者谓之虚……虚者，言其精微也，平素而无设施也。"《管子·内业》曰："心无他图，正心在中，万物得度。道满天下，普在民所，民不能知也。一言之解，上察于天，下极于地，蟠满九州。何谓解之？在于心安。我心治，官乃治，我心安，官乃安。治之者心也，安之者心也。"（心别无所图，只一个平正的心在里面，对待万物就会有正确标准。道布满天下，并且普遍地存在人们的身边，人们自己却不能认识。只要有一个字的了解，就能够上通于天，下至于地，而且布满九州。怎样才能了解呢？在于心能平定。我的心能平定，五官就会平定；我的心能安静，五官就会安静。平定要由心，安静也要由心。）《大学传》曰："故好而知其恶，恶而知其美者，天下鲜矣。"（因此，很少有人能喜爱某人又看到那人的缺点，厌恶某人又看到那人的优点。）

人之不善，何弃之有？（此段主要以反问句指出明理之后，会一心一意修身精进，对于后天红尘中的各种不合道性的心念行为，就没有不能放弃的了。）

何弃之有：有何弃之，有什么可以放弃呢？

明白了善与不善、真善与假善的确切内涵，对于人所存在的不善，还有什么不可舍弃的呢？

《吕氏春秋·博志》曰："故天子不处全，不处极，不处盈。全则必缺，极则必反，盈则必亏。先王知物之不可两大，故择务，当而处之。"（所以天子做事情，不做得很完美，不做得很极端，不做得很圆满。完美就会转向缺损，极端就会转向反面，圆满就会转向亏失。先王知道事物不能两方面同时发展壮大，所以对于事务要加以选择，适宜做的才做。）

故立天子，置三卿，虽有共之璧，以先四马，不若坐而进此。（此段主要对比了世俗中贵为天子三卿、富有珍宝驷马、富甲天下，与修身养性、坐忘无为而进入德道的境界，二者孰优孰劣与如何正确取舍。）

天子：古时指国家的首领、君主。三卿：指司徒、司马、司空。《礼记·王制》曰："天子：三公，九卿，二十七大夫，八十一上士。大国：三卿；皆命于天子；下大夫五人，上士二十七人。"（天子的官属，有三公，九卿，二十七大夫，八十一上士。大诸侯国的官属，有三卿，都由天子直接任命，下大夫五人，上士二十七人。孔颖达《正义》云："崔氏云：三卿者，依周制而言，谓立司徒，兼冢宰之事——职官名。周制，为百官之长，六卿之首，后世称吏部尚书为'冢宰'，吏部——古代官制六部之一。主管吏的任免、考课、升降、调动等事务。长官为吏部尚书，位次在其他各部之上，职官名。旧时官制的六部之一。掌管官吏的铨叙、勋阶、黜陟等事。汉时有常侍曹，主管丞相御史公卿之事；东汉改为吏部曹；魏晋以后皆称为'吏部'。因专司铨选，故亦称为'铨部'；立司马，兼宗伯之事——职官名。周代六卿之一，掌管礼仪祭祀等事，即后来礼部之职。故后世亦称礼部尚书为'大宗伯'，礼部侍郎为'小宗伯'；立司空，兼司寇之事——职官名，古代中央政府中掌管司法和纠察的长官。周礼秋官有大司寇，为六卿之一，掌理刑狱，后世称刑部尚书为'大司寇'，侍郎称为'少司寇'。"）

《尚书·周官》曰："冢宰掌邦治，统百官，均四海。司徒掌邦教，敷五典，扰兆民。宗伯掌邦礼，治神人，和上下。司马掌邦政，统六师，平邦国。司寇掌邦禁，诘奸慝，刑暴乱。司空掌邦土，居四民，时地利。六卿分职，各率其属，以倡九牧，阜成兆民。"（冢宰主管国家的治理，统率百官，调剂四海。司徒主管国家的教育，传布五常的教训，使万民和顺。宗伯主管国家的典礼，治理神和人的感通，调和上下尊卑的关系。司马主管国家的军政，统率六师，平服邦国。司寇主管国家的法禁，治理好恶的人，刑杀暴乱之徒。司空主管国家的土地，安置士农工商，依时发展地利。六卿分管职事，各自统率他的属官，以倡导九州之牧，大力安定兆民。）

三卿：人臣中最高的三个官位：第一种解释：周代以太师、太傅、太保为三公。《书经·周官》曰："立太师、太傅、太保，兹惟三公，论道经邦，燮理阴阳。官不必备，惟其人。"（设立太师、太傅、太保，这是三公。他们讲明治道，治理国家，调和阴阳。三公的官不必齐备，要考虑适当的人。）第二种解释：西汉以大司马、大司徒、大司空为三公。《汉书·卷九十九·王莽传上》曰："汉危无嗣，而公定之；四辅之职，三公之任，而公干之。"第三种解释：东汉以太尉、司徒、司空为三公。唐·杜佑《通典·卷十九·职官三公》曰："后汉又以太尉、司徒、司空为三公。"亦称为"三司"。

所以，被立为天子、升迁到三卿之位，即使拥有稀世珍宝、驱乘驷马之车的显赫名利，也不如修身养性，积善行德，能够坐忘而进入德道的境界中。

《礼记·经解》曰："天子者，与天地参。故德配天地，兼利万物，与日月并明，明照四海而不遗微小。"（天子的地位是与天地相等的，所以他的道德能和天地相配，广泛地赐给万物利益，同日月一样明亮，普照四海而不遗漏微小的事物。）《管子·形势解》曰："天生四时，地生万财，以养万物而无取焉。明主配天地者也，教民以时，劝之以耕织，以厚民养，而不伐其功，不私其利。故曰：'能予而无取者，天地之配也。'"（天生有四时，地生有万财，它们以此养育万物而不取任何报酬。明君是与天地相匹配的。他教育人民按时生产，鼓励人民耕织，以此提高人民生活水平，而不肯自矜其功，独占其利。所以说："能予而无取者，天地之配也。"）

古之所以贵此者何？不谓求以得，有罪以免与？故为天下贵。（此段主要指出古人以此为贵、以德善为至尊至贵的原因。）

古人以此为贵、尊道贵德的原因是什么呢？不是说追求它而有所获得，而是说有了罪过之后，自身所积累的善行功德是否可以代为化解，免去罪尤。正因为如此，德善才被天下人认为是至尊至贵的。正如古人所云："在金石曰坚，在草木曰紧，在人曰贤（物质坚固叫坚紧，德性坚定叫贤）。千里一贤，谓之比肩；贤人为德，体自然也。故语曰：黄金累千，不如一贤。"

《黄帝四经·论约》曰："故执道者之观于天下也，必审观事之所始起，审其刑名。刑名已定，逆顺有位，死生有分，存亡兴坏有处。然后参之于天地之恒道，乃定祸福死生存亡兴坏之所在。是故万举不失理，论天下而无遗策。故能立天子，置三公，而天下化之，之谓有道。"（因此，作为掌握"道"的圣人，在他观照天下的时候一定要先详细考察事物起因，审核它们的形和名。形与名确定了，那么悖理还是合理也就有了区分的标准，死亡与新生也就有了确切的分际，存亡兴衰也就有了定位。然后再参照天地自然规律，就可以确定祸福死生存亡兴衰的原因所在了。这样的话，一切举措都会合理，谋虑天下万事都不会失算。因此能够设立天子，置建三公，使天下百姓都受到教化，这就称为"有道"。）

三、老子的智慧启示

这章的章名是"道注"，老子在这一章的开篇就提出"道者，万物之注也"。这里需要大家思考一个问题——什么是"道注万物"？道为什么能够注入万物中（或者说道德能量为什么能够注入万物之中）？万物如何才能接收到道德的能量？人们常说"海纳百川，有容乃大"。容的前提是什么？——是空。房屋因为空，才使光明可以照进来，而且人才有了容身之地；容器因为空，才可以盛装物品，有了器皿之用；大师的画作常常留白，正因为给人们留下了巨大的想象空间，才能达到艺术的极致。要理解刚才提出的问题，就从"空"说起，主要从两方面探讨空的妙用。

1. 为什么要留空

关于为什么要空？上文已经结合典籍阐述，讲了不少理论。道本身以空为体，以中为用。《中庸》说："道也者，不可须臾离也；可离，非道也。"（"道"是不可以片刻离开的，如果可以离开，那就不是"道"了。）因此，要始终保持与道同频共振，就要时时处于空的身心状态。

有一个与空杯有关的悟道故事，是说有人向一位大德问道："请问至道？"然后大德随手拿起放在桌子上的一杯水，把它倒掉，指着空杯说："这就是道。"历史上，黄帝问道于广成子的故事，对人们理解如何悟道、求得至道也是有启发的。事迹见载于《庄子·外篇·在宥》："黄帝立为天子十九年，令行天下，闻广成子在于空同之上，故往见之，曰：'我闻吾子达于至道，敢问至道之精。吾欲取天地之精，以佐五谷，以养民人。吾又欲官阴阳，以遂群生，为之奈何？'广成子曰：'而所欲问者，物之质也；而所欲官者，物之残也。自而治天下，云气不待族而雨，草木不待黄而落，日月之光益以荒矣，而佞人之心翦翦者，又奚足以语至道！'黄帝退，捐天下，筑特室，席白茅，闲居三月，复往邀之。广成子南首而卧，黄帝顺下风膝行而进，再拜稽首而问曰：'闻吾子达于至道，敢问治身奈何而可以长久？'广成子蹶然而起，曰：'善哉问乎！来，吾语女至道：至道之精，窈窈冥冥；至道之极，昏昏默默。无视无听，抱神以静，形将自正。必静必清，无劳女形，无摇女精，乃可以长生。目无所见，耳无所闻，心无所知，女神将守形，形乃长生。慎女内，闭女外，多知为败。我为女遂于大明之上矣，至彼至阳之原也；为女入于窈冥之门矣，至彼至阴之原也。天地有官，阴阳有藏。慎守女身，物将自壮。我守其一以处其和。故我修身千二百岁矣，吾形未常衰。'黄帝再拜稽首曰：'广成子之谓天矣！'广成子曰：'来！余语女：彼其物无穷，而人皆以为有终；彼其物无测，而人皆以为有极。得吾道者，上为皇而下为王；失吾道者，上见光而下为土。今夫百昌皆生于土而反于土。故余将去女，入无穷之门，以游无极之野。吾与日月参光，吾与天地为常。当我缗乎，远我昏乎！人其尽死，而我独存乎！'"

黄帝是五帝之首，中华人文始祖之一，上古时期的一位圣明帝王。当他听了广成子修身一千二百年的经历，深为感动，当即说："仙真已经天人合一了，真是人天之师矣。"轩辕黄帝于是跪求广成子授予至道，持至道以使人得到解脱，行至道而造福于震旦①的苍生百姓。广成子对黄帝说："你如果想获得至道，那就请你交出一些你最珍贵的东西作为交换的条件。"轩辕黄帝说："善，不论什么要求，我都答应你。"广成子说："那就请把你的心、语言和行动都交给我。"轩辕黄帝说："圣师，经过数月参悟，我已经明白这些基本道理，现在就请您全部收下它们好了。"然后保持沉默，一言不发。广成子指点轩辕黄帝来到洞中一块平整的石头上坐下，然后就消失在山峦密林之中。轩辕黄帝坐着一动不动，他的随从和侍卫好不容易才在洞中寻到他，向他请示和问候，可是，等候了许久都得不到任何回应。无奈之下，又将后宫请上山来，在轩辕黄帝的身旁，晓之以理，仍然不能使轩辕黄帝开口说话。大家都无计可施，经过再三商议，决定还是到山林中寻找广成子来。大家进入山林中寻找，最后终于找到了广成子，一起来到轩辕黄帝跟前，只见他还是端坐在洞中那一块平整的巨石上，纹丝不动，不言不语。广成子对他说："起来。"轩辕黄帝听话地站了起来。广成子说："你现在可以开口说话、行动以及思考。"

"来！我现在告诉你。'至道'没有穷尽，但人们都以为它存在终结；'至道'深不可测，但人们都以为它可以究极。得到我的'道'，在上可以为皇，在下可以为王；丧失我的'道'，在上只能显露光芒，在下只能附于泥土。万

---

① 震旦：为古代印度人对中国人的称呼，又译作真丹等，如《佛说灌顶经》"阎浮界内有震旦国"。

物都生于土而复归于土，所以我将离开你，进入无穷的门径，以遨游无极的旷野。我与日月同光，我与天地合一，迎我而来的人，泯然无迹，背我而去的人，昏然无知，人不免于死，唯我独存！"

轩辕黄帝向广成子深深施礼说："弟子幸蒙仙师垂怜，至道立心，参得大道，请问弟子今后的行止。"

广成子说："你带着他们下山，遵照大道真理，继续去完成你治理天下黎民百姓的责任去吧。"轩辕黄帝三次问道于崆峒，最后终于得到广成子的指引，交出阴我心寂然不动，真我圣心莅临身国，领悟了最高的道理。得道以后，他内以至道修养心身，外以道显重新回到政坛，投入治理国家的事务中，他就成了一个没有阴我心、小我意识的明君，心中充满着光明，圣心道尊的意识不断地从他的身心中流露出来，无为而无不为。他继续治理国家，经过 28 年的奋斗，道治天下，使天下实现了大治而国泰民安，在中华历史上创下了一段道治天下的辉煌历史时期，跻身于三皇五帝道德治世史的不朽行列，成为我们中华道德文化历史宝库中的一座巍峨丰碑，千古流传。

轩辕黄帝活了 110 岁。在他谢世前，他派人开采铜矿，并在荆山下铸造铜鼎。当铜鼎铸成那天，天上出现一条巨龙，垂着龙髯，来迎接黄帝上天。当时群臣都不忍离开黄帝，有的抓住龙髯，有的抓住他的靴子和衣服，结果龙髯拔掉了，衣靴扯掉了，黄帝还是坚持着乘龙升天而去。

黄帝问道的故事，给人以深刻的启迪。其中的舍（阴我）心、舍身、舍口、舍意，是根本和关键。真正能做到"四舍"，才能进入顿悟的境界；只有寻到了三宝，在道和化身的引领下才能步入众妙之门。这其中自身条件的准备是第一性的，将心身口意舍向至道和道的化身，是顿悟至道的捷径和方便的法门。这里广成子也是通过这个方式让黄帝悟道而进入众妙之门。①

2. 空有什么妙用

《淮南子·原道训》曰："至无而供其求，时骋而要其宿。小大修短，各有其具，万物之至，腾踊肴乱而不失其数。"（"道"尽管虚无至极，但能满足万物之需求，时时变化却能使万物归返自身。这"道"又具备应付万物的大

---

① 熊春锦. 道德教育贵修身［M］. 北京：团结出版社，2008：162 - 165.

小长短之能力，所以当万物纷至沓来、淆乱腾踊时，"道"都能处置有序。）心理学中有"空杯心态"的理论，大概意思是，如果一个杯子里装着一些浑浊的水，再往里面倒入多少清净的水，杯子里的水还是浑浊的；如果一个杯子是空的，不管往里面加入多少清净的水，杯子里的水始终是清净的。

有这样一个"空杯心态"的故事。故事是说一个佛学造诣很深的人，听说某个寺庙里有位德高望重的老禅师，便去拜访。当老禅师的徒弟接待他时，他态度傲慢，心想：我是佛学造诣很深的人，他算什么？后来老禅师十分恭敬地接待了他，并为他沏茶。可在倒水时，明明杯子已经满了，老禅师还不停地倒。他不解地问："大师，为什么杯子已经满了，还要往里倒？"大师说："是啊，既然已满了，干吗还倒呢？"禅师的意思是，既然你已经很有学问了，为何还要到我这里求教？这就是"空杯心态"的起源（有文士拜会百丈——百丈怀海禅师，貌似恭而实倨，亦为礼，问："禅师何以教我？"百丈不语，为注茶，盈盏，俄而倾去半盏，盈之又倾。如是者三，文士色变，离座谢曰："受教。"）常人心胸，亦原广大如山谷，而见习愈多，愈多抗力，以已知猜度未知，俗之通病，是以难至增广，"等似空竹"（意即竹子空心，谦虚内敛低调，象征虚心品格，原本佛家境致）。林语堂先生说："人生在世，幼时认为什么都不懂，大学时以为什么都懂，毕业后才知道什么都不懂，中年又以为什么都懂，到晚年才觉悟一切都不懂。"这也可说是"空杯心态"的最好体现。

这个故事中所蕴含的道理，人们一般理解为，空杯心态是一种对工作、学习、生活、生命的放空，低头、吐故纳新。放得越空，拥有越多。做事的前提是先要有好心态，如果想学到更多学问，学习更多方法和经验，提升自我能力，就先要把自己想象成"一个空着的杯子"，而不是骄傲自满，故步自封。

具体而言，空杯心态可以理解为一种挑战自我的永不满足，即随时对自己拥有的知识和能力进行调整，清空过时的，为新知识、新能力的进入留出空间，保证自己的知识与能力总是最新；永远不自满，永远在学习，永远在进步，永远保持身心的活力；对自我的不断扬弃，即客观事物的复杂性，人们认识能力的有限性，决定了人类实践只能是接近真理的过程，空杯并非完全否定过去，而是怀着否定或者放空过去的态度，以归零的心态融入新的工作环境、新的事物，以适应行业跨越式发展的需要；忘却成功、学习变化，即在鲜花和掌声面前，看到差距，在困难和挫折面前，不失信心；不断清洗自己的大脑和心灵，即经常给自己的心智洗澡；不断学习、与时俱进，即虚心学习新的知识和方法，活到老、学到老。

从人生哲理角度理解空杯，有人认为：首先，永不自满。每当实现一个近期目标，决不应自满，而应迎接新挑战，把原来的成功当成新的起点，树立新目标，攀登新高峰，从而达到崭新的人生境界。其次，尝试归零的感受。只有定期给自己复位归零，清除心灵污染，才能更好地享受工作与生活。再次，不停地倒掉大脑中的浑水。人要有空杯心态和海绵心态，让自己从学徒的心态开始前行。最后，失败是成功之母。在当今时代，任何陶醉于成功、企图复制过去成功经验的人和企业，都不容易成功。只有脚踏实地积累经验，从失败中汲取教训，才有可能迈向成功之途。可结合自己的学习生活，思考如何理解、培养空杯品格与心态。

3. 高真德道悟鉴

吕祖认为此章言道之不可量，难以测度者也。

一气圆通谓之道。道者天地之包，万物之奥。天无道不清，地无道不宁，天有道不言而高，地有道不动而卑，万物无道不生，万物有道而化育，乾坤内外无不有道，故为道之奥。道也者，不可须臾离也。

天地万物，无不秉气而生，无不随气而化。人乃天地中之天地，可不以道为宝乎？舍气安能生乎？宝气安能死乎？噫！道者，气也，无阴阳之气岂能化育而为天地、而为万物者乎？道之宝也，即气为之宝，舍其气又有何求？

善人者，惜精惜气之人也。生死舍于腹外，形身之生，死不足惜，化身之生，死可宝贵，善人之所以宝此者也。不善之人从其实，就其有，随欲之生化，保目前之傀儡。美言可以市：市者，欲念也，欲念一起，便成幻境，如开市然；行者，贪心也，贪心一起，如火之上然（燃），不能灭，日纵一日，无有底止。人人可以纵之为不善，就如求有之人，祸发而己莫能知，日贪其有以为美，何能弃之，谓之人人之不善。何弃之有？故立天子。天子者，神也，存其神，养其性。以置三公：三公者，性也，性之枢动，感一气而贯通，秉阴阳之升降，合天地之生育，得乾坤之正气，四大部洲皆为一个，无有隔碍，虽有拱璧之隔碍，以先驱马之周流，贯通之后，不如坐尽性守之道，听其反复阴阳、轮转日月，合乾坤周天之度，秉天地清浊之分，不言不动，无听无视，惟善以为宝，古之所以贵此道者如此。

又，古之所以贵此道者，何也？不曰求，言其静也、凝也，无求于动，功到处、性显处、慧生处，内外虚白，自有天然之味以得。有罪者，贪也、妄也，去其贪，除其妄，以免外邪之侵，诸障之蔽，众魔之害。总而言之，去其心，断其欲，舍其贪，忘其意，灭其情，种种业债不能侵犯。故道者，万物之奥，善人之所宝，如此以为天下贵。①

黄元吉云：夫道者，生于天地之先，混于虚无之内，杳冥恍惚，视不见，听不闻，搏不得，而实万物所倚以为命者也。子思曰："君子之道费而隐。"无道无物，无物无道。大周沙界，细入微尘，不可以迹象求，不可以言语尽，诚至无而含至有，至虚而统至实，浩渺无垠，渊深莫测。万物之奥，莫奥于此。善者，知此道为人身所最重，故珍而藏之，炼而宝之，不肯一息偶离；不善者，亦知有道则身可存而福可至，无道则命难延而祸亦多。保身良策，莫道若也。况本中庸之道，以发为言，则为美言，犹美货之肆于市朝，人人知爱而慕之，且欲抚而有之；本寻常之道，以见诸行，则为尊行，犹王公大人之身价，人人皆敬而礼之，且各尊而上之。若非言可为表，市之反以招辱；若非行可为坊，加之又以致谤。《诗》曰："天生烝民，有物有则。民之秉彝，好是懿德。"足见善恶虽殊，而其好德之心一而已。见有善者，吾当敬之，即有不善者亦乌可恶之？不过气质之偶偏、物欲之未化，而有戾于道耳，而其源终未有或异也。人能化之导之，即极恶之人，亦可转而之善。甚矣！天地无弃物，圣人无弃人也！如有弃人，是自弃也，岂有道者所忍出哉？天生民而立之君即作之师，将以君临天下而置三公，无非统驭群黎，化导万姓，正一身以正朝廷，正朝廷以正天下，务使万邦协和而四方风动，天子长保其尊，三公长享其贵而后已。假使不能奉若天道，以与斯民维新，又安有永保天命，以享无疆之福乎？虽有拱璧之贵罗列于前，驷马之良驰驱于后，亦不能一息安也。又何如日就月将、时时在道、朝乾夕惕、念念不忘，而坐进此道也哉！《楚书》曰：

---

① 老子.吕祖秘注道德经心传［M］.吕岩，释义；韩起，编校.桂林：广西师范大学出版社，2014：128－129.

"楚国无以为宝，惟善以为宝。"《尚书》曰："所宝惟贤，则迩人安。"是道也，自古帝王公卿所贵重者也。古之所以重此道者何？以道为人人固有之道，求则得之，其势至为捷便。人能奉持此道，则为人间一大丈夫；若违悖此道，则为天地一大罪人，岂但有过而不免入于邪途也耶？子思子曰："道也者，不可须臾离也。"人其勉之！

　　此言道为人生一件大事，无论天子三公俱宜珍重，虽有拱璧驷马，不如坐进此道之为愈，切勿谓衰迈年华、铅汞缺少、自家推诿可也。要知金丹玉丹，虽借后天精气神而成仙证圣，此却一毫用不著。古云"太和所谓道"，又曰："虚无即道。"可见学道人不悟虚无之理、太和之道，纵使炼精伏气，修入非非，亦与凡夫无别。所以吾道炼丹，必须以元神为主，元气为助神之用，以真呼吸为炼丹之资。若无元神，则无丹本；若无元气，则无丹助。是犹胎有婴儿，不得父精母血之交媾，亦是虚而无著。既得元神元气，不得真正胎息，则神气不能团结一处、合并为一，以返于太素之初。吾更转一语曰：夫人修炼，既得元神元气，又有真息运用，使之攒五簇四，合三归一。然非真意为之主帅，必然纷纷驰逐，断无有自家会合而成丹也。虽然，真意又何自始哉？必从虚极静笃、无知无觉时，忽焉气机偶触而动，始有知觉之性，此即真意之意，非等凡心凡性也。故古云："仙非他，只此一元真性修之而成者。"然不得水中之金、精中之气以为资助，则元性亦虚悬无着，不免流于顽空。既知金生，不得真息调摄，又安能采取烹炼而成丹？然则真息为炼丹之要具，而真意尤为真息之主宰。学道人未得神气合一，安能静定？苟得神气归命，必要酝酿深厚，而后金丹始得成就。切不可起大明觉心，直使金木间隔，坎离不交也。吾借此以明道奥，后之学者有得于中，尚其宝之慎之！①

---

　　①　黄元吉.道德经精义［M］.北京：中央编译出版社，2014：173－175.

第八节　《无难》

一、《无难》章经文内容

为无为，事无事，味无未。

大小多少，报怨以德。

图难于其易也，为大于其细也。天下之难作于易，天下之大作于细。

是以圣人终不为大，故能成其大。

夫轻诺必寡信，多易必多难。

是以圣人犹难之，故终于无难。

二、《无难》章经文释读

1. 文字释读

难：金文🔣=🔣（堇，施刑）+🔣（隹，隼，食肉猛禽），表示以鸟啄为刑。造字本义：酷刑，捆绑受刑者，让猛禽啄食而死。篆文🔣、🔣基本承续金文字形。俗体楷书难将正体楷书的"堇"🔣简化成"又"🔣。

《说文解字》："🔣也。从鸟，堇聲。難，🔣或从隹。"（即🔣。字形采用"鸟"作边旁，"堇"是声旁。難，有的🔣采用"隹"作边旁。从隹，与鸟有关。）本指支翅鸟（假借为困难）。难读 nán 作形容词表示困难、艰难、不容易（指做起来费事，如急人之难；难度；难点；难老——难于衰老；难治——不容易治理；难航——不易舟行；难期——难及、难于企及；难义——不易索解的辞旨；难极——犹言追根究底；难疑——相互讨论不易索解、心存迷惑的要义；难乎为继——指前人做得太好、不易照样继续下去），不可、不好（如难以入耳）。难作动词表示为难、畏难、感到困难，使感到困难（指不大可能办到，如难免、难保、难能可贵），通"戁" nǎn，摇动、惭愧，恐惧，恭敬。难作名词，则通"攤"，古同"儺"，驱除疫鬼之祭。难作后缀时常加

在词或词组后构成新的名词（构成某种存在较大困难的事，如乘车难、买菜难）。难又读 nàn，作名词表示灾难、祸害，人为产生的祸害（指困苦，如排忧解难、排难解纷、避难），兵难，怨仇、仇敌。难作动词表示诘问、责难（如难言——非难的言论；驳难——反驳责难），抵挡、拒斥（如阻难——阻挠留难），论说、争辩（如难说——讨论解说；难诘——讨论责问；难驳——攻讨反击）。

味：未，既是声旁也是形旁，表示将要发生但还没发生。味，篆文 㕦 = 㕡（口，吞咽）+ 朱（未，还没发生），表示尝而未吞。造字本义：正式进食之前品尝食物。隶书 味 将篆文的"未" 朱 写成 未。

《说文解字》："滋味也。从口，未声。"（滋味。字形采用"口"作边旁，"未"作声旁。）本指滋味。味作名词同本义（如入味——有滋味；味口——犹胃口，指食欲；味欲——对美味的嗜好；口味——饮食品的滋味），食物，品味、体味、体会（如味精——调味品），佛教语（六尘之一，如味尘——佛教谓六尘之一，谓饮食之五味能使人起贪欲而污真性，故谓味尘），旨趣，意义（如韵味——含蓄的意味；味况——情味和情状；味外味——文字言辞之外的意境、情味），气味（如茉莉花的香味）。味作动词表示辨别滋味、品尝（如品味——品尝），用心通过阅读和思考、观察和实验求得知识（如味览——用心细览）。味作量词指用于中药配方药物的一种为一味。

未：甲骨文 朱 树木 朱 的枝杈上部再加一重枝桠 丫，"枝桠重叠"，表示枝叶茂盛。造字本义：夏季果树枝叶正茂，还没结果。金文 朱、篆文 朱 承续甲骨文字形。隶书 未 淡化树枝形象。"木"是象形字，甲骨文 朱 像一株树，上部是枝下部是根；"本"是指事字，金文 朱 在树根部位加三点指事符号，表示树在地下的营养器官；"末"是指事字，金文 朱 在树梢部位加一点指事符号，表示尾端；"未"是象形字，甲骨文 朱 像树上枝桠重重，表示枝叶茂盛；"果"是象形字，甲骨文 朱 像树上结满球状实籽；"朱"是指事字，甲骨文 朱 在主杆部位加一点指事符号，表示树干；"林"是会义字，甲骨文 朿朿 像树连树的样子；"森"是会义字，甲骨文 朿 比"林"多一"木"，表示"森"为"大林"。

《说文解字》："味也。六月，滋味也。五行，木老於未。象木重枝葉也。凡未之屬皆从未。"（即"味"。六月，是最富于滋味的时候。五行之中，木大于未。字形像树上枝叶重叠的样子。所有与未相关的字，都采用"未"作边旁。）本指滋味（后作"味"）。未作名词表示地支的第八（与天干相配，用以纪年，如 2015 年为农历乙未年），用以纪月（农历六月），用以纪时（叫"未刻"，即午后十三时至十五时），五行属土，十二生肖属羊，将来。未作副词则指基本义：没有、不（相当于"没有""不曾""尚未"，如未来；未际——未发迹；未从——未曾、尚未；未傅——没有载入徭役簿籍；未遑——来不及、没有闲暇；未遇——未得到赏识和重用；未宾——没有归顺；未集——未能完成；未臻——未到圆满的地步；未极——无穷远处，未到尽头，没有停止；未意之志——没有完成的志向；未第——科举考试中未中；未萌——事情发生之前），不（"未"字否定过去，不否定将来，与"不"有别，但有时候也当"不"字讲，如未消——不必、不要；未一——不再一一去详细叙述、未敢苟同；未知可否；未审——不知；未足——不足、不能；未如——不如；未妨——不妨；未若——不如；未孚——不算大信、不是至诚；未足轻重——无关紧要、不值得重视；未应——不曾、无须；未为不可——不是不可以；未逮——不及、没有达到），否（用在句末，表示疑问，如王维《杂诗》："来日绮窗前，寒梅著花未？"）。

报："畀"是"报"的本字。畀，甲骨文𝄐 = 𝄐（人，嫌犯）＋𝄎（又，抓、押送），表示带押嫌犯。金文𝄐、篆文𝄐加"幸"，强调"报"的刑事特征。造字本义：古代法官升堂传令，带押罪犯受审。

《说文解字》："当罪人也。从幸从畀。畀，服罪也。"（承担与其罪行相应刑罚的人。字形采用"幸、畀"会义。畀，表示服罪。从聿，从阜，金文字形，左边象刑具形，即"聿"；右边象手按人使之跽跪，即"阜"。）本指断狱、判决罪人。报作动词同本义（如报当——判罪），报答、报酬（如报本——报答、回报；报称——报答恩德；报命——报答恩情，执行命令；报塞——报答、报效；报谢——报答、答谢；报国——报效祖国），报告、答复（如报录人——专门向升了官或考中了科的人家里送喜报的人），报喜、报数（指传达、告知，如报捷、报春——报告春天的到来），祭祀（如报岁——每年收获后祭神；报赛——秋后祭祀神灵，答谢保佑农作物生长），详细申报（需要纳税的财产）（如报税、报关），批复（如报可；报允——批复照准、许可），通

"赴"，奔赴，报应（指由于做了坏事而受到惩罚）。报作名词表示报纸（如报房——发送邸报、书信的处所；报丁——卖报的人；报差——送报的人；晨报；晚报；画报），文字报道或墙报（如战报、海报、喜报），刊物（如学报、科学通报），电报，传达消息的文件或信号（如警报）。

图：圖，金文![字形]=![字形]（囗，四境边界）+![字形]（啚，即"鄙"，边远乡村），表示边疆边界。造字本义：古代在皮、绢等材料上标画城邦乡邑及边界的示意资料。有的金文![字形]将"啚"![字形]写成![字形]。篆文![字形]则将金文的"啚"![字形]写成![字形]。隶书![字形]以纵横交错的![字形]代篆文的![字形]，表示不同行政区的分界。俗体楷书![字形]依据草书字形![字形]将正体楷书的"啚"![字形]简化成"冬"![字形]。

《说文解字》："畫計難也。从囗，从啚。啚，難意也。"（谋划一个艰难的宏大目标。字形采用"囗、啚"会义，囗，表示范围；啚是"鄙"的本字，表示艰难，合起来表示规划一件事，需慎重考虑，相当不容易。啚，表示艰难的意思。）本指谋划、反复考虑。图作动词同本义（如试图——打算；图计——谋划），图谋、谋取（希望得到，如图功——图谋建立功业；图回——图谋运转；图全——图谋保全自身），筹划、思虑、设法对付（如图治——想办法把国家治好），绘画（指用绘画表现出来的形象，如图案、图鉴；图形——画出人的相貌；图工——善于绘画的人；图画——描绘人或物的形象），模拟，预料、料想到，多用于否定。图作名词指所画的图画（如图载——以图像表达；图障——绘有图画的图卷；图法——图录和法典；图轴——画轴，画卷；略图——简单的图画；图经——附有图画、地图的书籍或地理志；图说——兼附图画以助解说的著作），地图（如图本——图样；图志——附有地图的地方志；图牒——图籍表册；图书——图籍、书籍；图式；图例；图板），版图（指有所有权与管辖权的领土、行使主权的领土），意图、意愿，塔（即"浮图"的简称），明清时地方区划名（如顾炎武《日知录》引《萧山县志》："改乡为都，改里为图。"），书籍（如图典——图书和经典；图史——图书和史籍）。

细：囱，既是声旁也是形旁，像一个线团。细，篆文![字形]=![字形]（囱，像线团）+![字形]（糸，丝线），表示绕成团的丝线。有的篆文![字形]写成左右结构。造字本义：名词，绕成团的丝线。隶化后楷书![字形]将篆文字形中的![字形]写成![字形]，将篆文字形中线团形状的"囟"简写成"田"。俗体楷书**细**依据类推简化规则，将正体楷书字形中的**纟**写成**纟**。

《说文解字》："微也。从糸，囟聲。"（丝线微小。字形采用"糸"作边旁，表示细丝；采用"囟"作声旁。）本指细小。细作名词同本义（指长条东西直径小的，和"大"相对，如细水长流、细眉，《广雅》："细，小也。"唐·张志和《渔歌子》："斜风细雨不须归。"），纤细（颗粒小的，和"粗"相对，如细面），精致、细密（如精细；胆大心细；细欺雀舌——指上乘的茶叶；细针密线——喻周密、周到；细攒——密密聚集、精细镶嵌；细果——精美点心），琐碎（如细务——琐碎而无关紧要的小事），仔细、详细（如细目——详细的项目或目录；细罄——详细地说尽），细音、尖细的声音（如细音——声韵学名词。凡是有［i］、［y］介音或主要元音为［i］，［y］的韵母，称为"细音"），地位低微（如细民——平民），年幼（如细人——青年侍女；细娃——方言：小孩；细佬——方言：小孩；细儿——幼子），柔嫩（如细柳——初生的嫩柳条），细微、轻微（如细节、事无巨细），俭省。细作名词表示微小的丝，指轻微的罪过（如细行——小过，微服出行）。

诺：若，既是声旁也是形旁，是"喏"的拟声，同时表示与……相一致。诺，篆文＝（言，诉求）＋（若，与……相一致），表示与对方诉求保持一致。造字本义：答应"喏"，表示愿意按对方的诉求行动。隶书将篆文的简写成。"许"表示同意、赞成，给予对方做某事的权力；"诺"表示接受、顺从，愿意按照对方的诉求去做某事。

《说文解字》："（應的俗字）也。从言，若聲。"（表示应答的声音。字形采用"言"作边旁，采用"若"作声旁。）本指表示。诺作副词同本义（一般用于上对下、尊对卑或平辈之间，卑对尊用"谨诺"，如诺诺——连声应诺；诺唯——应诺；诺许——许诺、应允），答应的声音（表示同意，如唯唯诺诺），答应、允许（如一诺千金、诺言、承诺），古时批字于公文之尾（表示许可叫"诺"，犹今签字）。

寡：金文＝（宀，房屋）＋（见，举目张望），表示独居空房，四顾无伴。造字本义：丧偶独居。有的金文将"见"写成"页"。篆文在金文字形基础上加"分"，强调夫妻离散，突出"独居"含义。

《说文解字》："少也。从宀，从颁。颁，分赋也，故为少。"（稀少。字形采用"宀、颁"会义。页，是一个人独处屋下的形象。颁，表示分授田地房屋等资产，所以有"少"的意思。）本指古代妇人丧夫、男子无妻或丧偶，都叫寡。寡作动词同本义（如寡处——无偶独居；寡鹤——失偶的鹤；寡鹄——失偶的天鹅），减少（如寡过——减少过失），舍弃。寡作形容词表示少、缺少（如清心寡欲；沉默寡言；寡尤——少犯错误；寡交——与人交往少），孤独、孤单（如寡孤——孤独、孤寂；寡立——犹独立、孤单；寡草——孤生的草），弱小（如寡力——力量弱小；寡弱——势孤力小；寡萌——小民），倒霉、不吉利，淡而无味（如寡味、清汤寡水）。寡作名词指寡妇（指丈夫死去后还未再嫁的女人，如鳏寡）。寡作副词表示非常、很、极。寡作代词表示古代王侯的谦称（如寡君——古代臣子对别国称自己国君的谦称；寡臣——古代国君自称的谦辞）。

终："冬"是"终"的本字。冬，甲骨文像绳子两端的绳结，表示结绳记事，从始至终。当"冬"的"终结"本义消失后，篆文再加"纟"（结绳）另造"终"代替。造字本义：一个结绳记事主题的完成。隶书将篆文的写成"冬"。

《说文解字》："绿丝也。从糸，冬声。，古文终字。"（将丝线缠紧，绿读 qiú，急躁、求的意思。字形采用"糸"作边旁，采用"冬"作声旁。，这是古文写法的"终"字。）本指把丝缠紧。终作动词同本义，终了、结束（表示末了，与"始"相对，如终极；终端；月终——月底；年终——一年的末了；始终——从开始到最后；终献——古代举行祀典时有三献之礼，第三次奠酒为终献；终覆——复试结束），死（如终誉——死后的声名），完成，相当。终作名词，表示歌诗一篇、乐一成为一终（如终篇——写完或读完一篇文章），古代历法指称"闰月"，通"众"，众人，姓氏。终作形容词表示整、全、尽（如终夕——整夜，通宵；终夜——整夜、全夜；终风——整日刮风；终朝——整个早上、整天），通"众"，多。终作副词表示始终、总（表始终全过程），终究、到底（即总归，如终将成功；终归；终于；终乖——到底违背；终究——毕竟，也作"终久"；终须——终究、毕竟；终于——终究、到底；终久——终究；终归——终究、毕竟），表示时间（相当于"常""久"，如终古——久远、经常)。

2. 章意疏解

为无为，事无事，味无未。(此段主要提出无为而治的境界与表现——行无为之事，品无为之味。)

为：前一处为动词，做，治理；后一处为名词，行为。《淮南子·主术训》曰："无为者，道之宗。故得道之宗，应物无穷。"(就是说，由此看来，"无为"是道之根本。人能掌握无为之道，就能应对任何变化。) 事：前一个为动词，从事之义；后一个为名词，事情之义。味：《玉篇》："五味，金辛、木酸、水咸、火苦、土甘。"未：《广雅·释诂》："续也。"

修养德道进入无为境界后，眼耳鼻舌身意均被德化归一，无色声香味触法，无眼界，亦无意识界，故常无为而无不为，行无为之事，品无为之味。无为之事，乃天下之能事；无为之味，乃天下之至味，境界悠远深长，相对无言味最长。

对于以此理内修身心，《黄帝内经·素问·阴阳应象大论篇》曰："故曰：知之则强，不知则老，故同出而名异耳。智者察同，愚者察异。愚者不足，智者有余；有余则耳目聪明，身体轻强，老者复壮，壮者益治。是以圣人为无为之事，乐恬淡之能，从欲快志于虚无之守，故寿命无穷，与天地终，此圣人之治身也。"(所以说：知道调摄的人身体就强健，不知道调摄的人身体就容易衰老；本来是同样的身体，结果却出现了强弱不同的两种情况。懂得养生之道的人，能够注意共有的健康本能；不懂得养生之道的人，只知道强弱异形。不善于调摄的人，常感不足，而重视调摄的人，就常能有余；有余则耳目聪明，身体轻强，即使已经年老，亦可以身体强壮，当然本来强壮的就更好了。所以圣人不做勉强的事情，不胡思乱想，有乐观愉快的旨趣，常使心旷神怡，保持着宁静的生活，能够寿命无穷，尽享天年。这是圣人保养身体的方法。)

对于以此理外治人事，古人说，刑罚不足以移风易俗，杀戮不足以禁绝奸邪；唯有从精神上纯化才是根本，那至精的无为之道才有神奇作用。(参见《淮南子·主术训》："刑罚不足以移风，杀戮不足以禁奸，唯神化为贵。至精为神。")

大小多少，报怨以德。(此段主要指出事无巨细，一切皆以德报怨的

原则。）

事物的大小、多少、恩怨等，阴阳中相互对立的一切，都可以德应对之。

古人曾说，大声呼喊只能传到百步之远，而心志精神却能超越千里之外。冬天的阳光、夏天的荫凉，万物都向往和喜欢它，却又没有谁规定万物如此。所以，最纯精的东西，你不用召唤它就会自然到来、不用挥手它就会自然离去；它幽深玄妙，神不知鬼不觉地就使事物自然成功；有智慧者无法说清楚，善辩者又无法形容它。以前，孙叔敖安然静卧，使楚国不用刀枪却能称雄天下；楚都城南的勇士熊宜僚面对白公胜举剑威逼，心志不惧，泰然自若地转动着手中的球丸，表达自己保持中立的立场，使自己在白公胜和令尹子西两家的战难中免受牵连。披挂着皮革护胸甲和铁制铠甲，怒目扼腕、情绪激愤、立马横刀来抵御敌兵的刀枪，其功效要比以德服人差远了！以钱财笼络、刑法震慑，这样来解决危难，其作用要比以德感化小得多！凭眼睛观察事物、靠言辞发号施令，这样治理天下比无为而治难得多！（参见《淮南子·主术训》："夫疾呼不过闻百步，志之所在，逾于千里。冬日之阳，夏日之阴，万物归之，而莫使之然。故至精之像，弗招而自来，不麾而自住，窈窈冥冥，不知为之者谁，而功自成。智者弗能诵，辩者弗能形。昔孙叔敖恬卧，而郢人无所害其锋；市南宜辽弄丸，而两家之难无所关其辞。鞅鞈铁铠，瞋目扼腕，其于以御兵刃，县矣；券契束帛，刑罚斧钺，其于以解难，薄矣；待目而照见，待言而使令，其于为治，难矣。"）

图难于其易也，为大于其细也。天下之难作于易，天下之大作于细。（此段主要具体阐述了难始于易、大行于细的道理与规律。）

于：介词，相当于"在"。《尚书·君牙》曰："思其艰以图其易，民乃宁。"（你要想到民众的艰难，因而谋求那些治理的办法，人民才会安宁。）

天下万象，纷繁复杂，变化无穷，但显现出来的都是事物的表象。不管是复杂的，还是简单的，都有一个来龙去脉。圣人的绝学，常能抓住关键，循迹溯源，找到最容易突破的切入点，四两拨千斤，不用则已，用无不克。

对于困难的事，先从容易的地方思虑；对于大事，先从细微的地方入手。难与易，大与小，都是相对的，易与小是难与大的基础，把握了它们，才能成就难与大。天下的难事，要从容易的开始做起；天下的大事，必从细微处开始着手。

做人做事，修身治国，都是同样的道理。既要明白道理，又要把握规律，顺应万物自然的规律，这样，为人处世的效率才会提升，达到比较理想的效果。

所以治理天下，最上策是从精神上感化，其次是用礼制的达到方法来约束民众，使他们不做错事，而用奖赏贤才惩罚暴虐的方法来治理天下是最下策的。秤对于所称之物来说，不会根据自己的私心来改变它们的轻重；墨绳对于所量之物来说，也不会凭自己的私心来决定它们的曲直，所以秤和绳是公平、正直的。……权衡轻重，哪怕是蚊子头那么小的误差也不能发生；矫正枉屈，哪怕是针尖那么大的误差也不能发生；纠正歪邪，不以私心回避风险；奸诈小人不能使他枉法，谗佞之人不能使他乱法；因为执法公正严明，所以怨恨也不会产生藏匿，恩德也无从谈起：这种凭借法术治国而不重视人心改造的做法，真正治理天下的君主是不采用的。……大禹疏通长江引导黄河，替天下人兴修水利，然而他却不能使江河西流；后稷开垦荒地，引导百姓致力于农业生产，然而他却不能让禾苗冬天生长。这难道是他们还没有将本事全部发挥出来吗？不是的，是自然的趋势不允许！如果勉强去做那些自然趋势不允许的事情，不遵循事物客观规律，那么即使是神仙也是无法将事情办成的，又何况普通人呢？对内修身也是同样。（参见《淮南子·主术训》："故太上神化，其次使不得为非，其次赏贤而罚暴。衡之于左右，无私轻重，故可以为平；绳之于内外，无私曲直，故可以为正。……夫权轻重，不差蚊首；扶拨枉桡，不失针锋；直施矫邪，不私辟险。奸不能枉，谗不能乱，德无所立，怨无所藏，是任术而释人心者也。故为治者不与焉……禹决江疏河，以为天下兴利，而不能使水西流；稷辟土垦草，以为百姓力农，然不能使禾冬生。岂其人事不至哉？其势不可也。夫推而不可为之势，而不修道理之数，虽神圣人不能以成其功，而况当世之主乎！"）

是以圣人终不为大，故能成其大。（此段主要阐明圣人之所以能成其大的原因——明白了上段所阐述的难与易、大与细的道理。）

所以，圣人始终居于道，用德一之小、少、易、细，不以大自居，不为世俗之大所惑，反而成就了道之大。

　　夫轻诺必寡信，多易必多难。（此段主要申述了信德修养的重要性，以及如何正确把握难与易。）

　　因此，在这个社会中如果大家都能规范自己，没有人可以不受限制而放纵专行，那么，"道"就占了主导地位，取得了胜利。"道"取得胜利，这事理就通畅了，于是便可返回到无为而治的境地。这里说的"无为"，不是说什么都凝滞不动，而是说不要任何事情都不考虑事物本身的规律和特点。"寸"的度量是根据禾穗的芒长来制定的，而穗的芒又产生于有形的植物，植物生长也离不开阳光，这就是"度"的本原。同样，音乐产生于五音，五音产生于十二律，十二律产生于风，这就是声音的根本原理。法的情况也一样，它产生于公众的道义。这道义产生于公众生活的需要，并符合最广大民众的心愿，这就是法治社会的要害。所以，与这些"根本""本原""要害"相通，就不会被末节扰乱，掌握了这些"根本""本原""要害"，就不会被烦琐搞糊涂。法，不是从地下冒出来的，而是产生于人间社会又转过来制约人们使之正派。所以，自己身上有这样的缺点过错，就不要非难他人身上有着同样的缺点过错；自己身上没有的优点美德，也就不要要求别人有这种优点美德。由此推出，要求下层民众遵循法律，执法者也应遵循法律；禁止百姓民众不能做的事，那么执法者自身也不能做。知法守法，法不阿贵，法律面前人人平等，这才叫法治社会。（参见《淮南子·主术训》："人莫得自恣，则道胜；道胜而理达矣，故反于无为。无为者，非谓其凝滞而不动也，以其言莫从己出也。夫寸生于稑，稑生于日，日生于形，形生于景，此度之本也。乐生于音，音生于律，律生于风，此声之宗也。法生于义，义生于众适，众适合于人心，此治之要也。故通于本者不乱于末，睹于要者不惑于详。"）

　　如果轻易许诺，必然缺乏诚信，将道德修养乃至任何事，看得过于简单容易，必然会遇到更多困难。那应该怎么办呢？

　　是以圣人犹难之，故终于无难。（此段主要总结了圣人如何解决上段的问题——重视信德修养，抓小抓易，以德治难，所以最终无难。）

　　犹：通"猷"，图谋，谋划；通"由"，从；副词，相当于"仍""仍然"。《慎子》云："天有明，不忧人之暗也。地有财，不忧人之贫也。圣人有德，不忧人之危也。天虽不忧人之暗，辟户牖必取己明焉，则天无事也。地虽不忧人之贫,伐木刈草必取己富焉,则地无事也。圣人虽不忧人之危,百姓准上而比于下,其必取己安焉,则圣人无事也。"

因此,圣人处事重信德,防微杜渐,勿以善小而不为,勿以恶小而为之;唯德是行,积德化因,以德治难;防意如城,不敢自大疏忽;认真对待,圆满解决。所以,最终无难。

所以,圣人简省事务而治理容易,欲求少而容易满足;无须布施而能表示仁爱,无须信誓旦旦反能显示诚实,无须索取就能获得,无须做什么反能收到成效;他安然不动保守纯真,怀抱道德以诚待人;天下人都跟随他,如同回音应和声音,物影跟随形体:这些都在于圣人修养根本的缘故。(参见《淮南子·主术训》:"故圣人事省而易治,求寡而易赡,不施而仁,不言而信,不求而得,不为而成。块然保真,抱德推诚,天下从之,如响之应声,景之像形,其所修者本也。")

三、老子的智慧启示

此章老子对世人的启示主要是如何智慧地处理难与易、大与细的关系,可从两个维度去理解。

1. 图难于其易——无难始于容易

对此,主要探讨两方面的话题。

其一,会者不难,难者不会。

说明难与易是相对而言的,与人自身的基础条件有关系。同样一件事,对有的人来说是轻而易举的,对有的人来说比登天还难,这是因为各人的积累储备情况不同;对同一个人,在某一阶段是很难完成的事,到下一个阶段就轻而易举了,这是因为人在不同阶段的情况不同。

其二,知难行易,知易行难。

说明知行合一、理论与实践的统一也有个难与易的发展过程。

《太上老君内观经》载:"知道易,信道难。信道易,行道难。行道易,得道难。得道易,守道难。守而不失,乃常存也。"即知道容易信道难,信道容易行道难,行道容易得道难,得道容易守道难。知道了解比真信不移容易,真信不移比身体力行容易,身体力行比领悟贯通容易,领悟贯通比持恒如一容

易，能够开口言德、闭口思道，守德而不失，须臾不离道，就可以永恒长存了。

人们又说"天下无难事，只怕有心人"，这是一个成语，即世界上没有什么办不到的事情，只要肯下决心去做，任何困难都能克服；或者说，天下是没有什么所谓的难事的，因为所谓的难事只要遇到有毅力、有决心、有恒心的人，就会被化解，指只要有志向、有毅力，没有什么办不到的事情。这说明难与易不仅和事件本身有关系，还与人的态度、努力有关。只要态度端正，克服畏难情绪，积极努力，即使刚开始很难的事，经过一段时间努力，你越过某一个坎后，就渐渐变得容易了。对此，我有一个很深切的体会，比如我以前给大家布置篆体临写经典的作业，对许多以前很少或几乎没有接触过篆体的同学来说，这个作业是有一定难度的，但是，当你认真坚持一段时间，四周、六周乃至十周，这个作业照样能够写好，甚至可以高质量地完成。有的同学觉得写篆体就像画画一样，有的同学从中也收获了很多。这在多年的实践中都有体现。反之，如果你一开始就觉得很难，从而不愿意下功夫努力，这可能就首先在心理上把自己局限住了，一旦失去了前进的动力，可能你不会有太大的收获。

对此，有人以"勤"来解决这个难题，认为想要解决天下难事，就必须要勤，勤是找寻出路的唯一途径。如何才能做到勤呢？想要勤奋，首先，应当立志。因为不同的目标追求会造成不同的结果，志向就是勤的方向。其次，想要勤奋，还应该不断给自己施压，将压力转为动力。一定的压力，能让徘徊者迈出坚定的步伐，能让落后者奋起，能让成功者警惕。它不是鼓励人成功，而是逼人勤奋到成功，让人没有选择不成功的余地。压力是勤的动力。最后，应该持有富贵的毅力，披荆斩棘，战胜困难。一个崇高的目标，只有靠我们脚踏实地地去争取，依靠"巨人的肩膀"来克服困难，才能最终实现。毅力就是最基本的"肩膀"，缺乏毅力，唐三藏取经就成了奇闻怪谈；缺乏毅力，刘翔就没有成为第一的可能；缺乏毅力，再美好的理想和为之奋斗的热忱，都只是徒劳，名人头上闪亮的光环并不是轻而易举就能得来的，哪一个不是用毅力拼搏争取的？毅力当是勤所需之精神！天道酬勤。凡事，勤则易，惰则难，人的才能如果被惰性所支配，就将一无是处。所以，我们要勤，就得要立志，要不断给自己加压，要有毅力。这样，就能逃脱人生窘境，荣获胜利桂冠。曾国藩曾说：一勤天下无难事，一懒世间万事休。

曾国藩的"五勤"之道虽是为官之道，同时也是为人处世之道：

（1）身勤。

曾国藩所说的"身勤"就是身体力行、以身作则。

曾国藩曾说："余谓天子或可不亲细事，为大臣者则断不可不亲。"

曾国藩是这么说的，也是这么做的。曾国藩在军中要求自己早起，不论是什么样的天气，不论是什么样的环境，他一定"闻鸡起舞"，练兵督训，办理各项事务。曾国藩对军中将士说："练兵之道，必须官弁昼夜从事，乃可渐几于熟。如鸡孵卵，如炉炼丹，未可须臾稍离。"《论语》有曰："其身正，不令而行；其身不正，虽令不从。"

言传不如身教，曾国藩就是这样影响手下幕僚、将领的。不管是个人修行还是管理团队，这一点至关重要，要给周围的人和下属树立一个好榜样。

（2）眼勤。

曾国藩所说的"眼勤"是从细微之处识人。

曾国藩指派李鸿章训练淮军时，李带了三个人求见，请曾分配职务给他们。不巧曾刚好饭后外出散步，李命三人在室外等候，自己则进入室内。等到曾散步回来，李请曾传见三人。

曾说不用召见了，并对李说："站在右边的是个忠厚可靠的人，可委派后勤补给工作；站在中间的是个阳奉阴违之人，只能给他无足轻重的工作；站在左边的人是个上上之材，应予重用。"

李惊问道："您是如何看出来的呢？"

曾笑道："刚才我散步回来，走过三人的面前时，右边那人垂首不敢仰视，可见他恭谨厚重，故可委派补给工作。中间那人表面上毕恭毕敬，但我一走过，立刻左顾右盼，可见他阳奉阴违，故不可用。左边那人始终挺直站立，双目正视，不亢不卑，乃大将之才。"

曾国藩所指左边那位"大将之材"，就是后来鼎鼎有名的台湾巡抚刘铭传。

曾国藩从细微之处识人，练就了一双慧眼，曾府幕僚鼎盛一时，幕僚在曾国藩平定太平军的过程中出谋划策，立下了赫赫功勋。

（3）手勤。

曾国藩所说的"手勤"就是要养成一个好习惯。

曾国藩一生养成了三个好习惯：

第一个好习惯是反省。曾国藩每天都写日记，他说："吾人只有进德、修业两事靠得住。进德，则孝弟仁义是也；修业，则诗文作字是也。此二者由我作主，得尺则我之尺也，得寸则我之寸也。今日进一分德，便算积了一升谷；明日修一分业，又算余了一文钱；德业并增，则家私日起。至于功名富贵，悉由命走，丝毫不能自主。"曾国藩通过写日记来修身，反思自己在为人处世等方面存在的不足，通过这样的反省，不断修炼自己。

第二个好习惯是读书。他规定自己每一天必须坚持看历史书籍不下十页，饭后写字不下半小时。曾国藩说："人之气质，由于天生，很难改变，唯读书则可以变其气质。古之精于相法者，并言读书可以变换骨相。"通过坚持读书，曾国藩不仅改变了气质，更磨炼了持之以恒的精神，同时增长了才干，懂得不少为人处世的道理，这也让他成为一代大儒。

第三个好习惯是写家书。据说曾国藩仅在1861年就写了不下253封家书，通过写家书不断训导教育弟弟和子女。在曾国藩的言传身教之下，曾家后人人才辈出。

正所谓习惯决定性格，性格决定命运。曾国藩养成很好的习惯，不仅成就了他自己，也影响了曾家后人。

（4）口勤。

曾国藩的"口勤"就是他与人的相处之道。

曾国藩认为同僚相处"两虎相斗，胜者也哀"。

据说曾国藩一开始同湖南巡抚骆秉章的关系并不好。咸丰三年，曾国藩在长沙初办团练时，骆秉章压根儿就没把曾国藩放在眼里，对曾国藩的工作也不是十分支持。当绿营与团练闹矛盾时，他总是偏向绿营。

让曾国藩特别愤愤不平的是，在靖港兵败，湘军退驻长沙城郊的水陆洲时，骆秉章来到离曾国藩座船仅数十米之遥的码头送客，曾国藩以为他是特意来看望和安慰自己的，内心正十分感激，谁知他送完客人之后转身便走，就当没有看到曾国藩，并且还同长沙官员一起对曾国藩的兵败百般讥讽。

尽管如此，曾国藩也并没有逞口舌之快，而是采取曲意忍让的态度，在他第二次出山之时，他特意拜访了骆秉章，态度谦恭、热情，之前的那些事就像没发生一样。这让骆秉章大感意外，当场表态，以后湘军有什么困难，我们湖南当倾力相助。

"己预立而立人，己欲达而达人"，曾国藩口勤不仅仅是对同僚和上级，对下属也会耐心地训导。曾国藩秉持的这种为人处世之道，不仅让他成就了自己，也成就了李鸿章、左宗棠、张之洞、刘铭传、胡林翼等名臣，促成了清末短暂的中兴。

（5）心勤。

曾国藩所说的"心勤"就是坚定的意志品质。

曾国藩不管是在科考还是在平定太平军时"屡败屡战"，有一种精诚所至的信念在支撑他。从各方面下足功夫，功到自然成。

曾国藩说："天下古今之庸人，皆以一'惰'字致败。"以勤治惰，以勤治庸，不管是修身自律，还是为人处世，一勤天下无难事。

2. 为大于其细——细节决定成败

《管子·形势》曰："必得之事，不足赖也；必诺之言，不足信也。小谨者不大立，訾食者不肥体；有无弃之言者，必参于天地也。"（不应得而求必得的事情，是靠不住的；不应承诺而完全承诺的语言，是信不得的。谨小慎微也不能成大事，就好比挑拣食物不能使身体胖起来一样。说出过令人不可放弃的话语的人，一定是验证了天地之理的。也有一说认为，能够不放弃以上这些格言的人，就能与天地媲美了。）

这个道理，其实跟难与易的道理有相似的地方。理解了前面难与易的辩证关系，对于大和小的关系，也就容易理解了。对此，也可从两个方面理解：

其一，宇宙中事，己分内事。

德行的积累，事无巨细，就按老子的教导，"恒德不贰""勿以善小而不为，勿以恶小而为之"。细节往往因其"小"而容易被人忽视，掉以轻心；也常常因其"细"，使人感到烦琐，不屑一顾。但这些小事和细节，往往是事物发展的关键和突破口，是决定成败的关键点。因此，这就要求我们在工作、学习、生活中要树立坚强的责任心，这也是一份道德责任与人生担当，是对自己

的真正关爱和对生命的长远养护。

什么是责任心？有人认为，责任无所不在：见义勇为是责任，帮助别人是责任，爱护集体是责任，维护民族尊严是责任，扶贫济困是责任……责任给人以压力，也给人以动力。如果一个人没有了责任心，成功对他来说简直就是痴人说梦。这个责任心包括对社会的责任、对家庭的责任、对工作的责任、对人的责任、对自己的责任。而人的责任首先是对社会的责任，有了对社会的责任才能有对家庭、工作、朋友、自己的责任，因为一个只知从社会、他人获取的人是根本无从谈责任的。

一个人应当具备的优秀品质很多，而责任感是十分重要和可贵的。雷锋愿做一颗永不生锈的螺丝钉，拧在哪里都要负起应尽的责任；焦裕禄忍着病痛走访贫苦百姓；孔繁森以微薄的收入供养藏族孤儿……众多先进人物的思想和事迹，都具有一个共同的特点，那就是对国家、对人民、对事业有着高度的责任感。古人云："不患无策，只怕无心。"一个人的学识、能力、才华很重要，但缺乏责任感、责任意识、责任心，就不堪大用，即使小用也令人担心。责任感反映了一个人的精神境界。

很多事情没有成功，不是没有付出努力，而是忽略了一些细节。例如，一颗螺丝钉松动足以让航天飞机灰飞烟灭；入口处多一节拐弯的门，可以降低空调的耗电量……这一切都说明细节和责任足以决定成败！我们无法保证注重细节、感受责任一定会为我们带来成功，但如果我们要想取得成功，要想把工作做好，要想成就一番事业，就必须注重细节，感受责任，保证每个细节都做好。由此可见，责任不是一个甜美的词汇，它仅有的是岩石般的冷峻。一个人真正地成为社会的一分子的时候，责任作为一份成年的礼物已不知不觉地落在他的背上。因此我们需要注重细节，树立强烈的责任心，把身边的每一件小事做细。伟大源于细节的积累，完美的细节代表着永不懈怠的处世风格。

再和大家分享一场曾经震惊十万人的演讲——台湾忠信高级工商学校校长高震东在大陆的一次演讲：《天下兴亡，我的责任》。通过这个演讲，我主要想说的是：细节决定成败，从自我做起，从小事做起，从当下做起。

其二，天下万事，恒无小事。

为大于其细的修身内涵，主要指抓住每一个生命再造的细小环节去实践，从细微处用功夫，防微杜渐，滴水穿石。在做人做事方面，只有完美把握住每个细节，才能最终达到成功的极致。对此，古今中外成功的经验和失败的教训都非常多。再说与细节有关的名言与故事。

"细节决定成败"是一句俗语，也是一种哲理哲思，指的是讲究细节能决定事件的走向。这其实是一个很朴素而且操作简单的道理，只是人们在实践中往往太容易忽略一个又一个看起来微不足道实际上却影响全局的细节，才使得本来可以预期的成功归于失败，这样的教训应该时刻记取。

英格兰有一首著名的民谣：丢失了一个钉子，坏了一只马蹄铁；坏了一只马蹄铁，折了一匹战马；折了一匹战马，伤了一位骑士；伤了一位骑士，输了一场战斗；输了一场战斗，亡了一个帝国。马蹄铁上一个钉子的丢失导致一个帝国灭亡，这不禁让人想起中国传统"失之毫厘，谬以千里"的古训。无论做人、做事，都要注重细节，从小事做起。古人还有许多类似道理的话，如"千里之堤，溃于蚁穴""不积跬步无以至千里，不积小流无以成江海"，等等。

"天下万事，恒无小事"精辟地指出了要成就一番大事业，要有所作为，要获得硕大的胜利果实，就要从身边的小事做起，把一个个小的胜利果实聚集起来，才能获得更大的胜利果实。成也细节，败也细节。什么是细节？一般来讲，细节就是细小的事物、环节或情节。可以形象地说，细节是转动链条上的扣环，是千里钢轨上的小铆钉，是太空飞船上的螺丝……

现实生活何尝不是这样呢？细节决定成败，态度决定高度，对细节的态度在无形中决定着人生的高度。古人云："安住在当下，深入每一个细节中去。"细节能够表现整体的完美，注意了细节才能把事情办得更加完美，注意了细节生活才会更真实、更有意义。而忽视了细节，就会影响事情的发展，会影响和破坏整体的完美。现代商业上的成败，细节也很重要。许多企业将大笔资金投入产品的开发，往往只是为了赚取百分之几的利润，而在生产中任何一个细节的失误，就可能将这些利润完全丢失。

曾经看到有人说："性格决定命运，气度决定格局，细节决定成败，态度决定一切，思路决定出路，高度决定深度。"

周恩来总理在注重细节方面是出了名的，基辛格眼中的周恩来是个既注重

细节，又避免烦琐的人。细节至上，事无巨细，一切皆源于此。只有关照小事，在细节上做好，才有可能成就大事。周恩来总理在外交中非常注重细节，看起来似乎都是小事，但大事的基础都是这些小事，把小事做好，才能干成大事。人生就好比建房子，把细节做好，就相当于把人生的误差消灭在摇篮里。尼克松曾这样评价周恩来总理：对于周恩来来说，任何大事都是从注意小事、注意细节入手的，他的所作所为都是围绕这一观点进行的。他既能亲自照料每棵树，也能够看到整片森林。

然而，注重细节并不是只顾一地鸡毛，人生要有粗有细，在抓细节的同时也要不太计较。两只眼睛都盯在琐事、小事上，反而会被细节所累。所以，眼中有小事，心中存大局。细节要重视，在重视细节的同时，要有长远的眼光和博大的胸怀，既注重细节又不为细节所累。

《大学》中说："物有本末，事有终始。知所先后，则近道矣。"细节就像片片绿叶，叶子固然重要，但缺少了树干，树叶也就失去了存在的意义。细节又像散落的珍珠，如果没有一根线把它穿起来，再圆润的珍珠也不可能变成美丽的项链。

注重细节并不等于只看细节，人生的精力有限，不需要把所有精力都放在细微之处。假如时时眼盯琐事，被小事所累，那人生就如同背着棉花过河，终会被"细节"所拖累。李四光曾说："周恩来是个了不起的人物，他胸怀宽阔，不计恩怨，广交朋友，用人唯贤，关心体贴，无微不至。"大事不糊涂，小事不计较，注重细节又不斤斤计较。

"细节决定成败"与"成大事者不拘小节"，二者并不矛盾。注重细节是在把握主体的基础上兼顾细枝末节，不拘小节也并非指弃细节于不顾。

可见，细节，乃成败之事，存亡之道，不可不察。注重细节是打开成功之门的钥匙，学习上要重视细节，做到理解透彻，拒绝囫囵吞枣。工作中要把握细节，将小事做细，把工作做精。日常注重细节，一言一行要恰当，待人接物需体贴。许多人的失败并不是因为实力上的差距，而是因为在细小的地方做得不够。但过分执着于细节，反而会失去大道。所以，需眼中有小事，心中存大局。

还有一些与细节有关的名言：竞争优势归根结底是管理的优势，而管理的优势则是通过细节来体现出来的；有条理、有秩序的人，即使才能平庸，他的事业也往往有相当的成就；所谓绝招是用细节的功夫堆砌出来的（简单的招式练到极致就是绝招）；细节总是容易为人所忽视，所以往往最能反映一个人的真实状态，也最能表现一个人的修养；做事不贪大，做人不计小；把每一件简单的事做好就是不简单，把每一件平凡的事做好就是不平凡。

机会往往隐藏在细节之中；成功是一种习惯；细节是一种创造，细节是一种功力，细节表现修养，细节体现艺术，细节隐藏机会，细节凝结效率，细节产生效益，细节是一种征兆；细节源于态度，细节体现素质；一心渴望伟大、追求伟大，伟大却无踪影；甘于平淡，认真做好每个细节，伟大却不期而至；要成就一件大事业，必须从小事做起；认真做事只是把事情做对，用心做事才能把事情做好；细节始于计划，计划同时也是一种细节，是很重要的细节；要想比别人更优秀，只有在每一件小事上下功夫。

生意的机会无处不在，无时不有，遍布于每一个细节之中；世事洞明皆学问，人情练达即文章。广东省原省长卢瑞华说："在中国，想做大事的人很多，但愿意把小事做细的人很少；我们不缺少雄韬伟略的战略家，缺少的是精益求精的执行者；决不缺少各类管理规章制度，缺少的是对规章条款不折不扣的执行。我们必须改变心浮气躁、浅尝辄止的毛病，提倡注重细节、把小事做细。"

惠普创始人戴维·帕卡德说："小事成就大事，细节成就完美。"实际情况往往是这样的：想法是好的，但没有人愿意和能够把每一件小事做透；使人疲惫的不是远方的高山，而是鞋里的一粒沙子；细节是能够体现事物内在联系和实质的微小事物和情节；每一条跑道上都挤满了参赛选手，每一个行业都挤满了竞争对手；泰山不让土壤，故能成其大，河海不择细流，故能就其深；无视细节的企业，它的发展必定在粗糙的砾石中停滞；战略上的举重若轻，战术上的举轻若重；我们的成功表明，我们的竞争者的管理层对下层的介入未能坚持下去，他们缺乏对细节的深层关注；一个不经意的细节，往往能够反映出一个人深层次的修养；我强调细节的重要性，如果你想经营出色，就必须使每一项最基本的工作都尽善尽美；职场箴言：把小事做细，把细事做透。

还有一个故事有关细节。

某著名大公司招聘职业经理人，应者云集，其中不乏高学历、多证书、有相关工作经验的人。经过初试、笔试等 4 关淘汰后，只剩下 6 个应聘者，但公司最终只会选择一人作为经理。因此，第 5 关将由老板亲自面试。

可是当面试开始时，主考官却发现考场上多出了一个人，出现 7 个考生，于是就问道："有不是来参加面试的人吗？"这时，坐在最后面的一个男子站起身说："先生，我第一关就被淘汰了，但我想参加一下面试。"

人们听到他这么讲，都笑了，主考官也不以为意地问："你连考试第一关都过不了，又有什么必要来参加这次面试呢？"

这位男子说："因为我掌握了别人没有的财富，我自己本人即是一大财富。"大家又一次哈哈大笑，认为这个人狂妄自大。

这个男子说："我虽然只是本科毕业，只有中级职称，可是我却有着 10 年的工作经验，曾在 12 家公司任过职……"这时主考官马上插话说："虽然你的学历和职称都不高，但是工作 10 年倒是很不错，不过你先后跳槽 12 家公司，这可不是一种令人欣赏的行为。"

男子说："先生，我没有跳槽，而是那 12 家公司先后倒闭了。"在场的人第三次笑了。一个考生说："你真是一个地地道道的失败者！"男子也笑了："不，这不是我的失败，而是那些公司的失败。这些失败积累成我自己的财富。"

这时，一个站在门口的大爷走上前，给主考官倒茶。男子继续说："我很了解那 12 家公司，我曾与同事努力挽救它们，虽然不成功，但我知道错误与失败的每一个细节，并从中学到了许多东西，这是其他人所学不到的。很多人只是追求成功，而我，更有经验避免错误与失败！"

男子停顿了一会儿，接着说："我深知，成功的经验大抵相似，容易模仿；而失败的原因各有不同。用 10 年学习成功经验，不如用同样的时间经历错误与失败，所学的东西更多、更深刻；别人的成功经历很难成为我们的财富，但别人的失败过程却是！"

男子离开座位，做出转身出门的样子，又忽然回过头："这 10 年经历的 12 家公司，培养、锻炼了我对人、对事、对未来的敏锐洞察力，举个小例子吧——真正的考官，不是您，而是这位倒茶的大爷……"

在场所有人都感到惊愕，目光转而注视着倒茶的大爷。大爷诧异之际，很快恢复了镇静，随后笑了："很好！你被录取了，因为我想知道——你是如何知道这一切的？"

大爷的言语表明他确实是这家大公司的老板。这次轮到这位考生笑了。

祝愿并希望每个人都能够做笑到人生最后的人。

3. 高真德道悟鉴

吕祖认为此章动静合一、虚实并生。

为着不动而静，此上"为"字。为无为是个"空"字，即不动而静，入于空，空中自有，谓之为无为。事者不有而无，此上"事"字。事无事，虚中不作，入于玄，谓之事无事。味者，空中动而我知其味，此上"味"字。味无味，动而复寂，空中动而复寂，谓之味无味。

道之大者，充而塞乎天地；道之小者，敛而入于微妙；道之多者，无物不有；道之小者，无可闻见，亦无可言，言其道不能测度；大小多少亦难衡量。修道者敛于内，不见于外，此仁人鬼神不能知。敛于内之小者，不见其大；敛于内之少者，不见其多。为道不彰，虽有加害，我不理之，若是乎报怨以德，故充塞天地，大之多之，先以清之静之，安我之神，定我之性，还我之命。敛于内，为无为，事无事，味无味，必先于其易，为其物不备之大者，必先于其为无为，事无事，味无味，而敛于内之细者。

天下之难事：事者，道也，必先于其清之静之之易；天下之大者，道也，必先于其湛之寂之之细。由此观之，是以圣人终不为大，故能成其充塞天地、贯满乾坤、与我合一之大，而道体是以成之。

故轻言道者易诺，得道者必寡言。殊不知道在何处，多易得者，始勤而终殆，终无一成，故多难。

是以圣人始终如一，不易不细，若是乎挟泰山而超北海，如此犹难之，常存固心，为无为而无不为；事无事而无不事；味无味而无不味；若是之圣人，故终无难矣。成其大而塞乎天地，小而入乎微妙，多而无物不备，少而不见不

闻，无可言之道也。①

黄元吉云：道本中庸，人人可学，各各可成，只因物蔽气拘，不力剪除，安能洞见本来面目？如浣衣然，既为尘垢久污，非一蹴能去，必须慢慢洗涤，轻轻拔除，始能整敝为新。若用力太猛，不惟无以去尘，且有破衣之患。修士欲洞彻本原，又可不循序渐进哉？始而勉强操持，无容卤莽之力，久则从容中道，自见本来之天。功至炼虚合道，为无为也；顺应自然，事无事也；平淡无奇，何味之有？既无其味，何厌之有？他如大往小来，哀多益少，以至报复者不以怨而以德，此皆极奇尽变，备致因应之常，然而称物平施无厚薄也，以德报怨无异情也。且德为人所共有之良，以德报之，即以自然清净之神施之。因物付物，以人治人，即以大小多少投报，亦皆动与天随，头头是道，处处无差，而于己无乖、于人无忤焉。噫！此道之至难而至易，至大而至细者也。无如世之修士，计近功、期速效，往往好为其难，喜务其大，不知图难于易，为大于细，鲜有不蹶者。夫易为难之基，故天下难事必作于易；细为大之本，故天下大事必作于细。况道为万事万物之根，可不由易而难、自细而大乎？不然，进之锐者退必速矣，又安望几于神化之域哉？是以古之圣人，知道有由阶、学有由进，不思远大之图，惟期切近之旨，淘汰渣滓，涵养本源，如水之浸灌草木，自然日变月化，不见其长而日长，所以自微之著，由粗之精，从有为有事中，而至于无为无事，愈淡愈浓，弥近弥远，而至于美大之诣。圣人终不为大，故能成其大也。今之学者，初起下手便望成仙，心愈大，事愈难，竟至半途而废者多矣。惟有坚固耐烦，矢以恒久不息之心，庶几易者易而难者亦易，细者细而大者亦细耳。愿学者图难于易，为大于细，出以持重老成，不至躁暴浅率，得矣。不然，非但斯道之大务，以敦厚居心始克有得，即此一应诺间，轻于唯者必寡信，而后悔弥深；一进取内，好为易者每多难，而退缩在即，其事有必然者。故圣人修炼之始，虽从易从细以为基，而惟日孜孜其难其慎，此心终未已也，所以先为其难，而其后顺水推舟，行所无事，故曰"终无难"焉。

---

① 老子. 吕祖秘注道德经心传 [M]. 吕岩，释义；韩起，编校. 桂林：广西师范大学出版社，2014：130－131.

此"为无为"三句是纯任自然工夫，以下"图难于易"一节是欲造精深必由浅近之意。至于丹道言铅言汞，究是何物？不妨明辨之。要知此个物事，不外阴阳两端。以汞配铅，即如以女配男，交媾之后，化生元气出来，又将元气合阴气入中宫，然后成丹。在先天，离是纯阳之乾，坎是纯阴之坤，因气机一动，乾之中爻走入坤中，坤之中爻走入乾窍，乾遂虚而为离，坤遂实而为坎，故乾虽阳而有阴，坤虽阴而有阳，即非先天纯阴纯阳太极浑沦之旧，然犹不失其正也。久之神则生精，气则化血，而气质之性、气数之命从此出矣，盖以有思虑知觉之心、气血形体之身，不似乾坤原物。至人以法追摄离中一点己汞（汞为心液，液虽属阴，却从离火中出，带有火性），下入坎宫，熏坎宫一点阴血（血为坎水，水虽属阳，却从坎水中生，实为寒体），古人谓"火入水乡"，"神入气里"，犹凝冰之遇火，如炭火之热釜，自然温暖，生出阴跷一脉动气来。虽然，火入水中，犹釜底加炭，热气熏蒸，蓬勃上腾，即真铅生也。自此以神运之而上升泥丸（主宰之而已），犹烤酒甑中，热气被火而升于天锅，则成露珠滴入瓮中，此即吾教曰"真汞"，又曰"忙将北海初潮水，灌济东山老树根"，其实气化为液而已。复行归炉温养，液又化气，循环不已，一升一降，直将气血之躯阴气剥尽，凡身化为金身，浊体变成乾体，仍还我太极虚无、不生不灭之法身焉。昔朱元育云："对坎离言，身中离精坎气皆属凡铅。直到坎离交媾，真阴真阳会合生出一点真阳出来，才算先天真铅种子。"然未得明师口诀，纵使勉强把持，也只可以固色身，到得下元充壮，久必倾泄矣。学人得此阳生，只算一边工夫，安望结胎成圣？惟将此阳气引之上升，复合周身之阴精，更与泥丸绛宫之神髓灵液交合为一，此正谓："东家女（木汞也），西舍郎（金铅也），配合夫妻入洞房。黄婆劝饮醍醐酒，每日熏蒸醉一场。"此乾坤交而结丹，前只是坎离交而产药。有此真铅真汞一合，才可还丹，铅即水中所生之金，汞即火中所生之木。前只算凡铅凡汞，到此才算真铅真汞。学人照此用功，运神不运气，庶不至误事。①

---

① 黄元吉. 道德经精义［M］. 北京：中央编译出版社，2014：176 – 178.

第九节　《辅物》

一、《辅物》章经文内容

其安也，易持也。其未兆也，易谋也。其脆也，易判也。其微也，易散也。为之于其未有也，治之于其未乱也。合抱之木，生于毫末；九成之台，作于蠃土；百仁之高，始于足下。

为之者败之，执之者失之。是以圣人无为也，故无败也；无执也，故无失也。民之从事也，恒于其成事而败之。故慎终若始，则无败事矣。是以圣人欲不欲，而不贵难得之货；学不学，而复众人之所过。能辅万物之自然，而弗敢为。

二、《辅物》章经文释读

1. 文字释读

辅：甫，既是声旁也是形旁，表示扶助。辅，金文![字形]=![字形]（车）+![字形]（甫，助）。造字本义：古代马车座位旁边的护栏。篆文![字形]承续金文字形。

《说文解字》："人頰車也。从車甫聲。"（人扶车。字形采用"车"作边旁，"甫"作声旁。）本指车旁横木（辅所以益辐，使之能重载）。辅作名词同本义（如辅材——制作车轮外旁夹毂的直木材料），助手，面颊（如辅牙——颊辅和牙床，比喻相互倚助；辅车——颊辅与牙床互相依存，比喻事物互相依存；辅颊——上颌与面颊，泛指面颊），人的颊骨，旧指京城附近的地方（如汉代的"三辅""六辅"；辅墙——内墙；畿辅），星名（如辅星；辅湛——辅星沉没），姓氏。辅作动词表示佐助、从旁帮助（如辅翼——辅佐、帮助；辅弼——辅佐、帮助；辅世——辅助世人；辅臣——辅助的臣子；辅成——助成），护卫，通"捕"，捕捉之义。

判："半"是"判"的本字。半，金文![字形]=![字形]（八，用刀分割）+![字形]

（牛），表示解牛、分解。当"半"的"分解牛"本义消失后，篆文𩧀再加"刀"𠚔另造"判"代替，强调用刀解牛。造字本义：解牛，分割。隶书𡎸将篆文的"半"𦎩写成半，牛角形象尽失。

《说文解字》："分也。从刀，半声。"（分割牛体。字形采用"刀"作边旁，"半"作声旁。）本指分、分开。判作动词同本义（如判散——分散；判礼——分离、分开），判决（指司法机关对案件的裁决，如判案），分开、分离，截然不同（如判然、判若两人），区别、分辨、断定（如研判；判断；判明；判读——利用已知的视觉信息符号来判断新获得的视觉信息的含义；判正——分辨是非曲直），裁定、评断（如评判——判定胜负或优劣；判事——判决事务的是非曲直；判析——裁决），（为了评价或强调的目的）评定做上符号或记号（如判阅——批阅），球赛中裁定球或球员的情况（如判发球出界），通"拚"，舍弃。判作名词指裁决诉讼的文书（如判花——花押，旧时在判决书后签字花押），古代官名（如判司——官名，掌批判文牍的官；判官头——雕绘着判官的马鞍通判；判官——中国唐、宋两代辅助地方长官处理公事的人员，传说中借指阎王手下管生死簿的官）。

毫：毫为豪的俗字。豪：高，既是声旁也是形旁，是"毫"的省略，表示野兽身上的尖锐长毛。篆文𧰧＝高（高，即"毫"，尖锐长毛）＋豕（豕，猪），表示搏斗时会竖起尖锐长毛的野猪。造字本义：名词，穴居啮齿类动物，全身黑色，藏身洞穴，昼伏夜出；遭受威胁时会竖起其分布在粗硬毛发中的箭刺；也称"箭猪"。隶书豪将篆文字形中的高省略成高。

《说文解字》："豕，鬣如笔管者，出南郡。从豕，高声。豪，籀文从豕。"（猪，身上的鬣毛粗硬如毛管，出于南郡。字形采用"豕"作边旁，"高"作声旁。豪，籀文字形采用"豕"作边旁。鬣读 liè，马、狮子等颈上的长毛。豪通毫，毫从毛，表意，其形像兽毛；高省声，高有长义，表示毫是细长的毛）。本指长而尖的毛。毫作名词同本义（如毫光——如毫毛的光芒；毫芒——毫毛的细尖；毫黍——毫毛与黍粒，比喻极微小；毫眉——老年人的眉毛，因其毛长，故称），毛笔的头部、毛笔（如毫端——毛笔笔尖；毫笺——毛笔和精美的纸张；毫管——指毛笔；毫墨——笔和墨，借指文字、图画），比喻极细小的东西、细微（如毫分——比喻极细微；毫忽——一点点儿，十

忽为丝、十丝为毫、十毫为厘；毫厘不爽——一点儿也不差；毫芥——比喻极细微的事物），单位名，长度单位（等于千分之一寸或1/30毫米），重量单位（等于千分之一钱或0.005克），〈方〉：银圆一角称为一毫，姓氏。毫作副词指完全（与不、无连用，在名词、动词前表示一点儿也不，如毫无倦意、毫不足怪）；〈前缀〉：与某一物理量的单位连用，表示该量的千分之一（如毫米、毫升）。

末：金文 在"木" （树）的上端加一横指事符号，表示树梢。造字本义：树梢部位。篆文 将短横写成长横。隶书 略有变形，树的枝、根形象消失。

《说文解字》："木上曰末。从木，一在其上。"（树的顶部叫"末"。字形采用"木"作边旁，指事符号"一"表示位置在树的上部。）本指树梢。末作名词同本义（如末大——树木枝端粗大，喻部属势力强大；末大必折——树木枝端粗大，必折其干，喻下属权重，危及上级；末杪——末尾；末梢——末尾、最后），泛指物的末端、末尾（如末大不掉——犹尾大不掉，比喻部属势力强大、难以驾驭；末岁——岁末；末冬——冬末；末秋——秋末），古代称农为本，反本为末（即工商业，如末伎游食——古指工商业不值得重视的技能，游食，即不劳而食；末民——古称从事工商业的人；末产——手工业、商业；末作——古代指工商业；末利——古代指工商业；末生——末业，指工商业），传统戏曲角色名（主要扮演中年男子，如杂剧有正末、副末之名），末期、晚年（如末尾三梢——收场、结局，物有本末、事有终始；末限——最后期限；末垂——最后的时日），细的粉末（如茶叶末、粉笔末、药末），盖在车轼上遮蔽风尘的帷席，姓氏。末作形容词表示卑微（如末志——卑微的志向；末官——卑小的官），低级（如末弁——低级武官；末列——犹下位。末多用作谦词（末底——最底下；末俗——末世的习俗、低下的习俗），微不足道（如末事——微不足道的小事；末行——微不足道的行为；末用——无足轻重之物；末务——小事、无关紧要的事），细、小（如末操——小节；末派——水的支流或下游），肤浅（如末议——谦称自己的议论或意见），非根本、次要（如末务——非根本的事，世俗琐事；末法——不能治本的法术）。末作动词则通"𣸷"，抹拭之义。

九：甲骨文 是"厷"（肱、臂）与"又"（抓、掏）的组合，表示伸出手掏摸、探究，力求确定内部情况。造字本义：伸手往洞里掏摸、试探，以求确定情况。金文 承续甲骨文字形。篆文 淡化了手形。当"九"的"掏摸、力求确定情况"的本义消失后，篆文再加"穴"（未知空间）另造"究"代替。

《说文解字》："陽之變也。象其屈曲究盡之形。凡九之屬皆从九。"（阳的最大变数。字节像事物曲折变化直至穷尽的样子。所有与九相关的字，都采用"九"作边旁。）本指数词（比八大一的基数）。九作数词同本义（如九九归真；小九九——珠算的乘法口诀，方言中比喻算计；九九——算法名，称一至九每二数相乘之数为九九，九的自乘数；九地——极深的地下），第九，可数序列中第八加一的序数（如九连），泛指多数、数量大（如九霄云外；九译——言语不通、多次辗转翻译；九华——繁多而色彩缤纷；九盘——形容道路的弯弯曲曲；九采——各诸侯国、各种色彩），又指极数（凡数之指其极者，皆可称之为九，不必泥于实数，如九幽——极遥远幽深的地方）。九作形容词则通"久"，时间长；名词——九月，时令名（从冬至起每九天为一"九"，如数九寒天，九尽寒尽；九九——自冬至次日起数，每九天为一九，共历八十一日，称为九九），古国名（今河北省临漳县西南）。九作动词则通"鸠"，纠合、聚集之义。

台：本字"台"："台"是"胎"的本字。台，金文 = （厶，倒写的"子"）+ （女，母亲），表示母亲所怀的孩子。有的金文 将"女" 写成"口" ，表示胞胎。造字本义：胎，胎胞。篆文 承续金文字形 。当"台"的"胎胞"本义消失后，篆文 再加"月" （肉）另造"胎"代替。

合并字"臺"：篆文 = （高）+ （屋，睡觉），表示有人睡觉值守的高耸瞭望所。有的篆文 误将"高" 写成 ，本义线索消失。造字本义：古人用土石筑成的方形平顶的瞭望高地，上面有人日夜值守。

合并字"檯"：臺，既是声旁也是形旁，表示土石筑成的瞭望高地。檯，甲金篆隶字形暂缺，楷书 檯 = （木）+ 臺（臺，土石堆筑的高地），表示高出地面的高大柜子。推测造字本义：有利于操作或表演的高大柜子。

合并字"颱"：台，既是声旁也是形旁，是"臺"的假借，表示凸起的瞭

望高地。飚，甲金篆隶字形暂缺，楷书**飚**=**风**（风，气流）+**台**（台，"臺"的假借，是"臺湾"的略称），表示台湾附近洋面的热气流。推测造字本义：台湾附近洋面即西北太平洋的热带气旋，猛烈的风暴。北太平洋西部的热带气旋被称为"飚风"；北太平洋东部的热带气旋被称为"飓风"。

台：《说文解字》："说也。从口，**6**聲。"（喜悦。字形采用"口"作边旁，与表示喜悦有一定的联系，采用"**6**"——以作声旁。）本指喜悦（读yí）。台读tái，作名词表示三台（星名，古代用三台来比喻三公，如台鼎——古代称三公或宰相，意为职位显要；台宿 xiù——三台星；台光——三台星光；台阶——三台星亦名泰阶，故称台阶；台斗——比喻宰辅重臣；台司——指三公等宰辅大臣；台臣——指宰辅重臣），鱼名（背上有黑的花纹，后作"鲐"）。台又读tāi，地名，"台州"的简称（唐武德五年（公元622年），改海州为台州，以境内天台山得名，治所在今浙江省临海市。元改为路，明改为府，如天台——指山名，在中国浙江省，指地名，在中国浙江省）。

臺：《说文解字》："臺觀，四方而高者。从至从之，从高省。與室屋同意。"（观望的高台。是高耸出地面的四方形土石建筑。字形采用"至、之"和省略了"口"的"高"会义。采用"至"作边旁，这与"室""屋"的造字构思相同。按：积土四方高丈曰台，不方者曰观曰阙。）本指用土筑成的方形的高而平的建筑物。台作名词同本义（如台门——古代诸侯所筑用来瞭望守卫的土堆高台；台榭——垒土高起的平方地叫台，台上的亭子叫榭；台阁——台榭楼阁；台观——楼台宫观；台下——台榭的下面；台馆——楼台馆阁），通常高于附近区域的平面（指高于地面的或地板的，如台城——古代守城拒敌的设备；台门——古代天子、诸侯宫室的门，因以土为台基，故称），器物的底座（指像台的东西、器物的座子，如砚台；镜台；灯台；船台；烛台；台盏——一种酒盏，有托盘），站、单位（如气象台、电视台），敬辞（用于称呼对方或跟对方有关的行为，如台讳——对人官名的尊称；台坐——敬辞，坐于尊位；台表——敬辞，用于称呼人的字；台鉴——对对方裁决、审察的敬辞，请对方阅览的敬辞；台屏——敬辞，尊称对方的家；台甫——敬辞，旧时用于问人的表字；台安——敬辞，多用于书信结尾，表示对收信人的问候；台候——敬辞，用于问候对方寒暖起居；台席——古以三公取象三台，故称宰相的职位为台席），莎草，古代中央官署名（台，御史台，作状语，如台垣——高级官署；台辅——高级官署或官位；台臣——台阁之臣、国家的大臣，谏官；台官——官名，汉代以尚书为中台，御史为宪台，后世因此又称尚书或御史为台官；台郎——尚书郎；台省——汉时称尚书为台省，因尚书省的办事处中台在禁省中而得名），台湾省的简称（如台胞），姓氏。台作量词用于指某些机器（如一台车床），舞台上一次完整的演出（如一台京剧、一台晚会）。

檯，作名词指桌子、案子（指有光滑平面、由腿或其他支撑物固定起来的像台的家具，用于家庭生活或某种工作，如写字台、乒乓球台、台历）。

颱，作名词指台风的简称（指发生在太平洋西部热带海洋上的一种极猛烈的风暴，称"台风"，如请大家注意收听天气预报，防台抗台）。

羸：《六书通》里的字形有𧳭、𧴤、𧳁，篆文𧴰 =（𧴰，多肉之獸也）+ 羊（羊，为弯垂羊角之象，表示羸的本义与羊有关），隶变后楷书写作羸。

《说文解字》："瘦也。从羊𧴰聲。臣鉉等曰：羊主給膳，以瘦為病。故从羊。"（瘦弱。字形采用"羊"作边旁，采用"𧴰"作声旁。徐铉等人认为：羊是供给膳食的主要来源，以肥美为上，瘦弱为不足，所以采用"羊"作边旁。）本指衰弱消瘦。羸作形容词同本义（如羸瘦——瘦弱困顿；羸骖——瘦弱的马；羸驷——瘦弱的马），疲困（如羸北——困败；羸色——疲惫的神色；羸师——谓藏其精锐而出示疲弱的军队以麻痹敌人），衰弱（如羸老——衰弱的老人；羸病——衰弱生病；羸疾——衰弱生病），贫弱（如羸民——贫弱之民），低劣（如羸钝——低劣迟钝）。羸作动词则通"累"，指缠绕、困住。

土："一"是特殊指事字，代表混沌太初，也可以代表"天"，或代表"地"。土，甲骨文◊像是地平线一上高耸的立墩◊。有的甲骨文◊在立墩◊上加三点指事符号'ˌˎ，表示溅泥灰尘。有的甲骨文土将立墩形象◊简化成一竖。造字本义：耸立在地面的泥墩。金文土将甲骨文字形中的立墩形象◊写成实心的菱形◆。古匋字形土将棱形◆写成似"十"非"十"的十。篆文土则将古匋的字形土写成"十"十。

《说文解字》："地之吐生物者也。二象地之下、地之中，丨，物出形也。

凡土之屬皆从土。"（大地用以吐生万物的介质。上下两横的"二"，象地之下、地之中，中间的一竖"｜"，像植物从地面长出的样子。甲骨文字形，上象土块，下象地面；金文中空廓变填实，小篆又变为线条。所有与土相关的字，都采用"土"作边旁。）本指泥土、土壤。土作名词同本义（沉积于地面上的泥沙混合物，潮湿时称泥土，地质学上称土壤，如黄土；土力——土壤肥沃的程度；土坷垃——土块；土山——泥土堆积成的山；土城——土筑之城；土堡——用土石筑成的碉堡；土堰——土筑成的拦水坝；土阶茅屋——谓居住俭朴，又指炼金术者的四大元素之一和五行之一，即水、火、木、金、土），土地（如土宇——土地住宅；土田——土地田畴；土功——治水土的工程；土作——土木工程；土薄——土地硗薄，守土有责；土公——土地神），尘土（如土雨——飞扬的尘土），领土、国土（指疆域，如土疆——领土；土境——领土、国土），乡土、居处（指某人的出生地、居住地或国籍，如故土；土团——乡里的自卫组织；土风——乡土歌谣），平原、平地（如土国——地处平原的国家），田地，中医学上指脾脏，土地神（后作"社"），中国少数民族之一（自称"蒙古勒"或"蒙古尔孔"，意为蒙古人，分布在青海省及甘肃天祝等地），中国古代乐器八音之一（如八音——由金、石、丝、竹、匏、土、革、木八种材质制成的乐器，其中钟属金，磬属石，琴、瑟属丝，箫、笛属竹，笙属匏，埙属土，鼓属革，柷、敔属木），姓氏。土作形容词表示本地的、本国的、地方的（如土兵——地方兵；土帮——当地人结成的团伙；土货——本地出产的货品；土酥——本地出产的酥酪；土音——本地语音），指民间沿用的生产技术和有关的设备、产品、人员等（以区别于"洋"，如土栈——经营土特产品的商行；土造；土纸；土制——土法制造；土方——民间流传的药方，亦称"偏方"），属于或关于普通语言的（如土白——土话，方言，欧洲的几种土语），俗气的、不合潮流的（如土里土气的）。土作动词指测量土地，吐。

　　慎：真，既是声旁也是形旁，表示贞人。慎，篆文▨=▨（心，态度）+▨（真，贞人），表示贞人占卜时态度严谨。造字本义：贞人占卜，小心翼翼，深思谨言。隶书▨将篆文的"心"▨写成▨。

　　《说文解字》："謹也。从心，真聲。"（谨严小心。字形采用"心"作边旁，采用"真"作声旁。）本指谨慎、慎重。慎作形容词同本义（指小心、当心，如审慎——周密而谨慎；失慎——疏忽；慎独——个人闲居独处时，也要小心谨慎，不可有越礼非分的念头；慎刑——谨于用刑；慎行——行为谨慎；慎言慎行——言行都十分小心注意；慎小事微——谨慎对待微小的事情；慎缄——小心谨慎，不说或少说话；谨小慎微——对细小的事也小心对待），警惕、忧虑（如慎微——警惕于事物细微之处）。慎作名词指姓氏。慎作动词则通"顺"，顺从、顺应、遵循、依顺（如慎比——和顺亲近；慎产——顺其求生的愿望）。慎作副词与"勿""毋""莫"等连用表示禁戒（相当于"务必""千万"等）。

2. 章意疏解

其安也，易持也。其未兆也，易谋也。其脆也，易判也。其微也，易散也。为之于其未有也，治之于其未乱也。合抱之木，生于毫末；九成之台，作于赢土；百仁之高，始于足下。（此段主要从不同角度层层演绎了有生于无、积少以成多，防微杜渐、细小易处理，千里之行始之于足下的道理。）

圣人人行不言之教，其所为者，实乃不得已而为，均为所当为而为。用德治身国，重视微妙契机，居中调控把握阴阳两端的变数。当事物处于安静时，易于把握其动势之初。征兆未出现时，容易规划引导。在初始脆弱阶段，容易判断发展的趋势。处于微小之时，容易使其消散。

在慧性思维认识的境界中，调控其处于德一的状态；在未产生乱象之前，就着手进行治理。

几人合抱的大木，从秋毫之末的幼苗发芽生长起来；九层高台，从一筐一筐垒土开始建造；百丈之厚的仁德，从脚下的一点一滴开始做起。《中庸》曰："君子之道，辟如行远，必自迩；辟如登高，必自卑。"（君子实行中庸之道，就像走远路一样，必定要从近处开始；就像登高山一样，必定要从低处起步。）

《文子·道德》曰："夫道者，原产有始，始于柔弱，成于刚强，始于短寡，成于众长，十围之木始于把，百仞之台始于下，此天之道也。圣人法之，卑者所以自下也，退者所以自后也，俭者所以自小也，损者所以自少也，卑则尊，退则先，俭则广，损则大，此天道所成也。"又曰："夫道者，德之元，

天之根，福之门，万物待之而生，待之而成，待之而宁。夫道，无为无形，内以修身，外以治人，功成事立，与天为邻，无为而无不为，莫知其情，莫知其真，其中有信。天子有道则天下服，长有社稷，公侯有道则人民和睦，不失其国，士庶有道则全其身，保其亲，强大有道，不战而克，小弱有道，不争而得，举事有道，功成得福，君臣有道则忠惠，父子有道则慈孝，士庶有道则相爱，故有道则知，无道则苛。由是观之，道之于人，无所不宜也。夫道者，小行之小得福，大行之大得福，尽行之天下服，服则怀之。"

为之者败之，执之者失之。是以圣人无为也，故无败也；无执也，故无失也。民之从事也，恒于其成事而败之。故慎终若始，则无败事矣。是以圣人欲不欲，而不贵难得之货；学不学，而复众人之所过。能辅万物之自然，而弗敢为。（此段主要指出有为之为与执着会导致失败的原因，并对比了圣人的无为而治、无为而得成功与普通民众恒失败的不同，得出慎终若始的结论，以及圣人能恪守辅万物而弗敢为的行事原则。）

自然：指修身达到心性命、形神均德化归一，归于道性本真的那种初始能量自我燃烧释放出无量光明的生命境界。《管子·内业》曰："鉴于大清，视于大明。敬慎无忒，日新其德，遍知天下，穷于四极。敬发其充，是谓内得。"（目视如同清水，观察如同日月。严肃谨慎地保持镇静而没有差失，德行将与日俱新，并且遍知天下事物，以至四方极远的地域。这样恭敬地发展其内部的精气，就叫作内心有得。）《管子·幼官》曰："视于新，故能见未形，思于浚，故能知未始。"（看在极早，所以能观察还没有形成的事物；想得深远，所以能想到还没有开始的事情。）《尚书·蔡仲之命》曰："慎厥初，惟厥终，终以不困；不惟厥终，终以困穷。"（谨慎对待事物的开初，也要考虑它的终局，终局因此不会困窘；不考虑它的终局，终将困穷。）《尚书·仲虺之诰》曰："惟天生民有欲，无主乃乱，惟天生聪明时乂。"（上天生养人民，人人都有情欲，没有君主，人民就会乱，因此上天又生出聪明的人来治理他们。）

纯粹用有为意识的行为，因受后天的局限，容易失败，过于执着某物，终会因一时差错而失去。因此，圣人无欲无为，慎终若始，所以，常常能够成功而没有失败；一切遵道守德，不执着于事物的隐显两面，所以没有缺失，也不会失去什么。一般民众做事，没有整体把握事物发展的前因后果，以及洞悉其中的每一个细小环节，往往细节决定成败，容易在快要成功的时候，反而失败。所以，自始至终都谨慎小心，就没有失败的事情发生。《中庸》曰："是故君子戒慎乎其所不睹，恐惧乎其所不闻。莫见乎隐，莫显乎微。故君子慎其独也。"（所以，品德高尚的人在没有人看见的地方也是谨慎的，在没有人听见的地方也是有所戒惧的。越是隐蔽的地方越是明显，越是细微的地方越是显著。所以，品德高尚的人在一人独处的时候也是谨慎的。）

因此，明白了道德的圣人，总是想要别人不愿意要的，不断地化腐朽为神奇，不以难得之货为贵，以免误导人舍本逐末，引发人的争夺心。圣人以修养道德、返璞归真为务。圣人的绝学，是学习常人所不学的，以此避免常人容易犯的错误。圣人明白因果的可畏，主动按照自然规律办事，能辅助万物自然，但不敢用后天人心违背自然规律妄为。

《素问·气交变大论》曰："《上经》曰：夫道者上知天文，下知地理，中知人事，可以长久，此之谓也。……本气位也，位天者，天文也；位地者，地理也；通于人气之变化者，人事也。故太过者先天，不及者后天，所谓治化而人应之也。"（《上经》说：研究医学之道的，要上知天文，下知地理，中知人事，他的学说才能保持长久，就是这个道理。……求天位的，是天文；求地位的，是地理；通晓人气变化的，是人事。因而太过的气先天时而至，不及的气后天时而至，所以说，天地的运动有正常的变化，而人体的活动也随之起着相应的变化。）

《淮南子·原道训》曰："所谓天者，纯粹朴素，质直皓白，未始有与杂糅者也。所谓人者，偶睦智故，曲巧诈伪，所以俯仰于世人而与俗交者也。"（所谓"天然"，是指纯粹朴素，质真洁白，没有掺入杂质。所谓"人为"，是指参差不正，虚伪奸诈，以此曲意逢迎与世交往。）

三、老子的智慧启示

老子在此章对世人的启示主要是有所为而有所不为。对此，主要说两个话题。

1. 为之败、执之失正解

首先，什么是为之败、执之失？

执着于有为，必然还在阴阳之中，得与失、成与败都是一对阴阳，有得必有失，有成功者必有失败者，得是通过失的对比而体现出来的，成功是通过失败而反衬出来的。比如，现在身处信息时代，有时想想，高科技真是给人类带来了许多方便，如偶尔遇到临时性的停电，在没有提前准备的情况下，用充电式台灯或电灯，就可以驱除黑暗。但是，如果在后天中为而执，而不知适度，有时候这些科技也给人们的身体带来了一定伤害，如在今天，智能手机的应用非常普及，而手机辐射、"鼠标臂"等比较常见的一些电脑病，让人类手足无措。其实，"鼠标臂"的病因，如果是能够深度内观的人，就可以清晰地观察到使用鼠标时光电对人体经络的灼烤，就会出现神经萎缩现象。《梅花韵拍操》中对手指的锻炼，可以很好地缓解手指、手臂发麻症状。大家学会之后，配合经典诵读，不论是未病先防，还是缓解病情，对自己的身体健康都是很有益处的。

其次，为什么为之败、执之失？

正因为有阴必有阳，所以，如果是有为而为之，必然有成也有败；执意而为之，一定有得也有失。为什么？从为的动机和方向来看，凡是符合天地法则、顺应自然规律与历史潮流时，就会成功有得；反之，若是违反天地法则、违背自然规律与历史潮流时，就会失败而终，这是必然的，比如南辕北辙的故事，说的就是这个道理，如果动机或方向错了，越努力反而离目标越远。从为的方式与手段来看，也和最终的成败得失有关，如果采取的方法不正确或效率不高，也不能达到预期的目标，比如缘木求鱼的故事，说的就是这个道理，这样，事倍功半也是会经常遇到的。

若从思维方式来看，大部分人的意识思维是点状思维或线性思维，用这种思维方式看待问题、思考事情，必然是不周全的，他看到的只是事物的一个点或一个面，并没有完整把握住事物的全部，这样，成败得失也是自然的事。就学习来说，我们的古代圣哲主要是用内求法去认识世界万物及自我生命，今天我们解读他们的著述，了解他们的思想，若是只用外求法，而与他们当初著书时的思维方式不一致，那理解不全面也是很自然的。这是否也是为之败、执之失的体现呢？

最后，该如何避免为之败、执之失？

正如前面说过的，大家要有信心把圣人的绝学转化成自己的绝活，这才是真本事。但是，这个信心是建立在认真实践的基础之上的，那就需要不断地修身精进，明白五行的生克乘侮之理，综整五行归于一中，也就是老子说的让前六识得一归一，如果能够超越阴阳，逐步摆脱五行的制约，处于德一之境或者执两用中，始终保持"中气以为和"，平衡化解阴阳的此消彼长，就会相对稳定而没有忧患。因为老子说过"修之身，其德乃真"。老子的德道哲学，是以在自己的心中和身内进行实践为基础、为主导的一门哲学，没有亲身在自己的身国内真实地实践德和道，也就无法真正地解读老子的思想和学说。只有将修德落实在自己的身心内体悟，体之于身而知道，体之于身而明德，才能体会到德能的良性作用力，才会真得，在自己心身中走出一条"实践出真知"的正确道路。有时候，跳出惯性思维，转换一下视角，可能看到的风景就不一样。

对此，可以看一则小故事——《人生关注的另一个侧面》：

一位渔民告诉我，因触礁倾覆的船比被飓风掀翻的船要多。人生的许多关头，不在于抗风雨，而在于补漏洞。

一位园丁告诉我，不是所有的花都适于肥沃的土壤。沙漠就是仙人掌的乐园。人生的许多成败，不在于环境的优劣，而在于你是否选对了自己的位置。

一位羊倌告诉我，他很快活，因为他可以与野花攀谈，与林鸟对话，随白云飘荡，于草原起舞。人生的许多空虚，不在于人的孤独，而在于心的寂寞。

一位厨师告诉我，鲜活的鱼没有挂糊油炸的，真正的好汤不是添加味精的那些，而是慢慢熬成的原汁。人生的许多档次，不在于外在的包装，而在于内在的品质。

一位山民告诉我，艳丽好看的蘑菇往往有毒，苦涩的野菜常常败火。人生的许多智慧，不在于观察，而在于分辨。

一位炼工告诉我，铸钢有一道重要的工序叫"淬火"。把滚烫的火锭放到寒水里急骤降温。人生的许多辉煌，不在于狂热地宣泄，而在于冷静地凝结。

一位拍客告诉我，他们去遥远的山寨采风，有人拍回的组照名曰"苦难岁月"，有人随后举办的个人摄影展唤作"世外桃源"。人生的许多苦乐，不在于你的处境，而在于你看境遇的角度。

一位教师告诉我，他发现上课积极提问的学生比认真听讲的学生，到社会

后有更强的适应能力。人生的许多境界，不在于跟随，而在于自我探求。

一位画家告诉我，大师的作品常常"留白"，太满太挤容易使人失去想象的空间。人生的许多魅力，不在于完美，而在于对缺憾的回味。

一位高僧告诉我，如来并不住在西方极乐世界，他就住在我们每一个人的心中，拜佛不如拜自己。人生的许多寻找，不在于千山万水，而在于咫尺之间。

2. 辅万物而弗敢为正解

按理说，乐于助人、帮助万物是一件好事，为什么这里说"能辅万物之自然，而弗敢为"？要回答这个问题，需要正确理解其中的道理。助人助物是没有错，但是，要把握一个度和原则。因为，人们也看到，生活中、现实中，有时候好心帮人，未必会有好的结果。"揠苗助长""好心办坏事"的例子多得是。为什么会出现这种现象？首先，大家都能够想到的一个原因就是，帮人的目的是否正确。如果是干坏事，当然不会有好结果；如果是歪风邪气，当然不应当助长。其次，还有一种情况，即使目的没错，也会出现不理想的结果，比如教育孩子，有时候父母不可谓不尽心，孩子想要的，吃喝玩乐，一应满足，供孩子上学、帮忙找工作……但是结果还是有许多的不如意。这又是为什么？究其原因，这些情况的出现，其实还是反映了人们在看问题的眼界、态度等方面的不足，没有看到实质、抓住本质。或许只看到了问题的一个有利的方面，没有顾及其他不利的因素；或者只看到事物眼前的益处，而忽略了眼前利益背后潜藏的危害。

因此，老子在这里提出这个论题，是告诉世人为人处世时尽可能地提高自己的站位，站在一个比较高的点去审视周围的事物，要学会整体观，尽量客观公正全面地看问题、分析问题。

古人又说："恩里生害，害里生恩。"这说明了益处与危害、有利与不利都是一对阴阳，也就是马克思主义辩证法讲的矛盾的对立统一，既互根互生，又可以相互转化，并不是绝对的。人们的立足点不同，看问题、想问题的角度就不一样，得到的结果也就不一样。

比如对一个个体而言，要先学会运用唯物论的对立统一规律，辩证地看问题。因为在我们生存的这个世界，是一个阴阳并存、保持互为消长动态平衡的环境，这是客观的。明白了这一点，我们看问题、做事情，就应学会古人所说的"一阴一阳之谓道"的思维，始终把握住事物的两方面，积极准备，防患不足，增阳涤阴，不断增加阳性的正能量，还要防止阴气负能量的侵袭。如果能够从对立统一的角度看问题，遇事从长远与眼前两个方面去权衡利弊，可能就会增加成功的概率而将损失降到最低。

从整个人类来看，我们要学会慧智双运、天人合一的思维，纵横交错、立体地看问题。因为我们处在太阳系这个空间里，是处在老子所说的阴阳"二"的环境中，在这个环境里，一切都会受到阴阳、五行的制约，每个人都以时间和空间作为存在方式。因此，我们看问题、做事情，应尽可能地从一个地球人的角度在历史长河中去审视，可能会相对客观公正。

再上一层，从整个宇宙自然来看，我们要学会"执一为牧"思维、用"唯德辩证法"分析、看待问题，一切都以德为标准，观察万物、解析万物，因为我们处在比太阳系更大的银河系，乃至更为广阔的宇宙时空中，进入老子说的德一道○环境中，这时，是直接站在万物的源头、本质上看问题，这样当然就把显性与隐性，阴与阳，宏观、微观与中观，天、地与人都把握住，一体而论了。所以，立足点不同，看问题的视角就不一样。我们前面说过，老子五千言的核心就是两个字——"德""道"，不管是"德篇"也好，"道篇"也好，不管从哪个角度阐述，老子的本意就是告诉世人如何以德修身，以德进道，如何进行圣人之治的修身实践。每个人通过明白德的理论与方法，去修养自己的德行，然后明白道的规律，运用修身明德所获得的道理，去指导自己身内的生命活动与身外的社会实践，最终回归到道德的境界中去，就这一个目的。

因此，老子在这章提出的"辅万物而弗敢为"，如果从辅助、扶助人与万物的角度来解读，就是尽量把握住事物的两个方面，从整体观来看问题、权衡利弊。凡是符合万物本性特征、事物发展规律的，从长远来看是利大于弊的，就可以扶助，而且可以根据实际情况力度大一些。反之，如果是不符合万物本性与发展规律的，从长远来看弊大于利的，就尽可能减少外力的助长。也就是说让人们遵循万物的规律而动，因为万物均有自身存在、发展的本质特点，物性也好，人性也罢，都有各自的特点，就好像大禹治水一样，顺应万物本性，

疏通引导，就容易成功。同样地，不违背物性，也不拂逆人情，这样，做人做事就会减少错误。任何反人性的行为都是不长远的，古今中外的例子比比皆是。历史上的那些战争狂，以及所有反人性、危害人类生存的行为，最终都是不会得逞的，"天网恢恢，疏而不失"。顺应万物规律就是遵循自然规律。

从人体生命健康来说也是同样，只满足口腹之欲，有时候是不利于身心健康的；生命在于运动，熬通宵、长期宅在电脑前，也是不利于身心健康的。《格言联璧》云："人性不可拂，当用顺法调之，其道在一恕字。""不近人情，举足尽是危机；不体物情，一生俱成梦境。"

诚如古籍所言，圣人凭心处事，众人以物欲行事。君子施行正气，小人施行邪气。内心观念符合本性，外在行为符合义理，遵循事理而行动，不受外物的牵累，这就叫"正气"。热衷于滋味、沉溺于声色，喜怒无常，行动不考虑后果，这就叫"邪气"。邪气与正气互相伤害，物欲与本性互相损伤，二者不可并立，一方树立，另一方必废弃，所以圣人是抛弃物欲而依顺本性。眼睛喜看美色、耳朵喜听音乐、嘴巴爱尝美味，接触这些东西就喜欢上它们，这就是不懂嗜欲的害处；贪吃暴食不利于身体安宁，听淫声不合于大道，看美色不利于天性。这口、耳、眼三种器官争着接受物欲，而能制约它们的是义理，即"心"。……大凡调养身体保养天性，就要做到调节起居、适量饮食、平和喜怒、劳逸结合，让这种养生之道始终落实贯彻，这样邪气就很难入侵你的身体中。（参见《淮南子·诠言训》："圣人胜心，众人胜欲。君子行正气，小人行邪气。内便于性，外合于义，循理而动，不系于物者，正气也。重于滋味，淫于声色，发于喜怒，不顾后患者，邪气也。邪与正相伤，欲与性相害，不可两立。一置一废。故圣人损欲而从事于性。目好色，耳好声，口好味，接而说之，不知利害，嗜欲也。食之不宁于体，听之不合于道，视之不便于性。三官交争，以义为制者，心也。……凡治身养性，节寝处，适饮食，和喜怒，便动静，使在己者得，而邪气因而不生。"）

这让人受到的启发是，"志当存高远"，可以把自己的人生志向树立得远大一些，然后脚踏实地去积极努力；不断提升自己的人生境界，把自己的眼界尽量放开阔一些，不急功近利，将自己的理想目标放在历史长河中去实现。这样，就会多一些平静与踏实，少一些浮躁与空疏。

有一个小故事叫《向人生的高空飞翔》，现与大家共享。

有一块石头在深山里寂寞地躺了很久，它有一个梦想：有一天能够像鸟儿一样飞翔。当它把自己的理想告诉同伴时，立刻招来同伴们的嘲笑："瞧瞧，什么叫心比天高，这就是啊！""真是异想天开！"……这块石头不去理会同伴们的闲言碎语，仍然怀抱理想等待时机。

有一天，一个叫庄子的人路过这里，它知道这个人有非凡的智慧，就把自己的梦想告诉了他，庄子说："我可以帮你实现，但你必须先长成一座大山，这可是要吃不少苦的。"石头说："我不怕。"

于是石头拼命地吸取天地灵气，承接雨露惠泽，不知经过多少年，受了多少风雨的洗礼，终于长成了一座大山。于是，庄子招来大鹏以翅膀击山，一时间天摇地动，一声巨响后，山炸开了，无数块石头飞向天空，就在飞的一刹那，石头会心地笑了。

但不久它就从空中摔下来，仍旧变成当初模样，落在原来的地方。庄子问："你后悔吗？""不，我不后悔，我长成过一座山，而且体会过飞翔的快乐！"石头说。

人的一生就像石头一样，最初的开始和最终的结局都是一样的，但过程却各不相同。一个人的目标定得高，他就必须付出更多的辛劳和汗水，即使经过全力打拼仍不得实现，但至少也比他人走得远、实现得多。

林肯总结自己一生的经历得出这样的结论：自然界里喷泉的高度不会超过它的源头，一个人最终能取得的成就不会超过他的信念。

然后，让我们再去领悟《物质世界的哲理》。

一滴水的哲理：

一滴水，一遇阳光，很快就会蒸发。

一滴水，一遇寒冬，很快就会结冰。

一滴水，一遇泥土，很快就会消失。

一滴水的命运，总是被别人掌控。

但当一滴水，融入大海，情况又会怎样呢？那阳光，只会增添它的蔚蓝；那寒冬，只会衬托它的坚强；那泥土，只会承载它的博大。

一串脚印的哲理：

一个人行走在沙上，身后留下一串脚印。

要留下人生的脚印还不容易吗？他想。

一阵风刮来，吹起的风沙掩埋了他身后的脚印，不留一点痕迹。

容易留下的东西，也容易被时光的手抹掉。

一片海的哲理：

山与天相连，那是因为山高。

但当我们站在海边，发现远处的海面也能与天相连。海在低处，没有山的高度，那为什么海能与天相连，与天等高呢？

我想，那是因为海的胸襟宽，它那宽阔的胸襟让它与天相连，与天等高。

原来，胸襟，也能成就一种高度，一种抵达天空的高度。

一丝光的哲理：

水可以浇灭火，但无法浇灭光。

时光如流水，生命似火焰。时光之流水可以浇灭生命燃烧的火焰，但无法浇灭生命燃烧发出的光芒。

趁生命之火还在燃烧，趁生命之火还没有熄灭，望我们彼此鼓励，彼此转告：请努力发光！

3. 高真德道悟鉴

吕祖认为此章混合阴阳，收敛天地万物，合周天之度数，满卦内之爻象，返之于未有，与混元合抱的意思。

念无念，心无心，情无情，欲无欲，物无物，我无我，如此才能安。一毫著安而不持，万缘不有，谓之安而能持。持字不要看易了，要先难于安，才能易持。兆者了然明白也；常常昏然而不明，其未兆明而不默，因其思也。思动则筹于心，言其太了然明白，而不若愚，故谋易生。脆者，日夜不放，存心意于运用，日耗其思则心不下，谓之脆。脆则魔生，至于我之真，崩而裂之，其形易坏。微者，稍有心神，使我不下。此皆道之病也。无心则无病。学玄者可勉之。

如此多病将何修之？默而为，诚而守。无念而行，为之于不有；寂然无我，冥然无人，治之于未乱之先。无为则心不乱，无作则意不驰，无功则情不重，如此斯可以言道矣。道乃何为？金也，木也；金生水，木生火，得水火而交并于土。交并者，不作不为，听彼天然，随气之运用；不知不识，湛湛若天之清，冥冥若地之宁，听生于毫末之初，发萌于无始之前，慎笃于我，谓之合抱。合抱之木即是一点之真。静极而坐毫末之间，定极而降一气之初，谓之合抱之木；生于毫末九层者，二土成圭也。还九之数起于水，降于火，抱合而为圭。台，即圭也。（圭乃真气邪？——悟玄子注）二气交泰积累于中土合成太极，从太极中返于无始，即此物也。千里之行，始于足下，譬言道之不骤行到也，骤则易败，迟则难来，要不间断，常常温养，时时在念，刻刻在心，不可须臾离也。临物不著，临事不染，亦不要死死坐定。

为者易败，执者易失，全在著而不著于外，清心静意于内。是以，作为者，执著者，避阳就阴之病也。圣人无为亦无败，无执亦无失，何也？因其心不在焉，视而不见，听而不闻，食而不知其味。空空洞洞，二个气象；有有无无，两段景象，圣人学道如此。民者，气也，若有则败，若无则成矣。

从事，是有了；民之从事常于几，故败之。慎终如始，言其先静而后动中，虽有景象从静中而来，亦从静中而返，本来面目庶乎不失。圣人学道全在于心，心静故无败事，心静欲才不欲，毫发不生，谓之欲不欲，故不贵难得之货。

心静故愚，愚故不学，谓之学不学。道从何学亦从何传，心静似愚即道也，将何学焉？！故学不学。学不学复我本来，与众不同，故复众人之过。生兮动兮，长兮灭兮，随阴阳之气，听其自然之始。天地万物总不过二气化育，故辅万物之自然。因其有败有失，故听天然而不敢为。[1]

黄元吉云：修身之道，遏欲为先。遏欲之要，治于未然则易，治于将然则难；治于将然犹易，治于已然则难。故太上曰："其安易持，其未兆易谋。"言人当闲居独处之时，心不役于事，事不扰于心，寂然不动，安止其所，其持己守身最为易易。且不闻不睹，无知无觉，杳无朕兆可寻，于此发谋出虑，思闲邪以存诚，其势至顺，其机甚便。以凡气柔脆，凡心细微，未至缠绵不已、辗转无休，于此而欲破其邪念、散其欲心，以复天道之自然、至诚之无妄，又

① 老子.吕祖秘注道德经心传［M］.吕岩，释义；韩起，编校.桂林：广西师范大学出版社，2014：132－134.

何难情缘遽断，立见本来性天？此岂别有为之哉？不过曰"为之于未有"而已。古君子防患于未萌，审机于将动，所以烟云尽扫，荆棘不生。又如天下太平，偶有强梁小丑乘间作乱，亦不难单骑夺出，立见投诚，"治之于未乱"，其便固如斯也。此炼己之工犹易就耳，若欲修成九转，又未可以岁月计者。胡碌碌庸流不知道为乾坤大道、人为宇宙真人。或有法会偶逢，而一世竟成者；或有因缘不遇，而数世始成者；或有重修数劫，历遇良缘，而功德未圆，性情多僻，势将成而又败，竟败而无成者。甚矣！大道之奥，未易几也！人不知道有由致，请观物所以成：彼夫合抱之木，其生也特毫末耳，因阴阳煦姁，日变月化，而遂成大木焉。九层之台，其起也，仅累土耳，因人工凑集，日新月盛，而顿见为高台焉。又如一统山川，千里邦畿，欲造其途、底其境，岂容举足便至、计程可期者哉？其始也，无非足下一步一步趋，由近及远，而始至其地焉。道而曰大，实具包天容地之量，生人育物之能，岂不劳层叠而至、曲折而前乎？惟知道之至人，不求速效、不计近功，金玉有磨而心志不磨，春秋有变而精进不变，庶由小而大，自卑而高，从近及远，一如合抱之木、九层之台、千里之行，而顿见奇观。虽然，道为自然之道，而功须自然之功，孟子"集义生气"，功在"勿助勿忘"，始合天地运行而造化维新也，同日月往来而光明如故也。若使有为而为，则为者败矣；有执而执，则执者失矣。夫天地日月古今运转不停者，以其无心而成化也。倘天地有为以迭运，日月有执以推移，又安能万古不磨耶？俗云"天若有情天亦老，日惟无意日常明"，不其然乎？是以古之圣人精修至道，妙顺天然，为而无为，功无败也；执而无执，德何失焉？奈今之从事于道者，为无为有，或作或辍，不知时行则行、时止则止，动静偶乖，与道远矣。又有几成而忽败，一败竟无成者矣。《书》曰："慎厥终，惟其始。"所以历亿万年而不替。至于难得之货，人所贵也。圣人混俗和光，与人无异，独欲道而不欲货，初不知人世间有此珍重者，故不贵之，其淡泊明志如此。他如视听言动，日用云为，其荡检踰闲者无论矣，即有从事于道，为虚为实，著有著无，皆为过失。兹独效法前人、遵行古道、特抒臆见，以为大道权衡，非不称卓卓者，第思道为我之道，学为我之学，我自有之而自得之，又何学之足云？况人多过举，我独无为。以我无为之道，补众人之过举，即正己以化人也；且以我无为之道，辅万物之不及，即整躬以率物也。其不敢为如此。此圣人重德而贱货，正己以化人，民自迁善而不知为之者。噫！此圣人之身，即道之所寄，民物之所依，讵可一息偶违哉？

开首言"其安易持"数句，是言玄关一窍，寂然不动，感而遂通，且不睹不闻之际，此中有无善无恶之真。佛曰"那个"，儒曰"缉熙"，皆是此物。如初日芙蓉，晓风杨柳，娇红嫩绿，嫣然可爱。《易》曰："天地纲缊，万物化醇。男女媾精，万物化生。"无非言初气至柔，去天未远。朱子诗曰："半亩方塘一鉴开，天光云影共徘徊。"此言道心人心瞥眼分明。于此持志养气，立教割断牵缠，诞登彼岸。《礼》曰："人生而静，天之性也；感于物而动，性之欲也。"犹天地一元初复，万象回春，虽物交物感，情欲有动，犹是天性中事，出于虚静，本乎自然，只须些些把持，无容大费智谋，即可遏欲存诚，闲邪归正。以萌蘖脆嫩，根芽孱弱，人欲不难立断，天理即可复还。古人谓之玄关一窍，又曰生门死户，以人心退藏，天心照耀，皆由未有未乱之时而为之治之也。但一阳初动，其机甚微，其势甚迅，至于二阳三阳，则神凝气聚，真精自动，浩浩如潮生，溶溶似冰泮，要皆自微而著，由小而大，自近而远。至于进火退符，河车搬运，阳铅再生，阴汞复合，时烹时炼，渐结渐凝，神完气壮，药熟丹圆，更有六根震动、六通具足之盛，皆自玄关一动始也。惟此时初动，水源至清，古云"白虎首经至宝，华池神水真金"是也。此时一觉而动，把持得定，由此日运己汞包固阴精，恰如初三一痕新月，至上弦而半轮，至十五而盈满矣。是以圣人知天下事物无不由卑至高、由近及远，俱有自然之道在，于是为而无为，执而无执，一若天不言而四时行、百物生，岂若民之隳乃事、败乃功者哉？若此者，皆由一片虚灵浑然无间，自不知所欲，亦并忘为无欲，故曰"欲不欲"。至于黍珠之贵，实不曾有为，其自无而有，所以既有仍无，修道人素所自具，不待外求，即使有所学，仍是无所学，故曰"学不学"。他如以一己之纯，化天下之驳，合天下之驳，归一己之纯，其诱掖众人，辅相万物，亦本乎自然而已矣，岂同逞其私智者哉？①

---

① 黄元吉．道德经精义［M］．北京：中央编译出版社，2014：179 - 182.

参考文献

[1] 熊春锦．中华传统五德修身文化·信（一）［M］．北京：中央编译出版社，2017.

[2] 阮元．十三经注疏［M］．北京：中华书局，1980.

[3] 熊春锦．道医学［M］．北京：团结出版社，2009.

[4] 大正新修大藏经［M］．台北：佛陀教育基金会出版部，1990.

[5] 熊春锦．老子·德道经［M］．北京：中央编译出版社，2010.

[6] 上海书店出版社．道藏［M］．上海：上海书店出版社，1988.

[7] 熊春锦．龙文化的文明与教育［M］．北京：团结出版社，2010.

[8] 二十二子［M］．上海：上海古籍出版社，1986.

[9] 王卡．老子道德经河上公章句［M］．北京：中华书局，2006.

[10] 严遵．老子指归译注［M］．王德有，译注．北京：商务印书馆，2004.

[11] 老子．吕祖秘注道德经心传［M］．（唐）吕岩，释义；韩起，编校．桂林：广西师范大学出版社，2014.

[12] 黄元吉．道德经精义［M］．北京：中央编译出版社，2014.

[13] 朱谦之．新编诸子集成老子校释（第1辑）［M］．北京：中华书局，1984.

[14] 尹振环．帛书老子再疏义［M］．北京：商务印书馆，2007.

［15］陈鼓应．老子注译与评介［M］．北京：中华书局，1984.

［16］陈鼓应．黄帝四经今注今译：马王堆汉墓出土帛书［M］．北京：商务印书馆，2007.

［17］马昌仪．古本山海经图说（上下册）［M］．桂林：广西师范大学出版社，2007.

［18］李德范．敦煌道藏［M］．北京：全国图书馆文献缩微复制中心，1999.

［19］国家文物局古代文献研究室．马王堆汉墓帛书（壹）［M］．北京：文物出版社，1980.

［20］鬼谷子．鬼谷子［M］．程本，鬻熊等，撰注，上海：上海古籍出版社，1990.

［21］左丘明．国语［M］．韦昭，注；上海师范大学古整理组，校点．上海：上海古籍出版社，1978.

［22］魏伯阳．古本周易参同契集注［M］．仇兆鳌，集注．上海：上海古籍出版社，1989.

［23］刘向．说苑［M］．上海：上海古籍出版社，1990.

［24］扬雄．太玄经［M］．上海：上海古籍出版社，1990.

［25］司马迁．史记［M］．北京：中华书局，1982.

［26］班固．汉书［M］．北京：中华书局，1975.

［27］范晔．后汉书［M］．北京：中华书局，1965.

［28］陈寿．三国志［M］．北京：中华书局，1962.

［29］房玄龄．晋书［M］．北京：中华书局，1974.

［30］沈约．宋书［M］．北京：中华书局，1974.

［31］萧子显．南齐书［M］．北京：中华书局，1972.

［32］李百药．北齐书［M］．北京：中华书局，1972.

［33］姚思廉．梁书［M］．北京：中华书局，1973.

［34］魏收．魏书［M］．北京：中华书局，1974.

［35］令狐德棻．周书［M］．北京：中华书局，1971.

［36］李延寿．南史［M］．北京：中华书局，1975.

［37］李延寿．北史［M］．北京：中华书局，1974.

［38］魏征，等．隋书［M］．北京：中华书局，1973.

［39］刘昫，等．旧唐书［M］．北京：中华书局，1975.

［40］欧阳修，等．新唐书［M］．北京：中华书局，1975.

［41］薛居正，等．旧五代史［M］．北京：中华书局，1976.

［42］欧阳修，等．新五代史［M］．北京：中华书局，1974.

［43］脱脱，等．宋史［M］．北京：中华书局，2000.

［44］司马光．资治通鉴［M］．上海：上海古籍出版社，1988.

［45］顾野王．大广益会玉篇［M］．上海：上海商务印书馆，1936.

［46］许慎．说文解字［M］．徐铉，校．北京：中华书局，2001.

［47］徐锴．说文解字系传［M］．北京：中华书局，1987.

［48］段玉裁．说文解字注［M］．上海：上海古籍出版社，1981.

［49］朱骏声．说文通训定声［M］．北京：中华书局，1984.

［50］桂馥．说文解字义证［M］．上海：上海古籍出版社，1987.

［51］王筠．说文句读［M］．上海：上海古籍书店，1983.

［52］张舜徽．说文解字约注［M］．郑州：中州书画社，1983.

［53］许慎，汤可敬．说文解字今释［M］．长沙：岳麓书社，2002.

［54］刘熙．释名［M］．上海：上海古籍出版社，1984.

［55］郝懿行．尔雅义疏［M］．上海：上海古籍出版社，1983.

［56］王念孙．广雅疏证［M］．南京：江苏古籍出版社，1984.

［57］王念孙．经传释词［M］．南京：江苏古籍出版社，1985.

［58］裴学海．古书虚字集释［M］．北京：中华书局，1954.

［59］丁度，等．集韵［M］．上海：上海古籍出版社，1985.

［60］阮元．经籍纂诂［M］．成都：成都古籍书店，1982.

［61］罗振玉．增订殷虚书契考释［M］．东方学会，1927.

［62］李孝定．甲骨文字集释［M］．台北："中央研究院"历史语言所，1982.

［63］陈济．甲骨文字形字典［M］．北京：长征出版社，2004.

［64］王力．同源字典［M］．北京：商务印书馆，1982.

［65］高启沃．简明通假字典［M］．合肥：安徽教育出版社，1993.

［66］冷玉龙，韦一心．中华字海［M］．北京：中华书局、中国友谊出版公司，1994.

［67］陆费逵，欧阳溥存．中华大字典［M］．北京：中华书局，1978.

［68］商务印书馆编辑部．辞源［M］．北京：商务印书馆，1989.

［69］夏征农．辞海［M］．上海：上海辞书出版社，2000.

［70］罗竹凤，等．汉语大辞典［M］．上海：汉语大词典出版社，1986－1993.

［71］张其昀，等．中文大辞典［M］．台湾：中国文化研究所，1968.

［72］徐中舒．汉语大字典［M］．缩印本．武汉：湖北辞书出版社，成都：四川辞书出版社，1992.

［73］杨树达．积微居小学述林［M］．北京：中华书局，1983.

［74］俞樾．诸子评议［M］．北京：中华书局，1954.

［75］萧统．六臣注文选［M］．李善，注．北京：中华书局，1987.

［76］刘思勰．文心雕龙译注［M］．陆侃如，牟世金，译注．济南：齐鲁书社，1995.

［77］严可均．全上古三代秦汉三国六朝文［M］．北京：中华书局，1987.

［78］欧阳询，等．艺文类聚［M］．上海：上海古籍出版社，1982.

［79］李昉，等．太平广记［M］．北京：中华书局，1981.

［80］李昉，等．太平御览［M］．北京：中华书局，1985.

［81］李昉，等．文苑英华［M］．北京：中华书局，1982.

［82］葛洪．笔记小说大观［M］．扬州：江苏广陵古籍刻印社，1983.

［83］陈立．白虎通疏证［M］．吴则虞，点校．北京：中华书局，1994.

［84］《中华文明史》编委会．中华文明史［M］．石家庄：河北教育出版社，1989.

［85］中国风俗通史［M］．上海：上海文艺出版社，2001.

［86］中华文化通志［M］．上海：上海人民出版社，1998.

［87］王炳照，阎国华．中国教育思想通史［M］．长沙：湖南教育出版

社，1994.

［88］张岂之．中国学术思想史编年［M］．西安：陕西师范大学出版社，2006.

［89］熊春锦．中华国学道德根［M］．北京：中央编译出版社，2006.

［90］孙思邈．千金翼方［M］．北京：人民卫生出版社，1955.

［91］尚志均，翟双庆，等．中医八大经典全注［M］．北京：华夏出版社，1994.

［92］廖育群．岐黄医道［M］．沈阳：辽宁教育出版社，1997.

［93］李时珍．本草纲目（校点本）［M］．北京：人民卫生出版社，1982.

［94］张介宾．类经［M］．北京：人民卫生出版社，1980.

［95］赵立勋．古今图书集成医部续录［M］．北京：中国医药科技出版社，2002.

［96］马克思，恩格斯．马克思恩格斯选集［M］．北京：人民出版社，1979.

［97］魏启鹏，胡翔骅．马王堆汉墓医书校释［M］．成都：成都出版社，1992.

［98］熊春锦．道德复兴论修身［M］．北京：团结出版社，2008.

［99］萧启宏．汉字通易经［M］．北京：东方出版社，1999.

［100］费振钟．悬壶外谈：医学与身体的历史表达［M］．上海：上海书店出版社，2008.

［101］张亮采，尚秉和．中国风俗史：外一种［M］．北京：中国社会科学出版社，2012.

［102］吴克复．细胞通讯与疾病：现代生物技术前沿［M］．北京：科学出版社，2006.

［103］张寿松．大学通识教育课程论稿［M］．北京：北京大学出版社，2005.

［104］王立新，郑宽明，王文礼，等．大学生素质教育概论［M］．2版．北京：科学出版社，2006.

［105］蔡志忠．漫画道家思想（上下册）　［M］．北京：商务印书馆，2009.

［106］汉典［EB/OL］．https：//www. zdic. net.

［107］象形字典［EB/OL］．https：//www. vividict. com.

［108］古诗文网［EB/OL］．https：//www. gushiwen. org.

我对老子其人的认知，是一个渐行渐近、与圣哲对话交流的过程；对老子其书的学习，是一个由外而内、与经典同行相融的过程。从儿时背诵唐诗，到走上工作岗位至今，我对古代文学总是有浓厚兴趣。老子也始终是自己最敬仰的古代文化名人之一。不管是求学时的古代文学专业课学习，还是给大学生讲授"中国古代文学"与"老子德道学说与人生智慧"课，一直从修身与学业两方面学习《老子五千言》。

对《老子五千言》的解读，历来有修身实证与文字义理两途。韩起编校《吕祖秘注道德经心传》的《后记》中说："历代所释注五千言，多以儒解老，重修身治国之哲学解读，道家把这类解读称为'外说'；吕祖秘注《道德经释义》，以《道德经》为修行指南，炼气修真，是神仙家语，此为'内说'。"内说与外说之论，庶几近之！而我自己的学习也正好经历了这两种途径的锻炼修养。如果说我读大学到硕士研究生毕业，学校教育的培养奠定了扎实的知识基础，有幸师从熊春锦先生学习《德道经》与修真理法，则又打开了修身内求解读《老子五千言》的光明之路，先生的教导使我思路洞开，开阔了胸襟，拓展了视野，对几千年中华文化的源流脉络梳理清晰，让原来积累的各种知识一线贯穿、心明眼亮，德慧智教育理论的实践，更让我对五千言有了全新的认知与深刻的体悟，老子形象的人格魅力也愈加清晰起来。

然而，经典常读常新。吕祖在唐代时就感叹："五千言之书，尽人而知为道德之经；而五千言之旨，举世而难传。道德之脉，非修人不能传。而旨理渊微，一语括万象之机，千言悉三才之奥，虽后之学者得其梗概，注者支离，读者未克了然，修者岂能纯粹？"又云："其书推本于声臭之原，旁及乎物理之变，体用本末，盖纂详焉。秦汉而还，代有著述，惜多狃于肤见，偏泥玄文，昧厥源流，指为惝恍，句读之不明岂细故哉？"清代黄元吉于光绪年间亦云："无如世风日下，民俗益偷，大道虽属平常，而人多以诡怪离奇目之，所以儒益非儒，释益非释，而道益非道矣。若不指出根源，抉破窍妙，恐大道愈晦而不彰，人心愈坏而难治，势必至与鸟兽草木同群，而圣贤直等诸弁髦，大道益危如累卵，虚悬天壤，无人能任斯文之责矣。"

可见，一代学人有一代之使命。自近代百年来，西学东渐，白话文兴，文言文废，造成几代国民与传统文化之间形成隔膜，以致今人国学底蕴菲薄，文化根基不固，加之西方文化侵略虎视眈眈，实不敢盲目乐观、高枕无忧。学无止境，大道无垠，修身之学亦无终始。2015 年，我与王胜学长将平时学习五千言的点滴积累形诸文字，出版了《老子〈德道经〉释译》，是对前一时段所知所学的一个小结。时隔数年，随着对先生学术思想理解的逐步深入，在开设通识课"老子德道学说与人生智慧"的教学过程中，又有许多体悟，其中既有立德修身的成长经历，也有教研相长的心得总结。于是，出于让中华圣学德泽世界，也为落实国家以文化人、以德育人的政策，为提升国家文化实力略尽绵薄之力，又在先生指导下，我将"老子德道学说与人生智慧"授课讲义整理成书，与各位老学爱好者、传统文化爱好者共同勤学，修身精进！以"为天地立心，为生民立命，为往圣继绝学，为万世开太平"与千古圣心相印，与诸位同仁共勉！

本书由熊春锦先生主审，是在之前已经出版的《老子〈德道经〉释译》基础上，结合通识教育的特点与课程性质，从内说与外说两个角度，对老子《德道经》做进一步深入解读，旨在提升国民的人文素养、弘扬中华优秀传统文化。

郭树芹

2023 年 1 月书于得一阁